Lise Bourbeau
Micheline St-Jacques

Handbuch für die innere Kraft

Höre auf deinen Körper, lerne dich neu zu sehen
und bedingungslos anzunehmen

*Aus dem Französischen
von Christian Schweiger*

WINDPFERD

Lise Bourbeau

Autorin von 15 Büchern, u. a. dem Bestseller *Höre auf Deinen besten Freund, auf Deinen Körper.* Ihre praktische Ausbildung und die einfache Botschaft, die sie vermittelt, haben mehr als 1 Mio. Menschen geholfen, konkrete Veränderungen in ihrem Alltagsleben zu bewirken. Sie ist die Gründerin der größten Schule für Persönlichkeitsentwicklung in Quebec, deren Gedankengut sich mittlerweile in 22 Ländern verbreitet hat und in neun Sprachen übersetzt wurde.

Micheline St-Jacques

Micheline St-Jacques hat seit 1993 das Diplom der Schule „Höre auf deinen Körper". Sie hat eine große Leidenschaft: das fortwährende Bestreben sich zu entwickeln und Menschen dabei zu helfen sich besser kennen zu lernen. Ihr Engagement, ihre Beharrlichkeit und ihr Enthusiasmus bei der Verbreitung der in diesem Werk dargestellten Anregungen, haben bei ihr dazu geführt, bei diesem Buch als Co-Autorin mitzuwirken. All dies hat ihr dabei geholfen, ohne Unterlass die Grenzen ihrer inneren Kraft zu erweitern.

Titel der Originalausgabe: *Le grand guide de l'ÊTRE*
Erschienen bei *Les Éditions E.T.C. Inc., Kanada*
© 2003 Lise Bourbeau
© 2003 Micheline St-Jacques

1. Auflage 2005
© 2004 by Windpferd Verlagsgesellschaft mbH, Aitrang
Alle Rechte vorbehalten
Umschlaggestaltung: Kuhn Grafik, Digitales Design, Zürich
Aus dem Französischen übersetzt von Christian Schweiger
Lektorat: Daniela Weiss
Gesamtherstellung: Schneelöwe, D-87648 Aitrang
www.windpferd.de
ISBN 3-89385-460-6

Printed in Germany

Inhalt

Danksagungen

Ich danke Michelin St-Jacques für ihre große Geduld, Ausdauer und Sorgfalt, dank derer es mir gelang, dieses mehrjährige Projekt nun zu Ende zu bringen.

Außerdem danke ich den zahlreichen Teilnehmern der Höre-auf-Deinen-Körper-Kurse, die mir durch ihre zahlreichen Fragen aus allen Bereichen ermöglicht haben, meine Lehren immer klarer, logischer und einfacher zu gestalten.

Lise Bourbeau

Zuerst gilt mein Dank meinem Inneren Führer, der mich auf diesem langen Weg geleitet hat. Zu tiefstem Dank bin ich auch Lise Bourbeau verpflichtet, die mir durch ihr Vertrauen, ihr Werk und unsere einmalige Zusammenarbeit erlaubt hat, diesen großen Traum des Schreibens zu verwirklichen.

Für den zugesprochenen Mut, das große Interesse und den guten Rat danke ich all den Menschen, die mir nahe stehen, besonders meinem Mann Jean-Pierre, meinen Eltern, Kindern und Geschwistern, die mich alle während der drei-jährigen Arbeit an diesem Buch unterstützt haben.

Micheline St-Jacques

Zum Schluss möchten wir noch Odette Pelletier und Edith Paul für ihre ausgezeichnete Mitarbeit, ihre Korrekturen und ihren Rat danken. Sie halfen uns, die Definitionen dieses Werks so genau wie möglich zu halten.

Vorwort

Die Idee zu diesem Buch keimte Lise Bourbeau im Laufe ihrer Seminare, in denen sie sich bewusst wurde, dass viele Menschen nicht sie selbst sein konnten, da sie ihr Leben nach einer falschen Definition des Seins richteten, wie z. B. egoistisch zu sein, selbständig zu sein, frei zu sein, friedfertig zu sein, ruhig zu sein usw. Aus diesem Grund wollten wir versuchen diese Ebene des Seins und der persönlichen Entwicklung neu zu definieren und in einem Buch zusammenzufassen.

Micheline St-Jacques folgte der gesamten Ausbildung von Ecoute Ton Corps (das nach Lise Bourbeaus Hauptwerk „Höre auf Deinen Körper" benannte Seminarzentrum im Quebec; A. d. Ü.). So konnte sie durch eigene Erfahrungen nachvollziehen, dass die auf der wahren Liebe basierenden Werkzeuge der Bewusstseinsöffnung ausgezeichnete Ergebnisse bringen. Für ihre eigene Persönlichkeitsarbeit stellte sie ein Register zusammen, um ihr die Arbeit zu erleichtern. Je kompletter dieser Katalog wurde, desto klarer wurde ihr auch, dass er auch anderen Menschen auf ihrem persönlichen Lebensweg helfen konnte. Also wandte sie sich mit ihrer Idee an Lise Bourbeau, und sie beschlossen gemeinsam, dieses Buch zu verfassen.

Wir wünschen uns von ganzem Herzen, dass die in diesem Buch übermittelte Botschaft möglichst vielen Menschen helfen wird, Ihr Leben zu meistern.

Einleitung

Dieses Werk hat sich zum Ziel gesetzt, den Lesern neue Möglichkeiten vorzuschlagen, ihr Bewusstsein zu öffnen und Antworten auf Fragen des Seins, Tuns und Habens zu bieten. Es sollen hier also keineswegs große Theorien zur Selbsterkenntnis ausgearbeitet werden, da so manches Kapitel allein schon Stoff zu einem ganzen Buch liefern könnte.

Viele Definitionen unterscheiden sich von denen eines herkömmlichen Wörterbuchs. Unsere Interpretation soll vielmehr aufzeigen, wie wir uns selbst besser kennen lernen und so sein zu können, wie wir wirklich sind. Das führt uns schließlich zum eigentlichen Ziel, uns selbst in unserem täglichen Leben annehmen und lieben zu können. Zugleich kann dieses Buch aber auch Menschen in schwierigen Situationen helfen, ihr inneres Potential zu entdecken und zu entwickeln, um glücklicher zu sein.

Da bestimmte Themen sich überschneiden oder zusammenhängen, haben wir versucht, durch Querverweise auf andere Stichwörter unnötige Wiederholungen zu vermeiden. GROSS GESCHRIEBENE Wörter[1] laden also dazu ein eine genauere Definition unter diesem Stichwort nachzulesen und tiefer in die Thematik einzudringen. Es ist jedoch sinnvoll, uns selbst vorher genau zu überlegen, nach welcher Definition wir suchen, bevor wir sie lesen. Wenn wir die Maskulinform verwenden, so dann lediglich, um den Stil zu erleichtern. Auch duzen wir den Leser wie in allen früheren Büchern Lise Bourbeaus auch. Außerdem wirst Du feststellen, dass wichtige Begriffe wie Liebe, Akzeptierung, Verzeihen, Verantwortung, Intelligenz und die Macht unseres inneren Gottes in mehreren Definitionen wiederkehren. Diese Wiederholungen sind absichtlich, da unser Ich sich oft so gegen diese Begriffe sträubt, dass wir sie uns häufig und jahrelang wiederholen sollten.

Andere Themen wiederum, bei denen es sich nicht wirklich um Werkzeuge der Persönlichkeitsentfaltung handelt, wie z. B. die Aura, die Astralebene oder die Chakren, haben wir aufgenommen, um andere Themen umfassend behandeln zu können und nicht auf externe Quellen verweisen zu müssen. Dies ist natürlich nicht immer möglich. Themen wie Liebe, Gefühle, Abhängigkeit, Sexualität, Gewicht, Ernährung, Verzeihen, der Spiegelansatz oder die Entschlüsselung von Krankheiten und Wunden der Seele sind außerordentlich komplex, wenn auch unumgänglich. In diesem Fall verweisen wir auf Sekundärliteratur oder raten unseren Lesern sich auch an Fachleute zu wenden, um Probleme zu klären und ihre Ursprünge zu entschlüsseln.

Es liegt einzig und allein an uns selbst, uns anderen Quellen zu öffnen und uns neuer Werkzeuge zu bedienen, um unsere Lebensqualität zu verbessern. Oft versuchen Menschen, ihr ganzes Leben mit immer denselben Haltungen, Verhaltensweisen und Meinungen zu bewältigen, die längst überholt, unbefriedigend und manchmal sogar schädlich sind. Sie sind vergleichbar mit Leuten, die eine Arbeit mit veralteten Geräten verrichten wollen.

---

[1] Anm. d. Übers.: Manchmal kommen sie auch in anderen, verwandten Wortformen vor, auf die nicht eigens verwiesen wird, z. B. REAGIEREN siehe REAKTION; VERANTWORTLICH siehe VERANTWORTUNGSBEWUSSTSEIN.

Scheuen wir denn in unserem Alltag davor zurück, unzeitgemäßes Werkzeug durch neues zu ersetzen, das uns das Leben erleichtert? Verwenden wir unseren Waschtrog heute noch immer, da wir davon überzeugt sind, dass er uns früher wertvolle Dienste leistete, oder überlassen wir diese Arbeit einer Waschmaschine, um uns währenddessen wichtigeren Dingen zuwenden zu können? Das Leben ändert sich ständig! Für den Menschen ist eine wirkliche Entwicklung nur durch Selbsterkenntnis und wahres Bewusstsein möglich, die aus den Erfahrungen des Lebens erwachsen.

Oft entdecken wir neue Methoden selbst, indem wir uns plötzlich eines gewissen Umstands bewusst werden oder über ein bestimmtes Thema lesen. Lernen wir uns besser selbst kennen und lieben, sind wir zunehmend in der Lage auf Hilfe unseres inneren Führers zurückzugreifen.

Je mehr Geld, materielle Güter, Ehren, Diplome usw. viele Menschen besitzen, desto mehr wollen sie. Ihr ganzes Leben ist darauf ausgerichtet, die Dinge zu finden, die ihrem Glück zu fehlen scheinen. Wozu dient jedoch all dieses „Haben", wenn das Herz im Unglück erstickt? Leidet ein Mensch, gewinnen seine Gefühle die Oberhand und seine Gesundheit wird unweigerlich in Mitleidenschaft gezogen. Unsere Seele strebt jedoch danach, sich all unserer Möglichkeiten zu bedienen, um auf unserem spirituellen Weg vorwärts zu kommen und das GÖTTLICHE zu entdecken, das in und um uns existiert. Doch ist uns nur in den seltensten Fällen klar, was nun genau unsere Heilung bewirkt oder aber verhindert und uns krank oder unglücklich macht. Wahrer Wandel und eine wirkliche Heilung wird durch verschiedene Dinge zugleich wirkt. Die hier behandelten Werkzeuge sollen Dir helfen, bewusster zu leben und zu körperlichem und psychischem Wohlbefinden zu gelangen.

In schwierigen und unerwarteten Situationen scheint unser ganzes Leben aus den Fugen geraten zu sein. Wir finden das ungerecht und wir weigern uns, unsere Erfahrungen zu akzeptieren, da unsere Gefühle uns in solchen Situationen völlig aus dem Gleichgewicht bringen. Folglich sehen wir in diesem Augenblick auch keine Lösung für unser Problem. Der Hauptgrund für unsere Schwierigkeiten liegt darin, dass wir immer alles unter Kontrolle haben möchten. Wir wollen noch nicht wahrhaben, dass alles, was uns widerfährt, Teil der Erfahrungen ist, die notwendig für unsere Entwicklung sind. Wagen wir uns ganz auf unseren INNEREN GOTT zu verlassen? Leider verharren wir oft lieber in Formen der Reaktion als in unserer inneren Mitte, die unser Leben problemlos meistert.

Oft sind bestimmte Verhaltensmuster nicht leicht zu erkennen, da wir unsere Reaktionen für völlig normal halten und annehmen, dass dies auch für unsere Mitmenschen gilt. Dem ist aber ganz und gar nicht so. Jeder Mensch ist einzigartig und hat ganz spezifische Lektionen in diesem Leben zu lernen, auch wenn wir alle dasselbe Ziel, die Rückkehr ins Licht anstreben. Doch führen unzählige verschiedene Wege zu diesem Ziel, von denen einige in diesem Buch behandelt werden.

Ausgeglichene Menschen werden versuchen, nicht auf Probleme zu reagieren, sondern sich auf sie einzustellen. Sie sagen sich: „Diese Situation ist nicht zufällig in mein Leben getreten. Ich habe sicher etwas Wichtiges dabei zu lernen." **Die Lösung zu allen Problemen liegt bereits in unserem Inneren.** Es genügt also, uns mit unser inneren Kraft in Einklang zu bringen und uns unseres besten Werkzeugs, unseres Körpers in all seinen Dimensionen - der körperlichen, emotionalen und geistigen – zu bedienen, um unsere wirklichen Bedürfnisse zu erkennen. Folglich tragen alle Ereignisse unseres Lebens ebenso zu unserem spirituellen Erwachen bei wie unser gesamtes Umfeld. Die Erfahrungen, die uns am schwierigsten erscheinen entpuppen sich so als die besten Mittel, uns unseren inneren Reichtums bewusst zu werden, auch wenn es nicht immer leicht ist, diesen Umstand zu akzeptieren.

Unser innerer Gott, unser „Überbewusstsein" schickt uns immer Botschaften, wenn unsere Geisteshaltung uns schadet. Dazu gehören nicht nur unsere Gefühle, sondern auch Unzufriedenheit, Krankheit, Energiemangel, Gewichtsprobleme, Unfälle, der Hang zu Drogen oder Alkohol, Mangel oder Überschuss an Schlaf oder Ernährung usw. Wir sollten dankbar für solche Situationen sein, da sie keineswegs dem Zufall zuzuschreiben sind. Unser innerer Gott versucht uns zu helfen. Hören wir auf ihn!

Da jeder Mensch aber einzigartig und höchst komplex ist und über sein eigenes psychisches Gepäck an Erfahrungen verfügt, kann ein und dieselbe Situation völlig verschiedene Ursachen haben. So kann eine bestimmte Krankheit bei dem einen ein Zeichen dafür sein, dass seine Geisteshaltung ihn krank macht, bei anderen geht die gleiche Krankheit von einer übernommenen, ja „geerbten" Überzeugung aus, die in mehreren Generationen verankert ist. Manchen erscheinen solche Lektionen als unüberwindbare Barrieren in ihrem Lebensplan. Gehen wir in diesem Buch auf die tiefen Gründe ein, so vor allem, um Licht auf bedeutende Zusammenhänge zu werfen. Es geht hier jedoch in erster Linie darum, uns bestimmte Haltungen und Verhaltensweisen bewusst zu machen und zu hinterfragen, Mittel anzubieten und Aktionen zu setzen, um uns selbst besser annehmen zu können.

Zugleich bedarf es einer gewissen Feinfühligkeit, um festzustellen, was wir wirklich beim Lesen einer Thematik empfinden. Gib Acht, nicht all die Dinge abzutun und zu ignorieren, die Dich stören oder bestimmte Reaktionen in Dir hervorrufen – auch wenn es sich dabei um scheinbare Indifferenz handelt! Denn vielleicht bergen gerade diese Themen wichtige Schlüssel, die Dir in der Folge helfen können, Dich selbst näher kennen zu lernen und Deine persönlichen und sozialen Beziehungen zu verbessern. In dieser Hinsicht dürfen wir nie vergessen, dass alle Konflikte mit Mitmenschen eigentlich nichts weiter als ein Spiegel unsere eigenen inneren Konflikte sind. Alles, was uns widerfährt, hat seinen Grund!

Sind wir unzufrieden mit unserem Leben oder scheint uns nichts gelingen zu wollen, so sind dies ideale Augenblicke, unsere Denkmuster, Überzeugungen und Verhaltensweisen zu revidieren und neue Methoden auszuprobieren. Dies kann unseren Lebensbedingungen nur zuträglich sein und uns glücklicher werden lassen. Wir haben viel aus neuen Erfahrungen zu lernen. Dabei ist es fast nebensächlich, ob es sich dabei nun um ein Dilemma,

Ängste, Schwierigkeiten, Unwohlsein, Zweifel, Krankheit oder generelle Unzufriedenheit handelt. Wichtig ist vielmehr unser Blick nach Innen, um festzustellen, was wir wirklich empfinden, um die notwendigen Änderungen vornehmen und den diversen Situationen anders als früher begegnen zu können. Das ist ein bedeutender Schritt auf dem Weg der Selbstentfaltung. Dieser Führer des Seins bietet viele praktische Tipps dafür.

Um einen bleibenden Wandel zu erzielen und neue Verhaltensmuster wirklich integrieren zu können, sollten sie mindestens drei Monate lang experimentiert werden. Während dieser Zeit wirst Du sehen, ob sie einen positiven Einfluss auf Dein Leben haben. Manchmal dauert es sogar noch länger, bis der Wandel auch auf die Ebene der Zellen durchdringt. Bist Du nicht mit den Ergebnissen zufrieden, so versuche es mit einem anderen verhalten. In jedem Fall tragen all diese Experimente zu Deinem inneren Wandel bei. Überstürze aber nicht die einzelnen Schritte. Das schadet meist mehr als es nützt. Die Dinge allzu schnell zu erledigen, zeugen davon, alles kontrollieren zu wollen. KONTROLLE erzeugt jedoch Widerstand. Es ist, als ob wir zu schnell in ein Kaufhaus gehen möchten und die automatischen Türen sich nicht sofort öffnen. Erst in der Folge wird uns klar, dass es genügt, natürlich auf die Tür zuzugehen, damit sie sich widerstandslos und ohne unser Zutun öffnet.

Von all den angeführten Wegen und Mitteln ist der wichtigste Schritt jedoch sicherlich die Akzeptierung der Dinge. Nur so ist ein wirklicher Wandel möglich. Alle Erfahrungen unseres Lebens anzunehmen und uns selbst als spirituelle Wesen zu erkennen, die diese menschlichen Erfahrungen in einer stofflichen Welt erleben, ist wohl der elementarste Schritt zur bedingungslosen Liebe. So wie alles Leben vom Licht angezogen wird, so wünschen auch wir dorthin zurückzukehren. Das beste Mittel dazu ist eben diese BEDINGUNGSLOSE LIEBE. Lieben heißt aber auch, sich in all unseren Erfahrungen zu akzeptieren, wenn diese in den Dienst der Eigen- und Nächstenliebe gestellt werden. Sträuben wir uns dagegen und weigern uns, unsere VERANTWORTUNG zu übernehmen und uns selbst zu lieben, so kommt es zu verschiedenen Schwierigkeiten, die dieser Widerstand in unserem Leben nach sich zieht.

In diesem Buch wird oft von Wertsystemen und Überzeugungen die Rede sein, da sie den Ursprung zahlreicher Probleme darstellen. Folglich ist es nicht unbedingt nötig, alles intellektuell zu analysieren. Auch der Umstand, alles um jeden Preis begreifen zu wollen, kann einem geistigen Wertsystem entspringen, welches wir uns in der Vergangenheit angeeignet haben und das sich von Mensch zu Mensch unterscheidet. Für manche ist es oft ein befreiender und erlösender Gedanke, dass wir uns keineswegs mit unserem Verstand erklären müssen, wie, wann und weshalb es zu bestimmten Situationen kommt. Es genügt, zu akzeptieren und anzuerkennen, dass uns eine bestimmte Verantwortung zukommt und all unsere Erfahrungen Teil unserer persönlichen Entwicklung sind. Wir haben den Weg bedingungsloser Annahme eingeschlagen.

Daher sind die Themen der AKZEPTIERUNG, des VERANTWORTUNGSBEWUSSTSEINS, VERZEIHENS und des LOSLASSENS so überaus wichtig für zahlreiche Bereiche unseres

Lebens. Deshalb sollten gerade diese Kapitel immer wieder nachgelesen werden. So wie ein Bild für tausend Worte stehen kann, so solltest Du Dir auch immer wieder die Tafel der LIEBE im Anhang immer wieder vor Augen führen. Sie ermöglicht Dir auf einen Blick, zu Dir selbst zu finden und in Dein Herz zurückzukehren.

Dieser Führer des Seins wird Dir eine besondere Hilfe sein, wenn Du Dich der Dekodierungsmethode der Überzeugungen bedienst, wie sie in *Höre auf Deinen besten Freund, auf Deinen Körper* aufgezeigt wird. Hast Du eine solche Überzeugung – wie z. B. „Ich hindere mich daran, FREI zu sein, weil ich Angst habe, als EGOIST abgestempelt zu werden – entschlüsselt, so ist es wichtig, die Definition dieser Worte nachzulesen. Sehr wahrscheinlich hast Du eine falsche Vorstellung von diesen Begriffen, was zu dieser ÜBERZEUGUNG geführt hat.

Unser größter Wunsch ist es, Dir durch dieses Buch zu helfen, Deine Lebensqualität zu verbessern. Verstehst Du es als Standardwerk für den Alltag, wird Dein Lebensweg bald zu größerer Erfüllung führen. Wir wünschen Dir von ganzem Herzen, dass es Dir zu einem wichtigen Werkzeug wird, welches Dir hilft, das Tor des Herzens zu öffnen und Dein inneres Licht zu finden.

Verliere nie aus den Augen, dass dieses Buch nur dann positive Auswirkungen auf Dein Leben haben wird, wenn Du es in die Tat umsetzt. Es genügt ja auch nicht, ein Kochbuch zu lesen, sondern die Rezepte wollen in schmackhafte Gerichte verwandelt werden. So ist es auch hier: Ergebnisse gibt es nur, wenn Du Aktionen setzt.

VIEL SPASS BEIM LESEN!

$\mathscr{A}$

Abhängigkeit (Affektive)

Affektive Abhängigkeit geht auf Liebesmangel in der Kindheit zurück. Das Kind bekommt nicht die gewünschte ZUNEIGUNG des Elternteils des anderen Geschlechts und meint selbst daran schuld bzw. nicht liebenswert genug zu sein, um diese Aufmerksamkeit zu verdienen. Es beschließt, ein Verhalten anzunehmen, das ihm nicht wirklich entspricht. Entweder will es diesem Elternteil um jeden Preis gefallen oder es begehrt auf und setzt alles daran, dem Bild des braven Kindes zu widersprechen. Es findet einen physischen Ersatz wie Süßigkeiten oder Videospiele, die ihm die Illusion vermitteln, die Leere zu füllen, die das mangelnde SELBSTWERTGEFÜHL verursacht. Als Erwachsener suchen solche Menschen die Liebe weiterhin in ihrer Umwelt und können auch in KÖRPERLICHE ABHÄNGIGKEIT verfallen. In Wirklichkeit handelt es sich aber um einen schweren Mangel an EIGENLIEBE und SELBSTVERTRAUEN.

Solche Menschen sind in der Regel überempfindlich, haben hohe Erwartungen, viele Emotionen und Ängste. Natürlich fürchten sie auch diejenigen zu verlieren, die sie lieben. Das führt zwangsläufig zu EIFERSUCHT. Das Gefühl der Leere suchen sie zu überkommen, indem sie ständig mit anderen zusammen sind. Abhängige Menschen leiden sehr, wenn ihnen nicht die gewünschte Aufmerksamkeit zuteil wird. Das gilt besonders für ihren Partner. Es ist jedoch unmöglich, ständig umsorgt zu werden. Auch wenn es so wäre, zögen sie nur vorübergehende Befriedigung daraus, denn es muss immer wieder von vorn begonnen werden.

Während die einen von der *Anwesenheit* und *Aufmerksamkeit* ihrer Mitmenschen abhängen, brauchen andere *Komplimente* oder *Anerkennung*, um das Gefühl zu haben, geliebt zu werden. Manche können keinen eigenständigen Entschluss fassen, ohne zuvor das ausdrücklich *Einverständnis* oder die *Meinung* ihres Partners einzuholen. Sie sind aber sehr frustriert, wenn jener ihre Ansicht nicht teilt. Manche Menschen können nicht leben, ohne sich *nützlich zu fühlen* oder *zum Glück* ihrer Mitmenschen beizutragen. Sie können nicht glücklich sein, wenn ihr Partner es nicht auch ist.

Abhängigkeit in der Partnerschaft ist immer gegenseitig. Auch wenn nur einer von beiden abhängig erscheint, so hängt der andere doch in gewisser Hinsicht von dessen Abhängigkeit ab. Es gehört zu den klassischen Machtspielchen, eine solche Abhängigkeit zu unterhalten. Das Gefühl der Macht, das wir jedoch aus der Überzeugung gewinnen, der andere könne nicht ohne uns überleben, ist reine Illusion und dient allein unserem ICH.

Hängt das Glück vom anderen ab, ist die emotionale Last viel zu groß und wird auf Dauer unerträglich. Für eine eigenständige und harmonische PARTNERSCHAFT müssen wir uns des wichtigsten Mittels bedienen, das uns zur Verfügung steht: der offenen KOMMUNIKATION. Dazu müssen wir versuchen, weder uns, noch den anderen zu kritisieren oder zu verurteilen. Wir sollten einander unsere verschiedenen Ansichten und

Gefühle mitteilen und nach Mitteln suchen, uns gegenseitig zu helfen. Dazu müssen wir lernen, ZUZUHÖREN, zu AKZEPTIEREN und den anderen zu ACHTEN. Sind die beiden Partner in der Lage, die Wünsche und Bedürfnisse des anderen anzuerkennen, werden sie auch immer weniger voneinander abhängen.

Meinst Du, von der Liebe anderer abhängig zu sein, so solltest Du Dir zunächst das Recht dazu zugestehen. Verurteile Dich nicht dafür und lasse Dir Zeit, langsam eigenständig zu werden. Tief in unserem Inneren verankerte Verhaltensweisen können nicht von heute auf morgen überwunden werden. Das bedarf großer Nachsicht und LIEBE. Akzeptiere und schätze den WERT Deines Wesens und nicht Deiner Aktionen. Erkenne Deine Vorzüge, Talente und Möglichkeiten.

Du kannst damit beginnen, ein paar Dinge alleine zu tun, die Dir Spaß machen. Du musst nicht immer in Begleitung anderer sein, um spazieren zu gehen oder ein Seminar zu besuchen. Du bist auch durchaus in der Lage dazu, eigenständig Entscheidungen zu treffen, ohne vorher die Meinung oder den Segen anderer einholen zu müssen. Du solltest natürlich auch nicht gleich ins andere Extrem verfallen und niemanden mehr um Hilfe BITTEN wollen. Es geht ja nicht darum UNABHÄNGIG, sondern EIGENSTÄNDIG zu werden.

Zur Befriedigung unserer Liebesbedürfnisse gehört es auch, uns selbst trösten oder uns die nötige Aufmerksamkeit und Unterstützung zukommen lassen zu können. Lerne auf Deine Geschmäcker, WÜNSCHE und BEDÜRFNISSE zu hören. Wobei fühlst Du Dich glücklich? Du bist einzigartig auf dieser Welt. Schenke Dir selbst, was Du vorher von anderen bekommen wolltest. Das kann ebenso intensiv sein und Freude bereiten, wie wenn ein geliebter Mensch Dich damit überrascht. Ist unser Liebesbedürfnis befriedigt, sind wir nicht mehr so sehr auf die Zustimmung und Liebe anderer angewiesen. Unsere essentiellen Bedürfnisse nach Zärtlichkeit, Anerkennung und Liebe werden von ganz alleine, auch ohne unser Zutun befriedigt werden. Auf dieses Thema gehe ich ausführlicher im Buch *Heile die Wunden deiner Seele* ein.

Abhängigkeit (körperliche)

Zwanghaftes Bedürfnis, bestimmte Substanzen zu sich zu nehmen oder sich auf eine bestimmte Weise zu verhalten, um psychisches Unwohlsein zu überwinden. Man kann abhängig sein von Alkohol, Tabak, Drogen, Zucker, Medikamenten, Kaffee, bestimmten Nahrungsmitteln, Sex, Sport, Fernsehen, Musik, Lesen, Einkaufen, Spielen usw. Hängt unser Glück von solchen äußeren Mitteln ab, so ruft unsere Seele nach EIGENLIEBE. Alles, was uns widerfährt, ist ein Spiegel unseres Innenlebens. Auch eine körperliche Abhängigkeit ist dazu da, damit wir etwas aus ihr lernen. Sie ist ein deutliches Zeichen AFFEKTIVER ABHÄNGIGKEIT.

Zuerst heißt es, eine Unterscheidung zwischen WÜNSCHEN und Abhängigkeit zu treffen. Vielleicht fragst Du Dich auch, ob das Glas Wein, das Du täglich trinkst, bereits eine Form der Abhängigkeit oder eher eine GEWOHNHEIT ist. Versuche eine Woche lang keinen Wein mehr zu trinken und beobachte, ob Dir das Schwierigkeiten bereitet oder Du darunter leidest. Ist das nicht der Fall, so handelt sich um eine Gewohnheit oder Annehmlichkeit. Musst Du Dich kontrollieren, um nicht doch nachzugeben, und denkst Du immer wieder daran, so ist es tatsächlich eine Abhängigkeit.

Der Grad einer Abhängigkeit wird an zwei Faktoren gemessen: Welches Leid verursacht das Ausbleiben und welchen Schaden verursacht die Abhängigkeit? Offensichtlich ist Drogenabhängigkeit schädlicher als die Abhängigkeit von Lektüre. **Je mehr ein Mensch am Mangel einer Sache leidet, desto mehr hängt er davon ab, und desto lauter ist der Hilferuf seiner Seele.**

Behauptest Du von Dir, in keiner Hinsicht abhängig zu sein, so solltest Du zuerst überprüfen, ob Du Dich nicht kontrollierst oder zurückhältst. Denn auch das ist eine Form der Abhängigkeit. Beobachte Deine Haltung anderen gegenüber. Stört Dich ihre Abhängigkeit? Versuchst Du sie zum Aufhören zu bewegen oder kritisierst Du sie innerlich? Dies ist ein ziemlich sicheres Zeichen dafür, dass Du Dich selbst kontrollierst. Vermeidet jemand Zucker aus freien Stücken und nicht aus Selbstkontrolle, so ist es ihm völlig egal, wie viel Zucker andere essen. Sind bestimmte Exzesse bei Dir eher zeitlich bedingt und hören nach ein paar Tagen oder Wochen wieder auf, so handelt es sich eher um ZWANGHAFTES HANDELN.

Jede körperliche Abhängigkeit weist uns auf eine Abhängigkeit im Bereich der Liebe hin. Wer dies nicht anerkennen will, will sich nicht eingestehen, die Kontrolle über einen Bereich seines Innenlebens verloren zu haben.

Es soll hier aber keineswegs darum gehen, unsere Abhängigkeit zu überwinden. Sie ist weder gut noch schlecht. Wir müssen lernen, sie zu akzeptieren und uns durch sie besser kennen zu lernen. Nur so werden wir sie wirklich MEISTERN können. Der wichtigste Schritt ist immer das AKZEPTIEREN. Es hat keinen Sinn unsere Abhängigkeit mit allen Mitteln kontrollieren zu wollen und uns zu verurteilen, wenn es uns nicht gelingt. Wir sind auf dieser Welt, um uns weiterzuentwickeln. Es geht uns nicht schlecht, weil wir abhängig sind. Eine akzeptierte Abhängigkeit stellt kein Hindernis für unsere Entwicklung mehr dar. Im Gegenteil, sie hilft uns zu affektiver EIGENSTÄNDIGKEIT, da wir sie allein durch die Akzeptierung schwinden lassen. Nur so sind wir imstande uns oder abhängigen Mitmenschen das nötige Mitgefühl zuteil werden zu lassen. Ja, eine Abhängigkeit zu akzeptieren führt zur FREIHEIT.

Abreagieren (sich)

Spannungen, Zwänge, Instinkte, Aggressionen, ein Übermaß an Wut, Angriffslust oder auch Übermut und ENTHUSIASMUS zum Ausdruck bringen. Wir können uns dieser übermäßigen Energie entledigen, indem wir herumalbern, Sport betreiben, schreien oder sie auf irgendeine andere Weise abreagieren. Begehen wir dadurch keine bedauernswerten Handlungen, bei denen wir oder andere zu Schaden kommen, so ist dieser Mechanismus durchaus positiv, da er Körper, Geist und Gefühlswelt wieder ins Gleichgewicht bringt.

Menschen, die dabei jedoch jegliche KONTROLLE über sich verlieren, haben sich zu lange zurückgehalten und gezäumt. Sind wir imstande, in der GEGENWART zu leben, so bringen wir unsere Anliegen auch unmittelbar zum Ausdruck und pflegen eine möglichst direkte KOMMUNIKATION. Reagieren wir uns ab, indem wir anderen unsere Probleme erzählen, so kann das nur gewinnbringend sein, wenn wir dabei wirklich nach Lösungen suchen und niemanden anklagen. Andernfalls ist es eine sinnlose Energievergeudung. Wir stoßen dadurch nicht nur unsere Mitmenschen ab, sondern nähren auch das Problem selbst.

Abschwören

Siehe LEUGNEN.

Absicht

Vorbedachter Entschluss. In der Regel verfolgen all unsere Handlungen und Worte eine gewisse Absicht. Die meisten Menschen setzen jedoch Aktionen, um geliebt zu werden, anstatt zu lieben oder ganz einfach sie selbst zu sein. Stellen wir uns zwei Schwestern vor, die ihrem Bruder einen Dienst erweisen. Während die eine ihm einfach und ohne jegliche ERWARTUNGEN helfen will, weil sie ihn gern hat, tut es die andere, weil sie von ihrem Bruder geliebt oder gelobt werden will oder fürchtet, zurückgewiesen zu werden, wenn sie sich weigert, ihm zu helfen. Sie erwartet also eine Gegenleistung oder Anerkennung.

Auch unsere Absichten sind dem GESETZ VON URSACHE UND WIRKUNG unterworfen, welches von einer höheren INTELLIGENZ gesteuert wird. Wir ernten je nach Absicht und BEWEGGRÜNDEN. Steht hinter einer Tat eine reine und ehrliche Absicht, so kommt diese Energie von anderen wieder in dieser Form zu uns zurück, auch wenn das Ergebnis unserer Handlung nicht unbedingt unseren Wünschen entspricht. Im vorherigen Beispiel hätte eine identische Handlung beider Schwestern also andere Auswirkungen und Folgen, da ihnen unterschiedliche Absichten zugrunde lagen. Während die erste irgendwann von jemandem Hilfe aus Liebe „zurück" bekommen würde, erhielte die zweite einen Hilfsdienst aus Angst oder Verpflichtung, vor allem jedoch verbunden mit bestimmten Erwartungen. Eine solche Lebenshaltung ruft zahlreiche EMOTIONEN hervor. Wir sollten also versuchen, uns den Absichten hinter unseren Taten und Worten bewusster zu werden. Heißt es nicht „Die gute Absicht zählt"? Sie ist der Keim jeder Ernte.

Manchmal bezeichnet das Wort „Absicht" auch einen großen Wunsch, der sich später einmal verwirklichen soll. So können wir z. B. die Absicht haben, uns eines Tages eine andere Arbeit zu suchen, uns gesünder zu ernähren, aufhören zu rauchen, unseren Nächsten zu sagen, wie gern wir sie haben usw. Die Absicht ist schon ein wichtiger Schritt zur Handlung, doch sollten wir überprüfen, was uns wirklich daran hindert, schon jetzt zur Tat zu schreiten. Ist es eher ANGST oder VORSICHT? Es gibt nämlich auch unbewusste Absichten, die stärker als bewusste sein und jene „sabotieren" können. Sie lähmen jene, indem sie sie z. B. auf später verschieben.

Nehmen wir das Beispiel eines Arztes, der sich gerne auf einen Bauernhof zurückziehen und seinen Beruf an den Nagel hängen möchte. Dennoch stellen sich diesem Herzenswunsch die verschiedensten Hindernisse in den Weg. Bei näherem Hinsehen wird er bemerken, dass der Wunsch, seiner Frau und seinen Eltern Freude zu bereiten stärker ist als seine Absicht, auf seine eigenen Bedürfnisse zu hören. In Wirklichkeit wird er von der Angst, zu missfallen oder verurteilt zu werden, beherrscht. Es ist also höchste Zeit, dass wir uns unserer wahren Absichten bewusst werden. Das kann sehr viel Stress und Angst vermeiden, die durch DILEMMA und Widerstreit zweier entgegengesetzter Absichten entstehen.

Absolut

„Absolut" bedeutet nichts anderes als „uneingeschränkt". Sprechen wir also vom Absoluten, so meinen wir eine Welt, die jenseits aller menschlicher Grenzer liegt. Eine solche Welt kann nur gefühlt, nicht aber bewiesen werden. Hier ist alles möglich und kennt keine Grenzen.

Dies sollte uns jedoch keineswegs dazu verführen unsere STOFFLICHE WELT zugunsten des Absoluten zu missachten. Beide Welten sind wirklich, doch ist uns das Absolute nur dann zugänglich, wenn wir uns selbst MEISTERN.

Abtreibung

Künstlicher Schwangerschaftsabbruch. Wird eine Frau schwanger, ohne es geplant oder gewünscht zu haben, so muss sie sich zuerst darüber klar werden, dass sie über all die nötigen Ressourcen verfügt, sich um diese SEELE, die zur Welt kommen will, zu kümmern – auch wenn ihr das im Augenblick noch nicht bewusst ist. Hat sie das Gefühl dieser Situation nicht gewachsen zu sein, so muss sie sich zunächst ihrer ABSICHTEN bewusst zu werden. So wird sie auch die ÄNGSTE und GRENZEN erkennen, die in jenem Moment ihre Wahl einer Abtreibung zu rechtfertigen suchen.

Entscheidet sie sich dennoch für eine Abtreibung, so sollte sie sich das Recht zu diesen Ängsten zugestehen, um sich nachher keine VORWÜRFE zu machen. Trotzdem sollte sie sich des Umstands bewusst sein, dass die ZURÜCKWEISUNG dieser Seele nach dem GESETZ VON URSACHE UND WIRKUNG eines Tages Folgen nach sich ziehen wird, die sich nach ihren BEWEGGRÜNDEN richten. Entscheidet eine Frau sich also für eine Abtreibung, weil sie nicht bereit ist sich festzulegen oder frei sein will, so wird sie eines Tages eine ähnliche Zurückweisung von einem Menschen erfahren, dem auch seine Freiheit wichtiger ist und der sich nicht binden will. Akzeptiert die betroffene Frau dieses Prinzip, wird sie auch die Folgen ihrer Entscheidung gelassener zu tragen wissen. In jedem Fall ist es jedoch wichtig Kontakt, mit dieser Seele aufzunehmen und ihr unsere Grenzen und Ängste mitzuteilen. Die Eltern dieses werdenden Kindes sollten die jeweiligen Entscheidungen akzeptieren, um in der Folge nicht zu sehr an SCHULD-GEFÜHLEN und Trauer zu leiden, die die Seele daran hindern, ihrerseits Frieden zu finden. Ganz gleich, welche Gründe eine Abtreibung bedingen, wir sollten nie aus den Augen verlieren, dass jeder Mensch seine Entscheidungen nach freiem Willen treffen kann, da er allein die Konsequenzen seines Handelns zu tragen hat. Wir nennen das VERANTWORTUNGSBEWUSSTSEIN.

Schließlich sei noch anzumerken, dass eine Abtreibung auch einen Schnitt im Paar vollzieht. Wollen die beiden Partner die Beziehung weiterführen, so sollten sie dies auf einer neuen Grundlage tun. Niemand hat das Recht, über andere zu urteilen. Eine Abtreibung zu akzeptieren, auch wenn wir nicht alle Gründe verstandesmäßig erfassen können, ist ein ausgezeichnetes Mittel MITGEFÜHL und AKZEPTIEREN zu lernen.

Abwertung

Herabsetzen, erniedrigen, diffamieren, den tatsächlichen Wert aberkennen und nicht schätzen. Werten wir uns selbst ab, so VERGLEICHEN, KRITISIEREN und URTEILEN wir über uns, statt uns zu AKZEPTIEREN. Wir sollten uns fragen: „Wurde ich schon einmal besser, weil ich mich abwertete? Konnte ich dadurch schon Probleme lösen? Fühlte ich mich dadurch besser in meiner Haut? Schätze und liebe ich mich dadurch mehr?" Uns selbst oder andere zu bemängeln, ist keinesfalls konstruktiv. Doch kann es uns helfen, uns selbst besser zu beobachten, kennen zu lernen und unseren wahren, persönlichen WERT zu entdecken.

Setzt Du Dich durch Deine DEMÜTIGKEIT herab? Menschen, die sich bestimmten Aufgaben nicht gewachsen sehen, müssen erkennen, dass all diejenigen, die sie BEWUNDERN, weil sie dazu imstande sind, in Wirklichkeit nur über andere Erfahrungen, Kenntnisse und Qualifikationen verfügen. Sie sind weder besser noch schlechter. Vielleicht denken jene dasselbe in anderen Bereichen. Da Demütigung noch niemandem geholfen hat, sollten wir schon heute damit beginnen, uns als Mensch mit all unseren Stärken und Schwächen zu akzeptieren. Ist dies Dein Fall, solltest Du Dir zur Gewohnheit machen, Dir mindestens 10 Komplimente am Tag zu machen.

Achtung

Respekt, Anerkennung und Rücksicht auf andere. Oft handelt es sich auch um die Einhaltung von Regeln und den Respekt einer gewissen Autorität. Blinder GEHORSAM hingegen ignoriert oft das Wesen der „Hörigen" und beruht auf der Vorstellung von GUT UND BÖSE. Das gilt vor allem für Erwachsene, die ihre Autorität aufgrund ihrer Machtposition auszuspielen versuchen und vorgeben, Respekt zu fordern. Eine solche Haltung stößt gerade bei den NEUEN Indigo-Kindern auf heftigen Widerstand, die wissen, dass niemand Respekt verlangen, sondern ihn nur verdienen kann. Erwachsene verdienen ihn aber nur, wenn sie sich als achtbare Menschen erweisen, die sich auch selbst achten.

Natürlich ist ein gewisser Respekt der AUTORITÄT in einer Gesellschaft unumgänglich, um Ordnung, Frieden und eine gewisse Harmonie zu wahren. Doch haben wir nur selten Selbstachtung, d. h. die Würdigung unserer eigenen INDIVIDUALITÄT, gelernt, die die Grundlage des großen universellen Respekts darstellt. **Selbstachtung bedeutet, wir selbst sein zu können, unsere BEDÜRFNISSE zu kennen und sich nicht von unserem Weg abbringen zu lassen, um es anderen Recht zu machen. So respektieren wir unseren eigenen LEBENSRAUM.** Achtung ist untrennbar mit bedingungsloser LIEBE und EIGENLIEBE verbunden.

Das Ausmaß unserer Selbstachtung können wir recht genau am Respekt ablesen, den uns andere zollen. Auch hier gibt der SPIEGELANSATZ uns wertvolle Aufschlüsse. Frage Deine Mitmenschen, ob sie sich von Dir geachtet fühlen. Respektierst Du ihre Bedürfnisse, ihre Unterschiede, ihren Lebensraum, ihre Entscheidungen? Die Antwort auf diese Fragen zeigt Dir, wie Du Dir selbst gegenüber stehst. Lernst Du zu achten, so lernst Du auch zu lieben.

Aggression (Körperliche)

Siehe GEWALT.

Agoraphobie

Die folgende Definition stammt aus dem Buch *Dein Körper sagt: Liebe dich!*:

Agoraphobie ist eine krankhafte Angst vor freien Plätzen und öffentlichen Orten. Sie ist die häufigste Form der Phobie, von der doppelt so viele Frauen als Männer betroffen sind. Viele Männer ertränken ihre Agoraphobie im Alkohol. Sie werden lieber Alkoholiker als sich diese große, unkontrollierbare ANGST einzugestehen. Eine BEKLEMMENDE Situation kann bei der unter Agoraphobie leidenden Person physiologische Reaktionen hervorrufen (Herzklopfen, Schwindelgefühl, Muskelschwäche oder -starre, Schweißausbruch, Atemnot, Übelkeit, Inkontinenz usw.), die von der ÄNGSTLICHKEIT zur PANIK reichen. Die Auswirkungen können jedoch auch die psychische Ebene betreffen (Entfremdungsgefühle, Angst, die Kontrolle oder das Bewusstsein zu verlieren, verrückt oder bloßgestellt zu werden oder gar zu sterben) oder aber auch konkrete Verhaltensweisen auslösen (Flucht vor Angst erregenden Situationen und natürlich auch vor jedem Ort, der den Agoraphoben von der Stelle oder der Person entfernt, die ihm das Gefühl der Sicherheit einflößt). Viele unter Agoraphobie leidende Menschen leiden auch an Unterzucker.

Die Ängste und Gefühle, die agoraphobische Menschen empfinden, sind so stark, dass sie Situationen zu meiden suchen, denen sie nicht entkommen können. Deshalb suchen sie sich einen Menschen, der ihnen das Gefühl der Sicherheit verleiht und mit dem sie sich in die Welt hinauswagen können, und schaffen sich so einen Ort, an den sie zurück fliehen können. So mancher meidet es überhaupt, diesen Zufluchtsort zu verlassen. Ein guter Grund dafür ist stets zur Hand. In Wirklichkeit kommt es jedoch nie zu den befürchteten Katastrophen. Die meisten unter Agoraphobie leidenden Menschen waren als Kinder sehr ABHÄNGIG von ihrer Mutter und fühlten sich für deren Glück verantwortlich, oder zumindest dafür, sie in ihrer Mutterrolle zu stützen. Sie können sich dadurch helfen, indem sie das Verhältnis zu ihrer Mutter klären. Solche Menschen werden auch als FUSIONSTYPEN bezeichnet.

Am meisten fürchten sich Agoraphobe vor TOD oder Wahnsinn. Ihre Ängste gehen auf die Kindheit zurück, in der sie diese völlig alleine durchleben mussten. Die Agoraphobie tritt oft beim Tod oder der Geisteskrankheit eines nahen Mitmenschen zutage. Es ist aber auch möglich, dass der Agoraphobe selbst als junger Mensch dem Tod sehr nahe stand, oder dass die Angst vor dem Wahnsinn oder dem Tod einer nahen Person die Familienstimmung beherrschte. Am meisten Sorgen machen sich unter Agoraphobie leidende Personen, was im Falle ihres Todes oder Wahnsinns aus den ihn nahe stehenden Menschen werden könnte.

Sie halten sich außerstande, eine wie auch immer geartete VERÄNDERUNG zu ertragen, da sie einen symbolischen Tod bedeuten würde. Aus diesem Grund durchleben sie bei jedem Übergang große Ängste. Solche Veränderungen können die Pubertät, ein Arbeitswechsel, eine Schwangerschaft, ein Unfall, eine Trennung, der Tod oder auch die Geburt eines Mitmenschen usw. sein.

Ängste und Beklemmungen können jahrelang im Unbewussten schlummern und nicht zum Ausdruck kommen. Eines Tages, wenn die mentalen und emotionalen GRENZEN jedoch überschritten werden, brechen sie hervor und werden bewusst.

Solche Menschen haben eine ebenso rege wie unkontrollierte Phantasie. Sie stellen sich Situationen vor, die die Wirklichkeit bei Weitem übertreffen, und sind davon überzeugt, diesen Veränderungen nicht gewachsen zu sein. Diese rege Geistestätigkeit macht ihnen auch Angst vor dem Wahnsinn. Sie wagen es nicht, mit anderen darüber zu sprechen, weil sie glauben, für verrückt gehalten zu werden. Es ist höchste Zeit zu erkennen, dass es sich hier keineswegs um Wahnsinn, sondern um eine schlecht verarbeitete Übersensibilität handelt.

Treffen die obigen Darlegungen auf Dich zu, so solltest Du verstehen, dass Du keineswegs verrückt bist und dass Du auch nicht daran sterben wirst. Du standest in Deiner Kindheit lediglich den Emotionen anderer zu offen gegenüber, da Du davon überzeugt warst, für ihr Glück oder Unglück verantwortlich zu sein. So hast Du ÜBERSINNLICHE Gefühle entwickelt, um Probleme zu erkennen und vermeiden zu können, wenn Du mit anderen zusammen bist. Das ist auch der Grund dafür, weshalb Du alle Emotionen und Ängste deiner Mitmenschen empfindest, wenn Du Dich in die Öffentlichkeit begibst. Für Dich ist es am wichtigsten, zu lernen, was wahre VERANTWORTUNG bedeutet. Das Verantwortungsgefühl, welches Du bisher unterhalten hast, ist nicht gut für Dich. Du solltest Hilfe von Außenstehenden suchen, um Dir auf Deinem Weg der Heilung zu helfen.

Ahnung

Siehe INTUITION.

Akasha-Erinnerungen

Dieses Wort aus dem SANSKRIT bedeutet so viel wie „universelles Gedächtnis". Diese Erinnerung liegt in der ASTRALWELT und ist manchen Menschen zugänglich. Hier ist alles verzeichnet, was sich jemals auf diesem Planeten zugetragen hat. Wie alle anderen Fähigkeiten, sollte auch die Fähigkeit des Zugriffs auf diesen immensen Informationsschatz in den Dienst der Menschheit gestellt werden und nicht dazu dienen, unserem ICH zu schmeicheln.

Aktionen setzen

Wir offenbaren unseren Willen, indem wir Dinge in Bewegung setzen und fertig stellen. Wir wirken, bringen Energie in Umlauf und beeinflussen so die Ereignisse unseres Lebens. Dies ist das beste Mittel, wahren Wandel zu erzielen. Damit diese Veränderungen Deinen Wünschen entsprechen, sollte jeder Handlung ein ENTSCHLUSS vorausgehen, der auf Deinen BEDÜRFNISSEN beruht.

Stellen wir uns jemanden vor, der gerne seinen Beruf wechseln würde, da er das Bedürfnis nach neuen Erfahrungen verspürt. Doch wagt er nicht, zur Tat zu schreiten. Er fürchtet, keine neue Arbeit zu finden, weil sein ganzes Umfeld ihm vom aktuellen Arbeitsmangel erzählt. Fasst er eines Tages jedoch wirklich den *Entschluss* zu einem anderen Beruf und fühlt, wie ihn das mit Freude und Glück erfüllt, so wird sich der Weg zu einer neuen und noch erfüllenderen Stelle ganz alleine öffnen.

Wagen wir, unsere Bedürfnisse in den verschiedensten Situationen in die Tat umzusetzen, so entdecken wir dadurch nicht nur neue Talente und verborgene innere Kräfte, sondern entwickeln dadurch auch Mut und Ausdauer. Nichts geht im Universum verloren. Keine Handlung, kein Gedanke, kein Wort ist dem Zufall überlassen. Am meisten hindert uns unsere eigene Angst vor IRRTÜMERN daran, Aktionen zu setzen. Doch ist keine Tat schlecht. Im Idealfall handeln wir ganz spontan. So machen wir neue ERFAHRUNGEN. Durch ihre Folgen werden wir lernen, ob sie uns Vorteile gebracht haben. **Es ist unmöglich alle Folgen einer Handlung vorher abzuschätzen.**

Akzeptieren

In den Lehren von *Höre auf Deinen besten Freund, auf Deinen Körper* kreist sehr viel um diese Thematik, da sie die Grundlagen der bedingungslosen LIEBE ist, die wir uns selbst und anderen zukommen lassen. Wir müssen das Leben in all seinen Zügen akzeptieren, um Wohlbefinden, Glück, Gesundheit, Wohlstand und all unsere anderen Wünsche zu erreichen. Doch müssen wir zwischen mentalem und spirituellem Akzeptieren unterscheiden.

Akzeptiert unser Verstand eine Situation, so teilen wir eine bestimmte Meinung oder halten etwas für akzeptabel. Um seine Entscheidung zu treffen, greift er auf in der Vergangenheit erlernten Informationen zurück.

Spirituelles Akzeptieren spielt sich hingegen auf der Ebene des Seins, des Herzens ab, wo es kein URTEIL über GUT UND BÖSE gibt. **Wirklich akzeptieren heißt, Ereignissen und Menschen zuzugestehen so zu sein, wie sie sind, und die Erfahrungen des Lebens anzunehmen, ohne sie unbedingt ändern zu wollen, wenn sie nicht unseren Plänen entsprechen.** Wir müssen lernen, unsere Mitmenschen ohne Kritik oder Werturteil anzunehmen und uns zugleich wohl in unserer Haut zu fühlen. Das Verstandesdenken, welches zwangsläufig auf unseren Erinnerungen basiert, ist nicht in der Lage, Dinge in dieser Form zu akzeptieren, da es seine Schlussfolgerungen aus bisherigen Erfahrungen zieht, während die bedingungslose Liebe sich immer auf das

Hier und Jetzt konzentriert. Deshalb tut sich unser Verstandesdenken oft so schwer, die spirituelle Ebene des Akzeptierens vollständig zu erfassen.

Unser Verstand sträubt sich z. B. dagegen, extreme Handlungen wie Diebstahl oder Mord gutzuheißen. Sie jedoch spirituell akzeptieren, heißt anderen Menschen das Recht einzuräumen, ein anderes Leben zu führen und BEWEGGRÜNDE zu haben, die wir vielleicht nicht nachvollziehen können. Nur so sind wir wirklich dazu in der Lage, die Ängste, Grenzen und alles Leid eines Menschen zu erfassen, wenn er die Kontrolle über sich selbst verliert.

Weigern wir uns, eine auch noch so unbedeutende Situation zu akzeptieren, so sind wir zutiefst davon überzeugt, dass sie verkehrt ist oder auf ein Fehlverhalten zurückgeht. All das ruft die verschiedensten Gefühle, besonders aber Frustration und Zorn hervor. In solchen Augenblicken können Deine GEFÜHLE wertvolle Signale sein, Dein Wertsystem und Deine Ansichten neu zu überdenken, um flexibler zu werden und anderen Menschen und Situationen offener gegenüberstehen zu können. Kurz gesagt, sie sind der ideale Ausgangspunkt für ein glücklicheres Leben.

Akzeptieren heißt auch, anderen Menschen zugestehen, durch bestimmte Erfahrungen wichtige Lehren des Lebens lernen zu müssen. Vielleicht hilft es Dir, wenn Du Dich fragst, wie Du reagieren würdest, wenn Dein Sohn oder Deine Tochter ein solch inakzeptables Verhalten an den Tag legen würde. Welches Urteil würdest Du Dir diesbezüglich von anderen wünschen? Wir sollten nie aus den Augen verlieren, dass es keineswegs nötig ist, die Umstände zu verstehen oder eine Situation gutzuheißen, um etwas zu akzeptieren.

Kannst Du etwas trotz aller Bemühungen nicht annehmen, da Deine ÜBERZEUGUNGEN oder Dein Schmerz zu groß sind, so gestehe Dir das für den Moment zu. Auch dies ist eine Form des Akzeptierens, die Dich dem Wohlbefinden öffnet. Es wird uns leichter fallen, wenn wir mit Kleinigkeiten beginnen. Schon bald werden wir merken, wie befreiend es ist, wenn wir bestimmte Situationen oder Personen akzeptieren, wie sie sind. Das soll nun keineswegs heißen, wir sollten ihnen gleichgültig gegenüberstehen. Doch wie sollen wir über andere Methoden urteilen können, wo wir doch selbst nur auf einem der unzähligen Wege zum Licht sind. Wir können wertvolle Aufschlüsse darüber gewinnen, was wir nicht an uns selbst akzeptieren, wenn wir genau beobachten, was uns an anderen stört. Wir nennen das den SPIEGELANSATZ.

Außerdem kann es nie genug unterstrichen werden, dass wir alle nicht völlig, d. h. ohne URTEIL, VORWÜRFE, Bedauern oder SCHULDGEFÜHLE akzeptierten Situationen immer wieder in den verschiedensten Varianten erleben werden, bis wir uns der Folgen unseres Verhaltens klar geworden sind. Wenn wir uns all dieser Umstände bewusst sind, so liegt die Wahl positiver oder negativer Erfahrungen einzig und allein bei uns selbst.

Alkoholismus

Siehe ABHÄNGIGKEIT und ICH BIN.

Alter

Letzte Lebensphase, die der Reife folgt und durch eine Verlangsamung und Schwächung der Körpertätigkeiten gekennzeichnet ist. Je nach Kultur werden alte Menschen völlig verschieden betrachtet. In manchen Ländern werden der ausgereifte Geist und die Weisheit alter Leute geschätzt, und man sucht Rat bei ihnen. Jüngere bringen ihnen Vertrauen und Ehrerbietung entgegen.

Um jede Lebensphase gelassen und ausgeglichen zu leben, müssen wir erkennen, dass jede einzelne für unseren Weg auf Erden unerlässlich ist. Wir sollten also keine Angst vor dem Altern haben, sondern akzeptieren, dass das Alter einen natürlichen Teil des Lebenskreises darstellt. Unser Körper wandelt sich ebenso natürlich, wie unsere BEDÜRFNISSE und WÜNSCHE. Wir sollten unser Leben und unsere Aktivitäten diesem langsameren Rhythmus ANPASSEN und auf den Rhythmus der Natur hören.

Wir müssen akzeptieren, dass manche geliebte Menschen vor uns verscheiden, ohne ständig zu denken: „Und wann bin ich dran?" Versuchen wir, all die VERÄNDERUNGEN und VERLUSTE unserer Umwelt mit einer gewissen LOSLÖSUNG hinzunehmen und dennoch in unseren INNEREN MITTE zu verweilen. Weigern wir uns, gewisse Abnutzungserscheinungen unseres Körpers zu akzeptieren, so laufen wir Gefahr, manchmal zu viel von uns zu verlangen und zu erkranken, weil wir unsere GRENZEN missachtet haben.

Es geht also nicht darum, gegen das Alter anzukämpfen, sondern vielmehr darum, uns den neuen Gegebenheiten von Körper und Geist anzupassen. Wir sollten erkennen, dass uns mehr Zeit für unser Innenleben bleibt, wenn unser Alltag nicht mehr so aktiv ist: Mehr Zeit, um die WEISHEIT, die wir durch ein Leben voller Erfahrungen gesammelt haben, anzuwenden; mehr Zeit, die GEGENWART zu genießen, weiterhin neue Dinge zu lernen, sich für Neues zu interessieren, über Erfindungen anderer und das Leben an und für sich zu staunen.

In Weisheit zu leben und zu altern, bedeutet auch, unser INNERES KIND zu wahren und im Umgang mit Kindern wach zu halten. Es besteht daher eine ganz natürliche Anziehung zwischen Kindern und älteren Menschen, die viel zu geben und zu erzählen haben. Jede Generation hält unzählige Geschenke für andere bereit. Mag das Alter auch die letzte Etappe dieses Erdenlebens darstellen, so kann unsere Geisteshaltung dennoch JUNG und zugleich ausgeglichen sein. Unser Alter ist also sehr relativ. Genau genommen sind wir so alt wie unser Herz.

Änderungswille

Wollen wir uns ändern, so soll das in der Regel zu unserem Besten sein. Es ist völlig menschlich, Aspekte überwinden zu wollen, die uns an uns selbst oder unsere Mitmenschen STÖREN. **Doch je mehr wir ändern wollen, desto weniger ändert sich.** Es ist wie mit einem Mitesser, der immer größer wird, je mehr wir an ihm herumdrücken.

Wer von uns hat noch nicht versucht, andere eines Besseren zu belehren, nur um feststellen zu müssen, dass sie das schließlich nicht im Geringsten verändert hat. Warum nur? Erst wenn eine Situation AKZEPTIERT wurde, besteht die Möglichkeit zum WANDEL.

Das ist das Gesetz der wahren Liebe. **Je mehr wir etwas ablehnen, desto sicherer bleibt es. Akzeptieren wir es, schaffen wir den Raum zur Veränderung.**

Ein wirklicher Wesenswandel vollzieht sich erst, wenn wir unsere Probleme erkennen und ohne Urteil, Kritik oder Schuldgefühle akzeptieren. Wir müssen verstehen, dass bestimmte Erfahrungen notwendig sind, um uns zu zeigen, was wir nicht wollen, und uns so zu unseren wahren Bedürfnissen zu führen. Erst durch eine solch bedingungslose Annahme kann die göttliche Weisheit durch uns wirken, um uns wirksame Mittel zur Verfügung zu stellen, die geeigneten Veränderungen in die Wege zu leiten.

Lasse Dir Zeit und gestehe Dir auch das Recht zu Misserfolgen und Fehlschlägen zu. Anstatt Dich ändern zu wollen, solltest Du lieber nach dieser Form des Wandels und der Verbesserung suchen. Dinge an uns ändern zu wollen, setzt unser Unterbewusstsein mit „nicht akzeptieren" gleich.

Anerkennung

Siehe Dankbarkeit.

Angst vor Tieren

Durch Tiere können wir lieben lernen. Sie spüren die Schwingungen der Liebe, der Angst oder der Gleichgültigkeit, die von einem Menschen ausgehen. Angst vor Haustieren ist eine **irreelle Angst**, solange wir nicht direkt von ihnen angegriffen werden. Kein gesundes Haus- oder wildes Tier fällt einen Menschen an, wenn es keine Angst oder Gewalt in ihm spürt. Es greift aus Überlebensinstinkt an, bevor es selbst angegriffen werden könnte oder weil es an einer Krankheit wie der Tollwut leidet.

Uns geht es hier um die Angst, den der Gedanke oder Anblick eines Tieres im Menschen hervorruft. Gelingt es uns, die Ursachen dieser Angst zu ergründen, so werden wir auf bisher unbekannte, bzw. unbewusste Aspekte unseres Wesens stoßen. Fürchtest Du Dich z. B. vor Schlangen, so gibt es eine interessante Übung, Dich durch diese Angst besser kennen zu lernen:

Stelle Dir die Frage: „Was bedeutet eine Schlange für mich oder was empfinde ich in Gegenwart einer Schlange?" Erstelle eine Liste aller Eigenschaften, die Dir dabei in den Sinn kommen, wie z. B. hinterhältig, aggressiv, gewunden, scheinheilig usw. Du fürchtest Dich nämlich vor Menschen mit diesen Eigenschaften. Diese Angst ist jedoch nur dadurch bedingt, dass Du genau diese Charakterzüge nicht an Dir selbst akzeptierst und mit aller Kraft zu vermeiden versuchst. Das Gesetz der Anziehungskraft bewirkt jedoch, dass wir ständig mit Tieren oder Menschen mit solchen Eigenschaften konfrontiert werden. Am besten bedienst Du Dich des Spiegelansatzes um diese Angst ein für alle Mal zu überwinden. Er kann übrigens auch für Tiere angewandt werden, die uns besonders nahe stehen.

Angst

Starke Emotion der Sorge um eine tatsächliche oder imaginäre Gefahr oder Bedrohung. Angst ist ein wichtiges Gefühl, um uns vor lebensbedrohenden Gefahren zu warnen.

So gelten in der Psychologie z. B. die Angst vor der Leere oder vor dem Fall als **reelle Ängste**. Es ist also völlig normal, sich zu fürchten, wenn wir angegriffen, überfallen werden oder wenn ein anderes Fahrzeug auf uns zu schleudert. Unser Instinkt setzt alles in Bewegung, schnellstmöglich auf Gefahr zu reagieren, um uns nicht zu verletzen oder getötet zu werden.

Doch gibt es unendlich mehr **irreelle Ängste**. Dazu gehören **materielle Ängste** wie z. B. die ANGST VOR TIEREN, vor Krankheit, vor dem Tod, vor dem Fliegen, allein zu reisen, vor bestimmten Orten, vor Gewittern oder der Dunkelheit; **emotionale** und **mentale Ängste** wie z. B. die Angst verurteilt, kritisiert, zurückgewiesen, vernachlässigt zu werden, sich auszudrücken, wahr zu sein, Forderungen zu stellen, zu verzeihen oder vor Publikum zu sprechen. **All diese irreellen Ängste gehen auf vergangene Ereignisse zurück, die wir selbst oder andere erlebt haben und die unsere Vorstellungskraft in gewissen Momenten wach ruft. Solche Ängste hindern uns daran, wir selbst zu sein und unsere Erfahrungen voll und ganz auszuleben.** Sie werden von unseren ÜBER-ZEUGUNGEN genährt und unterhalten.

Unser Körper macht jedoch keinen Unterschied zwischen reellen und irreellen Ängsten. Er reagiert unmittelbar und stellt alle Kraft und Energie zur Verfügung, die wir benötigen, um uns einer Gefahr stellen zu können. Das GEHIRN gibt den Nebennierendrüsen den Auftrag, Adrenalin auszuschütten um die Zuckerreserven, die in Form von Fett in unseren Muskeln gespeichert sind, frei zu setzen. Das beschleunigt die nötigen Körperfunktionen: Wir denken schneller, der Herzschlag beschleunigt sich, die Lungen nehmen mehr Sauerstoff auf und unsere gesamte Muskulatur wird in Alarmbereitschaft versetzt, um der Gefahr möglichst rasch ausweichen zu können.

Bei irreellen Gefahren reagiert der Körper genau so, da das Gehirn dieselbe Botschaft aussendet. Es reagiert nur auf die Botschaft der Angst. Setzen wir unseren Körper auf diese Weise allzu oft unnötig in Alarmbereitschaft, ermüden und erschöpfen wir ihn frühzeitig. Außerdem „vergiftet" das freigesetzte Adrenalin nach und nach unseren Organismus.

Da wir täglich zahlreiche irreelle Ängste durchstehen, erklärt sich unsere Erschöpfung am Abend umso mehr. Nur etwa 10 % unserer Wahrnehmung sind uns tatsächlich bewusst. Unsere unbewussten, irreellen Ängste haben jedoch dieselben Auswirkungen auf unseren Organismus. Unserer Bewusstwerdung kann schon allein aus diesem Grund nie zu hoher Stellenwert beigemessen werden. Wir müssen uns baldmöglichst all die Überzeugungen BEWUSST machen, die unseren Ängsten zugrunde liegen. Diesen Wandel können nur wir selbst vornehmen.

Verdrängte Ängste werden im Lauf der Jahre immer stärker. Sie haben nicht nur verheerende Auswirkungen auf unsere Gesundheit, sondern hindern uns auch daran, unser Leben auszukosten und bestimmte Erfahrungen zu machen. Stellen wir uns eine Frau vor, die gerne ausgehen oder reisen würde, jedoch Angst vor Einbrechern, Feuer oder Krankheit hat. All diese Ängste lassen keine neuen Erfahrungen zu. Sie wird sich sogar einreden, dass sie lieber Zuhause ist, weil sie sich nur hier wirklich in Sicherheit fühlt. Und wieder haben die irreellen Ängste gesiegt. Auf diese Weise erlangen sie immer mehr Macht und nehmen schließlich derart überhand, dass sich unsere Entscheidungen nicht mehr nach unseren Wünschen und Bedürfnissen, sondern nur noch nach unseren Ängsten richten.

Jede bewusst gewordene Angst, deckt einen bisher verkannten Wunsch auf. Stelle Dir daher die Frage: „Was *hindert* mich diese Angst in meinem Leben zu *tun,* zu *haben* oder zu *sein?*" Die Antwort auf diese Frage wird Dir wertvolle Aufschlüsse über die Deinem Lebensplan entsprechenden Wünsche geben. Jedes Mal, wenn Du zulässt, dass Ängste ihre Erfüllung verhindern, bist Du von Dir selbst enttäuscht, da Du in Deinem tiefsten Inneren weißt, dass nur Du allein dafür die Verantwortung trägst, Deinen Lebensplan zu erfüllen. Tust Du es nicht in diesem Leben, so musst Du wiederkehren, um es in einem nächsten zu versuchen. Es handelt sich also um eine schwerwiegende Wahl.

Haben wir uns dazu entschieden, bestimmte Ängste zu überwinden, so können wir ganz bewusst andere Aktionen setzen, als zurzeit zu der diese Ängste unsere Entscheidungen bestimmten. So werden wir auch erkennen, dass vieles, was wir bisher für die Wahrheit hielten, nicht unbedingt der Wirklichkeit entsprach. Dazu sollten wir schrittweise vorgehen und die Dinge nicht überstürzen. Täglich ein kleines Zeichen, eine winzige Handlung in die gewünschte Richtung, und wir werden schon bald neues Selbstvertrauen gewinnen. Wir sollten uns für jeden kleinen Sieg beglückwünschen und zugleich Geduld und Nachsicht mit uns haben, dass bestimmte Ängste sich als besonders hartnäckig erweisen. Besonders die subtileren Ängste auf der Ebene des Seins in Zusammenhang mit unseren Seelenwunden bedürfen besonderer Ausdauer.

Lasse Dich nicht dadurch entmutigen, dass Du mit zunehmendem Bewusstsein immer mehr Deiner Ängste entdecken wirst. Diese Erkenntnis wird Dir eine wertvolle Hilfe bei Deiner weiteren Entwicklung sein. Es handelt sich also keineswegs um neue, sondern vielmehr um bisher unbewusste und verdrängte Ängste, die nun endlich auftauchen. Das ist ein Zeichen dafür, dass wir jetzt dazu in der Lage sind, uns ihnen zu stellen und sie zu überwinden. Um nachhaltigen Wandel erzielen zu können, müssen wir zuerst all unsere Ängste akzeptieren. Sie wollen uns ja eigentlich keinen Schaden zufügen, sondern unterliegen bestimmten Überzeugungen, die uns durch sie schützen wollen.

Leisten bestimmte Ängste jedoch trotz all dieser Arbeit weiterhin erheblichen Widerstand und stören Dein inneres Gleichgewicht, so solltest Du nicht zögern, Hilfe von außen zu Rate zu ziehen. Es ist immens wichtig, uns nicht daran zu hindern, neue Erfahrungen zu machen und uns zu verwirklichen, um zu Glück und Freiheit zu finden. Fliehen wir unsere Ängste, so werden sie uns einholen. Verdrängen wir sie, so nehmen sie unser ganzes Wesen ein, nehmen wir sie jedoch an und zähmen sie, so werden wir sie auch meistern.

Ängstlichkeit

Übermäßige Sorgen, die vor allem auf übermäßiges Grübeln entstandenen Zweifeln und Unsicherheit beruhen. Ängstliche Menschen stellen außerdem oft übertriebene

Ansprüche an sich selbst. Sie erfinden sich ständig neue, unbegründete ÄNGSTE. Bist auch Du ein solcher Typ, so solltest Du versuchen, Deinen Geist ein wenig mit körperlicher Ertüchtigung zu beschäftigen und abzulenken. Ängstliche Personen leiden häufig unter Schlafstörungen und erholen sich nicht während des SCHLAFS.

Anklage

Siehe VORWÜRFE.

Anpassung

Sich auf Situationen oder Personen einstellen und sich mit ihnen in Einklang bringen. Meist entscheiden wir bewusst, ob wir uns an etwas oder jemanden anpassen, uns auf eine neue Situation einstellen oder eine neue Haltung einnehmen wollen.

Alles Leben befindet sich in ständiger Bewegung, in stetem Wandel. In einer sich rasch entwickelnden Welt muss sich der Mensch ständig auf neue Situationen einstellen können, wenn er ein erfülltes Leben führen will. Demnach ist „Anpassung" also keineswegs gleichbedeutend mit „RESIGNATION", ja nicht einmal mit „EINVERSTÄNDNIS". Anpassen heißt vielmehr, sich auf neue VERÄNDERUNGEN einzustellen, die in einem bestimmten Augenblick verstärkt auftreten. Wir stehen am Beginn des WASSERMANN-ZEITALTERS, wo das WEIBLICHE und das MÄNNLICHE PRINZIP lernen müssen, harmonisch zusammenzuleben. Wir befinden uns in allen Bereichen in einer großen Umstellungsphase.

Am Anfang einer Beziehung müssen sich beide Partner schnell aneinander anpassen, da sie sonst nicht von Dauer sein kann. Bekommen sie ein Kind, so bedeutet dies eine weitere Umstellung. Jeder muss sich auf die veränderten Umstände einstellen. Sind beide weise genug, sich selbst zu BEOBACHTEN ohne sich ANZUKLAGEN und sich gegenseitig das Recht einzuräumen anders zu sein und GRENZEN zu haben, so werden sie einen gemeinsamen Nenner finden, sich auf den Wandel einstellen und das Gleichgewicht der Familie herstellen.

Ebenso müssen wir uns auf unser Alter, die Veränderungen unseres Körpers und auf alle Veränderungen unseres Alltags einstellen. Wir lernen mit einer NEUEN Art von Kindern und (Um)Welt umzugehen. Genau genommen, haben wir uns ständig auf neue Details des Lebens einzustellen. Wenn wir uns an andere anpassen, so verurteilen und kritisieren wir sie nicht, auch wenn wir nicht mit ihnen einverstanden sind. Wir stellen uns auf bestimmte Umstände und Bedürfnisse anderer ein, die in ständigem Wandel begriffen sind. Stehen wir unseren Mitmenschen wirklich offen gegenüber, so wird uns auch die Entwicklung ihrer Bedürfnisse nicht entgehen.

Es ist wichtig zu beobachten, was wir in unserem Inneren empfinden, wenn wir uns so nach den Veränderungen unseres Alltags richten. Natürlich werden sich flexible Menschen dabei leichter tun als all jene, die es gewohnt sind Widerstand zu leisten. Es bedarf einiger Toleranz, Nachsicht und Nächstenliebe, um akzeptieren zu können, dass andere Menschen andere Ansichten haben. So entwickeln wir wahre LIEBE.

Anstellung

Siehe ARBEIT HABEN.

Antipathie

Etwas (wie z. B. einer Arbeit) oder jemandem gegenüber eine starke Abneigung zu empfinden, ist eher gefühlsbedingt als verstandesbedingt, hat aber nichts mit HASS zu tun. Geht sie auf die Analyse einer Situation oder Person zurück, so handelt es sich um ein vernünftiges Urteil. Antipathie hingegen erklärt sich nicht, da sie gefühlsbedingt ist: Hier hilft Dir Dein INNERER GOTT festzustellen, was nicht gut für Dich ist. Stößt Dich etwas ab, so heißt das nicht unbedingt, dass es schlecht ist, sondern vielmehr, dass es Dir im Augenblick nachteilig wäre; wahrscheinlich weil die neue Situationen Deine Grenzen überschreiten würde.

Anziehung

Siehe GESETZ DER ANZIEHUNGSKRAFT.

Apokalypse

Siehe OFFENBARUNG.

Arbeit haben

Es gibt zahlreiche Definitionen für das Wort „Arbeit": Produktion oder Schöpfung; Bemühungen, etwas Bestimmtes verrichten zu können; regelmäßige und bezahlte berufliche Tätigkeit zum Lebensverdienst. Für viele Menschen ist Arbeit eine mühselige und unvermeidbare Aktivität, um ihr tägliches Brot zu verdienen. Wie oft haben wir nicht gehört: *„Man muss hart arbeiten, um seinen Lebensunterhalt zu verdienen."* *„Ich brauche meine Arbeit für mein seelisches Gleichgewicht." „Ich stecke Hals über Kopf in der Arbeit."* Nur allzu häufig wird die Arbeit zum Problem, zur Qual oder aber zum Ersatz unerfüllter Bedürfnisse.

Und doch brauchen viele Menschen die berufliche Beschäftigung, auch wenn sie sehr reich sind und das Geldverdienen eher im Hintergrund steht. Sie verrichten ihren Beruf mit LEIDENSCHAFT und haben das Gefühl, täglich neue Erfahrungen zu machen. Sie arbeiten eifrig und begeistert, da sie intuitiv erkannt haben, dass sie auf diesem Weg Zugang zu unbegrenzten inneren Energiereserven und Kenntnissen haben, über die wir alle verfügen, um unsere Grenzen erweitern zu können. Das verleiht ihnen viel Freude, Lebenskraft und Zufriedenheit. Die Arbeit ist ein grundlegendes Bedürfnis des Menschen, der sich durch sie erkennt und übertrifft.

Früher identifizierten sich die Leute mit ihrem Beruf. Sie waren ihr ganzes Leben lang Arzt, Mechaniker, Bauer, Buchhalter, Lehrer usw. Das WASSERMANN-ZEITALTER bringt zahlreiche VERÄNDERUNGEN mit sich; so auch in der Arbeitswelt. Immer mehr Menschen wechseln ihren Beruf, außer sie fühlen sich tatsächlich für ihn „berufen" und haben die Möglichkeit ihre kreativen Möglichkeiten und TALENTE darin zu entfalten.

Ein neuer Posten oder Arbeitswechsel ist heute nichts Außergewöhnliches. Doch sollten solche Umstellungen auf dem WUNSCH beruhen, etwas Besseres für uns zu suchen, und nicht von ÄNGSTEN oder Problemen am Arbeitsplatz motiviert sein. Uns sind heute zahlreiche Möglichkeiten gegeben, uns in den verschiedensten Bereichen fortzubilden und die verschiedensten Erfahrungen zu machen.

Jede Arbeit sollte auf unserem Wunsch beruhen, unser Wesen zu bereichern. Das betrifft manuelle, intellektuelle, künstlerische, wissenschaftliche Berufe ebenso wie die Welt der Beziehungen. Eine solche Haltung öffnet uns die Tore zu einer Beschäftigung, die unseren Möglichkeiten, TALENTEN und unserer INDIVIDUALITÄT entspricht.

Bist Du gerade arbeitslos, so solltest Du wissen, dass es immer Arbeit für Menschen gibt, die sich verwirklichen wollen. Deine erste Arbeit besteht jetzt darin, eine solche zu finden. Stehe jeden Morgen auf, ziehe Dich an und fahre los, als ob Du eine regelmäßige Anstellung hättest. Deine Aufgabe besteht darin, ein Unternehmen nach dem anderen aufzusuchen, ihnen zu verstehen zu geben, dass Du Arbeit suchst, und die nötigen Formalitäten zu erledigen. Du hast nichts anderes zu tun. LASS LOS und VERTRAUE Deiner inneren MACHT, die genau weiß, was Du brauchst.

Dabei ist es wichtig einzusehen, dass die, die Dich nicht empfangen oder einstellen wollen, Dich nicht ZURÜCKWEISEN, sondern lediglich ihre Bedürfnisse zum Ausdruck bringen. Suche weiter, bis Dir eine Stelle angeboten wird, auch wenn sie vielleicht nicht Deinen ERWARTUNGEN entspricht oder Dich überrascht. Jede Erfahrung ist Teil unseres LEBENSPLANS. Akzeptiere die Ereignisse, und überlasse Deinem INNEREN GOTT die Führung.

Du kannst das UNIVERSUM darum bitten, Dir einen befriedigenden Beruf zu verschaffen, der Dich glücklich macht, in dem Du Dich entfalten kannst und der Gesellschaft nützt. Du kannst Dir ganz konkrete VORSÄTZE machen wie z. B.: „Ich finde meinen idealen Beruf, in dem ich mich entfalten kann." Mache Dir keine Sorgen, da Dein innerer Gott genau weiß, was Du wirklich brauchst. Es ist nur wichtig, Energie durch Deine Aktionen in Bewegung zu setzen, zuversichtlich zu sein und dem Leben zu VERTRAUEN.

Hast Du die nötigen AKTIONEN GESETZT, kann es sein, dass Du sogar die Wahl zwischen mehreren Stellenangeboten hast. Ganz gleich, wie diese ausfällt, Du kannst Dich nicht täuschen. Du lebst lediglich zusätzliche Erfahrungen, die Dein Innenleben bereichern werden. Bist Du Dir Deiner wahren BEDÜRFNISSE bewusst, so wird Dir das die Entscheidung erleichtern.

Stellen sich unserer Arbeitssuche oder dem Wunsch nach einer Unternehmensgründung pausenlos Hindernisse in den Weg, so sollten wir uns ein paar Fragen stellen: „Bin ich mir sicher, dass ich das jetzt wirklich will? Was sind meine wahren BEWEGGRÜNDE? Was kann ich aus dieser Erfahrung lernen?" Verlieren wir nie aus den Augen, dass wir nicht für unseren Lohn arbeiten sollten, sondern um uns in unserem Beruf weiter zu entwickeln, unsere Möglichkeiten zu entdecken und uns selbst zu übertreffen. Der Lohn wird zur Belohnung, zur natürlichen Ernte unserer Saat. Siehe auch ARBEIT LIEBEN.

Arbeit lieben

Menschen, die ihre Arbeit nicht mögen, verrichten sie meist nur für ihren Lohn, soziale Vorteile, im Zuge einer Familientradition oder weil ihre Eltern sie dazu gezwungen haben. Manche gehen auch widerwillig zur Arbeit, da sie mit großen Problemen konfrontiert sind. Ist das Dein Fall, so solltest Du Dir zunächst bewusst werden, dass Du für all Deine SCHWIERIGKEITEN und Lebensumstände selbst VERANTWORTLICH bist. Haben andere Deinen Beruf für Dich gewählt, so solltest Du lernen, Dich selbst zu BEHAUPTEN. Was sind Deine wirklichen Interessen, TALENTE und PRIORITÄTEN? Welcher Beruf ließe Dich jeden Morgen beschwingt aufstehen, wenn Du einmal völlig von finanziellen Fragen absiehst?

Leider glauben nur die wenigsten, dass sie machen können, was ihnen Spaß macht und ihre angeborenen TALENTE dazu einsetzen können, ihren Lebensunterhalt zu verdienen. Stellen wir uns jemanden vor, der sich zum Hobby gemacht hat, alte Möbel zu restaurieren. Es bereitet ihm große Freude und Befriedigung, sie für sich und seine Freunde wieder zu einem neuen Leben zu erwecken. Doch kommt es ihm nicht in den Sinn, damit Geld zu verdienen, da er es ungerecht findet, andere für etwas zahlen zu lassen, was ihm Spaß macht und so leicht von der Hand geht. Er sollte an seiner SEELENWUNDE der UNGERECHTIGKEIT arbeiten, was ihm ermöglichen wird, sich in einem Beruf zu entfalten, der ihm wirklich entspricht.

Es ist sehr wichtig, dass wir unsere Arbeit gern tun, ob wir sie nun für Lohn oder Privatzwecke verrichten. Sonst wird sie zu einer langen Qual und führt schließlich zu DEPRESSIONEN. Wir dürfen nie aus den Augen verlieren, dass wir für uns selbst arbeiten und jeden Tag etwas Neues lernen können. Wir sollten regelmäßig EINSCHAU halten, um zu erkennen, was wir durch unsere Arbeit SEIN können. Alles, was wir tun, kann durch unsere innere Haltung beeinflusst und verändert werden. Fröhliche Menschen können beschließen, zur Freude oder dem Zugpferd eines ganzen Teams zu werden. Die anderen werden ihren Beitrag schätzen, und die Arbeitsatmosphäre wird wesentlich entspannter sein. Wir können an unserem Arbeitsplatz aber auch zahlreiche andere Züge wie GEDULD, TOLERANZ und Akzeptierung trainieren. Alle Hindernisse auf unserem Lebensweg können unserem Bewusstwerdungsprozess zuträglich sein, wenn es uns gelingt, die für uns relevanten Aspekte oder unsere eigenen Bedürfnisse zu erkennen. SCHWIERIGKEITEN schwinden und machen Lösungen Platz.

Es kann aber auch sein, dass Du eines Tages wirklich genug von Deinem Beruf hast und in Deinem tiefsten Inneren weißt, dass Du für eine neue Erfahrung bereit bist, auch wenn es noch nicht der richtige Moment ist. Bis Du jedoch tatsächlich Deinen Beruf wechseln kannst, solltest Du versuchen, Deiner aktuellen Arbeit zumindest einen interessanten oder angenehmen Aspekt abzugewinnen, der Dir hilft, diese Phase zu überwinden und auch in der GEGENWART glücklich zu sein. Betrachte die positiven, konstruktiven und kreativen Seiten, die Dir Energie verleihen. Es gibt immer etwas, was wir an unserer Haltung gegenüber unserem Beruf ändern können.

Um neues Interesse an unserer Arbeit zu finden, können wir so tun, als wären wir unser eigener Chef. Selbständige Unternehmer streben ständig nach Verbesserungen und dem Erfolg ihres Betriebs. Dadurch bringen sie wesentlich mehr Arbeitsenergie auf, als wenn sie routinemäßig für ein bestimmtes Gehalt arbeiteten. Doch können wir alle nur davon profitieren, wenn wir uns in unserer Arbeit engagieren und unser Bestes geben. Eine solche Haltung bringt neue Ideen und Perspektiven, die schließlich auch zu einem Beruf führen können, der uns besser entspricht.

Fliehst Du Deinen Arbeitsplatz wegen einer problematischen Situation, so ist diese deshalb jedoch keineswegs gelöst. Wahrscheinlich wirst Du in einem anderen Kontext erneut mit ihr konfrontiert werden. Überschreitet sie jedoch die Grenzen des Erträglichen für Dich, und erkennst Du, dass Du zu lange gewartet hast, Dich mit ihr auseinanderzusetzen, so kann ein Arbeitswechsel eine vorübergehende Lösung darstellen. So respektierst Du Dich selbst und weißt zugleich, dass Du das nächste Mal Deine GRENZEN schon bei den ersten Anzeichen setzen und bewusster auf solche Probleme reagieren musst.

Bevor wir Dinge in unserem Leben VERÄNDERN wollen, müssen wir unbedingt AKZEPTIEREN, was wir gerade leben. Der nötige WANDEL vollzieht sich dann sogar von selbst.

In der Regel stellt unser Beruf den Großteil unserer bewussten Tätigkeiten dar. Es ist daher von größter Wichtigkeit ihn zu lieben und uns ständig verbessern zu wollen. Der beste Weg zum Arbeitswechsel besteht darin, dass wir uns bereits in unserem aktuellen Beruf versuchen zu entfalten. Ein solcher Wechsel sollte angestrebt werden, weil wir das Bedürfnis nach neuen Herausforderungen und Möglichkeiten der Selbstverwirklichung verspüren. Wir können jedoch in jedem Arbeitsmilieu persönliche Befriedigung erlangen. Menschen, die Freude an ihrem Beruf haben, stehen all dem offen, was GLÜCK und ÜBERFLUSS bewirkt. Siehe auch ARBEIT HABEN.

Armut

Fehlen materieller oder moralischer Ressourcen, Güter oder Geld. In diesem Werk machen wir einen Unterschied zwischen Armut als Gegenteil von (spirituellem) REICHTUM und MANGEL und zwischen Armut als Gegenteil von ÜBERFLUSS. Wir können arm *sein*; Mangel entspricht hingegen den Ebenen des *Habens* und *Tuns*. Arme Menschen sind sich meist nicht bewusst, dass sie ihre Lebensverhältnisse durch ihre eigenen ÄNGSTE bewirken. Nach unserer Definition hat Armut also weniger mit dem Bankkonto oder anderen materiellen Besitztümern als vielmehr mit einer inneren, geistigen Armut zu tun. Manche Menschen haben ein stattliches Vermögen angehäuft und sind trotzdem innerlich arm, da sie ständig bewusst oder unbewusst fürchten, ihren Besitz zu verlieren.

Manche arme Menschen meinen auch, es sei nicht spirituell, viel zu besitzen. Sie können diesen Zustand überwinden, indem sie sich diese ÜBERZEUGUNGEN und ÄNGSTE bewusst machen und die Regeln des WOHLSTANDS anwenden.

Astralleib

Der Astralleib ist die halbstoffliche Hülle des stofflichen Körpers. In ihm befinden sich Geist und Gefühle des Menschen. Er ist also zugleich ein Bestandteil der STOFFLICHEN als auch der SEELISCHEN, nicht aber der SPIRITUELLEN WELT. Im Gegensatz zum greifbaren, materiellen Körper wird er als „subtil" bezeichnet, da er unsichtbar ist.

Der Astralleib wandert in den Träumen in der ASTRALWELT. Sobald wir einschlafen, löst er sich von unserem Körper, mit dem er durch die so genannte „Silberschnur" an drei Stellen verbunden bleibt: Am Steißbein, am Herzen und am Scheitel. Diese Silberschnur reißt erst bei unserem Tode ab. Sind eine oder zwei Verbindungen zum Körper unterbrochen, spricht die Schulmedizin von einem Koma. Da der Astralleib nur teilweise vom Körper losgelöst ist, nimmt die Person alles wahr, was um sie geschieht.

Erwachen wir ganz plötzlich und fahren von unserem Bett auf, so ist unsere Astralleib zu schnell in unseren Körper zurück gefallen. Das bewirkt meist Unwohlsein. Wir sollten versuchen, uns wieder zu beruhigen, indem wir ein paar Mal tief durchatmen und uns vorstellen, wie unser Astralleib ganz langsam wieder in alle Teile unseres Körpers zurückkehrt.

Bei Erscheinungen, die meist kurz nach dem Ableben eines Menschen auftreten, handelt es sich um den Astralleib des Verstorbenen, der seinen Nächsten sichtbar wird. Auf diese Weise verabschieden manche Menschen sich von ihren Lieben, bevor sie die irdische Welt ins Astralreich verlassen. Erst wenn alle Formen des Verlangens überkommen sind und sich unsere Seele völlig von ihren Gefühlen und ihrem Verstandesdenken losgelöst hat, kann sie in vollem Bewusstsein in die spirituelle Welt eingehen.

Astralreisen

Manche Menschen lassen ihren Astralleib bewusst in der Astralwelt wandern, während es anderen „einfach" widerfährt. Während unser Körper schläft, sind wir alle auf Astralreise, nur merken wir es meist nicht. Wachen wir auf, meinen wir nur geträumt zu haben. Andere vermögen zwischen einer wirklichen Astralreise und einem Traum zu unterscheiden, in dem Mental- und Emotionsleib sich ihrer Spannungen entledigen.

Von einer bewussten Astralreise sprechen wir, wenn wir wach sind und sehen, wie unser Astralleib sich vom stofflichen Körper löst und abhebt. Manchmal schwebt der Astralleib nahe neben oder über uns, manchmal aber wandert er weit über die Erde oder in höheren Dimensionen, ja sogar in der SPIRITUELLEN WELT.

Astralreisen sind kein Spiel. Tiefe Astralsphären können sehr schwer zu ertragen sein. Findest Du Dich jedoch z. B. kurz vor dem Einschlafen spontan über Deinem Körper wieder, so bleibe ruhig und bitte Deine FÜHRER Dir bei Deiner bewussten Astralreise beizustehen. Da Du die Erfahrung nicht erzwungen hast, bist Du bereit dazu, sie zu leben.

Astralwelt

Ebene der desinkarnierten Existenz, der körperlosen Seelen, die manchmal auch als „Geisterwelt" bezeichnet wird. Wir sprechen lieber von der „Welt der Seelen", da die unsterbliche SEELE im menschlichen Astralleib sitzt. So ist der Mensch auch nach seinem Tod noch in der Lage, seinen Weg fortzusetzen. Dabei helfen ihm die FÜHRER

DES JENSEITS eine Bilanz seines letzten Lebens zu erstellen und sich zu überlegen, was er in seinem nächsten Leben auf der Erde besser machen könnte. Ein und dieselbe Seele kann Hunderte, ja Tausende Male wiedergeboren werden, bis sie sich endlich voll und ganz AKZEPTIERT hat.

Die Wahl des LEBENSPLANS einer Seele wird jedoch nicht aufgrund ihrer Wünsche, sondern ihrer BEDÜRFNISSE getroffen. Zwischen zwei Leben wandelt die Seele ohne Körper auf ihrem Weg weiter. Alle Erlebnisse spielen sich hier auf der emotionalen und mentalen Ebene ab. So begleiten uns z. B. auch unsere ungeregelten Ängste in die Astralwelt.

Diese Welt wird in sieben Stufen unterteilt, deren tiefste Stufe oft als Hölle und deren höchste als Himmel bezeichnet wird. Die Wesenheiten erleben in diesen Ebenen Hass, Wut und Angst ebenso wie Liebe, Annahme und Ruhe. So kann sich die Seele all der EMOTIONEN bewusst werden, die sie nicht mehr oder wieder erleben möchte. Aus diesem Grund will sie wieder auf die Erde zurückkehren, um die alten Denkmuster zu überwinden, die sie am Wohlbefinden hindern. Nach diesen Kriterien wählt sie auch die Eltern und das Umfeld, die ihr die beste Gelegenheit zu dieser Arbeit bieten. Nach dem Leben unseres Körpers gelangt die Seele also in die Astralwelt, die in der jüdisch-christlichen Tradition auch Fegefeuer oder Paradies genannt wird. Die Dauer unseres Aufenthalts in dieser Zwischenwelt hängt vom erworbenen Bewusstseinsgrad sowie unseren Taten auf der Erde ab.

In der Astralwelt leben auch die Kollektivseelen aller irdischen Lebewesen (siehe auch ELEMENTARE GEDANKENFORMEN). Alle Tiere, Pflanzen oder Mineralien sind Teil solcher Kollektivseelen. So bilden z. B. alle Katzen eine solche. Nur Menschen verfügen über eine eigene Seele, da sie die einzigen Lebewesen sind, die über einen völlig entwickelten Emotional- und Mentalleib verfügen. Zur Frage, ob eine Seele auch als Tier wiedergeboren werden kann, siehe SEELENWANDERUNG.

Atmung

Luftaustausch durch die Lungen. Atmen heißt, das Leben in uns aufnehmen. Umso wichtiger ist demnach auch eine richtige und bewusste Atmung. Da es sich dabei um eine natürliche und automatische Körperfunktion handelt, übersehen wir oft ihre immense Bedeutung. Die Luft enthält nämlich eine Energieform, die als das so genannte *Prana* unseren physischen und unsere subtilen Körper nährt. Werden wir uns dieser ENERGIE bewusst und lernen sie durch richtiges Atmen einzusetzen, so benötigen wir auch weniger stoffliche Nahrung. Außerdem bringt es uns Entspannung und inneren Frieden.

Es gibt verschiedene Atemtechniken. Wir wollen hier nur eine anführen, die sehr dazu beiträgt, zur Ruhe kommen und die Kontrolle über uns wiederzugewinnen. Atme tief ein, ohne zu übertreiben, und spüre, wie die Luft langsam in Deine Lungen strömt. Zuerst wölbt sich der Bauch, dann der Brustkorb, und erst zuletzt heben sich ein wenig die Schultern. Atme vier Sekunden lang ein, halte die Luft ebenso lang an und atme acht Sekunden lang aus. Warte vier Sekunden, bevor Du wieder erneut einatmest, usw. Du kannst die Zeitspannen nach und nach verlängern, solange Du Dich noch wohl dabei fühlst. Mache diese Übung zwei Mal täglich zwischen fünf bis zehn Minuten und beobachte die Veränderungen in Deinem Verhalten und Deiner Geisteshaltung.

Besonders, wenn Du versuchst, Dich durch Atmung zu beruhigen und STRESS abzubauen, solltest Du darauf achten, dass Du immer länger aus- als einatmest. Willst Du Dich hingegen wach halten, so ist es genau umgekehrt. Wenn die kühle Luft in Deine Lungen strömt, stelle Dir vor, wie sie Dein Blut reinigt und jedes kleinste Äderchen Deines Körpers durch ihr Prana stärkt. Du kannst Dich immer und überall auf Deine Atmung konzentrieren, ob Du nun gerade aktiv bist oder nicht. So trägst Du erheblich zu Gesundheit und Wohlbefinden bei.

Aufgeben

Eine bestimmte Handlung aufhören oder Interesse an ihr verlieren; darauf verzichten, alles verstehen zu wollen. In diesem Werk verstehen wir das Wort eher im Sinne von LOSLASSEN und VERTRAUEN in das UNIVERSUM. Weigern wir uns eine Situation oder schmerzliche Vergangenheit aufzugeben, so erleben wir zahlreiche Ereignisse immer wieder und investieren viel unnötige Energie in unsere EMOTIONEN. Manchmal sind wir nicht einmal mehr in der Lage, die GEGENWART zu genießen und objektiv zu sein. Es ist überheblich und arrogant zu meinen, die einzige Lösung für bestimmte Probleme, die einzige Wahrheit der Dinge zu kennen. Weigern wir uns, bestimmte Situationen aufzugeben, hindern wir uns selbst daran, neue Lösungen zu finden. Wir verlieren das Interesse daran, uns verbessern und andere Möglichkeiten ausprobieren zu wollen.

Sind wir jedoch in der Lage, eine problematische Situation aufzugeben, nicht mehr alles um jeden Preis KONTROLLIEREN oder verstehen zu wollen, so tauchen die Lösungen von ganz alleine auf und die Dinge fügen sich ohne jegliches Zutun. Aufgeben ermöglicht uns, uns auszuruhen, loszulassen, die Dinge aus einer neuen Perspektive zu sehen, klarere Ziele und Ideen zu haben und so manches zwanghafte Verhalten abzulegen. Nur so können wir die Zukunft mit neuem Mut und Elan angehen.

Aufrichtigkeit

Siehe INTEGRITÄT und WAHR SEIN.

Aura

Alles, was lebt, wird von einem Magnetfeld umgeben, das wir Aura nennen. Manche Menschen sind imstande, dieses Schimmern – besonders um den Kopf – zu sehen. Die Aura entspricht der Energie eines Menschen und strahlt je nach dessen Verfassung in verschiedenen Farben. So ist der eine von tiefem Rot, ein anderer von zartem Rosa umgeben. Doch nicht nur die Lebewesen aus dem Reich der Menschen, Pflanzen oder Tiere, sondern auch Mineralien verfügen über eine solche Ausstrahlung. Je höher entwickelt das Wesen, desto stärker und sichtbarer ist seine Ausstrahlung.

Neben der weißen Aura scheinen auch die unserer SUBTILEN KÖRPER, vom Emotionsleib bis hin zum Christusleib in den verschiedensten Farben. Demnach ist die menschliche Aura mehrschichtig. Kann sie auch nicht jeder sehen, so kann man sie doch fühlen. Wir spüren genau, wann wir in die Aura eines Menschen eindringen. Wir fühlen uns gut oder nicht dabei. Manche Personen umgibt eine Aura von mehreren Metern, manche nur ein paar Zentimeter. Das hängt ganz davon ab, über wie viel ENERGIE sie verfügen.

Ausdauer

Eine Handlung oder Entscheidung GEDULDIG zu ihrem Ende zu bringen. Beständigkeit, Hartnäckigkeit, die trotz HINDERNISSEN weiter an der Verwirklichung von ZIELEN arbeitet. Ausdauer ist die Triebkraft, die uns zur Erfüllung unserer Träume und WÜNSCHE bringt. Sie beruht auf Überzeugung und Selbstsicherheit. Ausdauernde Menschen lassen nicht von ihren Zielen ab, wissen aber LOSZULASSEN, bevor sie zu ZWÄNGEN werden. Sie SETZEN AKTIONEN trotz mancher Schwierigkeiten und unvorhergesehener Zwischenfälle, zögern aber nicht ihre Ziele aufzugeben, wenn sie nicht mehr ihren BEDÜRFNISSEN entsprechen sollten, oder sie ihre GRENZEN erreicht haben. Ohne Ausdauer stagnieren wir manchmal oder kehren bei den ersten Hindernissen einfach wieder um.

Wir erlangen sie, indem wir unsere wahren Bedürfnisse erkennen, d. h. wissen, was wir wollen und was gut für uns ist. Dann sollten wir uns fragen, ob unsere Ziele diesen Bedürfnissen tatsächlich entsprechen. Das gilt vor allem, wenn SCHWIERIGKEITEN auftreten. Erreichen wir, was wir wirklich wollen, auch wenn wir dieses Ziel oder Projekt aufgeben? Wenn nicht, so sollten wir nach anderen Wegen, Mitteln oder nach Hilfe suchen. So sind wir ausdauernd und FLEXIBEL zugleich. Ausdauer bringt SELBSTVERTRAUEN, lässt uns STOLZ auf unsere Erfolge sein, stärkt unser SELBSTWERTGEFÜHL und unsere SELBSTDISZIPLIN.

Ausgeglichenheit

Siehe INNERER FRIEDE.

Ausnützen

Siehe PROFITIEREN.

Autonomie

Siehe EIGENSTÄNDIGKEIT.

Autorität

Autorität ist das Recht, Befehle zu erteilen, sich Gehör zu verschaffen und über gewisse Macht zu verfügen. Menschen wie Eltern, Lehrer oder Geschäftsführer, die sich um andere kümmern und sie führen, benötigen ein gewisses Maß an Autorität. Gehen sie richtig damit um, werden sie in ihrer Funktion geachtet und akzeptiert. Sie ist ihnen eine zweite Natur, bedarf keines Zwangs und wird spontan respektiert. Auch Personen, die sich um einen besonderen Bereich oder in der Forschung einen Namen gemacht haben, werden als Autorität auf ihrem Gebiet bezeichnet.

Gesunde Autorität weiß andere anzuführen und achtet auch gegensätzliche Meinungen. Muss man auf GEHORSAM bestehen, so trifft man unter Einbeziehung der anderen eine Entscheidung, die die wenigsten negativen Folgen nach sich zieht. Wird die Autorität missbraucht, so beschließt man über die Köpfen der anderen hinweg und duldet keinen Widerspruch an seiner absoluten Herrschaft. Solche Menschen befriedigen ihr ICH durch den Gehorsam ihrer Mitmenschen. Sie üben ihre Macht streng, starr, kontrollierend und ohne jegliche ACHTUNG der anderen aus. Wir haben es hier nicht mit Autorität, sondern mit **Autoritarismus** zu tun.

Autoritäre Menschen sind oft HOCHMÜTIG und ÄNGSTLICH. Sie tolerieren keine andere Befehlsgewalt und bestimmen nicht aus ihrer INNEREN MITTE, da sie auf alles reagieren, was eine solche Autorität darstellen könnte. Interessanterweise leisten die NEUEN KINDER besonders autoritären Eltern und Lehrern absoluten Widerstand. Sie können keine Menschen respektieren, die ihnen keine Achtung entgegenbringen.

Leute, die anderen ihre Autorität aufzwingen, versuchen dadurch ihre eigene VERLETZBARKEIT zu verbergen. Wir sollten ihrem Leid und ihren Ängsten mit MITGEFÜHL begegnen. Autorität kann wie alle anderen menschlichen Eigenschaften positive oder negative Auswirkungen haben. Das hängt ganz von unseren BEWEGGRÜNDEN und unserer HALTUNG ab. Liegt es einer Person daran, anderen zu helfen oder ein guter Chef zu sein, so handelt es sich dabei um einen wertvollen und wichtigen Trumpf. Will sie aber durch ihre Autorität andere dominieren, KONTROLLIEREN oder ändern, so wird sie ihre Mitmenschen abstoßen anstatt sich Gehorsam zu verschaffen.

Wie in vielen anderen Aspekten unseres Lebens ist es auch hier wichtig, gut zu kommunizieren, die Bedürfnisse eines jeden in Betracht zu ziehen und die zu führenden Menschen – auch Kinder – ebenfalls zu Wort kommen zu lassen und nicht um jeden Preis unsere ÜBERZEUGUNGEN und WERTE durchsetzen zu wollen.

Babys

Siehe KINDER.

Bedürfnisse

Notwendige und unentbehrliche Anliegen, deren Ausbleiben gewisse Mängel verursacht. Wir wissen, dass wir uns schlecht fühlen, wenn wir den grundlegendsten Bedürfnissen unseres Körpers – wie z. B. dem der Flüssigkeitsaufnahme – nicht nachzukommen. Die Bedürfnisse unseres Wesens sind vielleicht schwieriger auszumachen, aber ebenso wichtig. Stellen wir sie nicht zufrieden, so fühlen wir uns unwohl, ohne die genauen Gründe zu kennen.

Es ist oft schwierig unseren Bedürfnissen zu entsprechen, da wir nicht gelernt haben, sie zu identifizieren. In unserer Kindheit kümmerten sich Eltern und Erzieher um unser körperliches Wohlergehen. Werden wir erwachsen, so sind wir selbst für diese wie auch unsere emotionalen, mentalen und spirituellen Bedürfnisse zuständig. Dazu müssen wir in der Lage sein, sie zu erkennen und zwischen Bedürfnis und WUNSCH zu unterscheiden. Während Ersteres in den Bereich des *Seins* fällt, entspricht Letzteres dem *Haben* und *Sein*.

Dazu ist es notwendig Deine INNERE MITTE zu finden und auf Dein Herz und Deine Seele zu hören. Frage Dich z. B.: „Inwiefern hilft mir mein Wunsch auf der Ebene des *Seins*?" oder „Was kann ich durch diesen Wunsch *sein*?" Wünschst Du Dir z. B. eine bestimmte Stelle im Berufsleben, könntest Du Dich fragen: „Wie kann diese Arbeit meine Existenz bereichern?" Darauf kann die Antwort lauten: „Ich werde dadurch kreativer, zuversichtlicher, eigenständiger oder glücklicher *sein*." Der Fokus liegt also nicht auf dem *Haben*: mehr Geld oder Sicherheit *haben*. Antwortest Du jedoch spontan, dass Du dadurch „reicher und sicherer *sein*" wirst, so mag diese Antwort zwar materialistisch orientiert sein, doch handelt es sich um eine Erfahrung, die Du machen solltest, da sie Dir helfen wird, Du selbst zu SEIN. **Erst wenn Du mitten in der Erfahrung steckst, wirst Du sehen, ob sie eher einem Wunsch oder einem wahren Bedürfnis entspricht. Deine Gefühle täuschen Dich nicht.**

Stellen wir uns vor, jemand möchte reisen, weiß aber nicht, wie er das in die Wege leiten kann. Er sollte sich fragen, wie er von einer solchen Reise profitieren könnte. Er könnte dadurch glücklicher, dynamischer *sein* oder anderen Sitten und Gebräuche kennen lernen. Es ist durchaus zulässig, glücklicher sein zu wollen. Dazu müssen wir jedoch AKTIONEN SETZEN, um unseren Willen zu OFFENBAREN und unsere inneren Kräfte zu wecken.

Triffst Du Deine Entscheidungen zu schnell, ohne auf Deine wahren Bedürfnisse zu hören? Entscheidest Du für andere, ohne ihre Wünsche zu beachten, dann tust Du es wahrscheinlich auch für Dich selbst. Meist missachtest Du dann sogar Dinge, die

Du eigentlich wissen müsstest. Bemerkst Du, dass Du Deinen Bedürfnissen nicht entsprichst (wie z. B. ungenügendes oder übermäßiges Essen), so solltest Du Dir dafür keine VORWÜRFE machen und Dich als willensschwachen Menschen verurteilen. Gestehe Dir vielmehr zu, es in diesem Augenblick nicht besser gekonnt zu haben. Sind die Folgen Deines Verhaltens zu schwer zu ertragen, wird es Dir leichter fallen, die notwendigen Schritte einzuleiten. Manche Menschen müssen leiden und an die Grenzen des Erträglichen gelangen, um endlich auf ihre Bedürfnisse zu hören. Es handelt sich dabei durchaus um eine Form des MASOCHISMUS.

Um Deine wahren Bedürfnisse zu erkennen, kannst Du Dir eine ganz einfache Frage zu stellen: „Welchen Lebensweg würde ich einschlagen, welchen Bedürfnissen würde ich im Moment nachkommen, wenn ich mir die Freiheit dazu zugestehen würde, wenn ich die nötige Zeit, Gesundheit, Talente oder Finanzen hätte?" Lass Deiner Fantasie freien Lauf und setze ihr keine Grenzen. Was kommt dir als Erstes in den Sinn? Bist Du entspannt, so wird die Antwort ganz spontan kommen. Du kannst aber auch Deine INNEREN FÜHRER im Zuge einer Meditation um Rat fragen: „Was brauche ich in diesem Augenblick für meine Entwicklung?"

Diese Botschaften können wertvolle Aufschlüsse darüber geben, was Du tun musst, um EIGENSTÄNDIG und glücklich zu werden. Das Universum lässt uns immer zur rechten Zeit am rechten Ort sein, um unsere Mission auf Erden zu erfüllen und uns unseres wahren Wesens bewusst zu werden. Deshalb ist es auch so wichtig, dass wir unsere wahren Bedürfnisse nie aus den Augen verlieren. Sonst verlieren wir Energie und Lebensfreude, leiden an Mangelerscheinungen und Unwohlsein. Je mehr wir uns selbst kennen lernen, vertrauen, schätzen und lieben, wie wir es verdienen, desto klarer werden uns auch unsere Bedürfnisse und die Mittel, ihnen nachzukommen. Haben wir ein offenes Ohr für unsere Bedürfnisse, so entwickeln wir unsere INTUITION und werden die wahren Meister unseres Lebens.

Befriedigung

Siehe ZUFRIEDENHEIT.

Behaupten (sich)

Uns geht es hier vor allem um die Behauptung als Ausdruck unserer Vorzüge und unserer Bedürfnisse und weniger darum, wie wir uns durch unser Handeln, wie z. B. im Sport oder in anderen Disziplinen behaupten. **Sind wir dazu bereit, unsere Ideen und Meinungen gemäß unserer Werte, Wünsche und Bedürfnisse zu vertreten, so können wir auch die Folgen unserer Taten tragen.**

Dies bedarf manchmal einigen Mutes und stellt eine ausgezeichnete Möglichkeit zur Persönlichkeitsentwicklung dar. Leider fangen viele Menschen erst dann an sich zu behaupten, wenn sie schon längst genug und ihre Grenzen bereits überschritten haben.

Stell Dir vor, mit Freunden zusammen zu sitzen, die beginnen eine abwesende Person zu kritisieren. Anstatt eine solche lange und keineswegs konstruktive Diskussion über sich ergehen zu lassen, kannst Du offen zu Deiner Meinung stehen: „Es tut mir leid, aber ich fühle mich nicht gut dabei über Leute herzuziehen, die nichts zu ihrer Verteidigung vorbringen können. Solche Gespräche bringen mir nichts. Wenn ihr weiter über sie reden wollt, dann gehe ich. Sonst hätte ich gerne das Thema gewechselt. Was meint ihr?"

Um Dich zu behaupten, musst Du wissen, was Du willst, und wie Du dabei Deine INNERE MITTE wahrst. Die anderen werden sofort merken, dass Deine Worte ehrlich sind, und werden sie dementsprechend achten. Menschen, die sich nicht behaupten, haben immer ANGST vor etwas. Ist das Dein Fall, so solltest Du Dich fragen, was geschehen würde, wenn Du für Deine Meinung eintrittst. Meist entspricht die Antwort auf diese Frage jedoch nicht der Realität, sondern gibt nur eine Möglichkeit wieder.

Durch Selbstbehauptung lernen wir FORDERUNGEN zu stellen. Nur so können wir für unsere Bedürfnisse einstehen, anstatt zu hoffen, dass unsere Mitmenschen sie erraten. Zugleich lernen wir unseren MUT und unser SELBSTVERTRAUEN zu entwickeln. Welch wunderbares Geschenk uns das Leben nach unserem Geschmack einrichten zu können!

Beklemmung

Oft werden Beklemmung und ÄNGSTLICHKEIT gleichgesetzt. Doch haben Tausende Fallstudien uns dazu bewegt, die beiden Begriffe voneinander zu unterscheiden. Beklemmung ist ein psychisches und körperliches Unbehagen, das aus dem Gefühl unmittelbarer Gefahr entsteht. Dabei versucht innere Energie freizukommen, die den Menschen völlig einnimmt und erstickt. Sie wird vor allem im Bereich des Sonnengeflechts empfunden und kann von anderen Körpersymptomen begleitet werden: Schweißausbrüche, Krämpfe, Herzklopfen, Schwindelgefühle usw. Wir haben beobachtet, dass vor allem ÜBERSINNLICHE Menschen, die Ereignissen ihrer Umwelt besonders offen gegenüberstehen, an Beklemmungen leiden.

Während die Beklemmung von einer Situation oder Person unseres Umfelds hervorgerufen wird, entsteht die Ängstlichkeit in uns selbst. So machen sich manche Eltern z. B. große Sorgen, dass ihre Kinder in einen Autounfall verwickelt werden könnten. Andere empfinden panische Angst, wenn sie alle Blicke bei einem Auftritt vor anderen Leuten auf sich spüren. Natürlich schließen Beklemmung und Ängstlichkeit einander keineswegs aus.

Fühlst Du Dich beklemmt, so strecke Dich ein wenig, atme ein paar Mal tief und bewusst durch und/oder trinke etwas Wasser. Das wird Dir helfen, Deine INNERE MITTE wieder zu finden. Akzeptiere dieses Gefühl, das sich in Deinem Inneren breit gemacht hat. Gestehe ihm zu, da zu sein, und sei Dir bewusst, dass es sich dabei um einen Teil Deines Wesens handelt, der Dich schützen will. Du kannst diesen Aspekt beruhigen, indem Du ihm versicherst, dass diese ÄNGSTE eher im Bereich der Vorstellung als in dem der Wirklichkeit liegen. Der INNERE DIALOG wird Dir dabei helfen.

Bekommen

Siehe NEHMEN.

Bekräftigung

Tiefe Anerkennung und Zustimmung, die unser Herz und Wesen berühren. Eine Bekräftigung ist wie ein Gütesiegel. Wir fühlen uns unterstützt, ermutigt und akzeptiert. Die wichtigste Bekräftigung sollten wir vom Elternteil desselben Geschlechts oder seines Stellvertreters bekommen. Ist sie ausgeblieben, kann dies mit einem anderen Menschen nachgeholt werden, den wir besonders bewundern; auch wenn unsere ELTERN GLEICHGÜLTIG oder nicht mehr dazu in der Lage sind.

So bekräftigen Eltern ihre Kinder :

- Achten wir auf einen Augenblick, in dem unser Kind besonders **stolz** auf sich selbst ist.
- Versuchen wir es **alleine**, unter vier Augen zu bekräftigen.
- Stellen wir einen **warmen Kontakt** her. Wir können dem Sohn z. B. die Hand auf die Schulter legen oder der Tochter die Hand halten.
- **Blicken** wir ihm **direkt** in die Augen.
- **Sprechen** wir **aufrichtig** und lassen wir Worte aus dem Herzen kommen, die uns in Einklang miteinander bringen. Dann sagen wir ihm, wie außerordentlich, wichtig, begabt, einzigartig oder besonders wir unser Kind finden, damit es sich voll uns ganz von uns akzeptiert fühlt.

So kann eine Mutter ihrer Tochter nach einer gelungenen Prüfung z. B. sagen: „Ich bin wirklich stolz auf Dich und habe absolutes Vertrauen in Dich und Deine Fähigkeiten. Du bist wirklich ein ganz besonderer Mensch und verfügst über außergewöhnliche Fähigkeiten und Talente. Ich bin mir sicher, dass Du Deinen Weg gehen und in Deinem Leben sehr weit kommen wirst."

Wir können uns auch selbst bekräftigen und so unser SELBSTWERTGEFÜHL stärken. Auch dazu gehen wir die obigen Schritte durch und sprechen vor dem Spiegel laut zu uns selbst. **Damit eine Bekräftigung unauslöschlich bleibt, bedarf es absoluter Aufrichtigkeit und tiefen Gefühls, wobei wir durchaus auch Tränen in den Augen haben können.**

Beobachten

Betrachten, um etwas zu erkennen. Etwas ohne jegliches Werteurteil feststellen. Mit unseren fünf Sinnen wahrnehmen, was in und um uns vorgeht. Sehen wir z. B. wie ein Mann sein Kind schlägt, so sind wir reine Beobachter, wenn wir diese Situation ohne VORWÜRFE oder Urteil zur Kenntnis nehmen, ob wir nun damit einverstanden sind oder nicht.

Eine solche Haltung ermöglicht uns, bestimmte Ereignisse wesentlich aufmerksamer zur Kenntnis zu nehmen. Da wir das ICH ausgeschaltet haben, sind wir keinen Fremdeinflüssen ausgesetzt. Wahre Beobachtung vollzieht sich auf drei Ebenen: der körperlichen, emotionalen und mentalen Ebene. Sind wir z. B. wütend, so können wir fühlen, auf welche Körperpartien sich diese Wut auswirkt, welche Emotionen und

Gefühle in uns hochkommen und was uns dabei durch den Kopf geht. Es ist, wie wenn wir ganz oben auf einer Treppe stehen und zusehen, was unten vor sich geht. Werden wir zu Beobachtern unser selbst oder unserer Umwelt, so befinden wir uns in unserer INNEREN MITTE und MEISTERN uns ebenso wie die Situation.

So leicht dies alles auf den ersten Blick scheinen mag, so schwer ist es für den Menschen, seinen Gedanken Einhalt zu gebieten, um auch nur für wenige Minuten zum neutralen Beobachter zu werden. Unser Ich hat im Lauf der Jahre so viel Macht gewonnen, dass es uns oft nur noch schwer gelingt, uns selbst zurückzunehmen und LOSZULASSEN. Das beste Mittel, um unsere Beobachtungsgabe zu trainieren, ist wohl die MEDITATION.

Beraten

Siehe HILFE LEISTEN.

Bescheidenheit und falsche Bescheidenheit

Siehe DEMÜTIGKEIT.

Beschuldigung

Andere anklagen oder SCHULDGEFÜHLE bei ihnen verursachen. Würden wir wagen, so zu handeln wie andere, kämen wir in Konflikt mit unseren eigenen moralischen Vorsätzen. Je mehr wir jedoch dieses Bedürfnis verspüren und es uns versagen, desto heftiger fällt unsere Kritik aus. Es ist sehr unangenehm andere das tun zu sehen, was wir gerne selbst täten. Sie kreuzen unseren Weg, um uns darauf aufmerksam zu machen, dass wir uns zu sehr KONTROLLIEREN und uns nicht genug lieben.

Besessenheit

Domination eines Menschen durch eine okkulte, dämonische Kraft. Bevor ein Mensch jedoch von einem GEIST der ASTRALWELT besessen wird, wird er von einer selbst geschaffenen ZWANGSVORSTELLUNG oder ELEMENTAREN GEDANKENFORM eingenommen. Diese fixe Idee erzeugt eine Energie, die eine körperlose Seele der niederen Astralebene anzieht, deren Energie der betroffenen Person ähnelt. Diese Seele nimmt in einem bestimmten Augenblick Besitz des fremden Körpers ein, um auf der stofflichen Ebene Rache zu nehmen.

Das erklärt auch, weshalb es vorkommen kann, dass bestimmte Menschen Stimmen hören, die sie zum Mord einer anderer treiben. Bevor sie zur Tat schreiten, ermessen sie keineswegs die Folgen ihrer Handlung. Wenn es zu spät ist, und sie mit den Tatsachen konfrontiert werden, können sie keine Gründe für den Mord vorbringen oder scheinen völlig realitätsfremd, gleichgültig und verloren.

Besessenheit kann also ebenso mysteriös wie dramatisch sein. In allen Besessenen steckt unkontrollierter Hass, der auf einer enormen SEELENWUNDE der Kindheit beruht. Wenn dies auch schwer nachvollziehbar sein mag, so sind besessene Mörder keineswegs BÖSE, sondern haben vielmehr ihre INNERE MITTE verloren und ertragen furchtbare seelische Qualen.

Wir müssen keineswegs mit solchen Handlungen und Haltungen einverstanden sein, um dennoch erkennen zu können, dass alles, was uns auf Erden widerfährt, nichts als ERFAHRUNGEN sind. Ein krimineller Akt hat enorme Auswirkungen auf das Leben der Opfer wie auch der Täter und all derer, die sie verurteilen. Sie haben alle etwas daraus zu lernen. Wir müssen den Tatsachen keineswegs gleichgültig gegenüberstehen, doch sollten wir all unsere Erfahrungen dazu einsetzen, um LIEBE und MITGEFÜHL für diese großen Leidenden aufzubringen.

Besessenen wird am meisten durch bedingungslose LIEBE geholfen. Es bedarf eines ausgezeichneten Therapeuten, die enorme Mauer zu durchdringen, die solche Menschen um ihr Innenleben errichtet haben, um weniger zu leiden. Dieses LEID erschwert ihm zu VERZEIHEN. Oft ist eine psychiatrische Behandlung die einzige Möglichkeit für sie, da sie in ihren Krisen keinerlei Kontrolle mehr über sich haben.

Wir möchten abermals unterstreichen, dass ein Geist der niederen Astralebene einen Menschen nicht „einfach so" in Besitz nehmen kann, sondern dass dem immer eine lange Periode zwanghaften Hasses vorausgeht. Wir sollten in jedem Fall versuchen, unsere Gefühle der RACHSUCHT und des HASSES zu überwinden.

Beständigkeit

Siehe UNBESTÄNDIGKEIT.

Bestimmtheit

Bestimmte Menschen sind beständig und lassen sich nicht leicht aus der Fassung bringen. Sie sind entschieden, entschlossen und verfügen über eine natürliche Autorität, die keiner Gewalt bedarf. Besonders dieser letzte Punkt bedarf einer gewissen INTELLIGENZ, und eines gesunden Menschenverstandes, die die Angst als Grundlage jeder Pedanterie ausschließen. Eine bestimmte Haltung ermöglicht das Nein ebenso wie das Ja, da die Entscheidungen nicht von Ängsten bestimmt werden. In der STARRHEIT bestimmt das Nein, das man fürchtet, die KONTROLLE zu verlieren. Bestimmte Menschen lassen sich nicht von anderen beeinflussen, sondern sind sich ihrer eigenen und der Bedürfnisse ihrer Mitmenschen bewusst.

Dazu müssen wir mit unseren WÜNSCHEN VERBUNDEN, selbstsicher sein und mit einer gewissen SELBSTDISZIPLIN handeln. Mit Bestimmtheit und Ausdauer erfüllen wir uns unsere Wünsche und zeichnen uns in den Bereichen aus, die uns wichtig sind. Bestimmtheit hilft uns also, den Kontakt zu unserer Schaffenskraft und inneren Stärke herzustellen, ohne dadurch jedoch MACHT und KONTROLLE über andere ausüben zu wollen.

Bestreben

Siehe VORSATZ, ZIEL und ABSICHT.

Beten

Siehe GEBET.

Beweggründe

B

Bewusste oder unbewusste Kräfte, die unser Verhalten ohne moralische Betrachtungen bestimmen und uns in einer gewissen Weise handeln lassen, um ein bestimmtes Ziel zu erreichen. Suchen wir z. B. nach Arbeit und nehmen das erstbeste Angebot an, weil wir möglichen Geldmangel fürchten, so ist der Beweggrund die ANGST und entspricht wahrscheinlich nicht unseren wahren BEDÜRFNISSEN. Die Ergebnisse werden sich also unterscheiden, wenn unsere Suche anders motiviert ist und wir eher nach der Entfaltung unserer Möglichkeiten oder unserer Talente suchen. Wir werden eine Arbeit finden, die uns mehr entspricht, glücklicher macht und unser Selbstbewusstsein stärkt. Sind das nicht ausgezeichnete Beweggründe?

Es ist also äußerst wichtig, unsere Motivation hinter jedem Verhalten zu überprüfen, ganz gleich, was wir in welchem Bereich sagen oder tun. Hier ein Beispiel: Jemand will der Bitte einer anderen Person nachkommen, die ihn um Hilfe ersucht hat. Tut er es nur aus Angst, anderenfalls nicht gemocht zu werden, so wird er nicht glücklich mit seiner Entscheidung sein. Das Gegenteil ist der Fall, wenn er ohne jegliche ERWARTUNGEN, aus Freude oder Nächstenliebe Hilfe leistet. Unsere Ernte richtet sich immer nach unserer ABSICHT und unseren Beweggründen. Dieser Umstand wird eingehender unter dem GESETZ VON URSACHE UND WIRKUNG erläutert.

Wir sollten uns außerdem auch vor Augen halten, dass unsere Motivationen eine sehr starke ANZIEHUNGSKRAFT ausüben. Deshalb ist es auch so wichtig nicht aus Angst zu handeln und unsere Beweggründe zu überprüfen, bevor wir AKTIONEN SETZEN.

Bewunderung

Siehe der SPIEGELANSATZ.

Bewusstsein

Menschliche Fähigkeit, die eigene Wirklichkeit zu erkennen. Wird dieses Wort im moralischen Sinne gebraucht, so bezeichnet es unsere Fähigkeit den Wert unserer Taten beurteilen zu können. In diesem Werk beziehen wir uns jedoch eher auf die erste Definition: Es geht uns ja vor allem darum, durch unsere PERSÖNLICHKEITSENTFALTUNG zu bewussteren Menschen zu werden.

Dies heißt jedoch nicht unbedingt, dass wir bewusste Personen sind, sobald wir einen neuen Aspekt unseres Wesens entdeckt haben. Es mag sich dabei zwar um einen Bewusstwerdungsprozess handeln, doch sind wir deshalb noch lange nicht bewusste Menschen. Auch das Denken darf nicht mit dem Bewusstsein verwechselt werden. Es ist vielmehr ein winziger Bestandteil davon. Während es keinen Gedanken ohne Bewusstsein geben kann, muss man nicht unbedingt denken, um sich bestimmter Dinge bewusst zu werden. **Wahres Bewusstsein entsteht durch Erfahrung.** Alles, was wir in der stofflichen, emotionalen oder geistigen Welt lernen oder entdecken, müssen wir zunächst ausprobieren, um es wirklich integrieren zu können.

Stellen wir uns ein Mädchen vor, das Eiskunstläuferin werden möchte. Es genügt nicht, den besten Sportlern dieser Disziplin zuzusehen oder Dutzende Bücher zur Technik zu studieren. Das macht sie noch nicht einmal zur Anfängerin. Solange sie nicht selbst auf dem Eis steht und übt, wird sie nicht *fühlen* können, was in einem Eisläufer vorgeht, wenn er über das Eis gleitet oder stürzt. Erst wenn sie es tatsächlich ausprobiert, wird sie feststellen können, welche Grenzen, Fähigkeiten und Talente sie in diesem Feld besitzt oder ob ihr dieser Sport zusagt.

Wie ein Blinder, der sich nie wirklich vorstellen können wird, wie ein Regenbogen oder ein Sonnenuntergang über dem Meer aussieht, so wissen auch wir nicht, wie eine Verbrennung schmerzt, bis wir uns einmal selbst verbrannt haben. Wir können auch noch so viel über Verbrennungen gelernt oder gesehen haben, doch bleibt dies bis zu jenem entscheidenden Augenblick ein bloßes Bild in unserem Geiste. **Das Bewusstsein wird von unserem ganzen Wesen erfahren.**

Deshalb ist auch das GESETZ VON URSACHE UND WIRKUNG so wichtig für unsere Bewusstwerdung. Eine Person, die ihren Eltern z. B. vorwirft, sie seit ihrer Kindheit ungerecht behandelt zu haben, wird die wahre Bedeutung ihrer Worte wahrscheinlich erst dann erfahren, wenn sie denselben Vorwurf von ihren eigenen Kindern bekommt. Nun wird sie nachvollziehen können, was ihre Eltern in ähnlichen Situationen empfunden haben müssen. Nach einer solchen Bewusstwerdung wird es ihr leichter fallen, die Wirklichkeit zu erkennen, die bislang hinter einem Schleier unverheilter Wunden verborgen war. Sie wird die Liebe oder Ängste leichter akzeptieren können, die dem Verhalten ihrer Eltern zugrunde lagen und anerkennen können, dass jene nach bestem Wissen und Gewissen handelten, so wie sie nun selbst mit ihren eigenen Kindern.

Viele Psychologen gehen davon aus, dass der Mensch sich höchstens eines Zehntels seines Innenlebens bewusst ist. 90 % unseres Verhaltens geschieht demnach völlig automatisch. Wir haben also allen Grund dazu, unser Leben in den verschiedensten Bereichen bewusster angehen zu wollen. Wie viele Menschen behaupten von sich, keine Angst zu kennen, und haben nicht die geringste Ahnung, was wirklich in ihnen vorgeht. Sind solche Menschen imstande, festgefahrene Situationen ohne dieses Bewusstsein zu ändern?

Erst wenn wir erkannt haben, dass wir für unsere eigene Entwicklung auf die Welt gekommen und Teil eines größeren Ganzen sind, werden unsere Handlungen und Pläne die Dinge um uns wirklich verändern. Wir werden uns unserer Kräfte bewusst und setzen sie ein, um uns der göttlichen Essenz zu nähern. Wir wissen, dass wir unser eigenes Leben schaffen und bedienen uns unserer Fähigkeiten, so gut und so viel wir können, so wie wir unsere Muskeln trainieren, um sie nicht erschlaffen zu lassen.

Wie kannst Du nun bewusster werden? Lebe Deine Erfahrungen und beobachte die Ergebnisse in Deinem Leben. Was fühlst Du dabei? Schließlich liegt es ganz bei Dir, ob Du ähnliche Erfahrungen wieder oder nicht mehr machen möchtest. Hierin liegt der große Vorteil bewussten Lebens.

Gehen wir bewusst an die Dinge heran, so lassen sich Probleme wesentlich schneller beheben. Das gilt für die stoffliche Welt ebenso wie für die emotionale und geistige. Außerdem ist das Bewusstsein ein wichtiges Werkzeug zur Öffnung des Herzens. Folgender VORSATZ kann Dir helfen, bewusster zu werden: „Ich öffne mich dem Leben und werde mir immer mehr bewusst, dass ich ein außerordentliches Wesen bin und mein Leben ganz nach meinen Wünschen ausrichten kann."

Beziehung

Siehe PARTNERSCHAFT.

Bilanz

Rückblick auf die Vergangenheit, als ob wir unser Leben wie ein Stück Film vor unserem inneren Auge ablaufen ließen. Das ermöglicht uns, bestimmte Ereignisse gedanklich aufzuarbeiten, um uns bewusst zu werden, was wir verändern könnten, um unser Leben zu verbessern. Dadurch können wir manche Erfahrungen der Gegenwart leichter bewältigen und vermeiden, Spannungen zu lange aufzustauen.

Wir müssen keine LEBENSBILANZ erstellen, um jeden Abend auf den verstrichenen Tag zurückzublicken. Diese Bilanz ist ebenso wichtig wie die morgendliche MEDITATION. Dabei kann Dir ein Tagebuch helfen oder Du lässt einfach den letzten Tag, bzw. die Periode seit Deiner letzten Bilanz an Deinem Geiste vorüberziehen. Nimm Dir Zeit, wichtige Begebenheiten genauer unter die Lupe zu nehmen, während Du andere Details übergehen kannst, die Dir unwichtiger erscheinen. Du kannst auch Deinen inneren Gott fragen, welche Lehre Du aus diesem Tag ziehen solltest. Hast Du etwas Wichtiges mit anderen Menschen oder in Deinem Inneren erlebt (Ängste, Emotionen, Zorn, Beklemmungen usw.)? Wenn nicht, wie hast Du Dich gefühlt? Was könntest Du besser machen? Warst Du imstande, Auseinandersetzungen zu schlichten? Bist Du stolz auf Deinen Tag? Wenn ja, so beglückwünsche Dich, stelle Deine Fortschritte fest und merke Dir, wie Du Dir einen schönen Tag gestalten kannst. Schreibe oder fühle ohne jegliche Zensur. Lasse alles zu, was da in Dir hoch kommt, und entschließe Dich, eventuelle Probleme zu regeln, wenn sie wieder eintreten.

Eine objektive Tagesbilanz bringt uns im Leben weiter. Diese wenigen Minuten haben unglaublich positive Auswirkungen. Wir konfrontieren uns mit uns selbst und erinnern uns an angenehme wie auch schwierigere Ereignisse. Auf diese Weise erkennen wir wesentlich leichter, welche Haltungen vor- oder aber nachteilige Folgen für uns haben.

Bitten

Durch Bitten und Forderungen teilen wir anderen mit, was wir wollen oder wünschen. Das kann auf verschiedenste Weise geschehen. Wir können andere oder das UNIVERSUM um Dinge bitten. Menschen, die das nie gelernt haben, werden sich schwer tun, anderen gegenüber ihre BEDÜRFNISSE zu formulieren. Manche haben Angst, ZURÜCKGEWIESEN oder für schwach und ABHÄNGIG gehalten zu werden. Doch stellen solche Situationen ausgezeichnete Gelegenheiten dar, nicht nur diese Ängste zu überwinden, sondern auch SELBSTVERTRAUEN zu gewinnen.

Dabei ist es wichtig, unsere Forderungen klar und authentisch zu formulieren, da die KOMMUNIKATION sonst unmöglich oder unfruchtbar ist. Zugleich dürfen wir jedoch nie aus den Augen verlieren, dass eine Bitte noch lange nicht bedeutet, dass die anderen unseren WÜNSCHEN entsprechen müssen. Damit müssen wir uns abfinden. Wir müssen akzeptieren, dass sie auch abgeschlagen werden können, so wie auch wir selbst das Recht haben, auf Anfragen anderer einzugehen oder nicht. Dadurch öffnen wir uns zugleich anderen Formen der Hilfe, die uns sonst vielleicht gar nicht in den Sinn gekommen wären.

Sind wir in der Lage, unsere Mitmenschen um Beistand zu bitten, werden wir eigenständig, können bestimmte Aufgaben DELEGIEREN, um uns um Dinge zu kümmern, die uns mehr am Herzen liegen, und neue Erfahrungen machen. Wollen wir andere nie um etwas bitten, so kann es recht bedrückend sein, alles alleine tun zu müssen. Der Alltag wird zur Last, und es fehlen die nötige Zeit und Energie für neue Erfahrungen. Nur allzu oft werden EIGENSTÄNDIGKEIT und UNABHÄNGIGKEIT miteinander verwechselt. Auch das kann uns daran hindern, Andere um etwas zu ersuchen.

Bitten ans UNIVERSUM sind da etwas komplexer. Bevor wir hier um einen Arbeitsplatz, materielle Güter, Reichtum, Gesundheit, einen Partner, ein Kind usw. „ansuchen", sollten wir uns Zeit nehmen, unsere wahren Bedürfnisse in diesem Augenblick zu überprüfen. Wodurch würden wir uns nützlich fühlen? Was würde unserem Wesen weiterhelfen? Welche Folgen können aus unserem Wunsch erwachsen? Sind wir bereit, den eventuellen Preis dafür zu bezahlen oder übersteigt er unsere momentanen Grenzen? Sind wir bereit alle Konsequenzen unserer Entscheidungen und Forderungen zu tragen?

Wünscht sich ein Paar z. B. ein Kind, so kann auch das seinen Preis haben: Sie müssen gewisse Zugeständnisse an ihre bisherige Freiheit machen, sich um einen jungen Menschen kümmern, bestimmte Ausgaben berücksichtigen usw. Sind wir uns nicht sicher, können wir auch eine Liste von „Vor- und Nachteilen" erstellen und sehen, was wir dabei empfinden. Sind wir bereit, auch unvorhergesehene Konsequenzen zu tragen? Eine LEBENSBILANZ kann dazu beitragen, bewusste Entscheidungen zu treffen. Eine Bitte ans Universum soll uns ja helfen, uns besser zu fühlen und uns innerlich weiterzuentwickeln.

Jeden Tag haben wir zahlreiche Gelegenheiten für Bitten in den verschiedensten Bereichen: Wir können um eine Gehaltserhöhung ansuchen, jemanden bitten, am Abend mit uns auszugehen, einen Kredit beantragen, um moralische oder körperliche Hilfe ersuchen… Fällt es Dir schwer, andere um etwas zu bitten, so sage Dir: „Was ist das Schlimmste, was mir geschehen kann, wenn mein Gesuch zurückgewiesen wird?" Erinnere Dich an all die Situationen, in denen Deinen Bitten positiv entsprochen wurde.

Wagen wir keine Forderungen zu stellen, so sagen wir Nein zu uns selbst und versagen uns eine verdiente Ernte. Stellen wir also weiterhin unsere Bitten eingedenk aller möglichen positiven Konsequenzen. Wir dürfen nie unser Ziel aus den Augen verlieren.

Böse

Jemand gilt als böse, wenn er anderen absichtlich – meist offen und in aggressiver Weise – Schaden zufügt oder zufügen will. Diese Definition bezieht sich auf den materiellen Aspekt, d. h. das menschliche Bild der Bosheit. Will die Menschheit sich jedoch weiter entwickeln, so sollte sie sich vor solchen Begriffen in Acht nehmen und versuchen aus spiritueller Sicht zu erkennen, dass ein böser Mensch selbst leidet und seine INNERE MITTE verloren hat. Er wir dermaßen von seinem Leid eingenommen, dass er keinen anderen Ausweg und keine anderen VERTEIDIGUNGSMECHANISMEN findet. Je mehr MITGEFÜHL wir für all unsere eigenen und die „bösen" Charakterzüge unserer Mitmenschen aufbringen können, desto schneller kann unser Planet zu einem irdischen Paradies werden. Unter dem Stichwort GUT wird das Moralprinzip von Gut und Böse näher erläutert.

Botschaften aus dem Jenseits

Siehe MEDIUM.

Buddhakörper

Siehe SUBTILE KÖRPER.

Chakra (Energiezentrum)

Das Wort Chakra kommt aus dem Sanskrit und bezeichnet ein Energiezentrum. Daraus ergibt sich zum einen, dass es unsichtbar ist wie die Energie, diese sich jedoch in einem ganz bestimmten Punkt ballt. Unser Körper wird von einem unsichtbaren, subtilen Körper umgeben, der als Vitalleib oder ätherischer Körper bezeichnet wird und aus Tausenden feinen Energiekanälen besteht. Er steht mit Himmel und Erde in Verbindung und belebt unseren Körper. An sieben Stellen konzentriert sich die Energie. Diese Hauptenergiezentren sind die Chakren. Sie liegen auf der Höhe der Wirbelsäule zwischen Steißbein und Scheitel und wirken durch Drüsen auf unseren Körper ein. Diese Drüsen sind also von großer Bedeutung für das energetische Gleichgewicht des Menschen.

Das erste Energiezentrum ist das Steißbein- oder **Wurzelchakra** und liegt, wie sein Name schon sagt, am untersten Ende der Wirbelsäule. Hier befindet sich der Sitz der Körperkraft und der Vitalität. Es wirkt über die Nebennierendrüsen auf unseren Körper ein.

Das zweite Energiezentrum wird **Nabel- oder Sakralchakra** genannt und liegt oberhalb der Geschlechtsorgane zwischen Scham und Bauchnabel. In diesem Zentrum ruht die Fähigkeit, das Leben nach unseren Wünschen zu schaffen, aber auch die Sexualkraft, und somit die Möglichkeit der Fortpflanzung. Es entspricht den Geschlechtsdrüsen, also beim Mann den Hoden und bei der Frau den Eierstöcken.

Das dritte Energiezentrum ist das **Solarplexus-Chakra**. Es liegt auf der Höhe des Sonnengeflechts zwischen Bauchnabel und Herzgegend. Es ist das Zentrum der Emotionen und des Verstandes. Dieses Chakra steht in Verbindung mit der Bauchspeicheldrüse.

Das vierte Zentrum wird nicht nur **Herzchakra** genannt, weil es in der Gegend des Herzens zwischen den beiden Brustwarzen liegt, sondern vor allem, da wir es hierbei mit einem äußerst wichtigen Knotenpunkt zu tun haben, in dem die Quelle der Eigenliebe liegt. Es betrifft die gesamte Brustgegend und beide Arme und wirkt über die Thymusdrüse auf den Körper.

Das fünfte Energiezentrum heißt Kehl- oder **Halschakra**. Es ist der Sitz der Kreativität, des Ausdrucks und der Kommunikation. Es übt seinem Einfluss über die Schilddrüse aus.

Das sechste Energiezentrum ist das **Stirnchakra**. Es liegt oberhalb der Nase zwischen den beiden Augenbrauen und wird deshalb auch als das „dritte Auge" bezeichnet. Es ist die Quelle der universellen Liebe, des Mitgefühls, der Begabungen, der paranormalen Fähigkeiten und der Intuition. Es steht in Verbindung mit der Hypophyse.

Das siebte Chakra wird Scheitel- oder **Kronenchakra** genannt. Es befindet sich über dem Kopf und ist das Zentrum der Erleuchtung, des ICH BIN. Es steuert den Körper über die Zirbeldrüse.

Jedes Chakra hat seine eigene Schwingungsfrequenz. Je höher es liegt, desto höher ist auch diese Frequenz und desto stärker ist es.

Wir sollten wissen und uns eingestehen, dass wir alle über ein ungeheures Energiepotential verfügen, dessen wir uns in verschiedenster Weise bedienen können. **Mit dieser Energie können wir unseren Bedürfnissen entsprechen, gesund und harmonisch leben oder aber uns selbst schaden, unsere Lebenskraft rauben und uns krank machen.** Sind wir glücklich, führen ein angenehmes Leben, hören auf unsere Bedürfnisse und sind in Harmonie mit unserer Umwelt, so läuft die Energie frei durch uns und wir versprühen Lebenskraft.

Entsprechen wir dieser grundlegenden Harmonie jedoch nicht, so blockieren wir die Energie an bestimmten Stellen unseres Körpers. Wir fühlen uns schwach, weil unsere Energiezentren nicht mehr natürlich aufeinander abgestimmt sind. Unter den Stichwörtern ENERGIE, EMOTIONSLEIB und MENTALLEIB gehen wir näher auf diese Fragen ein. Es ist sinnvoller, unsere Energie einzusetzen, um unsere BEDÜRFNISSE zu befriedigen und den natürlichen Lauf der Dinge in wahrer LIEBE zu leben, als in einer ständigen Reaktionshaltung gegen diesen Strom ankämpfen zu wollen.

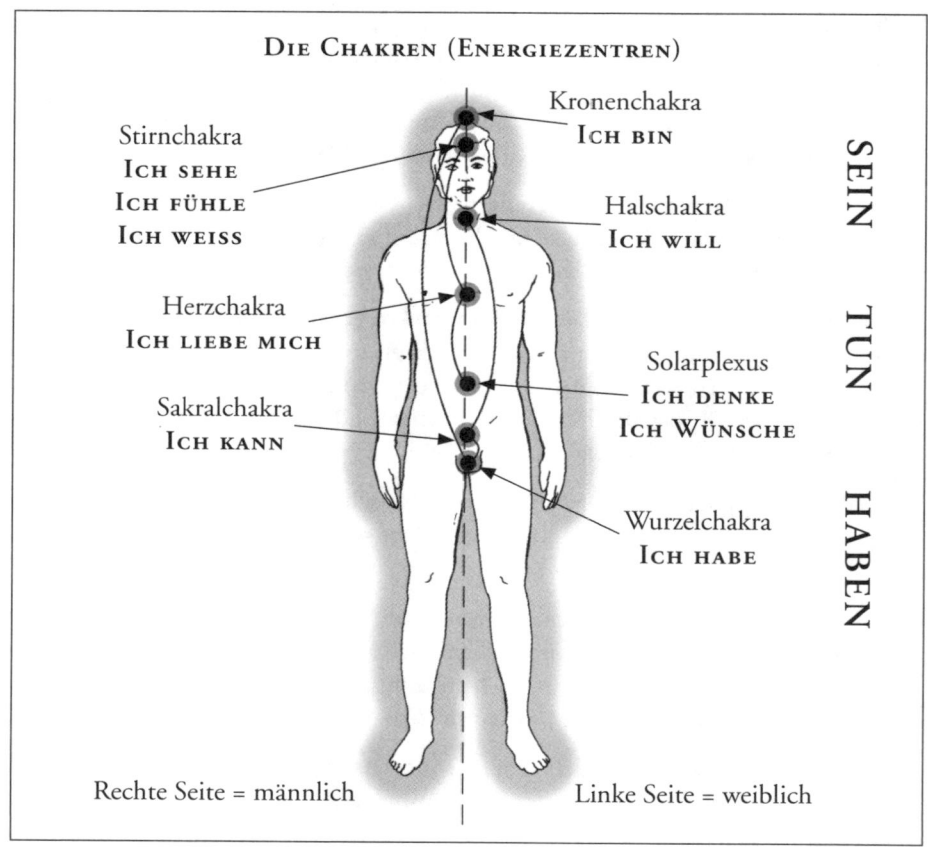

DIE CHAKREN (ENERGIEZENTREN)

Kronenchakra
ICH BIN

Stirnchakra
ICH SEHE
ICH FÜHLE
ICH WEISS

Halschakra
ICH WILL

Herzchakra
ICH LIEBE MICH

Solarplexus
ICH DENKE
ICH WÜNSCHE

Sakralchakra
ICH KANN

Wurzelchakra
ICH HABE

SEIN   TUN   HABEN

Rechte Seite = männlich   Linke Seite = weiblich

Charakter

Siehe VERHALTEN.

Christusleib

Siehe SUBTILE KÖRPER.

D

Dämon

Siehe TEUFEL.

Dankbarkeit

Gefühl, uns einem Menschen erkenntlich zeigen zu wollen, der uns Gutes zuteil werden lässt. Es ist völlig normal, anderen, die uns Glück, Wohlergehen oder andere Annehmlichkeiten bereiten, dankbar zu sein. Durch diese Form der Anerkennung können wir unserer Freude, Billigung oder Genugtuung Ausdruck verleihen. Wahre Dankbarkeit berührt uns zutiefst.

Wir sollten lernen, nicht alles als selbstverständlich hinzunehmen und auch für Kleinigkeiten und Alltägliches dankbar sein können: Für die Bemühungen unserer Eltern, auch wenn sie vielleicht nicht immer unseren Erwartungen entsprachen, für die Sonne, die unseren Planeten erwärmt oder für das Lächeln eines Passanten auf der Straße …

Dankbarkeit ist eine Anerkennung des Lebens, allen WOHLSTANDS in und um uns, aller Geschenke des Alltags. Seien wir dankbarer für alles, was wir bereits haben, als uns ständig als OPFER zu sehen und uns auf unsere MÄNGEL zu konzentrieren. Danken wir dem Universum für die Tausenden Segen, die es uns täglich zuteil werden lässt, während wir unseren REICHTUM erkennen und uns in den verschiedensten Bereichen entfalten können. So sind wir auch weniger auf die Dankbarkeit unserer Mitmenschen angewiesen. Warten wir ständig auf ihre Anerkennung, so schenken wir uns selbst nicht genug. Natürlich kann die Anerkennung anderer uns Freude bereiten, doch sollten wir nicht verzagen, wenn sie ausbleibt. Vergessen wir nie, dass die beste Ernte dem gebührt, der sät und zugleich LOSLÄSST.

Defätismus

Siehe NEGATIVE LEBENSHALTUNG.

Delegieren

Anderen Verantwortung übertragen oder durch eine Vollmacht mit einer Mission beauftragen. Von dieser Warte aus gesehen, befreit uns das Delegieren von einer gewissen Bürde. Warum fällt es einigen Menschen trotzdem so schwer? Hier ein paar Gründe:

Manche sind nur schwer oder gar nicht dazu in der Lage anderen zu vertrauen. Manche halten sich für unersetzlich und meinen, alle Dinge selbst erledigen zu müssen. Sie fürchten, ihre Anleitungen könnten nie nach ihren Vorstellungen ausgeführt werden. Manche ertragen es nicht, dass andere sich in ihre Angelegenheiten einmischen. Manche haben Angst als faul, schwach oder unwichtig angesehen zu werden. Manchen kam diese Möglichkeit einfach noch nie in den Sinn.

Wir sehen, dass es den Betroffenen jedoch meist darum geht, die KONTROLLE zu wahren. In vielen Bereichen fällt es uns schwer, LOSZULASSEN und anderen zu VERTRAUEN. Weigern wir uns, Aufgaben an andere abzutreten, müssen wir alles selbst tun. Wir würden bestimmte Dinge zwar gerne anderen überlassen, doch sind wir andererseits nicht bereit dazu. So machen wir uns das Leben schwer.

Willst Du nichts delegieren, weil Du wirklich alles lieber selbst machst, so ist das Deine freie Entscheidung. Fühlst Du Dich wohl dabei? Tust Du es, weil Du Dich schätzt oder weil Du Angst vor etwas hast? Oft halten sich solche Menschen für besonders selbständig. Doch handelt es sich hierbei eher um eine Form der UNABHÄNGIGKEIT als um EIGENSTÄNDIGKEIT. Ist das Dein Fall?

Es ist nahezu unmöglich, sich alleine um alles kümmern und zugleich auch noch im Leben vorwärts zu kommen. Sind wir uns dieses Umstands bewusst, können wir Aufgaben an andere abtreten, wenn wir es wirklich brauchen. Frage Dich: „Was kann schlimmstenfalls passieren, wenn ich diese Arbeit abgebe? Welchen Preis muss ich eventuell dafür bezahlen?" Meist ist die Gefahr recht gering. Außerdem eröffnen sich uns auf diese Weise auch Möglichkeiten, an die wir selbst nie gedacht hätten.

Natürlich bedarf das einer gewissen Flexibilität und Offenheit, da es Vertrauen voraussetzt. Delegieren heißt aber nicht Arbeit abzugeben, um danach jeden Schritt zu überwachen und zu kontrollieren. Das ist reine Zeitverschwendung. Das gilt besonders für organisierte Arbeit. Für ein funktionierendes und florierendes Unternehmen haben Inhaber, leitende Angestellte und Verwalter keine andere Wahl, als die Arbeit an Untergeordnete aufzuteilen. Im Interesse der Firma stellen sie daher auch vertrauenswürdiges Personal ein. Beim Delegieren handelt es sich also um einen Vertrauensbeweis. Wir sollten uns also des Umstands bewusst sein, dass diejenigen, die uns mit einer Arbeit betrauen, somit auch unseren Wert, unsere Begabungen und Fähigkeiten anerkennen. Dies ist auch zu berücksichtigen, wenn ältere Menschen bestimmte Verantwortungen auf jüngere übertragen.

Wir können nur gewinnen, wenn wir lernen, richtig zu delegieren. Es heißt sogar, dass wir neue Dinge anpacken sollten, wenn wir einen Bereich beherrschen. Es trägt sicher dazu bei, uns weiterzuentwickeln. Wir müssen den Trugschluss überwinden, Arbeitsteilung sei ein Zeichen von Schwäche und Unfähigkeit. Es ist vielmehr ein Entschluss der WEISHEIT. Je mehr wir uns anderen anvertrauen, desto mehr können wir tun und sein, was wir wirklich wollen. Dies ist eine der Türen zur FREIHEIT.

Demütigkeit

Für viele bedeutet Demütigkeit Selbsterniedrigung oder Schwäche zu zeigen. Geschieht dies, um Zuspruch und Anerkennung anderer zu erheischen, so ist dies eine Form von HOCHMUT und *falscher Bescheidenheit*. Manche Menschen ERNIEDRIGEN sich ständig selbst und weigern sich, ihre TALENTE und Vorzüge anzuerkennen. Das hat nichts mit Demütigkeit zu tun, sondern ist vielmehr mangelndes SELBSTWERTGEFÜHL, also eine Abwertung ihres PERSÖNLICHEN WERTES.

In diesem Werk wollen wir Demütigkeit jedoch als Gegenteil des Hochmuts verstehen. Hier gibt es kein „besser" oder „schlechter". Wir erkennen lediglich unsere Mängel, Schwächen aber auch unsere Talente, Fähigkeiten und Erfolge an, ohne uns deshalb über- oder unterlegen zu fühlen. So können wir auch Komplimente entgegennehmen, wenn andere unsere Verdienste oder Vorzüge anerkennen. Antworten wir jedoch „Das ist nicht der Rede wert. Das habe ich nicht verdient. Das kann doch jeder" so handelt es sich eher um *falsche Bescheidenheit*.

Wirklich bescheidene Menschen akzeptieren auch, dass andere nicht über dieselben Kenntnisse verfügen, und geben ihre eigenen nur weiter, wenn sie darum gebeten werden. Sie akzeptieren ebenso, dass andere Fehler begehen oder Dinge vergessen können. Sie verhöhnen keine IRRTÜMER, sondern machen lediglich auf sie aufmerksam, wenn sie sie direkt betreffen und sie die Folgen dafür zu tragen haben.

Wir arbeiten an unserer Demütigkeit, wenn wir auf etwas STOLZ sind und dieses Gefühl auch genießen können, ohne anderen von unserer Leistung zu erzählen, um ihre Anerkennung zu bekommen. Es genügt, uns bei unserem INNEREN GOTT zu bedanken, der uns geleitet hat, und mit ihm in Kontakt zu bleiben. Vergessen wir aber nie, dass der Grat zwischen STOLZ, HOCHMUT und falscher Bescheidenheit sehr schmal ist.

Sind wir demütig, indem wir unsere Fehler, Ängste, Meinungsänderungen oder Vergesslichkeit eingestehen, anderen VERZEIHEN oder ehrliche Komplimente machen, so fühlen jene sich auch wohler in unserer Gegenwart, was zur Verbesserung unserer Beziehungen führt. Bescheidenheit öffnet das Herz und ermöglicht der göttlichen Energie, uns zu durchfluten und unseren ganzen Körper zu beleben. Diese Energie hat direkte Auswirkungen auf die Qualität unseres Blutes und unsere Gesundheit. Alle Beteiligten, besonders aber wir selbst werden davon profitieren.

Depression

Im Lexikon wird die Depression als krankhafter Geisteszustand bezeichnet, der sich durch Entmutigung, Angstzustände, Schwäche, Traurigkeit und mangelndes Selbstbewusstsein auszeichnet. Tatsächlich handelt es sich bei der De-pression um einen Mangel an Druck oder Konzentration, um leistungsfähig zu sein. Die Welt scheint zweideutig, düster und grau. Man fühlt sich traurig, niedergeschlagen, schwach und allein auf der Welt. Es fehlt an Lebenslust und Energie, und wir werfen das Handtuch. In diesem Zustand sind wir nicht mehr in der Lage zu erkennen, wie wichtig wir sind, da wir durch einen düsteren, ausweglosen Tunnel zu gehen glauben.

In meinem Werk *Dein Körper sagt: Liebe dich!* lautet die metaphysische Definition des depressiven Zustands folgendermaßen:

Die wichtigsten Symptome der Depression sind der Verlust jeglichen Interesses und der Freude an den gewohnten Aktivitäten, das Gefühl der Niedergeschlagenheit und der Verzweiflung, Müdigkeit, Energiemangel, Konzentrationsschwäche, Gleichgültigkeit, Desinteresse, Entmutigung, geistiges Wiederkäuen und Verschlossenheit. In der Regel wollen sich depressive Menschen nicht helfen lassen, da sie es vorziehen, dass sich die anderen ändern. Sie schlafen schlecht, auch wenn sie Schlaftabletten nehmen. Sie reden wenig und neigen zur Weltflucht. Sie können sogar Selbstmordgedanken haben. Oft wird Depression auch mit Burnout verwechselt.

Die Depression ist ein Mittel, um sich nicht mehr dem – besonders affektiven – äußeren Druck (Pression) aussetzen zu müssen. Der depressive Mensch hält es nicht mehr aus. Er ist an seine GRENZEN gelangt. Aus meinen jahrelangen Beobachtungen geht hervor, dass Menschen mit depressiven Tendenzen Konflikte mit dem andersgeschlechtlichen Elternteil zu regeln haben. Das erklärt auch, warum sich der depressive Mensch oft an seinem Partner auslässt auf den er die Problematik überträgt. Man spricht hier von einem Transfer. Er lebt mit seinem Partner, was er mit seinem Vater, bzw. seiner Mutter durchzukämpfen hätte, wozu ihm aber der Mut fehlt. Indem er sich weigert, sich helfen zu lassen, nährt er weiterhin den HASS oder die RACHSUCHT, die er gegen diesen Elternteil hegt, und verschlimmert so nur sein Leid.

Je schlimmer die Depression, desto tiefer ist die SEELENWUNDE, die der betroffene Mensch in seiner Jugend erlebte. Bei solchen Verletzungen kann es sich um ZURÜCK-WEISUNG, VERNACHLÄSSIGUNG, ERNIEDRIGUNG, VERRAT oder UNGERECHTIG-KEIT handeln. Dieser Schmerz wurde allein und ohne Ansprachemöglichkeit durchlebt, um das geistige Gleichgewicht derart zu stören, dass es zu einer Depression oder manisch depressiven Psychose kommt. Als junger Mensch konnte er mit niemandem über seine Fragen und ÄNGSTE reden und hatte so nicht die Gelegenheit dazu, sich anderen anzuvertrauen. Er sperrte sich gegen seine eigenen Wünsche und zog sich schließlich in sich selbst zurück, wo sich sein Hass und seine Rachegelüste entwickelten.

Da eine depressive Person sich in der Regel nicht selbst helfen und auch nicht helfen lassen will, versuchen meist ihre Mitmenschen, ihre Probleme zu regeln. Gehörst Du zu diesen "Helfern" möchte ich Dir raten, sehr direkt zu der depressiven Person zu sein. Sie muss verstehen, dass niemand außer ihr selbst sie endgültig aus dieser Situation befreien kann.

Am wichtigsten ist es, dass sie AKZEPTIERT, dass ihre Depression durch einen großen Schmerz verursacht wird, den sie auf der Ebene ihres SEINS als junger Mensch erlitten hat. Sie weigert sich das zu sein, was sie ist. Im allgemeinen ist die häufigste dieser Verletzungen die Angst vor Zurückweisung. Diese Person muss verstehen lernen, dass ihre Eltern sie liebten, auch wenn sie sie zurückwiesen oder vernachlässigten. Der Erwachsene, der sein Kind zurückweist, hat wahrscheinlich als Kind dieselbe Erfahrung gemacht und hat auch heute noch Schwierigkeiten, sich selbst zu lieben. Der erste Schritt zur Heilung liegt darin, diesem Elternteil Mitleid entgegenzubringen und ihm zu verzeihen.

Die wichtigste Etappe besteht jedoch darin, sich selbst zu VERZEIHEN, diesem Elternteil böse gewesen zu sein. Schließlich heißt es nur noch, diesem Elternteil ohne jegliche Vorwürfe sein Inneres zum Ausdruck zu bringen (siehe dazu die Schritte des Verzeihens am Ende dieses Buches.) Es ist nur allzu menschlich, dass ein Kind, welches in innerer Abgeschiedenheit leidet, Hass und Rachegefühle entwickelt. Insofern ist es auch wichtig, dass diese Person lernt, ihren persönlichen WERT zu erkennen. Fällt ihr dies schwer, so sollte sie ihre Mitmenschen bitten, ihr zu sagen, wie sie sie sehen. Hegt der depressive Mensch Selbstmordgedanken, so will er meist nur eine bestimmte Seite seines Lebens nicht mehr leben. Er will sie absterben lassen, um etwas Neuem Platz zu machen. Er täuscht sich, wenn er sich gänzlich mit diesem Aspekt identifiziert.

D

Dialog

Siehe KOMMUNIKATION.

Diebstahl

Sich fremdes Eigentum in betrügerischer Weise aneignen oder entwenden. Anderen Dinge wegnehmen, die ihnen gehören. Doch bezieht sich der Diebstahl nicht nur auf Geld oder Güter. Wir können z. B. unseren Arbeitgeber bestehlen, indem wir nicht die Arbeit verrichten, für die wir gemäß unserer Vereinbarungen bezahlt werden, oder dem Unternehmen unsere Fähigkeiten und Talente vorenthalten. Auch wenn wir dies nicht als Diebstahl empfinden, so werden wir doch ähnliche Folgen für dieses Verhalten zu tragen haben.

Jede Handlung zieht Konsequenzen nach sich. Als VERANTWORTUNGSBEWUSSTE Menschen sollten wir uns fragen, ob wir bereit sind, für sie aufzukommen. Akzeptieren wir, eines Tages selbst bestohlen zu werden? Das GESETZ VON URSACHE UND WIRKUNG ist die Rechtsprechung des Universums. Diese göttliche Gerechtigkeit kennt keine Ausnahmen.

Angeblich ist Diebstahl bei Kindern Mode. Manche verstehen ihn als Mutprobe oder Herausforderung. Andere sehen ihn eher als Rache an einer Person, Sache oder an der Gesellschaft schlechthin. Hier ist das Stehlen ein äußeres Zeichen einer inneren REVOLTE gegen den Mangel an ACHTUNG oder an INTEGRITÄT den sie Zuhause, in der Schule oder sonst wo erfahren. Als Erwachsene sollten wir hier mit gutem Beispiel voran gehen und unsere Ehrlichkeit unter Beweis stellen. Das ist unsere Rolle in der Gesellschaft.

Wir sollten unseren Kindern das Gesetz von Ursache und Wirkung, bzw. des KARMAS näher bringen. So lernen sie, dass ihnen eines Tages Ähnliches widerfahren wird und sie immer die Folgen ihrer Taten zu tragen haben. Was sind z. B. die Konsequenzen einer Rechtsklage gegen sie? In einem offenen Gespräch werden sich die wahren BEWEGGRÜNDE herausstellen. So können wir ihnen helfen, ihre eigenen Lösungen zu finden. Am wenigsten Wirkung zeigen hingegen Drohungen oder moralische Monologe. Doch auch wir Erwachsene sollten unsere eigenen GRENZEN respektieren und unseren Kindern zu verstehen geben. Selbstachtung und Bestimmtheit sind ein ausgezeichnetes Beispiel.

OPFER eines Diebstahls hingegen sollten tief in ihr Inneres hören, um festzustellen, welcher Aspekt ihres Wesens diese Erfahrung angezogen hat. Die Botschaft kann von Mensch zu Mensch sehr verschieden sein. Frage Dich, was Dich besonders daran

STÖRT. Ist es der Umstand, in Deiner Privatsphäre verletzt worden zu sein, Geld oder Gegenstände von persönlichem Wert verloren zu haben?

Vielleicht wurden Dir aber auch Dinge gestohlen, die Dir mehr Ärger als inneren Frieden verursachten. Ist Dir z. B. eine Kreditkarte abhanden gekommen, die Dir schon lange Sorgen und Ängste bereitet hat? Hattest Du SCHULDGEFÜHLE, mehr als andere zu besitzen, Dein Hab und Gut schlecht einzusetzen oder zu sehr daran zu HÄNGEN?

Jeder erlebt bestimmte Erfahrungen anders. Das richtet sich ganz nach unserer Wahrnehmung der Dinge, unserer Persönlichkeit und unserer Fähigkeit die Botschaften zu AKZEPTIEREN, die uns das Leben dadurch BEWUSST machen will. Vielleicht sollst Du lernen LOSZULASSEN, erkennen, dass auch Du Dir manchmal Dinge unrechtmäßig aneignest oder unerlaubt in den Intimbereich anderer eindringst. Hier soll niemandem der Prozess gemacht werden. Es geht einzig und allein darum zu erkennen, dass das Universum unser ganzes Leben lang Ereignisse verursacht, die uns unser Innenleben bewusst machen sollen.

Außerdem sollten wir wissen, dass nichts wirklich uns gehört. Aller irdischer Besitz ist uns gegeben, um bestimmte ERFAHRUNGEN zu machen. Niemand muss stehlen, um zu bekommen, was er braucht. Wir sollten unser KÖNNEN dazu einzusetzen, unser eigenes Leben zu schaffen, und lernen, uns von Gegenständen LOSZULÖSEN, die keinen NUTZEN mehr für uns haben, nicht mehr unseren Bedürfnissen entsprechen oder uns Sorgen und Ängste bereiten.

Dilemma

Zwischen zwei gegensätzlichen oder widersprüchlichen Möglichkeiten wählen müssen, die beide Vor- und Nachteile bergen. Von einem inneren Dilemma sprechen wir, wenn wir uns nicht zwischen zwei entgegengesetzten Wünschen entscheiden können. Während eine Seite in uns gerne dies hätte, sehnt sich eine andere nach dem Gegenteil. Stellen wir uns eine Frau vor, die gerne alleine in Urlaub fahren würde. Während etwas in ihr Lust auf diese neue Erfahrung hätte, zögert ein anderer Aspekt ihres Wesens und sträubt sich, weil er Angst vor irgendwelchen möglichen Folgen hat oder meint, das gehöre sich einfach nicht. So fühlt sie sich hin- und hergezogen und leidet an ihrem inneren Konflikt.

Aber auch die so genannte „Qual der Wahl" kann ein Dilemma darstellen. Vielleicht zögerst Du zwischen zwei Reisezielen. Oft genügt es die verschiedenen Aspekte der beiden Möglichkeiten gegeneinander abzuwägen und von 1 bis 10 zu benoten. Oder stell Dir vor, beide Reisen wären plötzlich möglich. Welches Gefühl hast Du bei der einen und welches bei der anderen? Auch das kann Dir helfen, die richtige Wahl zu treffen.

Schneiden beide Möglichkeiten trotz aller Erwägungen gleich ab, so kannst Du die Münze werfen. Als „Verlängerung" Deines Herzens weiß Deine Hand genau, ob Dein Inneres sich Kopf oder Adler wünscht. Doch solltest Du das Experiment nicht ein paar

Mal wiederholen, um Dich zu versichern. Es gibt ohnehin keine „schlechte Entscheidung", sondern nur verschiedene Erfahrungen. Ganz gleich für welche Möglichkeit Du Dich entschließt, sie wird Dir helfen, Dir bestimmte Dinge bewusst zu machen. Hatte eine Deiner Entscheidungen unangenehme Konsequenzen für Dich nach sich gezogen, so hast Du wenigstens gelernt, was Du nicht willst und kennst nun Deine Ziele umso besser. **Wir sollten jeder Erfahrung ohne Ausnahmen danken.** Akzeptierst Du sie nicht, wird sie wiederkehren müssen, damit Du lernst, sie zu AKZEPTIEREN. So lautet das Gesetz der bedingungslosen Liebe.

D

Dogma

Siehe GLAUBE.

Dramatisieren

Bestimmten Situationen übertriebene Bedeutung zumessen. Je nach unserer Wahrnehmung erscheinen uns bestimmte Dinge dramatischer als anderen. Das Ausmaß eines Dramas hängt also ganz von unseren ÜBERZEUGUNGEN, ÄNGSTEN, GRENZEN aber auch von den Reserven unserer körperlichen, emotionalen und mentalen Energie ab.

Hier einige Beispielsituationen, die dramatisch für uns sein können: Ein Autoschaden; einen Gegenstand zerbrechen, dem wir großen Wert beimessen; bestohlen oder betrogen werden; ein Brand im Haus; altern; zunehmen; bei einer Prüfung durchfallen; ausgelacht oder in unserem Selbstwertgefühl verletzt werden; erfahren, dass unser Kind Drogen nimmt, stiehlt oder homosexuell ist; unseren Arbeitsplatz verlieren; Geld bei Börsenspekulationen oder auf andere Weise verlieren; eine Trennung oder Scheidung durchmachen; von unserer schweren Krankheit oder dem Tod eines geliebten Menschen erfahren, u.v.a. Während für die einen Zeitverlust dramatisch ist, leiden die anderen an Geldmangel, Problemen in Beziehung oder Alltag. Unzählige Ereignisse können dramatisiert werden.

Natürlich sind einige der oben genannten Beispiele tatsächlich tragisch und sehr schwer zu akzeptieren. Dramatisieren wir sie jedoch zusätzlich, wird es umso schwerer, sie zu bewältigen, da wir uns immer mehr von der Wirklichkeit entfernen. Weshalb dramatisieren einige Menschen mehr als andere? Manche messen ihren ÜBERZEUGUNGEN und WERTEN viel zu große Bedeutung bei. Sie haben das Gefühl, ihr ganzes Leben werde dadurch aufregender und interessanter. Andere meinen, ihre Mitmenschen nur durch besonders dramatische Darstellung ihrer Krankheit, sonstiger Misslichkeiten, Geld- oder anderer Probleme für sich interessieren zu können.

Auf diese Weise schlüpfen wir immer mehr in die Rolle des OPFERS. Ereignisse, denen wir große Bedeutung beimessen, wiederholen sich oder setzen sich fort. Wir erleben zusätzliche EMOTIONEN, die unser Immunsystem für Ernstfälle frühzeitig ermüden.

Um zu sehen, ob Du dazu neigst zu dramatisieren, kannst Du Dir vorstellen, wie Du auf die oben genannten Situationen reagieren würdest. Frage auch einige Personen aus Deinem unmittelbaren Umfeld. Du wirst sehen, dass manchen bestimmte Kleinigkeiten schwer fallen, während sie in der Lage sind andere, Deiner Ansicht nach größere Problemen recht gelassen als Herausforderungen zu verstehen.

Situationen zu dramatisieren, verschlimmert sie nur und lässt sie oft außer Kontrolle geraten. Wir übertreiben die möglichen Konsequenzen, bereiten uns zusätzliche Ängste und erleben Situationen dadurch wesentlich emotioneller.

Eltern, die den Umstand dramatisieren, dass ihr Sohn stiehlt, Drogen nimmt oder homosexuell ist, behaupten vielleicht, sie machten sich Sorgen um ihn, während sie in Wirklichkeit fürchten, sich für ihn zu schämen, erniedrigt, als verantwortungslos beschuldigt oder verurteilt zu werden. Sie haben Angst, als schlechte Eltern abgestempelt zu werden, was schließlich ihre **Angst nicht geliebt zu werden** zum Ausdruck bringt.

Meist dramatisieren wir Situationen, wenn wir sie nicht kontrollieren können. Das bewirkt unter anderem Angst und Frustrationen. Wir verlieren unsere INNERE MITTE und sehen die Dinge nicht mehr so, wie sie wirklich sind. Anstatt einen globalen Überblick über alle Aspekte zu wahren, sehen wir sie durch unsere verschiedenen Filter. VERANTWORTUNGSBEWUSSTE Menschen wissen, dass nichts zufällig geschieht. Sie sagen sich: „All das hat seinen Grund. Er entgeht mir zwar noch, und ich bin keineswegs mit dem Lauf der Dinge einverstanden, aber ich bin sicher, alles wird sich wieder zum Guten wenden." Sie sind in der Lage, den Tatsachen ins Auge zu sehen und die Ereignisse so zu akzeptieren, wie sie kommen. Sie wissen, dass es eine Lösung für jedes Problem gibt, und sind bereit, sich den Folgen ihres Handelns zu stellen. Sie gewinnen den nötigen Abstand, so dass keine Emotionen ihre Fähigkeit beeinträchtigen, die angebrachten Lösungen zu finden.

Wie können wir Problemsituationen entschärfen? Zunächst musst Du Dir darüber klar werden, wann Du dazu neigst, Dinge zu dramatisieren. Fällt Dir das schwer, so frage Deine Mitmenschen. Zwischen Dinge erzählen, übertreiben oder dramatisieren, besteht oft nur ein geringer Unterschied. Dann solltest Du Dir das Recht zugestehen, bestimmte Situationen zu dramatisieren, weil sie gewisse ÄNGSTE, GRENZEN oder SEELENWUNDEN in Dir wachrufen. Bist Du imstande, Deinen Ängsten ins Auge zu sehen, wirst Du auch nicht versuchen Dich zu kontrollieren und Dich z. B. dazu zu zwingen, bestimmte Situationen unbedingt zu entdramatisieren. Je krampfhafter wir versuchen, etwas zu überwinden, desto hartnäckiger kehrt es wieder. Verliere nie aus den Augen, alle Ereignisse unseres Lebens ihre Gründe haben.

Merkst Du, dass Du gerade dabei bist, eine Situation zu dramatisieren, so atme zuerst ein paar Mal tief durch und frage Dich: „Ist meine Wahrnehmung der Dinge wirklich realistisch oder haben meine Ängste hier die Überhand gewonnen? **Wovor habe ich Angst?**" Wahrscheinlich hast Du die negativen Folgen für Dich übertrieben. Erinnere Dich an ähnliche Situationen, als Du später feststellen musstest, dass Du sie sehr aufgebauscht hattest. Sie sind gut ausgegangen, und Du hast all diese Gefühle ganz umsonst in Aufruhr gebracht. Nach dieser Feststellung wird es Dir wesentlich leichter fallen, die geeigneten Lösungen zu finden und der Situation gelöster in LIEBE anstatt in Angst zu begegnen. Außerdem wirst Du erkennen, welche neuen Erfahrungen Du dabei gemacht und wie Du gelernt hast, sie zu AKZEPTIEREN.

Dualität

Koexistenz zweier gegensätzlicher Elemente. Unterschiedliche Gefühle oder Charaktere in ein und demselben Menschen. Es ist kein Zufall, dass dieses Wort dem **Duell** und der **Rivalität** so ähnelt. Zwei verschiedene Naturen stehen sich hier gegenüber. Es bedarf unseres FREIEN WILLENS, um aus solchen Gegensätzen auszuwählen und die Folgen auf der körperlichen, emotionalen und geistigen Ebene zu experimentieren. Wir haben immer die Wahl zwischen Freiheit und Zwang, Liebe und Angst, Loslassen und Kontrolle, aber auch zwischen unserem ICH und unserem HERZEN.

Der Gegensatz von Geist und Seele, von männlich und weiblich sind die Grundlage aller menschlicher Dualität. Er besteht bis wir schließlich VERSCHMELZEN und eins werden. Er ist also notwendig, damit wir uns unserer wahren Wünsche bewusst werden: Der Weg zur Verschmelzung von Seele und Geist und des WEIBLICHEN UND MÄNNLICHEN PRINZIPS führt über die bedingungslose LIEBE.

Egoismus

Tendenz, sich ausschließlich um sein eigenes Wohlergehen, seine Freuden und Interessen zu kümmern, ohne die seiner Mitmenschen in Betracht zu ziehen. **Egoisten wollen sich auf Kosten anderer vergnügen oder sich bestimmte Dinge verschaffen.** Sie drängen ihnen ihre Wünsche aus reinem Eigeninteresse auf, haben ständig ERWARTUNGEN und sind deshalb auch schnell enttäuscht, wenn ihre Wünsche nicht erfüllt werden. In solchen Fällen sind sie die Ersten, die ihre Nächsten als Egoisten beschimpfen.

Eine ältere Dame, die z. B. darauf besteht, dass ihre Kinder sie jeden Sonntag besuchen kommen, schlägt deren eigene Bedürfnisse völlig in den Wind, um ihre eigenen WÜNSCHE zu befriedigen. Entspricht eines der Kinder ihren Forderungen nicht, so wird sie es als Egoisten anklagen, während es in Wirklichkeit nur auf seine eigenen BEDÜRFNISSE hört. Nur allzu oft verwechseln wir EIGENLIEBE und Egoismus. Erstere zeichnet sich dadurch aus, selbst für unsere Bedürfnisse aufkommen zu können, ohne ständig die Hilfe anderer in Anspruch zu nehmen. Egoisten hingegen neigen eher dazu ihre Wünsche von anderen verwirklichen zu lassen oder ihren Mitmenschen Dinge zu nehmen, ohne sich zu fragen, ob jene damit einverstanden sind.

Wir sollten uns dieses Unterschieds also bewusst sein, bevor wir uns oder andere als Egoisten bezeichnen. So werden viele NEUE KINDER als Egoisten abgestempelt, während sie uns in Wirklichkeit nur ein Beispiel für gelebte EIGENLIEBE geben. Je mehr Du Dich selbst liebst, desto mehr wahre Liebe und Achtung werden Dir auch Deine Mitmenschen entgegenbringen. Egoisten hingegen werden nach Möglichkeit gemieden.

Egozentrik

Manche Menschen beziehen alles auf sich selbst und leben in einem Universum, in dem sich alles um die eigene Person dreht. Sie können ebenso introvertiert wie extrovertiert sein. Ihre egozentrische Lebenshaltung kommt verstärkt zum Ausdruck, wenn sie Ängste durchstehen oder sich bedroht fühlen. Manchmal bedienen sie sich anderer, um ihre Wünsche und Bedürfnisse zu befriedigen, ohne sich um jene zu kümmern. Sie sind sich ihres Verhaltens nicht unbedingt bewusst, auch wenn es ihren Mitmenschen kaum verborgen bleibt. Solche Personen können anderen nicht zuhören. Sie unterbrechen sie ständig, um von sich selbst zu erzählen und die Probleme anderer auf ihre eigenen zu übertragen. So hört man sie auch oft sagen „Was mich betrifft…“

Sie sollten MITGEFÜHL und NÄCHSTENLIEBE lernen, ebenso wie zu GEBEN und ZUHÖREN. Nur durch den engeren Kontakt zu anderen werden sie sich selbst wirklich kennen lernen.

Ehrgeiz

Ehrgeiz kann positive wie auch negative Auswirkungen haben. Manchmal handelt es sich um das brennende Verlangen, Dinge zu erlangen oder zu erreichen, die unserer Selbstsucht (Macht, Ehre, Erfolg) schmeicheln. Insofern wird er ein Mittel zur Befriedigung unseres ICHS und der Suche nach Einfluss und MACHT. Diese Form ist auch gemeint, wenn es heißt, „der Ehrgeiz ist der Untergang seines Herrn".

Andererseits gibt es durchaus auch eine Form von gesundem Ehrgeiz, der uns dazu antreibt, bestimmte Ziele zu verwirklichen. Ohne ihn gäbe es wohl wenigere Errungenschaften der Menschheit. Er wahrt den Kontakt zur großen göttlichen Kraft der Kreativität. Das Erreichen von ZIELEN ist ein wichtiges Bedürfnis unseres EMOTIONS-LEIBS. So handelt jeder nach seinen augenblicklichen Fähigkeiten, Möglichkeiten und Grenzen. Wir haben alle verschiedene Ziele, die wir gegenseitig respektieren sollten.

Ehrlichkeit

Siehe INTEGRITÄT.

Eifersucht

Schmerzhafte Sorge, die auf der exklusiven POSSESSIVITÄT eines geliebten Menschen beruht; Angst einen Vorteil oder Besitz mit anderen teilen zu müssen oder zu verlieren. Wir sind eifersüchtig, weil wir meinen, ein Mensch oder Gegenstand gehöre uns allein, aber neidisch, wenn wir nach dem Besitz anderer streben. Jede Form der Eifersucht ist destruktiv, während NEID in manchen Fällen konstruktiv werden kann. Menschen können mehr oder weniger eifersüchtig sein. Der Grad hängt nicht nur vom Ausmaß unserer Possessivität, sondern auch von dem unserer ABHÄNGIGKEIT und unseres Mangels an SELBSTWERTGEFÜHL ab. Starke Eifersucht ist eine Krankheit der Gefühlsebene und kann für alle Beteiligten eine äußerst bedrückende EMOTION darstellen.

Sie wird zu einem wirklichen Problem und wahren Alptraum, wenn der eifersüchtige Mensch jede Tat und Geste des anderen überwacht und ihn überall hin verfolgt. Eine solch krankhafte Eifersucht kann zu ZWANGHAFTEM HANDELN führen und in GEWALT ausarten. In dieser Extremphase ist die betroffene Person nicht mehr sie selbst, da sie sich völlig von ihren ÄNGSTEN und Zwängen manipulieren hat lassen. Solche unglücklichen Situationen können schließlich sogar zu Verbrechen aus Leidenschaft führen. Es ist höchste Zeit, sich helfen zu lassen.

In der Regel beruht Eifersucht auf einem Mangel an SELBSTVERTRAUEN und schlechter KOMMUNIKATION. Die betroffene Person ist momentan nicht dazu in der Lage, ihre positiven und schönen Seiten zu sehen. Das Bild, welches sie von sich selbst hat, hängt völlig vom geliebten Menschen ab. Sie sollte lernen EIGENSTÄNDIG und unabhängig zu werden.

Bist Du eifersüchtig, so besteht der erste enorm wichtige Schritt darin, Dich in Deiner Eifersucht zu AKZEPTIEREN und zu erkennen, dass Dein Leid einen Teil von Dir widerspiegelt, der seine INNERE MITTE verloren und große Angst hat, den geliebten Menschen zu verlieren.

Bist Du auf andere eifersüchtig, weil sie den Posten bekommen haben, den Du Deiner Ansicht nach verdient hättest, so solltest Du versuchen zu akzeptieren, dass diese Situation Dich STÖRT, um Dich dazu zu bringen, Dich selbst mehr zu schätzen, und Dir klar zu machen, dass Dein Glück nicht von Deinem Posten abhängt. Unterstreiche Deine positiven Seiten, Deine Herzensqualitäten, Deine Leidenschaft usw. Erstelle Deine LEBENSBILANZ. Gelingt es Dir, Dich etwas von der Problematik LOSZULÖSEN, Dich selbst in Momenten der Eifersucht zu beobachten, mit anderen darüber zu sprechen und sogar darüber zu lachen, so ist dies ein gutes Zeichen dafür, dass Du Dich auf dem Weg der Heilung und des Glücks befindest und Dein Selbstvertrauen und SELBSTWERTGEFÜHL steigerst. Du erkennst immer mehr Deinen persönlichen und spirituellen WERT.

Eigenliebe

Sich selbst bedingungslos zu lieben und anzunehmen bedeutet, alle Seiten unseres Wesens zu akzeptieren. Das betrifft auch die, die uns missfallen oder Schmerzen bereiten, da wir erkennen, dass wir selbst sie geschaffen haben, in der Meinung sie würden uns nützen. Dazu müssen wir verstehen, dass wir uns ständig weiterentwickeln und nichts wirklich beständig ist. Nur so können wir AKZEPTIEREN, dass sich unsere Grenzen, Ängste, Schwächen, Schuldgefühle, Meinungen, Wünsche, Verlangen und Talente ohne Unterlass ändern und sich auch von denen unserer Mitmenschen unterscheiden. Wir sollten uns weder verurteilen noch kritisieren so zu sein, wie wir gerade sind.

Lieben wir uns selbst, so haben wir erkannt, dass wir ein ganz besonderer, wenn auch noch nicht perfekter Mensch sind. In unserem tiefsten Herzen wissen wir, dass wir nach bestem Wissen, entsprechend unserer Möglichkeiten und GRENZEN handeln. Wir leben auf der Erde, um aus unseren Erfahrungen zu lernen, wer wir wirklich sind. Wir haben das Ziel unserer irdischen Existenz erreicht, wenn wir fähig sind, zu akzeptieren, wie wir lieben und uns verwirklichen. Dazu müssen wir zunächst die Hintergründe unseres Verhaltens erkennen und uns zugestehen so zu sein, wie wir sind. Liebe kennt keinen Widerstand und keine Bedingung.

Ein Mensch, der sich nicht liebt, glaubt auch nicht an sich. Er kritisiert und kontrolliert sich ständig und hat seine wahre Essenz aus den Augen verloren und vergessen, dass er eigentlich ein spirituelles Wesen ist, das nur vorübergehend in einem stofflichen Körper verweilt und nach bestem Wissen und Gewissen lebt. Daher identifiziert er sich eher mit den Aspekten seiner PERSÖNLICHKEIT, die sein Verstand erschaffen hat, bei denen es sich aber nur um Illusionen handelt.

Alle Situationen und Ereignisse unseres Lebens sollen uns dazu führen, uns jeden Tag ein wenig mehr zu lieben. Es gibt verschiedene Wege dazu: Zuerst sollten wir uns BEWUSST werden, wer wir wirklich sind. Wir sollten die Qualitäten unseres Herzens ebenso anerkennen wie unsere Großzügigkeit, unsere zahlreichen Talente, unsere

E

Fähigkeit zu helfen, zu akzeptieren, zuzuhören und zu verstehen. Wir verfügen über Kräfte, die verschiedensten Dinge zu schaffen und uns selbst zu verbessern. Wahre Liebe ist spirituell und steht für die Fusionsenergie, die allem Leben zueigen ist. Sie ist das schnellste und wirksamste Heilmittel für Körper, Geist und Gefühle. Der Unterschied zwischen Eigenliebe und EGOISMUS wird unter jenem Stichwort erläutert.

Eigenständigkeit

Oft werden Eigenständigkeit und Unabhängigkeit gleichgesetzt. In diesem Buch wollen wir einen feinen Unterschied zwischen beiden machen. Ein **eigenständiger** Mensch handelt und entscheidet nach seinem freien Willen. Kann er seine Bedürfnisse nicht selbst zufrieden stellen, ist er fähig, Hilfe von außen zu suchen und zu erbitten. Er braucht weder die Bestätigung noch die ständige Gegenwart anderer, um sich wohl zu fühlen. Er akzeptiert, wenn man sein Gesuch um Hilfeleistung zurückweist, da er von niemand Bestimmten abhängt. Schlägt man sie ihm ab, sucht er sie an anderer Stelle.

Unabhängige Menschen hingegen befinden sich oft in Reaktion auf eine ABHÄNGIGKEIT. Sie wollen sich nicht eingestehen, auf irgendetwas angewiesen zu sein und beschließen, unabhängig zu sein, d. h. nur auf sich selbst zu zählen. Sie bitten andere nur in extremen Notsituationen um Hilfe, da sie dadurch das Gefühl haben als schwach oder abhängig abgestempelt zu werden. Da sie nicht nur dem Beistand ihrer Mitmenschen, sondern generell den Ideen und Vorschlägen anderer nicht offen gegenüberstehen, fällen sie oft falsche Entschlüsse. Sie tun sich schwer, ihre innere Mitte zu finden, da sie ständig alles unter KONTROLLE haben wollen.

Erkennst Du Dich in der Beschreibung des „Unabhängigen" wieder, so solltest Du Dir zuerst zugestehen, so zu sein. Erst dann kannst Du versuchen Dich langsam neuen Erfahrungen zu öffnen. Wage öfter um Hilfe zu bitten, ohne davon auszugehen, dass andere Deiner Bitte unbedingt Folge leisten müssen. So wirst Du nach und nach den Druck verlieren, alles kontrollieren zu wollen, was Dich von vielen ZWÄNGEN befreien wird. Folglich wirst Du freier und wirklich eigenständig – auch im Bereich der Liebe.

Einen

Siehe VERSCHMELZEN.

Einfachheit

Dinge, die unschwer zu verstehen, zu verwenden, zu merken, zu sagen oder zu lernen sind. Sie wurden nicht von unserem Verstand verdreht, kompliziert, verschleiert oder durch zusätzlichen Ballast erschwert. Einfache Menschen sind INTELLIGENT und TRANSPARENT zugleich. Sie hören auf ihre Gefühle und handeln unkompliziert, ohne Verstellung oder Berechnung.

Einfachheit hat nichts mit Einfalt zu tun. Auch hoch gebildete Menschen können einfach sein, sich unkompliziert ausdrücken und ohne Umschweife handeln oder reagieren. Umgekehrt können auch ungebildete Menschen sich das Leben unnötig erschweren.

In der Regel fühlen wir uns wohl in der Gegenwart einfacher Leute. Die Dinge scheinen einfacher mit ihnen und wir können natürlich mit ihnen sein. Sie sind leicht zu verstehen, und es ist angenehm mit ihnen zu kommunizieren. Simple Erklärungen bedürfen eines geringeren intellektuellen Aufwands, weshalb wir uns besser fühlen.

Das heißt nicht, dass einfache Ideen immer leicht in die Tat umzusetzen sind. Das gilt z. B. auch für die Gesetze der LIEBE, die oft sehr schwer anzuwenden sind, da wir dazu unser ICH zugunsten unserer INTUITION und unseres INNEREN GOTTES beiseite lassen müssen.

Um unser Leben unkomplizierter zu gestalten, sollten wir einmal Kinder beobachten, wie einfach, natürlich und intuitiv sie sind, bevor sie von den Überzeugungen und Ängsten Erwachsener beeinflusst werden. Wir müssen lernen, LOSZULASSEN, anstatt unser ganzes Verhalten KONTROLLIEREN zu wollen. Weiters sollten wir aufhören, Dinge zu wollen, die unseren BEDÜRFNISSEN oder den NATURGESETZEN widersprechen. In der Folge wird es uns wesentlich leichter fallen, einfach zu sein, der Intuition und unseren Fähigkeiten zu vertrauen. Das große Geschenk der Einfachheit besteht darin, empfänglicher und offener für neue Erfahrungen und somit ein FREIERER Mensch zu werden. Komplizierte Leute sind hingegen meist auf die Dinge fixiert, die sie kennen bzw. gelernt haben, was Neues ausschließt. „Nur einfache Menschen haben wirklich das Zeug dazu, groß und berühmt zu werden."

Einfluss

Bewusste oder unbewusste Veränderungen einzelner Personen oder ganzer Gruppen durch Gesellschaft oder zwischenmenschliche Beziehungen. Eine Handlung, die bestimmte Phänomene, Situationen bei anderen bewirkt. Alles Sichtbare und Unsichtbare, was uns in dieser STOFFLICHEN WELT umgibt und unsere Sinne wahrnehmen können, aber auch ELEMENTARE GEDANKENFORMEN beeinflussen uns durch ihre Schwingungen. Einflüsse sind also all jene Umstände, die uns dazu bewegen, ein bestimmtes Verhalten an den Tag zu legen. Sie können vorteilhaft sein oder aber auch nicht, je nachdem, ob sie unser Leben verbessern oder ihm schaden.

Den ersten und größten Einfluss haben unsere ELTERN, unsere Familie und Erzieher auf uns. In unserer Kindheit waren wir noch sehr manipulierbar, da wir glaubten, dass unsere gesamte Umwelt reine Wahrheit und in dieser Form nötig für uns sei. Dem gesellten sich bald neue Einflüsse aus den verschiedensten Bereichen hinzu: Freunde, Religionen, Moden, Astrologie, Medien, Internet usw. Besonders der Einfluss des Fernsehens ist in dieser Hinsicht nicht zu unterschätzen. Es vermittelt unzählige Inhalte vom Wetter und den Nachrichten über Unterhaltungs-, Kultur- oder Erziehungssendungen und Werbung bis hin zu Filmen mit Sex und Gewalt.

Bestimmte Einflüsse haben die Macht, unsere Meinungen oder Verhaltensweisen zu verändern.

Am meisten beeinflussen uns unsere ÜBERZEUGUNGEN, WERTE und unsere Vorstellung von GUT UND BÖSE. Jeder Gedanke verändert unser Verhalten in bewusster oder unbewusster Weise, was Konsequenzen nach sich ziehen kann, die unserem Lebensziel widersprechen. Diese Umstände führen zu Reaktionen, die unsere Entscheidungen beeinflussen, welche ihrerseits Einfluss auf unsere Wünsche und Verhaltensweisen haben. Der Kreis ist unendlich. All dies hat natürlich Auswirkungen auf unser Leben, die angenehm oder auch nicht sein können. Seit unserer frühesten Kindheit werden wir von unserer Umwelt beeinflusst. Doch können wir das ändern, wenn wir uns dieser Tatsache bewusst werden. Wie können wir feststellen, ob ein Einfluss gut für uns ist oder nicht? Es genügt, die Auswirkungen auf unser Leben zu betrachten. Sind wir glücklich, in Frieden und Meister unseres Lebens, so ist er uns in diesem Moment sicher gerade von Vorteil.

Aufmerksames Zuhören kann uns helfen, alte Gewohnheiten zu überwinden. Die endgültige Entscheidung liegt jedoch immer bei uns. Wir müssen akzeptieren, dass wir zurzeit alle noch zu einem bestimmten Grade beeinflussbar sind, solange wir kein volles Bewusstsein erlangt haben. In der Regel sind wir uns nämlich nur 10 % – 15 % der Dinge, die in uns vorgehen, bewusst. Wir lassen uns also in verschiedenster Weise gegen unseren Willen beeinflussen. Meist steuert unser ICH unser Leben auf diese Weise. Je mehr wir wirklich selbst unser Leben MEISTERN, desto weniger lassen wir uns von unserem eigentlichen LEBENSPLAN abbringen. Wir treffen EIGENSTÄNDIGE Entscheidungen, die sich nach unseren wahren BEDÜRFNISSEN richten und uns zum Glück führen.

Eingebung

Siehe INTUITION.

Einsamkeit

Gefühl, alleine zu sein, wenig Kontakt zu anderen haben, und von der Gesellschaft ausgeschlossen zu sein. Es besteht ein Unterschied zur *Zurückgezogenheit*, in der wir selbst entschieden haben, abseits zu leben.

Wir verspüren alle gelegentlich das Bedürfnis uns zurückzuziehen. Entspricht es unserer freien Wahl, so haben wir in der Regel kein Problem mit dem Alleinsein. Leiden wir hingegen an Einsamkeit, so akzeptieren wir nicht, alleine zu sein und sind nicht in der Lage, unsere INNERE MITTE und Frieden in diesem Zustand zu finden. Ziehst Du Dich häufig zurück, so solltest Du Dich zunächst fragen, ob dies wirklich Dein freier Wille ist, oder ob da nicht auch gewisse ÄNGSTE mit im Spiel sind. Beobachte also ganz genau, was wirklich in Dir vorgeht. Oft neigen einsame Menschen dazu, mehr als gewöhnlich zu essen, zu trinken oder zu arbeiten, was auf die Dauer sogar selbstzerstörerische Ausmaße annehmen kann.

Viele einsame Menschen leiden an der SEELENWUNDE der ZURÜCKWEISUNG oder der VERNACHLÄSSIGUNG. Die Arbeit an diesen Wunden wird ihnen helfen, ihre Einsamkeit zu bewältigen.

Einschau

Beobachtung unserer Bewusstseinszustände und unseres Innenlebens; Analyse unserer GEFÜHLE und BEWEGGRÜNDE. Zur Einkehr bedarf es einer Ruhepause, um klarer zu sehen und zu fühlen, was in uns vorgeht.

Solche Momente der Einschau sind wichtig, ja unumgänglich, wenn wir wieder Frieden, Stille und Harmonie in uns schaffen, unsere wahren BEDÜRFNISSE erkennen und Lösungen für unsere Probleme finden wollen. Am besten ziehen wir jeden Abend vor dem Schlafengehen BILANZ unseres Tages. So lernen wir uns besser BEOBACHTEN und können rechtzeitig die nötigen Änderungen oder Vorkehrungen für unser seelisches Wohlergehen treffen.

Elementare Gedankenformen

Es handelt sich hierbei um Elemente der mentalen Welt. Jeder Gedanke und alles, was auf dieser Erde existiert hat zuerst in der unsichtbaren Welt Form angenommen. So schweben auch PROJEKTIONEN als elementare Gedankenformen um und über den Menschen, denen sie entstammen. Sie bleiben ihrem Schöpfer verbunden, so lange er sie durch Gedanken, Worte, Werke und Reaktionen nährt. Je mehr Energie er in sie investiert, desto größer werden sie und desto schneller offenbaren sie sich in der STOFFLICHEN WELT. Solche Formen ziehen alles an, was sie benötigen, um sich zu materialisieren.

Jede elementare Form beginnt in der mentalen Welt. Sie bleibt also unsichtbar und subtil, bis sie in der materiellen Welt sichtbar wird. Je nach der Quelle kann dies positive oder negative Auswirkungen haben. Gedanken der Liebe, des Mitgefühls und Frieden erzeugen demnach vorteilhafte Gedankenformen, die uns helfen werden, glücklich zu sein, unsere Wünsche zum Ausdruck zu bringen und Eigenschaften wie Toleranz, Geduld, Sanftmut oder Harmonie zu entwickeln. Mentale Projektionen können auch dazu beitragen, anderen zu helfen. So können wir uns z. B. vorstellen, wie eine Freundin von Licht umgeben ist, was ihr helfen wird, ihre eigene Lichtquelle zu finden.

Da wir jedoch in einer Welt der DUALITÄT leben, können elementare Gedankenformen auch negative Auswirkungen haben, wenn sie der wahren Liebe gegenläufig sind. So wird ein Mensch, der anderen Hass oder Rachegelüste entgegenbringt, eine Elementarsphäre um sich schaffen, die diesen Gedanken entspricht. Werden sie ständig durch solche Gefühle genährt, bringen sie zwangsläufig Gewalt in das Leben des Menschen. Je stärker diese Gedankenformen werden, desto mehr Energie verlangen sie von ihm. Sie werden ihn so lange erschöpfen, bis er krank wird.

Große und gut genährte Gedankenformen werden zu ZWANGSVORSTELLUNGEN. In solchen Fällen wird der Schöpfer völlig von ihnen eingenommen und verliert die Kontrolle über sich. Aus all dem wird deutlich, wie wichtig es ist, uns unserer Gedanken und aller anderen Energien bewusst zu werden, die wir ins Universum schicken. Auf diese Weise können wir diese Schaffenskraft besser dazu einsetzen, unsere Wünsche wahr werden zu lassen, zu OFFENBAREN und so zur allgemeinen Harmonie beizutragen.

Eltern

Leibliche oder Adoptivvater und -mutter. Das GESETZ VON URSACHE UND WIRKUNG lässt uns die Elternrolle besser verstehen. Wir sind wie Magneten. **Jeder Mensch wird von dem Umfeld angezogen, das er benötigt, um die Erfahrungen zu machen, die seinem LEBENSPLAN entsprechen. Dabei handelt es sich um Ereignisse, die in früheren Leben unvollendet oder nicht akzeptiert waren und durch die er nun lernen soll, zu lieben und sich zu entfalten.** Eine Folge dieses Gesetzes ist auch die Tatsache, dass wir neben diesem Umfeld auch unsere Eltern gewählt haben, um diese Erfahrungen zu machen und bestimmte SEELENWUNDEN unserer Vorleben zu heilen.

Unsere SEELE weiß also vor unserer Geburt schon ganz genau, was sie als Mensch in diesem Leben lernen will, was sie an einer ganz bestimmten FAMILIE angezogen hat. Die großen Linien des Lebens wie Rasse, Körperform, Nationalität, Umfeld und andere spezifische Kontexte sind demnach vorgegeben. Eine der wichtigsten Entscheidungen ist sicherlich die unserer Eltern.

Eltern sind die ersten MODELLE eines Kindes. Sie befriedigen in den ersten Lebensjahren seine grundlegenden körperlichen, psychischen und intellektuellen Bedürfnisse, erziehen es und lassen ihm die nötige Liebe zukommen. All dies tun sie nach bestem Wissen und Gewissen bis das Kind immer unabhängiger wird. Leider wünschen sich viele Erwachsene aus falschen Gründen ein KIND:

- Einem Kind, das geben zu wollen, was wir selbst nicht bekommen haben.
- Aus der Überzeugung ein gemeinsames Kind könne den Partner von einer möglichen Trennung abhalten.
- Um den eigenen Eltern einen Enkel schenken wollen.
- Aus der Überzeugung, es sei nicht normal kein Kind zu wollen.
- Um finanzielle Hilfe oder Unterstützung im Haushalt zu bekommen.
- Um in den Augen der Gesellschaft nicht als Egoist dazustehen.
- Aus Langeweile.
- Um unbewusst Kontrolle über jemanden ausüben wollen.

Die einzig gültige Motivation ist jedoch der Wunsch, einer Seele die Gelegenheit zu bieten, auf diesem Planeten wiedergeboren zu werden und durch bestimmte Erfahrungen zu seinem und unserem eigenen spirituellen Wachstum beizutragen. Gute Eltern zu sein, bedeutet nicht, allen Wünschen und Launen der Kinder zu gehorchen, sondern in der Lage zu sein, ihren grundlegenden Bedürfnissen entsprechen zu können. Alles, was darüber hinausgeht, sollte als Geschenk und nicht als Verpflichtung verstanden werden, deren Ausbleiben zu Schuldgefühlen oder Angst führt, nicht geliebt zu werden.

Die Elternrolle ist eine einmalige Gelegenheit, SELBSTAUFGABE und bedingungslose LIEBE in all ihren Formen zu lernen. Sie erfordert außerdem viel ACHTUNG, Verständnis, ÖFFNUNG, LOSLASSEN und eine gewisse Selbstkonfrontation mit unseren MÄNGELN und GRENZEN. Doch macht die spirituelle Belohnung alle Schwierigkeiten wett. Wir lernen uns selbst zu achten, indem wir die Meinungen unserer Kinder anerkennen, die gewissermaßen eine Fortführung unser selbst sind. Wir lernen unsere BEDÜRFNISSE klar zum Ausdruck zu bringen und unser Herz zu öffnen.

Für ein ausgeglichenes Eltern-Kind-Verhältnis müssen beide Seiten lernen, ZUZUHÖREN und VERANTWORTUNGSBEWUSST zu werden. Überdies sind unsere Kinder auch dazu da, uns bewusst zu machen, was wir noch mit unseren eigenen Eltern zu regeln haben, d. h. was wir noch nicht an unserer Beziehung mit ihnen AKZEPTIERT haben. Auch mit unseren Kindern bringt der SPIEGELANSATZ wertvolle Aufschlüsse über uns selbst. Spüren unsere Kinder, dass wir dankbar für alles sind, was wir durch sie lernen, so werden sie in der Lage sein, sich selbst zu übertreffen, d. h. den Kreis von Generationswiederholungen zu durchbrechen und andere Erfahrungen zu machen als wir. So können wir als Eltern sogar zur Entwicklung der Menschheit und unseres Planeten beitragen.

Bestehen wir jedoch darauf, dass unsere Kinder unsere ÜBERZEUGUNGEN übernehmen, so behindern wir dadurch ihren ebenso wie den Fortschritt der Menschheit. Ist das Dein Fall, so wirst Du es am WIDERSTAND und den REAKTIONEN Deiner KINDER merken. Eine solche Haltung legen sie nämlich nur bei POSSESSIVEN FUSIONSTYPEN an den Tag. Vergessen wir nie, welch große Gelegenheit uns Kinder geben, bedingungslose Liebe zu lernen.

Emotionen

Wir wollen Emotionen hier von GEFÜHLEN unterscheiden und definieren sie als vorübergehende Erregung oder intensiven Gefühlszustand, der von Ängsten ausgelöst wird und unsere Energie in Höhe des Sonnengeflechts blockiert. **Emotionen entstehen in unserem MENTALLEIB und basieren auf allem, was wir in der Vergangenheit gelernt oder zu glauben beschlossen haben.** Manchmal spüren wir, wie solche Emotionen „in uns hoch kommen", manchmal „schlucken" wir sie oder sind uns ihrer nicht bewusst, da wir sie verdrängt haben oder sie bereits in einen Dauerzustand übergegangen sind. Sie erzeugen das Gefühl der Leere oder des Mangels in unserem Inneren. Meist versuchen wir diese Leere durch andere Dinge, wie z. B. Nahrung zu füllen.

Viele Emotionen entstehen durch unsere ERWARTUNGEN, da wir nie gelernt haben ohne sie, d. h. bedingungslos zu lieben. Andere Emotionen beruhen auf unseren ÜBERZEUGUNGEN, die uns daran hindern, unser WÜNSCHE zu verwirklichen. Unser ICH will unser Leben steuern, kontrollieren und ganz bestimmte Ergebnisse erzielen, die unseren wahren BEDÜRFNISSEN widersprechen. Stellen wir uns eine Frau vor, die gern ein Problem mit ihrem Mann besprochen hätte, sich aber aus Angst vor seiner möglichen Reaktion zurückhält. Während sie das Gespräch auf den nächsten Tag verschiebt, stauen sich immer mehr Emotionen in ihr auf. Zur Angst und Enttäuschung gesellen sich bald auch Wut und Selbstvorwürfe zu schwach und furchtsam zu sein.

Emotionen unseres Innenlebens sind meist viel schwerer zu erkennen, als die, die wir mit anderen erleben. All unsere Ängste sind Frucht unseres Ichs und nicht unseres Herzens. **Jede Situation, die wir nicht AKZEPTIEREN, jedes URTEIL, jeder VORWURF**

71

bewirkt Emotionen. Wir fürchten, kritisiert oder verurteilt, vor allem aber nicht geliebt zu werden.

Wir unterscheiden nicht zwischen negativen und positiven Emotionen, da wir davon ausgehen, dass sie auf Ängsten basieren, die von einer oder mehreren der fünf SEELEN-WUNDEN ausgehen. Positive Emotionen behandeln wir unter dem Stichwort GEFÜHLE. Das soll nun aber keineswegs heißen, dass Emotionen „schlecht" sind. Sie können uns auch wertvolle Aufschlüsse über unbekannte oder unterbewusste Aspekte liefern. Schon allein deshalb sollten sie nicht kontrolliert, missachtet oder verdrängt werden.

Wir sollten vielmehr lernen, sie als Teil von uns selbst zu erkennen und zu identifizieren. Sie sind dazu da, unsere Aufmerksamkeit auf unsere Ängste und Überzeugungen zu lenken, die uns daran hindern, die bedingungslose LIEBE zu leben, nach der wir alle streben.

Menschen, die ihre Emotionen ständig schlucken, verdrängen oder kontrollieren, werden nie zufrieden sein und laufen Gefahr, abhängig zu werden. Die Emotionen schwächen ihre Energiekörper. Sind ihre Reserven erschöpft, kommt es zu allen möglichen Gesundheitsproblemen und sogar schweren KRANKHEITEN.

Deshalb schlagen wir hier ein paar Schritte vor, die uns helfen sollen, unsere Emotionen zum Ausdruck zu bringen und uns ihrer zu entledigen. Lebst und „fühlst" Du jede dieser Etappen, wirst Du überrascht sein, dass es zwar zu ähnlichen Situationen kommen kann, Du dabei aber nicht mehr dieselben Emotionen erfährst.

1. Werde Dir bewusst, wie Du Dich oder andere anklagst und was Du dabei empfindest.

2. Werde VERANTWORTUNGSBEWUSST, d. h. erkenne, dass die Entscheidung, mit Liebe oder aus Angst zu handeln, allein bei Dir liegt. Wovor hast Du Angst? Genau diese VORWÜRFE werden Dir gemacht werden. Finde Dich mit dem Gedanken ab, dass etwas in Dir bestimmte Personen und Situationen anzieht, um Dir zu helfen, die SEELENWUNDEN Deiner Jugend zu heilen.

3. Lass los und akzeptiere den anderen, indem Du versuchst Dich in seine Haut zu versetzen und seine Absichten und Ängste nachzuvollziehen. Er macht Dir und sich selbst wahrscheinlich ähnliche Vorwürfe wie Du und steht ähnliche Ängste durch.

4. Nun bist Du bereit zum wichtigsten Schritt: die Versöhnung mit Dir selbst. Du solltest Dir verzeihen, auf Dich oder eine andere Person böse gewesen zu sein. Dazu solltest Du Dir das Recht zugestehen, noch Ängste, Überzeugungen, Schwächen und Grenzen zu haben, die Reaktionen und Leid in Dir verursachen. Akzeptiere Dich so wie Du gerade bist, weil Du weißt, dass es nur vorübergehend ist und von Deinen Seelenwunden verursacht wird.

5. Als Vorbereitung auf den sechsten Schritt, solltest Du Dir vorstellen, wie Du der betreffenden Person erzählst, wie Du sie kritisiert, be- und verurteilt hast. Dazu bist Du bereit, wenn diese Vorstellung ein Gefühl der Freude und Erleichterung in Dir auslöst.

6. Sprich mit der betreffenden Person und sage Dir, dass es Dir leid tut, sie angeklagt, verurteilt zu haben und böse auf sie gewesen zu sein.

7. Suche in Deiner Vergangenheit mit welcher Autoritätsfigur Du eine ähnliche Situation erlebt hast: Eltern, Großeltern, Lehrer usw. In der Regel ist sie desselben Geschlechts wie der Mensch, mit dem Du gerade den Konflikt erlebt hast. Gehe all diese Schritte mit dieser Person durch.

Fühlst Du Dich nicht imstande, Dich direkt an den anderen zu wenden, weil Du fürchtest, ihn zu verletzen, ihm zu missfallen, oder weil es Deine eigenen Grenzen übersteigt, so bist Du immer noch böse auf Dich. Du kannst versuchen, im Geiste mit der Seele dieser Person zu kommunizieren und Dich so auf ein wirkliches Gespräch vorzubereiten. Gehe zu Schritt 6, wenn Du dazu bereit bist. Das muss zwar nicht unbedingt sein, aber es zeigt Dir, ob Du Dir verziehen hast, auf die fragliche Person böse gewesen zu sein oder ihr sogar Unheil gewünscht zu haben. Es ist besser, direkt mit diesem Menschen zu sprechen. Sollte das jedoch unmöglich sein, so kannst Du ihm auch schreiben. Ist er verstorben oder ganz aus Deinem Leben verschwunden, so kannst Du diesen Brief danach verbrennen, um ihn ins Unsichtbare zu schicken. Betreffen die Emotionen Dich selbst, so mache die Schritte 1, 2, und 4, während Du im 7. Punkt mit dem gleichgeschlechtlichen Elternteil arbeitest.

Es kann etwas dauern, Deine Emotionen auf diese Weise zum Ausdruck zu bringen, da das ICH, welches bisher nur auf vergangenen Erfahrungen beruhte, noch nicht weiß, wie es auf diese Form der bedingungslosen Liebe reagieren soll. Es wird sich anfangs sogar gegen diese Methode sperren und versuchen, jeglichen Versöhnungsversuch zu unterbinden, da es immer davon ausgeht, dass die Schuld beim anderen liegt. Je größer der Widerstand des Ichs ist, desto tiefer trifft die Problematik die zugrunde liegende Seelenwunde und desto stärker sind die Emotionen.

Unsere Emotionen sind ein Zeichen, dass wir uns bedroht fühlen, während uns in Wirklichkeit nur ein Mensch gegenübersteht, der sich anders ausdrückt, Angst hat oder sich selbst nicht liebt. **Gelingt es uns, uns selbst zu verzeihen auf andere böse gewesen zu sein, weil wir aufgrund unserer Seelenwunden nicht dazu fähig waren, ihre Ängste, Grenzen, Schmerzen oder Gesichtspunkte zu erkennen, so können wir unsere Emotionen als Gefühle unseres Herzens zum Ausdruck bringen.**

Alle Menschen streben in ihrem Innersten nach Liebe, Frieden und Harmonie, da dies unser natürlicher Zustand ist. Je weniger wir uns unsere Energie durch unsere Emotionen rauben lassen, desto froher, glücklicher und erfüllter werden wir sein, auf diesem Planeten leben zu können.

Emotionsleib

Der Emotionsleib gehört zu den unsichtbaren SUBTILEN KÖRPERN des Menschen. Hier liegen all unsere Wünsche, Empfindungen und Gefühle. Er ist dazu da, damit wir fühlen, beben, ergriffen, bewegt sein können und um unser Leben in Freude, Glück,

Schönheit, Frieden, Überfluss, Gesundheit und Harmonie zu führen. Doch leben die meisten Menschen nur ihre Emotionen durch ihn aus.

Wir missachten unseren Energiekörper, wenn wir nicht auf unsere BEDÜRFNISSE hören oder unsere Emotionen nicht durch wahre LIEBE zum Ausdruck bringen. Anstatt ihn richtig zu nähren, blockieren wir ihn durch überholte ÜBERZEUGUNGEN. Dies zieht den gesamten Körper in Mitleidenschaft und führt zu Energieverlust und Krankheit. Das ist auch der Grund weshalb, dass wir uns besser kennen lernen und uns unserer WÜNSCHE, EMOTIONEN und GEFÜHLE bewusst werden sollten.

Da der Emotionsleib der stofflichen Welt des Menschen angehört, muss auch er ernährt werden. Eines seiner lebenswichtigen Bedürfnisse ist die SCHÖNHEIT. Wir sollten versuchen, sie in allen Aspekten der Schöpfung wahrzunehmen, in unserer Umwelt ebenso wie in unseren Mitmenschen und in uns selbst. Wir können über die Unendlichkeit des nächtlichen Sternenhimmels, die Kraft eines Baum, die Eleganz einer Blume, die Weisheit eines Kindes, unsere Talente oder persönliche Errungenschaften staunen. Wir sollten lernen, die Schönheit auch hinter dem äußeren Schein zu erkennen. Wir sind von so vielen wunderbaren Dingen umgeben. Wie viel Schönheit gestehen wir unserem Emotionsleib täglich zu?

Unseren Emotionsleib zu nähren, heißt auch, uns und anderen unsere ZUNEIGUNG zukommen zu lassen. Außerdem braucht er auch ZIELE und konkreter AKTIONEN, um diese wirklich werden zu lassen. Dies bedarf einer gewissen KREATIVITÄT in Arbeit und Alltag, HOFFNUNG und ZUVERSICHT in schwierigeren Lebensphasen, sowie VERTRAUEN in uns, unsere Mitmenschen und das UNIVERSUM. Schließlich braucht unser Emotionsleib auch das Gefühl der Zugehörigkeit, d.h. die Sicherheit sich immer und überall anpassen und wohl fühlen zu können. So vermeiden wir die ANGST vor dem Unbekannten ebenso wie das Gefühl der ZURÜCKWEISUNG oder VERNACHLÄSSIGUNG.

Konkrete Ziele im Leben zu haben, hält unsere Wünsche und Hoffnungen für die Zukunft aufrecht. Das spornt uns dazu an, kreativ zu sein und schließlich auch positiven Einfluss auf unser und das Leben anderer auszuüben. Mit einem gut genährten und harmonischen Emotionsleib fühlen wir uns wohl und sind glücklich und ausgeglichen.

Empathie

Form des Zuhörens und intuitiven Erkennens des anderen. Fähigkeit sich in die Lage seines Nächsten zu versetzen und sich selbst zurückzunehmen, d.h. von all seinen Überzeugungen, Vorurteilen und Emotionen abzusehen, um als BEOBACHTER mit den Erlebnissen und Problemen des anderen in Einklang zu sein. Gewissermaßen ist die Empathie ein etwas weniger „gefühltes" MITGEFÜHL. Während wir bei Letzterem die Gefühle unserer Mitmenschen nachvollziehen ohne von ihnen betroffen zu sein, „erkennen" wir bei der Empathie eher, was im anderen vorgeht.

Empathie ist auch nicht mit *Sympathie* im Sinne von *Anteilnahme* zu verwechseln, wo das Leid des Nächsten nachempfunden wird. Während dies eher FUSIONSTYPEN entspricht, können empathische Menschen anderen wirklich helfen, da sie objektiv sind. Ganz intuitiv stellen sie die rechten Fragen zum rechten Augenblick, die den anderen ermöglichen, sich mit sich selbst zu konfrontieren und ihre eigenen Lösungen zu finden.

Empfangen

Siehe NEHMEN.

Empfinden

Siehe FÜHLEN.

Energie, Energiereserven

Menschen voller Energie fühlen, wie jene durch ihr ganzes Wesen fließt. Sie sind in ihrer INNEREN MITTE und mit der Kraft des Universums verbunden. Sie leben jeden Augenblick intensiv und entfalten sich im Kontakt mit ihrer göttlichen Kraft, der Lebenskraft, die in allen Lebewesen fließt. Sie bringen die Energie durch ihren Körper zum Ausdruck, so dass sie durch sie in der stofflichen Welt erstrahlt. Dies ist der natürliche menschliche Zustand.

Manchen Menschen jedoch, die nie gelernt haben, diese Energie in Bahnen zu lenken, kann plötzlicher Überschuss Schwierigkeiten bereiten. Das kann vorkommen, wenn wir gute Neuigkeiten erfahren, eine in unseren Augen großartige Leistung vollbracht oder ein Projekt erfolgreich beendet haben, welches uns besonders am Herzen lag.

Manchen Menschen, die noch nicht wissen, wie sie mit einem solchen Energieanstieg umgehen sollen, macht die große Kraft ihrer eigenen Energie Angst. Sie verspüren unterbewusst das Bedürfnis sie mit allen möglichen Mitteln wie Nahrung, Alkohol oder Drogen zu mindern, was zu Abhängigkeit führen kann. Andere wiederum versuchen überschüssige Energie durch übertriebene Arbeit oder andere Beschäftigungen loszuwerden.

Macht Dir ein solcher Energieüberschuss Probleme, solltest Du ein paar Mal tief und langsam durchatmen, um sie wieder ins Lot zu bringen. Kommt es häufig zu solchen Situationen, so kann ein aktiver Sport, wie z. B. Tennis Abhilfe schaffen. Ist die Menschheit einmal in der Lage, ihre Energie in die rechten Bahnen zu lenken, wird sie ihr ungeheures Potential und die Möglichkeiten erkennen, die ihr auf diesem Planeten offen stehen.

Energiekörper

Der Energiekörper, der auch als ätherischer Körper bezeichnet wird gehört, wie der ASTRALLEIB zu den unsichtbaren, SUBTILEN KÖRPERN. Er steht für Macht, Lebens- und Tatkraft und kann beeindruckende Wirkungen erzielen. Er ist das Bindeglied zu unseren subtilen Körpern und versorgt sie mit Energie. Seine beiden Quellen sind die kosmische und die tellurische Energie von Sonne und Erde, die uns wie eine Batterie nähren und durch Vater und Mutter symbolisiert werden.

Viele meinen, unsere Energie entstünde durch die Aufnahme von Flüssigkeit und Nahrung. Doch kann sogar das Gegenteil der Fall sein, wenn wir übermäßig essen oder trinken. Unsere Ernährung ist allein dazu notwendig mit dieser Welt VERBUNDEN zu bleiben. Es heißt sogar, sie stelle nur 5 % unserer Energie zur Verfügung. Jedes Lebewesen aus dem Reich der Mineralien, Pflanzen, Tiere oder Menschen ist von einem solchen Energiekörper umgeben, der im Licht der AURA sichtbar werden kann. Je stärker diese Energie ist, desto leichter kann sie wahrgenommen werden.

Ist unser Energieniveau durch körperliche, emotionelle oder geistige Tätigkeit gesunken, haben wir das Bedürfnis zu schlafen. Während des Schlafs lösen sich die subtilen Körper, um neue Energie zu tanken. Unser Energiekörper ist an sieben Stellen, die CHAKREN genannt werden, mit unserem Körper verbunden. Jedes Chakra schickt seine Energie über eine bestimmte Drüse in den Körper.

Da der Energiekörper ständig mit der göttlichen Quelle in Verbindung steht, spendet er alle Energie, die unsere drei Körper – der stoffliche, der emotionale und geistige – benötigen. Je besser die Energie kreist, desto weniger unnatürlicher Nahrung benötigt unser Körper. Es ist also wichtig gut mit unserer Energie zu haushalten, anstatt sie zu blockieren. Siehe hierzu auch ENERGIE, KÖRPER, EMOTIONSLEIB und MENTALLEIB.

Energiemangel oder -verlust

Gründe für mangelnde Energie liegen immer in unserem Inneren. Es ist ein Zeichen unseres Körpers und ÜBERBEWUSSTSEINS, die unsere Aufmerksamkeit darauf lenken wollen, dass die Weise, in der wir handeln, denken oder leben, uns abträglich ist und wir unsere stoffliche Hüllen des KÖRPERS, EMOTIONS- und MENTALLEIBES falsch einsetzen. Entweder überschreiten wir unsere GRENZEN in einer dieser Dimensionen oder wir hören nicht auf unsere wahren BEDÜRFNISSE.

Auf der körperlichen Ebene ist es völlig normal, nach einer anstrengenden Arbeit einen gewissen Energieverlust zu verspüren, umso mehr, wenn es sich dabei um eine ungewohnte Tätigkeit handelt. Wir fühlen uns aber auch geschwächt, wenn uns die physische Tätigkeit missfällt oder wir sie gegen unseren Willen verrichtet haben. Gönnen wir uns nicht die nötige Rast oder überschreiten unsere Grenzen, betreiben wir Raubbau an unserem Körper.

Auf der emotionalen Ebene kennen wir alle das Phänomen plötzlichen Energieschwunds, wenn wir eine unangenehme Neuigkeit erfahren, einer Situation nicht gewachsen sind oder an einer erneut aufgebrochenen SEELENWUNDE leiden. Akzeptieren wir nicht, was uns widerfährt, und leben nicht in Liebe und Harmonie, sondern mit Wut, Angst, Schuldgefühlen, Groll und Frustration, so fehlt es uns auch an Energie.

Auf der geistigen Ebene verlieren wir die viel Energie, wenn wir alles verstehen wollen, was wir oder andere leben. Dasselbe gilt, wenn wir anderen helfen wollen, ohne vorher zu überprüfen, ob sie unsere HILFE überhaupt möchten oder ob wir selbst dabei nicht zu große ERWARTUNGEN hegen. Ähnlich steht es um jene, die sich für das Leben ihrer Nächsten VERANTWORTLICH fühlen und meinen, nicht glücklich sein zu können, bevor alle anderen es auch sind. Auch Ängste Sorgen und Zweifel rauben uns Lebensenergie.

Um wieder zu Kräften zu kommen und Kontakt zur göttlichen Energie in uns herzustellen, müssen wir zunächst erkennen, dass es uns nicht wirklich an Energie mangelt. Sie ist nach wie vor verfügbar, doch setzen wir sie falsch ein und blockieren sie dadurch. Es ist, als wären wir in einem Raum mit geschlossenen Rollläden. Scheint die Sonne nicht, weil wir im Dunkeln sitzen? Natürlich tut sie das. Es genügt, die Fenster zu öffnen und sie ins Haus scheinen zu lassen. Um Dich der natürlichen Energie zu öffnen, solltest Du die Situationen des Lebens AKZEPTIEREN, wie sie kommen, anstatt alles KONTROL-LIEREN zu wollen. Lerne, Dich und Deine Nächsten so zu lieben, wie Ihr seid, ohne einander ändern zu wollen. Konzentriere Dich auf Deine positiven und konstruktiven Seiten. Lerne, zu schätzen, was Du tust, oder Dich dazu zu motivieren. Motivation und Befriedigung bei allen verrichteten Dingen verleiht automatisch Energie. Siehe dazu auch die Stichwörter ENERGIE, KÖRPER, EMOTIONS- und MENTALLEIB.

Engagement

Siehe ZUSAGE.

Entdramatisieren

Siehe DRAMATISIEREN.

Enthaltsamkeit

Siehe SEXUALITÄT.

Enthusiasmus

Außerordentliche oder göttliche Begeisterung und besonderer Gemütszustand, der Menschen zu großen Taten beflügeln kann. Wir verspüren Kräfte, die uns selbst übersteigen und alles möglich machen können. Wir handeln voller Freude und Optimismus. Diese innere Kraft ist unsere göttliche Energie, unser Schöpfergott. Dies steckt schon im Worte selbst: „En theos" bedeutet ja nichts anderes als „in Gott".

Enthusiastische Menschen spüren in jeder ihrer Adern, dass sie all ihre GRENZEN sprengen und sich vieler ZWÄNGE befreien können. Sie werden vom Glauben beflügelt und haben ein so starkes Charisma, dass sie eine Aura aus Licht zu umgeben scheint. Diese Energie ist ansteckend. So haben Menschen, die etwas mit Enthusiasten unternehmen, Lust an ihrer LEBENSFREUDE teilzuhaben und werden bald selbst von dieser Kraft beflügelt.

Enthusiasmus hilft uns, unseren schöpferischen Elan zum Ausdruck zu bringen. Wir haben Lust, schnell zur Tat zu schreiten, da wir uns mit unserem INNEREN GOTT verbunden fühlen, der uns in die richtige Richtung führt. Dazu müssen wir stolz auf uns und unsere Taten sein. So können wir kaum enthusiastisch ans Werk gehen, wenn wir die Gesellschaft, für die wir arbeiten, verachten. Behalten wir unsere ZIELE fest im Auge, bleiben wir auch enthusiastisch, und umgekehrt. Dazu bedienen wir uns am besten unserer Vorstellungskraft, um uns die positiven Ergebnisse der erreichten Ziele möglichst bunt auszumalen.

Versuchen manche Dich wegen Deiner erfrischenden Art zu entmutigen, so fühlst Du Dich vielleicht schuldig, ein aufregendes Leben zu führen, oder fürchtest die Reaktion anderer. Dieses Phänomen beobachten wir besonders bei Menschen, die an der SEE-LENWUNDE der UNGERECHTIGKEIT leiden und SCHULDGEFÜHLE haben, wenn sie viel oder mehr als ihre Nächsten bekommen.

Wir sollten unseren Enthusiasmus auf keinen Fall unterdrücken, auch wenn unsere Mitmenschen ihn nicht teilen. Die Energie, die wir ausstrahlen, kann genau das sein, was sie brauchen, um sie zu motivieren und zu erleuchten. Eine enthusiastische Lebenshaltung kann nur zu unserem Vorteil sein. Mitteilsame und enthusiastische Menschen haben etwas Göttliches an sich.

Entmutigung

Gemütszustand eines niedergeschlagen, verzagten Menschen. In solchen – meist vorübergehenden – Phasen fehlt es dem ganzen Körper an Energie, und wir wollen nur die negativen Seiten des Lebens wahrhaben. Wir lassen uns besonders durch Folgen oder Umstände entmutigen, die wir nicht erwartet haben.

Niemand ist vor solchen Gefühlen gefeit. Sie können sogar auftreten, wenn wir uns eigentlich in einer positiven und dynamischen Lebensphase befinden. Wir sollten sie als Wink unseres Innenlebens verstehen. Stellen wir uns eine Person vor, die begeistert und aufgeregt einem größeren Projekt entgegenfiebert. Alles läuft nach Plan und doch überkommt sie plötzlich das Gefühl, der Sache nicht gewachsen zu sein. Zweifel und Sorgen kommen in ihr hoch und lähmen sie. Eine solche Phase der Entmutigung ist dazu da, ihr ihre verdrängten ÄNGSTE bewusst zu machen. Hat sie das erkannt, so wird sie auch dieses vorübergehende Tief schneller überwinden können. Gesteht sie sich solche Gefühle aber nicht zu und macht sich VORWÜRFE dafür, so werden sie immer mehr Platz in ihrem Leben einnehmen und können das Projekt wirklich gefährden.

Nimm Dir in solchen Augenblicken der Mutlosigkeit ein wenig Zeit für Dich. Bewusstes Atmen bringt Dich wieder in Deine innere Mitte. Lasse dann all Deine Aufgaben vor Deinem inneren Auge Revue passieren, um Deine PRIORITÄTEN zu setzen und Dich aufs Essentielle konzentrieren zu können. Vielleicht haben einige Teilbereiche unerwartete Ausmaße angenommen oder sind im Augenblick zu schwierig oder heikel zu lösen. Erscheint Dir die Situation immer noch eine Nummer zu groß, so erwartest Du vielleicht wirklich zu viel von Dir und überforderst Dich. Hast Du zu große ERWARTUNGEN, weil Du alles selbst unter Kontrolle haben willst?

Es ist wichtig, sich für eine solche BILANZ Zeit zu nehmen, LOSZULASSEN, sich selbst zu VERTRAUEN und vor allem die Lage nicht zu sehr zu dramatisieren. Solche Augenblicke gehen meist recht rasch wieder vorüber – vor allem, wenn wir sie anerkennen und ihnen die nötige Zeit zugestehen. Beobachten wir sie so objektiv wie möglich, ohne Urteil, Kritik oder Vorwürfe an uns oder andere, so werden sie immer seltener und gehen schneller vorüber.

Entscheidungen (Bewusste)

Beschluss, Entschlossenheit, feste Absicht. Entscheidungen beeinflussen unsere Wünsche und Handlungen. Dazu bedarf es einer gewissen Entschlusskraft, die die Richtung unseres Lebens bestimmt. Haben wir solche bewussten Entscheidungen getroffen, kommen die nötigen Ideen von allein, Gelegenheiten stellen sich ein und alles scheint sich zu fügen, um zur Verwirklichung unseres Vorhabens beizutragen. Dies gilt vor allem, wenn ihnen ein Herzenswunsch oder wahres Bedürfnis zugrunde liegen. Die Ergebnisse werden nicht auf sich warten lassen.

Die Entscheidungskraft ist ein äußerst starkes Hilfsmittel, das auch schwierigste Situationen lösen kann. Stellen wir uns vor, eine Frau wurde völlig unerwartet von ihrem Partner verlassen. Ihr steht nun zur Wahl, sich traurig ihrem Schicksal zu ergeben, ihren Partner anzuklagen oder *bewusst* die Initiative zu ergreifen und positiv auf die neue Situation zu reagieren, indem sie sich sagt: „Was hier geschieht, fällt mir keineswegs leicht, besonders, weil ich nicht darauf vorbereitet war. Aber auch wenn ich es nicht verstehe, so *beschließe* ich doch ein neues Kapitel zu beginnen, weiter zu gehen und neuen Möglichkeiten offen gegenüberzustehen. Ich weiß, ich schaffe es." Sobald diese bewusste Entscheidung getroffen ist, werden sich die Tore öffnen, neue Ideen tauche auf und sie wird in ihren Reserven den nötigen Mut finden, um die Situation zu überwinden. Das gilt für alle Bereiche des Lebens. Ist der bewusste Entschluss einmal gefasst, gelingt es uns plötzlich von den diversen Ereignissen des Alltags zu profitieren, und wahrer Wandel kann sich einstellen. Dazu ist es jedoch nötig, AKTIONEN ZU SETZEN.

Entscheidungsschwache Menschen klagen oft über ein eintöniges und langweiliges Leben. Sie haben das Gefühl zu vegetieren und sich im Kreis zu drehen. Dieses Problem kann auch auf ein mangelndes SELBSTWERTGEFÜHL zurückzuführen sein. Sie haben nicht erkannt, dass sie in der Lage sind, ihr eigenes Leben zu schaffen. Während die einen ihren Wert verkennen, so ignorieren andere ihre WÜNSCHE und BEDÜRFNISSE. Manchmal stellt auch die Angst vor falschen Entscheidungen ein wirkliches Hindernis zur Selbstentfaltung dar – besonders bei PERFEKTIONISTEN.

Es gibt keine falschen Entscheidungen. Alles ist Erfahrung. Fällt es Dir schwer, zwischen mehreren Möglichkeiten zu wählen, so benote sie von 1 bis 10, je nachdem wie wichtig sie für Dich im Augenblick sind. Ganz gleich, welche Entscheidung Du im Endeffekt triffst, sie wird immer positive Aspekte für Dich bergen. Ob eine Handlung zu Deinem Vorteil war oder nicht, wirst Du später erfahren. Führt eine Entscheidung nicht zu den gewünschten Ergebnissen, so kannst Du immer noch etwas anderes tun. **Ein erfülltes Leben ist voller Erfahrungen.** Vergessen wir nicht, dass es eine lange Folge von Entscheidungen ist. Ist Dir noch nie aufgefallen, dass große Veränderungen oder wichtige Wandel immer radikalen oder großen Entscheidungen folgen?

Entscheidungen (Unbewusste)

Warum sind die meisten unserer Entscheidungen unbewusst? Ganz einfach: Wir sind uns nur eines Zehntel dessen bewusst, was in uns vorgeht. Der Großteil unserer Überzeugungen beruht auf unbewussten Entscheidungen. Oft meinen wir die genauen Gründe für unsere Entschlüsse zu kennen, während sie doch nur auf unverheilten Seelenwunden basieren. Deshalb ist es so ungeheuer wichtig, bewusstere Menschen zu werden. Nur so können wir erkennen, weshalb wir schwierige oder unangenehme Situationen anziehen und unsere Entscheidungen unseren wahren Bedürfnissen anpassen.

Entschlossenheit

Siehe Bestimmtheit.

Entspannung

Lösung intellektueller, moralischer oder nervöser Spannung. In einer Welt voller Stress sollten wir uns zur Gewohnheit machen uns regelmäßig zu entspannen, um ein harmonisches Leben führen zu können. Das Lockern der Muskulatur löst den ganzen Körper und baut dadurch auch viel psychischen Druck ab. Hier eine Methode für all die, die sich ab und zu einen Augenblick nur für sich selbst gönnen wollen.

Such Dir einen ruhigen und gemütlichen Ort, bevor Du drei Mal tief durchatmest, um Kontakt mit dem Licht Deines Herzens aufzunehmen. Zähle dann langsam rückwärts von 12 bis 1 und konzentriere Dich auf jede einzelne Zahl, um alle anderen Gedanken auszuschalten. Dann entspanne jeden einzelnen Körperteil, indem Du Deinen ganzen Körper ganz langsam von unten nach oben visualisierst.

Sind wir völlig entspannt, können wir auch unsere Wünsche visualisieren oder uns Zeit für eine Projektion nehmen. Zur Visualisierung stellen wir uns ein Projekt, einen Wunsch oder Traum so konkret wie möglich vor, sodass wir das Glück der Erfüllung im letzten Winkel unseres Körpers spüren. Besonders viel Energie verleiht es, an all die Menschen zu denken, die wir lieben, und sie uns froh, friedlich und von Licht umgeben vorzustellen. Haben wir ihnen viel Glück gewünscht, vergrößern wir den Kreis der Liebe und dehnen ihn auf die gesamte Menschheit aus, bis wir ganz vom Licht umhüllt sind.

So entspannen wir uns nicht nur, sondern treten auch mit uns selbst in Kontakt und tanken neue Energie. Jede Form der Entspannung hilft uns, zu unserer inneren Mitte und zur Gegenwart zurück zu finden. Dadurch tanken wir nicht nur neue Energie, sondern tragen auch zu unserer Selbstverwirklichung bei. Es gibt zahlreiche Bücher zu diesem Thema. Am besten probierst Du ein paar verschiedene Methoden aus, um festzustellen, welche Dir am besten entspricht. Bei geleiteten Entspannungen führt uns ein Lehrer durch ein bestimmtes Programm, das oft auch Visualisierungen beinhält. Die Unterschiede zur Meditation können unter jenem Stichwort nachgelesen werden.

Enttäuschung

Enttäuschungen und Frustrationen sind menschlich und allein **auf fehlgeschlagene** ERWARTUNGEN **zurückzuführen**, die wir an uns oder andere haben. Meist verlangen wir zu viel von uns oder unseren Mitmenschen. Es ist nur ein kleiner Schritt von der Enttäuschung zum SCHULDGEFÜHL.

Sind wir von anderen enttäuscht, so haben wir zuvor meist keine klaren VEREINBARUN-GEN getroffen oder konkrete ZUSAGEN erhalten. Natürlich ist die Enttäuschung umso größer, wenn eine eindeutige Abmachung getroffen aber nicht eingehalten wurde. Es ist durchaus normal, dadurch ernüchtert zu werden. Geschieht dies aber häufig, so sollten wir uns Zeit für eine kleine EINSCHAU nehmen, um festzustellen, weshalb wir solche Situationen anziehen. Ein ausgezeichnetes Mittel dazu ist der SPIEGELANSATZ. Jede Enttäuschung weist uns darauf hin, dass wir klarer kommunizieren oder aber flexibler und nachsichtiger mit uns und unseren Mitmenschen sein sollten.

Entwicklung

Schrittweiser und steter Wandel. Alles Leben entwickelt sich. Das betrifft das Reich der Mineralien ebenso wie das der Pflanzen, Tiere und Menschen. Alles entfaltet sich nach der Harmonie und dem Plan des Universums. Jedes Reich unterliegt ganz bestimmten NATURGESETZEN. Es ist offensichtlich, dass sich die Dinge in den letzten Jahren wesentlich schneller entwickeln als früher. So müssen wir heute auf der stofflichen Ebene durch das Auftauchen immer neuer Technologien am Ball bleiben, wenn wir von bestimmten Dienstleistungen und Mitteln profitieren möchten. Manchmal haben wir sogar das Gefühl, die moderne Welt unterliege einem Zeitraffer.

Auf der Ebene des *Seins* stellt der Beginn des WASSERMANN-ZEITALTERS eine Schlüsselperiode in der Evolution der Menschheit dar. Wir können auch hier nicht umhin, uns schneller zu entwickeln, wenn wir nach unserer Essenz, dem wahren SEIN und vollendeten Wesen in uns streben. Doch ist der Rhythmus dieser Evolution jedem einzelnen überlassen und hängt von seinem LEBENSPLAN ab. Schon allein deshalb ist es sinnlos, sich mit anderen zu vergleichen. Unsere Entwicklung ist wie ein Buch. Alles steht schon da, bevor wir überhaupt zu lesen beginnen, doch entdecken wir die Geschichte erst im Lauf unserer Lektüre.

Menschen, die sich weigern, sich weiter zu entwickeln, sind wie Kinder, die nicht größer werden wollen und deshalb dieselben Kleider tragen, bis sie ihnen zu klein sind und die Bewegungsfreiheit rauben. Auch Menschen, die WIDERSTAND gegen alles Neue leisten, werden dadurch mit so vielen Problemen konfrontiert, dass sie bald nicht mehr die Wahl haben, als etwas an der bestehenden Situation zu ändern. Dasselbe gilt für die Entwicklung der Seele. Wir können uns nicht gegen unsere Entfaltung weigern, da es sich dabei um einen Appell einer Kraft in uns, unseres INNEREN GOTTES handelt. Wir haben das Glück, in einer Zeit zu leben, in der wir dank zahlreicher neuer Mittel und Methoden zur Bewusstseinserweiterung die Möglichkeit haben, uns schneller zu entwickeln.

Die Wahl, uns nach dem Rhythmus der allgemeinen Menschheit oder schneller zu entwickeln, liegt bei uns. Jede Situation, jede Begegnung unseres Lebens soll uns etwas bringen und uns helfen, unser BEWUSSTSEIN zu erweitern. Profitieren wir von solchen Gelegenheiten, so erkennen wir auch, dass bestimmte Aspekte unseres bisherigen Lebens überholt oder nutzlos sind und dass es INTELLIGENTER ist, zu Neuem zu schreiten. So entdecken wir nicht nur unsere zahlreichen Fähigkeiten, sondern erfahren auch das Glück neuer Erfahrungen. Dazu genügt es, die Evolution der Menschheit in den letzten hundert Jahren zu betrachten.

In diesen Zeiten werden Menschen, die sich gegen ihre spirituelle Entwicklung sträuben, mit zahlreichen Problemen konfrontiert werden. Es ist, als ob sie sich mühsam eine Treppe hinaufquälten und von allen anderen auf einer Rolltreppe überholt werden. All diejenigen, die im Gestern verharren wollen und sich weigern in der GEGENWART zu leben, werden zahlreiche wunderbare Gelegenheiten versäumen. Wir sollten dem Heute also offen gegenüberstehen und von all dem profitieren, was uns zu unserer Entwicklung gegeben wird.

Erbkrankheiten

Erbkrankheiten sind bereits bei der Geburt vorhanden und entstehen bereits im Mutterleib. Die METAPHYSIK versteht solche Krankheiten oder Missbildungen als Zeichen einer Problematik oder SEELENWUNDE, die in einem früheren Leben nicht überwunden wurde.

Wir könnten jede Wiedergeburt in dieser Hinsicht mit einem Tag in unserem Leben vergleichen. Verletzen wir uns, so wachen wir am nächsten Tag wieder mit derselben Wunde auf, bis jene verheilt ist. Sehr oft werden die von Erbkrankheiten betroffenen Menschen leichter damit fertig als ihre Nächsten. Sie werden die inhärente Botschaft dieser Krankheit und die ihr zugrunde liegenden ÜBERZEUGUNGEN verstehen, wenn sie sich klar machen, woran sie sie hindert. Es ist wichtig, dass die Eltern sich nicht für die Entscheidung der Seele ihres Kindes vor seiner Geburt schuldig fühlen.

Erde

Siehe GAIA.

Erfahrung

Im Wörterbuch werden Erfahrungen als durch lange Übung erworbene oder erweiterte Kenntnisse, Wissen oder Fähigkeiten definiert. **Eine Erfahrung bedeutet, etwas Neues zu erleben oder zu tun und es in unserem ganzen Körper zu spüren.** Jede Erfahrung macht uns also unsere Möglichkeiten ein bisschen mehr bewusst. Alle Situationen der verschiedensten Lebensbereiche sind dazu da, uns weiter zu entwickeln, damit wir erkennen, was wir wirklich wollen.

So sind auch Erfahrungen, die wir für negativ oder schwierig halten, oft nichts anderes als Schwellen zu neuen Errungenschaften. Erscheinen sie Dir besonders unangenehm, so weigerst Du Dich, ihren NUTZEN anzuerkennen. Versuche zu erkennen, was Du aus den verschiedenen Erfahrungen Deines Lebens lernen kannst, und wie sie positiv und konstruktiv zur Entwicklung Deines Wesens beitragen.

Alles ist Erfahrung. Macht jemand z. B. gerade eine Scheidung durch, so kann er sagen: „Ich mache gerade die Erfahrung einer Scheidung." Nicht mehr und nicht weniger. Er urteilt nicht und klagt niemanden an. Dadurch wird er nicht nur EIGENSTÄNDI-GER werden, sondern auch neue Kräfte in sich entdecken. Sehen wir unser Leben als konstruktives Gefüge, so gibt es nichts Schlechtes, Negatives und keine IRRTÜMER. Das Einzige, was wirklich zählt, ist, größer und stärker aus jeder Erfahrung hervor-zugehen.

Bestehen wir darauf, uns nur auf die Dinge zu verlassen, die wir in der Vergangenheit gelernt haben, und wagen keine neuen Erfahrungen, so wird sich unser Leben kaum entfalten können, auch wenn wir noch so sehr Verbesserungen herbeisehnen. Wir pro-fitieren in jedem Fall davon, neue Entscheidungen, Methoden und Verhaltensweisen auszuprobieren, anstatt uns auf alles Althergebrachte zu fixieren. Neue Erfahrungen erweitern unser Bewusstsein. Wir können sogar sagen, dass **wahres Bewusstsein sich nur in der Erfahrung offenbart**. Wir sind auf die Welt gekommen, um all unsere Erfahrungen zu AKZEPTIEREN, um bewusst zu werden und GOTT in uns, d. h. unsere wahre, göttliche Natur zu erkennen.

Erfolg

Errungenschaft oder gutes Ergebnis. Oft streben wir nach „**Erfolg im Leben**", wo ein „**erfolgreiches Leben**" doch viel erstrebenswerter wäre.

Erfolg im Leben bezieht sich vor allem auf die materielle Welt. Er betrifft unser Pri-vat- oder Berufsleben, unsere Familie, Hobbies, Wünsche, Ziele und Ambitionen. Manche meinen, er sei gleichbedeutend mit Diplomen, Siegen, Ehren, Ruhm, Geld und Vermögen. Diese Kriterien sind jedoch nicht nur menschlich relativ, sondern beruhen nur allzu oft auf allzu PERFEKTIONISTISCHEM Streben. Solche Menschen versuchen dadurch, nicht nur ihr ICH zu stärken, sondern erzeugen sich auch zusätz-lichen Druck und unnötigen Stress. Meist wollen sie sich und anderen etwas beweisen oder ihr HOCHMUT treibt sie dazu, der Beste sein zu wollen, um geliebt zu werden oder anderen Freude zu machen.

Es ist wesentlich weiser zu versuchen, **erfolgreich zu leben**. Wir arbeiten hierbei nicht an unserer INDIVIDUALITÄT, unserem SEIN, sondern auch auf der SPIRITUELLEN Ebene. Wir werden uns unseres wahren EXISTENZGRUNDES bewusst und beginnen ihn zu verwirklichen. Dazu gehören auch unsere persönlichen Erfolge über bestimmte Gemützustände und das Erfüllen wahrer BEDÜRFNISSE, d. h. alle Handlungen, die uns wichtig erscheinen, um unser Leben zu verbessern: Fähig zu sein, uns selbst und andere zu schätzen, zu lieben und zu akzeptieren, ohne dabei auf materielle Erfolge zu achten; uns bei unseren Niederlagen und Schwächen ebenso wohl zu fühlen wie bei unseren Erfolgen.

Das soll nicht heißen, dass der spirituelle Erfolg den materiellen unbedingt ausschließt. Wir sollen durchaus weiterhin danach streben, unsere WÜNSCHE und Träume zu verwirklichen, wenn sie zur Entfaltung unserer Seele beitragen.

Um zu wissen, wie erfolgreich Du Dein Leben gestaltest, genügt es Dich zu fragen: „Wäre ich stolz auf meine Erfolge in allen Bereichen, wenn ich nun meinem Lebensende entgegenginge? Habe ich wirklich versucht, mein Bestes zu geben, mich und meine Mitmenschen zu akzeptieren und Liebe um mich zu verbreiten?" Bejahst Du diese Fragen und handelst weiterhin nach bestem Wissen und Gewissen, so brauchst Du Dir keine Sorgen zu machen und wirst in Deinem tiefsten Inneren wissen, dass Du ein erfolgreiches Menschenleben führst. Deine Haltung lässt einen von LIEBE gesäumten Weg zurück.

Erinnerung

Fähigkeit, sich Vergangenes wieder ins Gedächtnis zu rufen. Warum haben manche Menschen ein „Gedächtnis wie ein Sieb", während andere nichts zu vergessen scheinen? Wie können wir unser Erinnerungsvermögen trainieren?

Wir unterscheiden zwischen *mentaler, emotionaler, genetischer, unbewusster und der Erinnerung unseres Körpers und unserer Zellen.*

Die *mentale Erinnerung* umfasst alles, was unser VERSTAND ohne den Einfluss von GEFÜHLEN aus den verschiedensten Quellen gelernt. Dazu gehören z. B. die verschiedensten Kenntnisse aus Schule und Büchern wie Geschichte, Mathematik, Sprachen usw.

Die *emotionale Erinnerung* verbindet bestimmte EMOTIONEN und Gefühle mit gewissen Ereignissen, die eine sensible Seite unseres Wesens berührt haben. Da der Mensch unter besonders starkem Einfluss solcher Erinnerungen steht, speichert er leider viele Ereignisse keineswegs so, wie sie sich wirklich zugetragen haben, sondern so, wie er sie *empfunden* hat. Unsere emotionale Erinnerung kann uns also kein objektives Bild der Vergangenheit geben. Es ist kein Zufall, dass wir uns ausgezeichnet an Momente erinnern, in denen andere uns verletzt haben.

Die *körperliche Erinnerung* speichert alle Empfindungen unseres Körpers seit unserer Zeugung. So kann das Gefühl einer Verbrennung z. B. erst gespeichert werden, wenn wir es tatsächlich „am eigenen Leib" erfahren haben. Weckt ein Geruch oder eine bestimmte Landschaft Erinnerungen in uns, so erinnert sich unser Körper. Unser Verstand und unser Körper sind objektiver als unsere Emotionen.

Zellerinnerungen sind Informationen, die unsere Zellen auf der Ebene der SEELE aufgezeichnet haben. Sie enthalten alle Erfahrungen früherer Leben. Haben wir z. B. ein Déjà-vu-Erlebnis in einem fremden Land, so ist unsere Zellerinnerung aktiv. Sie ermöglicht uns u. a. auch innerhalb weniger Wochen eine uns bisher völlig unbekannte Sprache zu sprechen.

Unsere *genetischen Erinnerungen* werden auch als „Erbanlagen" oder „Familiengeschichte" bezeichnet und betreffen meist unbewusste Informationen, die wir von den genetischen Familien unserer beiden Eltern erhalten haben. Hierzu gehört auch die Vorstellung der Familienehre. So können wir z. B. unser ganzes Leben um Gerechtigkeit kämpfen, da einem unserer Vorfahren großes Unrecht widerfahren ist – auch wenn wir nie davon erfahren haben.

Unbewusste Erinnerungen schließlich gehören dem Reich des UNTERBEWUSSTEN an.

Das beste Mittel zur Steigerung unseres Erinnerungsvermögens besteht darin, in der GEGENWART zu leben und unserer Umwelt größere Aufmerksamkeit zu schenken. Dadurch entsinnen wir uns auch leichter all der gespeicherten Informationen. BEOBACHTE also alle Vorgänge um Dich genau, konzentriere Dich auf alles, was Du hörst, siehst, liest, tust und fühlst. Lebst Du wirklich im Augenblick, so wirst Du die Grenzen Deiner bisherigen Erinnerung beträchtlich erweitern.

LEBST Du Dein Leben INTENSIV, so erinnerst Du Dich auch an viele Einzelheiten. So ist es z. B. kein Geheimnis, dass wir Dinge wesentlich schneller lernen, wenn sie uns begeistern. Gefällt uns Spanisch besser als Englisch, so wird uns diese Sprache auch wesentlich leichter fallen. Diese Haltung sollten wir in allen Bereichen unseres Lebens anwenden. Willst Du Dich z. B. an andere erinnern, so musst Du Dich für sie interessieren und Deinen Gesprächen große Aufmerksamkeit schenken. So bleiben neben unseren Empfindungen auch die wichtigen Elemente einer Unterhaltung oder eines Ereignisses in der *aktiven Erinnerung*.

Wir sollten unser Erinnerungsvermögen in den Dienst unserer BEDÜRFNISSE stellen. Es sollte einen gewissen NUTZEN haben. Lernst Du nur Dinge auswendig, um andere zu verblüffen oder bestehst Du darauf, Dich nur an negative Begebenheiten Deines Lebens zu erinnern, so ist dies ein Missbrauch dieser Gabe, und Du läufst Gefahr, zusehends vergesslicher zu werden oder sogar an Alzheimer zu erkranken. Wir können unsere Erinnerung stützen, indem wir uns Notizen zu bestimmten Dingen machen. „Ein Bleistift ist manchmal besser als das beste Gedächtnis."

Nimm auch Deinen Sprachgebrauch genau unter die Lupe. Sagst Du oft „Ach, das habe ich vergessen! Dies oder jenes entfällt mir immer. Ja, ja, ich werde alt und verkalkt."? Vergiss nie, dass WORTE unsere Wirklichkeit nach unseren ÜBERZEUGUNGEN und Empfindungen schaffen können.

Ermüdung

Unangenehmes Gefühl, welches bestimmte körperliche und geistige Tätigkeiten beeinträchtigt. Es ist völlig normal und menschlich nach längerer Anstrengung körperlich, emotionell oder geistig zu ermüden, besonders, wenn wir unsere eigenen GRENZEN überschritten haben. Um uns wieder davon zu erholen, ist eine mehr oder weniger lange Ruhephase nötig. Der Körper weiß genau, wie er wieder in seinen Normalzustand zurückgelangt.

Für lang Müdigkeitsphasen, die mehrer Tage oder Monate dauern, kann es mehrere Gründe geben: ÄNGSTE, die durch eine ungelöste oder nicht akzeptierte Vergangenheit oder Sorgen um die Zukunft verursacht werden, ermüden ungemein. Leben wir nicht im Augenblick, erzeugen wir Stress, der unsere ENERGIE raubt.

Aber auch RACHSUCHT und HASS ermüden sehr. Solche Gefühle können zu ZWANG-HAFTES HANDELN bewirken. Eine weitere Ursache ist bei Menschen anzutreffen, die sich für das Glück ihrer Mitmenschen VERANTWORTLICH fühlen. Sie wollen alle Details in ihrem Leben lenken. Um festzustellen, ob Du zu diesem Menschenschlag gehörst, genügt es, zu beobachten, ob Dich ein Gespräch erschöpft, in dem Dir jemand von seinen Problemen erzählt. Wenn ja, so machst Du Dir zu große Sorgen um andere. Du meinst, ihnen um jeden Preis helfen zu müssen und Lösungen für alle Probleme zu kennen, was jedoch unmöglich ist.

Menschen, die ständig müde sind, sollten versuchen, in der GEGENWART zu leben, um ihre wahren BEDÜRFNISSE zu erkennen. Sie sollten auch ihre häufigsten Gedanken etwas genauer unter die Lupe nehmen. Worum kreisen sie? Entspannung, Meditation und Sport helfen, LOSZULASSEN und innere Antworten zu vernehmen. Oft kommt unsere Energie von ganz alleine zurück, wenn wir aufhören, jede Kleinigkeit zu DRA-MATISIEREN, und die positiven Seiten der Dinge hervorheben.

Ermüdung und Bedürfnis nach Schlaf sind nicht dasselbe: Ermüdete Menschen brau-chen Ruhe, währen wir Schlaf brauchen, wenn wir müde sind. Begehen wir nicht den Fehler, solche Ruhephasen als Müßiggang anzusehen. Wir können uns auch sehr gut bei angenehmen Tätigkeiten entspannen. Wir sollten uns bewusst werden, was uns Ruhe verschafft, wenn wir ermüden.

Ernährung

Alle Lebewesen ernähren sich, um sich am Leben zu erhalten und sich zu stärken. Die Art und Weise, in der wir uns ernähren, zeigt auch, wie wir uns um unseren EMOTI-ONS- und MENTALLEIB kümmern. Abgesehen von den positiven Aspekten einer aus-gewogenen und gesunden Kost, ist auch hinlänglich bekannt, dass manche Menschen dazu neigen, Liebesmangel durch Nahrung auszugleichen. Da wir das Essen meist mit der sozialen Seite unseres Lebens identifizieren, kommt es oft zum Transfer.

Auch wenn Ernährung lebensnotwendig ist, fragt sich der bewusste Mensch, ob es sich bei seinem Appetit um wirklichen Hunger handelt, ob es andere Gründe dafür gibt oder ob gerade „Essenszeit" ist. Solche Fragen zeigen uns, ob wir auf unsere BEDÜRF-NISSE hören oder nicht. Leute, die die Kühl- oder Speiseschranktür ganz automatisch öffnen und auch ohne den geringsten Hunger essen, tun es nicht aus hunger, sondern versuchen vielmehr innere Leere dadurch zu füllen. Ein solches Verhalten lässt darauf schließen, dass er von anderen ABHÄNGIG ist oder aber versucht, bestimmte EMOTI-ONEN zu verdrängen.

Manche naschen, andere essen aus Gewohnheit oder um nichts wegwerfen zu müssen. Manche fürchten unhöflich zu sein, wenn sie etwas übrig lassen, andere haben Angst schwach oder krank zu werden, wenn sie nicht genug essen. All diese Beispiele sind ein Zeichen dafür, dass wir unser Leben von unseren ÜBERZEUGUNGEN, d. h. von all dem steuern lassen, was wir in der Vergangenheit gelernt haben. Früher ging man davon aus, der Mensch brauche drei Mahlzeiten am Tag. Zurzeit unserer Großeltern war dies auch tatsächlich so, da die körperliche Arbeit wesentlich häufiger und härter war. Heutzutage, ist dies jedoch immer seltener der Fall. Wir brauchen wesentlich weniger Nahrung.

All die oben genannten und ähnliche Gründe entsprechen also keineswegs wirklichen Bedürfnissen unseres KÖRPERS, sondern befriedigen eher Wünsche unserer Gefühle oder unseres Verstandes. Am besten isst man, wenn man hungrig ist. Unser Körper weiß ganz genau, wann und was er essen will, um gut genährt zu sein. Isst Du nicht, wenn Du Hunger hast und gibst Deinem Körper nicht, was er braucht, dann hörst Du weder auf Deinen EMOTIONS- noch auf Deinen MENTALLEIB.

Eine ausgeglichene Kost ist die Grundlage für gesunde Körperzellen und ermöglicht uns, uns auf die „Ernährung" unserer Gefühle und Gedanken zu konzentrieren. Wir Bewohner der westlichen Welt sollten uns bewusst und dankbar dafür sein, dass wir es in dieser Hinsicht wesentlich leichter haben als viele andere Menschen dieser Erde, die sich zuerst um die grundlegenden Bedürfnisse ihres Körpers sorgen müssen.

Erniedrigung

Erniedrigung ist das Gefühl gedemütigt, verhöhnt, entwürdigt oder abgewertet zu werden. Für uns stellt sie eine der fünf großen WUNDEN DER SEELE dar. Menschen, die sich oft erniedrigt fühlen, werten sich selbst im selben Maße ab. Sie glauben folglich mehr von den anderen geachtet zu werden, wenn sie sich besonders für sie aufopfern. Sie nehmen deshalb viel zu viel auf sich. Außerdem halten sie sich für UNWÜRDIG, Komplimente oder die Gunst anderer zu erhalten, da sie meinen, ihren Erwartungen nicht gerecht werden zu können. Sie sind durchaus bereit dazu, sich für andere tadeln zu lassen. Sie vergleichen sich oft mit Menschen, die sie für besser halten, und meinen auch andere täten dies. Sie SCHÄMEN sich für sich selbst oder ihre Nächsten, ihren Körper oder ihr sexuelles Verlangen.

Sie machen sich über sich selbst lustig und lachen über sich, bevor es anderen überhaupt in den Sinn kommt. Sie verkennen ihren eigenen WERT und meinen, leiden zu müssen oder den Dingen nicht gewachsen zu sein. Auch wenn sie ihre Bedürfnisse kennen, werden sie alles Mögliche in die Wege leiten, um sie nicht zu befriedigen. Solche Menschen erniedrigen andere oft ebenso wie sich selbst. Sie versuchen, unersetzbar zu werden und merken nicht, dass manche Menschen sich ihrerseits abgewertet fühlen, wenn andere alles für sie tun. Manchmal genügt auch nur ein Blick, eine Bemerkung oder Geste.

Zuerst gilt es, uns des Umstandes bewusst zu werden, dass wir zu diesem Menschentyp gehören. AKZEPTIERST Du, dass auch Du andere erniedrigst, wenn Du leidest und Deine GRENZEN erreicht hast, so ist dies schon der erste Schritt zur Heilung. Auf dieses Thema gehe ich ausführlicher im Buch *Heile die Wunden deiner Seele* ein.

Erwartungen

Hoffnungen und Wünsche sind menschlich. Unsere Erwartungen sind umso gerechtfertigter, wenn sie auf einer Vereinbarung oder einem klaren Engagement basieren. Nach der Unterzeichnung eines Arbeitsvertrags ist es z. B. normal, dass der Arbeitgeber ein bestimmtes Gehalt und der Arbeitnehmer die dafür vereinbarte Gegenleistung erwartet. Es handelt sich hierbei gewissermaßen um einen Austausch von Energie. Hegen wir jedoch Erwartungen, die zuvor keineswegs abgesprochen oder geklärt wurden, so laufen wir Gefahr, enttäuscht zu werden.

Verrichtet unser Arbeitnehmer z. B. mehr, als vertraglich vereinbart wurde, bekommt dafür jedoch nicht den erhofften zusätzlichen Lohn, so kann ihm diese Situation unangenehme GEFÜHLE bereiten. Hast Du das Gefühl, Deiner Rechte beraubt zu werden. Solltest Du versuchen, die getroffenen Vereinbarungen zu revidieren und Dein Engagement den neuen Umständen anzupassen.

Hier ein anderes Beispiel ungerechtfertigter Erwartungen: Jemand erweist einem Freund einen Dienst und hofft, dass ihm jener dies eines Tages vergelten wird. Dies kann durchaus geschehen. Aber es besteht auch die Möglichkeit, dass dem nicht so ist. Bleibt die erwartete Gegenleistung kann dies bei Ersterem ENTTÄUSCHUNG, Frustration und sogar Zorn auslösen, was die Freundschaft der beiden in Mitleidenschaft zieht.

In allen Gesellschaftsschichten wurden wir zu Erwartungshaltungen erzogen: Das betrifft nicht nur die Beziehung zwischen Arbeitnehmern und -gebern, sondern auch die zwischen Eltern und Kindern, von Geschwistern, Lebenspartnern oder Freunden. Tagtäglich bieten sich uns zahlreiche Möglichkeiten, um festzustellen, welche Erwartungen wir selbst hegen. Die meisten Menschen rechnen damit, dass andere etwas für sie tun und sie glücklich machen. Eine solche Haltung ist reines Wunschdenken, wenn sie auf keinerlei Verpflichtung beruht.

Neigen wir zu solchen unvereinbarten Erwartungen, so lieben wir uns in der Regel nicht genug selbst. Wir möchten, dass andere unsere innere Leere füllen, da wir uns für unfähig halten, Dinge allein zu bewältigen. Da unsere Umwelt unsere unbewussten Aspekte widerspiegelt, sollten wir in Betracht ziehen, dass wir all unsere Erwartungen nicht nur an unsere Mitmenschen, sondern eigentlich auch an uns selbst stellen. Enttäuschen uns unsere Resultate, Leistungen oder unsere Unfähigkeit ein Versprechen zu halten, so sind wir wütend auf uns selbst. In jedem Fall bringen Fehlerwartungen Leid und lassen uns unser Herz vergessen.

Doch können wir enttäuschten Erwartungen auch etwas Positives abgewinnen: Sie zeigen uns, wie viel wir bereits zu akzeptieren gelernt haben. Natürlich sollten ihnen im Idealfall klare Vereinbarungen zugrunde liegen. Daraus wird auch ersichtlich, welche Bedeutung unzweideutigen Zusagen oder Versprechen in zwischenmenschlichen Beziehungen zukommt. Ihr Ausbleiben kann zu Frustration, Ungeduld, Groll und Hass führen. Wir müssen also lernen, besser zu KOMMUNIZIEREN, um unsere Wünsche und Gefühle zum Ausdruck zu bringen.

Da wir unsere Erwartungen jedoch kaum von heute auf morgen überwinden können, sollten wir uns auch das Recht zugestehen, sie noch zu haben. So werden sie immer weniger Emotionen in uns erzeugen. Und falls sie es doch noch tun, so werden wir diese leichter akzeptieren können. Je weniger Erwartungen ohne Vereinbarungen wir hegen, desto mehr haben wir den Eindruck zu bekommen. Da wir von nichts ausgehen, wird uns erst so richtig klar, wie viele Geschenke uns eigentlich im Leben zuteil werden. So schaffen wir Platz Dinge zu EMPFANGEN. Stellen wir uns eine Mutter vor, die es liebt, wenn ihre Kinder sie besuchen kommen. Auch wenn diese Besuche vielleicht nicht so oft sind, wie sie es sich wünschen würde, so achtet sie deren Freiraum. Da sie jedoch keine Erwartungen hegt, erlebt sie auch keine Enttäuschungen, im Gegenteil, jeder Besuch ist eine wirkliche Überraschung und wird zu einem Geschenk, das ihr Leben erhellt und sie glücklicher werden lässt.

Erwarten wir keine Gegenleistung, so können wir dennoch FREUDE empfinden, anderen zu helfen. In jedem Fall sorgt jedoch das GESETZ VON URSACHE UND WIRKUNG dafür, dass wir ernten, was uns gebührt, wenn auch nicht unbedingt genau so und von derselben Person, wie wir gesät haben. Wurde eine Vereinbarung missachtet, so lies unter ZUSAGE nach.

Erziehen

Formen, lehren, ausbilden, schulen. Gesamtheit der moralischen, intellektuellen Erwerbe einer Person. Die wichtigste und dauerhafteste Erziehung erhalten wir von unseren ELTERN oder gegebenenfalls unseren Erziehern. Diese Menschen haben ausschlaggebenden Einfluss auf unsere Denk- und Handlungsweise und das VERHALTEN unseres späteren Lebens.

Innerhalb einer Familie haben die verschiedenen Kinder eine fast identische Erziehung erhalten, da ihnen dieselben Eltern als Modell dienten. Und trotzdem legt jedes Kind ein anderes Verhalten an den Tag. Dies ist auf das Temperament und den LEBENSPLAN zurückzuführen, die jedem Menschen eigen sind. Die Erziehung hingegen ist ein von Menschen geschaffenes System. Es ändert sich im Laufe der Entwicklung wie das der WERTE.

Das Erziehungssystem von Familie und Schule war bisher leider sehr KONTROLLIEREND und AUTORITÄR. Die heutige Jugend lehnt sich immer stärker gegen solche Methoden auf. Die NEUEN KINDER wollen sich diesem überholten System nicht mehr fügen, das unseren heutigen Ansprüchen nicht mehr genügt. Sie wollen lernen, neue Dinge erfahren und wissen, zugleich jedoch auch das Gefühl haben, dass diese Erkenntnisse ihnen helfen können und nicht einfach auferlegt sind. Sie verfügen bereits über genügend ENTSCHEIDUNGSKRAFT, um zu wissen, was ihnen nützt und was nicht.

Die Erwachsenen, die heute mit Erziehung zu tun haben, sollten den Jugendlichen unbedingt größeres VERTRAUEN schenken. In Wirklichkeit ist Erziehung heutzutage einfacher als früher, wenn wir die Kriterien der neuen Epoche des WASSERMANN-ZEITALTERS zur Grundlage nehmen.

E

Esoterik

Etwas Unverständliches oder Mysteriöses für all jene, die nicht der kleinen Gruppe Eingeweihter angehören. Die Esoterik beruht auf den kosmischen Gesetzen und war früher nur einem ganz kleinen Kreis von Auserwählten zugänglich. Bei ihren Lehren ging es in der Regel um ein größeres Verständnis des Menschen als Geist oder Seele und seine übernatürlichen Kräfte. Es ist also die Wissenschaft paralleler Welten.

Heute wird der Begriff „Esoterik" für alle Lehren verwendet, die die Welt des Unsichtbaren und großteils Unbekannten betreffen: SPIRITISMUS, MYSTIK, Magie, PARANORMALITÄT, ASTRALREISEN, WIEDERGEBURT, subtile Welten usw. Sie umfasst also alles, was nicht mit dem auf der materiellen Welt basierenden Verstandesdenken erfasst werden kann und demnach auch nicht an Schulen und Universitäten unterrichtet wird. Die Esoterik, die die Mysterien der subtilen stofflichen Welt erklärt, ist somit das Gegenstück der Schulwissenschaften im Bereich der greifbaren Welt und der RELIGIONEN und SEKTEN, im Bereich der RELIGIÖSEN ÜBERZEUGUNGEN.

Exhibitionismus

Siehe SEXUELLE AGGRESSION.

Existenzgrund

Rechtfertigung und Grund zu leben. Haben wir die Verbindung zu unserem wahren Wesen verloren, können wir auch nicht wissen, warum wir in dieser Inkarnation zur Erde gekommen sind. Alle Menschen sind gleich, nach dem Abbild Gottes geschaffen und verfügen selbst über göttliche Schaffenskraft. **Wir haben alle denselben Existenzgrund: Wir müssen uns erinnern, dass wir göttliche Wesen sind.** Nur so können wir wieder reiner GEIST, Wesen des Lichts werden.

Wie ist dies in einer materiellen Welt möglich?

- Indem wir all unser körperlichen, emotionellen und geistigen Erfahrungen BEOBACHTEN und AKZEPTIEREN.

- Indem wir nie aus den Augen verlieren, dass GOTT sich durch alle Lebewesen selbst erfährt.

- Indem wir unser Leben INTELLIGENT führen.

Hast Du keine Antwort auf die Frage „Was mache ich auf dieser Welt? Wozu bin ich da?", so tust Du wahrscheinlich meist Dinge, die nichts mit Deinem LEBENSPLAN zu tun haben. Berücksichtigen wir die oben angeführten Punkte, wird es uns leichter fallen, die Spreu vom Weizen INTELLIGENTER Erfahrungen zu trennen, die nicht von Ängsten und Schuldgefühlen bestimmt sind, sondern uns zu unserer INNEREN MITTE führen. Sind wir in der Lage, all unsere Erfahrungen in einer OBJEKTIVEN BEOBACHTUNGSHALTUNG und ohne das Urteil des ICHS von GUT UND BÖSE zu machen, so erkennen wir, dass Gott sich durch uns erfährt.

Exorzismus

Meistens bezeichnet dieser Begriff das Austreiben von Dämonen aus dem Körper eines besessenen Menschen mit Hilfe von Zeremonien und Zauberformeln. Das Bild des Exorzismus in der westlichen Welt wurde zum Teil auch durch einen Horrorfilm geprägt, in dem das Opfer dieser bösen Geister geisteskrank war. In Wirklichkeit haben wir alle innere DÄMONEN. Es handelt sich dabei in Wirklichkeit aber um ELEMENTARE GEDANKENFORMEN und ÜBERZEUGUNGEN, die uns daran hindern, unseren INNEREN GOTT zu erkennen.

Jedes Mal, wenn diese Überzeugungen EMOTIONEN in uns auslösen, lassen wir uns von diesen kleinen Dämonen überwinden und MANIPULIEREN. Geraten wir dann „außer uns" und verlieren die Kontrolle, so ist auch dies eine Form der BESESSENHEIT, die manchmal auf tiefen und unterbewussten Groll zurückgeht und in unterschiedlicher Stärke zum Ausdruck kommt. MEISTERN wir uns schließlich wieder selbst, indem wir LOSLASSEN oder VERZEIHEN, so sind wir unser eigener Exorzist.

Ist jemand nicht imstande, sich alleine unter KONTROLLE zu bringen, so braucht er vielleicht Hilfe von außen. Bist Du mit einem solchen Menschen konfrontiert, so gibt es eine recht wirksame Methode: Nenne ihn beim Namen, blicke ihm direkt in die Augen und befehle ihm, wieder er selbst zu sein. Sage ihm, dass nicht er selbst gerade handelt, sondern dass er sich von fremden Kräften überkommen hat lassen. Nimm ihn behutsam an den Schultern, damit er das Gefühl hat, von außen unterstützt zu werden. Das funktioniert auch sehr gut bei KINDERN, die zornig außer sich geraten. Du kannst diese Technik auch für Dich selbst anwenden. Sage Dir mit fester Stimme: „In Gottes Namen, ich befehle Dir, mich zu verlassen." Bist Du wieder zur Ruhe gekommen, so solltest Du überprüfen, welche ANGST oder EMOTION stark genug war, Dich derart einzunehmen. Arbeite daran, um solche Situationen in Zukunft zu vermeiden.

Extrovertiertheit

Hang, sich nach außen und unsere Mitmenschen zu wenden und seine Gefühle zum Ausdruck zu bringen. Extrovertierte Personen sind offen und kommunizieren leicht mit ähnlich orientierten Menschen. Sie sind gesellig, kontaktfreudig, fühlen sich wohl mit anderen und werden von jenen geschätzt. Sie sind in der Regel großzügig und spontan, haben keinerlei Schwierigkeiten sich auszudrücken und Forderungen zu stellen. All dies muss jedoch keineswegs bedeuten, dass extrovertierte Menschen deshalb tiefe Gespräche über ihr Innenleben führen. Sie neigen eher dazu mehr zu reden als zuzuhören und zu überlegen. Betrifft Dich das, so solltest Du unter den Stichwörtern ZUHÖREN und FÜHLEN nachlesen. Das Gegenteil von extrovertiert ist INTROVERTIERT.

Fähigkeit

Etwas tun oder verstehen KÖNNEN. Unsere Fähigkeiten haben nichts mit INTELLIGENZ zu tun. Gelingt uns etwas nicht, so heißt das noch lange nicht, dass wir unintelligent sind. Jeder Mensch hat andere Fähigkeiten und TALENTE. Manche sind angeboren und natürlich, andere wiederum sind erlernt. Es ist wichtig, seine Fähigkeiten zu kennen ohne sich ihrer jedoch zu rühmen oder dafür HOCHMÜTIG zu werden. Es bedarf vielmehr des rechten Maßes an EIGENLIEBE. Das bedeutet aber auch, unsere eigenen GRENZEN zu respektieren.

Falsche Meister

Siehe MEISTER (FALSCHE).

Familie

Gruppe von Menschen, die durch Blut, Ehe oder Adoption miteinander verbunden sind. Die enge Familie besteht aus ELTERN und KINDERN. Durch sie lernen wir nicht nur zu geben und zu nehmen, sondern sie verhindert auch zu große gegenseitige ABHÄNGIGKEIT in der PARTNERSCHAFT.

Je mehr sich die Familie vergrößert, desto mehr lernen die Familienmitglieder ihre Liebe miteinander zu teilen und erkennen, dass wir in verschiedenster Weies lieben und geliebt werden können. Die Bande der Familie sind sehr eng. Jedes Mitglied ist aus ganz bestimmten Gründen in eine Familie geboren worden. Hier gibt es keinen Zufall, auch nicht in einer Adoption. Dies ist unser erstes und wichtigstes Spielfeld, seit Generationen unterhaltene SEELENWUNDEN zu heilen. Die Familie bietet uns eine absolut außergewöhnliche Gelegenheit zu lernen und uns zu entwickeln. Der Kern der Familie hilft allen Mitgliedern, ihre INNERE MITTE zu finden.

Im Laufe der Zeit ist uns jedoch leider meist völlig entgangen, dass wir einander so AKZEPTIEREN sollten, wie wir sind, um ein gesundes und harmonisches Familienklima zu unterhalten. Oft wird die Familie jedoch zu Machtkämpfen statt zu unserem spirituellen Wachstum benutzt. Manche gründen eine Familie, um geliebt zu werden, weil sie nicht imstande sind, zu lieben. Sie haben noch nicht erkannt, dass bedingungslose LIEBE automatisch die Liebe anderer anzieht. Niemand muss etwas Bestimmtes „tun", um geliebt zu werden. Auch dieser Bereich wird vom GESETZ VON URSACHE UND WIRKUNG bestimmt. Behandeln die Familienmitglieder sich also mit LIEBE, ACHTUNG und Respekt, so wird auch die Saat des VERTRAUENS und des SELBSTWERTGEFÜHLS trotz der Schwierigkeiten des Alltags aufgehen. Ein solches Familienklima gibt Anhaltspunkte und bietet ein Gefühl der Zugehörigkeit.

Fasten

Freiwillige Enthaltsamkeit jeglicher Nahrung. Durch Fasten können wir zahlreiche Giftstoffe unseres Körpers schnell und mit großer Tiefenwirkung eliminieren. Dadurch kommt nicht nur unser ohnehin oft überbelastetes Verdauungssystem zur Ruhe, sondern wir beugen auch zahlreichen KRANKHEITEN vor. Menschen, die fasten, um schlank zu werden, sind jedoch oft enttäuscht. Sobald sie ihre alten Essgewohnheiten wieder aufnehmen, kehren auch die verlorenen Kilos wieder. Unser Fasten sollte dadurch motiviert sein uns reinigen und regenerieren zu wollen. Wir sollten unserem Körper vertrauen, der über die nötige Intelligenz verfügt, unser GEWICHT unseren wahren Bedürfnissen anzupassen.

Durch regelmäßiges Fasten und bewusstes ATMEN, viel Zeit in freier Natur, guter Luft, Sonne und reinem Wasser braucht unser Körper immer weniger Nahrung, da er lernen wird, seine Energie aus den Elementen der Natur zu beziehen. Je BEWUSSTER wir leben, desto mehr versuchen wir, uns dieser Form der Energie zu bedienen. Das steigert unsere körperliche, aber auch unsere emotionale und geistige Form. Von strengem Fasten ohne jegliche Nahrungsaufnahme ist jedoch eher abzuraten. Es ist besser leicht zu essen oder Frucht- oder Gemüsesäfte zu sich zu nehmen, um unseren Verdauungsapparat nicht ganz zum Stillstand kommen zu lassen. So werden die anderen Körpersysteme, die ja alle voneinander abhängen, nicht in Mitleidenschaft gezogen. Für das Heilfasten ist es ratsam, sich von Fachleuten beraten oder betreuen zu lassen.

Fegefeuer

Siehe HIMMEL.

Feinfühligkeit

Die Fähigkeit, bestimmte Eindrücke und Gefühle sehr tief zu empfinden, kann ebenso nützlich wie schmerzlich sein. Sie kann uns helfen, wichtige Einzelheiten zu FÜHLEN, aber ebenso zu RÜHRSELIGKEIT und extremen EMOTIONEN führen.

Übersensible Menschen müssen lernen, diese Feinfühligkeit zu steuern. Haben sie keinerlei Kontrolle über sie, so verlieren sie viel Energie und sind besonders anfällig für KRANKHEITEN.

Wir benötigen jedoch alle eine gewisse Feinfühligkeit, um unsere INTUITION zu entwickeln und zu unserer INNEREN MITTE zu finden. Passen wir unsere Handlungen unseren tiefen Gefühlen an, so tun wir das Richtige im richtigen Augenblick.

Feinstoffliche Körper

Siehe SUBTILE KÖRPER.

Feststellen

Um das Leben in all seinen Details AKZEPTIEREN und dadurch auch wirklich LIEBEN zu können, müssen wir Dinge BEOBACHTEN, (an)erkennen, speichern und bemerken.

Eine reine Feststellung enthält kein Urteil. Wir stellen lediglich fest, dass uns etwas angenehm ist oder nicht. So gelingt es uns, die Welt objektiv und nicht durch die Filter unserer Ängste und Überzeugungen zu sehen.

Fettleibigkeit

Siehe GEWICHTSPROBLEME.

Fische-Zeitalter

Siehe WASSERMANN-ZEITALTER.

Fluch

Siehe KARMA.

Flucht

Sich hastig von Situationen oder Menschen entfernen, die wir als bedrohend empfinden. Meinen wir dadurch auch äußeren Umständen zu entgehen, so fliehen wir in Wirklichkeit vor etwas in unserem Inneren. Wir haben diese Situation oder Person angezogen, um zu lernen, diesen Aspekt in uns zu AKZEPTIEREN. Bis dahin werden ähnliche Situationen immer wiederkehren. Wir werden ihnen auch nicht entrinnen, wenn wir auf die andere Seite des Erdballs reisen, da die Problematik ja in uns selbst steckt.

Je mehr wir etwas zurückweisen, desto stärker wird dieser Aspekt in unserer AURA. Sie zieht alles, was sie zurückweisen und fliehen will, gleichsam magnetisch an. So sind z. B. Menschen, die GEWALT um jeden Preis meiden wollen, umso öfter mit aggressiven Menschen Situationen konfrontiert. Sie tolerieren keinerlei Gewalt und fliehen, sobald sie sie auch nur vermuten. In Wirklichkeit fliehen sie jedoch ihre eigene, verdrängte Gewalt, die sich nicht sehen, fühlen, anerkennen und vor allem akzeptieren wollen.

Entscheiden wir uns jedoch bewusst für eine neue oder bessere Orientierung, weil wir uns selbst LIEBEN und dadurch zu unserer Entwicklung beitragen wollen, so hat das nichts mit Flucht zu tun, die immer durch ÄNGSTE bedingt ist. Auf dieses Thema gehe ich ausführlicher im Buch *Heile die Wunden deiner Seele* ein.

Folgern

Logische Schlüsse ziehen und eine Synthese aus den verfügbaren Informationen erstellen. Solche Folgerungen werden dadurch zwangsläufig von unseren Filtern, d. h. ÜBERZEUGUNGEN und SEELENWUNDEN beeinflusst. Stellen wir uns zwei Brüder vor, deren Eltern ständig über Kleinigkeiten streiten. Der eine nimmt sich diese Situation sehr zu Herzen, folgert, dass eine Partnerschaft immer mit großem Leid verbunden ist und will daher später auch keine solche eingehen. Seinen Bruder hingegen berührt dieselbe Haltung der Eltern wesentlich weniger. Für ihn kommunizieren die beiden Erwachsenen eben auf diese Weise miteinander. Für beide Jugendlichen werden die

Schlussfolgerungen im Lauf der Jahre zu ÜBERZEUGUNGEN, die ihr ganzes späteres Leben beeinflussen werden.

Jede Schlussfolgerung entsteht aus unseren Wahrnehmungen und Gefühlen und beeinflusst so die Entscheidungen, die wir für unser weiteres Leben zu treffen haben. Es ist sinnvoll, solche Folgerungen mit den betroffenen Personen zu überprüfen, um festzustellen, ob sie tatsächlich der Wahrheit entsprechen. Fehlschlüsse können zahlreiche unnötige Emotionen verursachen.

Ziehen wir am Ende eines Tages BILANZ über die vorgefallenen Ereignisse, so sollten wir auch unsere Schlussfolgerungen noch einmal hinterfragen. Haben wir uns z. B. für unfähig gehalten, weil wir etwas vergessen oder falsch gemacht haben? Es ist wichtig festzustellen, ob unsere Folgerungen BEOBACHTUNGEN unseres HERZENS oder aber Urteile unseres ICHS sind, das nach Gut und Böse richtet.

Forderungen

Siehe BITTEN.

Freier Wille

Möglichkeit nach unserem Gutdünken zu wählen, handeln und zu bestimmen. Der freie Wille ist eine der großen Stärken des Menschen, die keinem anderen Lebewesen gegeben ist. Er existiert nur in der STOFFLICHEN, d. h. der körperlichen, emotionalen und mentalen WELT. In der SPIRITUELLEN WELT gibt es keinen freien Willen, da wir keine andere Wahl haben, als uns weiterzuentwickeln und zum Licht, zu unserer göttlichen Essenz zurückzukehren und eines Tages wieder reiner GEIST zu werden.

Wir haben also unser ganzes Leben die freie Wahl, unsere Erfahrungen in Liebe oder aber in Angst, frei oder gezwungen, friedlich oder besorgt, nachsichtig oder tolerant, im Licht oder im Schatten zu leben, ja oder nein zu sagen. Es liegt allein bei uns, uns dem Glück zu öffnen oder zu verschließen.

Unser freier Wille kann also ein außerordentliches Werkzeug oder aber für manche auch einen Fluch darstellen. In jedem Fall bedarf er eines großen VERANTWORTUNGSBE-WUSSTSEINS. Da all unsere Handlungen dem GESETZ VON URSACHE UND WIRKUNG unterliegen und somit Folgen haben, ist es wichtig, klare, verantwortungsvolle und vor allem BEWUSSTE Entscheidungen zu treffen. Missfallen uns bestimmte Ergebnisse, so können wir immer noch andere, angebrachtere Möglichkeiten versuchen, die uns das Leben erleichtern. Je mehr wir unsere Entscheidungen aus unserer INNEREN MITTE – d. h. aus EIGENLIEBE und nicht aus ANGST – treffen, desto mehr gelangen wir auch zu wahrer FREIHEIT und KRAFT.

Freiheit

Möglichkeit nach freier Wahl und ohne jeglichen Zwang handeln, denken und sich Ausdrücken zu können. Leider hat jeder Mensch seine eigene Vorstellung von Freiheit, je nachdem, was er erlebt und gelernt hat. Uns geht es hier um die spirituelle Bedeutung der Freiheit unseres Wesens. Frei zu sein, bedeutet keine körperlichen, emotionellen oder geistigen Zwänge zu haben, sagen, denken, wählen und glauben zu können, was wir wollen, unsere Überzeugungen ändern zu können, wann es uns gefällt und unser Leben nach unseren Wünschen einrichten können.

Wahre Freiheit ist grenzenlos und wird INTELLIGENT gelebt. Tun wir, was wir wollen, wann wir es wollen, ohne dabei Rücksicht auf unsere Umwelt zu nehmen, so kann dies nicht nur unangenehme, sondern sogar katastrophale Folgen haben, die ihrerseits ZWÄNGE schaffen, die unsere Freiheit einschränken.

Ein Mensch kann durchaus verheiratet sein, Kinder und Beruf haben, gesellschaftlich engagiert sein und trotzdem innerlich frei sein, wenn er das Gefühl hat, sagen, tun, wählen und glauben zu können, was ihm gut und recht erscheint. Er ist auch frei, seine Überzeugungen zu ändern und vor allem in Liebe oder Angst zu reagieren. Um uns von bestimmten Zwängen zu befreien, die wir uns selbst geschaffen oder aber in unserem Leben zugelassen haben, müssen wir uns zunächst unsere VERANTWORTUNG an ihnen eingestehen. Haben wir sie wirklich AKZEPTIERT, so stellen sich auch die Lösungen von ganz alleine ein und wir werden uns sofort freier fühlen.

Es besteht ein Unterschied zwischen Freiheit und Befreiung: Während Letzteres die Überwindung eines Zwangs oder Drucks auf der stofflichen oder psychischen Ebene bezeichnet, die wir beide zur STOFFLICHEN WELT zählen, so ist Freiheit ein innerer Zustand, eine Lebensweise, die bewirkt, dass wir uns gut und ausgeglichen fühlen und wir selbst sein können (SPIRITUELLE WELT).

Wahre Freiheit bedeutet, wir selbst sein zu können. Bist Du Du selbst und erkennst all Deine ÄNGSTE, GRENZEN, TALENTE usw. an, so befindest Du Dich in Deiner INNEREN MITTE. Dazu müssen wir uns von unserem großen, inneren Führer leiten lassen. Ein freier Mensch weiß, dass er über alle menschlichen Stärken verfügt. Dazu gehören vor allem die Macht, unser eigenes Leben zu schaffen und bewusste Entscheidungen zu treffen. Er weiß auch, dass er seine innigsten Wünsche wahr werden lassen kann. Freie Menschen erwarten nichts von anderen, um frei zu sein. Es ist hilfreich, Dir manchmal folgenden Satz vorzusagen: „Ich verfüge über alle Mittel frei zu sein und setze sie zu meiner Persönlichkeitsentfaltung ein." Je bewusster Du Dir des Umstands wirst, dass Du der alleinige Meister Deines Lebens bist, desto klarer wird Dir auch die wahre Bedeutung der Freiheit, dem einzigen Weg zu wahrer EIGENSTÄNDIGKEIT.

Freude

Angenehmes Gefühl in Verbindung mit der Erfüllung von Wünschen oder der Befriedigung materieller, emotionaler oder geistiger Bedürfnisse. Jeder Mensch strebt nach LEBENSFREUDE und will sich auch ganz spontan Freude bereiten können. Anderen und sich selbst Freude zu bereiten sind zwei eng miteinander verbundene Wege zu Glück, Lebensfreude und Befriedigung. Es ist ein echtes Zeichen der LIEBE, da wahre Freude keine ERWARTUNGEN oder ÄNGSTE kennt.

Wir können uns in verschiedenster Weise Freude bereiten. Das hängt ganz von unserer momentanen Gemütsverfassung ab. Tausend Kleinigkeiten, die uns nichts kosten, können uns dieses Gefühl verschaffen. So können wir uns an der Natur, an einem schönen Sonnenaufgang, dem Lächeln eines Kindes, einer hübschen Melodie, einem Blumenstrauß, einem Geschenk an andere, ein nettes Wort, einen offenen oder liebevollen Blick freuen. Wir können Freude empfinden, mit Freunden beisammen zu sein, interessante Gespräche zu führen, ein gemeinsames Mahl zu genießen, angenehme Gefühle auszutauschen oder einfach allein mit uns selbst zu sein. Manchmal ist es schon wunderschön, einfach nichts zu tun und keine Schuldgefühle dabei zu empfinden, sich nicht um all die anstehenden Erledigungen zu kümmern. Auch unsere Arbeit kann erfüllend und befriedigend sein.

Manche Menschen machen anderen gerne Freude, sind jedoch außerstande, sich selbst Freude zu bereiten. Doch spiegelt unsere Haltung gegenüber anderen normalerweise die Haltung uns selbst gegenüber wider. Vielleicht glaubst Du, keine Freude zu verdienen und kannst ohne SCHULDGEFÜHLE nur anderen zuteil werden lassen, was Dir eigentlich selbst zustünde. Diese Haltung ist typisch für Menschen, die an der SEELENWUNDE der UNGERECHTIGKEIT leiden. Beobachte also ganz genau Deine wahren BEWEGGRÜNDE, wenn Du anderen Freude machst. Beruhen sie auf der Furcht nicht geliebt oder ungerecht zu sein? Ist dies der Fall, so handelt es sich nicht um die Freude, ohne jegliche ERWARTUNGEN GEBEN.

Um zu lernen, Dir selbst Freude zu bereiten, solltest Du jeden Abend niederschreiben, was Dir an diesem Tag das Herz erwärmt hat, vor allem Ereignisse, die Du selbst bewirkt oder in die Wege geleitet hast. Fällt es Dir schwer, Dir selbst Freude zu machen, so frage Dich jeden Morgen: „Worüber würde ich mich heute wirklich freuen, wenn ich niemanden dadurch stören würde, alle Zeit der Welt hätte und über die nötige Energie verfügte?" Nehme die Antwort aufmerksam zur Kenntnis und tue alles, was im Rahmen Deiner Möglichkeiten steht, um diesen WUNSCH zu erfüllen. Du kannst Dich auch fragen: „Was würde ich mir wünschen, wenn jemand mir Freude bereiten möchte?"

Verliere bei alldem nie aus den Augen, dass Freude anderen nie Schaden zufügen oder ihre Bedürfnisse in Mitleidenschaft ziehen darf. Sich selbst Freude zu bereiten, ist ein ausgezeichnetes Mittel zur Entwicklung von EIGENSTÄNDIGKEIT und EIGENLIEBE. SETZT Du selbst die nötigen AKTIONEN, erwartest Du von niemanden, es an Deiner Stelle zu tun. Je mehr Freude Du Dir selbst verschaffst, desto mehr kannst Du auch Deine Mitmenschen daran teilhaben lassen und akzeptieren, dass auch sie sich Freude bereiten möchten. Schließlich wirst Du erkennen, dass die größte Freude auf Erden darin besteht, der Mensch zu sein, der wir in unserem tiefsten Inneren sein wollen.

Freundschaft

Siehe LIEBE.

Frustration

Enttäuschte Erwartungen. Die Hauptursache der daraus erwachsenden EMOTIONEN liegt darin, andere Menschen und Situationen zu sehr KONTROLLIEREN zu wollen. Auf die Dauer führen sie zu Zorn auf uns und unsere Mitmenschen. Um Frustrationen zu

überwinden oder zu vermeiden, solltest Du unter den Punkten ERWARTUNGEN und
ZUSAGE nachlesen.

Fühlen

Siehe GEFÜHLE.

Führen

Anderen bei der Richtungswahl behilflich sein oder Verhaltensregeln zu erteilen, im
Glauben dadurch der Person oder ihren Mitmenschen zu helfen. Ein wahrer Führer
drängt anderen jedoch nie seine Ideen auf. Er macht Vorschläge und kann hoffen, dass
jene befolgt werden, akzeptiert jedoch auch jederzeit, dass andere Entscheidungen
getroffen werden. Er weiß, dass jeder die Folgen seiner Entscheidungen zu tragen hat.
Führst Du jemanden und bestehst darauf, dass er Deinen Ratschlägen folgt, so ist das
eher KONTROLLE. Lies auch unter dem Stichwort LENKEN nach, um den Unterschied
zwischen beiden zu verstehen.

Führen kann auch bedeuten, anderen gelegentlich großzügige Hilfe zuteil werden zu
lassen, wenn sie sich bei bestimmten Entscheidungen schwer tun. So wird es eine Gabe
und zieht keine Erwartungen nach sich.

Führer des Jenseits

Höher entwickeltes Wesen, welches bereits das Leben auf Erden erfahren hat, und
den Menschen helfen will, ihren LEBENSPLAN zu verwirklichen. Diese freiwilligen
Handlungen tragen zu seiner eigenen Entwicklung bei. Diese Führer arbeiten auch mit
den Seelen, die zwischen zwei Leben in der ASTRALWELT verweilen und ziehen dort
Bilanz über ihr letztes Erdenleben. Sie helfen ihnen, die richtigen Entscheidungen für
ihr nächstes Leben zu treffen, um sich ihres angehäuften KARMAS zu entledigen. So
tragen die Führer bei der Erstellung des nächsten Lebensplanes bei, der all die Details
berücksichtigt, die die Seele bei ihrer Rückkehr zur Erde benötigt. Das betrifft auch die
Wahl der ELTERN, des Umfeldes und allen Bedingungen, die für die weitere spirituelle
Entwicklung notwendig und unablässig sind.

Neben unserem „Schutzengel", der uns in all unseren Erdenleben begleitet, können uns
die verschiedensten Führer in bestimmten Augenblicken des Lebens helfen. Manche
unterstützen Studien, Beruf und Kreativität oder helfen uns in schwierigen Situationen.
Sie lassen uns telepathische Nachrichten und Ratschläge für unsere diversen Lernpro-
zesse zukommen. Sie drängen uns nichts auf und machen uns nie Angst. Sie machen
uns Vorschläge ohne jegliche Erwartungen, da sie wissen, dass die Entscheidung immer
bei uns und unserem FREIEN WILLEN liegt.

Die Führer des Jenseits sind auch zu unserem Schutz da und können eingreifen, wenn
wir uns in großer Gefahr befinden. So kann es z. B. vorkommen, dass wir beim Auto-
fahren einschlafen und plötzlich das Gefühl haben, jemand hätte uns einen kleinen
Stoß versetzt, um uns aufzuwecken. Unsere Führer helfen uns vor allem, den Kontakt
zu unserer INTUITION zu wahren, die alle Antworten kennt.

Wie wenden wir uns an diese Führer, wenn wir ihre Hilfe brauchen? Wir sprechen einfach mit ihnen und bitten sie, in diesem oder jenem Bereich um ihre Unterstützung. Sie nehmen in TRÄUMEN und in der MEDITATION Kontakt mit uns auf. Es ist jedoch sinnlos, sie zu irgend etwas zwingen zu wollen oder greifbare Beweise und unmittelbare Antworten von ihnen zu fordern. Vertraue ihnen einfach und vergiss nie, dass Dein größter Führer in Deinem Inneren steckt. Folge Deiner Intuition und danke für alle Antworten und Hilfe, auch wenn Du nicht weißt, ob sie von Deinen Führern oder Deinem INNEREN GOTT kommen.

Fusionstyp

Verschwimmt in Beziehungen die Grenze zwischen den beiden Partnern, so sprechen wir von einer fusionellen Partnerschaft. Fusionstypen haben oft ÜBERSINNLICHE Fähigkeiten, da ihr Solarplexus-Chakra zu sehr geöffnet ist. Sie empfangen die Schwingungen ihrer Mitmenschen sozusagen direkt und sind dadurch gegen ihren Willen deren Stimmungen, Emotionen und Gefühlen ausgesetzt. Es handelt sich dabei also um unkontrollierte FEINFÜHLIGKEIT.

Leidet jemand an Angstzuständen, wird eine fusionelle Person sich von dieser Angst beeinflussen und schließlich ganz überkommen lassen. Sie wird von den Emotionen des anderen berührt, da sie sich dessen Energiefeld und so auch seinen Problemen öffnet. Deshalb wird sie auch das Bedürfnis danach verspüren, dem anderen zu helfen, da es ihr nicht gut geht, solange sich nicht auch der andere wohl fühlt. Bei einem solchen Fusionsverhalten geraten die EMOTIONEN außer Kontrolle. Die betroffene Person ist nicht mehr objektiv und kann sich sogar schuldig fühlen, wenn es ihr nicht gelingt, ihren Mitmenschen zu helfen. Da sie ständig solche Situationen erlebt, hat sie den Eindruck, nicht mehr ihr eigenes Leben zu leben und immer stärker an den Problemen anderer zu leiden. Ihr Verlangen nach Fusion, d. h. sich um ihre Nächsten zu kümmern, bereitet ihr große Sorgen und Angst, die bis zur AGORAPHOBIE führen können.

Fusionelle Menschen sind oft Erstgeborene und mussten sich schon sehr früh um ihre kleineren Geschwister kümmern und vernünftig sein. So fühlten sie sich für ihr Glück und Unglück verantwortlich und litten schnell unter SCHULDGEFÜHLEN. Andere mussten sich schon früh um kranke, depressive oder unfähige Eltern kümmern. Anstatt Kind oder Jugendlicher sein zu können, mussten sie schon früh die Rolle der Mutter übernehmen. Es ist also völlig normal, dass sie ihrer Mutter dafür bewusst oder unbewusst VORWÜRFE machen. Es ist daher wichtig, dass sie den inneren Frieden mit der Mutter wieder herstellen. Dazu sollten sie lernen, wirklich zu VERZEIHEN.

Außerdem ist es unerlässlich, wirkliches VERANTWORTUNGSBEWUSSTSEIN zu lernen und in unserem Leben anzuwenden. Dadurch können fusionelle Typen das innere Türchen zu den Problemen ihrer Mitmenschen zunehmend schließen und ihnen helfen, wann es ihnen richtig erscheint. Diese Hilfe wird nun zu einer Freude und geschieht nicht mehr. um das eigene Leid zu überwinden, das aus der VERSCHMELZUNG mit fremden Gefühlen entsteht.

$\mathcal{G}$

Gaben

Siehe TALENTE.

Gaia, die Erde

Göttliche Personifikation der Erde. Das griechische „Gaia" bedeutet „nährende Erde" und steht für die Urmutter, während der Kosmos, dem Vater entspricht. Demnach ist die Sonne das Sinnbild GOTTES auf unserem Planeten. Wissenschaftler schätzen, dass die Erde vor etwa 4,6 Milliarden Jahren entstanden ist. Wir wissen, dass sie die Sonne in einem Jahr umrundet. Unser Sonnensystem gehört zur Galaxie der Milchstraße. Manche Forscher nehmen an, dass in ihrer Mitte eine riesige, zentrale Sonne steht, um die unzählige andere mit dem unseren vergleichbare Sonnensysteme kreisen. Es heißt, dass eine völlige Umrundung 26.000 Jahre benötigt und dass diese Riesensonne mitsamt ihrem galaktischen System ihrerseits um eine noch größere Sonne kreist usw. Der menschliche Geist ist nicht imstande, die unendliche Weite der göttlichen Schöpfung zu erfassen und sich vorzustellen, dass sie weder Anfang noch Ende kennt. Das Verständnis des ABSOLUTEN überschreitet unsere beschränkten, intellektuellen Fähigkeiten.

Wir haben das Stichwort Gaia in dieses Werk aufgenommen, um unseren Lesern bewusst zu machen, dass die Erde ein lebendiger Organismus ist und daher auch als Lebewesen betrachtet werden sollte. Sie hat eine Seele, ein Herz, Lungen, Energiezentren und sogar ihr eigenes KARMA. Auch ihre Aura variiert nach ihrer Verfassung.

Wie der Mensch, so befindet sich auch die Erde in ständiger Entwicklung und erfährt einen Wachstumsschub zu Beginn jeder neuen Ära. So haben die Erde und ihre Bewohner zu diesem angehenden WASSERMANN-ZEITALTER die seltene Gelegenheit, eine Welt auf den großen, göttlichen NATURGESETZEN zu bauen, die den wahren Urbedürfnissen entspricht. Viele PROPHETEN sind seit den Anfängen der Menschheit auf die Erde gekommen, um uns an diese unumstößlichen Tatsachen zu erinnern und die Menschen dazu zu bewegen, sich neuen Bewusstseinsfeldern zu öffnen und eines Tages wieder reiner GEIST zu werden.

Vater und Mutter haben uns das Leben geschenkt und sind in den meisten Fällen da, um sich um unsere grundlegenden Bedürfnisse zu kümmern. Parallel dazu nährt uns *Gaia* mit ihrer Energie und der des Kosmos. Wir können sie also mit einer toleranten und geduldigen Mutter vergleichen, die uns trotz unseres oft undankbaren Verhaltens weiterhin ernährt, unterhält und dazu da ist, uns zu leiten und leben zu lassen. Die Menschen und anderen Reiche (Tiere, Pflanzen und Mineralien) sind wie Zellen dieses großen Organismus, da alles Leben der göttlichen Energie und Liebe bedarf, um sich zu entfalten. Weigern wir uns also, uns um die Erde zu kümmern, so verkennen wir unsere eigenen BEDÜRFNISSE. Das hat große Schwierigkeiten zur Folge. Auf der Ebene der Energie hängen wir alle voneinander ab.

Alles Leben auf diesem Planeten ist ein Ausdruck Gottes und entwickelt sich nach den von dieser unendlichen INTELLIGENZ aufgestellten NATURGESETZEN. Der beste, harmonischste und leichteste Weg führt über die LIEBE. Handeln wir jedoch gegen die göttlichen Gesetze, breitet sich Unbehagen aus. Die Folgen machen sich auf körperlicher, emotionaler und geistiger Ebene in Form von Unwohlsein, Krankheit, Energiemangel usw. bemerkbar, sobald unsere GRENZEN überschritten sind. Wie alle stoffliche Existenz hat auch die Erde ihre Grenzen.

Wir wissen, dass der Mensch der Erde seit geraumer Zeit immer größeren Schaden zufügt (Umweltverschmutzung, Rodung der Wälder, Atomexplosionen usw.) Die Erde leidet. Trotz all dieser Zerstörung, erfährt sie den schlimmsten Schaden durch die Energien von Zorn, Rachsucht, Hass, Machtmissbrauch und Gier, die sie als grau-braune AURA umgibt. All die Gedanken der Zerstörung und anderer der wahren Liebe entgegenwirkenden Kräfte drohen die Erde gänzlich zu zerstören, da sie ihre GRENZEN erreicht hat. Sie erstickt und versucht sich durch verstärkte Vulkantätigkeit, Überschwemmungen und andere Wetterkatastrophen zu befreien, die schon seit langem PROPHEZEIT wurden. All dies ist vergleichbar mit den KRANKHEITEN, die auftauchen, um uns wachzurütteln und zur Liebe zurückzuführen, wenn wir zu viele nachteilige EMOTIONEN wie Wut, Groll und Hass unterhalten.

Die Zerstörung der Erde und der Völker ist ein Abbild des Leids, das wir uns selbst zufügen. Wir müssen uns also der Liebe öffnen, wobei uns die ÖKOLOGIE helfen kann. Je mehr wir uns der Natur der Dinge und Wesen anpassen, desto gesunder wird unser Planet und desto glücklicher und gesunder die Menschheit. Ist das nicht ein INTELLIGENTER Grund, die Erde zu ACHTEN und zu respektieren?

Es ist höchste Zeit, uns des Umstands bewusst zu werden, dass wir Teil eines größeren Ganzen sind. Jeder Mensch ist eine lebende Zelle, die den größeren Organismus unseres Planeten beeinflusst. Das beginnende Wassermann-Zeitalter stellt uns besondere Energien zur Verfügung, die jedem einzelnen ebenso helfen wie der Menschheit im Allgemeinen. Dadurch haben wir die Möglichkeit, die Erde wieder zu beleben, zu reinigen und damit auch uns selbst zu erneuern, damit wir eines Tages wieder zu LICHTWESEN, schaffenden Göttern werden, die sich ihres wahren Wesens bewusst sind.

Wir dürfen nie vergessen, dass alles, was wir heute tun, das Leben zahlreicher kommenden Generationen beeinflussen wird. So werden wir in künftigen Inkarnationen die Folgen für all das tragen müssen, was wir unserem Planeten heute auferlegen. Gott sei Dank scheint das ökologische Bewusstsein mancher Menschen sich zu erweitern, die erkannt haben, wie wichtig es ist, uns um die Erde zu kümmern. Nur so werden wir auch in künftigen Leben auf einem gesünderen und angenehmeren Planeten leben können.

Geben

Eine wahre Gabe erwartet keine Gegenleistung, sondern geschieht aus reiner Freude am Geben, auch wenn wir nicht unbedingt damit einverstanden sein müssen, was die beschenkte Person mit unserer Gabe tut. Geben wir mit Freude und mit unserem

Herzen, haben wir keine ERWARTUNGEN. Stellen wir uns einen Jugendlichen vor, der sich mit seinem wöchentlichen Taschengeld Zigaretten, Alkohol oder Hasch kauft. Haben seine Eltern ihm das Taschengeld nicht offenen Herzens zur Verfügung gestellt, werden sie ihm drohen, den Geldhahn zuzudrehen, wenn er sein Taschengeld nicht sinnvoller investiert. Handelt es sich jedoch um eine wahre Gabe, so werden sie ihrem Sohn zwar ihre Meinung sagen, ihn jedoch nicht dazu verpflichten, ihrer Ansicht zu folgen. Er bekommt weiterhin sein Taschengeld, auch wenn sie nicht mit seiner Verwendung einverstanden sind.

Wir müssen den gebrauch unserer bedingungslosen Gabe weder kennen, noch damit einverstanden sein. Wir profitieren in jedem Fall selbst von unseren Geschenken, da wir uns durch sie der unversiegbaren göttlichen Quelle öffnen. Haben wir den Kontakt zu dieser Dimension unseres Wesens hergestellt, erkennen wir auch, wie viel wir geben können, da wir mehr besitzen, als wir meinen. Es hat sich erwiesen, dass besonders anonyme Spenden, die keinerlei Anerkennung als Gegenleistung erwarten, besonders positive Auswirkungen für uns nach sich ziehen. Das GESETZ VON URSACHE UND WIRKUNG ist unfehlbar.

Fühlen wir uns dazu verpflichtet oder gezwungen, etwas zu geben oder beschenken wir andere nur zu besonderen Anlässen, um uns nicht schuldig zu fühlen, so ist dies natürlich nicht bedingungslos. Beachtet Dich die beschenkte Person nicht mehr als zuvor oder macht Dir an Deinem Geburtstag kein Gegengeschenk, so bist Du enttäuscht, wütend, frustriert oder fühlst Dich ungerecht behandelt.

Es ist völlig normal und menschlich Gegenleistungen zu erwarten, und wenn es sich dabei auch nur um einen Dank oder ein Zeichen der Anerkennung handelt. Haben wir jedoch von ganzem Herzen gegeben, so verursacht das Ausbleiben solcher Hoffnungen nicht solche Enttäuschungen wie bei großen Erwartungen. Wenn Du lieber Geschenke machst, als sie zu bekommen, so ist auch dies kein wahrer Austausch, der zeigt, dass die Energien frei zirkulieren. Du musst auch NEHMEN können.

Wir sind nie dazu verpflichtet, etwas herzugeben. Es ist sogar besser nichts, als mit Erwartungen zu geben. Nimm Dir Zeit, in Dein Inneres zu hören, um festzustellen, ob Du wirklich etwas geben möchtest. Was motiviert Deine Entscheidung? LIEBE, ANGST oder SCHULDGEFÜHLE? Schenken wir aus Angst, so hören wir nicht auf unsere wahren Bedürfnisse. Im Idealfall lernen wir immer mehr Dinge wirklich zu geben.

Wir sollten unsere Energie frei laufen lassen, wenn wir Dinge, Geld, Zeit, Liebe oder tröstende Worte schenken, ohne daran zu denken, wem wir sie zuteil werden lassen. Schenken wir regelmäßig und großzügig, werden wir immer mehr erkennen, wie reich wir eigentlich sind. Wahres Geben steht nicht nur in engem Zusammenhang mit ÜBERFLUSS und WOHLSTAND in allen Bereichen, sondern ist auch eng mit dem GLAUBEN verbunden.

Gebet

Formeln oder Haltungen, die versuchen die spirituelle Kommunikation zwischen Seele und GOTT oder Gottheit herzustellen, um eine Bitte oder Gnade zu erwirken. Das

Gebet ist ein ausgezeichnetes Mittel, Kontakt mit der göttlichen Energie aufzunehmen, die in jedem von uns steckt. Es handelt sich dabei nicht nur um das Aufsagen von Sätzen und Worten fremden Gedankenguts oder bestimmter Vorsätze. Wir beten, wenn wir uns etwas wünschen oder Dank sagen wollen. Wir können um Hilfe bitten und vor allem darum, AKZEPTIEREN zu können, was wir nicht erhalten. **Beten heißt, für alles zu danken, was wir haben.** SOLCHE Danksagungen haben meist größere Wirkungen als unsere Bitten. Sie zeigen, dass wir akzeptieren, was wir bekommen, auch wenn es nicht immer unseren Vorstellungen entspricht.

Wir sollten uns eher auf die *Macht* als auf die *Kraft* unserer Gebete konzentrieren, um nicht in Versuchung zu geraten, bestimmte Ergebnisse mit aller Kraft erzwingen zu wollen. Ist das nämlich der Fall, so hören wir nicht mehr auf unsere wahren BEDÜRF-NISSE, sondern vielmehr auf unsere ÄNGSTE. Leider beten viele Menschen nur, wenn sie Angst um sich oder ihre Nächsten haben. Beten wir nur in Notsituationen, so haben wir unsere innere MACHT noch nicht erkannt. Wir sollten unseren Gebeten hinzufügen, dass wir uns das Beste für uns, unsere Mitmenschen und die Harmonie des Universums wünschen.

GEDANKE und WORTE besitzen die Kraft der Schöpfung. Jeder Mensch kann seine Wünsche zum Ausdruck bringen. Doch wie soll er wissen, ob sie sich mit der univer-sellen Harmonie decken? Betest Du z. B. um die Heilung eines geliebten Menschen, so kannst Du nie wissen, ob dieser nicht etwas ganz Bestimmtes aus dieser KRANKHEIT lernen soll, was für seine weitere Entfaltung unentbehrlich ist. Versuche Dir Deiner ABSICHTEN bewusst zu sein, wenn Du für andere betest. Hast Du vielleicht Angst um Dich, wenn jenen etwas zustößt? Willst Du Kontrolle auf ihr Leben ausüben? Oder kommst Du den Wünschen anderer nach?

Die heutige Welt entspricht dem Ergebnis aller Gebete der Menschheit. Oft sind wir uns jedoch keineswegs bewusst, dass unsere Wünsche nicht in Einklang mit unserem Planeten stehen. Viele beten z. B. für den Weltfrieden ohne imstande zu sein harmonisch mit sich selbst, ihren Verwandten, Freunden und Bekannten zu leben. Manche lassen Tiere umbringen, um ihre Felle, ihr Leder zu tragen oder ihr Fleisch zu essen. Jede Form der GEWALT bringt die Harmonie unseres Planeten aus dem Gleichgewicht.

Viele unserer Verhaltensweisen, Gedanken und Gebete widersprechen dem natürlichen Lauf der Dinge. Das soll nicht heißen, wir sollten nicht mehr beten. Ganz im Gegenteil! Es ist wichtig, Wünsche zu haben, um Dinge zu bitten und zugleich für das Leben und unsere Umwelt zu danken. Und vergessen wir in unseren Gebeten nicht, auch an die Harmonie des Universums zu denken.

Beten wir mit Inbrunst und GLAUBEN, visualisieren wir das gewünschte Ergebnis, indem wir VERTRAUEN und zugleich LOSLASSEN, so wird sich all das einstellen, was der Entwicklung unserer Seele und der ganzen Schöpfung von Vorteil ist. **Beten heißt, den Kontakt zur großen Macht der universell göttlichen Quelle herzustellen.** In unserem tiefsten Inneren wissen wir, dass wir beim Gebet nie allein sind.

Gedanken (Kraft der)

Hier einige Definitionen aus dem Wörterbuch: Ausdruck von Ideen, geistige, psychische, rationale Tätigkeit; alles, was wir denken, fühlen, wollen und unser Bewusstsein beeinflusst. Unser Denken ist eine ungeheuer starke Energie und ein wichtiger Bestandteil der menschlichen Schaffenskraft. Es kann, wie auch das WORT enormen Einfluss auf unser Leben haben. All unsere Gedanken erzeugen Bilder in unserem Inneren, die Schwingungen aussenden und Formen in der unsichtbaren Welt annehmen. Diese ELEMENTAREN GEDANKENFORMEN umgeben uns ständig und wirken eine gleichsam magnetische Anziehungskraft auf die Gegenstände unseres Denkens aus. Sie lassen unsere größten WÜNSCHE ebenso wahr werden wie unsere schlimmsten ÄNGSTE.

Je stärker wir uns also auf unsere Wünsche konzentrieren und sie in allen Details visualisieren, desto schneller werden sie sich erfüllen. Nähren wir sie durch positives Denken, setzen wir schließlich auch die richtigen Handlungen und ziehen genau die Menschen an, die wir brauchen, um sie zu realisieren.

Wir dürfen aber nie aus den Augen verlieren, dass unser Denken ebenso wirkungsvoll ist, wenn es sich um unsere SORGEN und ÄNGSTE handelt. Wir müssen uns unserer Gedanken also so bewusst wie möglich werden, da unbewusste Gedanken über dieselbe Macht verfügen. Wir sprechen von der Kraft des UNTERBEWUSSTSEINS.

Nur zwischen 10% und 20% unseres Denkens sind uns tatsächlich bewusst. Doch sind wir alleine für die Macht unserer Gedanken VERANTWORTLICH. Auch wenn wir noch keinen direkten Kontakt zu unserem ÜBERBEWUSSTSEIN haben, so sollten wir uns dennoch Zeit nehmen, wenigstens unsere bewussten Gedanken in die richtige Richtung zu lenken, um zu einem besseren Leben beizutragen.

Geduld

Fähigkeit Dinge zu erwarten oder gewisse Umstände zu ertragen. Wir brauchen Geduld, um bei Arbeit oder anderen Aktivitäten zu weit gesteckten Zielen zu gelangen. Sind wir wirklich gelassen, so setzen wir die nötigen AKTIONEN zur Verwirklichung unserer WÜNSCHE und überlassen den Rest der Fügung des UNIVERSUMS. Ungeduldige Menschen hingegen wollen, dass sich alles sofort und oft auch ohne Rücksicht auf Verluste einstellt. Wir verfügen alle über eine gewisse AUSDAUER, wenn sie auch in verschiedenen Bereichen und Stärken zur Geltung kommt. Wir tun uns Unrecht, uns als ungeduldig zu bezeichnen und zu verkennen, dass wir in bestimmten Situationen sehr große Geduld aufbringen können.

Kannst Du an keinen einzigen Bereich denken, in dem Du geduldig bist, so bitte Deine Nächsten, Dir dabei zu helfen. BEWUNDERST Du diesen Charakterzug an anderen Menschen, so hast Du ihn auch selbst. Du musst nur lernen, ihn zum Ausdruck zu bringen. Dabei kann Dir auch der SPIEGELANSATZ helfen. Doch hat jede Münze zwei Seiten: Die Geduld kann auch negative Auswirkungen haben, wenn sie zu UNTERWÜRFIGKEIT wird und dazu führt, dass andere Dich AUSNÜTZEN, weil Du nicht wagst, Dich zu BEHAUPTEN.

Bist Du geduldig, weil Du LOSLÄSST oder weil Du ANGST hast? Hast Du diese Frage beantwortet, so wirst Du auch wissen, wann Du geduldig sein musst und wann nicht. So kann Ungeduld sich manchmal auch als sinnvoll erweisen. Es hängt ganz von den Umständen und unseren BEDÜRFNISSEN hab.

Gefühle

Fähigkeit unsere FEINFÜHLIGKEIT einzusetzen, um in unser Inneres zu blicken. **Während wir in der Lage sind, unsere Gefühle aus der Haltung eines BEOBACHTERS zu sehen, sprechen wir von EMOTIONEN, wenn wir URTEILEN oder VORWÜRFE machen.** Gefühle sind weder gut noch schlecht, auch wenn viele meinen, zwischen positiven und negativen Gefühlen unterscheiden zu können. Sie sind einfach da und Teil des Menschen.

Wir erleben täglich Hunderte Gefühle, obwohl wir sie weder planen noch bewusst hervorrufen. Sie berühren die Essenz unseres Wesens. Sie können einer Überraschung folgen oder die Reaktion auf Emotionen sein. Solche Reaktionen können schmerzlich sein wie das Gefühl von Scham, Vernachlässigung, Kummer, Schuld, Ungerechtigkeit, Erniedrigung, Zurückweisung, Verrat usw., oder aber Freude bereiten wie Befriedigung, Fröhlichkeit, Wohlbefinden oder Frieden.

Sehr viele Menschen schotten sich hermetisch von ihren Gefühlen ab, da sie meinen, dadurch Leid verhindern zu können. Je STARRER ihre Haltung, desto mehr Feingefühl verbergen sie dahinter. Hören wir jedoch nicht auf unsere Gefühle, so erkennen wir auch nicht unsere wahren BEDÜRFNISSE. Wollen wir unser Leben MEISTERN, müssen wir uns also auch unseren Gefühlen öffnen. Wie? So wie in allen anderen Bereichen auch: Durch Übung.

Ganz gleich, ob es sich um eine angenehme oder schwierige Situation handelt, nimm Dir Zeit, Dich zu fragen, wie Du Dich dabei fühlst, und was in Dir vorgeht. Höre auf Dein Inneres und versuche, jedes Gefühl in Worte zu fassen. Bleibe in der Haltung des Beobachters und vergiss nicht, dass es völlig menschlich ist, bestimmte Gefühle als gut oder schlecht anzusehen.

In Wirklichkeit gibt es keine positiven oder negativen, sondern nur Gefühle, die wir akzeptieren oder ablehnen. Unsere Schmerzen werden nur durch unseren Widerstand verursacht. Es hat keinen Sinn, unsere Gefühle verdrängen oder kontrollieren zu wollen. Wir sollten lieber versuchen, mittels des SPIEGELANSATZES zu ergründen, was wir in bestimmten Situationen uns selbst und anderen gegenüber empfinden. So werden wir immer häufiger bisher unbewusste Aspekte unseres Wesens entdecken. Ein weiteres Mittel zur EINSCHAU besteht darin, unsere Empfindungen spontan aufzuschreiben und sie später wieder zu lesen, wenn wir unsere INNERE MITTE wieder gefunden haben.

Durch unsere Gefühle verstehen wir mit dem HERZEN, anstatt mit unserem Verstand zu analysieren. So machen wir uns das Gesetz der VERWIRKLICHUNG zunutze. Je mehr wir auf unsere Gefühle hören, desto besser können wir unseren BEDÜRFNISSEN entsprechen.

Gefühllosigkeit

Siehe GEFÜHLSKÄLTE und FEINFÜHLIGKEIT.

Gefühlsautonomie

Siehe EIGENSTÄNDIGKEIT.

Gefühlsduselei

Siehe RÜHRSELIGKEIT.

Gefühlskälte

Gleichgültigkeit, mangelnde Sensibilität. Kalte Menschen bedienen sich dieser Fassade, um ihre FEINFÜHLIGKEIT, Erregbarkeit oder Verletzbarkeit dahinter zu verbergen. Sie schotten sich von ihrer Empfindsamkeit ab, weil sie meinen, weniger zu leiden, wenn sie ihre Schmerzen und Wunden verdrängen.

Solche Menschen scheinen sich nicht für andere zu interessieren und mit Scheuklappen durch die Welt zu wandeln. Sie haben oft einen strengen Blick und eine etwas scharfe und autoritäre Stimme, weshalb sie auch HOCHMÜTIG wirken können. Sie zeigen keine Gefühle und haben eine ebenso STARRE Haltung wie ihr Sprachgebrauch. Sie wahren immer Distanz, auch wenn ihnen ihre Kälte vorgeworfen werden sollte. Dadurch versuchen sie zu vermeiden, ihre GEFÜHLE (be)rühren zu lassen. Sie TÄUSCHEN VOR von nichts und niemandem bewegt zu werden, weshalb sie diese Maske aus Eis zur Schau stellen. Sie leiden an der SEELENWUNDE der UNGERECHTIGKEIT und sind überdies große PERFEKTIONISTEN. Je kälter sie sind, desto tiefer sitzt diese Wunde. Sie nehmen diese Haltung ein, da sie nicht wissen, wie sie sich sonst verhalten und ihre Wunden heilen könnten.

Erkennst Du Dich in dieser Beschreibung wieder und würdest dieses Verhalten gerne überwinden, so solltest Du Dir zuerst bewusst machen, dass Du dadurch lediglich Deine Wunde der Ungerechtigkeit vertiefst, was Dich daran hindert, Du selbst zu sein. In diesem Werk wirst Du zahlreiche Methoden finden, die Seite Deiner PERSÖNLICHKEIT aufzudecken, die sich hinter dieser Haltung verbirgt. Schon bald wirst Du sehen, dass die Gefühlskälte, die Dir als Schutz dient, nur eine Illusion ist, da sich hinter jedem auch noch so kühlen Menschen ein sensibles und warmherziges Wesen verbirgt.

Gegenwart

Im Augenblick zu leben, bedeutet, bewusst im Hier und Jetzt zu sein ohne sich um Vergangenheit oder Zukunft zu sorgen. Wir beobachten die Ereignisse und profitieren von der Gegenwart. Es hat wenig Sinn, Vergangenem nachzuweinen oder eine unbekannte Zukunft zu fürchten. Der wertvollste Moment unseres Lebens spielt sich pausenlos vor uns ab. Das mag sehr einfach erscheinen, ist jedoch gar nicht so leicht in die Tat umzusetzen, da unsere Gedanken und Sorgen, die uns von der Erfüllung des Augenblicks abhalten, nur schwer zum Schweigen zu bringen sind.

Sorgen um künftige Ereignisse verursachen Ängste, Gesundheitsprobleme, Spannungen und Stress, während das unnütze Verharren in der Vergangenheit zu Schuldgefühlen, Reue, Groll, Verbitterung und Traurigkeit führt. In keinem der beiden Fälle leben wir im Augenblick, und sind daher außerstande, unsere wahren BEDÜRFNISSE zu erkennen. Nur im *Hier und Jetzt* können wir wahre Lebensfreude erfahren und unsere Probleme überwinden.

Gehörst Du zu den Leuten, die alles auf Morgen verschieben, so sag Dir, dass nur das Heute zählt. Leben wir im Augenblick, so lassen wir unser Bewusstsein nicht von unseren ÜBERZEUGUNGEN beeinflussen, sondern öffnen uns unserem ÜBERBEWUSST-SEIN, das uns wertvolle neue Ideen und Botschaften übermittelt, die unseren wahren Bedürfnissen entsprechen. Das sind besondere Momente, denen wir uns so oft wie möglich öffnen sollten. Es kann sein, dass uns die gegenwärtigen Ereignisse missfallen oder sogar Leid bereiten. Gelingt es uns jedoch, in der Rolle des BEOBACHTERS zu bleiben, so können wir sehr viel aus diesen Situationen lernen. Es gibt keinen ZUFALL. All unsere Erfahrungen sollten zu unserer Entwicklung beitragen. Den Augenblick zu leben, kann nur zu unserem Vorteil sein. Bei einer solchen Lebenshaltung erneuern sich sogar unsere Körperzellen schneller und sind gesünder. Dadurch bleiben wir länger JUNG.

Die verschiedensten Methoden der MEDITATION helfen uns, unsere INNER MITTE zu wahren und so den Augenblick leben zu können. Wir sollten uns all unserer Handlungen, Worte und Gefühle in jeder Sekunde bewusst sein und uns in Problemen fragen, ob wir nicht DRAMATISIEREN und uns so die Sicht auf mögliche Lösungen verstellen.

Eine möglichst aufmerksame und detaillierte BILANZ am Ende jeden Tages hilft uns ebenso, uns der Gegenwart bewusst zu werden. So nähern wir uns Schritt für Schritt dem Leben im Hier und Jetzt.

Gehirn

Das Gehirn ist das Nervenzentrum unseres Körpers, wo alle Stränge zusammenlaufen. Es übernimmt die Koordination unseres Körpers, befiehlt und lenkt. Es ist gewissermaßen das Kontrollzentrum der Maschine. Deshalb sprechen wir ja auch vom „Hirn" eines Unternehmens oder Projekts. Während sich die Aktivität in den beiden Gehirnhälften abspielt, liegt der Sitz unserer Intuition im Kleinhirn. Demzufolge ist unser VERSTAND im Vergleich zu unserer INTUITION überentwickelt.

Für die Schulmedizin ist das Gehirn der Sitz unserer geistigen Fähigkeiten, Gedanken und unseres Verstandes. Doch ist es weit mehr als das: Es stellt vor allem das Bindeglied zwischen unserem MENTALLEIB, EMOTIONSLEIB und physischen KÖRPER her. Erinnerung und Denken sind Teil des Mentalleibs, während unsere Gefühle dem Emotionsleib angehören. Denken wir an einen Vorfall, der uns Angst macht, so lässt uns unser Gehirn die physischen Auswirkungen an unserem Körper spüren. Es erteilt den Befehl, Herzschlag und Atmung schneller oder die Hände feucht werden zu lassen. Zugleich versetzt es den gesamten Organismus in Alarmbereitschaft.

Manche Menschen haben ein sehr reges Gehirn und denken schnell. Das gilt nicht nur für die großen Denker, Schöpfer und Gelehrte, sondern auch für die „NEUEN Kinder" dieser Welt. Ihr Mentalleib ist höher entwickelt. Somit ist auch das Gehirn als Werkzeug der feinstofflichen Körper besser ausgebildet.

Gehorsam

Sich dem Willen oder den Regeln anderer unterordnen. Aufträge ausführen, Anweisungen von Menschen folgen. Dabei handelt es sich oft um Autoritätsfiguren, deren Ziel darin besteht, eine gewisse Ordnung oder starre Disziplin ohne Rücksicht auf andere Meinungen durchzusetzen.

Blinder Gehorsam bedarf keinerlei Kreativität und bringt keine Lösungen. Er ist lediglich die Antwort auf das Verlangen eines anderen, während Kreativität aus uns selbst kommt. Wir können aus Angst vor der Strafe, vor Problemen oder rein automatisch wie Roboter oder Soldaten gehorchen. Manche Menschen folgen aus ÜBERZEUGUNG, wenn sie noch keine eigene INDIVIDUALITÄT entwickelt haben. Sie fragen sich auch nicht, ob es INTELLIGENT ist, und bedienen sich nicht ihrer UNTERSCHEIDUNGS-KRAFT.

Aus diesem Grund befindet legt die NEUE Generation auch eine so vehemente REAKTIONSHALTUNG gegen strikten und blinden Gehorsam an den Tag. Sie versteht ihn als Mangel an ACHTUNG und Rücksicht. Die einzigen Gesetze, denen wir wirklich gehorchen müssen, sind die großen NATURGESETZE, zu denen auch das große Gesetz der LIEBE gehört. Du solltest Dich also in jedem Fall von Gehorsam fragen, ob es sich dabei tatsächlich um eine freie und intelligente Entscheidung handelt.

Geist

Körperloser Mensch in der Welt der Seelen. Erscheint er anderen, sprechen wir von einem Gespenst. Als „reinen Geist" bezeichnen wir eine Seele der SPIRITUELLEN, jenseits der ASTRALEN WELT. Diese „Lichtwesen" haben den Kreis der Wiedergeburten bereits hinter sich gebracht und müssen nicht mehr zur Erde zurückkehren. Doch können sie dies freiwillig tun, wenn sie der Menschheit helfen wollen, die Erde ins Licht zu führen. Sie sind jedoch körperlos. Sie kommunizieren durch Schwingungen und nicht über MEDIEN mit uns. Wir erhalten sehr viel Hilfe, derer wir uns gar nicht bewusst sind. Wir können z. B. in einer MEDITATION bitten: „Ich öffne mich aller Unterstützung aus dem Unsichtbaren und verspreche, sie so gut wie möglich zu benutzen." Die erbetenen Mittel werden kommen, wenn wir dieser Kraft VERBUNDEN und ohne Furcht bleiben.

Der EXISTENZGRUND jeder Seele, die auf dieser Erde wiedergeboren wird, besteht darin, wieder reiner Geist zu werden, denn sie kommt aus dem reinen Licht, das in uns Form annimmt, um die stoffliche Erfahrung der Materie zu machen. Dieses Licht ist GOTT, der sich durch jedes Lebewesen dieser Erde und des gesamten Universums erfährt.

Geistestrennung

Trennung des ASTRALLEIBS vom KÖRPER, zu der es durch Tiefenentspannung oder bei einer ASTRALREISE kommen kann, um bestimmte Erfahrungen in der ASTRALWELT zu machen. In der Regel beschränken sich solche Erfahrungen auf unseren Schlaf. Doch sind manche Meister dazu in der Lage, an mehreren Orten zugleich zu sein.

Das hat nichts mit einer Persönlichkeitsspaltung zu tun. Bei jenem psychischen Problem überlagern sich zwei (oder mehrere) Wesenszüge in einer Person. Während die bewusste Seite den gesellschaftlichen Normen entspricht, entwickeln sich die anderen im Reich des Unbewussten. Die Trennung ist hierbei so stark, dass die eine Seite sich nicht erinnert, was die andere tut, sagt, fühlt oder denkt. Zu solchen Symptomen kommt es vor allem bei Menschen, die in ihrer Kindheit großes Leid erlitten haben oder missbraucht wurden. Sie schufen sich eine zweite Persönlichkeit, um diese Erfahrungen zu überstehen.

Geld

In unserer heutigen Welt ist Geld ein Tauschmittel, um die materiellen Seiten unseres Lebens zu regeln. Folglich handelt es sich dabei um eine Form von Energie. Mithilfe dieses Werkzeugs können wir uns unsere irdische Existenz angenehmer gestalten. Geld ist zugleich Spiegel und Frucht unserer inneren Stärke und unseres kreativen Potentials. Da es durchaus menschlich ist, im Überfluss leben zu wollen, fragen sich viele, weshalb sie nicht so viel besitzen, wie sie sich wünschen. Diese Frage führt recht weit. Um sie zu beantworten, müssen wir uns erinnern, wie unsere Eltern mit Geld und Besitz im Allgemeinen umgingen. Auch wenn wir reicher sein möchten, spielt der Einfluss unserer Eltern und Erzieher eine ausschlaggebende Rolle. Sind wir uns dieses Umstands noch nicht bewusst geworden, so haben wir in der Regel ihre Ansichten, Haltungen und Überzeugungen bezüglich des Geldes übernommen. So z. B.: „Geld macht nicht glücklich" oder „Unsere Familie musste immer hart arbeiten, um zu überleben" oder auch „Ich bin zwar nicht reich, aber dafür ehrlich und gesund."

Wir müssen erkennen, dass uns solche Haltungen in den MANGEL zwängen und unsere Angst vor dem Verlust oder Ausbleiben des Geldes konditioniert haben. All diese ÜBERZEUGUNGEN der Vergangenheit können überwunden werden, wenn wir sie uns bewusst machen und *beschließen*, unsere Ansichten und Haltungen so zu ändern, dass wir von nun an an den Überfluss des Geldes in unserem Leben glauben. Haben wir die nachteiligen Gedanken ausfindig gemacht, ersetzen wir sie durch konstruktive Worte des REICHTUMS wie: „Ich bin reich, glücklich und gesund" oder „Ich habe alles Geld, das ich zum Leben brauche – und sogar mehr" oder „Ich ziehe immer mehr WOHLSTAND in meinem Leben an". Wir sollten uns außerdem fragen: „Inwiefern würde mehr Geld der Entfaltung meines Wesens helfen?" Bringt Dich größerer Reichtum Deinem INNEREN GOTT näher, so dass Du Dir Deines Potentials, Deiner Talente bewusster wirst, so ist dieses Geld positiv für Dich.

Menschen, die ständig fürchten, ihr Geld könnte zu knapp werden oder sie könnten ihr Hab und Gut verlieren, fühlen sich ständig gestresst, unsicher, beunruhigt oder

G

verängstigt. Sie fürchten, bestohlen zu werden, Ihre Finanzen falsch anzulegen, als Egoisten zu gelten oder betrogen zu werden. Diese Ängste nehmen so von ihnen Besitz, dass sie nicht einmal mehr in der Lage sind, ihren Reichtum zu genießen oder das gewünschte Geld zu bekommen.

Andererseits handelt es sich aber um eine Illusion, wenn wir glauben, Besitz würde uns Glück und Sicherheit verschaffen. Wir können es für unsere grundlegenden Bedürfnisse ebenso benötigen wie für Komfort oder Wohlbefinden, doch sind weder Glück noch innere SICHERHEIT käuflich. So sind Menschen, die ihr ganzes Leben damit verbracht haben, Güter für später anzuhäufen, die sie sich jetzt vom Mund absparen, meist sehr enttäuscht. Sie haben die spontane Freude am Leben verloren. Wie sollten sie sich später an Reisen freuen, wenn sie vergessen haben, ihre Bedürfnisse zu befriedigen, oder ihr Körper nicht mehr mitspielt? Wir sollten also nie aus den Augen verlieren, dass es sich beim Geld weniger um ein Gut, als um ein Mittel zum Austausch handelt, das eine Energieform der modernen Gesellschaft darstellt. Da es unsere schöpferische Energie repräsentiert, können wir Geldmangel als eine Blockade in diesem Bereich verstehen.

Um Energie konstruktiv zu bewegen, müssen wir in „Gedanken, Worten und Werken" handeln.

1. *In Gedanken:* Wünsche all Deinen Mitmenschen – auch den reichsten unter ihnen – den Wohlstand, den sie anstreben und den sie benötigen. Untersuche, ob Deine Überzeugungen nicht in Widerspruch zu Deinen WÜNSCHEN stehen.

2. *In Worten:* Sei dankbar. Ermutige Dich selbst und Deine Nächsten so oft wie möglich. Auch positive VORSÄTZE sind hilfreich, besonders wenn wir sie selbst formuliert haben.

3. *In Werken:* Es ist wichtig, dass wir unsere Talente und unsere Kreativität besten Wissens und Gewissens einsetzen und dabei daran denken, dass es sich beim Geld um eine Form der VERWIRKLICHUNG unseres Selbstbewusstseins und unseres GLAUBENS ans Universum handelt. Vergiss nicht, dass Du so viel bekommen wirst, wie Du hergibst. All diese Mittel werden Dir helfen, WOHLSTAND zu erreichen und im ÜBERFLUSS zu leben.

Geschicklichkeit

Begabung, Fertigkeit und Fähigkeit, Dinge intelligent und problemlos zu bewerkstelligen. Jeder Mensch wird mit bestimmten Begabungen geboren, die er in früheren Leben erworben hat. Wir können auch in anderen Bereiche lernen und uns verbessern. Dazu genügt es, das nötige Interesse und Lernwillen aufzubringen. In jedem Fall ist es wichtig, unsere eigenen FÄHIGKEITEN, TALENTE und GRENZEN einschätzen zu können.

Geschwisterseele

Bei Geschwisterseelen handelt es sich um Menschen, zu denen wir einen ganz besonderen „Draht" haben. Wir fühlen uns von allem Anfang an gut mit ihnen, da wir aus derselben Seelenfamilie der ASTRALWELT stammen. Diese Seelen kannten sich schon in Vorleben und haben beschlossen, ein Stück des Lebensweges gemeinsam zu gehen. Auch viele Mitglieder unserer FAMILIE, Kinder, unser Lebenspartner oder bestimmte Freunde gehören dazu.

Wir können Geschwisterseelen in den verschiedensten Bereichen haben: Mit manchen teilen wir unsere Kenntnisse, mit anderen unsere Intimsphäre oder bestimmte Interessensgebiete. Aus unseren Vorleben verfügen wir über eine Vielzahl von Geschwisterseelen. Durch sie kommen wir schneller auf unserem Lebensweg voran, da wir uns selbst besser durch sie beobachten können.

Geschwisterseelen sind nicht dasselbe wie *Zwillingsseelen.* Es heißt, dass jeder Mensch nur eine Zwillingsseele hat. Sie ist unser Gegenstück, von dem wir bei der Schöpfung unserer SEELE auf diesem Planeten in zwei Geschlechter getrennt wurden. Begegnen wir ihr in einem Leben, so ist die Beziehung zu diesem Menschen des anderen Geschlechts keineswegs leicht, da sich beide zu sehr ähneln und sich gegenseitig den SPIEGEL vorhalten. Haben wir im Laufe unsere Leben gelernt, zu LIEBEN und zu AKZEPTIEREN gestaltet sich auch das Leben mit unserer Zwillingsseele harmonischer. Diese ist nicht zu verwechseln mit *Zwillingen*, bei denen es sich um zwei Geschwisterseelen handelt, die beschlossen haben, sich in einem Leben gegenseitig zu helfen.

Außerdem heißt es, dass der Mensch sein letztes Erdenleben mit seiner Zwillingsseele beendet, die sein genaues Gegenstück darstellt. So VERSCHMELZEN die beiden einst getrennten Teile wieder, nachdem sie genügend Erfahrungen gesammelt haben, um inneren Frieden und Gleichgewicht gefunden zu haben. Hier haben das WEIBLICHE und MÄNNLICHE Prinzip völlige Harmonie auf Erden erlangt. Wir werden unsere Zwillingsseele jedoch nur erkennen, wenn wir uns gegenseitig ohne jegliche Einschränkungen lieben und akzeptieren. Es handelt sich hierbei um eine Theorie unter vielen. Identifiziere Dich nur mit ihr, wenn Du Dich bei dem Gedanken wohl fühlst und er keine Ängste in Dir wachruft.

Gesetz der Anziehungskraft

Anziehung ist die Kraft, die verschiedene Dinge oder Lebewesen zusammenführt. Die Anziehungskraft ist eines der großen Naturgesetze des Universums und somit auch unseres Planeten. So wissen wir z. B., dass alle Gegenstände der Schwerkraft unterliegen. Es fällt uns auch nicht schwer zu akzeptieren, dass unser greifbarer Körper ebenso von der Erde angezogen wird.

Auch unsere SUBTILEN KÖRPER des EMOTIONS- und MENTALLEIBS gehören der STOFFLICHEN WELT an. Sie sind der Spiegel unserer Seele und verfügen ebenfalls über eine starke Anziehungskraft. Wir fühlen uns magnetisch von unseren BEDÜRFNISSEN angezogen, die unserem LEBENSPLAN entsprechen und unserer Seele helfen, zum Licht zurückzufinden. Sie wird ganz natürlich vom Licht, von Liebe und Frieden angezogen, so wie eine Pflanze dem Licht der Sonne entgegenstrebt.

Unsere Seele leidet, wenn unsere Gedanken, Überzeugungen und Gefühle uns von diesem Licht entfernen, was einen starken, inneren Zwiespalt erzeugt. Das Gesetz der

Anziehungskraft besagt, dass wir genau die Personen und Situationen anziehen, die wir benötigen, um uns *bewusst* zu machen, was *unbewusst* in unserem Inneren vorgeht.

Das erklärt auch, weshalb eine Frau z. B. mit einem gleichgültigen, alkoholischen oder gewalttätigen Partner konfrontiert ist, der genau das Verhalten ihres Vater oder Ex-Mannes an den Tag legt, das sie am meisten STÖRT. In Wirklichkeit soll dieser Umstand sie jedoch auf eine eigene Haltung hinweisen, derer sie sich bewusst werden muss, um sie zu überwinden. Leider fällt es uns jedoch in den meisten Situationen und Beziehungen schwer, zu erkennen, weshalb wir sie angezogen haben. Wir fühlen uns zu Menschen hingezogen, die uns ähneln, d. h. ähnliche Probleme zu regeln haben, wie wir. So gleichen wir alle Magneten, die andere Magneten derselben RESONANZ anziehen.

Das Gesetz der Anziehungskraft gilt auch für all unsere Gedanken und Gefühle. Der SPIEGELANSATZ besagt, dass wir Menschen anziehen, deren Haltungen unsere eigenen widerspiegeln. Solange wir andere für unsere Probleme verantwortlich machen, werden sie immer wiederkehren. Wir beginnen am rechten Ort zu suchen, wenn wir uns fragen, was in uns solche Situationen anzieht. Dadurch schaffen wir nicht nur die Möglichkeit sie zu lösen, sondern sie sogar in neue Gelegenheiten umzuwandeln. Solange wir eine Problematik nicht überwunden, das heißt, sie ohne jegliches Urteil und in Liebe akzeptiert haben, werden wir Menschen und Situationen anziehen, die uns mit ihr konfrontieren, um sie schließlich überwinden zu können.

Schon im Augenblick unserer Zeugung werden wir magnetisch von unseren ELTERN und dem Umfeld angezogen, die notwendig sind, unsere Erfahrungen auf Erden nach den NATURGESETZEN der universellen LIEBE zu bewältigen. Solange dies nicht der Fall ist und wir nicht den CHRISTUSLEIB des reinen GEISTES integriert haben, unterliegen wir dem Gesetz der Anziehungskraft auf der stofflichen Ebene und werden wiedergeboren. Nicht widerfährt und kommt zu uns, ohne von unseren Gedanken, Gefühlen, Überzeugungen, Worten, Handlungen oder Reaktionen angezogen worden zu sein.

Gesetz von Ursache und Wirkung

Ursachen haben Auswirkungen, bestimmen Phänomene und zeugen neue Dinge. Das Gesetz der „Rückkehr", des „Bumerangs", von „Aktion und Reaktion" oder des „KARMAS" besagt nichts anderes, als dass wir ernten, was wir gesät haben. Dieses kosmische und unverrückbare Naturgesetz regelt sich von alleine. Es betrifft unseren STOFFLICHEN ebenso wie unsere SUBTILEN KÖRPER, unsere INTELLIGENZ und SPIRITUELLE WELT. Es hilft uns, uns all unserer Schöpfungen bewusst zu werden. Egal, ob wir dieses Gesetz kennen und akzeptieren oder nicht, so ist es unumgänglich und gilt gleichermaßen für alle Menschen aller Rassen, Klassen, Bildungsschichten und Alter wie für alle anderen Lebewesen dieses Universums. All unsere Gedanken, Worte und Werke haben Folgen.

Unser Leben ist demnach eine Folge logischer Kettenreaktionen. Jedes Ereignis ist das Ergebnis eines anderen. Die Art und Weise, wie wir darauf reagieren und welche

ABSICHT und neuen BEWEGGRÜNDE es in uns auslöst, setzt Energie in Bewegung, die die Ursache neuer Auswirkungen ist. Jeder Gedanke, jedes Wort und jede Tat kommen auf diese Weise wieder zu uns zurück, ob wir uns dessen nun bewusst sind oder nicht.

All unserer heutigen Erlebnisse sind also nichts anderes als die Folgen geistiger oder körperlicher Handlungen von gestern, letzten Jahres oder gar aus früheren Leben. Da wir unser Bewusstsein nur zu 10 % bis 15 % ausschöpfen, ist es schwer, die wahren Ursachen all unserer Erlebnisse nachzuvollziehen. Doch ist dies auch nicht der springende Punkt. Es sollte uns vor allem darum gehen, unsere Ernte von heute zu akzeptieren VERANTWORTUNGSBEWUSST zu werden und zu erkennen, dass wir unser eigenes Leben schaffen.

Unsere WIEDERGEBURTEN sollen uns die Möglichkeit geben, uns all der Entscheidungen und Erfahrungen unseres LEBENSPLANS bewusst zu werden. Hierin liegt auch der Grund für all unsere scheinbar ungünstigen, nachteiligen oder aber auch glücklichen und erfolgreichen Erfahrungen. Die Folgen unseres Tuns, beziehen sich nicht auf die Ergebnisse, sondern die ABSICHTEN unserer Handlungen. Da wir auf Erden sind, um eines Tages all unsere Erfahrungen zu AKZEPTIEREN, wird unsere Ernte daran bemessen, was wir dazu beigetragen haben, uns unserer BEWEGGRÜNDE bewusst zu werden: Sind sie von Liebe oder von Angst motiviert?

Stellen wir uns jemanden vor, der stiehlt, um zu überleben. Wird er seinerseits bestohlen (nicht unbedingt in derselben Weise), empfindet Mitgefühl für den Dieb und akzeptiert, dass auch jener glaubte, dass dies in jenem Augenblick seine einzige Möglichkeit darstellte, so hat er sich selbst tatsächlich akzeptiert. Ist er jedoch auf den Dieb böse, so hatte er auch sich selbst nicht akzeptiert und wird weiterhin stehlen und bestohlen werden, bis er in wahrer LIEBE lebt.

Manchmal bedarf es mehrerer Menschenleben, um gewisse Erfahrungen zu überwinden. Deshalb widerfahren uns manchmal auch Dinge, deren Ursachen wir nicht erkennen können. Wir geben anderen die Schuld dafür, ohne zu wissen, dass wir selbst bereits so gehandelt haben, ohne uns zu akzeptieren. Akzeptieren wir eine Erfahrung, so erkennen wir, was gut für uns ist. **Die Berücksichtigung des Gesetzes von Ursache und Wirkung ist also unerlässlich für ein verantwortungsbewusstes und INTELLIGENTES Leben. Diese drei Konzepte sind untrennbar miteinander verbunden, und stellen eine Voraussetzung wahrer SPIRITUALITÄT dar.**

Bist Du mit Deiner gegenwärtigen Ernte zufrieden? Bist Du glücklich, gesund und ausgeglichen, so hast Du auch zu Deinem Vorteil gesät. Ist das aber nicht der Fall, so werden Deine Handlungen von Deinem ICH, Deinen ÜBERZEUGUNGEN, ÄNGSTEN, SCHULDGEFÜHLEN und nicht von Deinem HERZEN bestimmt. Das hindert Dich daran zu akzeptieren. Erkenne, dass dieses große Gesetz Dir hilft, Dein Leben zu MEISTERN, anstatt zu glauben, anderen und den Umständen des Lebens hilflos und als ewiges OPFER ausgesetzt zu sein. Wir ernten heute, was wir früher einmal gesät haben, morgen also unsere Saat von heute. Unsere Zukunft hängt demnach von der GEGENWART ab. **Wir schaffen ständig unser eigenes Leben.**

Das Gesetz von Ursache und Wirkung soll uns unsere enorme Schaffenskraft erkennen lassen und ist keine Strafe. In schwierigen Situationen können wir uns z. B. sagen: „Diese Situation ist nicht zu meinem Vorteil, weil sie mir mehr Probleme als Glück bringt. Deshalb *entscheide* ich ab sofort anders und intelligenter zu handeln, um andere Ergebnisse zu erzielen." So klagen wir nichts und niemanden an, sondern entscheiden uns lediglich zu einer anderen Haltung, da wir erkannt haben, dass die alleinige Verantwortung unseres Schicksals bei uns selbst liegt. Demnach sind auch nur wir selbst dazu imstande, es zu verändern und nach unseren Wünschen zu formen. **Das Gesetz von Ursache und Wirkung ist das spirituelle Gesetz der göttlichen Gerechtigkeit.**

In jeder unserer Handlungen stecken bereits ihre Folgen, so wie das Potential einer Rose bereits in einer Hagebutte steckt. Je bewusster wir uns dazu entschlossen haben, nur mehr Glück und Wohlergehen ernten zu wollen, desto gezielter säen wir sie auch. Ganz gleich, wie die Dinge auch erscheinen mögen, die uns widerfahren: Es gibt keine Fatalität, kein Glück und keine UNGERECHTIGKEIT. Alle Ereignisse sind untrennbar durch das große Gesetz von Ursache und Wirkung miteinander verbunden.

Gespenst

Siehe GEIST.

Gestörte Familienverhältnisse

In manchen Familien herrschen Mangel oder Exzess. Bestimmte Funktionsstörungen können auf zwei gegensätzliche Elterntypen, wie z. B. einen gewalttätigen Vater und eine unterwürfige Mutter zurückgehen. Manchmal verlieren Kinder jegliche Orientierung, da ihre Eltern ständig ein anderes und unberechenbares Verhalten an den Tag legen. Sie schwanken zwischen Zärtlichkeit und Verständlichkeit, Kälte, Härte und Brutalität. Das führt bei allen Familienmitgliedern zu starken EMOTIONEN.

Menschen, die in gestörten Familienverhältnissen aufgewachsen sind, sind oft sprunghaft und übersensibel. Manchmal weisen sie sogar ÜBERSINNLICHE Kräfte auf. Sie sollten unbedingt lernen zu VERZEIHEN und sich Rat bei Fachleuten holen, die sich auf diese Problematik spezialisiert haben.

Gesundheitsprobleme

Siehe KRANKHEIT.

Gewalt (körperliche)

Aggression oder mutwillige Körperverletzung. Brutales oder herausforderndes Verhalten. Gewalt ist fehl gerichtete Energie, die das innere Leid eines Menschen widerspiegelt, der seine emotionalen GRENZEN überschritten hat und sich in eine gewalttätige PERSÖNLICHKEIT flüchtet. Je aggressiver er ist, desto tiefer sitzt die betroffene WUNDE seiner SEELE und desto lauter ist der Hilferuf seiner Seele. Trotz ihrer verwerflichen Handlungen haben wir es hier nicht mit wirklich BÖSEN, sondern vielmehr mit Menschen zu tun, die großes Leid und starke ANGST daran hindert, ihre INNERE MITTE wieder zu finden. Es heißt, Gewalt führt zu Gewalt. Wir wollen dieses Sprichwort am Beispiel eines Mannes erläutern, der als Kind von seinem Vater geschlagen wurde. Hat er sehr daran gelitten, wird er trotz bester Vorsätze dazu neigen, seinen eigenen Sohn zu schlagen und gelegentlich die Kontrolle über sich zu verlieren. Gelingt es ihm jedoch, seinem Vater zu VERZEIHEN, Mitgefühl für dessen eigenes Leid aufzubringen und zu verstehen, dass er deshalb die Kontrolle über sich verlor, so kann er sich auch sein eigenes Verhalten vergeben. Verzeiht er schließlich auch, auf seinen Vater böse gewesen zu sein, ist der Prozess vollendet und die Gewalttaten hören von ganz alleine auf. Nur so können über Generationen übermittelte Verhaltensweisen und das Rad des KARMAS unterbrochen werden.

Aus dem GESETZ DER ANZIEHUNGSKRAFT, welches besagt, dass Gewalt Gegengewalt bedingt, können wir außerdem schließen, dass auch von OPFERN solcher Gewalttaten eine gewisse Form der Gewalt ausgeht, die jene anzieht. Auch wenn sie keinerlei aggressives Verhalten an den Tag legen und zart besaitet scheinen, so schlummert jene doch unbewusst in ihrem Inneren und wird eines Tages hervorbrechen. Alle Menschen haben Grenzen. Wir können uns nicht unser ganzes Leben lang KONTROLLIEREN. Wir müssen also davon ausgehen, dass alle Gewalt, die uns widerfährt, uns auf unsere eigene Gewalt hinweist, mit der wir uns auseinandersetzen sollten.

Fühlen wir Gewalt in unserem Inneren, so sollten wir versuchen, ihren Ursprung und die damit verbundenen Grenzen und Ängste zu entschlüsseln. Der INNERE DIALOG kann ein gutes Hilfsmittel dafür darstellen. Wir sollten nicht aus den Augen verlieren, dass es meist nur zu Gewalt kommt, weil wir unsere EMOTIONEN zu lange verdrängt, zurückgehalten oder aufgestaut haben und nun die Kontrolle über uns verlieren. Wir sollten uns dafür keine VORWÜRFE machen. Alle Menschen haben Grenzen, Schwächen und Ängste, die sie manchmal die Kontrolle über sich verlieren lassen. Um wirklich verzeihen zu können, müssen wir uns zunächst so akzeptieren, wie wir sind. Kein Mensch ist BÖSE oder schlecht. Scheint er nach außen hin so, dann leidet er und verkennt die Gesetze der LIEBE.

Aus dem Gesichtspunkt der METAPHYSIK entspricht die Gewalt unserer Lebenskraft, die jedoch nicht immer zu unserem Vorteil zum Ausdruck kommt. Spüren wir, wie WUT in uns kocht, sollten wir versuchen, uns dieser großen inneren Lebenskraft zu entsinnen, anstatt mit brutaler Gewalt zu reagieren und uns danach VORWÜRFE zu machen. Denken wir daran, welch wunderbaren Dinge wir mit dieser Kraft bewerkstelligen können, wenn wir sie KREATIV einsetzen. Wir können Pläne verwirklichen, die uns besonders am Herzen liegen, und werden staunen, wie schnell sie unsere Projekte vorantreibt. ACHTEN wir unsere Mitmenschen ebenso wie uns selbst, werden wir in der Lage sein, unsere Gewalt in konstruktive, nützliche und heilbringende ENERGIE zu wandeln.

Gewalt (psychische)

Aggressives Verhalten ohne körperliche Auseinandersetzung, welches z. B. durch streitsüchtige Worte oder Blicke, strenge oder ungerechte Strafen, brutale Zurückweisung usw. zum Ausdruck kommen kann. Alle Mittel, die anderen schaden, sie verängstigen, mindern oder lächerlich machen sollen, um uns ausgeliefert zu sein, sind also eine Form psychischer Gewalt. Ihre OPFER fühlen sich davon zutiefst betroffen, zurückgewiesen, nutzlos, unbedeutend oder völlig uninteressant. Sie fühlen sich nicht körperlich, sondern in ihren Gefühlen verletzt. Psychische Gewalt ist subtiler als physische, kann jedoch lebenslange SEELENWUNDEN hinterlassen.

Gewalt mag vorübergehend das Gefühl der Macht über andere vermitteln, ist jedoch in Wirklichkeit nur ein Ausdruck großer innerer Schwäche. Deshalb werden besonders verletzliche Opfer oder Kinder gewählt, die oft für schwächer gehalten werden, was jedoch keineswegs der Fall sein muss. Viele Kinder sind psychisch wesentlich stärker als Erwachsene. Das gilt vor allem für NEUE KINDER.

Die Ursachen für psychische Gewalt decken sich großteils mit denen, die unter der KÖRPERLICHEN GEWALT beschrieben werden, auch wenn sie anders zum Ausdruck kommen.

Gewichtsprobleme

Es geht uns hier nicht darum, Übergewicht zu bekämpfen, sondern vielmehr darum, uns selbst durch unser Körpergewicht kennen zu lernen. Das ist ein höchst komplexes Thema, zu dem es die verschiedensten Ansichten gibt. Unser materieller Körper ist Teil der sichtbaren Welt und somit berührbar. Er ist ein bedeutender Aspekt unserer Inkarnation und stellt als ist ein ausgezeichnetes Mittel zur Persönlichkeitsarbeit dar.

In unserer Gesellschaft gibt es kaum Menschen, die sich nicht schon einmal Gedanken über ihr Gewicht gemacht haben. Gewichtsprobleme betreffen also nicht nur Leute, deren Gewicht nicht der aktuellen Norm entspricht, sondern die verschiedensten Typen. Da gibt es die, die zu viel essen und dadurch Fett ansetzen, die, die immer sehr auf ihre Linie bedacht sind, und andere, die vorgeben, sich nicht um ihr Gewicht zu kümmern, deren Lebenshaltung jedoch das Gegenteil verrät. Gerade in der westlichen Welt betrifft das einen Großteil der Bevölkerung und zeigt, wie sehr der Mensch dazu imstande ist Probleme zu erfinden, wo eigentlich gar keine sind.

Unser Gewicht kann zu einem echten Problem werden, wenn es die Gesundheit beeinträchtigt, was bei großem Übergewicht der Fall ist. Menschen, die ihr Normalgewicht um mehr als 25 % überschritten haben, gelten als übergewichtig. Sind wir jedoch je nach Alter, Größe, Knochenbau und Geschlecht innerhalb dieses Toleranzrahmens des Normalgewichts, finden uns aber trotzdem zu dick, so sind wir von unseren ÜBERZEUGUNGEN und den verschiedenen Medien beeinflusst, die unsere Kriterien von Mode, Gesundheit, Schönheit usw. bestimmen. Gewichtsprobleme bedeuten also in erster Linie, dass wir uns Sorgen um unser äußeres Erscheinungsbild und darüber machen, was die anderen über uns denken und sagen könnten. Trifft das auf Dich zu, so solltest Du Dich fragen: „Hättest Du dieses Problem auch, wenn Du wüsstest, dass niemand Dich sieht, oder wenn Du alleine auf einer verlassenen Insel wärst?" Ein Großteil des Problems beruht auf der Sorge um Dein äußeres Bild.

Die Frage des Gewichts ist sehr relativ. So können auch schlanke Frauen sich noch zu dick finden und zur Magersucht neigen, während manche rundliche und vollleibige Frauen, ihren Körper bewundern und sich recht sexy kleiden. Sie finden sich keineswegs zu dick, sondern fühlen sich wohl in ihrer Haut und lassen es alle Welt wissen. **Nicht das Gewicht ist also das eigentliche Problem, sondern vielmehr der Umstand, sich selbst aus den verschiedensten Gründen zu AKZEPTIEREN.** Wir sollten uns demnach fragen, wie sehr der SCHEIN und die verschiedenen Masken unserer PERSÖNLICHKEIT unser Leben bestimmen.

Das Grundproblem liegt im Glauben glücklicher und schöner zu sein, wenn wir schlank sind, und folglich mehr von den anderen geliebt oder akzeptiert zu werden. Dabei übersehen wir völlig, dass wir ständig mit uns selbst kämpfen und uns nie so akzeptieren, wie wir sind.

Das ändert sich jedoch keineswegs, wenn wir endlich unser Traumgewicht erreicht haben und es ständig überwachen. Abzunehmen, um wieder in unsere Jugendkleider zu passen oder gut auszusehen, geht also völlig an der eigentlichen Problematik und der ihr zugrunde liegenden SEELENWUNDE vorbei. Die ANGST vor dem Dickwerden bleibt ja weiterhin bestehen. Diese Wunde zu erkennen und uns selbst zu akzeptieren, ist wesentlich sinnvoller als jede Schlankheitskur.

Wirklich dicke Menschen gelten gern als großherzig, feinfühlig, altruistisch und großzügig. Daher findet man bei ihnen häufig folgende Verhaltensmuster:

- **Wegstecken können.** Solche Menschen tun oft mehr für die anderen, als eigentlich von ihnen verlangt wird. Dadurch erhoffen sie sich Liebe und Anerkennung und versuchen ihre SCHAMGEFÜHLE zu verbergen. Da sie sich nichts anmerken lassen und das Bild von sich geben, *vieles wegstecken zu können*, nehmen sie noch mehr zu, um noch solider zu werden und sich noch mehr aufladen zu können.

- **Mehr auf die Bedürfnisse anderer als auf seine eigenen zu hören.** Dadurch überschreiten sie oft ihre eigenen Grenzen. Sie fragen sich meist gar nicht mehr, ob sie überhaupt Lust dazu haben, zu helfen. Sie handeln nicht wirklich aus Liebe, sondern eher aus Angst vor SCHULDGEFÜHLEN. Sie halten viel zurück und verdrängen ihre eigenen WÜNSCHE, was sie daran hindert, zu *sein*, zu *tun* und zu *haben*, was sie wollen.

- **Nicht nein sagen können.** Sie wollen es anderen um jeden Preis Recht machen und wagen daher nicht, nein zu sagen. Sie lassen sich von anderen AUSNÜTZEN und daraus schlägt auch ihr Gewicht PROFIT. Ihre Beleibtheit dient ihnen überdies als Puffer gegenüber anderen und um weniger in Anspruch genommen zu werden.

- **Nichts entgegennehmen können.** Bekommen sie Geschenke, haben sie den Eindruck anderen etwas wegzunehmen und in ihrer Schuld zu stehen. Sie fühlen sich sofort zu Gegenschenken verpflichtet. Es besteht also kein Gleichgewicht zwischen GEBEN und NEHMEN. Es muss immer ein MANGEL wettgemacht werden. Diese Leere füllen sie durch überschüssige Nahrung. Sie müssen unbedingt lernen, dass GEBEN und NEHMEN gleichermaßen Freude bereiten können und in keinem Fall Anlass zu SCHULDGEFÜHLEN geben sollten.

- **Sich Platz verschaffen.** Gewicht kann als Synonym für Bedeutung stehen, wenn es z. B. heißt, einer Sache Gewicht zu verschaffen. Fühlt sich ein Mensch nicht wichtig genug, kann er unbewusst versuchen, sich durch Korpulenz besser zu BEHAUPTEN.

Den oben beschriebenen Charaktertypen bezeichnen wir als MASOCHISTEN. Trifft die Beschreibung auf Dich zu, so solltest Du Dir nun BEWUSST werden, was Du wirklich willst. Du hast das Recht dazu, das Körpergewicht zu haben, das Du Dir wünschst. Hilft es Dir mehr, als es Dir schadet, dann warum nicht! Besonders wichtig ist nun aber der folgende Schritt: Erstelle eine Liste aller vor- und nachteiligen Aspekte Deines Übergewichts und fälle dann Deinen Entschluss. Vergiss nie, dass es ganz egal ist, was Du isst, sondern dass es auf Deine Haltung während des Essens ankommt. Um festzustellen, ob Deine Gewichtsprobleme von einer ganz bestimmten Person beeinflusst werden, kannst Du Dir die Frage stellen: *„Wem in meiner Familie möchte ich gleichen oder auf keinen Fall gleichen?"* Die tieferen Ursachen des Problems wirst Du entdecken, indem Du Dich fragst, woran Dich Dein Übergewicht *hindert* und was Dich besonders daran *stört*. Die Antwort auf diese Frage gibt Dir Aufschlüsse darüber, was Du *sein* möchtest, aber aufgrund Deiner ÜBERZEUGUNGEN nicht sein kannst.

Hör auf zu glauben, dass Menschen wegen ihres Gewichts geliebt werden oder nicht. Dabei handelt es sich um eine der widersinnigsten Überzeugungen der Menschheit. Viele Menschen brauchen diese Körperfülle, um zu lernen zu akzeptieren und dadurch ZU LIEBEN.

Alle Menschen suchen nach Schönheit. Dicke Leute sind oft recht lebhaft, entgegenkommend, gastfreundlich, zärtlich und können sehr hübsch und charmant sein, wenn sie lächeln. Warum sollten wir ihnen dafür keine Komplimente machen? Manchmal ermöglicht uns der Blick in den Spiegel des anderen, uns selbst besser zu akzeptieren.

Stell Dir vor, Du würdest morgen sterben. Würden ein paar Kilo mehr oder weniger da einen Unterschied machen? Das einzige, was in jenem Augenblick wirklich zählt, ist das Ausmaß Deiner Selbstannahme. Deine überflüssigen Kilos kehren wieder zur Erde zurück, während Deine unsterbliche SEELE einen wunderbaren Sieg errungen hat, gelernt zu haben zu lieben und zu akzeptieren, dass Dein Körper nicht unbedingt den aktuellen Normen Deiner Gesellschaft entspricht.

Gewohnheit

Übliches, automatisches und meist wiederholtes Handeln und Verhalten. Meist behalten wir Gewohnheiten bei, die uns Freude bereiten oder uns in irgend einer Weise zufrieden stellen. In Extremfällen kann dies jedoch auch zu ABHÄNGIGKEIT führen.

Besteht unser ganzes Leben aus Gewohnheiten, so wird es zur langweiligen Routine. Der Mangel an Reiz macht sich auch in unserer Gemütsverfassung bemerkbar. Schreibe eine Woche lang alle Gewohnheiten auf, die Dir auffallen. Nimm Dir Zeit, die Für und Wider jeder einzelnen Gewohnheit zu notieren und entscheide auf dieser Grundlage, welche davon überholt, unnötig oder sogar schädlich für Dich sind. Positive Gewohnheiten beleben und verleihen Energie. Es gibt jedoch keine „guten" und „schlechten" Angewohnheiten (oder andere Dinge). Es geht lediglich darum, ganz bewusst zu entscheiden, ob wir sie weiterführen wollen, da sie uns Freude bereiten, oder aber neue Erfahrungen machen wollen, weil unsere Gewohnheiten uns nicht mehr entsprechen. Wichtig ist also vor allem, dass Du ganz bewusst entscheidest. Keine Gewohnheit ist schädlich, solange sie nicht dem Bedürfnis nach neuen Erfahrungen und unserer weiteren Entwicklung entgegenwirkt.

Manche Menschen haben feste Angewohnheiten, die ihnen das Gefühl der Sicherheit vermitteln, weil sie sich vor neuen Erfahrungen fürchten. Obwohl sie sich nicht mehr wohl fühlen, fügen sie sich lieber dem Zwang einer überholten Routine, als das RISIKO neuer ERFAHRUNGEN einzugehen, die ihnen ein angenehmeres Leben bereiten können. Das gilt z. B. auch für Menschen, die im selben Haus bleiben wollen, da sie die Gegend wie ihre Westentasche kennen, was ihnen das Gefühl der Sicherheit verletzt. Oft ist unser Leben schon zu einer solchen Gewohnheit geworden, dass wir uns gar nicht mehr vorstellen können, anders und abwechslungsreicher zu leben, und uns nie fragen, ob all dies wirklich unseren BEDÜRFNISSEN entspricht.

Hier ein paar Beispiele für typische Alltagsgewohnheiten: Wir tragen immer dieselbe Frisur oder Kleidung, essen immer zur selben Zeit, auf demselben Stuhl am Speisetisch und sogar dieselben Speisen. Wir gehen in dieselben Restaurants, treffen die gleichen Leute, haben dieselben Aktivitäten und reden über dieselben Themen. Unser Leben ist dazu da, uns neuen Dingen zu öffnen. Gewohnheiten hindern uns an vielen Möglichkeiten.

Ändern wir manchmal unsere Angewohnheiten, so bieten wir uns die Gelegenheit neuer Perspektiven und unterschiedlicher Blickwinkel. Siehst Du Dich selbst als Gewohnheitsmensch, so kannst Du beginnen, kleine Dinge zu verändern. Diese Frage kann Dir dabei helfen: „Was ist das Schlimmste, was mir passieren könnte, wenn ich dies oder jenes veränderte? Wäre ich in der Lage, diesen schlimmsten Fall zu meistern?" Du kannst das RISIKO trotz der möglichen Konsequenzen eingehen, vor allem, wenn Dir der Gedanke an diesen Wandel Freude bereitet.

Glaube

Absolutes Vertrauen in etwas oder jemanden. Im spirituellen Sinne bezieht sich der Glaube auf unsere Schaffenskraft, d. h. unseren INNEREN GOTT. Er ist die Überzeugung, dass die göttliche Energie in allem Leben steckt. Wir setzen öfter Akte des Glaubens, als wir denken. Säen wir z. B. Samen in einem Gemüsegarten, so nehmen wir an, dass hier nach einer Weile das auf der Verpackung abgebildete Gemüse sprießen wird. Wir sind felsenfest überzeugt davon. Dem Glauben im spirituellen Bereich entspricht die ZUVERSICHT auf der psychischen, d. h. der emotionalen und geistigen Ebene. **Glauben heißt auch zu wissen, dass uns genau das widerfährt, was wir jetzt gerade brauchen.**

Wir müssen nichts überstürzen oder KONTROLLIEREN. Wir SETZEN die AKTIONEN, die wir für nötig halten und LASSEN LOS, weil wir davon überzeugt sind, dass die göttliche Energie sich um das Übrige kümmert. Gehen wir noch einmal zurück zum Beispiel des Gemüsegartens: Nachdem wir gesät haben, überprüfen wir nicht ständig die Veränderungen. Wir lassen die Zeit wirken. Wir haben zur richtigen Zeit gesät und gegossen und wissen, dass die Samen eines Morgens ihrer Natur entsprechend wachsen werden. Wir graben sie nicht aus, um zu überprüfen, ob sie wirklich keimen. Manche brauchen länger als andere. Dasselbe gilt für uns Menschen. Das Wichtigste ist zu wissen, dass wir alle eines Tages das Licht sehen werden.

Glaube und Angst verfügen über dasselbe kreative Potential, obwohl sie völlig anders schwingen. **Während der Glaube die absolute Überzeugung ist, dass sich unsere WÜNSCHE erfüllen werden, so sind unsere oft unbewussten ÄNGSTE davon überzeugt, dass sie sich nicht bewahrheiten werden.** Der Glaube lässt keinen Platz für ZWEIFEL und SORGEN, da wir in unserm tiefsten Inneren wissen, dass alles, was in unserem Leben geschieht, Teil unseres LEBENSPLANS ist und unseren Bedürfnissen entspricht.

Beobachte, was Du erntest, und Du wirst wissen, ob Du wirklich glaubst. Erntest Du das Gegenteil von dem, was Du willst, so solltest Du erkennen, dass Deine Ängste stärker als Dein Glauben sind. Der absolute Glaube in unsere innere Kraft ermöglicht uns auch zu AKZEPTIEREN, dass unsere Wünsche nicht immer unseren wahren BEDÜRFNISSEN entsprechen, und unser innerer Gott uns das widerfahren lässt, was am besten für uns ist.

Deshalb sollten wir auch immer diese absolute Zuversicht wahren, dass sich vielleicht nicht unbedingt all das verwirklicht, was wir uns wünschen, aber sicher das Beste für unsere Entwicklung eintritt. Im Leben ist alles verbunden: unsere Haltungen, Wünsche, Handlungen und die anderer. Das Universum richtet alles ein. Setze so oft wie möglich Aktionen des Glaubens. Glaube ans Leben, an Deinen Nächsten, an Dich selbst, an Deinen WERT, Deine TALENTE und Möglichkeiten. So wirst Du auch der immensen Kraft vertrauen, die Dir Dein INNERER GOTT verleiht. Vergiss nie, dass alles, was Dir in Deinem Leben widerfährt, Teil eines größeren Planes ist, in dem jeder ganz bestimmte Erfahrungen nach seinem eigenen Rhythmus durchzumachen und zu verstehen hat, um dem Licht, dem wahren Bewusstsein und der Freiheit des Seins entgegenzusteuern.

Glauben (Religiöser)

Wir glauben an eine Wahrheit oder die Existenz einer Transzendenz. Das Ziel aller Religionen ist der Weg zu GOTT, mag dieser in verschiedenen Kulturen auch verschiedene Namen oder Offenbarungen haben. Die Religionen entstanden zu einer Zeit, in der die Menschen sich noch nicht ihrer großen Schaffenskraft BEWUSST waren und sich so von ihrem inneren Gott leiten lassen konnten. Religionen wollten den Menschen als Hilfe und Richtlinie dienen, doch ließ der Anspruch auf die absolute Wahrheit sie oft schon bald dogmatisch werden. Ihre Version der Wirklichkeit war unanfechtbar.

Wir haben heute Zugang zu einer Vielzahl religiöser und spiritueller Lehren, die auf die verschiedensten Weisen übermittelt werden. Erwachte und bewusste Menschen sollten in der Lage sein, sich für die Lehre zu entscheiden, die ihnen am meisten entspricht. Finden wir in einer kollektiven Bewegung oder religiösen Organisation Glück, Selbständigkeit, Ausgeglichenheit, Lebensfreude und vor allem einen Weg, uns selbst zu akzeptieren und zu lieben, so können wir ihn beruhigt einschlagen. Erzeugt die Religion jedoch Angst (wie z. B. die vor dem TEUFEL), Sorgen, Zweifel oder Schuldgefühle in uns, so können wir nicht davon profitieren. Die meisten Religionen sind sich heute der großen Bedeutung der LIEBE bewusst. Sie haben erkannt, dass der moderne Mensch nicht mehr von Ängsten gegeißelt werden will. Oft sind die Vertreter einer Religion starrer als jene selbst, und tun sich schwer, sich an veränderte Gegebenheiten anzupassen. Es bedarf einer guten Unterscheidungskraft, um uns die Leute auszusuchen, denen wir folgen wollen.

Eines Tages werden wir erkennen, dass nur wir allein die Meister unseres Lebens sind. Dann haben wir auch nicht mehr das Bedürfnis, einer bestimmten Glaubensgemeinschaft anzugehören. Wir werden in unserem tiefsten Inneren wissen, dass unser innerer GOTT uns unfehlbar zu unseren wahren Bedürfnissen, auf den Weg der Weisheit, Liebe und Freiheit führt.

Gleichgewicht

Siehe HARMONIE.

Gleichgültigkeit

Gleichgültige Menschen haben kein Interesse und empfinden kein Gefühl für Personen oder Dinge. Sie lassen sich durch nichts und niemanden berühren oder bewegen. Die Ereignisse des Alltags ändern ihr Leben in keiner Hinsicht. Sie stehen allem, was sie nicht interessiert, also völlig teilnahmslos gegenüber. Spricht jemand z. B. vom Sport, was keinerlei Neugier in ihnen erweckt, so gelingt es ihnen kaum, zuzuhören oder sich eine Meinung dazu zu bilden.

Gleichgültigkeit darf jedoch nicht mit Gefasstheit verwechselt werden. Gefasste Menschen, scheinen keinen Emotionen zu empfinden und unerschütterlich zu sein, da sie sich sehr gut in KONTROLLE haben und sich nicht anmerken lassen, was sie in ihrem Inneren erleben. Gleichgültige Menschen hingegen sind völlig desinteressiert und teilnahmslos.

Hinter dem Schein der Gleichgültigkeit verbergen sich jedoch zahlreiche EMOTIONEN. Stellen wir uns eine Frau vor, die ihren drei Freundinnen recht emotionsgeladen von einer schwierigen Situation erzählt. Alle drei hören scheinbar teilnahmslos zu. Während die erste hinter der Fassade der Gleichgültigkeit ihre eigene Verletzbarkeit, Sensibilität, Erregbarkeit oder bestimmte Wunden verbirgt, kann die zweite zwar indifferent erscheinen, jedoch sehr aufmerksam, objektiv und EMPATHISCH zuhören. Die dritte hingegen denkt an völlig andere Dinge, da das Thema sie nicht interessiert.

Die Gleichgültigkeit anderer kann uns sehr unangenehm sein. Wir haben den Eindruck unbedeutend, uninteressant oder unbegabt zu sein, und vor allem nicht geliebt zu werden. Einige werden lieber mit Zorn oder Groll als mit Gleichgültigkeit konfrontiert. Am meisten leiden Menschen mit den Seelenwunden der Zurückweisung und der Vernachlässigung darunter. Wir haben alle das Recht, uns für bestimmte Dinge oder Menschen zu interessieren oder auch nicht. Das bedeutet noch lange nicht, dass wir sie nicht mögen, sondern dass wir unsere freie Wahl getroffen haben, die auf etwas oder jemand anderen gefallen ist. Außerdem sollten wir nie vergessen, dass hinter dem Schein der Gleichgültigkeit meist sehr sensible und verletzliche Menschen stecken.

Glück (Gefühl)

Art und Weise, in der sich ein Ereignis zu unserem Vor- oder Nachteil entwickelt. Der so genannte Zufall führt günstige, unerwartete und unerklärliche Zusammenhänge herbei und widerspricht dabei oft der mathematischen Wahrscheinlichkeit. Aus spiritueller Sicht ist ein glücklicher Zufall das Ergebnis eines Wunsches oder einer Überzeugung, ganz gleich, ob diese bewusst sind oder nicht. In beiden Fällen handelt es sich um einen kreativen Ausdruck unseres Innenlebens. So wollen auch wir das Glück, wenn wir in diesem Rahmen vom Glück definieren.

Je mehr wir jedoch von unserem persönlichen Wert und von unserem enormen kreativen Potential überzeugt sind, desto weniger glauben wir an Glück oder Zufall. Wir wissen, dass alle Ereignisse Teil eines größeren Ganzen sind und durch unserer eigene Schaffenskraft wie auch der allen anderen Lebens dieser Erde beeinflusst wird. Was viele „Glück" nennen hängt in Wirklichkeit von unserer inneren Haltung ab und ist ein Ergebnis zahlreicher Ursachen, die in diesem oder in anderen Leben in der stofflichen Welt in Bewegung gesetzt wurden. Alle Ereignisse unseres Lebens gehorchen dem Gesetz der Anziehungskraft und dem von Ursache und Wirkung.

Das Wort „Glück" wird oft auch in den Bereichen des *Tuns, Habens* und *Seins* gebraucht. So heißt es, jemand hätte *Glück*, über bestimmte Talente zu verfügen, einen schönen Beruf, einen angenehmen Partner oder tolle Freunde zu *haben*; reich, gesund, schön oder in eine liebevolle Familie geboren worden zu *sein*, oder alles *tun* zu können, wozu er Lust hat. Ist von einer glücklichen Fügung die Rede, so meint man in der Regel ein unvorhergesehenes, zufälliges Ereignis, Treffen oder eine Gelegenheit, die Freude bereitet oder uns Vorteil bringt. Es heißt, man hätte Glück, zur rechten Zeit am rechten Ort zu sein, wenn alles zusammenpasst und sich harmonisch ineinander fügt. In Wahrheit verwirklicht unser innerer Gott hier all das, was wir zuvor in die Wege geleitet haben.

Manche Menschen scheinen wirklich ständig Glück oder Pech zu haben. Während sich die einen bewusst sind, ein wunderbares und phantastisches Leben zu führen, sind andere lieber davon überzeugt, dass ihnen das Schicksal nicht gewogen ist und sie ständig vom Unglück verfolgt sind.

Doch handelt es sich in den meisten Fällen nur um eine Frage der Perspektive. Wird ein „*Glückspilz*" beinahe von einem Auto angefahren, denkt er sich wohl: „Danke, mein Gott, für diese Warnung. In Zukunft werde ich besser aufpassen." Ein „*Pechvogel*" wird bei derselben Geschichte jedoch sagen: „Furchtbar, ich wäre um ein Haar ums Leben gekommen." Auch anderen unerwarteten „Schicksalsschlägen" wie Krankheiten, Behinderung, Arbeitsverlust, Unfällen oder einer Scheidung werden die beiden Typen begegnen. Während der eine, die positiven und konstruktiven Aspekte erkennt, nimmt der andere nur das Negative und Ungünstige wahr. Er fühlt sich ständig als OPFER und weigert sich, die VERANTWORTUNG für sein Handeln zu übernehmen.

Es gibt jedoch weder Glück noch Unglück. Glaubst Du ans Glück, so glaubt etwas in Dir auch ans Pech. Überzeugte Pechvögel ziehen unangenehme Situationen magnetisch an und können sich so ihr Leben lang von ihrem Unglück überzeugen. Ist es nicht sinnvoller an unsere eigenen Möglichkeiten zu glauben, als darauf zu warten, dass irgendein glücklicher Zufall sich in unserem Leben offenbart? Die Zunahme der Glücksspiele zeigt, wie viele Menschen ihre Existenz noch auf dieser Grundlage bauen. Abgesehen von der geringen Wahrscheinlichkeit das große Los im Lotto zu gewinnen, laufen Menschen, die psychologisch nicht auf einen solchen Gewinn vorbereitet sind, Gefahr entweder wieder alles zu verlieren oder aber zahlreichen neuen Problemen, Stress und unangenehmen Situationen mit diesem Geld ausgesetzt zu sein.

Andererseits fallen Leuten manchmal ganz unerhoffte Güter zu, die sie sehr glücklich und geschickt zu handhaben wissen. Wie bereits erwähnt, geschieht nichts mit uns, was sich nicht schon lange in unserem Inneren vorbereitet hätte. **Nichts widerfährt uns zufällig, sondern ist die Ernte früherer Saat.**

Welche Haltung bringt uns Vorteile? Zuerst müssen wir uns im Klaren sein, dass alles in unserem Inneren entsteht und somit von unseren Überzeugungen, Denkweisen, Handlungen und Reaktionen abhängt. Diese innere Haltung geht in erster Linie auf den Einfluss unserer Eltern oder Erzieher zurück. Wir sind keineswegs dazu verpflichtet, die Ansichten unserer Eltern zu teilen, wenn diese von der Existenz des Unglücks überzeugt waren. Doch können wir uns an ihren positiven Ansichten orientieren. Werden wir bewusster, so können wir eine „Pechvogelhaltung" allein durch positives Denken zu unserem Vorteil wenden.

Wenn wir an unsere innere Kraft glauben, so nähern wir uns dem universellen BEWUSSTSEIN und der INTELLIGENZ und werden nur davon profitieren. Das Ausmaß unseres „Glücks" ist lediglich ein Zeichen unseres VERTRAUENS ins UNIVERSUM. In der STOFFLICHEN WELT geschehen die Dinge, die wir glauben oder die wir erwarten, auch wenn dies unbewusst geschieht. In der SPIRITUELLEN WELT geschehen die Dinge nach unseren wahren Bedürfnissen, d. h. all das, was notwendig ist, uns unsere Überzeugungen bewusst zu machen.

Eine weitere vorteilhafte Haltung ist die Dankbarkeit für unser Hab und Gut, anstatt andere zu beneiden. So genannte Glückspilze sind lediglich ihres Glückes Schmied, indem sie die notwendigen Aktionen gesetzt haben, um ihre Ziele zu erreichen. Dieses Glück ist also das Ergebnis konstanter energischer Arbeit und ausdauernder Bemühungen. Je mehr wir uns auf das Glück anderer konzentrieren, desto weniger nehmen wir die günstigen Umstände wahr, die uns selbst zuteil werden. Wie dankbar sind wir für unsere Gesundheit, unseren Besitz, die Menschen, die uns lieben, und all die fantastischen Ereignisse unseres Lebens? Oft vergessen wir, unseren eigenen Garten zu bestellen.

Hast Du Dich bisher für einen Pechvogel gehalten und möchtest das ändern, so solltest Du eine LEBENSBILANZ ziehen und Dir ganz konkret überlegen, was Deiner Ansicht nach ein glückliches Leben wäre. Beschreibe diese Situation in allen Details und stelle Dir bildlich vor, sie zu erleben. Was empfindest Du dabei? Von nun an solltest Du versuchen, nur mehr die Aktionen und Gedanken zu pflegen, die Dich diesem Ziel näher bringen. Kommen Dir Zweifel, so versuchen lediglich Deine alten Überzeugungen des Unglücks wieder die Oberhand zu gewinnen.

Wir können zusammenfassend also sagen, dass es vorteilhafter ist an unsere innere Kraft zu glauben, als auf glücklichere Umstände zu hoffen. Haben wir erkannt, dass alles in uns steckt, was wir brauchen, um unsere Wünsche wahr werden zu lassen, so sind wir nach dem GESETZ DER VERWIRKLICHUNG auch dazu in der Lage, in Freude und Überfluss zu leben. Sollten wir aus irgendwelchen Gründen unser Geld oder andere Besitztümer verloren haben, so wissen wir, dass unsere innere Kraft uns jederzeit besorgen kann, was wir benötigen. Wir können uns alle ein wunderbares und glückliches Leben in WOHLSTAND und ÜBERFLUSS schaffen. Nicht zuletzt werden wir auch feststellen, dass eine solche Lebenshaltung „glückliche Zufälle" magisch anzieht.

Glück

Jeder Mensch hat eine andere Vorstellung vom Glück: Erfüllung unsere Wünsche, Freude, Segen, Erfolg usw. Doch glauben leider sehr viele noch immer, dass das Glück im Besitz materieller Güter, in unserem äußeren Erscheinungsbild, in angenehmen Gefühlen, Ehren, Berühmtheit oder einem Höchstmaß an Erlebnissen liegt. Weder ein gut bestücktes Bankkonto noch ein bequemes Wohnzimmer machen wirklich glücklich.

Natürlich kann der materielle Aspekt des Lebens nicht völlig von der Hand gewiesen werden. Doch müssen wir erkennen, dass wahres Glück in erster Linie in unserer Fähigkeit besteht, uns in unseren Erfahrungen und zwischenmenschlichen Beziehungen wohl zu fühlen. Es liegt also in unserem Inneren. Es handelt sich um einen Zustand, das Gefühl gut zu sein, sich nützlich zu fühlen und positive Einflüsse auf das Leben zu haben. Da gibt es keine innere Leere, sondern wir führen ein erfülltes Leben. Unser Glück hängt aber auch davon ab, wie wir unser Leben durch Ereignisse und Menschen wahrnehmen. Wir öffnen uns anderen Möglichkeiten und Perspektiven. Alles, was wir tun, sagen und denken, sollte daher in Einklang mit unserem Wesen und unserer Wahrnehmung des Lebens sein.

Unglückliche Menschen sind sich nicht ihrer wahren Natur, ihrer Bedeutung und ihrer spirituellen Essenz bewusst. Aus diesem Grund suchen sie das Glück auch draußen, in der materiellen Welt. Der Schmied seines Glücks muss sich ganz bewusst dazu entschließen, glücklich sein zu wollen. Er bedient sich seines FREIEN WILLENS, über den wir alle verfügen. Dazu müssen wir uns unserer BEDÜRFNISSE und WÜNSCHE bewusst sein und die notwendigen Schritte in die Wege leiten, ihnen nachzukommen. Wir sollten außerdem nie vergessen, dass kein Mensch über die Macht verfügt, andere glücklich zu machen, da niemand weiß, was seine Mitmenschen auf ihrem Lebensweg zu lernen und zu verstehen haben.

Glück ist nicht käuflich. Es muss in uns selbst entstehen. In Wirklichkeit ist es kostenlos und jedem zugänglich. Dazu müssen wir in der Lage sein, dankbar anzuerkennen, was wir bereits besitzen: Gesundheit, Fähigkeiten und Talente, all die Menschen, die wir lieben, und die Reichtümer, die uns zu einzigartigen Menschen werden lassen. Wir sollten eine LEBENSBILANZ erstellen und aufhören, uns auf unsere MÄNGEL zu konzentrieren und uns als OPFER zu fühlen. Hier sollten uns Behinderte eine wirkliche Lehre sein. Ganz gleich, ob es sich um eine angeborene Behinderung handelt oder nicht, so sind gerade sie sich des wahren Sinns des Lebens bewusster und wissen jeden Augenblick zu schätzen. Manche setzen sich kleine Ziele, um täglich einen neuen Grund zu haben, eigenständig, zuversichtlicher, geschickter, und glücklicher zu *sein*.

Solche ZIELE und EXISTENZGRÜNDE stellen unumgängliche Schritte auf unserem Weg zum Glück dar. Finde und tue, was Dich begeistert und was Dir Freude bereitet. Glück ist ja nicht zuletzt auch die Erkenntnis, dass all unsere Erfahrungen unserer spirituellen Entwicklung zuträglich sein können. Es ist die Fertigkeit loszulassen und die Ereignisse so zu akzeptieren, wie sie sich zutragen. Nicht zuletzt liegt das Glück auch in der Fähigkeit über Wunder der göttlichen Schöpfung staunen zu können: einem Sonnenaufgang, einer Blütenknospe, einem Regenbogen oder dem Flug eines Vogels. Es ist die Gewissheit, dass das UNIVERSUM sich immer und überall um uns kümmert.

Es auch völlig normal und nachvollziehbar, dass wir bei schmerzlichen Momenten unseres Lebens nicht vor Glück jauchzen. Doch werden wir sie wesentlich schneller überwinden können, wenn wir bald wieder zu unserer INNEREN MITTE finden. Auch wenn das Glück nicht immer zur Stelle sein mag, so kann dieser innere Friede es dennoch sein.

Glück findet sich oft in ganz einfachen Dingen, durch die wir uns gut fühlen. Sind wir glücklich und wollen, dass unser Glück anhält, so sollten wir dem Universum in positiver Zuversicht danken, anstatt zu meinen, dass all das zu schön ist, um wahr zu sein und zu dauern. Wir dürfen nie aus den Augen verlieren, dass wir unsere WÜNSCHE ebenso verwirklichen wie unsere ÄNGSTE. Das größte Glück sind all die Aspekte, die zur Entwicklung unseres Wesens beitragen, der bereits angesprochene innere Friede und die Erkenntnis in jeglicher Hinsicht FREI zu sein: physisch, emotionell und geistig. So können wir jeden Augenblick unserer Existenz genießen und so erleben, wie wir wirklich sind.

Gott

In Wörterbüchern wird Gott oft als Erklärung für die Existenz der Welt angeführt, welche durch ein höheres, allmächtiges Wesen dargestellt wird. Dieses *höchste Wesen* umfasst alle Existenz der Schöpfung. Gott symbolisiert das Bewusstsein, die universelle

Energie des Alls. C. G. Jung nennt es das KOLLEKTIVE BEWUSSTSEIN. Demnach ist alles Leben ein Ausdruck Gottes. Diese Energie offenbart sich in allen möglichen Formen, da sie in den verschiedensten Schwingungen existiert, aus der ganz bestimmte Formen und Ausdrücke entstehen. Auf diese Weise bestimmt Gott den Schöpfungsgeist allen Lebens.

Auf unserem Planeten kommt diese Energie im Reich der Menschen, Tiere, Pflanzen und Mineralien zum Ausdruck. Sie unterscheiden sich durch den Grad ihres BEWUSST-SEINS. Der Mensch hat die Möglichkeit zu erkennen, wer er ist. Je bewusster wir uns werden, desto klarer wird uns auch, dass wir Teil dieser Schöpfungsenergie sind. Außerdem verstehen wir auch, dass wir selbst über die Macht verfügen, alle Wahlen und Entscheidungen unseres Lebens selbst zu treffen. Wir haben uns einen Körper gewählt, durch den wir diese Energie zum Ausdruck bringen und die verschiedensten Erfahrungen in der stofflichen Welt machen können.

Es ist unmöglich, die spirituelle Welt, das ABSOLUTE mit unserem Verstand zu erfassen. Er kann nicht nachvollziehen, dass Energie ewig sein kann, immer existiert hat und immer existieren wird. Diese Erkenntnis können wir nur fühlen und in unserem tiefsten Inneren als wahr erkennen.

Warum ist es so schwierig, zu verstehen, dass wir selbst uns unsere Wirklichkeit schaffen? Zunächst ist da sicher unsere Erziehung. Die meisten von uns haben in unserer Kindheit gelernt, dass Gott ein allmächtiges Wesen voller Liebe ist, dass ER aber auch die auf die Probe stellt, die er liebt. Wir stellen uns vor, dass ER uns von „da oben" beobachtet, beurteilt und überlegt, ob er unsere Taten belohnen oder bestrafen soll, ganz als ob Gott selbst ein Mensch wäre. Deshalb hat man Gott auch lange Jahrhunderte einfach als Mensch dargestellt. Ja mehr noch, man hat ihn zum Mann gemacht. Ist der Mann denn göttlicher als die Frau? Fragen wie diese haben die Menschheit lange Zeit bewegt. So haben wir im Laufe unserer verschiedenen Inkarnationen auch vergessen, dass wir Gott in uns selbst tragen. Wir haben unserer NIEDEREN MENTALEBENE des VERSTANDES immer mehr Platz eingeräumt und ihr gestattet, unser Leben anstelle unseres INNEREN GOTTES zu führen.

Wir haben vergessen, dass uns auch gesagt wurde, dass wir ein Ausdruck Gottes sind und nach seinem Ebenbild geschaffen wurden. Wir sind ein Teil seiner Energie. Wir sind also selbst Schöpfer und fähig, unser eigenes Leben zu meistern.

Wie können wir das vergessen haben? Vielleicht haben wir uns von dieser Realität gelöst, so wie wir Abstand von unserem Alltag nehmen, wenn wir im Urlaub sind. Dazu bedarf es keines Identitätswechsels. Ebenso leicht ist es, die göttliche Essenz unserer spirituellen Wirklichkeit zu vergessen. Dies deckt sich mit der These, die davon ausgeht, dass wir nur ein Zehntel unserer Möglichkeiten ausschöpfen.

Wie können wir diese Schöpfungsenergie jedoch zum Ausdruck bringen und unser Glück durch diese göttliche Offenbarung finden? **Wir sind auf dieser Welt, um uns durch unsere Erfahrungen weiterzuentwickeln und uns des Umstands zu entsinnen, dass wir alle Ausdruck Gottes sind.** Folglich sind wir auch alle gleich. Ein Landstreicher ist ebenso eine Offenbarung göttlicher Energie wie ein Mönch, ein Milliardär, ein Gelehrter, ein Geistesbehinderter, ein König oder ein Verbrecher.

Da Gott also in allen Menschen zum Ausdruck kommt, ist unser einziger EXISTENZ-GRUND auf diesem Planeten, uns durch die verschiedenen Erfahrungen des Lebens unserer wahren, spirituellen Natur bewusst zu werden, um schließlich alles AKZEPTIE-REN zu können. Lassen wir Gott in uns wirken, erkennen wir, dass wir jede Erfahrung ohne Urteil oder VORWÜRFE machen können und erst durch ihre Akzeptierung sehen können, was wir wirklich wollen und was nicht.

Das Urteil von GUT UND BÖSE kommt nicht von GOTT, sondern von unserem ICH, das sich immer für den König und Meister der Dinge hält. Haben wir nach Tausenden Leben unzählige Erfahrungen gemacht, wird es uns gelingen, ein INTELLIGENTES Leben in Liebe zu führen, was das Urziel jedes Menschen auf Erden ist. Wir sind alle ausnahmslos Wesen des Lichts mit derselben Mission: Zum Licht, dem natürlichen Zustand allen Lebens zurückzukehren, um schließlich reiner Geist zu werden. Lernen wir, den Ausdruck des Göttlichen überall um uns, in uns und in allen Lebewesen wahr zu nehmen, erhalten wir ein völlig neues Bild vom Leben. Wir werden das Gefühl haben, ständig von Schönheit und Licht umgeben zu sein.

Göttliche Weisheit

Siehe INNERER GOTT.

Grenze

Punkt, den unsere körperlichen, emotionalen oder geistigen Fähigkeiten nicht über-schreiten können. Wir alle haben unsere Grenzen, wenn sie auch von Mensch zu Mensch verschieden sind. Sie sind Teil unserer STOFFLICHEN WELT. Wir haben sie uns im Laufe der Zeit durch unsere ÜBERZEUGUNGEN, ÄNGSTE und ERFAHRUNGEN dieses und früherer Leben geschaffen. Grenzen sind Schranken, die wir uns bewusst oder unbewusst gesetzt haben.

Sie variieren aber auch nach den ENERGIERESERVEN, jedes einzelnen. Auf der **kör-perlichen Ebene** sind manche stärker oder ausdauernder als andere. Auf **emotionaler Ebene** können einige mehr wegstecken als andere, bevor sie platzen und die Kontrolle über sich verlieren. Emotional schwache Menschen sind oft überempfindlich oder nei-gen zur RÜHRSELIGKEIT. Auf **geistiger Ebene** entsprechen unsere Grenzen unserem Erinnerungsvermögen und unserer Überlegungskraft.

Wir haben unsere Grenzen erreicht, wenn wir uns in bestimmten Situationen oder Schwierigkeiten plötzlich kraftlos, unfähig oder inkompetent fühlen. Zwingen wir uns weiter, so laufen wir Gefahr zusammenzubrechen, die Kontrolle über uns zu verlieren oder KRANK zu werden. Wie erkennen wir unsere Grenzen und wissen, wann es Zeit ist, LOSZULASSEN oder AUFZUGEBEN, oder ob wir noch weiter machen und auf unseren Interessen bestehen können?

Zunächst musst Du AKZEPTIEREN, dass Du in bestimmten Bereichen eingeschränkt bist. Bereitet Dir der Gedanke weiterzumachen, um zu einem gewünschten Ergebnis zu gelangen, Sorgen und Stress, so solltest Du aufhören und Deine Grenzen tolerieren. So kannst Du Dich geistig schon darauf vorbereiten, Deine Grenzen und Schranken beim nächsten Versuch in diesem Bereich etwas weiter zu setzen.

Die Materie befindet sich in ständigem Wandel. Das gilt auch für Deine Grenzen. Es ist ein ermutigender Gedanke, dass wir auch unsere Schranken und bestimmte Grenzen überwinden können. Wir wissen alle, dass wir unsere körperlichen Höchstleistungen wie Athleten immer wieder steigern können. Das gilt auch für die emotionale und geistige Ebene. Beobachtest Du Dich genau, so wirst Du erkennen, dass Deine Grenzen sich in den letzten Jahren bereits sehr verändert haben. Du hast also das Feld Deiner Möglichkeiten geweitet. Fühlst Du Dich in anderen Bereichen noch zu eingeschränkt, so kannst Du ebenso an ihnen arbeiten, nachdem Du den augenblicklichen Zustand akzeptiert hast.

Dabei sollten wir aber nie aus den Augen verlieren, dass unser Körper sich abnützt und älter wird. Es ist völlig normal, dass wir mit 50 nicht mehr dieselben Aktivitäten betreiben können wie mit 20 und uns deshalb etwas einschränken müssen. Im Bereich der Gefühle und des Geistes hingegen finden wir mit zunehmendem Alter auch immer mehr zu unserer INNEREN MITTE.

Fällt es Dir schwer, die **Grenzen anderer** zu akzeptieren, so ist dies ein Zeichen dafür, dass Du auch Deine eigenen missachtest. **Am wichtigsten ist es also, uns zunächst das Recht zuzugestehen, in bestimmten Gebieten eingeschränkt zu sein, zugleich jedoch zu erkennen, dass alle Grenzen vorübergehend sind und überwunden und erweitert werden können, wenn wir lernen, sie zu erkennen und zu akzeptieren. So gestehen wir auch anderen dasselbe Recht zu.**

Großzügigkeit

Geben, ohne zu zählen, oder mehr geben als verlangt wird. Großzügige Menschen haben ein großes Herz und geben ohne Erwartungen. Großzügigkeit liegt eigentlich in der Natur der Menschen, weshalb wir alle sie in den verschiedensten Bereichen anstreben. Dabei geht es natürlich nicht nur darum Geld oder Dinge zu GEBEN. Man kann auf verschiedene Weisen großzügig sein. Neben Spenden und Geldgeschenken, erweisen manche Hilfsdienste oder engagieren sich in humanitären Organisationen. Andere sind großzügig mit ihrer Zeit oder ihrem Rat, wenn sie darum gefragt werden, trösten ihre Mitmenschen, indem sie aufmerksam zuhören und ermutigende Worte finden.

Doch ist „geben" allein noch nicht gleichbedeutend mit „großzügig sein". Manche Menschen geben viel und erwarten Anerkennung für ihre Haltung. Wahre Großzügigkeit hegt aber keinerlei ERWARTUNGEN. Die wichtigste Großzügigkeit ist die des Herzens, die allen Leidenden – auch sich selbst – MITGEFÜHL entgegenbringen kann. Auch ohne Erwartungen *erhalten wir mehr, je mehr wir geben*. Diese Tugend des Herzens ist ein integraler Bestandteil des Überflusses.

Guru

Ursprünglich ein spiritueller Hindu-Meister. Heute wird der Begriff auch für andere spirituelle oder charismatische Führer und Vordenker gebraucht, die über starke ANZIEHUNGSKRAFT verfügen. In der Regel ist ein Guru sich dieser Ausstrahlung bewusst und setzt sie ein, um seine Erkenntnisse, Denkweisen und ÜBERZEUGUNGEN zu teilen. Ein Guru bedient sich seiner inneren Kraft und Überzeugungsgabe, um andere Menschen zu lenken und ihnen ihre innere MACHT bewusst zu machen. Zieht sich ein Guru aus dem öffentlichen Leben zurück oder stirbt, so wird klar, dass er sich dieser Macht und nicht seines ICHS bediente, wenn man sieht, wie viele Anhänger seiner Organisation oder Bewegung ihn für seine Energie und bedingungslose Liebe bewundern. So verbreiten sich z. B. die Lehren Jesu auch noch 2000 Jahre nach seinem Erdenleben.

Das Wort Guru bezeichnet in letzter Zeit jedoch immer häufiger Menschen, die sich dieser Kraft bedienen, um KONTROLLE über andere auszuüben. Um hier Spreu von Weizen zu trennen, genügt es meist, einen Blick auf die Anhänger zu werfen. Folgen sie dem Guru aus freiem Willen oder aus Angst? Finden sie durch die Lehren ihres Meisters zu ihrer inneren Kraft, die ihnen hilft, ihr eigenes Leben zu gestalten, oder verharren sie in Sorge und Furcht und werden von einem Guru gelenkt, der seine Anziehungskraft zu Unterdrückung und Diktatur werden lässt? Ein solches Verhältnis bringt niemandem etwas. Solche Bewegungen gehen unter, sobald der Guru verschwunden ist.

Wir sind aber nicht auf dieser Welt, um über andere zu urteilen. Jeder muss seine eigenen Erfahrungen machen und entscheiden, was ihm am INTELLIGENTESTEN erscheint. Besonders wichtig ist jedoch, auf unsere INTUITION, unseren großen inneren Führer zu hören. Wie auch immer unsere Entscheidungen ausfallen, sie werden uns immer helfen, zu erkennen, was wir wollen oder nicht. Willst Du einem Guru folgen, so verliere nie aus den Augen, dass in Dir all das steckt, was Du an ihm BEWUNDERST, und dass er dazu da ist, Dich zu inspirieren und Dir zu helfen, zu Deiner eigenen Kraft zu finden, nicht um ihm Deine zu geben.

Gut – Das Prinzip von Gut und Böse

Folgt etwas dem Verstand, der Moral (der Wissenschaft von Gut und Böse), bzw. der Vorstellung des Positiven und Vollendeten, so gilt es in der Regel als „gut". Dieses Prinzip bedeutet jedoch zugleich, dass das Gegenteil schlecht oder falsch ist. Gut und Böse bedingen einander also und existieren nicht ohne ihren Gegensatz. Sie sind zwei Aspekte ein und derselben Sache. Jedes Mal, wenn wir etwas oder jemanden „gut finden" nähren wir in unserem Inneren die Vorstellung, dass das Gegenteil schlecht oder böse ist. Beide Begriffe entsprechen also einem Konzept des menschlichen Verstandes.

Sagen wir, dass es gut ist, dies oder jenes zu tun, sollten wir genau beobachten, was da in uns spricht: Unsere Überzeugungen, unsere Prinzipien oder unser Wertsystem? Behauptet jemand z. B. es sei gut, seine Eltern mindestens einmal wöchentlich zu besuchen, so sagt er damit auch, dass eine innere Stimme ihn kritisiert oder verurteilt, wenn er oder andere dies nicht tun. Während eine solche Haltung zwangsläufig Schuldgefühle hervorruft, kann der freiwillige und spontane Besuch bei den Eltern, der nicht durch moralische Zwänge motiviert ist, wirklich Freude bereiten. Dann bringt man dies jedoch auch anders zum Ausdruck, wie z. B.: „Ich statte meinen Eltern gern einmal in der Woche einen kleinen Besuch ab." Der Ton macht die Musik...

Wir sollten versuchen, wachsamer mit Worten umzugehen, die die Vorstellung von gut oder schlecht betreffen. Dadurch sehen wir auch den Unterschied zwischen dem Ausdruck des Herzens und des Kopfes, der seine Entscheidungen nur danach richtet, was er gelernt hat. Ist es nicht eigenartig zu beobachten, dass viele Menschen Schuldgefühle haben, wenn sie es sich gut gehen lassen? Das kann auch für die SEXUALITÄT gelten, die doch Freude bereiten sollte. Manche wiederum fühlen sich schuldig, wenn sie viel Geld verdienen und sich damit Dinge kaufen, die ihnen Spaß machen. Die Menschheit hat die verschiedensten Moralvorstellungen geschaffen, in denen das „so genannte Böse" uns daran hindern soll, uns gut zu fühlen.

In Wahrheit jedoch, kann nur unsere eigene ERFAHRUNG darüber Aufschluss geben, was gut ist für uns und was nicht. Treffen wir unsere Entscheidungen mit Hilfe unserer Intuition, unserer Gefühle und aufgrund der Folgen früherer Erfahrungen, so wird wahre INTELLIGENZ und nicht die seit Generationen überlieferte Vorstellung von Gut und Böse unser Leben lenken. Außerdem sollten wir uns endlich bewusst machen, dass der Kampf gegen das BÖSE jenem nur mehr Kraft verleiht. Wenn wir alles Vorteilhafte in unserer Existenz fördern, was uns förderlich ist, ist gar kein Platz mehr für das Schlechte. Es ist wie ein Glas trübes Wasser, in das wir nach und nach klares Wasser gießen, bis es völlig sauber ist.

Haltung

Art und Weise, in der wir auf etwas oder jemanden reagieren, bzw. die Urteile und Neigungen, die zu einem bestimmten Verhalten führen. Unsere Haltung lässt nicht nur Aufschlüsse auf unser Innenleben zu, sondern schafft auch unsere Wirklichkeit. Sie betrifft also zugleich unser Innenleben, sowie das daraus folgende Verhalten. Unsere BEWEGGRÜNDE und besonders unsere ÜBERZEUGUNGEN lassen uns bestimmte Haltungen einnehmen: positiv, negativ, froh, niedergeschlagen, konstruktiv, strahlend, pessimistisch, oder die des Opfers oder Gewinners.

Motivieren z. B. nur Einkommen und Sicherheit die Arbeitshaltung eines Angestellten, so wird er dazu neigen, sie mürrisch und gleichgültig zu verrichten und sich weigern, seine Kreativität und Talente für den Erfolg des Betriebs einzusetzen. Die Arbeitszeit wird ihm wesentlich länger, ja unendlich erscheinen, als wenn er eine positive und konstruktive Haltung an den Tag legen würde.

Die Ergebnisse der verschiedensten Lebenssituationen hängen von unserer Haltung ab. Deshalb sind unsere BEWEGGRÜNDE und ABSICHTEN auch so wichtig. Spiegeln die Resultate nicht Deine Wünsche wider, so solltest Du Deine innere Haltung überprüfen und versuchen die ÄNGSTE zu entschlüsseln, die Deine Ziele sabotieren. Wir können zusammenfassend also sagen, dass die Haltung das Verhalten und jenes wiederum das Ergebnis beeinflusst.

Hang

Gefühlsbindung an geliebte Personen oder Dinge, die häufig schwer zu lösen ist. Oft besteht ein Zusammenhang mit teuren Erinnerungen der Vergangenheit. Neben solchen Erinnerungen können wir natürlich auch an materiellen Dingen oder Tieren hängen. Jede Form der Anhänglichkeit versucht einen Liebesmangel wettzumachen.

Besonders anhängliche Menschen leiden an affektiver ABHÄNGIGKEIT. Sie werden Gefangene dieser emotionellen Bande. Geht ihnen dieser wichtige Anhaltspunkt verloren, stehen sie plötzlich vor einer großen inneren Leere. Wir können einen anderen Menschen lieben und uns ihm sehr verbunden fühlen, doch sollten wir in der Lage sein, uns unserer inneren Reichtümer zu besinnen, wenn er plötzlich, aus welchen Gründen auch immer, aus unserem Leben verschwindet. In unserem Inneren haben wir alles, was wir brauchen, um unseren Weg gelassen fortzusetzen. Unser Anhaltspunkt ist unser INNERER GOTT. Daher ist es wichtig, schon jetzt eine gewisse **Unabhängigkeit** von unseren Besitztümern und geliebten Menschen zu erwerben, die jedoch nichts mit Verzicht zu tun hat.

Wir können unseren Partner, unsere Eltern, Familie, Kinder und Güter lieben und uns an ihnen freuen, wenn wir dabei nicht vergessen, dass nichts wirklich uns gehört, dass alles in unserem Leben vergänglich ist und nur unserer ENTWICKLUNG dient. Scheidet etwas oder jemand aus unserem Leben, so ist dies zugleich ein Zeichen des Universums, dass wir nun zu neuen Erfahrungen schreiten sollten. So lenken unsere Wünsche und materiellen Güter uns auch nicht zu sehr von unserer Beziehung mit Gott ab.

Verzicht bedeutet, materiellen Dingen zu entsagen und sich von unserer Familie und unserem Besitz abzuwenden. Mitglieder bestimmter, religiöser Gemeinschaften und SEKTEN sind ein gutes Beispiel hierfür. Manche Menschen glauben, dass Entsagung sie auf ihrem spirituellen Weg weiter bringt. Doch hat dies eigentlich nichts mit SPIRI-TUALITÄT zu tun. Wählen wir den Weg des Verzichts, so sollte das geschehen, um eine neue Erfahrung zu machen und nicht aus Angst, nicht in den HIMMEL zu kommen, weil wir zu reich sind. Es sollte sich also vielmehr um eine wirklich freie Wahl als um Entsagung handeln. Während der *Verzicht* Dinge oder Handlungen ausschließt, führt uns die *Wahl* Neuem entgegen.

Harmonie

H

Übereinstimmung der Gefühle und Ideen mehrerer Personen. Einvernehmen, Frieden und Eintracht. Strebt nicht jeder Mensch danach in Harmonie zu leben, um in Frieden mit sich und der göttlichen Schöpfung zu sein? So treffen wir ausgewogene Entscheidungen und entsprechen eher den Bedürfnissen unseres SEINS als denen des ICHS. Glückliche und harmonische Menschen erzeugen um sich dieselbe Energie. Sie strahlen eine fühlbare AURA des Lichtes aus.

Für ein erfülltes Leben müssen wir die BEDÜRFNISSE der drei Ebenen der stofflichen Dimension erfüllen, d. h. die körperliche, emotionale und mentale. Wir konzentrieren unseren Geist auf sie und nicht auf die ÜBERZEUGUNGEN unseres Verstandesdenkens. Wir gestehen uns und unseren Mitmenschen das Recht zu, die verschiedensten Erfahrungen zu machen, ohne SCHULDGEFÜHLE oder ANGST vor VORWÜRFEN haben zu müssen, da alles von der Liebe bestimmt wird. So pflegen wir ACHTUNG, Verständnis, MITGEFÜHL und TOLERANZ der Unterschiede.

In Augenblicken, in denen es Dir schwer fällt, diese Harmonie zu schaffen oder beizubehalten, kannst Du Dir folgenden Satz vorsagen: „Mögen Frieden und Harmonie in mir, um mich und durch die ganze göttliche Schöpfung wirken!" Du kannst Dir vorstellen, in Licht zu baden, während Du diese Worte wiederholst. Machst Du diese Übung jeden Morgen beim Aufstehen, so wird sich Dein Tag auf eine völlig andere Weise gestalten.

Nichts kann Dich daran hindern, Dir ständig vorzustellen, von Licht umgeben zu sein. Kommst Du z. B. irgendwohin, so kannst Du visualisieren, wie das Licht die Räume, in die Du eintrittst, wie ein Strahlen durchflutet, das Dir den Weg öffnet und alle Orte erleuchtet, an die Du Dich begibst. Umhülle alle Menschen, mit denen Du in Kontakt trittst, mit diesem Licht. Gelingt es Dir, diese Übung ein paar Monate zu machen, wirst Du überraschende Veränderungen in Deinem Leben feststellen. In jedem Fall wird Dir diese Übung nur Vorteile bringen.

Hartnäckigkeit

Gewissheit und starkes Verharren auf Denkweisen und ÜBERZEUGUNGEN. Jeder Mensch hat Recht auf eine eigene Meinung. Unterschiedliche Meinungen sind sogar wünschenswert. Sie sind ein Zeichen unserer INDIVIDUALITÄT und unseres Einflusses auf die Ereignisse unseres Lebens.

Meinungen richten sich nach unseren Wahrnehmungen, Erfahrungen und danach, was wir in einem bestimmten Kontext zu lernen haben. Versteifst Du Dich auf bestimmte Ansichten, so ist es wichtig, Dir Deine Beweggründe bewusst zu machen. Menschen, deren Meinungen nicht auf Ängsten beruhen, können andere Ansichten in der Regel ebenso gelten lassen. Hartnäckige Rechthaberei ist eine Form von ANGST. In solchen Situationen sollten wir uns fragen: „Was könnte mir passieren, wenn ich dem anderen Recht auf eine andere Meinung zugestehe?" So überwinden wir unseren HOCHMUT und können die unserem Verhalten zugrunde liegenden ÜBERZEUGUNGEN aufdecken. Um eine festgefahrene Diskussion zu beenden, in der beide Gesprächspartner überzeugt sind, Recht zu haben, können wir sagen: „Können wir uns darauf einigen, dass wir beide im Moment andere Ansichten zu diesem Thema haben?"

Hass

Starke Abneigung oder Feindseligkeit, die anderen Böses wünscht oder sich über deren Unglück freut. Wir wissen alle, dass Liebe Glück, Lebensfreude, Harmonie, Seelenfrieden, Gesundheit, Freiheit und innere Ruhe bringt. Schon allein diese Worte beruhigen unseren Geist. Hass hingegen ist die zerstörerischste Seite des Menschen. Anstatt wie die Liebe zu heilen, nimmt der Hass seinen Schöpfer gefangen und zerstört ihn. Er ist für zahlreiche KRANKHEITEN verantwortlich und erzeugt ebenso starke Energien wie die LIEBE, verursacht jedoch das genaue Gegenteil.

Hass ist in vielen Fällen die Folge enttäuschter Liebe. Es bedurfte also zuerst großer Liebe. GLEICHGÜLTIGE Menschen können auch nicht hassen. Meist geht Hass auf unrealistische ERWARTUNGEN zurück, nach denen andere uns mehr oder anders lieben sollten.

Auch RACHSUCHT ist menschlich. Wir haben dieses Gefühl alle schon einmal unter den verschiedensten Umständen erfahren. Es wird zu Hass, wenn der betroffene Mensch, sich zutiefst verletzt fühlt. Es liegen ihm die SEELENWUNDEN der ZURÜCKWEISUNG und der VERNACHLÄSSIGUNG zugrunde. Solche Menschen sind nicht wirklich BÖSE, sondern haben vielmehr ihre INNERE MITTE verloren und leiden meist schon seit ihrer frühsten Kindheit.

Hegst Du anderen Menschen gegenüber solchen Hass, dass Du ihnen Unglück wünschst, so hast Du diese Gefühle schon früher dem Elternteil desselben Geschlechts wie der gehassten Person entgegengebracht. Es ist sehr schwer, ja manchmal völlig unmöglich, uns einzugestehen, einen unserer Eltern gehasst zu haben. Es ist völlig menschlich etwas zu leugnen, was große Schmerzen bereitet und uns inakzeptabel erscheint. Dennoch ist dieser Bewusstwerdungsprozess unabdinglich. In der Folge sollten wir versuchen den dazu zugehörigen Schmerz nachzuempfinden, der ebenso menschlich ist. Dies kann über eine Phase der REVOLTE führen, in der wir das Gefühl haben, das Leben sei ungerecht. Schließlich werden wir jedoch dazu in der Lage sein, zu VERZEIHEN und uns mit uns und den anderen zu versöhnen. So kann die Energie, die wir zuvor in den Hass investierten, sich in einem glücklichen, freien und friedlichen Leben entfalten. Glücklicherweise verfügen wir alle über schöpferischen Elan, der uns ermöglicht, diese zerstörische Kraft in konstruktive und befreiende Energie umzuwandeln und die großen Reichtümer unseres HERZENS zu entdecken.

Helfen lassen (sich)

Lassen wir uns helfen, so bekommen wir Unterstützung und Beistand. Viele Menschen regeln ihre Probleme gerne alleine. Überschreitet eine Situation jedoch unsere Kompetenzen oder Grenzen, können wir ins Auge fassen, andere um Hilfe zu bitten oder ihr diesbezügliches Angebot zu akzeptieren. Wir sollten unsere Entscheidung nicht auf die lange Bank schieben. Solches Zögern ist meist durch die Angst bedingt, sich lächerlich zu machen oder bei anderen als unfähig oder leicht verletzbar zu gelten. Vielleicht fürchten wir auch zurückgewiesen, vernachlässigt oder im Stich gelassen zu werden.

Haben wir erkannt, dass wir alle nur Menschen sind, die alle ihre Grenzen und verschiedene Bedürfnisse haben aber zugleich Teil eines größeren Ganzen sind, so werden wir auch feststellen, dass die anderen sich uns öffnen, wenn wir ihnen offen gegenüberstehen. Nur so können wir Frieden, gegenseitige Hilfe, Hingabe und Harmonie in dieser Welt schaffen. Außerdem sollten wir uns bewusst sein, dass wir durch unsere Bitte um Hilfe einem anderen Menschen die Gelegenheit einräumen zu geben. Wir haben nichts zu verlieren, auch wenn wir mit der angebotenen Hilfe oder dem Ratschlag des anderen nichts anfangen können oder wollen. Inwiefern? Indem wir uns anderen anvertrauen, lernen wir, uns zu öffnen und mitzuteilen, was unser SELBSTBEWUSSTSEIN stärkt. Oft sehen wir die Lösungen zu unseren Problemen gerade in dem Augenblick in dem wir sie formulieren. Natürlich gibt es auch das andere Extrem, d. h. Menschen, die nichts alleine unterfangen können und glauben, sich immer und überall helfen lassen zu müssen. Ist das Dein Fall, so solltest Du auch unter den Stichwörtern VERNACHLÄSSIGUNG und OPFER nachlesen.

Hellseherei

Durch verschiedene Mittel von der Vergangenheit oder Zukunft anderer sprechen. So lesen manche Hellseher im Horoskop, in einer Kristallkugel, den Linien der Hand, im Kaffeesatz usw., um ihren Aussagen größere Glaubwürdigkeit zu verleihen. Worin besteht der Unterschied zwischen KLARSICHT und Hellseherei? Ein Hellseher macht Prophezeiungen wie: „Sagen Sie Ihrem Mann, er soll in den nächsten drei Monaten besonders vorsichtig Auto fahren, da er sonst einen Unfall haben könnte." „In den nächsten zwei Monaten werden sie Geld gewinnen." Ein klarsichtiger Mensch würde nie solche Dinge sagen, sondern versucht eher, uns durch gezielte Fragen zu helfen, unsere eigenen BEDÜRFNISSE und innere Kraft zu entdecken. Beratungen bei einem Hellseher verwirren und bereiten uns oft Sorgen für die Zukunft. Wir sollten Menschen, die uns von unserer Vergangenheit oder Zukunft erzählen, also mit größter Vorsicht begegnen.

Versichere Dich, dass sie wirklich wissen, was sie tun. Es besteht z. B. ein großer Unterschied zwischen der Wissenschaft der Astrologie und dem Horoskop der Tageszeitung, zwischen Chirologie und einfacher Handleserei.

Herz

Hier wollen wir vom Herzen als Sitz unseres Bewusstseins und tiefer Gefühle sprechen. Hier liegt der wahre Unterschied zwischen PERSÖNLICHKEIT, SCHEIN, ICH und INDIVIDUALITÄT. Handeln wir mit unserem Herzen, sind wir in unserer INNEREN MITTE und haben keinerlei Zweifel an der Richtigkeit unseres Tuns. Das bedarf einer guten Dosis Nächstenliebe, Verzeihen, Güte und Wohlwollen. Die Liebe des Herzens kann alle KRANKHEITEN heilen.

Je mehr wir LIEBEN, desto mehr öffnen wir auch unser Herz. Dann breiten sich all die essentiellen Tugenden gleichsam über unser Blut in unserem ganzen Körper aus und versorgen unsere Zellen mit Gesundheit und Lebenskraft. **Verweilen wir in unserem Herzen, tragen unsere innere Harmonie und LEBENSFREUDE dazu bei, unsere WÜNSCHE und all das zu verwirklichen, was wir für ein glückliches Leben brauchen.** So finden wir zu Ruhe, Frieden, Freude und intensive Momente des Glücks.

Hilfe leisten

Anderen zu helfen bedeutet, unsere Bemühungen mit ihren zu vereinen. Viele helfen gern ihren Mitmenschen, besonders wenn es sich um moralische oder psychologische Unterstützung geht. So offenbaren sie ihr großes Herz. Doch will sich nicht jeder helfen und noch weniger beraten lassen. Das kann die verschiedensten Gründe haben. Deshalb ist es wichtig, sich zuvor aus Respekt vor dem anderen zu versichern, ob er überhaupt unsere Hilfe möchte und welchen Beistand er sich wirklich wünscht. Will er lieber allein zu Recht kommen, so sollten wir nicht darauf bestehen und unsere Energie für unsere eigenen Bedürfnisse wahren.

Brauchen und wünschen andere aber wirklich Deine Hilfe, so sollte sie ohne jegliche Erwartungen geleistet werden. Gibst Du z. B. einen Rat, so musst Du auch akzeptieren können, dass man ihm nicht unbedingt folgt. Dasselbe gilt für jede Art *konkreter* Hilfe: Wir sollten keine Gegenleistung für eine Hilfestellung erwarten. So sehen wir sehr schnell, ob wir wirklich um des Gebens willen helfen oder nicht.

In der obigen Definition heißt es „unsere Bemühungen mit denen anderer zu vereinen". Es ist also keinesfalls davon die Rede, alles alleine zu übernehmen. Das meint auch das Sprichwort „Hilf Dir selbst, so hilft Dir Gott". Tust Du alles für einen anderen, der nichts selbst übernehmen will, so hilfst Du ihm nicht wirklich. Unsere Hilfe geschieht immer durch den Filter unserer Kenntnisse und Erfahrungen, d. h. sie richtet sich danach, was wir selbst für nötig halten. Im Idealfall wird unsere Hilfe durch EMPATHIE motiviert. Wir versetzen uns in die Rolle des anderen, BEOBACHTEN aufmerksam und akzeptieren die Situation ohne Emotionen.

H

Auf diese Weise lassen wir kein Urteil unseres Verstandesdenkens zu, sondern bieten intuitiven Beistand, der nicht von unseren eigenen Schwierigkeiten beeinflusst wird. Wir sollten versuchen, unseren Mitmenschen zu helfen, so gut es im Bereich unserer Möglichkeiten steht, dabei aber auch unsere GRENZEN respektieren. Ersucht man uns um Hilfe, so sind wir in der Regel in der Lage dazu, sie zu leisten. Ruft die Situation jedoch heftige EMOTIONEN in uns hervor, so ist dies ein ziemlich sicheres Anzeichen dafür, dass wir selbst etwas in diesem Bereich zu regeln haben.

Finanzielle Unterstützung ist oft ein heikles Thema. Bist Du großzügig in diesem Bereich, so ist dies bewundernswert. Bittet jemand Dich darum ihm Geld zu leihen, so ist es wichtig, die Bedingungen klar – und eventuell auch schriftlich – festzuhalten.

Ist Dir danach, jemandem zu helfen, ohne dass er Dich darum gebeten hat, so kannst Du ihm Dein Anliegen mitteilen. Weist er Dein Angebot zurück, so solltest Du seine Entscheidung ACHTEN. Manche Menschen wollen nicht mit ihren Problemen konfrontiert werden und warten lieber, bis sie an ihre Grenzen stoßen, bevor sie sich etwas eingestehen können. Das mag an MASOCHISMUS grenzen, doch ist es nicht unsere Aufgabe, das Leben anderer zu beurteilen. In solchen Fällen können wir uns die betroffene Person umhüllt von Licht vorstellen und uns wünschen, sie möge den Kontakt zu ihrer eigenen strahlenden Quelle wieder finden, die ihr den Weg zum Glück weisen wird. Doch ist das „Glück" ein sehr relativer Begriff, der von Mensch zu Mensch variiert. Nur selten wird ein Ratschlag geschätzt, wenn er nicht zuvor erbeten wurde. Die wertvollste Hilfe ist immer noch die, um die man uns ersucht hat.

Himmel

In den jüdisch-christlichen Kulturen ist der Himmel die Stätte der ewigen Glückseeligkeit, wo die Seelen der Gerechten verweilen. Oft stellt man sich dieses Paradies, wie auch das *Fegefeuer* oder die *Hölle* als einen Ort vor, obwohl sie in Wirklichkeit eigentlich verschiedene Zustände bezeichnen sollen. Solche Seelenzustände können auch von ein und demselben Menschen innerhalb kürzester Zeit erfahren werden. Wer war nicht schon am selben Tag „himmelhoch jauchzend und zu Tode betrübt", sah am Morgen dem Leben hoffnungsvoll entgegen und schuf sich am Nachmittag seine eigene Hölle voller Angst, Sorgen und Zweifel.

Es heißt, die Seelen hätten im **Fegefeuer** für ihre SÜNDEN zu büßen. Dieses Fegefeuer ist jedoch vielmehr eine Geisteshaltung, die wir an verschiedenen Etappen unserer Entwicklung schon während unseres Erdenlebens durchlaufen. Wir alle sind auf dieser Welt dem GESETZ VON URSACHE UND WIRKUNG unterworfen. AKZEPTIEREN wir unsere Erfahrungen in LIEBE, so schaffen wir unser inneres Paradies.

Auch die **Hölle** ist keine „Stätte der verdammten Seelen", sondern alles, was uns auf den verschiedensten Ebenen unserer Existenz unglücklich macht: Wut, Eifersucht, Angst, Depression, Frustration, Aggressivität, Schuldgefühle, negative Ansichten, Rachsucht, Hass, usw. Aber auch die Weigerung sich oder anderen zu verzeihen kann zur Hölle werden. Kurz, sie umfasst alles, was uns daran hindert, frei und glücklich zu sein und in Liebe und Frieden zu leben. Alle Widerstände gegen die Realisierung des Himmlischen sind demnach Teil der Hölle.

In „Die zehnte Prophezeiung von Celestine" schreibt der Autor James Redfield, in der Hölle konzentrierten sich schrankenloses Verlangen, Neid, Geiz, Verfolgungswahn, Geisteskrankheit, Angst, Wut, Ekel vor sich selbst, Besessenheit und Überheblichkeit. Die Hölle ist schwer, unendlich, kalt, dunkel, einsam und voller Verzweiflung. So ist das Wort „Hölle" auch in unseren allgemeinen Sprachgebrauch eingegangen, um besonders schwierige oder schmerzliche Erfahrungen zu beschreiben. So heißt es jemand „geht durch die Hölle", hat die „Drogenhölle" überstanden oder ist ein einer „Spielhölle" versackt". In all diesen Fällen geht es um Menschen, die an einem Tiefpunkt angelangt sind, in dem sie den Kontakt zu ihrer göttlichen Natur verloren haben.

Manche Menschen verwenden das Wort „Hölle" ebenso häufig wie nachlässig, wenn sie z. B. erzählen, ihr Tag sei „die Hölle gewesen", sie hätten im Büro oder auf der Weg nach Hause die „Hölle durchgestanden". Das mag harmlos und unbedeutend erscheinen, doch sind wir uns oft nicht der großen Macht des WORTES bewusst. Wir fühlen, was wir sagen und schaffen uns so unser eigenes Leben.

Es hängt also ganz von uns ab, ob wir unseren Alltag positiv oder negativ gestalten, zum Himmel oder zur Hölle werden lassen. All diese Zustände gibt es in dieser STOFFLICHEN WELT ebenso wie in der ASTRALWELT der Seelen. Auch hier entscheiden wir selbst unseren Weg.

Hindernis

Was das Vorwärtskommen beeinträchtigt oder verzögert. Schwierigkeit oder Widerstand. Ein Hindernis kann auch eine Probe oder ein Problem sein, welches uns Einhalt gebietet und dazu bewegt, eine Situation neu zu überdenken oder Bilanz zu ziehen. Hindernisse sind also Teil unseres Lebensweges. Wie sollten wir sonst sehen, dass wir uns weiter entwickeln? Bestimmte Blockaden sind sogar Teil unseres LEBENSPLANES, den wir mit unseren FÜHRERN DES JENSEITS beschlossen haben, um unsere Kräfte zu entfalten und unsere bisherigen Grenzen zu überwinden. Andere Hindernisse wiederum beruhen auf unseren ÄNGSTEN oder sollen uns zeigen, dass wir den falschen Weg oder die falschen Mittel gewählt haben, um zu einem bestimmten Ziel zu gelangen.

Kein Hindernis taucht ZUFÄLLIG in unserem Leben auf. Es gibt Lösungen für alle Probleme. Keine Situation ist ausweglos. Dabei ist es wichtig, die Rolle des OBJEKTIVEN BEOBACHTERS einzunehmen und niemandem VORWÜRFE zu machen – auch nicht uns selbst. Jede Form der Anklage bedeutet Stillstand. Wir verfangen uns in der Problematik und verschlimmern sie dadurch nur. Richten wir unsere Aufmerksamkeit von vornherein auf die möglichen Lösungen und Auswege, so bleiben wir in unserer INNEREN MITTE und sind der Möglichkeit aufgeschlossen, dass sich alles viel schneller und leichter regelt, als wir ursprünglich angenommen haben.

In Wirklichkeit sind die Hindernisse unseres Lebens vielmehr Schwellen unserer Entwicklung und Selbstentfaltung. Jedes Problem bringt nicht nur seine Lösung, sondern auch die Kraft mit sich, uns mit ihm konfrontieren zu können.

Um festzustellen, ob ein Hindernis als ein Zeichen zur Umkehr zu werten ist, sollten wir uns fragen, ob unsere ursprüngliche Entscheidung von Angst oder von LIEBE motiviert war. Es ist entscheidend, sich auf das zu konzentrieren, was wir wollen, und nicht auf all die Dinge, die wir nicht wollen.

Bleiben wir also objektiv, in unserer inneren Mitte und hören auf unsere INTUITION, so werden wir immer die nötigen Ressourcen finden, um jedwedem Hindernis die Stirn zu bieten. Vertraue Deinem Inneren Gott, bleibe fröhlich, heiter, optimistisch und SETZE AKTIONEN, die Dir später nützlich sein könnten. Je größer die Hindernisse, desto deutlicher sind die Botschaften des Lebens an uns. Akzeptieren wir die Vorstellung, VERANTWORTUNGSBEWUSSTE Schöpfer unseres eigenen Lebens zu sein, so AKZEPTIEREN wir auch die Hindernisse, die sich uns manchmal in den Weg stellen. Wir sind bereit, den nächsten Schritt in unserer Entwicklung zu tun.

H

Hochmut

Übersteigertes SELBSTWERTGEFÜHL zu Lasten anderer. Hochmut ist ein komplexes Thema, welches aus verschiedenen Perspektiven betrachtet werden kann. Überheblichkeit beruht auf unserem ICH mit all seinen PERSÖNLICHKEITEN, die es einmal geschaffen hat, um mögliches Leid zu vermeiden. Ein stolzes Ego will nicht nur Recht behalten, sondern auch über den anderen triumphieren oder ihn als Verlierer erniedrigen. In Diskussionen kann HARTNÄCKIGKEIT ein Zeichen von Hochmut sein. Viele Menschen sehen sich selbst nicht als hochmütig, werfen es anderen jedoch vor. Ist das Dein Fall, so bist Du ebenso überheblich, wie jene, auch wenn Du nicht unbedingt offen rechthaberisch bist. Es genügt, in unserem Inneren davon überzeugt zu sein, dass wir Recht haben und die anderen nicht.

Abgesehen von körperlichen Konsequenzen zieht jede Form von Hochmut zwischenmenschliche Beziehungen in Mitleidenschaft. Er gilt als eines der größten Laster der Menschheit und ist für Rachsucht und alle Kriege der Menschheit verantwortlich. Er härtet unser Herz und verhindert die Nächstenliebe. Paradoxerweise beruht er auch auf unserem PERFEKTIONISMUS, diesem menschlichen Aspekt, der uns ständig nach Verbesserung streben lässt.

Selbstherrlichkeit geht auf bewusste oder unbewusste ANGST zurück, nicht geliebt zu werden. Überhebliche Menschen werden jedoch nie zugeben, dass sie fürchten, nicht verstanden, verurteilt, zurückgewiesen zu werden, das Gesicht zu verlieren oder Dingen nicht gewachsen zu sein. Manchmal wird der VERGLEICH mit anderen sogar ZWANGHAFT. In jedem Fall stellt er jedoch einen großen Mangel an SELBSTVERTRAUEN dar. Er sollte vielmehr dazu dienen, sich selbst aufzuwerten und von anderen geschätzt zu werden, da die betroffene Person nicht dazu in der Lage ist, sich selbst zu schätzen, zu lieben und sich Komplimente zu machen. Diese Leere versucht sie durch die Liebe anderer wettzumachen, ohne zu bemerken, dass sie dadurch von ihnen ABHÄNGIG wird.

Nimmt der Hochmut Besitz von uns, so verlieren wir auch unsere INNERE MITTE. Wir sind nicht mehr OBJEKTIV und außerstande Ereignisse so zu akzeptieren, wie sie sind. Je mehr diese Überheblichkeit unterhalten wird, desto mehr nimmt sie uns ein und vergrößert die Angst, nicht gemocht oder ausgeschlossen zu werden. So nährt der Teufelskreis von Angst und Hochmut sich selbst. Je arroganter der Mensch, desto mehr wird er von den anderen zurückgewiesen.

Um unseren Hochmut zu überwinden, müssen wir uns zunächst unsere Angst vor der ZURÜCKWEISUNG eingestehen. Dies wird uns außerdem ermöglichen, sie auch bei unseren Mitmenschen zu erkennen, wenn sie ein ähnliches Verhalten an den Tag legen. Wir werden uns ihres Leides bewusst und können MITGEFÜHL für sie aufbringen. So berühren wir ihr Herz und können ihnen helfen, anstatt sie zu KRITISIEREN. Eines Tages werden wir in der Lage sein, unsere Mitmenschen aus einem völlig anderen Blickwinkel zu sehen und erkennen, dass jeder seine eigene Wahrheit hat, die ebenso gültig ist wie die eines anderen. Wir können sagen: „Ich akzeptiere Deinen Standpunkt, obwohl ich ihn nicht verstehe und er sich von meinem unterscheidet. Ich akzeptiere, dass Dir Deine Meinung wichtig ist." Bei einer solchen Haltung gibt es keine Verlierer. So können wir STOLZ und zugleich DEMÜTIG sein, ohne dabei überheblich zu werden. Spüren wir, dass unser Hochmut sich wieder Gehör verschaffen will, so kann es Wunder bewirken, einfach LOSZULASSEN.

Hoffnung

Unsere Wünsche für möglich und realisierbar halten und mit Zuversicht auf ihre Erfüllung warten. Hoffnung kann auch die unbestimmte Gewissheit sein, dass sich die Dinge zu unserem Vorteil und Nutzen entwickeln werden. In dieser Welt, die noch viel zu wenig VERTRAUEN ins UNIVERSUM hat, ist es wichtig an die lichtbringende Kraft des Wünschens und der Hoffnung zu glauben. Sie kann Menschen helfen, zu akzeptieren, trotz schwerer Schicksalsschläge weiter zu leben und AKTIONEN ZU SETZEN, um sich schließlich ihrer eigenen göttlichen Natur und Schaffenskraft BEWUSST zu werden. Die Hoffnung ist der erste Schritt zu den WÜNSCHEN, die uns zeigen, was wir wollen. Das führt uns zum WISSEN und LOSLASSEN, Zeichen wahrer Zuversicht. Es gibt Lösungen für alle Probleme unseres Lebens, die uns helfen sollen, uns zu dem zu entwickeln, was wir SEIN wollen.

Höflichkeit

Achtung der Regeln des Anstands und der Schicklichkeit. Da diese Regeln jedoch von Menschen erstellt wurden, variieren sie von Familie zu Familie und von einer Kultur zur anderen. Sie können die Achtung älterer Leute oder Behinderter betreffen, wenn wir ihnen z. B. in einem öffentlichen Verkehrsmittel unseren Platz überlassen. Wir können höflich handeln oder sprechen oder diese Höflichkeit auch nur aus gewissen Erwartungen heucheln. Wir können anderen die Türe öffnen, die Vorfahrt gewähren, Komplimente machen, eine Gegeneinladung zum Abendessen aussprechen usw.

Die Regeln der Höflichkeit werden den Kindern seit unzähligen Generationen von ihren Eltern und Erziehern beigebracht. Wir haben gelernt, zu lächeln und uns für Geschenke zu bedanken, auch wenn sie uns nicht gefielen, oder Onkel und Tanten auch gegen unseren Willen zur Begrüßung zu küssen. Die Beweggründe der Erwachsenen waren sicherlich ehrenhaft und gut, sollten im Endeffekt jedoch nur zeigen, dass wir wohl erzogen waren. Bei den NEUEN Generationen stoßen diese Erziehungsmethoden immer häufiger auf heftigen Widerstand, da die so genannten „Indigo-Kinder" wesentlich offener, ehrlicher und direkter sind, als dies früher der Fall war. Sie wissen genau, was sie wollen und zögern keinen Augenblick, Dinge abzulehnen, die sie nicht möchten. Deshalb gelten sie manchmal auch als unhöflich. Sie halten hingegen die Erwachsenen für scheinheilig und falsch. In Wirklichkeit wollen sie nur WAHR und NATÜRLICH sein, während sie vieles, was sie hören, sehen oder fühlen, für inkohärent halten. Sie können das Wahre sehr gut vom Falschen unterscheiden. Was wirklich zählt ist die ACHTUNG. Die Erwachsenen können in dieser Hinsicht noch sehr viel von „neuen Kindern" lernen.

Höhere Mentalebene

Siehe INTELLIGENZ.

Hölle

Siehe HIMMEL.

Homosexualität

Sexuelle Anziehung desselben Geschlechts. Im Lauf der Jahrhunderte wurde die Homosexualität als Laster, Verbrechen, Sünde und schließlich als Geisteskrankheit bezeichnet. Dennoch gibt es sie seit Menschengedenken – sogar bei Tieren. Es handelt sich um eine Wahl unserer SEELE eine bestimmte Erfahrung zu erleben, um sie eines Tages völlig akzeptieren zu können. Wir sind auf dieser Welt, um die verschiedensten Erfahrungen ohne jegliches Urteil zu machen.

Es gibt verschiedene Gründe für homosexuelle Neigungen:

- Unser Geschlecht schon vor der Geburt nicht akzeptiert zu haben und dem anderen Geschlecht angehören zu wollen;
- Dermaßen vom gleichgeschlechtlichen Elternteil enttäuscht gewesen zu sein und ihm in nichts gleichen zu wollen (siehe dazu auch den ÖDIPUSKOMPLEX);
- Zu sehr am Elternteil des anderen Geschlechts zu hängen oder es um jeden Preis beschützen zu wollen;
- Als Kind sexuell missbraucht worden zu sein.

Homosexuelle Menschen sind oft kreativ und leidenschaftlich. Es sind oft Künstlerseelen, die sehr intensiv leben, auch wenn ihnen dies nicht unbedingt bewusst ist. Sie sind leicht erregbar und dramatisieren schnell. Auch wenn es sich bei der Homosexualität um keine bewusste Entscheidung zu handeln scheint, so gehört sie zur Aufgabe, die die Seele in diesem Leben zu bewältigen hat. Meist handelt es sich dabei um die SEELENWUNDE der ZURÜCKWEISUNG.

Trotz zahlreicher Organisationen werden Homosexuelle oft noch von Familie, Freunden, Arbeitskollegen und vor allem von sich selbst abgewiesen. Je nachdem, wie sich der fragliche Mensch akzeptiert, so kann dieser Umstand eine starke emotionelle Belastung darstellen. Wie andere Erfahrungen, so sollten auch diese unserer spirituellen Entwicklung dienen und uns lehren uns und unsere Mitmenschen zu AKZEPTIEREN und zu TOLERIEREN.

Aber auch diejenigen, die Homosexualität vehement ablehnen und denen der Kontakt mit homosexuellen Menschen äußerst unangenehm ist, haben die Problematik der Zurückweisung zu überwinden, da sie nicht in der Lage sind, die freie Wahl anderer zu akzeptieren. Bringt z. B. die Homosexualität eines Kindes die Eltern in höchste Aufruhr, so geschieht dies meist aus Angst selbst von anderen dafür verurteilt oder zurückgewiesen zu werden. Dazu können auch noch SCHULDGEFÜHLE eines autoritären Vaters oder einer zu beschützenden Mutter kommen, die meinen etwas „falsch" gemacht zu haben, was verwerflich sein könnte.

Fällt es Dir schwer, einen homosexuellen Menschen zu akzeptieren, so beobachte, was Dich besonders an ihm STÖRT. Der SPIEGELANSATZ kann Dir dabei eine wertvolle Hilfe sein: Ist es möglich, dass Du Deine eigenen Neigungen zurückweist, die Du in Dein tiefstes Inneres verbannt hast? Vergiss nicht, dass wir so lange wiedergeboren werden, bis wir all unsere Erfahrungen gänzlich akzeptieren haben. Eine homosexuelle Tendenz zu akzeptiert, heißt noch lange nicht, dass wir sie in die Tat umsetzen müssen. Es geht vielmehr zu akzeptieren, dass eine (übrigens völlig menschliche) Anziehung zu Personen desselben Geschlechts besteht, ohne dies als „pervers" oder „abnormal" zu verurteilen. Dann haben wir immer noch die freie Wahl, bewusst zu entscheiden, ob wir sie ausleben möchten oder nicht.

Unser einziger EXISTENZGRUND besteht darin, uns durch unsere Erfahrungen so zu akzeptieren, wie wir wirklich sind. Der beste Weg dazu führt über die wahre LIEBE unserer Mitmenschen.

Ich bin

Hier geht es um die Ebene des SEINS, unser eigentliches Wesen. „Ich bin" ist der Ausdruck der größtmöglichen Schaffenskraft: GOTT, das Wort. Diese beiden Worte haben durch ihre Schwingung sehr großen Einfluss auf unser Leben. Sie setzen unsere Kreativität in Bewegung, da wir uns durch sie als Ausdruck Gottes verstehen, der reine, kreative Energie ist.

Wir können diese Worte Hundert Mal am Tag wiederholen, ohne uns dessen überhaupt bewusst zu werden: „Ich bin froh, hier zu sein. Ich bin glücklich. Heute bin ich gut aufgelegt…" Während solche VORSÄTZE unser Glück zu leben unterstreichen, wiederholen wir leider immer noch allzu oft ganz automatisch Worte, die uns abträglich sind, wie z. B.: „Ich bin dumm, ich bin ängstlich, ich bin schwach, ich bin arm, ich bin zu dick, ich bin unfähig, ich bin Alkoholiker usw." Solche Worte unterstreichen nur den beklagten Umstand, denn auch sie bestätigen ja die Aussage durch das unumstößliche *Ich bin*, der uns mit dem jeweiligen Zustand identifiziert. Wir setzen unsere kreative Kraft also dazu ein, diesen Zustand zu nähren, obwohl wir das eigentlich gar nicht wollen. Wir sehen, welch enorme Schaffenskraft in WORTEN liegt. Es ist wesentlich weiser und heilbringender zu sagen: „Ich habe zurzeit ein Problem mit …. Ich AKZEP-TIERE es, aber ich weiß auch, dass ich es eines Tages überwinden werde." So machen wir uns die Situation bewusst und bleiben in der Rolle des BEOBACHTERS, die uns klar macht, dass wir nicht immer das sind, was wir behaupten. Ganz im Gegenteil: Wir befinden uns in diesem Zustand, weil wir vergessen haben, wer wir wirklich sind, und dass wir über die Macht verfügen, unser Leben nach unseren Wünschen zu schaffen. Wir sollten uns also all unserer *Ich bin* bewusst werden, um sie so einzusetzen, dass sie unsere Wahrheit zum Ausdruck bringen.

Ich

Obwohl sich die meisten Menschen mit ihrem Ich identifizieren, handelt es sich in Wirklichkeit nur um ein Gebilde des menschlichen Geistes, d. h. unsere ERINNERUN-GEN und vor allem unsere ÜBERZEUGUNGEN. Je mehr sie werden, desto größer wird auch unser Ego. Schließlich nehmen sie die Form von PERSÖNLICHKEITEN an, die unser Leben lenken wollen. Unser Ich ist überzeugt davon, unserem wahren Wesen zu entsprechen und uns demnach auch schützen und das beste Verhalten diktieren zu müssen.

Da es jedoch auf unseren ÜBERZEUGUNGEN beruht, jene aber oft durch unangenehme Erfahrungen entstanden sind, sucht es uns eher durch ANGST als durch LIEBE zu motivieren. Es ist nicht imstande, unsere wahren BEDÜRFNISSE zu erkennen, da jene der SPIRITUELLEN und nicht wie das Ich der STOFFLICHEN Dimension angehören. Es ist nicht dazu in der Lage, unsere Probleme zu lösen, da es an ihnen allen teilhat. Im Lauf der Jahre hat das Ich uns derart überwuchert, dass wir uns nicht nur mit ihm

I

identifizieren, sondern ihm auch völlige Handlungs- und Entscheidungsfreiheit lassen. Steuert es jedoch unser Leben, so sind wir nicht mehr wir selbst, hören nicht mehr auf unsere Bedürfnisse und leben nicht mehr in der GEGENWART. Wir erstarren in der Vergangenheit oder Zukunft, bremsen unsere Entwicklung und hindern uns daran, uns neuen Dingen zu öffnen.

Scheint Dir das Leben problematisch, erlebst du zahlreiche Emotionen und fühlst Dich nicht wirklich wohl in Deiner Haut, so hat Dein Ego das Steuer übernommen. Es ist wichtig, Dir dieses Umstands bewusst zu werden, um die Zügel wieder in die Hand zu nehmen und Dein Leben selbst zu MEISTERN. Das Ich meint, alleine die Wahrheit zu kennen, besser als andere zu sein, und lässt uns HOCHMÜTIG werden. Schließlich manipulieren uns unsere ÄNGSTE und Überzeugungen völlig, ohne dass wir es merken.

Im beginnenden WASSERMANN-ZEITALTER, der Ära eines neuen menschlichen Bewusstseins muss die Menschheit sich von diesem egozentrischen Weltbild lösen und den bloßen VERSTAND zu INTELLIGENZ werden lassen, um sich dem „Über-Ich" zu nähern. Führt uns unser INNERER GOTT, so finden wir auch zu unserer INNEREN MITTE und meistern unser Leben alleine.

Wie können wir unserem Ich langsam, aber sicher den Wind aus den Segeln nehmen? Zuerst müssen wir die aktuelle Situation akzeptieren und dürfen uns keine VORWÜRFE deshalb machen. Bisher glaubten wir einfach, dass das Ego das beste Mittel wäre, Leid zu vermeiden. Wir haben ihm lange viel zu viel Macht eingeräumt, so dass der Diener nun zum Herrn geworden ist. Durch unsere neue Bewusstseinsöffnung wird uns klar, dass wir selbst Herr sein sollten, und diesem Diener eigentlich keine Entscheidungen zustehen. Ist er nicht dazu da, den Bedürfnissen seines Meisters Folge zu leisten? AKZEP-TIEREN wir die jetzige Situation fühlt sich das Ich nicht angeklagt, sondern für die bisher geleisteten Dienste anerkannt. Es wird glücklich und erleichtert sein, wieder in die Dienerrolle schlüpfen zu können und uns die des Herrn gerne wieder überlassen.

Wir dürfen also nie vergessen, dass wir nicht unser Ego sind, und sollten Kontakt mit unserer göttlichen Essenz aufnehmen. Wir sind perfekte Wesen, denen ein stofflicher Körper gegeben wurde, um bestimmte Erfahrungen in der stofflichen, emotionalen und geistigen Welt zu machen und schließlich wieder zu unserer wahren Natur zurück-zukehren und reiner Geist zu werden. Leider haben wir diese Tatsache immer mehr aus den Augen verloren und unser Ich geschaffen. Wir sollten also wieder Kontakt zu unserer wahren Individualität und unserem wahren Wesen herstellen.

Ideal

Perfektes Modell, das allen ästhetischen, moralischen oder intellektuellen Ansprüchen einer Person oder Gruppe gerecht wird. Ideale entspringen der jeweiligen Vorstellung von Vollendung, die jedoch ein reines Gedankengebilde ist und keiner Wirklichkeit entspricht. Nicht zuletzt ist das Gegenteil des Ideals ja die *Realität*. Das Wort „ideal" wird auf die verschiedensten Weisen gebraucht: Manchmal bezeichnet es Personen oder

Situationen wie z. B. „Ich habe den idealen Fachmann für diese Arbeit gefunden" oder „Das ist ideal für dies oder jenes". In diesem Fall bedeutet es in etwa: *geeignet, passend, qualifiziert, geschickt, adäquat.* Uns geht es in diesem Rahmen vor allem darum, jemand oder etwas zu idealisieren.

Idealisten sind in der Regel große PERFEKTIONISTEN, die nicht sehr realistisch sind. Sie streben in allen Bereichen nach Vollkommenheit, sind äußerst kritisch, verlangen viel zu viel von sich selbst und sind daher auch nie zufrieden. Alles sollte perfekt, fehlerlos und makellos sein. Bewunderte Menschen werden ebenso idealisiert. Das führt zwangsläufig zu großen ENTTÄUSCHUNGEN, wenn sie die Wirklichkeit erkennen. Es ist ebenso unrealistisch wie unmöglich, das vollendete Ideal zu erreichen, welches Perfektionisten anstreben.

Doch ist es natürlich, sich in bestimmten Bereichen verbessern zu wollen. Nur sollten wir unsere Worte manchmal etwas vorsichtiger wählen. Sagen wir z. B.: „Die ideale Haltung, die ideale Lösung, die ideale Stelle wäre diese oder jene; im Idealfall handelst Du so oder so usw.", so versuchen wir die Dinge zu sehr zu erzwingen, unsere GRENZEN zu sprengen oder unsere ERWARTUNGEN zu erfüllen. Wir können die Dinge ja auch folgendermaßen formulieren: „Dies oder jenes wäre schön, wünschenswert, in Erwägung zu ziehen, gut für uns oder ausgezeichnet…" Diese Worte setzen ZIELE und veranlassen uns eher dazu, uns selbst zu übertreffen, erinnern uns aber immer daran, dass es keine Perfektion in der STOFFLICHEN WELT gibt. Sie existiert nur auf der Ebene des SEINS. Diese neue Formulierung räumt uns außerdem eine gewisse Existenzberechtigung ein und ermöglicht uns, unsere Grenzen zu akzeptieren, um sie nach und nach zu erweitern.

Verwendest Du häufig das Wort „ideal" oder neigst dazu, Situationen oder Menschen zu idealisieren, so solltest Du versuchen, Dir dies bewusst zu machen. Sei FLEXIBLER mit Dir und den anderen. Sei beruhigt: Du kannst trotzdem weiterhin nach Perfektion streben. Es ist menschlich, sich verbessern und übertreffen zu wollen. Dieser natürliche Drang wird auch in Dir wirken, wenn Du nicht ganz so streng und starr mit Dir umgehst. So kannst Du auch im Alltag glücklich sein, statt zu glauben, dass Glück erst möglich ist, wenn Du Dein Ideal erreicht hast.

Idee

Mehr oder weniger eigenständig ausgearbeitete Kenntnisse, Taten oder Schöpfungen. Ideen entstehen wie Intuitionen spontan in unserem Geist, ohne dass wir zuvor unbedingt überlegt oder analysiert haben müssen. Vor allem Einfälle, die mehr als kleine Strohfeuer sind, sollten weiter verfolgt werden. Nichts kann ohne vorherige Ideen konkretisiert werden. Wir sollten sie in jedem Fall berücksichtigen, da sie unserer inneren Quelle entspringen und uns helfen können, Wünsche zu verwirklichen. Sie können andere inspirieren und sogar zur Entwicklung der Gesellschaft oder Menschheit beitragen.

Für dieses Buch z. B. kam uns beiden Autoren die Idee. Wir hielten sie fest und verfolgten sie, bis die Frucht in Form des vorliegenden Werkes gereift ist.

Jeder Mensch hat gute Ideen. Das soll jedoch nicht heißen, dass wir sie alle unmittelbar in die Tat umsetzen sollten. Manche Projekte wollen gut durchdacht sein. In anderen Fällen ist hingegen schnelles Handeln angebracht. In der Regel fühlen wir sehr genau, wann der richtige Zeitpunkt gekommen ist. Neue Ideen unterstützen den ursprünglichen Einfall, und auch die nötigen Mittel zur Verwirklichung finden sich plötzlich ein.

Wir sollten aufpassen, damit unser ICH sich neue Ideen nicht zueigen macht und entscheidet, ob sie gut oder schlecht für uns sind. Es ist völlig normal, unsere Einfälle analysieren zu wollen, doch sollte sich dies eher auf das „wann" und „wie" konzentrieren. Will unser Verstandesdenken uns ANGST machen, so ist dies ein ziemlich sicheres Zeichen, dass unser Ego sich eingeschaltet hat. In solchen Fällen ist es am besten, uns zu fragen, wie wir uns fühlen würden, wenn unsere Idee, unsere Wünsche sich unter den besten Umständen verwirklichen würden. Fühlen wir uns wohl bei diesem Gedanken, so sollten wir die Idee eines Tages auch in die Tat umsetzen. Wir sollten unsere Einfälle notieren, da sie so spontan, unvorhergesehen und flüchtig sind, dass wir sie oft schon bald wieder vergessen haben. Unsere Ideen ernst zu nehmen, ist ein ausgezeichnetes Mittel, unsere INTUITION und UNTERSCHEIDUNGSKRAFT zu entwickeln.

Image

Siehe SELBSTWERTGEFÜHL.

Impuls

Kraft oder Neigung, die zum Handeln drängt. Aktivierungsenergie, die uns aus einem festgefahrenen und unstrukturierten Zustand holt und wieder Bewegung in die Dinge bringt. Manche Impulse sind Schocks, die wie ein Tritt in den Hintern wirken. Sie können von uns selbst oder von außen kommen und auf den EINFLUSS einer Geste, Handlung oder eines Wortes, Buchs, Seminars zurückgehen. Impulsive Menschen handeln oft unüberlegt. Sie sollten sich in solchen Augenblicken besonders genau beobachten. Geht der Impuls auf ihre INTUITION oder BEDÜRFNISSE oder aber auf ÄNGSTE oder MÄNGEL zurück? Impulsives Handeln kann also ebenso nützlich wie nachteilig sein. Das hängt von den BEWEGGRÜNDEN und den Folgen unserer AKTIONEN ab. Wir sollten uns also vorher fragen, was wir bei den möglichen Ergebnissen empfinden würden.

Indifferenz

Siehe GLEICHGÜLTIGKEIT.

Individualität

Was unser Wesen und unsere Originalität ausmacht. Durch unsere Individualität sagen wir: ICH BIN! Das Wort bedeutet eigentlich „unteilbar", bezeichnet also den Kern unseres Wesens. Wir sollten versuchen, in allen Umständen wir selbst zu sein, und nicht mit allen Mitteln das werden wollen, was andere unseres Erachtens von uns erwarten. Letztere Haltung versucht sich eher eine PERSÖNLICHKEIT anzueignen.

Die heutige Jugend trägt diesen Individualitätswillen zum Leidwesen mancher Eltern häufig durch Kleidung, Frisuren oder Verhalten zur Schau. Auf diese Weise versuchen sie ihre IDEEN zum Ausdruck zu bringen und öffentlich zu verkünden: „He, ich will mich nicht den Vorstellungen der Erwachsenen anpassen, sondern so sein, wie ich bin." Diese Reaktionshaltung bedeutet andererseits aber auch, dass sie noch nicht so recht wissen, wer sie sind, und sich noch selbst suchen.

Je BEWUSSTER wir uns unserer Individualität werden und je besser wir uns selbst kennen lernen, indem wir unseren wahren BEDÜRFNISSEN entsprechen, desto mehr gestehen wir uns auch zu, wir selbst zu sein. Klärt sich unser Weg, so sind wir auch imstande, unser Potential zu erkennen und zu entwickeln.

Innere Mitte

In der Mitte konzentrieren sich die Kräfte. Befindet sich ein Mensch „in seiner inneren Mitte", so ist er ausgeglichen, selbstsicher und stark. Er steht in direktem Kontakt zu seinem INNEREN GOTT, der in unserem Herzchakra sitzt. Er kennt seine wahre Bedürfnisse und weiß, was gut für ihn ist oder nicht. Seine Haltungen und Handlungen werden durch bewusste Entscheidungen bestimmt. Er lebt in der Gegenwart, kennt seinen wahren Wert und weiß, was wichtig für sein Leben ist. Da er seine Erfahrungen voll und ganz lebt, scheinen ihm die Dinge ohne jegliche Anstrengung zuzufallen.

Solche Menschen wissen, was sie zu tun haben und schaffen dadurch die richtige Situation zum rechten Zeitpunkt. Natürlich haben auch Sie Probleme oder Hindernisse zu überwinden, doch leiden sie nicht daran, da sie sich des Umstands bewusst sind, dass alle Erfahrungen zu ihrer Selbstentfaltung beitragen. Sie sind in der Lage zu BEOBACHTEN, was ihnen widerfährt, und ob eine Erfahrung eher einem BEDÜRFNIS oder einem WUNSCH entspricht. Sie sind VERBUNDEN mit der göttlichen Quelle und erkennen so die wahren Bedürfnisse ihrer Seele.

Fehlt uns jedoch diese innere Mitte, so haben wir keine Kontrolle mehr über unser Leben. Es wird vielmehr von all unseren Denkweisen und unseren vergangenen Erfahrungen, d.h. unseren ÜBERZEUGUNGEN, SCHULDGEFÜHLEN, ÄNGSTEN, kurz, unserem ICH gesteuert. Unser inneres Licht verdunkelt sich und wir sind nicht mehr imstande, unser Leben nach unseren wahren Bedürfnissen zu richten. Wirst Du Dir bewusst, dass Du Deine innere Mitte verloren hast, dann atme tief durch und versuche Dein Leben, Deine Emotionen und Gedanken wie von einem äußeren Beobachtungsposten aus zu sehen. Ein ausgezeichnetes Mittel dafür ist natürlich die MEDITATION.

Innere Ruhe

Gemütszustand eines Menschen, der weder nervös noch gereizt ist und sich selbst meistert. Das bringt Seelenfrieden, Ausgeglichenheit, Gelassenheit und Gleichmut. Ist die Natur still, so wird sie von nichts gestört. Kein Wind, keine Welle, kein Donner, kein Sturm trüben den Horizont. Wir können diesen Zustand erreichen, indem wir die Ereignisse unseres Lebens BEOBACHTEN, ohne uns von ihnen nervös machen zu lassen, und sie so akzeptieren, wie sie sind. Ruhige Menschen leben in der GEGENWART und konzentrieren nicht auf mehrer Dinge zugleich: So vermeiden sie, ihre Energie nach allen Seiten zu verstreuen und zu vergeuden.

Manche Leute scheinen nach außen hin völlig ruhig, während es in ihrem Inneren brodelt. Wirklich ausgeglichene Menschen sind auch in ihrem Inneren gelassen. Sie wissen peinlichen, schwierigen oder angespannten Situationen zu aus ihrer INNEREN MITTE heraus zu begegnen, finden auch in bewegten Momenten rasch wieder zu ihrer Ruhe und MEISTERN sich selbst.

Verlierst Du in bestimmten Situationen die Ruhe oder gar Deine Selbstkontrolle, da Sie Deine Grenzen überschreiten oder Dein ICH Dich überwältigt, so kannst Du Dich durch die Atmung beruhigen, wobei Du doppelt solange aus- als einatmest. In schwierigen Situationen kann es auch helfen, sich positive Vorsätze wie „Ich bin ruhig und werde immer ruhiger" vorzusagen. Dann konzentrierst Du Dich auf die INTELLIGENTESTE Lösung und nicht ausschließlich auf das Problem. So wirst Du Dich langsam, aber sicher wieder beruhigen. Dann ist es auch wesentlich leichter, die Situation als solche zu AKZEPTIEREN.

Um ausgeglichen zu sein, müssen wir uns unserer Gedanken und Handlungen bewusst sein. So wird uns die Ruhe zur Gewohnheit. Beobachte Deine Bewegungen, Deine Worte und Deine Taten. Versuche so oft wie möglich an stillen und friedlichen Orten zu Dir selbst zu finden. Die Gelassenheit wird Dir nach und nach zur zweiten Natur.

Innerer Dialog

In einer Diskussion wird durch den Dialog ein gemeinsamer Nenner ermittelt. Vollzieht sich ein solcher in unserem Inneren, so wägen wir die Für und Wider einer Frage ab oder berücksichtigen die Ansichten unserer verschiedenen PERSÖNLICHKEITEN. Es kommt häufig vor, dass wir uns etwas wünschen und eine innere Stimme uns sagt, das sei völlig unmöglich, dass wir nicht das Recht dazu hätten usw. In diesem DILEMMA fühlen wir uns hin und her gerissen und wissen nicht, wie wir uns entscheiden sollen. Was ist richtig, was ist falsch? Unsere Bedürfnisse werden von Ängsten überlagert. Doch wollen all diese inneren Stimmen nur unser Bestens, und sollten berücksichtigt werden.

So können innere Konflikte dieser Art gelöst werden: Stelle zwei Stühle gegenüber: Einen für Dich, den anderen für den Teil, der Deinen Wünschen widerspricht. Nimm entspannt Platz und frage die unsichtbare Meinung gegenüber, wie sie meint, Dir zu helfen, indem sie sich gegen Dich sträubt. Schlüpfe nun in die andere Rolle, indem Du Platz tauschst, um diesen Ansichten die Gelegenheit zu geben, sich auszudrücken. All dies geschieht nicht stillschweigend, sondern in einem offenen und gesprochenen Dialog. Du kannst sogar herausfinden, wie alt Du warst, als diese Seite in Dein Leben trat. Du wechselst den Stuhl, solange die beiden widerstreitenden Aspekte etwas sagen möchten. Da beide Seiten davon überzeugt sind, Recht zu haben, soll es keineswegs darum gehen, eine auszuschalten oder gewinnen zu lassen, sondern zu einer Übereinkunft zu kommen, der beide Seiten zustimmen können.

Es ist wichtig, diese Ängste nicht nur zu Wort kommen zu lassen und ihnen ihren guten Willen zuzugestehen, sondern ihnen auch dafür zu danken, Dich seit all den Jahren beschützen zu wollen. Zugleich kannst Du ihnen aber auch zu verstehen geben, dass Du Dich inzwischen weiterentwickelt hast, Dich für stark genug hältst, Dich nun allein um diese Angelegenheiten zu kümmern und bereit bist, die Folgen für Dein Handeln zu tragen. Fühlt die innere Stimme, die Angst um Dich hat, dass Du bereit und Dir dessen auch *sicher* bist, so wird sie aufhören, zu argumentieren und Dich zu quälen.

Wir sollten also nie aus den Augen verlieren, dass die verschiedenen Persönlichkeiten unseres Inneren um unser Wohl besorgt sind. Deshalb ist es auch so wichtig, sie anzunehmen und ihnen ihren guten Willen anzuerkennen. So fürchten sie nicht mehr zurückgewiesen zu werden und werden uns helfen, die beste Entscheidung für uns zu treffen, anstatt uns zu verwirren. Diese Methode führt meist zu ebenso angenehmen wie überraschenden Ergebnissen. Bereite Dich darauf vor, Dinge zu hören, auf die Du nicht gefasst bist. Du kannst diese Technik anwenden, so oft Du willst.

Innerer Friede

Innere Ruhe und Ausgeglichenheit, die von keinem Konflikt überschattet wird. Streben wir nicht alle nach einem solchen Seelenfrieden, Garant für Wohlbefinden und Glück? Nichts bringt uns aus der Ruhe. Wir machen uns keine unnötigen Sorgen, da wir wissen, dass wir in der Lage sind, mit allen Ereignissen unseres Lebens fertig zu werden. Wir sind voller Zuversicht und haben Vertrauen ins Leben. Niemand kann uns diesen Zustand nehmen oder geben.

Ein friedvolles Leben bedeutet keineswegs ein Leben ohne Hindernisse. Es wird vielmehr vom Gemütszustand bestimmt, mit dem wir ihnen begegnen. Wir können in Frieden sein, obwohl uns gewisse Ereignisse nicht glücklich machen. Das Glücksgefühl ist eher mit angenehmen Situationen verbunden. Innerer Friede, Lebensfreude, die Liebe des Universums, die Fähigkeit unsere Erfahrungen so zu akzeptieren, wie sie sind, stärken außerdem unser Immunsystem und unsere Selbstheilungskräfte.

Seelenfrieden erlangen wir, indem wir in der Gegenwart leben, loslassen, dem Universum und unserem inneren Gott vertrauen. Überdies bedarf es eines echten Verantwortungsbewusstseins. Setzen wir alles daran, Frieden in unserer Umwelt und unserem Alltag zu schaffen, dann folgt auch der innere Friede. Erst wenn der Mensch diesen Zustand erreicht hat, wird er in einer friedlichen Welt ohne Krieg, Gewalt und Konflikte leben können.

Innerer Führer

Siehe Innerer Gott.

Innerer Gott

Mit diesem Begriff bezeichnen wir unseren göttlichen Aspekt, inneren Führer, unser höheres Ich, „Überbewusstsein", inneres Licht, die göttliche Weisheit, innere Macht, Intuition, Schaffenskraft, unendliche Quelle … Diese unermessliche innere Kraft hat viele Namen und ist unser vollendeter Kern, der alles über unsere Existenz und unsere Vorleben weiß. Sie ist mit der großen Schöpfungsenergie, der Erkenntnis, dieser universellen Macht verbunden, die den ganzen Kosmos lenkt. Wir können diesem Teil in uns jeden beliebigen Namen geben, solange wir erkennen, dass diese innere Stimme uns Aufschluss über unsere wahren Bedürfnisse gibt. Sie ist allwissend, allgegenwärtig und allmächtig.

Auf dieser Erde stellt der Mensch den höchsten Ausdruck göttlicher Essenz dar. Nur hat er leider häufig die Verbindung zu seinem Urquell verloren. Im Laufe der Zeit hat er sich mit seiner stofflichen Hülle identifiziert, der neben dem KÖRPER auch der MENTAL- und EMOTIONSLEIB angehören. Je weiter er sich von seiner Quelle entfernt, desto mehr leidet er. Deshalb sollen wir uns unseres wahren Wesens immer BEWUSS-TER werden, um uns mit unserer göttlichen Essenz zu VERBINDEN. Der beste Weg zu unserem inneren Gott und unserer spirituellen Essenz führt über die wahre LIEBE und das bedingungslose AKZEPTIEREN. Insofern ist jede irdische Erfahrung ein wertvolles Zeichen für uns, ob wir in Kontakt mit unserer göttlichen Seite stehen oder nicht.

Sprechen wir von diesem vollendeten Kern und nicht von den Überzeugungen unseres ICHS, so ist jeder von uns GOTT. Unser Ich hingegen definiert Perfektion nach unserer Erziehung und unserem WERTSYSTEM. Göttliche Vollendung bedeutet, dass Gott durch all unsere Erfahrungen – ganz gleich, ob uns diese nun angenehm sind oder nicht – das Menschsein erprobt. Das ist weder gut, noch schlecht, weder positiv, noch negativ. Es IST einfach. Durch Erfahrungen lernen wir, was wir benötigen, um im vollen Bewusstsein des SEINS leben zu können.

Innerer Konflikt

Siehe DUALITÄT und DILEMMA.

Inneres Kind

In diesem Werk steht das innere Kind für den Teil unseres Wesens, der schon lange bisher unerfüllte WÜNSCHE hegt. Demnach kann es auch verschieden zum Ausdruck kommen: Als verspielter, kreativer, schelmischer, ängstlicher, tapferer, ausdrucksstarker, abenteuerlustiger, verschwenderischer, lehrwilliger, spontaner oder ehrlicher Mensch. Unser inneres Kind hat so manchen Schmerz mit sich allein durchlebt. Die Erinnerung an dieses Leid ist tief in seinem Inneren vergraben und sehnt sich nach der Gelegenheit und dem Recht, sich ausdrücken zu können.

Hören wir nicht auf unser inneres Kind, so verkennen wir auch unsere Wünsche und Bedürfnisse, was schließlich zu einer Vielzahl von EMOTIONEN und KRANKHEITEN führen kann. Jedes Kind leidet, wenn es nicht angehört und bedingungslos geliebt wird.

Ebenso sollten wir unser inneres Kind zu Wort kommen lassen und MITGEFÜHL mit ihm haben. Hat es Angst, können wir es als Erwachsene trösten und ihm zu verstehen geben, dass wir da sind, um ihm zu helfen. Deshalb ist es so wichtig, die Aspekte unseres Wesens ins Gleichgewicht zu bringen und zu versuchen, unseren BEDÜRFNISSEN zu entsprechen. Befindet sich Dein erwachsenes Verstandesdenken mit all seinen WERTEN und ÜBERZEUGUNGEN im Widerstreit mit dem Herzen Deines Kindes mit all seinen WÜNSCHEN und BEDÜRFNISSEN, so ist der INNERE DIALOG ein ausgezeichnetes Mittel, um zu einem Einverständnis zu gelangen.

Integrität

Absolute Ehrlichkeit und Unbestechlichkeit. Integre Menschen bleiben ihren Ideen, Prinzipien, Zusagen und Werten treu. So sind sie auch sich selbst gegenüber rechtschaffend und zuverlässig. Sie lassen sich nicht von den Meinungen anderer oder der großen Masse beeinflussen.

Während die Integrität die Ebene des *Seins* betrifft, bezieht sich die Ehrlichkeit eher auf das *Haben* und *Tun*. Während ehrliche Menschen sich nach erlernten Werten richten, sind integre Menschen hellhörig auf ihre eigenen. In der Regel gehen sie ihren Weg und tun, was sie für am besten für sich oder ihre Nächsten halten, wenn sie altruistisch veranlagt sind. Sie sind WAHR, zuverlässig, loyal und aufrichtig. Deshalb vertrauen ihnen ihre Mitmenschen auch gern. Sie werden geachtet und geschätzt. Je mehr wir uns selbst und andere ACHTEN, desto integrer und freier fühlen wir uns von allen Zwängen.

Intelligenz

Fähigkeit zu erkennen, zu verstehen und sich schnell an Veränderungen ANZUPASSEN. Im Vergleich zur niederen MENTALEBENE des VERSTANDES, steht die höhere Intelligenz in direkter Verbindung zu unserer göttlichen Quelle, der Erkenntnis und allem, was gut für uns ist. Sie offenbart sich immer in der GEGENWART und zeigt uns, was wir in den verschiedensten Situationen und für unsere unterschiedlichen Bedürfnisse tun und sagen sollen. Wirklich intelligente Menschen sind in der Regel spontan und vertrauen ihrem INNEREN GOTT, ihrer INTUITION. Sie wahren den globalen Überblick und bedienen sich ihrer Überlegungsgabe, um so zu handeln, wie es am besten für sie ist. Sie wissen, dass ihre Gedanken, Besitztümer oder Handlungen nur dann intelligent sind, wenn sie tatsächlich NÜTZLICH sind. Sie sind sich vor allem der Folgen ihrer Taten und des GESETZES VON URSACHE UND WIRKUNG bewusst.

Es ist bemerkenswert, dass die NEUEN Kinder sich viel mehr ihrer Intelligenz als ihres Verstandes bedienen. Sie wollen keine Dinge lernen, die ihnen nicht intelligent oder nützlich erscheinen. Sie legen jedoch ihrerseits unintelligentes Verhalten an den Tag, wenn ihr ICH auf unintelligente Erwachsene reagiert.

Nehmen wir das Beispiel der Ernährung: Während unser Verstand uns diktiert, drei Mal täglich zu essen, weil wir das seit unserer Kindheit so gelernt haben, so meint unsere Intelligenz, wir sollten essen, wenn wir Hunger haben. Sie ist absolut gegenwartsorientiert. Obwohl alle Menschen intelligente Lebewesen sind, geben viele ihrem Verstandesdenken Vorrang. Intelligenz entwickelt sich mit dem Bewusstsein. BEWUSSTSEIN entsteht durch ERFAHRUNG.

So kennen intelligente Menschen auch keine SCHULDGEFÜHLE. Sie erkennen vielmehr, dass bestimmte Handlungen unintelligent waren, da sie negative Folgen für sie hatten. Deshalb wählen sie das nächste Mal einen anderen Weg. Lassen wir unser Leben von unserer Intelligenz lenken, fühlen wir uns nicht mehr schuldig, sondern lernen VERANTWORTUNGSBEWUSSTSEIN und HARMONIE. Die menschliche Intelligenz entfaltet sich, wenn wir aufhören, alles intellektuell verstehen zu wollen.

Intensiv leben

Unsere Schaffenskraft kann all unseren Unternehmungen Sinn, Enthusiasmus und Feingefühl verleihen und uns zum gewünschten Ziel bringen. Der Mensch entwickelt Leidenschaft, wenn er seine WÜNSCHE intensiv auslebt. Sie ist das Feuer, das ihn dazu treibt, sein wahres Wesen zum Ausdruck zu bringen. Leidenschaftliche Musiker, Wanderer, Segler, Fischer, Reisende, Künstler usw. leben die GEGENWART intensiv und in vollen Zügen und können andere mit dieser Leidenschaft anstecken.

Sie kann jedoch auch überhand nehmen und den Menschen jeglicher URTEILSKRAFT berauben, wie sie z. B. bei leidenschaftlichen Spielern der Fall sein kann. Deshalb steckt in dem Wort LEIDENSCHAFT auch das Wörtchen „Leid", da sie auch zum alles verzehrenden Feuer werden kann.

Es liegt an uns die Intensität unserer Taten, Worte und Gefühle in die gewünschten Bahnen zu lenken. Dann kann sie auch zu Erfolg und Glück führen. Dazu müssen wir unseren kindlichen ENTHUSIASMUS wahren, um unsere Wünsche zu verwirklichen. Jeden Tag etwas Neues zu lernen, verleiht uns die MACHT des LEBENS.

Die Leidenschaft ist eine der stärksten Formen der Energie, die wir in unserem Körper erzeugen können und mit deren Hilfe wir unsere Wünsche erfüllen können. Fehlt uns diese Intensität, um zu unseren Zielen zu gelangen, so sollten wir uns neue BEWEGGRÜNDE suchen. Willst Du z. B. bei einem Fitnessprogramm durchhalten, so suche nach der Freude, die es Dir bereiten kann. Erinnere Dich an die Freude beim Spiel, die Du als Kind empfinden konntest. Intensives Leben ist immer zu unserem Vorteil, wenn es unserer wahren Natur und unseren BEDÜRFNISSEN entspricht.

Intimität

Tiefes Innenleben unseres Wesens. In zwischenmenschlichen Beziehungen ermöglicht sie dem anderen uns wirklich kennen zu lernen. Dies kann auch wesentlich zu unserer eigenen Entwicklung und Verbesserung beitragen. Eine intime Beziehung besteht zwischen zwei Menschen, die einander vertrauen, keine Geheimnisse voreinander haben und nicht das Urteil des anderen fürchten.

Hier gibt es keinerlei Zensur, da wir darauf VERTRAUEN, dass der andere uns mit offenem Herzen gegenübersteht. Durch eine sexuelle Beziehung kann die Intimität noch zusätzlich vertieft werden. Sie ist jedoch keineswegs eine Bedingung. So können zwei gute Freunde eine intimere Beziehung haben, als dies bei vielen oberflächlichen Liebesabenteuern der Fall ist. Wahre Intimität bedarf eines wirklichen ENGAGEMENTS.

Die größten Störfaktoren einer intimen Beziehung sind HOCHMUT, ABHÄNGIGKEIT, POSSESSIVITÄT (z. B. in Form von EIFERSUCHT) und MACHT, wie sie durch einen ungelösten oder unvollendeten ÖDIPUSKOMPLEX entstehen können.

Was müssen wir tun, um tiefe und dauerhafte Intimität in unserer PARTNERSCHAFT oder Freundschaft herzustellen? Der wichtigste Schritt besteht darin, uns selbst und unsere Nächsten zu lieben und so zu AKZEPTIEREN, wie sie (wir) gerade sind. Wir wissen doch, dass alles vorübergeht. Außerdem sollten wir einander den nötigen Freiraum lassen, unsere WÜNSCHE zum Ausdruck bringen und uns Ratschläge ohne ERWARTUNGEN erteilen. Wir sollten lernen, uns mit unserem HERZEN zu engagieren, ZUZUHÖREN und zu KOMMUNIZIEREN, und uns immer bewusst machen, dass wir gerade durch unsere Unterschiede wachsen. Intimität und ein harmonisches Sexualleben ermöglichen wunderbare Beziehungen.

Intoleranz

Feindselige oder aggressive Haltung gegen Meinungen, ÜBERZEUGUNGEN und Verhaltensweisen anderer, die uns missfallen. Wir REAGIEREN heftig auf alles, was uns STÖRT, weil es unseren WERTEN oder Dingen widerspricht, die wir gelernt haben. Jegliche Form der Intoleranz wird von unserem ICH bestimmt. In den meisten Fällen handelt es sich dabei um ein deutliches Zeichen von Ignoranz. Intolerante Menschen passen sich veränderten Umständen nur schwer an und missbilligen meist, was den gesellschaftlichen Normen widerspricht. Intoleranz richtet sich demnach also oft gegen Randgruppen wie Homosexuelle, Menschen anderer Hautfarbe, Kulturen oder Religionen, Alkoholiker, Drogenabhängige, aber auch gegen ewige Nörgler usw. Intolerante Menschen reagieren also ohne jegliche Überlegung auf alles, was in ihren Augen falsch oder abnormal ist. Es handelt sich also um ein klares Werteurteil.

In der Regel streben sie danach, ihre Mitmenschen zu KONTROLLIEREN. Das verstellt ihnen die Sicht auf ihre positiven Aspekte bestimmter Situationen. Schließlich leiden sie selbst daran, da sie weder LIEBEN noch AKZEPTIEREN. Sie sollten sich zuerst der Intoleranz bewusst werden, die sie gegen sich selbst richten, da wir alle unsere Mitmenschen nach den Maßstäben beurteilen, an denen wir uns selbst messen.

Es gibt aber auch Situationen, in denen wir sagen: „Ich halte diese Person oder Situation nicht mehr aus! Das kann ich nicht mehr tolerieren." In diesem Fall haben wir unsere GRENZEN überschritten, weil wir uns selbst zu sehr kontrolliert haben. Wir sollten versuchen, uns unserer wahren BEDÜRFNISSE bewusst zu werden und AKTIONEN SETZEN, um ihnen nachzukommen. Dazu bedarf es oft nicht nur einer gewissen FLEXIBILITÄT, sondern vor allem auch der Toleranz. Schließlich fällt keinem ein Zacken aus der Krone, wenn wir uns eingestehen, dass uns in den meisten Fällen von Intoleranz ganz einfach Kenntnisse im fraglichen Gebiet fehlen.

Introvertiertheit

Introvertierte Menschen sind auf ihre Innenwelt gerichtet oder ziehen sich in sich selbst zurück. Sie reden wenig und neigen dazu, sich anderen gegenüber zu verschließen. Sie sind nicht sehr demonstrativ und behalten ihre Gefühle und Emotionen lieber für sich. Sie äußern sie auch dann nur selten, wenn sie schwere Dinge durchmachen. SCHÜCHTERNE Menschen können in Gruppen recht introvertiert wirken, haben jedoch weniger Schwierigkeiten sich einem einzelnen Menschen zu öffnen.

Es ist weder gut noch schlecht, introvertiert zu sein. Doch ist es wichtig, unsere Gefühle nicht zu verdrängen. Introvertierte Menschen verdauen ihre EMOTIONEN, ÄNGSTE und Frustrationen lieber alleine, während es EXTROVERTIERTEN Typen leichter fällt, wenn sie darüber reden können. Gelingt es introvertierten Menschen die Dinge für sich selbst zu AKZEPTIEREN, so stellt ihre Haltung keinerlei Problem dar. Führt sie sie jedoch dazu, ihre Emotionen, herunterzuschlucken, zu verdrängen und aufzustauen, dass dies sogar RACHSUCHT in ihr erweckt, so wird sie ihr schaden.

Introvertierte Menschen werden nie wirklich extrovertiert werden, und umgekehrt. Doch können sie lernen, ihre Gefühle zum Ausdruck zu bringen. Das wird ihnen vor allem helfen, schwierige Situationen zu überwinden. Manchmal tut es einfach gut und beruhigt, mit jemandem über unsere Probleme sprechen zu können, da sie sie aus einem anderen Blickwinkel sehen und vielleicht schnellere und bessere Lösungsmöglichkeiten kennen als wir. Introvertierte Menschen fühlen ebenso wie andere. Sie müssen also keineswegs GEFÜHLSKALT oder GLEICHGÜLTIG sein. Sie sind einfach anders als extrovertierte Typen. Jeder Unterschied muss jedoch akzeptiert werden, bevor es zu wahrem WANDEL kommen kann.

Intuition

Klare, direkte und unmittelbare Gewissheit der Wahrheit, ohne sich des Verstandes zu bedienen. Eingebung ist göttliche Inspiration, die unserem ÜBERBEWUSSTSEIN, unserem INNEREN GOTT entspringt und wesentlich höher entwickelt ist als unsere fünf Sinne, auch wenn sie oft als der „sechste Sinn" bezeichnet wird. Sie wird weder von unserem EMOTIONSLEIB noch von unserem MENTALLEIB gesteuert, sondern ist unmittelbares WISSEN. Sind wir nicht gewohnt auf diese innere Stimme zu hören, so ist sie anfangs schwer von anderen Geistestätigkeiten zu unterscheiden.

Intuition kann in verschiedenster Weise zum Ausdruck kommen: Manchmal haben wir tatsächlich das Gefühl einer leisen inneren Stimme, oder es schiebt sich ganz plötzlich ein bestimmtes Bild vor unser inneres Auge. Mitunter kommt uns eine unerwartete IDEE, die uns genial erscheint, oder wir haben plötzlich Lust etwas zu tun, ohne uns wirklich erklären zu können, weshalb. Solche Geistesblitze sind immer nützlich und können auch unsere Zukunft inspirieren. Sie bringen keine Sorgen mit sich, sondern sind dazu da, uns zu führen, unsere KREATIVITÄT zu nähren, uns Fragen zu beantworten und uns sogar das Leben zu retten. Sie können auch direkt aus unserer SEELE oder von den FÜHRERN DES JENSEITS stammen.

Um unsere Intuition zu hören, müssen wir zu unserer INNEREN MITTE finden und mit unseren inneren Quelle VERBUNDEN sein. Dann haben wir das Gefühl, von einer immensen Kraft und Zuversicht erfüllt zu sein. Wir sprühen vor ENERGIE und wissen, dass alles möglich ist. Wir gehen neue Erfahrungen sehr offen und selbstsicher an, ohne zu wissen woher diese Gewissheit kommt. Wir bleiben zuversichtlich, obwohl wir nicht wissen, wohin der neue Weg uns führen wird.

Es sollte uns jedoch auch nichts daran hindern, unseren VERSTAND und unsere Kenntnisse zu gebrauchen, um die Inspirationen unserer Eingebung zu konkretisieren. Die Intuition sollte sich auch für rationellere Unterstützung bereit zeigen. So bringen wir unser MÄNNLICHES und WEIBLICHES Prinzip ins Gleichgewicht. Außerdem müssen wir gute Ideen keineswegs unmittelbar in die Tat umsetzen.

Lassen wir unser ICH jedoch die Oberhand gewinnen, so wird es unsere Idee abwerten und unsere Intuition blockieren. Weigern wir uns dann, auf sie zu hören, wird sich dies durch ENERGIEVERLUST, Unwohlsein und das Gefühl der Machtlosigkeit äußern. Es ist, als ob wir dahinvegetierten, anstatt unsere ZIELE anzustreben. Leider sind erst wenige Menschen wirklich dazu imstande, sich von ihrer Eingebung lenken zu lassen. Wie oft haben wir uns selbst schon vorgehalten „Ich hätte meiner ersten Idee, meiner Intuition folgen sollen"? Wir sind noch viel zu oft unseren alten Denkweisen verhaftet, die uns unser Verhalten vorschreiben. Da ist es schwer die kleine innere Stimme aus all dem Geplauder des Geistes herauszuhören, das immer Recht behalten will. Dazu gehören auch die Stimmen der ANGST, des ZWEIFELS, unserer ÜBERZEUGUNGEN, WERTE, der Unterscheidung von GUT UND BÖSE.

Wir sollten immer auf unsere spontanen Eingebungen hören. Es ist völlig normal, sie in der Folge zu hinterfragen. Wir sollten jedoch darauf achten, dass diese Analyse versucht, das Wann und Wie zu ermitteln und nicht die ursprüngliche Idee in Frage zu stellen. Wir sind uns wirklich unserer Intuitionen bewusst, wenn wir aufgehört haben, alles zu hinterfragen, was wir denken, fühlen und sehen, sondern erkennen, wenn es aus unserem tiefen Inneren kommt. Ein sicheres Zeichen dafür ist das damit verbundene Gefühl der Kraft und das Ausbleiben jeglicher Sorgen oder Ängste. Die Intuition schadet nie, sondern ist unfehlbar, da wir mit der globalen Sicht des UNIVERSUMS VERBUNDEN sind.

Inzest

Sexuelle Handlung zwischen einem Kind und einem Erwachsenen, der für das Kind verantwortlich oder mit ihm verwandt ist. Solche „Handlungen" gehen von Blicken und Berührungen über Masturbation bis hin zum selteneren Geschlechtsakt. Die Thematik des Inzests ist auch heute noch ebenso komplex wie tabu und kann eine sehr schmerzliche Erfahrung im Leben der betroffenen Menschen darstellen. Die verzeichneten Fälle nehmen leider nicht ab, sondern zu. Da in über 80 % Vater und Tochter betroffen sind, wollen wir uns hier besonders auf diesen Fall konzentrieren.

Um bestimmte Verhaltensweisen verstehen zu können, müssen wir versuchen, unter die Oberfläche der sichtbaren Handlungen zu sehen. Dazu müssen wir zuerst **akzeptieren**, dass wir alle Seelen sind, die auf die Welt kommen, um bestimmte Wunden zu heilen und zu überwinden. Wir werden also von bestimmten Menschen oder Situationen angezogen, um gewisse Erfahrungen zu AKZEPTIEREN.

Aus der Sicht der Psychologie handelt es sich beim Inzest in der Regel um einen unvollendeten ÖDIPUSKOMPLEX, d. h. eine Anziehung zwischen Vater und Tochter. Betrachten wir zuerst den *inzestuösen Vater*: Meist hat er schon als Kind unter Mangel an Aufmerksamkeit und Zuneigung seiner Eltern gelitten und erhielt keinerlei Sexualerziehung. Sehr oft war er selbst Opfer SEXUELLER AGGRESSIONEN, so dass er keinen Unterschied zwischen Zuneigung, Zärtlichkeit und Sexualität macht. Dadurch ist seine Gefühlsebene unausgeglichen und seine SEXUALITÄT unreif.

Da sein größtes Leid durch den Mangel an Herzenswärme, vor allem seiner Mutter bedingt wurde, welche er als besonders gefühlskalt empfand, fühlt er sich generell als OPFER der Frau. Er meint z. B. von seiner großen Schwester, einer Tante, Großmutter oder Lehrerin manipuliert worden zu sein, da er sich ihnen hilflos ausgesetzt fühlte. Er hatte Angst vor ihnen und war der Situation nicht gewachsen, da es ihm an Selbstvertrauen fehlte. In seinem Unterbewusstsein steckt immer noch dieses leidende INNERE KIND, das sich an den Frauen rächen will.

Als Erwachsener hat er große Kommunikationsschwierigkeiten, da er Angst hat, zurückgewiesen zu werden. Er hat ständig das Gefühl, sein ganzes Wesen werde abgewertet und abgelehnt. So hat er auch das Gefühl von seiner Partnerin fern gehalten und dominiert zu werden. Er meint ebenso, ein unfähiger Vater zu sein, kontrolliert zu werden und über keinerlei Entscheidungskraft in der Familie zu verfügen. Er fühlt sich also auch in seiner eigenen Familie als großer Verlierer. Sein Leid darüber versucht er oft in Alkohol, Drogen oder anderer ABHÄNGIGKEIT zu ersticken. Vor allem im Rausch kann er eine extrem autoritäre Haltung an den Tag legen, um sich das Gefühl der „Macht" zu geben. Nüchtern ist er eher schüchtern und zurückhaltend.

Auch der Inzest verleiht ihm dieses Machtgefühl. Durch die momentane KONTROLLE glaubt er sich wichtig und stark. Missbraucht er seine eigene Tochter, so will er sich dadurch (meist unbewusst) an seiner Frau oder Mutter rächen. Er fühlt sich zu seiner Tochter hingezogen und verliert völlig die Kontrolle über sich. Auch wenn er sich jedes Mal schwört, es sei das letzte Mal gewesen, hat er plötzlich keinerlei Widerstandskraft und ist wie ein Alkoholiker, der sich ständig sagt, es sei sein letztes Glas. Doch liebt dieser Mann absurderweise seine Tochter und will ihr eigentlich gar nichts Böses.

Beim Inzest kommt es eher selten zu GEWALT. Der Mann versucht das Mädchen meist zu überzeugen oder zu erpressen. Er würde sein Problem gerne jemandem anvertrauen, aber hat ANGST davor. Er SCHÄMT sich und fühlt sich SCHULDIG, UNWÜRDIG, missverstanden und von den Ereignissen überrumpelt. Wird er beim Inzest erwischt, wird er versuchen, alles abzuleugnen oder die Schuld auf seine Tochter, andere oder gewisse Umstände zu schieben.

Das Mädchen, an dem der Inzest verübt wird, wurde als Seele von einem Vater mit dieser Problematik angezogen. Meist haben beide dieselben Dinge in diesem Leben zu bewältigen, um eines Tages in der Lage zu sein, diese schwierige Erfahrung zu überwinden. Die Seelenwunde äußert sich durch das Gefühl der Zurückweisung, des Verrats und der Erniedrigung. So leidet das Mädchen an demselben Liebesmangel wie sein Vater. Der Ödipuskomplex bedingt, dass Mädchen schon sehr früh versuchen die Liebe und Aufmerksamkeit ihres Vaters zu erhalten. Das gilt natürlich umgekehrt auch für Jungen und ihre Mütter. Es besteht also bereits eine natürliche Anziehung zwischen beiden, und das Kind versucht den Erwachsenen mit allen Mitteln zu „verführen". Diese Phase kann mehr oder weniger intensiv er- und gelebt werden. Das Kind sucht dabei aber kein sexuelles Abenteuer, sondern vor allem Zuneigung. Ein ausgeglichener und sexuell reifer Erwachsener, wird jedoch keinerlei Profit aus dieser natürlichen Anziehung schlagen. Auch wenn ein Vater seine Tochter attraktiv findet, wird er seine Regungen kontrollieren und mit seiner Frau oder anderen darüber sprechen.

In der Regel ist das Mädchen böse auf seine Mutter, weil jene nichts vom Inzest zu merken scheint. Doch auch wenn die Mutter vorgibt, keine Ahnung zu haben, weiß das Kind, dass auch ihre Mutter erkannt hat, was los ist. Die meisten Frauen inzestuöser Männer haben ihrerseits als Kinder Inzest erfahren. Oft haben sie Angst vor den Konsequenzen, wenn sie die Situation anzeigen, da dem Vater Gefängnisstrafen drohen, die zu weiteren Schwierigkeiten für die Familie führen.

Das Kind hingegen macht sich selbst große Vorwürfe, daran schuld zu sein, die natürlichen Familienverhältnisse gestört zu haben. Es ist zwischen verschiedenen Emotionen hin- und hergerissen. Das Mädchen liebt ihren Vater und will auch von ihm geliebt werden. Doch entspricht diese Form der Zuneigung nicht seinen Wünschen. Aus psychologischer Sicht ergreifen Kinder meist die Partei des Elternteils, welches sie für schwächer halten. Andererseits hat das Mädchen Schuldgefühle gegenüber seiner Mutter. Am schwersten fällt ihm jedoch zu akzeptieren und anzuerkennen, dass sie nach der Liebe des Vaters strebt.

Hier das typische Porträt eines Kindes, welches Inzest erleidet. Diese Beschreibung kann auch helfen, wenn Zweifel an der Wahrhaftigkeit einer Situation bestehen. Das Mädchen klagt häufig über Müdigkeit und Bauchschmerzen und erbricht manchmal. Es will nicht essen, hat Angst vor dem Einschlafen, will angezogen schlafen, nässt das Bett, hat Alpträume, fällt als trauriges Schulkind auf, leidet an Konzentrationsschwäche, hat Lernschwierigkeiten, verliert jegliche Kreativität, will nicht mehr spielen, wird immer introvertierter und begibt sich völlig ins Abseits. Verlässt die Mutter das Haus, so ist es ein eindeutiger Hilferuf, wenn es z. B. sagt: „Ich will mit Dir fahren. Lass mich nicht mit Papa allein zu Hause!" Ein oder zwei der oben genannten Indizien sollten jedoch keinesfalls direkt auf Inzest schließen lassen. Treten mehrere davon jedoch regelmäßig auf, so sollten die Umstände genauer unter die Lupe genommen zu werden.

Betroffene Mädchen trauen sich oft nicht über ihr Leid zu sprechen, weil sie sich schämen oder vom Vater in verschiedenster Weise bedroht oder eingeschüchtert wurden. Wir müssen daher sehr behutsam vorgehen, da sich im Lauf der Zeit große Scham und Schuldgefühle angesammelt haben, und das Kind sich einen dicken Schutzwall zugelegt hat. Wir sollten es also mit viel Feingefühl zum Sprechen bringen, ohne dass es das Gefühl bekommt, einem Verhör ausgesetzt zu sein. So können wir z. B. sagen: „Mir ist aufgefallen, dass Du Dich in letzter Zeit sehr verändert hast. Willst Du mir sagen, was los ist?" Anfangs wird sich das Kind wahrscheinlich weigern zu reden, doch können wir ihm mehrere Gelegenheiten geben, indem wir es später einmal anders versuchen, z. B.: „Weißt Du mein Liebling, ich habe das Gefühl, dass jemand etwas mit Dir tut, was Du nicht magst. Ist das möglich? Ich wollte Dir nur sagen, dass es uns allen so geht, dass wir uns schwer tun, über manche Dinge zu sprechen. Manchmal schämen wir uns sogar für Dinge, die uns weh tun." Wir sollten auch dann nicht drängen und weiterhin sehr aufmerksam sein, d. h. seine Verhaltensweisen, Handlungen und Worte beobachten.

Wie lässt sich eine *Frau definieren, die sich von einem inzestuösen Mann angezogen fühlt?* Wie der Mann und das betroffene Kind, so ist auch ihre Beziehung zur Liebe gestört. Sie hat dieselben Ängste wie ihr Ehemann und fürchtet die strafrechtlichen Konsequenzen. Da sie sich jedoch von ihrem Mann abhängig fühlt, hat sie Probleme, Entscheidungen zu treffen und zögert sogar, das Haus zu verlassen. Auch wenn sie in ihrem Inneren genau fühlt, dass etwas zwischen ihrem Mann und ihrer Tochter vorgeht, wird sie eher dazu neigen, nichts sehen und wissen zu wollen, als sich mit der Wahrheit auseinandersetzen zu müssen. Solange es möglich ist, wird sie versuchen, ihr tiefes Leid und ihre eigenen Schuldgefühle zu verdrängen. Es ist durchaus möglich, dass sie selbst in ihrer Kindheit sexuell missbraucht wurde. So fällt es ihr umso schwerer, ihre Tochter zu beschützen, da sie selbst als Kind keinen Schutz erhielt und nun nicht weiß, was sie tun könnte. Außerdem wird die Situation in diesem Fall sehr schmerzvolle Erinnerungen in ihr wachrufen, die sie seit Jahren zu verdrängen sucht. Es kommt vor, dass das Kind bereit ist, über den Inzest zu sprechen und der Widerstand von Seiten der Mutter kommt. Sie kann die Worte des Kindes völlig ignorieren oder es sogar anklagen, wie z. B.: „Lass Deinen Vater doch in Ruhe! Das ist sicher Deine Schuld. So wie Du Dich anziehst und verhältst!" Je verzweifelter die Mutter versucht, die Situation zu leugnen, desto größer ist ihre eigene Angst und ihr Leid.

Wir sehen, dass sehr starke Bande zwischen den drei beteiligten Personen bestehen. Um sich dieses Phänomen erklären und die damit zusammenhängenden Erfahrungen bewältigen zu können, müssen alle Betroffenen einsehen, dass aus spiritueller Sicht nichts dem Zufall überlassen ist. Im Leben hängt alles zusammen und voneinander ab. Sie müssen akzeptieren, dass ihre Seelen dieselbe Problematik zu lösen haben und sie gemeinsam damit konfrontiert werden, um einander dabei zu helfen. **Es ist oft sehr schwer zu erkennen und zu akzeptieren, dass wir genau die Personen anziehen, die wir für unsere Entwicklung brauchen.** Akzeptieren wir unsere Verantwortung in allem, was uns widerfährt, so wird es uns auch viel leichter fallen, solche leidvollen Erfahrungen zu akzeptieren, zu VERZEIHEN und das Trauma dadurch zu überwinden.

In jedem Fall ist psychologischer Beistand in dieser Problematik höchst empfehlenswert. Dieser sollte jedoch Hand in Hand mit einer ernsthaften inneren Arbeit gehen, die auf unserem VERANTWORTUNGSBEWUSSTSEIN basiert. Am besten sprechen Eltern und Kind gemeinsam über das Problem, ohne jemandem die Schuld dafür zu geben.

I

MITGEFÜHL und EMPATHIE stellen wertvolle Hilfsmittel dar, das Leid des anderen nachzuempfinden und auch unsere eigene Verantwortung anzuerkennen. Sind wir in der Lage, unser Herz wirklich zu öffnen, stellt sich die Situation plötzlich völlig anders dar.

Empfinden und erkennen alle drei Beteiligten ganz bewusst die erlittenen Schmerzen, ist auch der Boden für VERZEIHEN und Versöhnung geebnet. Jeder sollte sich das Recht zugestehen, so gehandelt zu haben, und Ängsten oder Schwächen erlegen zu sein. Wir sind alle nur Menschen. Wahres Verzeihen ist imstande, das Rad des KARMAS anzuhalten, was uns erlaubt, eine neue Richtung der Liebe und des Glücks einzuschlagen und unser Leben zu einem Besseren zu wenden.

Irritation

Wir verstehen hierunter einen Angriff auf die körperliche oder psychische Integrität eines Menschen durch visuelle, akustische oder andere Faktoren. Wir können uns allein oder durch andere Menschen, in der Arbeit, Zuhause oder im Straßenverkehr irritiert fühlen und finden, dass die Ereignisse nicht mit unserem Gemütszustand harmonieren. Der „feindliche" Reiz kommt dabei von außen. Doch wird er allein durch unsere Wahrnehmung verschiedener Situationen, die in engem Zusammenhang mit uns selbst stehen, zur Irritation. So können uns laute Musik, ein Blick, ein Wort, eine unvorhergesehene Geste, Zigarettenrauch, ein nah auffahrendes Auto oder eine herrschsüchtige Person irritieren. Es ist kein Zufall, dass solche Dinge „uns auf die Nerven gehen".

Jeder Mensch hat eine andere Reizschwelle und andere Auslöser. Fühlt sich jemand immer und überall angegriffen, so neigt er dazu, Kleinigkeiten zu DRAMATISIEREN oder hat Schwierigkeiten, seiner Umwelt die nötige TOLERANZ entgegenzubringen. Viele unserer Irritationen sind darauf zurückzuführen, dass uns bestimmte Situationen oder Menschen, die wir nicht AKZEPTIEREN, aus der KONTROLLE geraten. Wir müssen billigen, dass wir in einer Gesellschaft leben, in der nicht alles nach unserem Willen, unseren Wünschen und Launen geschehen kann. Es ist wesentlich weiser und sinnvoller, die Ereignisse des Lebens zu akzeptieren und zu beobachten, als immer alles nach unserem Geschmack verändern zu wollen.

Wir können aus solchen Reizsituationen also wertvolle Aufschlüsse über verborgene Aspekte unserer Persönlichkeit finden, in dem wir die Störfaktoren mithilfe des SPIEGELANSATZES erkennen. Fühlst Du, die Wut und Unbehagen nach einer Irritation in Dir hochkommen, so solltest Du zuerst ein paar Mal tief durchatmen und dabei besonders auf das Ausatmen achten. So kommst Du wieder zur Ruhe und findest Deine INNERE MITTE. Denk daran, dass nicht Dein ganzes Wesen angegriffen ist, sondern nur ein Teil davon diese Emotionen erlebt.

Die Kraft, solche Situationen in konstruktiven Erfahrungen umzuwandeln, liegt einzig und allein bei uns selbst. So lernen wir auch die Geschehnisse des Alltags geduldig und konzentriert zu akzeptieren. Am besten beginnt man mit Kleinigkeiten und beobachtet, wie sich die positiven Folgen auf unsere neue Haltung sofort in unserem Alltag bemerkbar machen.

Irrtum

Gedanken oder Handlungen, die einer bestimmten Norm widersprechen. Diese Norm wird dadurch bestimmt, was unser Ich für normal, gut oder akzeptabel hält. Jeglicher Verstoß gegen diese Norm hält das Ego demnach für verurteilenswert. Und dennoch wissen wir, dass zahlreiche Erfindungen und Entdeckungen anfangs als Irrtümer abgetan und erst später als genial erkannt wurden. Das gilt auch für jeden von uns. Hast Du einen Fehler begangen, für den Du Dich keineswegs schuldig fühlst, wirst Du bald feststellen, dass er Dir sehr nützlich gewesen ist und Teil eines größeren Plans war. Du wirst erkennen, dass solche „Irrtümer" zum Lauf und zur Ordnung des Lebens gehören. So wird es Dir auch leichter fallen, den großen MEISTER in Deinem Inneren zu akzeptieren, der genau weiß, was gut für Dich ist.

Irren ist also mehr als nur menschlich, es ist sogar wünschenswert, da es uns hilft, uns unseres wahren Wesens, unserer STÄRKEN und MÖGLICHKEITEN bewusst zu werden. Dank unserer Fehler übertreffen wir uns ständig selbst. Solche Erfahrungen zeigen uns, was wir nicht wollen und folglich auch, was wir wollen.

Der Glaube an den Irrtum verursacht leider auch heute noch zahlreiche SCHULDGE-FÜHLE, die uns nur schaden. Aus diesem Grund sprechen wir in diesem Werk auch weniger von Irrtümern als von ERFAHRUNGEN. Wir können wesentlich harmonischer leben, wenn wir akzeptieren, dass **es keinen Fehler gibt**. Alles, was wir als Irrtümer bezeichnen, beruht auf schwierigen oder unangenehmen Erfahrungen der Vergangenheit. Warum solltest Du also nicht schon ab heute das Wort „Fehler" durch „Erfahrung" ersetzen? Die Vorteile schwieriger Situationen werden dadurch umso offensichtlicher, und Du wirst Lust dazu verspüren, immer neue ERFAHRUNGEN zu machen.

I

Jugend

Hier soll weder von KINDHEIT, noch von PUBERTÄT die Rede sein, denen eigene Kapitel gewidmet sind. Es geht uns hier vielmehr um Eigenschaften der Jugend, die bis ins hohe ALTER vorhanden sein können. Sind wir von Mitmenschen erstaunt, die immer jünger zu werden scheinen, so sprechen wir nicht von ihrem Alter oder Körper, sondern von ihrer Ausstrahlung, ihrer Dynamik, Energie und Lebensfreude, die jugendliche Energie versprüht. Jugendlichkeit an den Tag zu legen, bedeutet jedoch keineswegs, Kleidung, Wortschatz oder Aktivitäten von Jugendlichen nachzuahmen. Hier handelt es sich eher um eine Fassade derer, die Angst vor dem Altwerden haben. Unsere Geschmäcker wandeln sich stetig. Es ist also widersinnig, mit 70 wie 20 sein zu wollen.

Nein, wirklich „jung" gebliebene Menschen haben einfach ihre jugendliche Spontaneität und Begeisterungsfähigkeit beibehalten, was ihren Alltag belebt. Sie haben noch immer Ziele und wissen, was sie wollen. Sie schaffen weiterhin Neues in Liebe und Freude am Leben. Natürlich altert ihr Körper, doch ist er noch immer imstande, die Dinge zu tun, die sie sich wünschen.

Aus Studien geht hervor, dass der Mensch von heute 100 bis 125 Jahre alt werden kann. Wir wissen, dass unsere Körperzellen ständig absterben und erneuert werden. Mit zunehmendem Alter werden die neuen Zellen immer weniger. Ihre Funktionstüchtigkeit wird von verschiedenen Faktoren, besonders aber von unseren Gemützuständen beeinflusst. Unser KÖRPER ist untrennbar mit unserem EMOTIONS- und MENTALLEIB verbunden. Die ganzheitliche Medizin berücksichtigt diese drei Körperebenen. Dieses Werk enthält viele Hinweise, um jung zu bleiben. Besonders wichtig ist es, auf die Bedürfnisse dieser drei Energiekörper zu hören.

Jung bleiben heißt also, das Gefühl haben zu LEBEN, Leidenschaften zu haben, die uns begeistern, in Bewegung zu bleiben und KREATIV zu sein, um unseren BEDÜRFNISSEN nachzukommen. Wir sollten immer versuchen, dass unsere Handlungen, Ziele, Erlebnisse, Gedanken und Gefühle immer mit dem übereinstimmen, was wir SEIN wollen. Das Altern unseres Körpers stellt einen natürlichen Prozess aller Materie dar. Dennoch können unsere Organe wie Herz, Lungen, Leber und unser Verdauungsapparat noch bei bester Gesundheit sein. Auch wenn wir früher nicht immer auf unseren Körper Acht gegeben haben sollten, so ist es nie zu spät, ihn zu respektieren und ihm eine positive, geistige und spirituelle Haltung entgegenzubringen. So wird er wieder die nötige Form und Energie erlangen, um länger jung und gesund zu bleiben. Das natürliche Altern macht uns langsamer, aber nicht unbedingt kranker.

Wir sollten versuchen, unsere Jahre mit Leben zu erfüllen, anstatt uns damit zufrieden zu geben, unserem Leben Jahre hinzuzufügen. Unsere Erfahrung und WEISHEIT kann anderen als Modell dienen. AKZEPTIEREN wir unser Leben und führen es in LIEBE und mit STAUNEN, so wird es sich auch harmonisch und glücklich gestalten.

Jung bleiben

„Die Jugend ist keine Periode unseres Lebens, sondern eine Geisteshaltung, ein Ergebnis unseres Willens. Sie ist Vorstellungskraft, Gefühlsintensität, ein Sieg des Mutes über die Angst und der Abenteuerlust über die Bequemlichkeit.

Man altert nicht, weil man eine bestimmte Anzahl von Jahren gelebt hat, sondern weil man seine Ideale verraten hat. Durch die Jahre bekommt unser Haut Falten. Geben wir unser Ideal auf, so runzelt die Seele. All unsere Sorgen, Zweifel, Ängste und Verzweiflung sind die Feinde, die uns langsam zur Erde beugen und schon vor unserem Tode zu Staub werden lassen.

Jung ist, wer noch staunen und sich wundern kann. Er fragt wie ein unersättliches Kind: „Und was kommt dann?" Er fordert die Ereignisse heraus und findet seine Freude im Spiel des Lebens.

Ihr seid so jung wie Euer Glaube und so alt wie Eure Zweifel. Ihr seid so jung wie Euer Selbstvertrauen und Eure Hoffnung, so alt wie Eure Niedergeschlagenheit.

Ihr werdet jung bleiben, solange ihr offen seid. Offen für alles Schöne, Gute und Große. Offen für die Botschaften der Natur, des Menschen und des Unendlichen.

Und sollte Euer Herz eines Tages vom Pessimismus zerbissen und von Zynik zernagt sein, so möge Gott Eurer Greisenseele gnädig sein."

Auszug aus der Rede des Generals Mac Arthur

an die Studenten einer Militärschule, 1962

Jung

Siehe JUGEND.

Karma

Dieses Wort aus dem SANSKRIT stellt einen Pfeiler der hinduistischen Glaubenslehre dar, die davon ausgeht, dass das Schicksal jedes Lebewesens von der Gesamtheit der Taten all seiner Erdenleben bestimmt wird. Ob wir nun an WIEDERGEBURT glauben oder nicht, so wissen wir alle in unserem tiefsten Inneren, dass wir ernten, was wir gesät haben. Alle Gedanken und Absichten, die hinter unseren Handlungen stehen, haben einen gewissen Bumerang-Effekt. Sie treffen uns in diesem – oder eben einem nächsten – Leben wieder. Jede ABSICHT, jede Handlung bestimmt die Ereignisse unserer Zukunft.

Das Wort „Karma" bedeutet „Werk" oder „Aktion" aber nicht „Strafe". Wir hören immer häufiger Bemerkungen wie: „Ich weiß nicht, was für schlimme Dinge ich angestellt habe, dass all das mit mir passiert. Das ist wahrscheinlich mein Karma." Aus solchen Worten hören wir die Vorstellung einer schweren Last, die dem Karma eine eher negative Bedeutung beimisst. Sie ignorieren, dass der Begriff des Karmas untrennbar mit dem GESETZ VON URSACHE UND WIRKUNG entspricht. Er ist also weder negativ, noch mit irgendeiner Moralvorstellung verbunden. Das UNIVERSUM urteilt nicht. Im Gegenteil, es ist äußerst gerecht.

In unserer menschlichen Existenz entspricht das Karma der Bezahlung von Schulden und soll uns VERANTWORTUNGSBEWUSSTSEIN lehren. Solange die Folge einer Ursache nicht eingetreten ist, besteht ein Energieungleichgewicht. Das Karma stellt dieses Gleichgewicht wieder her.

Ein Großteil unseres Karmas steht bereits bei unserer Geburt fest. Unsere SEELE weiß genau, was sie in der STOFFLICHEN WELT leben muss, um eines Tages nur noch Erfahrungen der Liebe und der absoluten AKZEPTIERUNG zu machen. Es liegt allein an uns zu entscheiden, wie viele Leben wir aufbringen wollen, um dieses Ziel zu erreichen. Wir werden wiedergeboren, solange dieses Ungleichgewicht besteht. Um es wieder ins Lot zu bringen, müssen wir uns nicht all unserer VERANTWORTUNGEN bewusst sein, sondern die Dinge mit unserer INTELLIGENZ und nicht mehr mit unserem VERSTAND erkennen.

Das Karma ist also eine Art Erfahrungsbilanz jedes Menschen. Das gilt auch für ganze Familien, Völker, Rassen, Religionen, Länder und schließlich für unseren Planeten Erde (GAIA) selbst. Da das gesamte UNIVERSUM als großes All zusammenhängt, sind wir auch mit dieser Form des KOLLEKTIVEN BEWUSSTSEINS verbunden. Wäre dies nicht schon Grund genug, einander beizustehen und intelligent und in LIEBE zu leben?

Kausalleib

Siehe SUBTILE KÖRPER.

Kenntnisse

Alles, was wir durch Studium, Erfahrung oder Übung erlernt haben. Die Fähigkeit, Dinge zu erkennen und zu verstehen. Manche Menschen rühmen sich ihrer Diplome, Kenntnisse oder Theorien und meinen, dadurch das Recht zu haben, andere zu verändern. Dienen intellektuelle Kenntnisse nur diesem Zweck, so schaden sie mehr als sie nützen. Sie schmeicheln nur dem ICH und dem eigenen HOCHMUT.

Viele verwechseln Kenntnisse und BEWUSSTSEIN. Doch können wir uns bestimmter Dinge erst dann bewusst werden, wenn wir unsere Kenntnisse im Alltag umgesetzt haben. **Erst wenn wir unsere Kenntnisse völlig integriert haben, wird es uns gelingen, sie in wahres WISSEN zu wandeln, das einen entscheidenden Einfluss auf unser Leben und unsere Persönlichkeitsentfaltung hat.** Alles, was wir lernen, sollte dazu beitragen, unser Wesen zu verbessern, bessere Menschen zu werden und uns selbst und unsere Mitmenschen mehr zu lieben.

Keuschheit

Siehe SEXUALITÄT.

Kinder

Die Kinder von heute sind spirituell wesentlich reifer, als wir meinen. Wir halten sie fälschlicherweise für weniger bewusst bzw. verantwortungsbewusst, weil ihr Körper und Geist noch nicht so entwickelt sind. Eltern und Erzieher sollten sie darin bestärken, sich selbst zu entdecken und zu entwickeln. Die NEUEN Kinder sind meist große Autodidakten. Sie lernen lieber selbst und gehen oft RISIKEN ein, um ihre eigenen Erfahrungen zu machen. Sie begreifen Dinge in erstaunlicher Geschwindigkeit, was sie aber auch ungeduldig und wütend werden lassen kann. Auch in diesem Punkt verstehen ihre Mitmenschen sie manchmal nur schwer.

Scheinen manche von ihnen dem gesellschaftlichen Leben schon in jungen Jahren völlig gleichgültig gegenüberzustehen, so ist dies in der Regel darauf zurückzuführen, dass sie deren Regeln unlogisch finden. Doch öffnen sie sich, wenn wir ihren Gefühlen und Erkenntnissen ein offenes Ohr und etwas Aufmerksamkeit schenken und ihre Bedürfnisse achten.

Kinder sind scharfsinnig und begreifen die Schwächen der Erwachsenen und der heutigen Systeme sehr schnell. Deshalb haben wir manchmal das Gefühl, sie versuchten uns zu manipulieren. Vor allem in der JUGEND wird ihnen vorgeworfen *herzlos* und egoistisch zu sein. Doch missverstehen viele Erwachsene diese natürliche Art sich zu BEHAUPTEN und ihre Bedürfnisse zum Ausdruck zu bringen als EGOISMUS. Durch solches Verhalten wollen sie vor allem ihre INDIVIDUALITÄT unterstreichen. Im Gegensatz zu den erwachsenen, die schon seit Langem den Kontakt zu ihren tiefen Wünschen und Bedürfnissen verloren haben, wissen sie genau, was sie wollen. Stört Dich diese Haltung besonders, so solltest Du dies als Mahnung verstehen, Dich selbst besser zu behaupten und Deine Individualität zur Schau zu tragen.

Wir können viel aus der Sprache der Kinder lernen: Sie verlangen von uns wahr, authentisch, kohärent und klar, nicht aber perfekt zu sein, denn sie kennen den Unterschied zwischen wahr und falsch sehr genau.

Trotzdem sollten wir uns immer vor Augen halten, dass Eltern nie für Reaktionen eines ihrer Kinder VERANTWORTLICH sind. Es hat sich jene ausgesucht, um bestimmte Erfahrungen mit ihnen und in jener Familie zu machen. Kommt es zu größeren Schwierigkeiten oder Veränderungen zwischen den Eltern, wie dies z. B. bei einer TRENNUNG der Fall ist, so sollten sie versuchen, sich selbst treu zu bleiben und dem Kind zu erklären, dass sie ihr Bestes tun und dem Kind keinerlei Schuld zukommt, auch wenn es wahrscheinlich vom Gegenteil überzeugt ist. Es ist wichtig die Ängste des Kindes anzuerkennen und es dazu zu bringen, seine Gefühle auszudrücken. Wir sollten ihm dabei aufmerksam zuhören und zu verstehen geben, dass es nicht Gefahr läuft, verurteilt, zurückgewiesen oder vernachlässigt zu werden. Dadurch wird es sich geliebt und geachtet fühlen. Mehr braucht es in diesem Augenblick gar nicht. Mehr dazu unter dem Stichwort des ÖDIPUSKOMPLEXES.

Unruhige und konzentrationsschwache Kinder gelten oft als *hyperaktiv* und können verschiedene Verhaltensstörungen an den Tag legen. Oft genügt es schon den Zuckerkonsum solcher Kinder zu reduzieren und sie dazu zu motivieren, ihre eigenen Interessensfelder zu entdecken, um sie zur Ruhe kommen zu lassen. Viele Menschen tun sich schwer mit solchen Kindern. Doch ist es recht aufschlussreich, dass Psychologen bei allen ein großes *Aufmerksamkeitsdefizit* feststellen.

Leider werden immer mehr Kinder, die in Wirklichkeit *hyperexpressiv* sind, mit Medikamenten gegen ihre vermeintliche Hyperaktivität behandelt. Sie sind nur dann unruhig, wenn etwas sie nicht interessiert. Zieht sie eine Beschäftigung in ihren Bann, so sind sie durchaus imstande sich stundenlang darauf zu konzentrieren. Solche Kinder brauchen keine Medikamente.

Ganz gleich welchem Typ Kinder nun angehören, sie brauchen alle Aufmerksamkeit und BEKRÄFTIGUNG in ihren Visionen und all den Dingen, die ihnen am Herzen liegen. Folgen wir ihrer natürlichen Bewegung, indem wir sie ebenso achten wie uns selbst. Wir müssen also lernen zu KOMMUNIZIEREN und ihre BEDÜRFNISSE zu erkennen. Das bedarf manchmal schon im frühesten Alter regelrechter Verhandlungen.

Haben solche Kinder keinerlei Interesse an der Schule und wollen „aussteigen", so sollten wir sie zu Wort kommen und uns erzählen lassen, was sie alles daran stört. Danach sind sie auch eher dazu bereit, INTELLIGENTE Argumente zu hören, weshalb es sinnvoll ist, die Schuldbildung fortzusetzen. Wir sollten sie in den Bereichen anerkennen und ermutigen, die sie besonders interessieren und ihnen Spaß machen. Am wichtigsten ist es jedoch ihnen *ohne jegliches Moralisieren* zuzuhören. Dadurch fühlen sie, dass wir ihre Entscheidungen respektieren, und werden in der Regel kooperativer. Sind Kinder eifersüchtig aufeinander, so sollten wir die Vorzüge und TALENTE jedes Einzelnen hervorheben, anstatt sie miteinander zu vergleichen. So helfen wir ihnen, ihr SELBSTWERTGEFÜHL zu entwickeln.

Manchmal können wir auch beobachten, dass Eltern ihre eigenen Wünsche auf ein oder zwei Kinder übertragen. Sie hätten gerne perfekte, fehlerlose und überintelligente Genies, die sich in allen Bereichen selbst übertreffen: Im Sport, im Studium und später im Beruf. Trotz der guten Absichten der Eltern leiden Kinder unter diesem großen Druck, dem sie nur schwer – wenn überhaupt – standhalten. Trotz aller möglicher Emotionen und Reaktionen, die in seinem Inneren wallen, will das Kind die Eltern nicht enttäuschen. Entweder nagt die REVOLTE an seinem Inneren oder sie kommt offen zum Ausdruck und führt zu Schwierigkeiten und KONFLIKTEN in der Familie.

Ist ein Kind ohne offensichtlichen Grund aggressiv, sollte sein Umfeld genauer unter die Lupe genommen werden. Das gilt vor allem für die Bereich, die es besonders in Frage zu stellen scheinen. Birgt es Aggressionen in seinem Inneren, wird es sich zu Fernsehsendungen oder Videospielen mit viel Gewalt hingezogen fühlen. Es sind also nicht wirklich diese Spiele, die es aggressiv werden lassen. Sie nähren vielmehr bereits vorhandene EMOTIONEN. Man sollte ihm also vor allem helfen, die wirkliche Ursache dieser Gewalt aufzudecken. Auf wen oder was ist er wütend? Es ist die Aufgabe der Erwachsenen, solchen Kindern klar zu machen, dass es völlig normal und menschlich ist, dass sie auf Erwachsene böse sind, die sie für ihr inneres Leid verantwortlich machen. Werden sie sich des Umstands bewusst, dass das Verhalten ihrer Umwelt (Geschwister, Eltern, Lehrer usw.) auf ihre eigenen ungelösten SEELENWUNDEN zurückzuführen ist, wird es ihnen auch leichter fallen, es zu akzeptieren. Kinder können dieses Konzept schon sehr bald erstaunlich gut nachvollziehen.

Gerät ein Kind in Wutanfällen öfters völlig außer sich, so kann man ihm helfen, wieder zu sich zu finden, indem man es behutsam an den Schultern festhält, sich dann auf seine Höhe begibt, ihm gerade in die Augen sieht und dann bestimmt sagt: „Ich weigere mich, in diesem Zustand mit Dir zu sprechen, weil nicht wirklich Du vor mir stehst. Werde wieder Du selbst und wir können wie zwei intelligente Menschen miteinander reden." Sein Wesen wird den Begriff „intelligent" erkennen. Meist hat sich das Kind in wenigen Sekunden wieder gefasst. Danach sollte versucht werden, einen wirklichen Dialog ohne jegliche Moral mit dem Kind herzustellen, um seine Gefühle und Erfahrungen nachvollziehen zu können.

Hier einige Punkte, die einem Kind helfen können, EIGENSTÄNDIG zu werden.

- Zunächst sollte es lernen, seine Bedürfnisse zu identifizieren und zu benennen, um dementsprechende BITTEN, bzw. Forderungen stellen zu können.

- Es sollte die Möglichkeit haben, andere Meinungen zum Ausdruck zu bringen, ohne dafür verurteilt zu werden oder Morallehren zu bekommen, *auch wenn wir nicht mit ihnen einverstanden sind.*

- Wir können ihm die Folgen seines Handelns bewusst machen und es eigenen Lösungen finden lassen.

- Es sollte lernen, seine Emotionen zu überprüfen und zum Ausdruck zu bringen. Meist handelt es sich dabei um *Kummer, Wut, Verlangen, Angst* oder *bedingungslose Liebe.*

K

Hat das Kind das Gefühl, seinen Kummer ausdrücken zu können, wird es einen Verlust leichter verkraften und sich neuen Dingen zuwenden können. Meint es, seine Schmerzen verdrängen zu müssen, kann das später zu Depressionen führen. Ist es imstande, seine Wut ohne Gewalt auszudrücken, lernt es sich zu behaupten, Forderungen zu stellen und zu erkennen, was es in seinem Leben will. Wird es daran gehindert, läuft es Gefahr, später die Kontrolle zu verlieren und voller Groll durchs Leben zu gehen. Bringt es seine Wünsche zum Ausdruck, so erkennt es, was es will, was es dazu anspornt, seine eigenen Grenzen zu überwinden. Ist das nicht der Fall, kann es als Erwachsener die Eifersucht plagen. Werden seine Ängste weder verlacht noch verurteilt, so überkommt es sie und lässt diese zu Vorsicht werden. Sonst werden sie ihn auch später noch plagen und sie können leicht in Panik geraten. Gelingt es ihm schließlich nicht, seine **bedingungslose** Liebe zum Ausdruck zu bringen, läuft es Gefahr, possessiv und abhängig zu werden.

Wir können einem Kind helfen, seine innere Mitte zu finden, indem wir ihm Augenblicke der Stille, Ruhe und Einsicht lassen. Außerdem sollten wir ihm erklären, was Bewusstsein, Intelligenz, Verantwortungsbewusstsein, der Spiegelansatz und das Gesetz von Ursache und Wirkung bedeuten. Es wird erkennen, dass es ganz allein imstande ist, sein Leben nicht nur zu beeinflussen, sondern zu schaffen, dass es die Wahl hat zwischen Freude und Traurigkeit, zwischen Liebe und Angst. Es sollte lernen, die Vorstellung der Integrität zu verstehen, um sich nicht von den Überzeugungen anderer beeinflussen zu lassen, sondern auf seine innere Stimme zu hören. Wir sollten Kindern also immer wieder vor Augen halten, dass es nie aufhört sein eigenes Leben zu schaffen und somit pausenlos Dinge provoziert, die es möchte – oder aber auch nicht. So lernen sie zu unterscheiden und Entscheidungen zu treffen. Wir sollten sie für alles loben, was sie zustande bringen, auch wenn dies nicht den gewünschten Ergebnissen entspricht. So erkennen sie ihr Potential und ihren Selbstwert und fixieren sich nicht auf ihre Schwächen.

Um Kinder und ihre Probleme besser verstehen zu können, sollten wir uns an unsere eigene Jugend erinnern. Wie sehr hätten auch wir gewollt, dass unsere Eltern uns verstehen und besser zuhören, ohne über uns zu urteilen. Wir sollten also versuchen uns in die Haut der Kinder im heutigen Kontext zu versetzen. Je besser wir mit einem Kind kommunizieren, *ohne zu moralisieren*, desto besser wird unser Verhältnis werden. Wenn bestimmte Haltungen eines Kindes Dich zur Verzweiflung bringen, versuche wenigstens eine gute Seite an ihm zu finden und unterstreiche sie. Gib dem Kind das Gefühl unterstützt, geschätzt, bekräftigt, kurzum, in seiner Art und Weise und in seinen Entscheidungen akzeptiert zu werden. Das wird die Dinge wesentlich leichter machen, da das Kind Deine Liebe trotz seines manchmal schwierigen Verhaltens fühlt.

Außerdem sollten wir nie aus den Augen verlieren, dass jede schwierige Situation auch ein Geschenk für uns birgt. Wir lernen uns durch Probleme besser selbst kennen, was uns ermöglicht, uns und andere besser zu lieben. **Die Eltern-Kind-Beziehung wird meist dadurch erschwert, dass wir nie gelernt haben, bedingungslos zu lieben.** Die starke Bindung zwischen beiden lässt viele unverheilte Seelenwunden Erwachsener wieder aufplatzen. Als ELTERN sollten wir alles daran setzen, das Verhältnis zu einem Kind nicht zu einem Problem werden zu lassen, sondern uns rechtzeitig um fachgerechte Hilfe bemühen, um wieder die lebensnotwendige Eintracht und Harmonie herzustellen.

Kinderwunsch

Es gibt zahlreiche Gründe, Kinder haben zu wollen:

- Einem Kind, das geben zu wollen, was wir selbst nicht bekommen haben.
- Die Überzeugung ein gemeinsames Kind könne den Partner von einer möglichen Trennung abhalten.
- Den eigenen Eltern einen Enkel schenken wollen (und dafür von ihnen geliebt zu werden).
- Die Überzeugung, eine Frau sei keine Frau, wenn sie nicht einmal in ihrem Leben Mutter gewesen ist.
- Die Überzeugung, es sei nicht normal, kein Kind zu wollen.
- Unbewusst Kontrolle über jemanden ausüben wollen (weil man sich selbst immer kontrolliert fühlte).
- Einem Erstgeborenen ein Geschwisterchen geben zu wollen.
- Seine eigenen Träume durch ein Kind verwirklichen zu wollen.

Doch rechtfertigt keiner der oben genannten Gründe wirklich den Wunsch nach einem Kind, da allen ÄNGSTE oder Reaktionen auf eine Situation der eigenen Jugend zugrunde liegen. Kinder unter diesen Umständen zu zeugen birgt schon den Keim zu späteren Problemen. Die ideale Motivation wäre der Wunsch, einer Seele die Gelegenheit zu bieten, auf diesem Planeten wiedergeboren zu werden und durch bestimmte Erfahrungen zu seinem spirituellen Wachstum beizutragen. Außerdem sollten wir wirklich den Wunsch verspüren, durch die ELTERNROLLE und die Erfahrungen mit Kindern zu unserer eigenen Persönlichkeitsentfaltung beizutragen.

Eltern sollten diese einmalige Gelegenheit beim Schopf packen, um sich die Dinge bewusst zu machen, die sie noch nicht mit ihren eigenen Eltern ins Reine gebracht haben. Dieselben ERFAHRUNGEN wiederholen sich von einer Generation zur anderen, bis sie einmal in wahrer Liebe gelebt, d. h. AKZEPTIERT werden. So wird eine Mutter, die ihren Eltern zeit ihres Lebens vorgeworfen hat, ungerecht zu sein, mit Sicherheit selbst von ihren Kindern als ungerecht behandelt werden, obwohl sie mit allen Mittel dagegen arbeitet und davon überzeugt ist, nicht so ungerecht wie ihre eigenen Eltern zu sein. Hier wird abermals ersichtlich, wie eine Seele von der Schwingung ihrer künftigen Eltern angezogen wird, um ganz bestimmte Probleme – in diesem Fall die Seelenwunde der Ungerechtigkeit – zu bewältigen. Es kann also ein wunderbares Geschenk sein, eines Tages offen mit seinen Eltern über solche SEELENWUNDEN sprechen zu können, ohne Angst zu haben, einander dadurch zu verletzen. Dazu bedarf es einer guten Dosis MITGEFÜHL.

Kinderlose Erwachsene werden einen solchen Bewusstwerdungsprozess mit anderen Menschen (oft den Kindern anderer) durchmachen. Kinder sind also auch ein zusätzliches Mittel, mehr über uns selbst zu erfahren. Das schönste Geschenk eines Kindes ist die wunderbare Gelegenheit, wahre LIEBE in die Tat umsetzen zu können.

Kindheit

Die Kindheit reicht von der Geburt zur Pubertät, also in etwa bis zum 13. Lebensjahr. Aus spiritueller Sicht ist ein Kind eine wiedergeborene SEELE, der ein neuer stofflicher Körper gegeben wurde, um bestimmte Erfahrungen auf dieser Erde AKZEPTIEREN zu lernen. Da die Seele schon mehrere Leben hinter sich hat, weiß sie schon vor ihrer Geburt, weshalb sie auf diesen Planeten kommt.

Die Seele des Kindes wählt die Schwingungen seiner Eltern und des Umfelds, in das es geboren werden wird, um das lernen zu können, was es in diesem Leben zu lernen hat.

Nach der Geburt durchläuft der junge Mensch verschiedene Entwicklungsstadien: Das Neugeborene ist noch voller Unschuld und will nichts anderes, als froh und glücklich in Liebe zu leben. Das Kleinkind ist intuitiv, natürlich und spontan. Es isst, wenn es Hunger hat, schläft, wenn es müde ist und bringt seine Gefühle mit den ihm zur Verfügung stehenden Mitteln zum Ausdruck. Leider setzt die Erziehung der Erwachsenen schon viel zu früh ein. Nun lernt das Kind sich in dem ihm angebotenen und erlaubten Rahmen auszudrücken und zu behaupten.

Eltern und Erzieher beginnen ihm nach ihren eigenen Überzeugungen einzurichten, dass es schlecht handelt, wenn es nicht ihren Wünschen entspricht. Ist es Zeit zum Essen oder Schlafen, dann wird nicht mehr gespielt. Es hat zu sprechen oder zu schweigen, zuzuhören, zu essen, sich anzuziehen usw., wie die „Großen" es wollen. Kurz, es hat nun den Anweisungen der Erwachsenen widerstandslos Folge zu leisten.

So entdeckt es, dass es sich ihren bestehenden Regeln ANPASSEN muss, um geliebt zu werden. Dadurch blockiert es seine natürliche Energie, d. h. sein Bedürfnis es selbst zu sein. Diese Erkenntnis und Entscheidung führt zu einer inneren Revolte im Kind, das sich in seinem Existenzrecht verletzt fühlt. Es weiß nicht mehr, dass es seine Eltern und Umwelt nach den SEELENWUNDEN gewählt hat, die es in diesem Leben heilen will. In den verschiedenen Reaktionshaltungen auf seine Eltern entwickelt es MASKEN, die ihm helfen sollen, sich zu schützen und weniger zu leiden.

Dies geschieht völlig unbewusst in den ersten sieben Lebensjahren. Viele Psychologen gehen davon aus, dass alle ÜBERZEUGUNGEN, die das Leben des späteren Erwachsenen bestimmen, in dieser Phase entstehen. Diese Zeit, in der das Kind mit seinem Leid und inneren Dilemma alleine ist, kann durchaus als Krise erfahren werden. Kinder erleben solche Erfahrungen wesentlich tragischer als erwachsene Menschen. Während jene solche Ereignisse banalisieren, sind sie sehr dramatisch für Kinder. Sie sind sich noch nicht des Umstands BEWUSST, dass alles, was ihnen widerfährt, Teil eines LEBENSPLANS ist, den es vor seiner Geburt gewählt hat.

Schenken wir unseren Kindern nicht das nötige Vertrauen, so lassen wir nicht zu, dass sie entdecken, was sie brauchen, wenn sie es brauchen. Deshalb fällt es vielen Erwachsenen auch schwer, ihre wahren BEDÜRFNISSE zu erkennen.

Heute haben wir diese Phasen der Kindheit und somit auch unser wahres Wesen vergessen, natürlich, spontan zu sein, auf unsere wahren Bedürfnisse zu hören und in der GEGENWART zu leben. All das können wir wieder lernen, wenn wir Kinder beobachten. Hören wir ihnen wirklich zu, können wir viel aus ihrer Weisheit lernen, auch wenn sie nur auf das Verhalten der Erwachsenen zu reagieren scheinen.

Unsere Aufgabe als ELTERN besteht darin, den Kindern zu helfen natürlich zu SEIN, sie zu LIEBEN, zu loben und zu lenken. Die wichtigsten Dinge, die wir ihnen beibringen sollten, sind das SELBSTWERTGEFÜHL, die spirituelle Bedeutung des VERANTWORTUNGSBEWUSSTSEINS, auf ihre Bedürfnisse zu hören, WAHR, authentisch zu sein, und sich selbst und ihre Mitmenschen zu ACHTEN, indem sie jedem zugestehen, Erfahrungen nach seinen eigenen Werten und Bedürfnissen zu machen.

Klarsicht

Übersinnliche Wahrnehmungsfähigkeit, der „sechste Sinn", bzw. die Begabung, Dinge richtig einzuschätzen. Klarsichtige Menschen sind feinfühlig und nehmen mehr als die sichtbare und offenkundige Ebene der Dinge wahr. Deshalb sehen sie auch, was in ihren Mitmenschen vorgeht und können ihnen helfen, ohne dabei unbedingt emotionell betroffen sein zu müssen. Manche erkennen Ereignisse oder Wesen der ASTRALWELT, andere sehen Auren oder das Wirken der Chakren, sehen die Organe im Körperinneren wie auf einem Röntgenschirm oder können ELEMENTARE GEDANKENFORMEN wahrnehmen.

Klarsicht wird oft mit FEINFÜHLIGKEIT oder Hellhörigkeit verwechselt. All diese drei übersinnlichen Gaben sind Zeichen einer ausgeprägten Eingebung. Um sie zu fördern, müssen wir lernen uns unserer INTUITION anzuvertrauen. Klarsichtige Menschen sind jedoch nicht unbedingt MEDIEN oder HELLSEHER. Menschen, die durch ihre Begabung Ängste in uns erwecken, sollten besser gemieden werden. Klarsicht bringt hingegen Harmonie und inneren Frieden.

Kollektives Bewusstsein

Dieser Begriff bezeichnet das göttliche Bewusstsein, das alles Leben auf der Erde verbindet. Wir können dieses Bewusstsein mit der Luft in unserer Atmosphäre vergleichen, bei der es sich um eine weitere göttliche Energie handelt. Sie hängt überall zusammen und ist nirgends unterbunden. Wir finden sie auf der ganzen Erde, wenn auch nicht immer in derselben Form. Hier gibt es keine Grenze zwischen zwei Räumen eines Hauses oder zwischen Stadt und Land. Dasselbe gilt auch für die Menschen und andere Formen des Lebens. Nichts trennt uns von unserer Umwelt, auch wenn alles über ganz bestimmte Eigenschaften verfügt.

Die Psychologie spricht auch vom „kollektiven Unbewussten", das starken Einfluss auf die Menschheit ausübt. Die Nachricht eines gefährlichen Virus, der sich rasch ausbreiten

K

soll, kann z. B. enorme Auswirkungen auf die Gesellschaft haben, da viele Menschen sich vor einer Erkrankung fürchten. Diese Angst geht jedoch weniger vom Virus selbst, als von der Energie der gebündelten Gedanken und der Überzeugung reeller Gefahr aus. Sie ist eine ELEMENTARE GEDANKENFORM geworden.

Je populärer und verbreiteter eine ÜBERZEUGUNG ist, desto größer ist auch ihr Einfluss auf das kollektive Unbewusste der Gesellschaft. Die Ausbreitung von Epidemien steht in direktem Verhältnis zum Volksglauben, der sie unterhält. Auch wenn wir uns solcher Überzeugungen nicht bewusst sind, so beeinflussen, ja mehr noch, bestimmen sie unser Leben. Aus diesem Grund haben auch heute noch viele alt hergebrachte und weit verbreitete Ansichten so starken Einfluss auf die Menschheit. Kann es denn ein Zufall sein, dass gerade die sich erkälten, die felsenfest davon überzeugt sind, dass Schnupfen ansteckend oder schon der kleinste Luftzug gefährlich ist?

Werden wir BEWUSSTER und vertrauen unserer INTUITION, so werden wir bald WISSEN, welche Auswirkungen dieser Kollektiveffekt bei unserem Mitmenschen auslöst.

Kollektives Unbewusstes

Siehe KOLLEKTIVES BEWUSSTSEIN.

K

Kommunikation

Anderen etwas übermitteln und dadurch eine Beziehung herstellen. Im Rahmen dieses Werks interessiert uns vor allem dieser zwischenmenschliche Aspekt. **Zahlreiche Probleme in Partnerschaft, Familie und Gesellschaft gehen auf einen Mangel klarer Kommunikation zurück.** Die meisten Kommunikationsschwierigkeiten gehen darauf zurück, dass wir in unserer Kindheit nie richtig gelernt haben, uns verständlich zu machen. Kommunikation lernen wir wie alle anderen Fähigkeiten durch Übung. Dies setzt jedoch gutes ZUHÖREN, MITGEFÜHL und EHRLICHKEIT voraus.

Dazu müssen wir lernen, mit unserem Herzen und unserer Intuition zu hören, was andere wirklich zum Ausdruck bringen wollen und was sie bereit sind, uns zu enthüllen. Unsere Kommunikation wird oft von den WUNDEN UNSERER SEELE beeinflusst. So wird ein Mensch, der an ZURÜCKWEISUNG leidet, die Dinge anders ausdrücken als jemand, der sich VERNACHLÄSSIGT oder UNGERECHT behandelt fühlt. Jeder hat andere Dinge zu erfahren, zu erleben und demnach auch andere Bedürfnisse. Daher ist das Zuhören die wichtigste Grundlage der Kommunikation.

MITGEFÜHL und EMPATHIE ermöglichen uns, uns in die Position des anderen zu versetzen und nachzuvollziehen, was er in seinem Inneren erlebt. Es bedarf also einer guten Dosis FEINFÜHLIGKEIT, um all die ÄNGSTE und WÜNSCHE hinter seinen Gesten und Worten zu entschlüsseln. Die wahre Botschaft verbirgt sich oft unter der Oberfläche des Gesagten.

Oft scheitert die Kommunikation, weil wir nicht richtig zuhören. Beobachten wir, wie wir kommunizieren können, wenn sich jemand an uns wendet. Dabei ist es wichtig zu

erkennen, was der andere uns wirklich mitteilen will. Wir wollen fünf Formen der Kommunikation am Beispiel eines Paares, die über ihren nächsten Urlaub sprechen, erläutern:

1. Eine *wirkliche, klare und präzise Frage* erfordert eine ebenso direkte Antwort. So könnte der Mann seine Frau ganz einfach fragen: „Wohin möchtest Du in den nächsten Ferien fahren?"

2. *Teilt uns der andere mit, was er erlebt,* so bedarf dies eigentlich gar keiner Antwort. Wir verschwenden sehr viel Energie mit unnützen Worten. Beispiel: „Ah, ich bin froh über die Wahl unseres nächsten Urlaubs. Ich werde mich endlich erholen können."

3. Oft verbirgt eine *Mitteilung* eine *Frage* oder *Bitte*. In diesem Fall sollten wir versuchen, uns klar zu werden, was der andere wirklich sagen will. Doch ist es nicht immer leicht, diese Falle zu umgehen. Oft meinen wir, die versteckte Frage zu erkennen und antworten, bevor wir uns wirklich darüber im Klaren sind. Beispiel: „Ich frage mich, ob es eine gute Idee ist, dieses Jahr in Urlaub zu fahren." Hinter einer solchen Mitteilung können mindestens fünf verschiedene Aussagen stecken. Welche ist jedoch wirklich gemeint?

4. Im Fall einer *eindeutigen Bitte um Hilfe* haben wir uns zunächst die Frage zu stellen, ob wir ihr entsprechen wollen oder nicht. Wir sind keinesfalls dazu verpflichtet auf alle Wünsche unserer Mitmenschen einzugehen, vor allem, wenn sie unsere GRENZEN zu überschreiten drohen. So könnte die Frau ihren Mann z. B. fragen: „Würde es Dich stören, wenn ich dieses Jahr eine Woche allein in Urlaub fahre und Du Dich in der Zwischenzeit um Haus und Kinder kümmerst?"

5. Die Kommunikation kann problematisch werden, wenn der Gesprächspartner unsere Wahl oder Aussage *anzweifelt*. Besonders kompliziert wird es, wenn wir versuchen, den anderen von der Richtigkeit unserer Ansichten überzeugen zu wollen. **Das funktioniert nicht!** Solange der Zweifel besteht, wird jener sich gegen alle vorgebrachten Argumente sträuben. In diesem Fall ist es ratsamer, ihn nach den Gründen seiner Bedenken zu fragen. Beispiel: „Du sagst, wir könnten uns dieses Jahr drei Wochen Urlaub im Süden leisten? Ich halte das für unmöglich. Ich verstehe nicht, wie Du zu diesem Schluss kommst."

Es gibt zahlreiche Möglichkeiten mündlicher Verständigung. Natürlich können wir auch durch Gesten, Blicke usw. kommunizieren. Introvertierte Menschen tun sich z. B. leichter anders als mündlich zu kommunizieren und übermitteln ihre Gefühle und Ansuchen anders. Wir haben diese Wahl zu respektieren und können nicht von anderen erwarten, sich so auszudrücken wie wir. Je mehr sie sich akzeptiert fühlen, desto leichter wird es ihnen fallen, sich mitzuteilen.

Oft müssen wir all unseren Mut aufbringen, um gewisse Ängste zu überwinden, die sich einer spontanen und WAHREN Mitteilung oder BITTE in den Weg stellen. Dabei hilft es, vorher ein paar Mal tief durchzuatmen und dem anderen einzugestehen, dass wir uns etwas davor fürchten, das zu sagen, was wir eigentlich sagen wollen.

In jedem Fall ist Klarheit und Präzision jeder Kommunikation zuträglich. Fällt es Dir jedoch schwer, bestimmte Dinge zu sagen, weil Du Angst hast zu missfallen oder Dich zu sehr preiszugeben, so versuche, Dich vorher zu entspannen. Schließe die Augen und stelle Dir bildlich vor, wie Du Deinem Gesprächspartner alles mitteilst, was Dir am Herzen liegt. Das ist leichter, als Du denkst. Hast Du ein Foto von dieser Person, kannst Du Dich ebenso an dieses Bild wenden. Du wirst sehen, dass es Dir in der Folge wesentlich leichter fallen wird, wirklich mit diesem Menschen zu sprechen.

Die wichtigste Bedingung jeder Kommunikation ist jedoch die ACHTUNG, die wir anderen und uns selbst zollen. Nur so können wir uns wirklich das Recht zugestehen all unsere Ansichten, Wünsche und Bedürfnisse ohne Kritik und Urteil zum Ausdruck zu bringen und dennoch die Meinung des anderen gelten lassen. Achtung erzielt umwerfende Ergebnisse.

Konflikt

Mehr oder weniger vehemente Auseinandersetzung zweier oder mehrerer Personen, mit unterschiedlichen Gefühlen, Meinungen, Interessen oder Motivierungen, bei der aber alle Beteiligten Recht haben wollen. Dieses Kräftemessen erzeugt Zwietracht, Missverständnisse und Emotionen. Das Gegenteil von Konflikten ist Einverständnis, Einheit, Frieden und Harmonie.

Ein Konflikt ist nicht zu verwechseln mit einem DILEMMA, wo wir die Wahl zwischen verschiedenen Möglichkeiten treffen müssen. Bei Konflikten kommt es immer zu einer gewissen Form von Aggression, da jede Partei von ihrem Recht überzeugt ist. Sie kommen in allen Bereichen unseres Lebens vor und können unsere Privat- oder Familiensphäre ebenso betreffen wie Beruf oder Gesellschaft. Manchmal geht es „nur" um gegensätzliche Interessen, verschiedene Persönlichkeiten oder Werte, Geld oder eine Erbschaft. In anderen Fällen können Konflikte schweren schaden anrichten, Krieg stiften und Menschenleben kosten. **Alle äußeren Konflikte sind Ausdruck innerer Spannungen, d. h. Konflikte zwischen verschiedenen Aspekten unseres Innenlebens oder bestimmter PERSÖNLICHKEITEN, die wir verkörpern.**

Jede Auseinandersetzung mit unserer Umwelt soll uns auf diesen inneren Widerstreit hinweisen. D. h., dass wir Konflikte in Wirklichkeit nie mit anderen, sondern immer nur mit uns selbst haben. Alles, was unsere Reaktionen hervorruft, erweckt auch Gefühle in uns. An unseren Mitmenschen stören uns genau die Eigenschaften, die wir nicht an uns selbst wahrhaben wollen. Deshalb begegnen wir ihnen auch so vehement und sind nur selten in der Lage dazu, uns ihnen zu stellen und die daraus erwachenden Probleme zu lösen. Je mehr wir uns gegen sie sträuben, desto stärker wirkt das GESETZ DER ANZIEHUNGSKRAFT auf sie. Alle Situationen und Menschen, denen wir in unserem Leben begegnen, sollen uns einzig und allein dazu bringen uns selbst in allen Aspekten bedingungslos zu AKZEPTIEREN.

Konflikte mit Menschen, die uns nahe stehen, treffen uns mehr als andere, da sie unsere tiefsten und empfindlichsten Stellen berühren. Je schwerer solche Auseinandersetzungen zu lösen sind, desto tiefer ist auch die entsprechende Seelenwunde. Da jeder Mensch nicht nur seine eigene Lebensgeschichte, sondern auch ganz bestimmte solche Wunden hat, reagiert jeder anders auf bestimmte Situationen. Der eine wird sofort wütend, der andere hält sich zurück, um nicht die Kontrolle über sich zu verlieren, während andere sich ständig beklagen, sobald sie auf ein offenes Ohr stoßen... Viele Menschen neigen dazu, Probleme zu ignorieren oder zu fliehen. Manche überzeugen sich selbst davon, dass es eigentlich gar keinen Konflikt gibt. Das gelingt ihnen bis zum Tag, an dem das Fass überläuft, weil sie nichts mehr aufstauen können.

Solange wir unsere kleinen und größeren Probleme nicht gelöst haben, werden wir mit Zwietracht und Leid konfrontiert, was uns wiederum dazu führt, die mangelnde Aufmerksamkeit, Offenheit oder Achtung unserer Mitmenschen zu kritisieren und zu verurteilen. Dieser Hochmut hindert uns daran, unsere wahren Bedürfnisse und Wünsche mitzuteilen. Dies führt schließlich zu Emotionen, Frustrationen, Ängsten und Schuldgefühlen. Schließlich versuchen alle Recht zu haben und die anderen zu ändern, anstatt die Verantwortung für sich selbst zu übernehmen.

Konflikte haben also beträchtliche Auswirkungen auf unser Leben, ob wir uns dessen nun bewusst sind oder nicht:

Auf der **geistigen Ebene** können Menschen sich z. B. die unwahrscheinlichsten Geschichten ausmalen, die zu Sorgen, Angst, Schlaflosigkeit, Gedächtnisverlust ja bis hin zur Alzheimer-Krankheit führen können.

Auf der **emotionalen Ebene** werden Aggressivität, Wut, Feindseligkeit, Rachsucht und verschiedene Angstzustände erlebt. All dies schwächt den Energiekörper eines Menschen, der dadurch überempfindlich wird und den das kleinste Problem aus der Fassung bringt.

Auf der **körperlichen Ebene** rauben Konflikte nicht nur Energie, sondern hindern uns auch daran, unsere Wünsche in die Tat umzusetzen. Außerdem ziehen sie auch Krankheiten wie Magengeschwüre, Bluthochdruck, Verdauungsstörungen, Arthritis u. Ä. nach sich oder führen zu Depressionen, Burnout und chronischer Erschöpfung. Je mehr wir uns zurückhalten und versuchen, uns unter Kontrolle zu halten, desto mehr gerät unser Innenleben aus den Fugen und versucht sich durch Krankheiten Ausdruck zu verschaffen.

Auf der **Ebene des Seins** hindern uns Konflikte daran, wir selbst zu sein und unser wahres Wesen zum Ausdruck zu bringen. Wir glauben, ständig auf der Hut sein zu müssen. So kann sich weder unsere Freiheit noch unser Glück entfalten, da wir den Kontakt zu unserer inneren Kraft verloren haben. Wir haben das Gefühl, etwas oder jemandem unterworfen zu sein. Es fällt uns immer schwerer, auf unsere wahren Wünsche und Bedürfnisse zu hören. Schließlich haben wir uns in einem Teufelskreis verfangen, aus dem wir keinen Ausweg sehen.

Es ist immer in unserem eigenen Interesse, unsere Konflikte baldmöglichst zu bereinigen. Doch wie soll dies bewerkstelligt werden? Zuerst müssen wir erkennen, dass jeder Mensch ohne Ausnahmen Konflikte auf verschiedenen Ebenen seiner Existenz erlebt,

K

da jeder in diesem Leben an seinen Seelenwunden arbeiten muss. Versuchen wir diese Wunden der anderen auszumachen und eine Versöhnung anzustreben, so sehen wir weder unsere Mitmenschen noch die Situationen aus demselben Blickwinkel. Erkennen wir die Probleme des anderen, so richtet sich unser Augenmerk automatisch auch auf unsere eigenen. Dadurch können wir uns auch zugestehen, böse geworden zu sein, was eine der Voraussetzungen dafür ist, Frieden zu schließen und uns zu versöhnen. In der Regel erlebt der andere eine ähnliche, wenn nicht sogar dieselbe Problematik, auch wenn sie dort durchaus anders zum Ausdruck kommen kann. Übernehmen wir unsere VERANTWORTUNG und gestehen uns ein, dass unser ICH die Überhand über unser Herz gewonnen hat, so werden wir auch aufhören, ständig nur unsere Mitmenschen statt uns selbst verändern zu wollen. Dadurch erlangen wir Mitgefühl und können unser Herz öffnen, was uns ermöglicht, den Aspekt in uns anzuerkennen, den wir zuvor nicht akzeptieren und zurückweisen wollten. Plötzlich wird uns klar, dass genau dieser Aspekt, dieses innere Leid den fraglichen Konflikt heraufbeschwört hat, der einzig und allein dazu diente, unsere Seele einen Schritt weiter zu bringen. Der SPIEGELANSATZ ist ein ausgezeichnetes Mittel dazu.

Es ist empfehlenswert, mit der Lösung kleinerer Auseinandersetzungen zu beginnen und sich im Laufe der Zeit auch an schwerere zu wagen. Manchmal kann es vorteilhaft sein, sich an einen Berater oder Vermittler zu wenden, der objektiv dazu beitragen kann, eine einvernehmliche Lösung zu finden. Dazu müssen sich aber auch beide Parteien auf diese Weise helfen lassen wollen. Um Konflikte zu lösen, müssen wir nicht nur nachsichtig sein, sondern sollten uns auch die nötige Zeit dazu nehmen. Außerdem sollten wir nie aus den Augen verlieren, dass Auseinandersetzungen mit dem weiblichen Geschlecht auf bisher ungeregelte Probleme mit unserer Mutter, die mit dem männlichen auf Probleme mit dem Vater zurückzuführen sind.

Durch Konflikte, insbesondere mit unseren Eltern oder nahe stehenden Menschen, erkennen wir unsere Seelenwunden und lernen uns besser selbst kennen. Schaffen wir Frieden mit unserer Umwelt, versöhnen uns mit ihr und AKZEPTIEREN sie, stellen wir auch wieder Kontakt mit der göttlichen Energie in uns her. Wir nähern uns dem Licht und wissen, dass wir die richtigen Entscheidungen treffen. So verwirklichen wir nicht nur unsere Wünsche, sondern werden auch unseren Mitmenschen eine Quelle der Inspiration und Weisheit. Wir versöhnen uns mit dem WEIBLICHEN wie auch dem MÄNNLICHEN PRINZIP in uns, lernen besser kommunizieren und erreichen EIGENSTÄNDIGKEIT in unseren Gefühlen. Wir meistern unser Leben, anstatt uns von unserem Ich steuern zu lassen. Deshalb ist das Gegenteil des Konflikts Friede, Einverständnis, Einheit und Harmonie.

Können

Fähigkeit, Dinge zu tun oder zu bewirken. Dies ist Kraft und Energie zugleich. **Unser BEWUSSTSEIN stellt uns eine Vielzahl von Fähigkeiten zur Verfügung, u. a. unser eigenes Leben zu schaffen und freie Entscheidungen zu treffen.** So können wir auch denken, wählen, wünschen, visualisieren, fühlen, handeln, beten, lernen, sprechen, kommunizieren, lachen oder uns vergnügen. All diese FÄHIGKEITEN erlauben uns, uns und die Dinge, die uns am Herzen liegen, mit Hilfe unserer inneren MACHT zu verwirklichen, um dadurch schließlich zu Liebe und Selbsterkenntnis zu gelangen. Setzen wir unsere Kräfte INTELLIGENT ein, kommt der Beistand auf der Ebene des SEINS von ganz alleine.

Bedienen wir uns unserer Fähigkeiten jedoch, um andere zu KONTROLLIEREN und zu DOMINIEREN, so missbrauchen wir unsere Macht. Durch Kräftemessen dieser Art will man andere zu Verlierern machen. Solche Siege sind aber nur Illusionen. Wahre Meisterschaft versucht nie Macht über andere auszuüben.

Verkennen wir, dass wir eigentlich dazu imstande wären, unser ganzes Leben nach unseren Bedürfnissen auszurichten, schlüpfen wir in die Rolle des OPFERS, das die Schuld stets auf andere schiebt. Wir fühlen uns außerstande, unser eigenes Leben zu steuern, und versuchen daher unsere Mitmenschen zu kontrollieren. Es ist höchste Zeit, dass wir erkennen, über alle Fähigkeiten zu verfügen, unser Leben selbst in die Hand zu nehmen und ebenso außergewöhnlich wie großartig werden zu lassen. Dann können wir dies auch von unseren Mitmenschen akzeptieren und unser Können dazu einsetzen uns selbst statt andere nach unseren Wünschen zu formen.

Kontrolle

Um sich selbst oder seine Mitmenschen zu kontrollieren, bedarf es einer gewissen AUTORITÄT, ständiger Vorsicht und Alarmbereitschaft. Man muss aufpassen und ständig auf der Hut sein. Kontrolle ist eine Form der Dominanz, der Wille, unsere eigenen Entscheidungen um jeden Preis auch gegen den Wunsch anderer durchzusetzen. Wir wollen alles nach unseren eigenen Vorstellungen, Launen oder Überzeugungen STEUERN. Kurz gesagt, bedienen wir uns aller möglicher Mittel, um den Gang der Dinge zu MANIPULIEREN.

Hinter dem Verlangen nach Kontrolle verbirgt sich immer eine Form von ANGST. Achtet eine Frau z. B. sehr darauf, was ihr Mann isst, so rechtfertigt sie sich damit, nur sein Bestes zu wollen und sich um seine Gesundheit zu sorgen. In Wirklichkeit fürchtet sie sich aber davor, dass er krank oder arbeitsunfähig werden könnte, dass die anderen sie für eine schlechte Gattin halten könnten oder sie sich alleine um ihn und das Haus kümmern müsste. So kann auch ein Vater, der seiner jugendlichen Tochter untersagt, abends auszugehen, dies mit den verschiedensten Argumenten rechtfertigen. In Wahrheit fürchtet er jedoch, die anderen könnten ihm mangelndes VERANTWORTUNGSBEWUSSTSEIN nachsagen, oder aber nicht schlafen zu können, bis die Tochter heimgekommen ist, da diese Situation eigene Ängste in ihm hervorruft, die er bislang nicht zu lösen imstande war.

Glauben wir, durch Kontrolle Macht über andere zu besitzen, so ist in Wirklichkeit genau das Gegenteil der Fall. Wir schaden nur uns selbst, wenn wir anderen nicht vertrauen und keine Aufgaben delegieren wollen.

Selbstkontrolle artet nur allzu oft darin aus, uns Wünsche oder Bedürfnisse vorzuenthalten. Dadurch entstehen Spannung, die früher oder später umso heftiger an den

Tag treten werden. Stellen wir uns vor, uns das ganze Wochenende nur ausruhen zu wollen. Unser Vernunftdenken hält uns jedoch davon ab, da noch viel zu viel Arbeit zu erledigen ist. Im Laufe dieser Arbeit werden wir jedoch immer angespannter, da wir uns nicht nur einen Wunsch, sondern ein notwendiges BEDÜRFNIS vorenthalten. Unser Körper wird uns immer häufigere Signale senden, bis wir einfach aufhören müssen oder aber krank werden. Je mehr wir uns zurückhalten, im Zaum halten, Emotionen „herunterschlucken" und unsere Feinfühligkeit und Wünsche zum Schweigen zu bringen versuchen, desto mehr verlieren wir die Kontrolle über uns selbst. Halten wir bestimmte Worte, Tränen oder Wut in uns zurück, so werden sie sich auf anderem Wege Ausdruck verschaffen. Auch unsere Psyche hat Grenzen und lässt sich nicht ewig einpferchen. Sind diese GRENZEN überschritten, brechen wir zusammen.

Ganz gleich, ob diese Selbstkontrolle nun bewusst ist oder nicht, so verbirgt auch sie gewisse Ängste. Manche Frauen gönnen sich keine Nachspeise, da sie fürchten, dick zu werden oder dem Zucker nicht widerstehen zu können. Verlieren sie jedoch schließlich die Kontrolle über sich, essen sie dreimal so viel oder übertragen diesen Exzess in einen anderen Bereich. Selbstkontrolle bedarf sehr viel Energie. Kannst Du Dir vorstellen, wie viel Kraft man aufwenden muss, um nicht nur sich selbst, sondern auch seine Familie, seinen Freundeskreis und seine Arbeitskollegen kontrollieren zu wollen?

Willst Du diese Problematik überwinden, so beginnst Du am besten mit Deinen Mitmenschen. LASS LOS und höre zugleich auf Deine wahren Bedürfnisse. Achte Dich selbst, AKZEPTIERE Dich, wie Du bist, und schenke Dir mehr VERTRAUEN. Je weniger Du das Gefühl hast, Dich selbst kontrollieren zu müssen, desto leichter wird Dir dies auch mit anderen fallen. Lerne bestimmte Aufgaben an andere abzugeben. Dadurch gestehst Du nicht nur Deinen Mitmenschen, sondern auch Dir selbst mehr Raum zu. Lass sie ihr Leben leben, auch wenn Du nicht damit einverstanden bist. Beobachtest Du Dich jedoch wieder dabei, diesen Kontrollmechanismus an den Tag zu legen, so ist es wichtig, Dir das Recht dazu zuzugestehen und zu verstehen, dass Deine ÄNGSTE und Grenzen noch Dein Handeln bestimmen.

Haben wir einmal all die unangenehmen Folgen dieses Verhaltens erkannt, so wird es uns nicht mehr so schwer fallen es einzustellen und uns selbst und unsere Mitmenschen so sein zu lassen, wie sie sind. Natürlich bedarf dies einer gewissen Nachsicht und TOLERANZ. Es ist wunderbar zu beobachten, dass diesem inneren Wandel bald auch der äußere folgt. Wir haben plötzlich das Gefühl immenser Freiheit und größerer ACHTUNG vor uns und unserer Umwelt und fühlen uns in allen Belangen wohler in unserer Haut. Für weitere Informationen zu diesem Thema verweise ich auf mein Buch *Heile die Wunden deiner Seele*.

Körper

Der menschliche Organismus ist Teil unserer stofflichen Existenz. Der physische Körper ist nicht nur unsere Hülle, sondern bringt auch die beiden anderen stofflichen Körpern (EMOTIONSLEIB und MENTALLEIB) zum Ausdruck. Der Körper ist das Kleid der Seele, sein irdisches Fahrzeug und ermöglicht uns, in der stofflichen Welt zu existieren.

Je mehr wir seinen Bedürfnissen nachkommen, desto besser wird er uns dienen. Um seine Aufgaben erfüllen zu können, benötigt er Energie, die ihm eine gesunde ERNÄHRUNG durch lebenswichtige Elemente wie Wasser, Eiweiß, Vitamine, Kohlehydrate, Zucker, Fette und Mineralien zukommen lässt.

Außerdem braucht unser Körper genügend SCHLAF und gelegentliche Ruhephasen. Verdauung und andere Körperfunktionen, die ohne unser Zutun geschehen können, sollen jedoch nicht Gegenstand dieses Werks sein, auch wenn wir der Intelligenz unseres Körpers manchmal für die zahlreichen Arbeiten danken sollten, derer wir uns meist kaum bewusst sind.

Im Bereich der natürlichen Körperfunktionen wollen wir nur kurz auf die lebenswichtige ATMUNG eingehen. Auch ihr wird nur selten die gebührende Achtung und Aufmerksamkeit gezollt. Nur wenige haben gelernt, so zu atmen, dass unser ganzer Körper mit der subtilen Lebensenergie der Luft, dem *Prana* versorgt wird. Das versorgt unsere Lungen mit Sauerstoff, wodurch unser Blut gereinigt und mit Energie versorgt wird. Deshalb sollten wir versuchen, so oft wie möglich bewusst zu atmen. Dies stärkt nicht nur den gesamten Organismus, sondern hilft uns auch, unsere Gefühle und unseren Geist wieder ins Lot zu bringen.

Da der physische Körper der greifbarste und sichtbarste der drei stofflichen Körper ist, gibt er auch die deutlichsten Zeichen. Immer mehr Menschen wissen heute, dass Verdauungsstörungen nicht immer auf schlechte Kost, sondern auch auf Probleme zurückzuführen sein können, die uns „auf dem Magen liegen". Wir müssen lernen, der Intelligenz unseres Körpers zu vertrauen und seine Nachrichten zu entschlüsseln. Wir sollten ihn achten und ihm dafür danken, uns so treu zu dienen.

Manche Menschen schämen sich, von ihrem Körper oder bestimmten Körperfunktionen zu sprechen oder haben – was noch schlimmer ist – Abscheu vor ihm, da er nicht ihren ästhetischen Vorstellungen entspricht. Das widerspricht allen Gesetzen der Natur. Unser Körper ist dazu da, uns zu dienen und uns Aufschlüsse über unsere Gefühle und Gedanken zu liefern. Wir sollten versuchen zu erkennen, welche Botschaft bestimmte Körperteile ausdrücken können, damit wir uns selbst besser kennen und lieben lernen. Wir sollten unseren Körper AKZEPTIEREN und uns so lieben, wie er ist.

Zusammenfassend können wir also sagen, dass wir sowohl auf eine ausgewogene Ernährung als auch auf die Botschaften unseres Körpers achten sollen, die durch KRANKHEITEN oder Mangel an ENERGIE zum Ausdruck kommen können und uns helfen sollen, uns unserer GEFÜHLE und ÜBERZEUGUNGEN bewusst zu werden. All diese Zeichen des Körpers, plötzliches Unwohlsein, unbegründete Müdigkeit usw., stehen in unmittelbarem Zusammenhang mit unseren WÜNSCHEN, BEDÜRFNISSEN oder Gedanken. Sie sollen unsere Aufmerksamkeit auf Dinge lenken, die unsere Gefühle oder unser Verstand gerade nicht sehen möchten. Unser Körper bringt uns immer auf den rechten Weg; den Weg der wahren Liebe und wahren BEDÜRFNISSE. Er ist ein wertvoller Führer auf der Suche nach unserer INDIVIDUALITÄT.

K

Kraft

Siehe MACHT.

Krankheit

Organische oder funktionelle Störung des Körpers, Gesundheitsschwäche. Alle Krankheiten und Gesundheitsprobleme gehen auf Energieblockaden des stofflichen Körpers zurück. Sie treten auf, um uns darauf hinzuweisen, dass wir nachteilige Gedanken oder Gefühle hegen, derer wir uns nicht bewusst sind oder sein wollen. Körperliches Leid ist das letzte Mittel des Lebens, den Menschen zu einer Reaktion zu bewegen und seiner psychischen Blockaden bewusst zu machen. So müssen wir auch „seelisches" Leid ertragen, wenn wir nicht auf unsere wahren BEDÜRFNISSE hören.

Durch Krankheiten und Gesundheitsprobleme gibt uns unser Körper also ein unmissverständliches Zeichen, dass wir unsere GRENZEN überschritten haben, d. h. dass unsere Seele sich im Zwiespalt mit unserer Geisteshaltung befindet, da sie unserem LEBENSPLAN widerspricht.

Wir können unseren Körper in dieser Hinsicht mit einem Barometer vergleichen, der uns wertvolle Aufschlüsse darüber gibt, welche WÜNSCHE wir aufgrund unserer ÜBERZEUGUNGEN verdrängt haben. Je mehr wir leiden, desto weniger haben wir unsere Wünsche beachtet und desto stärker ist die Nachricht, dass wir unsere überholten Geisteshaltungen und Ängste erkennen und dringend revidieren sollten.

Unsere ENERGIERESERVEN haben starken Einfluss auf das Auftreten von Krankheiten. Sind sie groß, dauert es länger, bis unsere Grenzen erreicht sind und Gesundheitsprobleme auftauchen. Das erklärt auch, weshalb manche Menschen öfter, früher und schwerer erkranken als andere. Die Krankheit ist ein Mittel der Bewusstwerdung und lässt keine Alters-, Gesellschaftsklasse oder Rasse aus.

Wäre es nicht angebracht, zu versuchen die Botschaften unseres Körpers zu verstehen, da dieses Werkzeug auf Dauer zugegebenerweise mühsam und schmerzhaft ist. Haben wir uns mit der Vorstellung abgefunden, dass wir voll und ganz für unser Leben VERANTWORTLICH sind, so müssen wir auch akzeptieren, dass all unsere Krankheiten durch unsere eigenen Haltungen hervorgerufen werden. Das heißt aber zugleich auch, dass wir ebenso über die Möglichkeit verfügen, diesen Prozess umzukehren und uns zu heilen. Wir verfügen über unvorstellbare kreative Kräfte, die jeder Krankheit entgegenwirken und uns wieder zum natürlichen Zustand der Gesundheit zurückführen können. Auf diese Weise entdecken wir eine andere Seite unserer unvorstellbaren inneren Kraft.

Für uns stellt die METAPHYSIK in erster Linie ein außerordentliches Mittel dar, die Ursachen von Krankheiten aufzudecken, indem wir uns fragen, wozu der betroffene Körperteil dient und wie diese Funktion mit unserem aktuellen Leben in Zusammenhang steht. Der eigentliche Heilungsprozess wir durch die EIGENLIEBE in Bewegung gesetzt. Da es sich hierbei um einen außerordentlich komplexen Bereich handelt, verweisen wir hier auf mein Buch *Dein Körper sagt: Liebe dich!*, in dem die metaphysischen Ursachen von über 500 Krankheiten und Gesundheitsproblemen erläutert werden. Hier wirst Du Aufschlüsse über die konkreten Energieblockaden finden, die ihnen zugrunde liegen.

Kreativität

Etwas aus eigener Kraft schaffen, verwirklichen, planen, hervorbringen oder initiieren. Auf diese Weise werden Dinge, die bereits in unsichtbaren Ebenen bestehen, in der materiellen Welt des Sichtbaren verwirklicht. Bevor sie sich auf der stofflichen Ebene offenbaren können, müssen wir sie auf der emotionalen oder mentalen Ebene geschaffen haben, auch wenn dies ohne unser bewusstes Zutun geschehen ist. Wir sind also ständig in die verschiedensten Schöpfungsprozesse verwickelt. All unsere jetzigen Gedanken, Gefühle und Handlungen schaffen unsere Welt von Morgen. Das gilt für alle Menschen. **Unser aktuelles Leben ist lediglich die Offenbarung dessen, was wir schon früher durch unsere Gedanken, Worte und Werke in Bewegung gesetzt haben.**

Wir schaffen zwar pausenlos Neues, doch wollen wir wirklich, was wir da hervorbringen? **Ein frohes und glückliches Leben kann nur mit positiven Gedanken und konstruktivem Verhalten geschaffen werden, die wir im Sinne unserer BEDÜRFNISSE steuern.** Trotzdem kann es vorkommen, dass wir genau das Gegenteil unserer Wünsche erzeugen. Stellen wir uns jemanden vor, der gerne mehr Geld hätte, aber unbewusst nach wie vor das Gegenteil befürchtet, denkt und somit auch heraufbeschwört. Zuerst sollte er dankbar für das sein, was er bereits besitzt. In der Folge muss er in allen Bereichen eine „reiche Lebenshaltung" annehmen. Dadurch schafft er heute den ÜBERFLUSS von morgen.

Der Mensch ist sich nur eines Zehntels seines Innenlebens bewusst. Es ist also an der Zeit, alles daran zu setzen, uns unserer Handlungen, Gesten, Gedanken und Worte BEWUSST zu werden, damit wir uns selbst besser kennen lernen und erkennen, was wir dadurch erschaffen. Nicht nur die Zerstörung, sondern auch die NACHAHMUNG widerspricht der Schöpfung. Imitieren wir andere und sind nicht wir selbst, haben wir unsere Kreativität fehlgeleitet. Vergiss nicht, dass Du der Kapitän an Bord bist. Was willst Du heute noch schaffen?

Krise

Es gibt mehrere Definitionen für dieses Wort. Es kann sich dabei um einen ebenso kurzen wie heftigen Anfall von Nerven oder Gefühlen handeln. Andere Krisen bringen unsere Existenz in Gefahr. In jedem Fall kommt es plötzlich und unerwartet zu einer Situation, die momentan außer Kontrolle geraten ist. Im Bereich der Gefühle kann dies Angstzustände, Hysterie, Eifersucht, Panik, Agoraphobie, Asthma, Allergien, Herz- oder Leberprobleme usw. auslösen. In solchen Augenblicken verlieren wir unsere INNERE MITTE, unser Verstand ist nicht mehr in der Lage, die Ereignisse zu analysieren oder zu steuern. Wir sind ganz den Emotionen unterworfen.

Stellen diese unser Leben in Frage, so sprechen wir von Existenzkrisen. Manche Menschen haben sie so häufig, dass sie sie für völlig normal halten. In der Regel treten sie besonders an Schnitt- und Wendepunkten des Lebens auf. Sie können die KINDHEIT, JUGEND, Identität oder PERSÖNLICHKEIT, die PARTNERSCHAFT, die Vierziger, die Fünfziger usw. betreffen.

Nehmen wir all diese Krisen etwas genauer unter die Lupe, so wird deutlich, dass sie besonders dann auftreten, wenn wir das Gefühl haben, machtlos zu sein, uns nicht behaupten oder unsere Wünsche verwirklichen können. Unsere Seele schreit: „Hilfe, ich ersticke!"

Manche Menschen befinden sich pausenlos im Krisenzustand, weil sie die letzte oder letzten Krisen nie überwunden haben. So verharren sie ständig in einer Reaktionshaltung und ihren Ängsten. Bei jeder Veränderung kommt eine neue Spannung hinzu, die eine neue Krise auslöst und wieder unverheilte SEELENWUNDEN öffnet. Solche Situationen sind ernstzunehmende Alarme, die uns dazu auffordern, ein wichtiges Kapitel unserer Existenz zu überdenken und unserer wirklichen BEDÜRFNISSE bewusst zu werden.

Was können wir jedoch konkret in solchen Momenten tun? Zunächst müssen wir erkennen, dass unser ÜBERBEWUSSTSEIN uns hier ein Zeichen schickt, dass wir lernen sollen, uns selbst zu lieben und unseren BEDÜRFNISSEN zu entsprechen, anstatt uns weiterhin dem Geschmack unserer Mitmenschen anzupassen. In und durch Krisen können wir unsere Ängste und Emotionen nach den Prinzipien der wahren LIEBE bewältigen. Alle Werkzeuge, uns weiterzuentwickeln und im Leben vorwärts zu kommen stecken in uns selbst. Die Wahl liegt bei uns: Entweder wir verstehen Krisen als Sprungbrett zu einem Neustart oder wir lassen uns weiterhin von der Angst, nicht geliebt zu werden, steuern.

Kritik

Tadel, Rüge, intellektuelle oder moralische Ansicht, strenges oder abwertendes Urteil. Im Grunde genommen verfügt jeder Mensch über einen kritischen Geist, um sich selbst zu verbessern und zu übertreffen. Eine solche Kritik ist konstruktiv, solange sie nicht urteilt und objektiv bleibt. Doch kritisieren wir uns und unsere Mitmenschen leider meist eher im negativen Sinne. Große Kritiker sind oft auch große Perfektionisten, die den Gegenstand ihrer Kritik IDEALISIEREN. So gehen sie auch mit sich selbst um.

Es handelt sich hierbei also eigentlich eher um ein URTEIL, welches wir nach unseren persönlichen Kriterien fällen, die darauf beruhen, was wir für gut und böse, akzeptabel oder nicht halten. So kritisieren wir alles, was unseren Ansichten, Werten und Überzeugungen widerspricht. Für den einen ist die Arbeit des Kollegen zu schnell, zu langsam oder mittelmäßig, eine andere findet, dass ihr Mann schlecht oder zu viel isst, oder dass er mit den Kindern zu streng oder nicht streng genug umgeht… Solche Kritik bringt niemandem etwas.

Machst Du anderen VORWÜRFE, um sie abzuwerten oder zu zeigen, dass ihr Verhalten inakzeptabel ist, so werden andere Dich ebenso kritisieren, da sie nur ein Spiegel dessen sind, was in Dir vorgeht. Sie sind dazu da, Dir vor Augen zu führen, wie Du Dich selbst für dieses oder jenes Verhalten kritisieren würdest. Wir werden immer zu denen, die wir eigentlich anprangern. Wir können noch so sehr versuchen, einem Ideal zu entsprechen und nicht die Verhalten an den Tag zu legen, die wir anderen vorwerfen, so wird doch der Tag kommen, an dem wir die KONTROLLE über uns selbst verlieren und genau so handeln. Wird Dir vorgehalten, zu streng, zu verschwenderisch oder zu langsam zu sein, so solltest Du Dir die Frage stellen, ob Du Dir nicht selbst manchmal dieselben Vorwürfe machst.

Es unmöglich ein solches Verhalten von einem Tag auf den anderen abzulegen. Akzeptiere, dass es eine Weile dauern wird und beginne damit, konstruktiver zu werden. Dies kann ein ausgezeichneter Anlass sein, Dich selbst besser kennen zu lernen. Der SPIEGELANSATZ ist ein gutes Mittel dazu, verborgene Aspekte Deines Wesens zu entdecken. Neigst Du zu Selbstvorwürfen, so siehst Du Deine Möglichkeiten und Grenzen nicht realistisch und verlangst zu viel von Dir. PERFEKTIONISTEN fehlt es meist an EIGENLIEBE.

Kummer

Siehe TRAURIGKEIT.

K

Lachen

Sich amüsieren und unterhalten, eine gute Zeit verbringen und sich fröhlich abreagieren. Wir Menschen haben das große Privileg, die einzigen Lebewesen zu sein, die des Lachens fähig sind. Wir haben alle schon von den außerordentlichen therapeutischen Kräften des Lachens auf Körper und Geist gehört. Hier ein paar Beispiele: Das Lachen dehnt die Milz, was den Körper im Kampf gegen Infektionskrankheiten unterstützt. Die Milz trägt zur Reinigung des Blutes bei und stellt einen wichtigen Blutspeicher dar. Aus METAPHYSISCHER Sicht symbolisiert das Blut unsere LEBENSFREUDE. So speichert Lachen gleichermaßen Lebensfreude für schwerere Momente. Es stärkt unser allgemeines Immunsystem und unsere Abwehrkräfte gegen Bakterien und verschiedene Krankheiten.

Außerdem setzt es Endomorphine, das so genannte „Glückshormon" in unserem Gehirn frei. Diese lindern Schmerzen und können dadurch auch Schlafmittel ersetzen. Lachen mindert Nervosität, Angst und Stress und trägt zur körperlichen und geistigen Entspannung bei. Herzhaftes Lachen lässt uns tief durchatmen und besser verdauen. Kurz, es verfügt über außerordentliche Heilkräfte. Mittlerweile wird das Lachen bereits von manchen Ärzten als Begleittherapie angewandt. Es ist erwiesen, dass Menschen kreativer, optimistischer, besserer Laune und einfallsreicher sind, nachdem sie gelacht haben.

Was können wir tun, um mehr zu lachen? Wir sollten damit beginnen, das Leben nicht ganz so ernst zu nehmen und unseren Sinn für Humor zu entwickeln. Wir können anderen z. B. einen netten Streich spielen, ohne uns über sie lustig zu machen. Hast Du schon einmal versucht, jemanden zum Lachen zu bringen, der gerade wütend ist? Das ist ein ausgezeichnetes und höchst wirkungsvolles Mittel. Der Zorn verraucht sehr schnell und die Situation erscheint bald nicht mehr ganz so DRAMATISCH. Leute, die sehr viel Zeit allein verbringen, sollten versuchen, sich mit lustigen Menschen und Dingen zu umgeben. Sie können lustige Bücher lesen, Komödien ansehen und den Kontakt zu lebensfrohen Personen pflegen. Das spontane Lachen von Kindern, zu dem wir früher alle einmal fähig waren und erst später durch unseren Erwachsenenernst ersetzt haben, wirkt Wunder. Vielleicht lernen wir von ihnen, wieder natürlich und unvermittelt zu lachen.

All diese positiven Effekte werden jedoch ausbleiben, wenn wir über andere oder aber lachen, um unsere Traurigkeit zu verstecken. Sei Dir also Deiner ABSICHT bewusst. Es raubt uns eher Energie, wenn wir andere lächerlich machen oder uns zu falschem Lachen zwingen.

Am wichtigsten ist es jedoch, über uns selbst lachen zu können - d. h. aber nicht, uns lächerlich zu machen. Wir können über unser Verhalten in manchen Situationen, unsere Fehlschläge, Enttäuschungen, Reaktionen und sogar unsere Ängste lachen. Die Macht des Lachens spendet uns Energie und Heilung, ENTDRAMATISIERT und harmonisiert unser Leben. Sie macht uns fröhlich, dynamisch, lebhaft und hält uns länger JUNG.

Langeweile

Siehe Ziel oder Seelentief.

Laune

Plötzlicher Wunsch oder unüberlegte Forderung, sprunghaftes und vorübergehendes Verlangen, welches sich lediglich aus einer momentanen Stimmung und Gemütslage erklärt. Solche Allüren werden spontan geäußert, ohne sich Gedanken gemacht zu haben, ob sie überhaupt notwendig sind. Da es sich dabei also weder um ein wahres Bedürfnis noch um einen tiefen und lange unterhaltenen Wunsch handelt, wird sich der Mensch ihrer bald überdrüssig, sobald er sie erreicht hat. Er verwirft sie und möchte etwas anderes. Schließlich weiß er gar nicht mehr so recht, was er eigentlich will. Launische Leute sind nie wirklich zufrieden. Diese Situation ist für ihr unmittelbares Umfeld oft ebenso schwer zu ertragen, wie für sie selbst. Ein solch wankelmütiges Verhalten tritt oft bei Menschen zu Tage, die sich selbst nicht akzeptieren und mit einer großen inneren Leere konfrontiert sind. Diese Leere versuchen sie mit dem vorübergehenden Gefühl der Freude, der Begeisterung oder des Rausches wettzumachen.

Für andere ist es nicht immer leicht, Launen von wirklichen Bedürfnissen zu unterscheiden. Ausschlaggebend sind die Beweggründe, die dem Wunsch zugrunde liegen. Stell Dir vor, du hättest gerne ein neues, größeres Auto, obwohl Dein jetziges durchaus noch in gutem Zustand ist. *Warum* willst Du einen neuen Wagen? „Inwiefern wird dies mein Leben, mein *Sein* verändern?" Die Antwort darauf könnte z. B. lauten: „Ich werde bequemer *sein*, zuversichtlicher *sein*, da ich weiß, dass ich es mir leisten kann. Dadurch werde ich in Kontakt zu meinem kreativen Potential *sein* und mich freier fühlen." Eine Wahl, die Dir Ausgeglichenheit und inneres Wohlbefinden verschafft, kann nur zu Deinem Vorteil sein.

Bist Du launenhaft, so solltest Du Dir dieses Verhalten zunächst zugestehen, um Dich nicht schuldig dafür zu fühlen. Ziehe Bilanz welche Vor- und Nachteile dieses Verhalten Dir bringt. Versuche, Dir also über die Konsequenzen bewusst zu werden. Erst dann werden die Dinge sich wandeln. Lerne, Dich selbst zu schätzen, Dir Komplimente zu machen und Dich so zu akzeptieren, wie Du bist. So wirst Du ausgeglichener und immer mehr nach Deinen wahren Bedürfnissen handeln.

Leben

Von jedem Augenblick unserer Existenz profitieren, indem wir uns auf die Gegenwart konzentrieren. Nach unseren eigenen Vorstellungen leben und uns auferlegter Zwänge befreien. Wirklich zu leben heißt, all unsere Erfahrungen zu akzeptieren und im Herzen jung zu bleiben. Das vorliegende Werk versteht sich als Ratgeber eines erfüllten Lebens. Um Kontakt mit unserer Lebensfreude und -kraft aufzunehmen, können wir mehrmals täglich folgendes Gebet sprechen: „Ich liebe das Leben. Ich lebe gern. Alles ist im Leben und das Leben ist in mir. Ich möchte dieses Leben noch mehr in mir fühlen und auch all jenen spenden, die mehr Liebe und Lebenskraft brauchen. Ich bitte darum, Eins mit Leben und Liebe zu werden."

L

Lebensbilanz

Eine Bilanz ist eine Zusammenfassung, in der aller positiven und negativen Aspekte eines Unterfangens inbegriffen sind. Im Bereich der Persönlichkeitsentfaltung stellte die „Lebensbilanz" – die nicht mit dem LEBENSPLAN zu verwechseln ist – ein ausgezeichnetes Mittel dar, um Licht auf schwierige Situationen zu werfen und sie schließlich zu meistern und umzuwandeln. Ganz gleich, ob es sich nun um ein konkretes Problem, eine heikle Angelegenheit, generelle Frustration oder aber um eine bevorstehende Entscheidung handelt, eine Lebensbilanz hilft uns in jedem Fall, unsere INNERE MITTE und dadurch Lösungen zu finden und macht uns unsere Stärken und Schwächen ebenso klar wie unsere wirklichen Ziele.

Ein Mann, der z. B. an Depressionen leidet, weil er seine Arbeit verloren hat und die aktuelle Situation nicht akzeptiert hält seine Bilanz am besten schriftlich fest. Dazu erstellt er 2 Spalten: Links notiert er unter dem Stichwort **„passiv"** all die Aspekte, die ihm negativ erscheinen und die er für Schwächen bzw. Unvermögen hält. In die rechte Spalte fasst er unter dem Wort **„aktiv"** alle positiven Aspekte, Talente, Stärken usw. zusammen. Dabei ist es wichtig, ehrlich, offen und ohne jegliche Vorbehalte alle Punkte zu notieren, die ihm spontan zur fraglichen Situation in den Sinn kommen. Die Gegenüberstellung der negativen und positiven Seiten ermöglicht, die Lage wesentlich objektiver zu analysieren.

Hier ein kurzes Beispiel:

PASSIV	AKTIV
ASPEKTE DIE ICH AN MIR ODER DER LAGE FÜR NEGATIV HALTE	MEINE KONSTRUKTIVEN VORTEILE: STÄRKEN, TALENTE, POSITIVEN EIGENSCHAFTEN USW.
Z. Zt. Beschäftigungslos, depressiv, …	Arbeitswillig, geduldig, sorgfältig, …
Angst vor der Meinung und dem Urteil anderer …	Interessiert an Fortbildung, ausdauernd, gesellig, …
Mangelndes Selbstvertrauen und Selbstwertgefühl …	Halte mich an Abmachungen, achte meine Mitmenschen.
Brauche Zeit, um mich veränderten Situationen anzupassen, habe verschiedene Ängste …	Will, mein Schicksal in die Hand zu nehmen. Weiß, dass ich Hilfe brauche und bin bereit, um sie zu erbitten.
Angst, man könnte mich zu alt finden, …	Erfahrung in mehreren Bereichen, …
Persönlichkeitsprobleme (Überheblichkeit, Schuldgefühle, Nachträglichkeit, Ungeduld, …)	Bereit, Risiken einzugehen und neue Wege zu beschreiten …

Hast Du Bilanz gezogen, so gehst Du immer als Sieger aus einer Erfahrung hervor. Dazu musst Du zuerst einmal aufhören, all die negativen Aspekte zu nähren, und lernen die positiven zu stärken. Versuche, Deine Stärken und Talente zu erkennen und weiterzuentwickeln. Je mehr Du Dich um den **aktiven** Aspekt unserer Lebensbilanz kümmerst, desto näher kommst Du auch Deinem INNEREN GOTT und schaffst Dir dadurch auch neue Möglichkeiten. Bilde Dich weiter, um die nötigen Kenntnisse zu erlangen. Entschließe Dich, an Dir zu arbeiten, um bestimmte Aspekte Deiner Persönlichkeit weiterzuentwickeln. Überwinde, was Dir schadet und Dich daran hindert, Deine INNERE MITTE zu finden und Deinen persönlichen WERT anzuerkennen (Ängste, Meinungen, Überheblichkeit, Schuldgefühle oder bestimmte Haltungen). Lerne, Dich selbst zu lieben und Deine Bitten nach Deinen Bedürfnissen zu richten.

Du siehst, dass es eine ausgezeichnete Idee sein kann, eine Bilanz Deines „Persönlichkeitsunternehmens" zu ziehen; besonders, wenn Du keinen Ausweg aus einer verwickelten Situation siehst und ihr nichts Positives abgewinnen kannst. Je öfter Du die **aktive** Spalte Deiner Bilanz liest, desto klarer werden sich Dir die unzähligen Möglichkeiten zeigen, die Dir offen stehen. Außerdem ist es keine Schmach, Hilfe oder Zuspruch bei seinen Mitmenschen zu suchen. Verliere nie aus den Augen, dass jede Situation etwas Positives in sich birgt – auch wenn es manchmal schwer zu erkennen ist. Hoffnung ist die positive und optimistische Haltung, die den Kontakt zu GLAUBEN und ZUVERSICHT aufrechterhält. In einer Lebensbilanz zeigt sich das außerordentliche Wesen, das in jedem von uns schlummert.

Lebensfreude

Freude ist ein herrliches Gefühl des Glücks und der Erfüllung. Lebensfreude ist ein Gemütszustand, eine innere menschliche Verfassung, das Licht, das unser Leben erhellt, und uns Lust auf einen neuen Tag und neue Erfahrungen macht. Sie verleiht uns lebenswichtige Energie und die nötige Tatkraft, unsere Ziele zu verfolgen.

Lebensfreude ist jedoch nicht dasselbe wie VERGNÜGEN. Während das Gegenteil der Lebensfreude die TRAURIGKEIT ist, ist das Gegenteil des Vergnügens KUMMER und LEID. Wie können wir unsere Lebensfreude trotz unangenehmer oder schmerzlicher Ereignisse beibehalten? Das beste Mittel ist, die gute Seite der Dinge zu sehen und zu erkennen, welche positiven Erfahrungen wir trotz gewisser HINDERNISSE machen, die jeder Mensch erlebt. Menschen, die keine Freude am Leben haben, verdrängen meist ihr INNERES KIND. Es ist nie zu spät, wieder die Energie zurückzuerhalten, die wir haben, wenn wir uns wohl in unserer Haut fühlen. Lebensfreude erreichen wir auch durch Selbsterkenntnis und wenn wir unsere BEDÜRFNISSE und unseren EXISTENZGRUND berücksichtigen.

Wie finden wir wieder zu Glück und Fröhlichkeit in unserem Alltag? Zunächst sollten wir jeden Tag als wunderbares kostenloses Geschenk verstehen. Schätze auch die kleinen Dinge und richte Dein Augenmerk auf alles Schöne und Gute. Schaffe Dir neue ZIELE und Freunde. Umgib Dich mit enthusiastischen, positiven Menschen und frage sie nach ihrem Geheimnis. Tu so oft wie möglich, was Dir Spaß macht, und versuche auch Deinen VERPFLICHTUNGEN mit Freude nachzukommen. Wir sollten vermeiden, Situationen und Aktionen zu DRAMATISIEREN, da uns das viel Energie raubt und unsere weitere Entwicklung behindert.

Versuchen wir unsere kindliche Lebensfreude wieder zu finden. Kinder sind von Natur aus fröhlich, spontan, begeisterungsfähig und lieben die Welt ohne Vorbehalte, Unterschiede und Vorurteile. Beschäftigen wir uns so viel wie möglich mit Kindern, da sie uns am besten zeigen können, wie man in der GEGENWART lebt. Sie machen sich keine Sorgen um die Zukunft, sondern VERTRAUEN ihrer Umwelt. Wir sind auf dem richtigen Weg, wenn wir uns über das Glück, die Siege und Erfolge unserer Mitmenschen freuen. Freude ist das beste Mittel gegen EIFERSUCHT und NEID.

Lebenshilfe

Für Menschen, die wirklich glücklich und erfüllt leben wollen, gibt es immer Hilfe. Besonders im Zuge des anbrechenden WASSERMANN-ZEITALTERS, das eine gewaltige Bewusstseinsöffnung in der Menschheit bewirkt, kommt solche Hilfe von allen Seiten. Wir können uns glücklich schätzen, diese Periode der Geschichte erleben zu dürfen. Benötigen wir psychischen oder physischen Beistand, so finden wir diesen oft ohne großen Aufwand in unserer direkten Umwelt.

Das gilt auch für unser Bedürfnis uns zu entfalten und uns selbst kennen zu lernen, um unser Leben besser in die Hände zu nehmen. Solche Hilfe kann uns in Form von Büchern, Vorträgen, Seminaren, aber in den meisten Fällen durch unsere unmittelbaren Mitmenschen zuteil werden. Wir müssen nur hellhörig sein, um festzustellen, wie wir uns bei den einzelnen Ereignissen fühlen. Den wertvollsten Beistand bekommen wir jedoch von unserer inneren Quelle, die wir unseren INNEREN FÜHRER nennen. Um uns ihrer bewusst zu werden, müssen wir unserer Hektik ab und zu Einhalt gebieten, um zu sehen, was gerade in uns vorgeht, und auf das UNIVERSUM zu hören, dem wir all unsere Wünsche mitteilen können. Die MEDITATION ist ein ausgezeichnetes Mittel dazu.

Dabei ist es wichtig, uns darüber klar zu sein, dass die Hilfe unseren Bedürfnissen umso mehr entsprechen wird, wenn wir uns in Ruhe darauf konzentrieren und genau wissen, was wir wollen. Sie kann in der Folge von innen oder von außen kommen. Eines Tages werden wir dazu in der Lage sein, unser ganzes Leben mit der wertvollen Hilfe unserer Intuition, unseres INNEREN GOTTES zu meistern. Dann werden wir erkennen, dass sie viel mehr über uns weiß, als wir ahnen. Wir werden verstehen, dass diese Quelle (Gott) uns genau die Situationen und Menschen über den Weg schickt, die wir gerade brauchen. Dadurch werden unser VERTRAUEN und unser GLAUBE an diese göttliche Quelle unerschütterlich.

Lebensplan

Das Lexikon definiert einen Plan als eine auf ein bestimmtes Ziel gerichtete und geordnete Folge von Aktionen. Ein Lebensplan ist mit einer Berufskarriere vergleichbar, in der ebenfalls ein konkretes Ziel angestrebt wird. Anfangs entschließt sich der Mensch für einen ungefähreren Weg und setzt die Aktionen, die er als sinnvoll für die Verwirklichung seines Zieles erachtet. Im Verlauf seiner Karriere muss er jedoch immer flexibel auf die jeweiligen Gegebenheiten, Situationen und Menschen reagieren können und kann nie genau wissen, was ihn wirklich erwartet.

Jeder Mensch kommt mit einem besonderen Lebensplan auf die Welt, der seiner ganz individuellen Spiritualität entspricht und schon vor unserer Geburt feststeht. Er berücksichtigt alles, was wir in diesem Leben zu lernen haben, um zu höheren Bewusstseinsebenen zu gelangen. Deshalb wird er in Zusammenarbeit mit unserem ÜBERBEWUSSTSEIN und unseren FÜHRERN DES JENSEITS erstellt, die genau wissen, was unsere SEELE braucht und welche Erfahrungen zu unserer Entfaltung beitragen können. Im Laufe unseres Erdenlebens werden wir die verschiedensten Personen und Situationen anziehen, um diesen Plan verwirklichen zu können.

Jeder Mensch kommt mit bestimmten SEELENWUNDEN auf die Welt, die er durch die verschiedenen Erfahrungen seines Lebens AKZEPTIEREN lernen soll. Erst wenn dies geschehen ist, haben wir den Kreis der WIEDERGEBURTEN geschlossen und werden wieder zu Lichtwesen, die zu bedingungsloser LIEBE fähig sind.

So treffen wir verschiedene, grundlegende Entscheidungen bereits vor unserer Geburt: Ob wir männlichen oder weiblichen Geschlechts, in welchem Land, in welchem Umfeld und in welcher Familie wir geboren werden. Diese Entscheidung betrifft nun schon zahlreiche Details unseres Lebens: Eltern, Freunde und Verwandte, Name und Vorname, Geburtsdatum, behindert auf die Welt zu kommen, ja sogar, wie viele Kinder wir selbst haben werden. In unserem Lebensplan können auch ganz bestimmte unumgängliche Ereignisse feststehen, die wir als SCHICKSAL bezeichnen.

Alle Menschen haben jedoch denselben EXISTENZGRUND. Allein die Mittel und Wege sind verschieden und entsprechen unserem spezifischen Lebensplan. Genauere Aufschlüsse über diesen Plan erhalten wir, wenn wir uns die Frage stellen, was uns besonders leicht und besonders schwer in diesem Leben fällt. Wir haben unsere TALENTE und FÄHIGKEITEN gewählt, um uns in diesem Leben zu helfen, die schwierigen Aspekte zu regeln, wegen derer wir auf die Welt gekommen sind.

Lebensraum

Jeder Mensch braucht einen gewissen Platz, um sich nicht mit seinen Mitmenschen zu stören. Beobachten wir die Natur, wird deutlich, dass jeder Baum, jedes Lebewesen dieses Planeten, eines gewissen Lebensraums bedarf, um wachsen und gedeihen zu können. Es handelt sich also um ein grundlegendes Naturgesetz. Tiere grenzen ihr Revier auf unterschiedliche Weise ab. Tun sie das nicht, dringen andere in ihr Gebiet ein und es kommt zu Kämpfen.

Wir brauchen diesen Lebensraum also, um uns glücklich entfalten zu können. Wir sollten den körperlichen, emotionalen und geistigen Freiraum jedes Menschen achten, da es bei Übertritten zu Problemen verschiedenster Art kommen kann. Diese drei Ebenen sind untrennbar miteinander verbunden. Sind wir uns in einer davon eingeengt, so meinen wir zu ersticken, fühlen uns machtlos, frustriert oder wütend. Was bedarf es nun dazu, unseren eigenen Lebensraum achten?

Der körperliche Raum betrifft leibliche Bedürfnisse wie Sauberkeit, Nahrung, Kleidung, Aussehen, körperliche Ertüchtigung usw. Wir müssen uns selbst um die Einhaltung dieses Raumes kümmern, auch wenn andere nicht mit unseren Entscheidungen einverstanden sein sollten. All unsere Güter und anderen Besitztümer gehören auch in dieses Feld, das natürlich auch den ganz konkreten Lebensraum wie Arbeitsplatz, Zimmer, Bett usw. umfasst. Sogar in einem Heim, in dem die Privatsphäre oft sehr reduziert ist, besteht die Möglichkeit uns eine kleine Nische nur für uns allein zu reservieren. Gelingt es uns nicht, unserem Recht auf diesen körperlichen Raum Gehör zu verschaffen, so gilt dies auch für die beiden anderen Ebenen.

Der emotionale Raum umfasst alle Entscheidungen bezüglich unserer Wünsche, Arbeitswahl, Freunde, Musik, Freizeit, Ziele, Träume... Auch hier sollten andere unsere Geschmäcker, Interessen oder Gefühle respektieren, auch wenn sie ihnen missfallen.

Der geistige Raum betrifft unsere Kenntnisse, Studien, unserer Lektüre, unserem Briefwechsel, also all den Bedürfnissen, die zu unserer Entwicklung und Entfaltung beitragen. Dazu gehört auch die Möglichkeit, sich ab und zu an einen ruhigen Ort zurückziehen zu können. Der geistige Raum umfasst all unsere Denkweisen, ÜBERZEUGUNGEN, WERTE, aber auch unsere ZWEIFEL und ÄNGSTE. Es obliegt uns ganz allein, wann und wie schnell wir uns mit ihnen beschäftigen wollen. Wir dürfen nie aus den Augen verlieren, dass all unsere Mitmenschen ebenso ihren Lebensraum auf den drei genannten Ebenen benötigen.

Warum fällt es so vielen Leuten schwer ihn respektieren zu lassen? Vor allem, weil sich nur wenige dieses Bedürfnisses wirklich bewusst sind. Zurzeit der Großfamilien war der Platz sehr beschränkt und musste gemeinsam genutzt werden. Jeder kümmerte sich um die Angelegenheiten der anderen, so dass jeder seinen eigenen Raum auch über die anderen fand. Dieses Verhalten war und ist für das Zusammenleben in Stämmen völlig natürlich, in unserer modernen Gesellschaft jedoch nicht mehr angebracht.

Um festzustellen, ob Du die Privatsphäre anderer verletzt, solltest Du Dir Zeit nehmen, zu beobachten, was in Deinem Leben und Umfeld geschieht. Neigst Du dazu, andere STEUERN, ÄNDERN oder ihre Handlungen, Worte, Wünsche oder Haltungen KONTROLLIEREN zu wollen? Erteilst Du häufig Ratschläge, ohne darum gebeten worden zu sein? Verpflichtest Du Dich oder entscheidest Du für andere, ohne sie zuvor um ihre Meinung gefragt zu haben? All dies sind sichere Zeichen, dass Du in den Lebensraum anderer eindringst und ihnen nicht die nötige ACHTUNG zollst.

Respektieren Deine Mitmenschen denn Deine eigene Privatsphäre? „Leiht" man sich Dinge von Dir aus, ohne Dich zuvor gefragt zu haben? Wirst Du unterbrochen oder mischt man sich in Deine Gespräche, Geschmäcker, Wünsche und Entscheidungen ein? Auch dies ist ein Zeichen dafür, dass Du selbst so bist, auch wenn das vielleicht unterschwelliger oder in anderen Bereichen geschieht. **Die anderen gehen so mit uns um, wie wir mit ihnen.** Wir nennen das den SPIEGELANSATZ.

Um unseren Lebensraum wieder zu entdecken und respektieren zu lassen, müssen wir zunächst erkennen, dass unser Verhalten unser Innenleben widerspiegeln. Wandeln wir also unsere inneren Haltungen, wird dies auch positive Auswirkungen der Umwelt uns gegenüber haben. Alles kann sich wandeln, wenn wir die nötigen Schritte setzen, um unsere Beziehungen und unsere Lebensqualität zu verbessern. Wir müssen vor allem wissen, was wir wollen. Erstelle eine Liste Deiner Bedürfnisse und mache einen geistigen Rundgang in Deiner Privatsphäre. Was wäre Dein idealer Lebensraum auf körperlicher, emotionaler und geistiger Ebene? Bitte die anderen Familienmitglieder, dasselbe zu tun. Nehmt Euch dann Zeit dazu, darüber zu sprechen, so dass jeder den anderen seine Bedürfnisse erklären kann. Sprecht über die Wünsche und Bedürfnisse eines jeden, achtet die verschiedenen Ansichten, um schließlich zu einer für alle akzeptablen und positiven Vereinbarung zu gelangen. Wir müssen lernen zu KOMMUNIZIEREN, uns zu BEHAUPTEN und zu respektieren. So findet jeder seinen Platz und Raum sowie die Freiheit anders und einzigartig zu sein und zu handeln.

Lebensüberdruss

Siehe LEBENSFREUDE.

Leichtigkeit

Was problemlos und mühelos von der Hand geht. Geschicklichkeit und Fähigkeit, Dinge einfach zu gestalten. Es handelt sich dabei also um die Gabe, unser Leben ungezwungen zu gestalten. Das betrifft die Ebenen des *Habens* und *Tuns* ebenso wie die des *Seins.* Wir wissen alle, dass nicht jedem dieselben Dinge leicht fallen. Manche bringen ihre Gefühle besser zum Ausdruck als andere. Sie verzeihen in Windeseile und nehmen sich kein Blatt vor den Mund, ihre Liebe kundzutun. Andere fühlen sich dazu absolut außerstande. Auch wenn sie das brennende Verlangen danach verspüren, hindern sie die verschiedensten Gründe (ÄNGSTE, ÜBERZEUGUNGEN, SCHULDGE-FÜHLE, GRENZEN usw.) daran.

Im praktischen Leben ermöglichen unsere TALENTE uns, bestimmte Aufgaben mit Leichtigkeit zu erledigen. Dabei ist es wichtig, unsere Grenzen zu kennen und uns vor allem so zu AKZEPTIEREN wie wir gerade sind. In allen Bereichen können wir unsere FÄHIGKEITEN und somit unsere Grenzen erweitern, wenn wir lernen, uns selbst zu entdecken. Mit genügend Willenskraft, Mut, Ausdauer und Lernwillen werden viele Dinge leichter. Leichtigkeit kommt mit Übung. In der Regel fallen uns alle Dinge leichter, wenn wir in unserer INNEREN MITTE sind.

Leid (Emotionell)

Manche EMOTIONEN können innere Schmerzen verursachen und uns sehr unglücklich machen. Im Grunde genommen leiden wir jedoch nur, weil wir Widerstand gegen eine Veränderung oder neue Erfahrung leisten, die nicht unseren ERWARTUNGEN entspricht. So gesehen, ist Leid ein ausgezeichnetes Mittel, uns innerer Vorgänge bewusst zu werden.

L

Dutzende Situationen können uns täglich Kummer bereiten: Wenn wir uns weigern bestimmte Ereignisse oder uns selbst zu AKZEPTIEREN, wenn wir zu große Erwartungen haben und unsere Wünsche nicht erfüllt werden, wenn wir an SCHULDGEFÜHLEN, ZWÄNGEN, RACHSUCHT oder ANGST leiden, uns abwerten oder verurteilen; wenn wir meinen, versagt zu haben oder ungerecht behandelt worden zu sein; wenn ein tragisches Ereignis oder eine radikale Veränderung in unser Leben tritt; wenn wir uns den Entscheidungen anderer machtlos ausgesetzt fühlen usw. Wir leiden also, wenn uns Dinge widerfahren, die wir nicht mögen. **Weigern wir uns, die Ereignisse so zu akzeptieren, wie sie sich zutragen, fügen wir uns selbst Schmerzen zu und verlieren unsere INNERE MITTE.**

Verbarrikadieren wir uns hinter Kummer und Angst, so sind wir nicht mehr imstande, unsere innere Stimme zu hören. Wir versuchen, die Dinge zu kontrollieren, anstatt LOSZULASSEN und dem Universum zu VERTRAUEN, welches Lösungen für alle Probleme bereithält. Haben wir jedoch unsere Grenzen erreicht, so wird unser Leid uns dazu bewegen, VERÄNDERUNGEN in die Wege zu leiten. Wir haben die Wahl, die VERANTWORTUNG für unser Leben zu übernehmen oder uns als OPFER zu fühlen, zu unserem Vorteil zu handeln oder alles zu DRAMATISIEREN und uns dadurch noch größere Schmerzen zu bereiten.

Unser Leid zu unterhalten ist weder INTELLIGENT noch natürlich, sondern zeigt uns, dass wir unseren INNEREN GOTT aus den Augen verloren haben. Der natürliche Zustand des Menschen ist innerer Friede und LEBENSFREUDE. Sind wir bereit, die nötigen AKTIONEN für unser Glück zu SETZEN, so kümmert sich das Universum darum, dass wir alles EMPFANGEN, was wir zur Erfüllung unserer Wünsche brauchen. Probleme und Schmerzen setzen Kräfte in uns frei, von denen wir tagtäglich profitieren können. Wir sollten also nie vergessen, dass wir nicht wegen unserer Erfahrungen, sondern aufgrund unserer REAKTIONEN leiden, die meist auf unverheilten SEELENWUNDEN beruhen.

Leid (Körperlich)

Siehe KRANKHEIT und UNFALL.

Leidenschaft in der Partnerschaft

Heftige Zuneigung, EMOTION, die sogar stärker als Verstand und Vernunft sein kann. Leidenschaftliches Leben behandeln wir unter dem Stichwort INTENSIV LEBEN.

Leidenschaft ist nicht mit Liebe gleichzusetzen. Die meisten leidenschaftlichen Beziehungen beruhen auf gegenseitiger ABHÄNGIGKEIT und dem Verlangen vom anderen geliebt zu werden. Die Partner scheinen nur in der Gegenwart des anderen wirklich glücklich sein zu können. Menschen, die nach Leidenschaft suchen, haben oft sehr schwierige Beziehungen mit ihren Mitmenschen. Jene suchen eine gewisse Distanz zu wahren, da sie fürchten, ihre Freiheit zu verlieren, wenn sie sich zu sehr engagieren. Es ist keineswegs Zeichen wahrer Liebe, wenn eine Person nur dann glücklich sein kann, wenn auch ihr Partner glücklich mit ihr ist. Sollte jener z. B. nur mit seinen Freunden Golf spielen wollen, so kann sie nicht akzeptieren, dass er auch ohne sie glücklich sein kann. Das kann zu EIFERSUCHTSSZENEN führen, oder sie macht sich unglücklich, indem sie ihren Gram mit allen Mitteln zu verdrängen sucht.

Leidenschaft ist am Beginn einer Beziehung völlig normal. Das Verlangen zu VERFÜHREN und verführt zu werden erweckt SINNLICHE und SEXUELLE Kräfte in uns. Wahre Liebe kann sich aber erst entwickeln, wenn diese erste Leidenschaft langsam dahinschwindet, die wie alle anderen Illusionen vergänglich ist, wenn sie nicht ständig durch die Aufmerksamkeit und Gegenwart des geliebten Menschen oder einer neuen Verführung genährt wird.

Wir haben wesentlich größere Chancen, tiefe und dauerhafte Liebe in der PARTNERSCHAFT zu entdecken, als das Glück in leidenschaftlichen Beziehungen zu finden. **Wir lieben den anderen nicht, um geliebt zu werden oder etwas für unsere Liebe zu bekommen. Wahre Liebe bedeutet TEILEN und dem anderen ohne jegliche ERWARTUNGEN zu GEBEN.**

Leistung

Siehe PERFEKTIONISMUS.

Lenken

Steuern, führen, orientieren. **Lenken bedeutet, Personen oder Dingen eine Richtung oder Orientierung vorzugeben, ohne sie erzwingen zu wollen, d. h. sich auch damit abzufinden, dass das Ergebnis nicht unbedingt unseren Vorstellungen entspricht.** So hat ein Familienvater, z. B. die Aufgabe, für die materielle und affektive Sicherheit seiner Kinder zu sorgen und ihnen eine gewisse Richtung zu geben. Er entscheidet und handelt dementsprechend nach seinen Werten und so, wie er es für die Entwicklung seiner Kinder am günstigen hält, um sie zu VERANTWORTUNGSBEWUSSTEN Menschen zu erziehen. Ganz gleich, welchen Weg seine Kinder wirklich einschlagen und ob sie seine Empfehlungen nun berücksichtigen oder in den Wind schlagen, er weiß, dass er nach bestem Wissen und Gewissen gehandelt hat. So kann er deren freien Willen akzeptieren, was zu Harmonie und innerem Frieden aller Familienmitglieder beiträgt.

Lenken bedeutet also, eine – zweifellos von unseren WERTEN beeinflusste – Richtung vorzugeben und zugleich fähig zu sein in Bezug auf das Ergebnis LOSZULASSEN. Insofern besteht also ein grundlegender Unterschied zur KONTROLLE, die nicht nur versucht, die anderen nach unserer eigenen Pfeife tanzen zu lassen, sondern überdies noch den Ausgang aller Ereignisse zu bestimmen. Ein kontrollierender Familienvater verlangt von seinen Kindern, dass sie ihm unbedingten GEHORSAM leisten, da er davon überzeugt ist, dass seine Erziehung, seine Prinzipien und sein Wertsystem zu den besten Entscheidungen führen. Folglich handeln die Kinder nicht aus freier Wahl, sondern aus Angst oder aber in einer Reaktionshaltung, die zu einem gespannten Familienklima führt.

Dieser Unterschied ist also von nicht zu unterschätzender Bedeutung, da Führertypen diese Eigenschaft oft nicht in die rechten Bahnen zu lenken wissen. Sie kontrollieren, statt zu lenken, was nicht nur einfacher, sondern zum Vorteil aller Beteiligten wäre.

Leugnen

Abstreiten, verneinen, dementieren. Etwas nicht anerkennen wollen oder widerrufen. So können wir uns sogar weigern unsere eigene Familie, unsere Eltern oder Kinder anzuerkennen, da sie uns große Schmerzen bereitet haben. Natürlich können wir ihre Existenz nicht leugnen, sondern versuchen dadurch lediglich unser LEID und unsere SEELENWUNDEN zu verdrängen.

Ähnliche Mechanismen treten in Kraft, wenn Menschen meinen, materiellen Dingen wie Geld oder Sexualität *abschwören* zu müssen, um spirituelle Menschen zu werden. Sie leugnen die Bedeutung der STOFFLICHEN WELT, obwohl sie von ihrer körperlichen Existenz profitieren. Diese Haltung kann sie zwar zeitweise beruhigen, doch verdrängen sie dadurch nur unerfüllte WÜNSCHE ihres tiefsten Unterbewusstseins. Früher oder später RESIGNIEREN sie, da unbefriedigte materielle Bedürfnisse bestehen bleiben. Entweder zwingen sie sich zur Enthaltsamkeit oder verschenken und verlieren alles, was sie bekommen, weil unbewusste SCHULDGEFÜHLE sie dazu bewegen. Schließlich geht alles wieder von vorne los.

Manche Menschen sind Spezialisten im Leugnen ihrer eigenen oder der Probleme ihrer Nächsten. Sie ignorieren einen Aspekt der Wirklichkeit völlig und tun, als ob es ihn einfach nicht gäbe. Stellen wir uns eine Frau vor, die ihrem Mann mitteilt, dass sie ihre Partnerschaft in Frage stellt, da diese sie immer weniger erfüllt. Vielleicht antwortet er „Aber Liebling, Du reagierst ja nur darauf, dass ich in letzter Zeit viel außer Haus war. Mach Dir nichts draus, das wird sich schon wieder richten." Er tut, als gäbe es gar kein Problem und TÄUSCHT VOR, alles stünde zum Besten. Er weigert sich, darüber zu sprechen, da er sich dabei mit seinen ÄNGSTEN auseinandersetzen müsste. Solche Menschen leugnen natürlich auch ihre eigenen Probleme.

Ein Problem ist keineswegs behoben, wenn wir vorgeben, dass es uns nicht berührt. Dasselbe gilt für bestimmte Aspekte unseres Wesens, die wir nicht AKZEPTIEREN wollen. Wir können uns vieler Dinge jedoch nur bewusst werden, wenn wir uns mit all dem konfrontieren, was wir bisher geleugnet haben. So bekommen wir schwierige Situationen nicht nur in den Griff, sondern lernen auch durch sie.

Lichtwesen

Siehe GEIST.

Liebe

Gibt es einen besseren Grund, in einer Familie oder Gesellschaft leben zu wollen, als unsere Mitmenschen wie uns selbst zu lieben? All unsere Mitmenschen zeigen uns ständig, wie wir gerade uns selbst gegenüberstehen. Versuchst Du andere zu verändern, so akzeptierst Du Dich auch nicht selbst. Es gibt wohl ebenso viele Definitionen wie Arten der Liebe. Schon seit jeher wird Liebe mit ZUNEIGUNG, SEXUALITÄT, LEIDENSCHAFT oder der ABHÄNGIGKEIT – also dem Umstand geliebt werden zu wollen – verwechselt.

Liebe kommt keineswegs nur durch die Beziehung zwischen zwei Menschen zum Ausdruck. Sie ist vor allem eine Form der Energie, die wir an unsere Umwelt verteilen können. Sie entspricht der Achtung, die wir der göttlichen Schöpfung und allen Lebewesen auf der Ebene der Menschen, Tiere oder Pflanzen entgegenbringen. Lieben heißt auch geben – aber GEBEN ohne ERWARTUNGEN. Lieben heißt, akzeptieren, dass jeder Mensch anders ist und über ein eigenes WERTSYSTEM verfügt – auch wenn wir dieses keineswegs teilen. Lieben bedeutet daher auch, unsere Mitmenschen so zu akzeptieren, wie sie sind, d. h. mit all ihren Wünschen, Bedürfnissen, Überzeugungen, Ängsten, Grenzen, Erwartungen und Schwächen, ohne sie deshalb zu kritisieren, zu be- oder verurteilen und vor allem, ohne sie ändern zu wollen. Lieben heißt, akzeptieren, dass jeder von uns auf dieser Erde ist, um sich durch seine eigenen Erfahrungen zu entwickeln. Lieben heißt, Dinge mit und nicht für die anderen zu tun. Nur so können wir uns selbst durch unsere Mitmenschen erfahren. So werden wir erkennen, dass wir auch dann etwas bekommen, wenn wir etwas von uns geben.

Leider glauben viele Menschen, dass lieben gleichbedeutend ist mit „gefallen". Doch ist das ein Trugschluss. So kann jemand in einer Weise handeln, die Dir missfällt, ohne dass das heißen muss, dass er Dich nicht liebt. Das gilt auch für Dich. Du musst anderen nicht gefallen, um Deine Liebe zu demonstrieren. Wirkliche Liebe versucht vielmehr, sich bewusst zu werden, was dem anderen nützlich sein kann, und nicht unbedingt, was ihm gefällt.

Auch die Art und Weise, in der wir nach Liebe suchen, ist sehr aufschlussreich. Mit allen Mitteln zu versuchen, geliebt zu werden, bedeutet sich selbst nicht zu lieben. Lieben wir von ganzem Herzen, so kommt diese Liebe auch zu uns zurück, ohne dass wir um sie buhlen müssen. Wir können nur ernten, was wir zuvor gesät haben. Je wahrer wir lieben, desto mehr umgibt uns das Licht, das all die Dinge anzieht, die für ein glückliches, gesundes und erfülltes Leben notwendig sind. Die Regeln der Liebe gelten auch für die Freundschaft. Ihnen zu folgen, ist der beste Weg, Freunde zu gewinnen und lange zu behalten.

Wie lernen wir, andere bedingungslos zu lieben? Dazu müssen wir sie AKZEPTIEREN, MITGEFÜHL, Solidarität und ACHTUNG aufbringen, gutherzig, großzügig, feinfühlig und verständnisvoll sein. So öffnen wir unser Herz. Man könnte auch sagen: **Lieben heißt, mit dem Herzen zu denken.** Unsere zwischenmenschlichen Beziehungen geben uns Gelegenheit dazu, wahre Liebe und Weisheit kennen zu lernen. Ein Zeichen der Weisheit ist auch die Erkenntnis, dass gerade unsere Unterschiede uns ermöglichen, uns einander lieben zu lernen. Wünschst Du Dir für Deine Mitmenschen nicht mehr, was Du selbst für sie am besten hältst, sondern, was sie selbst möchten, so bist Du auf dem besten Weg zu bedingungsloser Liebe.

Losgelöstheit

Siehe HANG.

Loslassen

Loslassen heißt Dinge aufzugeben und nicht mehr zurückzuhalten. Aus spiritueller Sicht bezeichnet es die Fähigkeit, dem UNIVERSUM ZU VERTRAUEN, da wir wissen, dass uns nur das widerfährt, was wir zu unserer Entwicklung und Entfaltung benötigen – auch wenn das nicht unbedingt unseren Wünschen entspricht. Wir hören auf, alles KONTROLLIEREN zu wollen. Auch wenn unsere Handlungen nicht zu den erhofften Ergebnissen führen, lassen wir uns dadurch nicht verdrießen. **Loslassen heißt, zu handeln ohne auf Resultate fixiert zu sein.**

Stellen wir uns einen Mann vor, der nach einer Arbeit sucht, die seinen Talenten und Ortswünschen entspricht. In dieser Situation loszulassen bedeutet, alle AKTIONEN zu SETZEN, die im Bereich seiner Möglichkeiten stehen und ihm notwendig erscheinen und sich dann zu sagen: „Ich habe alles mir in diesem Augenblick Mögliche getan und nach bestem Wissen und Gewissen gehandelt. Den Rest überlasse ich Gott!" Er macht sich keine Sorgen mehr, ob er die gewünschte Stelle bekommt oder nicht, da er sich dem UNIVERSUM anvertraut hat. Er weiß, dass es etwas Besseres für ihn bereithält, wenn er diese Anstellung nicht bekommt. Wir sehen, dass das Loslassen in direktem Zusammenhang mit dem GLAUBEN steht. Je mehr wir glauben, desto leichter fällt es uns loszulassen.

Leider gelingt es uns nur selten, diese Haltung in allen Lebensbereichen zu wahren. Unser Verlangen nach KONTROLLE hindert uns daran, und wir meinen, Schwächlinge zu sein, wenn wir Gott oder anderen vertrauten. Unser ICH fürchtet, sich von unseren Mitmenschen bestimmen lassen zu müssen. All diese ELEMENTAREN GEDANKEN-FORMEN und ÜBERZEUGUNGEN meinen uns Gutes zu tun, indem sie uns davon abhalten loszulassen.

Wir sollten uns daher bewusst sein, dass wir unser Leben nicht mehr selbst in der Hand haben, wenn wir ungeduldig oder intolerant werden oder uns auf das versteifen, was wir uns in den Kopf gesetzt haben. Atme tief ein, halte Deinen Atem ein paar Sekunden an und sage beim Ausatmen bestimmt: „Ich lasse los und öffne mich dem Unvorhergesehenen. Ich bin mir *sicher*, dass ich es schaffen kann. Mein innerer Gott will nur mein Bestes."

Vertrauen wir unserem INNEREN GOTT auf diese Weise, so akzeptieren wir zugleich, dass die Ergebnisse nicht unbedingt unseren ERWARTUNGEN entsprechen. Wünschen ist menschlich. Wir sollten nie aufhören, uns Dinge zu wünschen, und zugleich die Möglichkeit offen lassen, all das zu empfangen, was das Leben uns zu bieten hat. So öffnen wir uns auch vielen neuen Gelegenheiten. Suchen wir verkrampft nach einem bestimmten IDEAL oder Ergebnis, so kann dies zur ZWANGSVORSTELLUNG werden, die uns zum Gefangenen unserer ÄNGSTE und GRENZEN macht. Lassen wir los, so werden wir ruhiger, bauen Stress ab, werden gesünder, ausgeglichener und bleiben länger JUNG.

Loslösung

Siehe TOD und VERLUST.

Lügen

Durch Schein oder falsche Aussagen täuschen, falsch Dinge für wahr ausgeben oder aber Wahres als falsch bezeichnen. Aus spiritueller Sicht bedeutet ein solches Verhalten einen Zwiespalt zwischen unseren Gedanken, Gefühlen, Worten und Handlungen, die sich decken sollten.

Auf der Ebene des Bewusstseins stellt das Lügen einen VERTEIDIGUNGSMECHANISMUS dar. Wenn wir lügen, meinen wir unangenehmen Konsequenzen entgehen zu können, denen wir uns nicht stellen wollen. Oft haben wir uns diesen Mechanismus schon früh zugelegt, um uns zu schützen oder überleben zu können. Jetzt ist uns die Lüge zur Gewohnheit und fast normalen Ausdrucksform geworden.

Obwohl wir alle nach Wahrheit suchen, da sie ein fundamentales BEDÜRFNIS unseres MENTALLEIBS darstellt, lügen viele Menschen oder verdrehen die Wahrheit. In Wirklichkeit lassen sie sich jedoch von einem Teil ihres Innenlebens manipulieren, der Angst davor hat, entdeckt zu werden: Sie fürchten sich, sie selbst zu sein. Diese ANGST dominiert den Wunsch nach Wahrheit. Da wir jedoch alle danach streben, früher oder später wir selbst, WAHR, ehrlich und TRANSPARENT zu sein, sollten wir baldmöglichst versuchen, unseren Ängsten in die Augen zu sehen.

Dasselbe gilt auch für Deine Mitmenschen. Wirst Du also von anderen belogen, so versuche, Dich in ihre Position zu versetzen. Du wirst erkennen, dass sie lügen, um sich zu beschützen, weil sie ihre GRENZEN erreicht haben, die sie daran hindern, wahr zu sein und sich zu enthüllen. In Wirklichkeit sind sie keine Lügner, sondern haben Angst. Auf diese Weise lernst Du MITGEFÜHL mit Deinen Nächsten, aber auch mit Dir selbst, wenn Du einmal an Deine Grenzen gelangst und keinen anderen Ausweg als die Lüge mehr siehst.

Der Schutzmechanismus der Lüge ist noch sehr weit verbreitet. Doch belügen wir uns dabei noch mehr als die anderen, da wir nicht wir selbst sind. In solchen Fällen sollten wir uns zunächst zugestehen, unsere Grenzen erreicht und nicht anders handeln gekonnt zu haben. Wir müssen versuchen, uns dieser Grenzen und der ihnen zugrunde liegenden Ängste bewusst zu werden, ohne uns dafür zu verurteilen. So überwinden wir nach und nach die Gewohnheit und den Verteidigungsmechanismus der Lüge. Dabei hilft es, sich vor Augen zu halten, was es bedeutet, WAHR ZU SEIN.

L

$$\mathcal{M}$$

Macht

Wirkung, Kraft, starker Einfluss auf etwas oder jemanden. Aus spiritueller Sicht handelt es sich um unsere inner Schaffenskraft, GOTT. Die göttliche Macht steuert das Universum und schafft Harmonie durch die großen NATURGESETZE.

Macht ist diese angeborene Kraft eines Menschen, der sich durch nichts niederschlagen lässt. Fällt er, so steht er umso kräftiger und entschlossener wieder auf. Menschen, die in Verbindung zu ihrer göttlichen Macht stehen, sind nicht leicht aus der Fassung zu bringen oder zu beeinflussen. Die Energie kreist frei, und die ihnen stets innewohnende Kraft hilft und lenkt sie in allen Situationen ihres Lebens. Sie sind solide und überzeugt davon, dass es eine Lösung für alles gibt und sie nie wirklich allein sind.

Wir können unsere Macht folgendermaßen zum Ausdruck bringen:

- Durch die BEWUSSTWERDUNG unserer wahren Natur;
- durch unseren ENTHUSIASMUS;
- durch den GLAUBEN an uns und das UNIVERSUM. Sagen wir „Dein Wille geschehe" oder „Gott sei Dank" so schenken wir dieser göttlichen Kraft, die weit über die stoffliche Welt hinausgeht, absolutes Vertrauen;
- durch unsere innere KRAFT, durch die wir unsere Grenzen überwinden oder die wir in Notfällen in physische Kraft oder Mut wandeln;
- durch WEISHEIT, zu der wir auch Mäßigung und VORSICHT zählen wollen;
- durch WISSEN, welches unserer INTUITION entspringt, zu der unsere innere Macht freien Zugang gewährt;
- durch WILLENSKRAFT, die die Verwirklichung einer unserer Absicht entsprechenden Entscheidung bedeutet.

All diese Möglichkeiten, unsere Macht auszudrücken, stärken uns und erleichtern uns das Leben. Es genügt, etwas zu wollen, und unser Mental- und Emotionsleib stellt sich in den Dienst unseres Wesens. Dadurch wird uns all die Kraft bewusst, die uns zur Verfügung steht. Schöpfen wir aus der großen universellen Schaffenskraft, so erweisen sich alle Dinge, die wir tun, immer zu unserem Besten.

Wir spüren diese Kraft deutlich, wenn wir uns entschieden haben, uns einer Herausforderung zu stellen. Wir können viele Probleme mit Kraft, Mut und Entschlossenheit bewältigen. Unsere innere Kraft wirkt sich auf alle Ebenen der stofflichen Welt aus und verleiht uns geistige, emotionale und körperliche Stärke. Schließlich ermöglicht sie uns wieder Kontakt zu unserer Macht aufzunehmen, die die Grundlage unseres Wesens ist.

Unsere UNTERSCHEIDUNGSKRAFT lässt uns erkennen, ob unsere Gedanken, Worte und Werke den BEDÜRFNISSEN unseres Wesens entsprechen. Stärken oder schwächen

M

sie uns? Rauben sie uns eher Kraft, so lassen wir uns von unseren Ängsten und nicht unserer Eigenliebe beherrschen.

Sind wir wirklich von dieser Macht erfüllt, so brauchen wir unser Können nicht mehr unter Beweis zu stellen. Ist das nicht der Fall, so versuchen wir Macht auf andere auszuüben oder unterwerfen sich ihnen. Hochmütige Menschen pochen vielleicht auf dieser Illusion der Macht, doch ist sie eine vergängliche Chimäre.

Es heißt, der Mensch sei das mächtigste irdische Lebewesen und der höchste Ausdruck göttlicher Schöpfung auf diesem Planeten. Wir sind Teile Gottes, der sich durch uns in der Materie erfährt. Wir schaffen diese Erde und herrschen über sie, tragen dadurch aber auch eine große Verantwortung für sie. Lernen wir die großen Naturgesetze und unsere inner Macht richtig einzusetzen, können wir das Leben nach unseren Wünschen schaffen.

Machtlosigkeit

Siehe Macht.

Mangel

Etwas nicht in ausreichendem Maße haben. Mangel kann die verschiedensten Bereiche betreffen: Liebe, Zuneigung, Aufmerksamkeit, Geld, Besitz, Zeit, Kenntnisse, Komplimente, Freiheit, Frieden, Willenskraft usw. Das Gefühl des Mangels wird von unseren Überzeugungen bestimmt, die uns daran hindern, das zu haben, was wir wollen. In den meisten Fällen haben wir den Umstand ignoriert, dass wir säen müssen, bevor wir ernten wollen, und verkennen das Gesetz von Ursache und Wirkung.

Um aufzudecken, welche Überzeugungen Dich blockieren und verursacht haben, dass Du Mangel empfindest, solltest Du Dich fragen, *woran Dich dieser Mangel im Leben hindert und was Du ohne ihn* Sein *könntest*. Die Antwort auf beide Fragen zeigt Dir Deine Bedürfnisse (was Du sein willst). Du unterhältst jedoch Überzeugungen oder Denkweisen, die die Verwirklichung dieser Wünsche verhindern, indem sie Dir Angst machen, dass Dir unangenehme Folgen daraus erwachsen könnten. Der eigentliche Mangel wird also durch diese Denkweisen verursacht. Wende die Gesetze des Überflusses an, um diese Situation zu überwinden. Es ist sehr wichtig, die Bedürfnisse unseres Wesens anzuerkennen, da wir uns sonst von unserem Verstand und allen Überzeugungen manipulieren lassen.

Manipulation

Andere kontrollieren oder auf Umwegen dazu zu bewegen, nach unseren Wünschen zu handeln. Soll dadurch Kontrolle oder Macht auf andere ausgeübt werden, so sollte auch unter jenen Stichwörtern nachgelesen werden, die bestimmte unbewusste Aspekte aufdecken und dieser Form der Manipulation zugrunde liegen.

Leicht manipulierbare Menschen haben das Gefühl, ihr Leben nicht selbst bestimmen zu können, und haben Schwierigkeiten ihre Bitten und Wünsche zum Ausdruck zu

M

bringen. Hat ein Mensch z. B. das Gefühl, dass ihn seine Arbeitskollegen manipulieren, indem sie ihn Dinge gegen seinen Willen tun lassen, so lässt er sich in Wirklichkeit manipulieren. Unsere Mitmenschen gehen nicht weiter, als wir sie lassen.

Gehörst Du zu diesem Menschenschlag, so solltest Du beobachten, was in solchen Situationen in Dir vorgeht und Dich fragen: „Warum lasse ich mich manipulieren? Habe ich Angst, anderen zu missfallen, ZURÜCKGEWIESEN, nicht geliebt oder VER-NACHLÄSSIGT zu werden?" Du wirst wertvolle Aufschlüsse finden, wenn Du an Deinen SEELENWUNDEN und mit dem ebenso aufschlussreichen SPIEGELANSATZ arbeitest.

Es gibt jedoch auch den Ausnahmefall einer konstruktiven Form der Manipulation im Zuge einer Argumentation, die beiden Seiten Gewinn bringt und keinem das Gefühl der Macht über andere verleiht. Das obige Beispiel zeigt das Modell „Gewinner-Verlierer". Ist jemand jedoch von seiner IDEE überzeugt und setzt all seine Mittel und Argumente ein, um auch andere dafür zu gewinnen, so kann diese konstruktive Manipulation vielen Menschen zum Vorteil sein, wenn sie nicht um jeden Preis und aus Eigeninteresse siegen will.

Männliches Prinzip

C. G. Jung nannte den männlichen Aspekt der menschlichen Psyche „**Animus**". Jeder Mensch verfügt über ein männliches und ein weibliches Prinzip, ganz gleich, ob er nun Mann oder Frau ist. Während unser femininer Aspekt die universelle Schöpfungsenergie empfängt, offenbart unser maskuliner Aspekt sie durch die Tat in dieser Welt. So wirkt die Schöpfung durch uns.

Das männliche Prinzip kommt zum Ausdruck, wenn wir AKTIONEN SETZEN, GEBEN, analysieren, organisieren, überlegen, uns erinnern, Kraft, Ausdauer, oder Mut zum Ausdruck bringen, materielle Unterstützung liefern, auf Details und Tatsachen achten, nach Ordnung, Genauigkeit, Klarheit und Konkretem suchen, Dinge begreifen oder allein sein wollen, um nachzudenken oder eine Aufgabe zu bewältigen.

Für ein erfülltes Leben müssen diese beiden Aspekte harmonisch zusammenwirken. Verdrängt das männliche das weibliche Prinzip, so ist dieses Gleichgewicht gestört. Überlegt ein solcher Mensch sehr viel, hört jedoch nicht auf die vom weiblichen Aspekt vertretene INTUITION, so wird er viele wichtige Erfahrungen in diesem Leben versäumen.

Menschen, die ihren Vater nicht AKZEPTIERT haben, tun sich oft schwer das männliche Prinzip anzunehmen. (Dasselbe gilt für die Mutter und das weibliche Prinzip.) Dieser Umstand hindert uns daran, die verschiedenen Eigenschaften des jeweiligen Aspekts zu leben. Wir fühlen uns schuldig, haben Angst oder hindern uns daran, sie auszudrücken.

Um festzustellen, ob Du Dein männliches Prinzip auslebst, genügt es zu beobachten, wie und ob Du die oben genannten Eigenschaften lebst oder zum Ausdruck bringst.

M

Hast Du dieselbe Probe auch für das WEIBLICHE PRINZIP unternommen, so wird augenscheinlich, wie wichtig es ist, beide Aspekte zu integrieren und den jeweiligen Umständen ANZUPASSEN. Das nennen wir ein ausgewogenes Leben führen!

Mantra

Wort aus dem SANSKRIT, welches „Denkwerkzeug" bedeutet. Im Buddhismus und Hinduismus handelt es sich dabei um ein einsilbiges Wort mit spiritueller Kraft. Dieses Wort wird wiederholt, um unser Bewusstsein zu beschäftigen, damit unser Verstand die GEGENWART nicht mit Gedanken belastet. Das Ziel ist also, sich während der MEDITATION zu BEOBACHTEN. Mantras stärken das Bewusstsein der göttlichen Natur, wie z. B. „Ich bin Gott, ich bin die Liebe, ich bin der Frieden, ich bin der Überfluss, ich bin die Harmonie …"

Masken

Siehe VERTEIDIGUNGSMECHANISMEN.

Masochismus

Verhalten von Menschen, die scheinbar Freude am eigenen Leid empfinden und nach Schmerz und Erniedrigung suchen. Sie scheinen sich körperlich oder seelisch wehtun zu wollen oder andere dazu zu anzuspornen. Masochisten handeln ihren BEDÜRF-NISSEN zuwider und quälen sich oft ganz bewusst. So missachten sie z. B. auch die Erfordernisse eines gesunden Lebens, provozieren peinliche Situationen, Krankheiten oder Müdigkeit, weil sie meinen, auf diese Weise keine SCHULDGEFÜHLE haben zu müssen oder aber geliebt zu werden.

Manche Menschen legen ein solch masochistisches Verhalten ständig an den Tag. Oft gelten sie dafür als nette, zuvorkommende und vernünftige Menschen, die sich mit „Herz und Seele für andere aufopfern" und sich darüber „selbst vergessen". Sie fühlen sich für das Glück und Unglück ihrer Mitmenschen verantwortlich, was große SCHULD-GEFÜHLE und unbewusstes Leid in ihnen verursacht. Sie glauben erst glücklich sein zu dürfen, wenn auch alle anderen Glück und Freude erlangt haben. Dieses Paradox führt sie in einen Teufelskreis des Schmerzes. Masochisten leiden sehr häufig an der SEELENWUNDE DER ERNIEDRIGUNG.

Jedes Mal, wenn wir uns schuldig fühlen, unsere wahren Bedürfnisse missachten und uns weigern, dem Leben zu vertrauen, fügen wir uns unnötige Schmerzen zu.

Die Menschen glaubten lange Zeit, leiden zu müssen, um glücklich zu sein: Leiden, um dies oder jenes zu verdienen, um schön oder in Form zu sein, und sogar, um in den HIMMEL zu kommen. Die meisten dieser ÜBERZEUGUNGEN und Verhaltensweisen stammen aus unserer Erziehung. Wir haben beschlossen, das zu glauben und für richtig zu halten, was wir einmal gelernt haben. All dieses Leid ist jedoch unserer weiteren Entwicklung abträglich und muss ein für allemal überwunden werden. Es gehört der Vergangenheit an. Wir sind auf der Welt, um glücklich zu sein und nicht um zu leiden.

Früher galt der Schmerz als das beste Lehrmittel. „Ein gebranntes Kind scheut das Feuer," heißt es da. Uns stehen jedoch ganz andere Mittel der Bewusstwerdung zur Verfügung. „Jeder ist seines Glückes Schmied" und auch dafür VERANTWORTLICH, zu erkennen, was gut für ihn ist, und zu lernen, ohne sich weh zu tun. Die masochistische Lebenshaltung kann nur dadurch überwunden werden, wenn wir die ihr zugrunde liegenden Denkweisen revidieren, indem wir erkennen, dass es völlig sinn- und nutzlos ist, zu leiden, um unsere WÜNSCHE zu erfüllen.

Manche Menschen machen sich KRANK oder schaffen sich zusätzliche Probleme. Sie unternehmen nichts, um ihr Unglück zu überwinden, um sich von anderen bemitleiden zu lassen. Sie gefallen sich zwar als Pessimisten und chronische OPFER, schaden sich dadurch jedoch nur selbst. Es fällt ihnen schwer, positive Ereignisse ihres Lebens anzunehmen und sie sind fest davon überzeugt, dass Glück im besten Fall ein kurzes und vergängliches Strohfeuer ist. Doch warum sollten wir nicht immer glücklich sein können? Wir können auch den schwierigsten Hindernissen und schlimmsten Ereignissen unseres Lebens etwas Positives und Konstruktives abgewinnen, um uns selbst zu überwinden und unsere innere Kraft zu finden.

Wie können wir von einer masochistischen Lebenshaltung wieder zu VERGNÜGEN und LEBENSFREUDE finden? Zuerst müssen wir uns bewusst machen, dass wir auf der Erde sind, um glücklich zu SEIN und uns zu entwickeln, und keineswegs um alle anderen glücklich zu machen. Auch die Überzeugung, alles verdienen zu müssen, sollten wir nach Möglichkeit überwinden. Wir sollten uns vielmehr des GESETZES VON URSACHE UND WIRKUNG besinnen und uns der Folgen unserer Handlungen BEWUSST sein. So handeln wir INTELLIGENT und nicht aus ANGST oder Schuldgefühlen. Höre auf Deine Wünsche und Bedürfnisse. Erstelle eine Liste all der Dinge, die Dir Freude bereiten würden. Gestatte Dir, täglich einige dieser Wünsche zu erfüllen. So wirst Du langsam wieder Freude an Deinem Leben haben, anstatt unnötig zu leiden.

Wir können uns über zahlreiche Dinge freuen, unsere Arbeit als Belohnung verstehen und von unseren Mitmenschen profitieren. Fürchtest Du, von anderen verurteilt zu werden und als Egoist zu gelten, weil Du Dir Freude machst, so solltest Du nachlesen, was EGOISMUS wirklich bedeutet. Lerne Dich selbst zu AKZEPTIEREN und zu LIEBEN. Für weitere Informationen zu diesem Thema verweise ich auf mein Buch *Heile die Wunden Deiner Seele*.

Meditation

Tiefe Überlegung zu einem bestimmten Thema. Versuch, Körper und Geist zu VERSCHMELZEN, sich selbst zu BEOBACHTEN und dem inneren Dialog Einhalt zu gebieten, der uns daran hindert in der GEGENWART zu leben. Manche Menschen meditieren auch, indem sie spazieren gehen, um sich alle Aspekte einer Situation vor Augen zu führen. Die Meditation ermöglicht uns, uns auf den Augenblick zu konzentrieren und durch nichts ablenken zu lassen. Beim meditativen Gehen können wir uns auch von der Natur tragen lassen und versuchen völlig „abzuschalten". In diesem Rahmen geht es uns weniger um das Meditieren über bestimmte Dinge als den meditativen Zustand, der uns zur inneren Ruhe bringt.

Es gibt mehrere Methoden, die in den verschiedensten Büchern, Seminaren und Schulen gelehrt werden. Nicht jedem Menschen entspricht dieselbe Art der Meditation. Wir sollten uns wohl dabei fühlen, durch sie zur Stille in uns finden und aufhören zu denken. Wir sollten täglich mindestens eine halbe Stunde meditieren; am besten bei Sonnenaufgang, wenn die Energien, EINSCHAU und innerer Ruhe am förderlichsten sind.

Dazu setzen wir uns so hin, dass die Wirbelsäule gerade ist, um der Energie freien Lauf zu lassen. Wir können dabei Entspannungsmusik hören oder auch nicht. Wir schließen die Augen und atmen langsam und tief durch. Dabei visualisieren wir ein strahlend weißes Licht, welches unseren Körper wie eine kleine Sonne erleuchtet. Ausgehend von der Quelle unseres Herzens durchflutet es unseren gesamten Organismus. Wir werden uns bewusst, *hier und jetzt* zu sein, atmen bewusst und fühlen wie die Luft langsam in und aus unseren Lungen strömt. Sollten bestimmte Gedanken unseren Geist kreuzen, so lassen wir sie einfach weiterschweben. Hören wir bestimmte Geräusche, können wir sie zwar zur Kenntnis nehmen, versuchen jedoch nicht festzustellen, woher sie kommen und was sie bedeuten. Wir fühlen uns ruhig, ausgeglichen und in Frieden. Wir können ein MANTRA wiederholen, um das Bewusstsein wach zu halten und den Verstand daran zu hindern, die Oberhand zu gewinnen.

Es gibt keine gute oder schlechte Meditation, sondern nur verschiedene Erfahrungen. Das Ziel der Meditation besteht darin, zu BEOBACHTERN des Augenblicks zu werden. Bei einem Meditationsspaziergang werden wir uns z. B. aller Details unserer Umwelt bewusst: Wir beobachten die Einzelheiten der Natur, hören unsere Schritte auf dem Boden, fühlen die Brise auf unserer Haut, riechen das Parfum der Blumen und der frischen Luft und denken an nichts anderes. Wir können uns in einem solch meditativen Zustand befinden, ohne es überhaupt zu bemerken, wenn wir uns z. B. völlig auf eine Aufgabe konzentrieren, Sport oder eine andere Aktivität betreiben. Erinnere Dich, wie gut Du Dich in solchen Augenblicken fühlst. Die Zeit scheint still zu stehen und keine Sorgen beunruhigen uns. Eines Tages würden wir gerne unser ganzes Leben in diesem Zustand verbringen.

Die Meditation hat zahlreiche Vorzüge und positive Auswirkungen. Sie ermöglicht uns, den Kontakt zu unserem inneren Licht herzustellen, unser Konzentrationsvermögen und unsere Beobachtungsgabe zu steigern. Wir kommen zum Stillstand, entspannen uns und stoßen auf all die Antworten, die bereits in unserem Inneren schlummern. Manchmal werden sie uns auch erst ein paar Stunden nach der Meditation wirklich bewusst. Am Abend ist es besser, sich zu ENTSPANNEN als zu meditieren, da unser Verstand meist auf Hochtouren läuft. Vor dem Schlafengehen ist auch der beste Augenblick BILANZ über den vergangenen Tag zu ziehen.

Medium

Medien kommunizieren mit Geistern oder dienen als Vermittler zwischen der Welt der Lebenden und der Verstorbenen. Manche Menschen sind imstande, die Wünsche anderer in ihrem EMOTIONSLEIB zu erkennen und auf diese Weise eine Deutung der möglichen Zukunft zu geben. Sie haben starke ÜBERSINNLICHE Kräfte. Solche Menschen VERSCHMELZEN oft mit dem EMOTIONS- und MENTALLEIB anderer. Auch aus diesem Grund ist Vorsicht geboten, wenn Du Dir von einem Medium weissagen lässt, da es eher in Deinen WÜNSCHEN als in Deinen BEDÜRFNISSEN liest. KLARSICHTIGE Menschen hingegen sind auch dazu in der Lage letztere objektiv zu erkennen.

Der Mensch ist von Natur aus neugierig und wird deshalb auch von Medien angezogen. Es ist mystisch, mysteriös und aufregend, sich Augenblicke unseres vergangenen oder kommenden Lebens beschreiben zu lassen. Doch sind wir nicht nur neugierig, sondern zugleich auch verletzlich und manipulierbar, auch wenn wir stock und steif behaupten, all dies habe keinerlei EINFLUSS auf uns.

Interessiert Dich diese Erfahrung, so solltest Du Deine Urteilskraft einsetzen und Dich zuerst fragen, was Du bei dem jeweiligen Medium empfindest. Fühlst Du Dich spontan wohl, so ist dies ein Zeichen, dass dieser Mensch etwas Gutes für Dich bereithält und Dir in Deinem LEBENSPLAN helfen kann. Hast Du aber auch nur den geringsten Zweifel, so entspricht diese Person im Augenblick nicht Deinen wirklichen Bedürfnissen.

Außerdem solltest Du wachsam sein und nicht alle Worte eines Mediums für bare Münze nehmen. Auch wenn bestimmte Züge und Voraussagen mit Deiner Vergangenheit und aktuellen Wünschen übereinzustimmen scheinen, so ist ein Medium doch von Deiner augenblicklichen Ausstrahlung beeinflusst. Du kannst überdies Ängste oder andere ungelöste Emotionen in ihm auslösen, die in RESONANZ zu Dir stehen.

Dieser Aspekt sollte besonders in Hinsicht auf unsere Persönlichkeitsentfaltung nicht vernachlässigt werden. Werden wir uns unserer ÄNGSTE und ÜBERZEUGUNGEN bewusst und treffen neue Entscheidungen, so ändert sich auch unsere Ausstrahlung. Wir könnten dasselbe Medium nach intensiver dreimonatiger Arbeit an uns selbst erneut aufsuchen und eine völlig andere Zukunft vorhergesagt bekommen.

In dieser Frage sollten wir uns also unserer UNTERSCHEIDUNGSKRAFT bedienen und VORSICHTIG sein. Eines Tages werden solche Menschen keinerlei Anziehungskraft mehr auf uns ausüben. Wir werden erkennen, dass wir selbst MEISTER unseres Lebens sind und in stetem Kontakt mit unserer göttlichen Quelle stehen. Dann sind wir auch vollends davon überzeugt, unser eigenes Leben zu schaffen.

Medizin

Kenntnisse und Mittel zur Vorbeugung, Heilung und Linderung von KRANKHEITEN, Wunden und Behinderungen. Neben der Schulmedizin gibt es verschiedene andere medizinische Richtungen wie die Homöopathie oder Naturheilkunde. Jede Form der Medizin hat ihren Nutzen, und es ist uns überlassen zu entscheiden, welche uns am besten entspricht. So können wir einerseits mittels der „Seelenmedizin" nach den tiefen Ursachen suchen, während wir für die Stillung körperlicher Schmerzen auf andere Heilmethoden zurückgreifen. Immer mehr Menschen kombinieren heute verschiedene medizinische Ansätze. Die so genannte Seelenmedizin bedient sich der METAPHYSIK, die davon ausgeht, dass jede physische Heilung mit einer seelischen beginnt.

Wir hoffen, dass die Menschen der ganzen Welt baldmöglichst frei entscheiden können, wie sie behandelt werden möchten.

Meinung

Siehe HARTNÄCKIGKEIT und ÜBERZEUGUNGEN.

Meister (Falsche)

Das Wörterbuch definiert einen „Meister" als jemanden der befiehlt, herrscht, lehrt, Autorität oder Macht auf andere ausübt. Falsche Meister bedienen sich also dieser Autorität und lassen sich anhimmeln und blind verehren. Dabei kann es sich durchaus auch um Menschen aus unserem Kreis von Verwandten und Bekannten handeln, die wir fürchten und denen wir uns unterlegen fühlen: Ehepartner, Eltern, Kinder, Arbeitskollegen, Geschäftsführer usw. Die Bewunderung kann auch allein darauf beruhen, dass dieser Mensch reicher, gelehrter, anerkannter, diplomierter, informierter usw. ist.

In diesem Werk zählen wir auch Situationen, die uns BEEINFLUSSEN und unser Leben bestimmen, zu den falschen Meistern. Dazu gehören z. B. Medien, Astrologie, Hellseherei, Aberglauben, dogmatische Religionen, Schul- und alternative Medizin, Arzneimittel, Krankheiten, Mode, Arbeits-, Spiel-, Sexual- oder Essenszwänge. Auch Geld und Güter sind weit verbreitete falsche Meister. Die unterschwelligsten und stärksten aber sind HOCHMUT, ANGST, SCHULDGEFÜHLE, ABHÄNGIGKEIT und unsere ÜBERZEUGUNGEN.

Falschen Meister hindern uns daran, bewusste Entscheidungen zu treffen, frei, glücklich und wir selbst zu sein. Wir lassen uns von den verschiedensten Dingen beeinflussen, die unseren wahren BEDÜRFNISSEN widersprechen. So bekommen die falschen Meister immer mehr Macht und übernehmen schließlich das Ruder unseres Lebens. Beobachte also genau, welche Dinge und Situationen Dein Leben zurzeit am meisten steuern. Dieser Bewusstwerdungsprozess ist unumgänglich, wenn Du Dein Leben eines Tages selbst MEISTERN willst.

Meistern

Unsere eigenen Handlungen und Reaktionen entscheiden. Auf der materiellen Ebene sprechen wir von Meisterschaft, wenn ein gewisser Grad der Vollendung in einem bestimmten Bereich erreicht wurde, wie das z. B. bei einem Maurermeister, Schreinermeister oder Bademeister der Fall ist.

Spirituelle Meisterschaft bedeutet jedoch keineswegs Perfektion, Selbstbeherrschung oder Kontrolle. Sie besagt vielmehr, dass wir in der Lage sind, uns bei all unseren Entscheidungen unserer VERANTWORTUNG und BEDÜRFNISSE bewusst zu sein.

Menschen, die ihr Leben meistern, sind ruhig und bewahren auch in peinlichen Situationen einen kühlen Kopf. Diese großen Charismatiker werden allseits bewundert.

M

Das bedeutet zwar nicht, dass sie alles wissen und ihnen keine Unannehmlichkeiten widerfahren, doch DRAMATISIEREN sie sie nicht und lachen sogar über sie. So meistern sie die Ereignisse ihres Lebens, indem sie ihre Energien konzentrieren, anstatt emotionell zu reagieren, sei es allein oder in Gegenwart anderer.

So kann ein Oberkellner seine Arbeit in einem Restaurant z. B. professionell verrichten und sich gut um seine Kunden zu kümmern. Auch wenn ihm Fehler oder Missgeschicke unterlaufen, wie ein Teller fallen zu lassen, so ist er in der Lage, die Situation mit Takt zu meistern und die Folgen so gering wie möglich zu halten. Die Gäste fühlen sich durch seine Worte beruhigt, die zeigen, dass er durch diesen Vorfall keineswegs die Beherrschung verliert. Er behebt oder reinigt den Schaden meisterhaft und wird für seine Ruhe und Gelassenheit anerkannt.

Manchmal werden Meisterschaft und KONTROLLE verwechselt. Bei Letzterem hält man sich selbst oder andere aber zurück. Meisterschaft hingegen wird nicht von ANGST, sondern von unserer INNEREN MITTE und unserem VERANTWORTUNGSBEWUSST-SEIN bestimmt. Das heißt nicht, dass wir deshalb auch auf unsere BEDÜRFNISSE hören. Ein Mann, der sich z. B. völlig bewusst ist, dass er isst, obwohl er eigentlich keinen Hunger hat, weiß, dass er nicht auf die Bedürfnisse seines Körpers hört und ist bereit, die Konsequenzen seines Verhaltens zu tragen. **Er meistert die Situation, weil er weiß, was und warum er es tut.** Menschen, die sich selbst kontrollieren, würden eher dazu neigen, nichts zu essen, um nicht dick zu werden. Eine solche Entscheidung beruht auf Angst.

Es ist unser aller Ziel, eines Tages unser Leben zu meistern, indem wir auf all unsere Bedürfnisse hören. Vollendete Meister überwinden sogar die Materie, wie z. B. Jesus. Daher wird die Große Meisterschaft auch als Christusleib bezeichnet.

Mentalleib

Der Mentalleib gehört zu den unsichtbaren, SUBTILEN KÖRPERN des Menschen. Der Verstand oder Intellekt ist der stärkste der drei stofflichen Körper, übertrifft also den EMOTIONSLEIB und den physischen KÖRPER. Hier denken, analysieren, organisieren wir und ERINNERN uns. Hier entscheiden wir, was wir tun müssen, um unsere Wünsche in die Tat umzusetzen. Es ist also ungeheuer wichtig zu wissen, was wir wirklich wollen, da der Mentalleib großen Einfluss auf die Ergebnisse unseres Lebens hat.

Der menschliche Verstand urteilt über gut und böse, günstig und ungünstig. So sind auch unsere Überzeugungen aus mentaler Energie entstanden. So wie fehl geleitete Emotionen unserem Emotionsleib abträglich sind, so senken überholte ÜBERZEUGUN-GEN die Energie unseres Mentalleibs. Er befindet sich hingegen in Harmonie wenn wir all seine Fähigkeiten dazu einsetzen, unseren wahren BEDÜRFNISSEN zu entsprechen. Dazu müssen wir so manches übernommene WERTSYSTEM überwinden und uns von unserer INTUITION, unserem INNEREN GOTT leiten lassen.

Ist der Mensch sich seiner Bedürfnisse bewusst, kann er seinen Verstand dazu einsetzen, blockierende Überzeugungen ausfindig zu machen und Schlüsse aus seinen

Erfahrungen zu ziehen. Es ist immer wieder interessant zu beobachten, wie schnell sich Veränderungen unserer Ansichten und Gedanken auf unsere Gefühle, aber auch auf unser konkretes Leben auswirken.

Der Mentalleib muss ebenso ernährt werden, wie die beiden anderen stofflichen Körper. Er braucht einen EXISTENZGRUND, ACHTUNG, INTEGRITÄT, innere SICHERHEIT, die Entwicklung der INDIVIDUALITÄT und will WAHR SEIN. Zusammenfassend können wir also sagen, dass wir unsere Individualität prägen, uns achten und sicher fühlen, integer und ehrlich sind, wenn wir unserem wahren Existenzgrund folgen. Denn so ist unser Mentalleib wohl genährt und ausgewogen.

Metaphysik

Das Wort „Metaphysik" hat mehrere Bedeutungen. Wir definieren es wie Aristoteles als den „Bereich jenseits der Physik". Für ihn ist die Metaphysik die Disziplin des SEINS in seiner Gesamtheit.

Mit Hilfe der Metaphysik können wir also beobachten, was in unserem Leben und hinter der rein materiellen Ebene vorgeht. Zugleich stellt sie eine ebenso einfache wie schnelle Methode dar, die tieferen Gründe emotionaler und geistiger Blockaden zu entschlüsseln, die einschneidende Ereignisse in unserem Leben bedingen. Dazu müssen wir lernen zu BEOBACHTEN, was wir wirklich FÜHLEN, unserer INTUITION und unserem INNEREN GOTT zu vertrauen, und über ein Minimum an Kenntnissen verfügen, um bestimmte Beziehungen zu erkennen.

Die Metaphysik kann in allen Bereichen unseres Lebens angewandt werden. Schmerzen uns z. B. die Beine, was uns daran hindert, so schnell vorwärts zu kommen, wie wir es gerne hätten, so erkennen wir aus dem Bezug zu unserem Innenleben, dass dieses Hindernis unser aktuelle Lebenssituation darstellt. Aus der Sicht der Metaphysik besteht eine Verbindung all unserer Schwierigkeiten und Schmerzen mit bestimmten Denkweisen, die das eigentliche Leid verursachen. Wenn es uns gut geht, sind unsere Gedanken und ÜBERZEUGUNGEN positiv. Für die Metaphysik gibt es keinen Zufall. Jedes kleinste Ereignis kann zu einem Teil unseres Bewusstwerdungsprozesses werden. Das gilt für unsere Worte ebenso wie für unsere Kleidung, Ernährung, Krankheiten, Unfälle, Gestik wie für die Morphologie unseres Körpers oder unseren Fahrstil im Auto.

Die Metaphysik geht davon aus, dass UNFÄLLE, KRANKHEITEN und Gesundheitsprobleme nicht nur physische Ursachen haben, denn das hieße zugleich unseren EMOTIONS- und MENTALLEIB zu ignorieren. Unsere stoffliche Hülle besteht aber aus drei Körpern, die in all unseren Erfahrungen berücksichtigt werden sollten. Plötzliche Angst zieht ja auch physische Folgen wie Herzklopfen und beschleunigte Atmung nach sich.

Dennoch fällt dieser Rückgriff auf die Metaphysik gerade den Menschen recht schwer, für die Innenleben und stoffliche Welt zwei völlig verschiedene Bereiche sind. Sie sträuben sich oft vehement gegen diesen Ansatz und weigern sich, die wahren Quellen ihrer Probleme aus diesem Blickwinkel zu betrachten und anzuerkennen. Sie schieben die Schuld lieber auf äußere Umstände. Doch heilen Krankheiten und Wunden wesentlich

M

langsamer, wenn der Prozess sich auf die stoffliche Ebene beschränkt. Ist die eigentliche Problematik nicht wirklich behoben, so wird sie sich durch erneute Krankheiten oder in anderer Form wieder Ausdruck verschaffen. Ein wirklicher Heilungsprozess kann nur in die Wege geleitet werden, wenn wir auch auf der Ebene der Seele an uns arbeiten und unsere absolute VERANTWORTUNG akzeptieren, d. h. anerkennen, dass das äußere Problem nur dazu da ist, uns auf eine unvorteilhafte Geisteshaltung hinzuweisen. Dadurch wird das Symptom nicht nur schneller heilen, sondern auch definitiv gebannt. Je aufmerksamer wir sind, desto leichter werden wir diese Verbindungen erkennen. Bald wird uns diese Sichtweise zur zweiten Natur werden.

Die Metaphysik bedient sich also der physischen Dimension, um sich Vorgänge der emotionalen und geistigen Ebene bewusst zu machen. Das bedeutet, der Weisheit unseres Körpers Gehör zu schenken, auf seine Zeichen und die Ereignisse unseres Lebens zu achten. Haben wir gelernt, all dies auf die Ebene unseres Wesens zu beziehen, werden wir unser Leben MEISTERN können. Ändern wir unsere Haltung und akzeptieren, dass wir alles, was uns widerfährt, selbst verursachen, so verschwinden auch unsere diversen Gesundheitsprobleme und unangenehmen Situationen, da sie klarer und übersichtlicher werden. Diese Entschlüsselungsarbeit wird uns Freude bereiten, da wir uns immer besser kennen lernen und dabei auch unsere eigene Schaffenskraft entdecken werden, die uns hilft, unser Leben in den verschiedensten Situationen zu meistern. Eines Tages werden wir sofort WISSEN, welche Nachricht uns unser innerer Gott durch bestimmte Vorfälle zukommen lassen will.

Metempsychose

Im Orient – besonders im Hinduismus – verbreitete Theorie, nach der Seelen nicht nur in Menschen, sondern auch in Tieren oder Pflanzen wiedergeboren werden können. Eine Theorie sollte nur dann als Form der Wahrheit akzeptiert werden, wenn sie uns hilft, uns besser zu fühlen und unsere ÄNGSTE zu überwinden. ÜBERZEUGUNGEN sind an und für sich weder gut noch schlecht, sondern dienen den Menschen ihre UNTERSCHEIDUNGSKRAFT zu entwickeln.

Missbrauch

Man kann das Entgegenkommen und die Gutgläubigkeit anderer zu seinen eigenen Gunsten ausnützen und seine Macht ebenso missbrauchen wie seine Autorität. Auch die maßlose, übertriebene Verwendung bestimmter Dinge ist eine Form des Missbrauchs. So missbrauchen manche das Regierungssystem, ihre Gesundheit, Sexualität oder Gaumenfreuden. NÜTZT jemand andere AUS, so hat er kein Vertrauen in seine eigene MACHT und versucht deshalb Macht über andere zu gewinnen. Er meint davon zu profitieren, hindert sich in Wirklichkeit aber nur daran in sein Inneres zu sehen, wirkliche Lösungen zu finden, Kontakt zu wahrer Kraft herzustellen und sein Leben in die Hände zu nehmen.

Meistens missbrauchen Menschen, die an der Seelenwunde des VERRATS leiden, ihre Mitmenschen, da sie glauben, ihnen dadurch zuvorzukommen. Natürlich schaden wir uns durch jede Form des Missbrauchs selbst. Da wir uns eines solchen Verhaltens oft gar nicht im Klaren sind, können wir recht interessante Aufschlüsse über uns selbst gewinnen, wenn wir unsere Mitmenschen dazu befragen. Zugleich sollten wir nicht aus den Augen verlieren, dass wir unsere Mitmenschen ebenso missbrauchen wie uns selbst. Auch hier gilt das GESETZ VON URSACHE UND WIRKUNG. Jeder Mensch ist VERANTWORTLICH für die Folgen seiner Taten. Wir ernten, was wir säen, wenn auch nicht unbedingt auf dieselbe Weise und im selben Bereich. Dasselbe gilt auch für den Missbrauch von Tieren, Pflanzen oder Mineralien. Wir sind auf der Erde, um sie zu schätzen und durch sie zu lernen.

Misstrauen

Siehe VERTRAUEN und VORSICHT.

Mitgefühl

Mit etwas FEINFÜHLIGKEIT können wir uns in die „Haut unserer Mitmenschen versetzen" und nachvollziehen, was sie in ihrem Inneren erleben. Das Gegenteil von Mitgefühl sind demnach Gewalt, Grausamkeit, Bosheit und Gleichgültigkeit. Es kommt aus dem Herzen und kennt weder VORWÜRFE noch Urteil. Sehen wir wie eine Mutter ihr Kind schlägt, so bedeutet Mitgefühl, uns in ihre Lage zu versetzen und uns vorzustellen wie unglücklich sie sein muss, um ihrem Kind Schmerzen zuzufügen. Auch wenn sie die Kontrolle über sich selbst verliert, erkennen wir, dass sie nicht wirklich BÖSE ist, sondern selbst leidet. Wir müssen ihr Handeln keineswegs gutheißen. Natürlich können wir in dieser Situation auch Mitgefühl für das Kind empfinden. Aber auch hier klagen wir niemanden an. Wachsende Sensibilität öffnet uns auch dem Mitleid. **Wir entwickeln Mitgefühl, indem wir unser Herz öffnen und lernen, zu AKZEPTIEREN und bedingungslos zu LIEBEN.**

M

Mitleid

Gefühl, welches uns empfänglich für Leid und Unglück unserer Mitmenschen macht. Wir wünschen uns, dass ihre Schmerzen nachlassen und hoffen, nicht selbst in eine ähnliche Situation zu geraten. Manche Menschen entwickeln starke SCHULDGEFÜHLE, wenn sie anderen nicht helfen, die Probleme zu haben scheinen. Während das Mitleid von EMOTIONEN bestimmt ist, ist MITGEFÜHL OBJEKTIV.

Mitleid geht oft davon aus, dass andere Personen sich nicht selbst helfen können. Das hilft ihnen nun aber nicht im Geringsten, ihr Schicksal selbst in die Hand zu nehmen. Sie fühlen sich dadurch höchstens unterlegen. Frag doch einfach einmal einen Behinderten, was er von Mitleid hält. Die wenigsten möchten, dass ihre Mitmenschen ihnen so entgegenkommen.

Mitleidige Menschen sind meist FUSIONSTYPEN und laufen Gefahr selbst zu OPFERN zu werden. Lassen zwei Menschen sich gegenseitiges Mitleid zukommen, so werden sie dadurch keinerlei Lösungen für ihre Probleme finden. Sie verstricken sich dadurch nur noch umso mehr in ihrer Opferrolle. Um diese Gewohnheit zu überwinden, müssen wir zunächst wahres VERANTWORTUNGSGEFÜHL entwickeln. Das bedeutet nicht, dass wir ins Gegenteil verfallen und nun erbarmungslos werden sollten. Wir sollten vielmehr lernen, Mitgefühl und EMPATHIE für Benachteiligte zu empfinden und sie dazu ermutigen, sich selbst in die Hand zu nehmen.

Modell

Mensch, der bestimmte Eigenschaften oder Vorzüge repräsentiert und der nachgeahmt wird. Unsere ersten Modelle sind unsere ELTERN oder ihre Stellvertreter. Wir haben diese Modelle schon vor unserer Geburt nach den Bedürfnissen unserer SEELE und unseres LEBENSPLANS gewählt. Unser erstes Vorzugsmodell ist das gleichgeschlechtliche Elternteil. Wir beobachten es schon sehr bald, um zu lernen, wie wir in den verschiedensten Kontexten des Lebens zu SEIN haben. (Siehe auch ÖDIPUSKOMPLEX). Es ist also völlig normal, bestimmte Verhaltensweisen oder ÜBERZEUGUNGEN von ihm übernommen zu haben.

Während das gleichgeschlechtliche Elternteil beeinflusst, wie wir *lieben*, so bestimmt das des anderen Geschlechts, wie wir *geliebt werden*. Entweder haben wir diese Vorbilder nachgeahmt oder aber alles daran gesetzt, das genaue Gegenteil zu tun, wenn wir eines dieser Modelle abgelehnt haben. In beiden Fällen handelt es sich aber um eine Reaktionshaltung, die die freie Entwicklung unserer INDIVIDUALITÄT behindert.

Wir müssen zunächst also lernen, die Modelle, die wir gewählt haben, zu akzeptieren und ihnen dafür zu danken, uns zu zeigen, was wir wirklich wollen und sein wollen. So lernt jede Generation etwas Neues dazu.

Ein junger Mann, dessen Seele z. B. einen unterwürfigen Vater gewählt hat, kann jenem diese Haltung vorwerfen und als REAKTION ein aggressives und KONTROLLIERENDES Verhalten an den Tag legen. Je mehr er sich gegen seinen Vater auflehnt, desto ähnlicher wird er ihm im zunehmenden Alter jedoch werden. Akzeptiert er seinen Vater hingegen so wie er ist, auch wenn er nicht mit dessen Lebenshaltung einverstanden ist, und dankt ihm dafür, die Nachteile der Unterwürfigkeit veranschaulicht zu haben, so kann er sich selbst nach seiner WAHL verwirklichen.

Wir sind auch auf Erden, um die vorherige Generation zu übertreffen. Das soll nicht heißen, besser, sondern bewusster zu sein als sie, was voraussetzt, dass wir all unsere GRENZEN und ERFAHRUNGEN ACHTEN und AKZEPTIEREN. Zugleich müssen wir aber überholte Verhaltensschemata unserer Vorfahren überwinden und durch neue ersetzen. Die Kraft, die uns dazu inspiriert, stammt aus der Weisheit und dem Wunsch frei und wir selbst zu werden.

Motivation

Siehe BEWEGGRÜNDE.

Mut

Charakterstärke oder Bestimmtheit, mit der wir einer schwierigen Situation begegnen. Handeln, entscheiden und trotz unserer Angst zur Tat schreiten. Manche Menschen scheinen mutiger zur Welt gekommen zu sein, als andere. Gott sei Dank können wir diese Fähigkeit auch im Lauf unseres Lebens erwerben und weiterentwickeln, da wir bestimmte Aspekte unserer Existenz verbessern oder etwas erreichen wollen, was uns wirklich am Herzen liegt. Manche Menschen fürchten sich in der Stadt Auto zu fahren, in ein Flugzeug zu steigen oder ihre Wünsche klar zu formulieren. Überwinden sie diese ANGST, lässt der Mut ihnen oft Flügel wachsen. Wird die Angst AKZEPTIERT und nun mutig überwunden, so hat der Siegeszug gegen sie bereits begonnen.

Oft entdecken wir unseren Mut auch erst nach einem einschneidenden Ereignis, dem Tod eines geliebten Menschen, eine Scheidung, eine Naturkatastrophe oder einen großen, materiellen Verlust. Solche Situationen sind gute Gelegenheiten, unser Schicksal in die Hand zu nehmen und selbständig zu werden.

Mut erzeugt Selbstvertrauen und Zuversicht. Er hilft uns, vorwärts zu kommen und Hindernisse zu überwinden, um bestimmte Ziele zu erreichen. Du kannst Dich unterstützen, beraten und ermutigen lassen, doch kannst nur Du allein den Mut dazu aufbringen, bestimmte Dinge im Leben zu RISKIEREN. Du wirst sehen, dass die Widerstände immer geringer werden, und sich Deine WÜNSCHE erfüllen.

Mystische Erfahrung

Eine persönliche, kontemplative Erfahrung, in der Wunder und Alltag eins werden. Dabei spüren wir das Wirken einer höheren Kraft in unserem tiefsten inneren. Solche transzendenten Augenblicke sind weder dramatisch oder erschütternd, sondern eher Perioden, in denen der Geist zum absoluten Stillstand gelangt. Viele großen Erfinder oder Wissenschaftler haben solche mystischen Momente erlebt, die also keineswegs nur religiös orientierten Menschen vorbehalten sind. Solche Erfahrungen sind ein kleiner Vorgeschmack auf das unendliche Glück, welches wir erfahren werden, wenn wir in der bedingungslosen, universellen Liebe aufgehen.

M

Nachahmen

Imitieren, kopieren, sich nach anderen richten oder sich so verhalten wie sie, weil wir sie IDEALISIEREN oder uns über sie lustig machen wollen. Nachahmung ist das Gegenteil von Schöpfung, da sie nicht aus uns selbst kommt. Eine solche Haltung kann uns eine gewisse Zeit als Sprungbrett dienen, indem wir z. B. Menschen nachahmen, die wir BEWUNDERN und dadurch unsere eigenen TALENTE entwickeln. Doch müssen wir schließlich unseren eigenen Weg finden und unabhängig werden. Bedienen wir uns unserer Fähigkeiten und schaffen selbst Dinge, so erwecken wir unsere KREATIVITÄT und INDIVIDUALITÄT zum Leben.

Nachlässigkeit

Siehe SORGLOSIGKEIT.

Nächstenliebe

Die Nächstenliebe ist das Gegenteil des EGOISMUS. Altruisten interessieren sich für ihre Mitmenschen, sind großzügig und widmen sich ihnen ohne Gegenerwartungen. Sie öffnen sich dem Leid anderer, sind in der Regel gute Zuhörer voller EMPATHIE und MITGEFÜHL und wissen, wie man Trost spendet. Doch auch dieser Charakterzug will richtig gehandhabt sein. Nächstenliebe sollte durch LIEBE und nicht durch ANGST oder SCHULDGEFÜHLE motiviert sein, die wir hegen könnten, weil wir uns nicht für einen Mitmenschen interessieren.

Die Menschheit ist eine große Familie von SEELEN. Nicht zuletzt auch deshalb ist es höchste Zeit ein bisschen mehr Altruismus zu entwickeln, um ein wenig Brüderlichkeit, Frieden, Solidarität, Liebe und Harmonie in dieser Welt zu säen. Unsere Ernte wird ebenso großzügig ausfallen!

Nahrung

Siehe ERNÄHRUNG.

Naivität

Einfache Art eines Menschen seine Ideen und Gefühle natürlich und ohne Vorbehalte zu äußern. Übermaß an Vertrauen und Gutgläubigkeit. Manche Personen neigen dazu, alles, was man ihnen sagt, ohne jegliche UNTERSCHEIDUNGSKRAFT und Überprüfung zu glauben. Naivität ist aber auch ein Zeichen von Natürlichkeit, vor allem bei Kindern.

Sie geht Hand in Hand mit einem absoluten Vertrauen in die Welt und die Mitmenschen, das jeden ZWEIFEL ausschließt. Ein naiver und aufrichtiger Mensch ist davon

N

überzeugt, dass alle anderen so sind wie er, d. h. ehrlich. Dabei läuft er Gefahr, sich von anderen MANIPULIEREN zu lassen, ohne es zu merken. Das soll nun keineswegs heißen, dass er nun ins andere Extrem verfällt und sich vor allen Mitmenschen vorsehen sollte. Hast Du gemerkt, dass andere Dich aufgrund Deiner Gutgläubigkeit betrogen oder manipuliert haben, so solltest Du der Welt deshalb nicht mit Zweifel und Skepsis, sondern eher mit mehr UNTERSCHEIDUNGSKRAFT begegnen. So wirst Du wissen, ob Du anderen spontan VERTRAUEN kannst oder nicht.

Naturgesetze

Naturgesetze bestimmen alle Formen des Lebens. Dazu gehören *physische, psychische, kosmische* und *spirituelle* Gesetze. Sie haben universelle Gültigkeit und betreffen uns Menschen ebenso wie das gesamte Universum. Das Wort „Gesetz" setzt voraus, dass es sich hierbei um eine unumstößliche Regel handelt, die Wirkung hat, auch wenn wir nicht an sie glauben.

Physische Gesetze besagen z. B.: Wir ernten Möhren, wenn wir Möhren gesät haben. Wir vergiften unseren Körper, wenn wir Gift trinken. Wenn uns heiß ist, schwitzen wir. Das Herz schlägt schneller, wenn wir Angst haben, usw.

Psychische Gesetze betreffen unsere Emotionen, Gedanken und die subtileren Ebenen unseres Wesens. Hier ein paar Beispiele: Das Gefühl des Zorns erzeugt eine entsprechende AURA um den Menschen. Andere werden sie fühlen, auch wenn jener sie seine Emotionen zu verbergen oder verdrängen sucht. Während des Schlafs träumen wir – ob wir es glauben oder nicht. Lachen ist ansteckend.

Kosmische Gesetze betreffen alles Leben des Universums. Dazu gehören z. B. die Schwerkraft, die Gezeiten, die Bewegung der Erde um ihre eigene Achse und um die Sonne, usw.

Die *spirituellen Gesetze* sind wesentlich subtiler. Sie betreffen vor allem die EXISTENZGRÜNDE des Menschen auf der Erde. Dazu gehören u. a. das GESETZ VON URSACHE UND WIRKUNG, des VERANTWORTUNGSBEWUSSTSEINS, der wahren LIEBE, des VERZEIHENS, der WIEDERGEBURT usw. In diesem Werk gehen wir auf viele dieser Gesetze ein.

Menschliche und physische Gesetze können missachtet oder abgelehnt werden, doch hat dies seinen Preis, seine Folgen. Sich gegen spirituelle Gesetze aufzulehnen hat wesentlich größere Konsequenzen. Wir sollten uns all dieser Folgen bewusst werden, um unseren LEBENSPLAN erfüllen zu können.

Natürlichkeit

Alles was in der Natur eines Gegenstands oder Wesens liegt und unverfälscht, unverändert und rein zum Ausdruck kommt. Das Natürliche entspricht den großen NATURGESETZEN und der Harmonie der Schöpfung und offenbart sich auf allen Ebenen der Existenz. Jeder Baum gedeiht z. B. in bestimmten Verhältnissen, ein Spindelbaum in Sümpfen, ein Kaktus in trockenen und heißen Gegenden. Jede Gattung findet ihre lebensnotwendigen Bedingungen in ihrem natürlichen Umfeld. So passt sich auch die Fortpflanzung der verschiedenen Tierarten dem Klima und Nahrungsangebot an. Die stärksten überleben, was das natürliche Gleichgewicht wahrt. Die ganze Schöpfung folgt der INTELLIGENZ und HARMONIE des göttlichen Plans, der die stete Evolution der Natur bedingt.

Das gilt auch für uns Menschen. Versuchen wir, uns nach unserer wahren Natur und Essenz zu entwickeln, so sichert uns das Gesundheit auf allen Ebenen. Es liegt in der menschlichen Natur uns durch neue Erfahrungen zu entfalten. Deshalb sollten wir auch zum Wandel bereit und in der Lage sein, uns den VERÄNDERUNGEN des Lebens ANZUPASSEN. Kein Tag gleicht einem anderen, auch wenn wir manchmal das Gefühl von Alltagsmonotonie haben. Wir können uns anders anziehen, kämmen, ernähren oder handeln, wenn wir das Gefühl haben, dass das NÜTZLICHER oder INTELLIGENTER für uns sein könnte.

Je natürlicher wir sind, desto weniger versuchen wir NORMAL zu sein. Wir werden essen und schlafen, wenn wir hungrig bzw. müde sind. Wir ergreifen das Wort, wenn wir das Bedürfnis danach verspüren. Wir handeln also nach unseren INDIVIDUELLEN BEDÜRFNISSEN und nicht mehr nach der Norm der anderen. Natürliche Menschen wissen das Nützliche mit dem Angenehmen zu verbinden. Sie sind auf ein Gleichgewicht zwischen KÖRPER, EMOTIONSLEIB, MENTALLEIB, INTELLIGENZ und Natur bedacht. Sie wissen, dass es in der Natur der Dinge liegt, uns zu entfalten, bewusst zu werden und den Kontakt zu unserer göttlichen Quelle herzustellen. Sie haben erkannt, dass der natürliche Mensch nach Harmonie, Intelligenz, Schönheit, Gesundheit, Glück, Liebe und Wohlstand strebt und dass alles, was dieser wahren Liebe entgegenarbeitet uns zeigt, dass wir unsere göttliche Natur vergessen haben.

Negative Lebenshaltung

Alles ablehnen und bekritteln, ohne jedoch konstruktive Gegenvorschläge zu machen. Negative Menschen sind meist auch große PESSIMISTEN, die nur die schlechten Aspekte der Dinge wahrhaben wollen und die positiven Seiten verkennen. Als DEFÄTISTEN glauben sie weder an Sieg noch Erfolg. Wir wissen alle, dass negative Lebenshaltungen auch negative Auswirkungen auf unser Leben haben, dass wir es durch Optimismus und Zuversicht auch hingegen positiv beeinflussen können. Dennoch kann es vorkommen, dass wir ein vorübergehendes SEELENTIEF durchmachen und alles schwarzsehen. Meist übertreiben und DRAMATISIEREN wir jedoch die Situationen oder haben uns einfach in dieser Stimmung verfangen.

In solchen Momenten sollten wir versuchen, uns möglichst objektiv und vor allem ohne jegliches Urteil zu BEOBACHTEN. Schon bald werden wir die unbewussten ÄNGSTE erkennen, die unseren EMOTIONEN zugrunde liegen. AKZEPTIEREN wir uns als Mensch mit all unseren ÄNGSTEN und SCHWIERIGKEITEN und seien wir uns bewusst, dass sie vorübergehen. Es liegt allein an uns, zu ENTSCHEIDEN, ob wir sie unterhalten wollen oder nicht.

Um wieder POSITIV zu werden, kann es Wunder bewirken, täglich dem Universum zu danken und der Schönheit um uns mehr Achtung zu schenken. Beobachte die schöne

Natur, erkenne Deine Talente, wende Dich an Menschen, die Du gern hast und die Dich mögen. All diese stärkende Energie wird Dich aus Deinem Zustand reißen. Oft bedarf es nicht mehr, um Dich wieder mit Deiner göttlichen Quelle in Kontakt zu bringen. Bist Du jedoch ständig negativ, so solltest Du dem Elternteil VERZEIHEN, das Du als negativ, pessimistisch oder defätistisch beurteilt hast. Das ist der schnellste und wirksamste Weg, um den gewünschten Wandel zu erzielen.

Nehmen

Empfangen, bekommen, entgegennehmen. Wie das GEBEN so ist auch das Nehmen eine Gabe, die göttliche Energie durch uns fließen zu lassen. Das betrifft die verschiedensten Bereiche: Geschenke, Geld, Gegenstände, Komplimente, Ratschläge, usw. Um nehmen zu können, müssen wir wissen, wie man gibt, und umgekehrt. Beide Haltungen bedingen einander.

Fällt es Dir schwer, Dinge anzunehmen, so leidest Du wahrscheinlich an der SEELENWUNDE der UNGERECHTIGKEIT. Vielleicht meinst Du ein Gegengeschenk und denselben Dienst auch erweisen zu müssen oder hast das Gefühl, es sei unverdient oder ungerecht, mehr als Deine Nächsten zu besitzen. Dieses Unbehagen hindert Dich daran, zu empfangen und das Glück und die Freude nachzuvollziehen, die der Gebende empfindet. Wenn Du glaubst, immer etwas Gleichwertiges zurückgeben zu müssen, so erwartest Du diese Gegenleistung auch, wenn Du selbst etwas hergibst. Das ist jedoch kein bedingungsloses Geben mehr.

Andere haben das Gefühl, ihren Mitmenschen etwas wegzunehmen, wenn sie etwas bekommen, und können deshalb keine Freude dabei empfinden. Solche Situationen sind ihnen sehr unangenehm und sie fühlen sich im Gegenzug oft dazu verpflichtet mehr zu geben, als sie bekommen haben. Wir müssen lernen, in Freude, ohne SCHÜCHTERNHEIT und SCHULDGEFÜHLE zu geben und zu nehmen.

Dazu müssen wir lernen, die Gaben anderer zu akzeptieren und ihnen für ihre Großzügigkeit zu danken, auch wenn sie uns nicht entsprechen. Wir müssen dazu nicht heucheln, dass uns das Geschenk gefällt, sondern können uns über die Geste erkenntlich zeigen und WAHR dabei sein. Empfangen können, erlaubt der Energie frei zu zirkulieren, was ein natürliches Gleichgewicht von Geben und Nehmen herstellt. Wir sollten also großzügig mit uns sein und uns das Recht zugestehen Freude zu empfinden, wenn wir etwas bekommen.

Dinge mit Freude zu empfangen, versetzt den Nehmenden ebenso wie den Gebenden in die Energie des ÜBERFLUSSES. Wollen wir lernen zu nehmen, so müssen wir zuerst erkennen, dass alles, was wir bekommen aus der unversiegbaren göttlichen Quelle des Überflusses stammt. Je mehr wir geben, desto mehr kommt auch zu uns zurück. Dabei handelt es sich um ein unverrückbares NATURGESETZ. Um wahren WOHLSTAND zu erlangen, müssen wir gelernt haben, zu geben und zu nehmen.

Neid

Verlangen, ebenso großes oder mehr Vergnügen oder Besitz zu haben als andere. Ist das nicht der Fall, können neidische Menschen sogar HASS entwickeln. Dieser Neid kann auf Güter, Fähigkeiten, Schönheit, Verhalten oder bestimmte Eigenschaften anderer gerichtet sein. In der Regel verkennen solche Menschen den WERT ihrer eigenen Fähigkeiten. Sie fühlen sich anderen unterlegen, was zu starken und destruktiven EMOTIONEN wie WUT oder Machtlosigkeit führen kann.

Ist unser Neid eher eine Form der BEWUNDERUNG, so kann er sogar konstruktiv werden. Wir können uns entschließen, unser Leben nun selbst in die Hand zu nehmen, unsere Fähigkeiten anzuerkennen und das zu schaffen, wofür wir andere beneiden.

Hältst Du Dich für neidisch, so solltest Du versuchen, dankbar für all das zu sein, was Du bereits besitzt, anstatt andere insgeheim zu beneiden. Frage jene lieber, wie sie dies oder jenes erreicht haben. So lernst Du von Deinen STÄRKEN, FÄHIGKEITEN und TALENTEN zu profitieren. Sprichst Du mit den Menschen, die Du beneidest, offen über Deine Gefühle, wirst Du merken, dass Du sie eigentlich bewunderst. Du solltest erkennen, dass auch Du imstande bist, Dir ähnliche Lebensverhältnisse zu schaffen.

Nervosität

Ständiger oder vorübergehender Zustand der Reizbarkeit oder Sorge. Nervosität wird eher durch innere als durch äußere Umstände bedingt und ist manchmal schwer zu kontrollieren. STRESS hingegen ist meist auf äußere Gegebenheiten zurückzuführen. Beide sind ein Zeichen für unsere GRENZEN und TOLERANZ uns selbst gegenüber. Es ist besser, von nervösen Momenten zu sprechen, als uns als nervöse Menschen zu bezeichnen.

Jeder Mensch bringt Nervosität anders zum Ausdruck. Das hängt von unserer Persönlichkeit aber auch unseren Lebenserfahrungen ab. Manche haben ein „nervöses Temperament", können nicht stillsitzen und ruhig bleiben. Sie sind ständig in Bewegung, was ihre Mitmenschen meist mehr stört, als sie selbst. Solche Menschen sind oft tatkräftig, schnell und aktiv und versuchen, ihren Energieüberschuss auf diese Weise los zu werden. Bist Du ein solcher Menschentyp, so solltest Du Dich so akzeptieren und erkennen, dass es anderen weniger energischen Menschen schwer fällt, Deine Energie nachzuvollziehen. Im Lauf der Jahre wirst Du lernen, ruhiger zu werden, um Deinen Körper nicht zu überanstrengen und vorzeitig abzunützen.

Es gibt die verschiedensten Auslöser für Nervosität. Oft handelt es sich dabei um Situationen, die wir nicht in den Griff bekommen oder die uns sehr aufregen. Der eigentliche Grund liegt dabei in unserer Unfähigkeit LOSZULASSEN, weil wir alles KONTROLLIEREN möchten. Wir müssen lernen, auch solche Situationen zu AKZEPTIEREN, um unsere INNERE MITTE und Ruhe zu finden. Manchmal hilft es auch, uns vorzusagen „Ich bin ruhig. Ich bin Frieden. Ich bin Harmonie. Ich bin die Liebe. Ich bin die Weisheit. Ich bin zuversichtlich…" und dabei tief und bewusst zu ATMEN.

Neue Menschen oder Kinder

Personen des neuen Menschenschlags, streben ständig nach neuen Erfahrungen. Der Anbruch einer neuen Ära bewirkt immer schnelle und starke Veränderungen. Wir stehen am Beginn des WASSERMANN-ZEITALTERS. So ist es auch völlig normal, dass ein derartig großer Unterschied und so viel Unverständnis zwischen den Generationen herrschen. Wir müssen lernen, uns in allen Bereichen des Lebens an die veränderten Gegebenheiten anzupassen.

Die Kinder dieser neuen Generation werden auch als *Indigo-Kinder* bezeichnet. Sie haben ganz bestimmte Bedürfnisse, die sie im Lauf der Jahre auch durchaus zum Ausdruck bringen. In der Reihenfolge ihrer Bedeutung sind dies 1. ACHTUNG, 2. KOMMUNIKATION, 3. ZUNEIGUNG, 4. SICHERHEIT. Dieselben Bedürfnisse bestehen auch für Menschen des ausgehenden FISCHE-ZEITALTERS, doch in umgekehrter Rangordnung, d.h. 1. Sicherheit, 2. Zuneigung, 3. Kommunikation, 4. Achtung.

Neue Menschen wollen ständig neue Dinge lernen und ihre Kreativität einsetzen. Sie kommunizieren und handeln sehr zusammenhängend. Sie wissen, was sie wollen, denken und handeln schnell, nennen die Dinge ohne Umschweife beim Namen und bringen ihre Gefühle direkt zum Ausdruck. Sie sind intelligent, in der Regel recht spontan und autodidaktisch veranlagt. Sie wollen ihr Leben nicht vom VERSTAND, sondern von der INTELLIGENZ lenken lassen.

Die neuen KINDER wollen unterrichtet, nicht nach traditionellen Methoden erzogen werden, die der neuen Generation nicht mehr entsprechen. Sie brauchen kohärente, WAHRE, TRANSPARENTE und ehrliche MODELLE von Erwachsenen, die sich selbst ebenso achten wie ihre Mitmenschen. Diese Kinder lassen sich keine Schuldgefühle von anderen aufdrängen. Sie wissen ganz genau, was sie wollen, und kennen ihre körperlichen und seelischen BEDÜRFNISSE. Sie verfügen über eine starke psychische Kraft, der viele traditionelle Erziehungsmethoden machtlos gegenüberstehen.

Um uns dem immer stärker werdenden Einfluss des Wassermann-Zeitalters anzupassen müssen wir unsere traditionellen WERTE Neuem anpassen und mehr nach NATÜRLICHKEIT als nach NORMALITÄT streben. Entsprechen wir der Natur der Dinge, so erkennen und befriedigen wir auch unsere wahren Bedürfnisse. Das Normale handelt nach Normen aus der Vergangenheit und ist völlig relativ, da jeder Mensch andere Vorstellungen davon hat.

In dieser Übergangsphase weisen die meisten Menschen bereits ein Gemisch aus traditionellen und neuen Charakterzügen auf. Nur deren Verhältnis variiert stark. Während unsere neue Seite nach innerer Arbeit und neuen Erfahrungen strebt, um immer bewusster und freier zu werden, leistet unser traditioneller Aspekt diesen Bemühungen noch heftigen Widerstand. Er hat Angst vor VERÄNDERUNGEN und Unsicherheit, die die Arbeit an uns selbst bewirken können. Wir sollten auch diesen Aspekt unseres Wesens AKZEPTIEREN und nicht aus den Augen verlieren, was wir wirklich wollen. Der Übergang wird sich langsam, aber sicher vollziehen. Wir sollten unser Verhalten im Alltag genau BEOBACHTEN. Sind wir glücklich und zufrieden, so müssen wir unsere Lebensweise keineswegs ändern. Führen unsere Haltungen jedoch nicht mehr zu den gewünschten Ergebnissen und machen uns unglücklich, so wäre es INTELLIGENT sie zu ändern.

N

Im Lauf der Jahre werden Menschen, die sich gegen jede Veränderung sträuben, sich immer schwerer tun. Es bedarf einer gewissen FLEXIBILITÄT, um sich neuen Umständen und anderen Menschen ANZUPASSEN. Jeder Mensch hat andere BEWEGGRÜNDE und Bedürfnisse. Wir sollten viel Mitgefühl für Menschen aufbringen, die noch in ihren traditionellen Verhaltensmustern gefangen sind, und ihre Unsicherheit und Ängste erkennen. Wir müssen lernen, unsere Unterschiede zu akzeptieren. MITGEFÜHL und TOLERANZ sind die essentiellen Bestandteile der ACHTUNG. Eine solche Lebenshaltung trägt zur Entwicklung wahrer, bedingungsloser LIEBE bei.

Niedere Mentalebene

Siehe VERSTAND.

Niedergeschlagenheit

Siehe DEPRESSION.

Normal

Alles, was dem Durchschnitt und der größten Häufigkeit entspricht und gewohnheitsmäßig vollzogen wird, wird als normal verstanden. Die Normalität beruht also auf Normen, festen Strukturen, Bräuchen und menschlichen Gesetzen, die der Großteil einer Rasse, eines Landes, einer Religions- oder anderen Gemeinschaft akzeptiert hat. Ihr liegen also ganz bestimmte WERTSYSTEME und individuelle ÜBERZEUGUNGEN zugrunde. Die Gesellschaft versucht uns schon seit langem nach solchen Normschemata zu steuern, anstatt unserer NATÜRLICHKEIT freien Lauf zu lassen.

Normal ist also, was der Großteil für gut oder angebracht hält. Aufgrund unseres sich ständig erweiternden BEWUSSTSEINS, unserer INDIVIDUALITÄT und unserer unterschiedlicher BEDÜRFNISSE entspricht die Norm von gestern jedoch nicht mehr der heutigen. Daraus können wir schließen, dass nichts auf dieser Welt einer einheitlichen Norm entspricht. Was dem einen normal erscheint, ist es für einen anderen keineswegs. Was früher normal für uns war, ist es jetzt vielleicht nicht mehr.

So dachten wir vielleicht zeit unseres Lebens, es sei völlig normal drei Mal täglich zu essen. Nun können verschiedene Erkenntnisse oder Erfahrungen uns auch zum Entschluss kommen lassen, nur noch zu essen, wenn wir wirklich Hunger verspüren. Diese neue Haltung ändert ihre bisherigen Essensgewohnheiten grundlegend. Wir sollten jedem Menschen seinen eigenen Rhythmus zugestehen. Anstatt zu sagen „Es ist normal …" können wir sagen: „Es entspricht eher meiner Natur …" „Es geht mir besser, wenn …"

Solange wir normal leben möchten, hindern wir unsere wahre Natur daran, zum Ausdruck zu kommen, da die fremden Normen keineswegs auch unseren Bedürfnissen entsprechen müssen.

Not

Siehe SCHWIERIGKEIT und HINDERNIS.

Nutzen

Einem bestimmten Zweck dienen. Der Nutzen einer Sache oder Person kann daran ermessen werden, ob sie unser Leben leichter, angenehmer, konstruktiver usw. werden lässt. So besteht der Nutzen unserer irdischen Erfahrungen z. B. darin, unsere Seele weiter zu entwickeln. Die Pflanzenwelt nützt uns, indem sie uns ernährt, Sauerstoff produziert und die Natur im Gleichgewicht hält. Der Nutzen eines Partners ist unter anderem der Umstand uns selbst besser durch ihn kennen zu lernen. Alle Bereiche des Lebens von der stofflichen über die emotionale und geistige Welt können uns nützen, wenn wir INTELLIGENT mit ihnen umgehen.

In der **materiellen Welt** besorgen oder richten wir uns die Dinge so ein, dass sie uns das Leben erleichtern und angenehmer werden lassen. Das ist durchaus natürlich, logisch und gerechtfertigt. Hast Du Dich jedoch in letzter Zeit auch einmal gefragt, ob alles, was Du besitzt, Dir noch von Nutzen ist? Was ist mit all dem alten Werkzeug, den Möbeln und Apparaten, die wir schon seit Urzeiten nicht mehr benutzt haben? Und die Kleidung, die schon längst zu eng oder aus der Mode ist und unsere Schränke füllt? Was nützen Dir die Dinge, die Du kaufst? Ist Deine Ernährung und Lebensweise Deiner Gesundheit zuträglich oder nicht?

Haben wir nicht vieles angehäuft, weil wir meinen, es hätte uns in unserer Kindheit gefehlt? Wir haben Angst, es könnte uns erneut fehlen, obwohl wir in einer Gesellschaft des Überflusses leben. **Ganz gleich, ob Du es merkst oder nicht, so schadet Dir alles, was nicht zirkuliert. Es zeigt, dass auch Deine Gedanken und EMOTIONEN blockiert sind und Dir ENERGIE rauben.** Stellen wir unser Leben ins Zeichen der INTELLIGENZ, so sollten wir uns auch versichern, dass uns unser Besitz nützlich ist.

Unnütze Dinge und Verhaltensweisen beruhen auf Ängsten, die den Zugang zum ÜBERFLUSS beeinträchtigen. Überholtes und Aufgebrauchtes aufzuheben, ist widernatürlich und nimmt den Platz nützlicherer Dinge ein. Hast Du unnütze Dinge nun schon seit Jahren bei Dir herumliegen, so solltest Du sie verkaufen, an Leute verschenken, die sie brauchen, oder wegwerfen. So kannst Du überdies lernen zu GEBEN und ermöglichst anderen zu NEHMEN und sich dem Überfluss zu öffnen.

Dasselbe gilt für die **emotionale und geistige Ebene.** Werde Dir Deiner ÜBERZEUGUNGEN bewusst und ziehe Bilanz. Welche haben ausgedient und bringen Dir nicht mehr die erwünschten Ergebnisse. Sie schaden Dir, anstatt Dir zu nützen. Behalte nur die bei, die Deiner weiteren Entwicklung wirklich zuträglich sind. Das gilt insbesondere für Deine ÄNGSTE. Sie können Dir momentan helfen, unbewusste Überzeugungen oder WÜNSCHE aufzudecken. Hast Du diese Wünsche erkannt, weißt Du auch, worauf Du Deine Gedanken und Handlungen richten musst. Jede Angst war Dir zu einem bestimmten Zeitpunkt nützlich, da sie Dich vor einer Gefahr oder gefürchteten Situation geschützt hat. Danach hat sie jedoch das Zeitliche gesegnet und schadet Dir nur noch, wenn Du sie weiter unterhältst. Sie hindert Dich daran, Dich weiter zu entwickeln und glücklich zu sein.

N

Das gilt für alle Gemütszustände. Der einzige Nutzen von Schuldgefühlen, Rachsucht, Groll usw., die Unbehagen in uns auslösen, besteht darin, uns unser Bedürfnis nach wahrer Liebe vor Augen zu führen. Abgesehen davon, schaden uns solche Energien und stören Glück und inneren Frieden.

Auf der **spirituellen Ebene** sollten wir erkennen, wie sehr die verschiedensten Menschen und Situationen zu unserer Entwicklung und Bewusstwerdung beitragen. Das gilt ebenso für die materielle wie für die spirituelle Ebene. Erkennen wir ihren Nutzen, werden wir sie auch mehr zu schätzen wissen und ihnen dafür dankbar sein. Das wird das Selbstwertgefühl unserer Mitmenschen steigern und ihnen helfen, sich selbst zu entdecken. So intelligent ist der Nutzen.

N

Oberflächlichkeit

Siehe SORGLOSIGKEIT.

Objektivität

Unabhängig von Gedanken; Urteile, die von keiner persönlichen oder kollektiven Vorliebe verfälscht werden. Objektivität ist also die Fähigkeit, eine Situation, Tatsache oder Person unparteiisch zu analysieren ohne unsere Beobachtung von unseren EMOTIONEN, ÄNGSTEN, WERTEN und subjektiven ÜBERZEUGUNGEN beeinflussen zu lassen. Objektive Menschen können z. B. ohne jegliches Werteurteil und dadurch umso aufmerksamer zuhören. Das ist bereits eine Form der EMPATHIE und kann anderen sehr helfen.

Subjektive Menschen hingegen hören andere durch verschiedene Filter. Ihre Fragen und Antworten sind oft sehr suggestiv. Sie neigen zu vorschnellen Schlussfolgerungen, unterbrechen ihre Gesprächspartner ständig und treffen Entscheidungen für andere, ohne sie zuvor zu Rate zu ziehen. Sie wollen anderen HELFEN, ohne sich vorher zu erkundigen, ob diese Hilfe überhaupt erwünscht ist. Subjektivität ist lediglich dann angebracht, wenn wir gefragt werden, was wir in an der Stelle anderer tun würden. Liegt uns also wirklich etwas daran, bessere ZUHÖRER zu werden und dadurch unsere Beziehungen zu verbessern, so müssen wir lernen, objektiver zu werden. Außerdem erspart uns das viele unnötige EMOTIONEN und ENERGIE.

Obsession

Siehe ZWANGSVORSTELLUNG.

Ödipuskomplex

Hierbei handelt es sich um teilweise oder völlig unbewusste Gefühle und Vorstellungen bezüglich LIEBE und SEXUALITÄT, die große Bedeutung für die Persönlichkeitsbildung des Menschen haben. Sigmund Freud benannte diesen Komplex nach dem Helden der griechischen Mythologie, der nach seiner Geburt von seinen Eltern getrennt wurde. Bedingt durch die Wirren des Schicksals tötet der erwachsene Ödipus seinen Vater und heiratet seine Mutter, ohne es zu wissen. Wir wollen dieses ebenso komplexe wie aufschlussreiche Thema an dieser Stelle grob zusammenfassen, da es Licht auf zahlreiche Quellen persönlicher, zwischenmenschlicher und sexueller Probleme und Konflikte wirft.

Freud bezeichnet mit dem Ödipuskomplex den Umstand, dass jedes Kind sich zu einem gewissen Zeitpunkt in das Elternteil des anderen Geschlechts oder aber in einen Menschen verliebt, der dessen Position eingenommen hat. Diese körperliche und psychische Anziehung ist völlig normal für Kinder zwischen dem dritten und siebten

Lebensjahr und geht auf das Bedürfnis zurück, das MÄNNLICHE und das WEIBLICHE PRINZIP in uns zu vereinen. Nach Freud hat diese Phase unserer Kindheit und Jugend nachhaltige Auswirkungen auf unser späteres Leben, insbesondere die Kommunikation, alle gesellschaftlichen, zwischenmenschlichen und sexuellen Beziehungen und somit auch unser psychisches Gleichgewicht betreffend.

Umreißen wir noch einmal kurz die natürliche, affektive Entwicklung des Menschen. Zunächst ist der Fötus *eins* mit seiner Mutter. Nach der Geburt strebt der Säugling danach, diese intime und symbiotische Bindung zur Mutter aufrechtzuerhalten – ganz gleich, ob es sich dabei nun um einen Jungen oder ein Mädchen handelt. Die ersten sinnlichen Erfahrungen macht das Baby mit seiner Mutter, die sich in der Regel am meisten darum kümmert. Sie beobachtet, ernährt, badet, streichelt es, spricht mit ihm und sichert sein Wohlergehen und seine Entwicklung. Das bewirkt beiderseits Gefühle. Da das Baby weiterhin *eins* mit seiner Mutter sein will, nimmt es an, dass das auch für sie gelten muss. Deshalb versucht es auch, mit allen möglichen Mitteln, Gesten, Weinen und Schreien ihre Aufmerksamkeit auf sich zu ziehen, falls sie sich anderen Dingen zuwendet.

Natürlich hat sich eine Frau aber auch um andere Angelegenheiten zu kümmern, kann nicht ausschließlich für ihr Kind da sein und auf all seine Launen eingehen. Darunter würde auch das Kind später zu leiden haben, da es immer annehmen würde, es könne alle anderen Menschen in den Schatten stellen. Nicht zuletzt meint es, auch den eigenen Vater ersetzen zu können, da es davon überzeugt ist, seine Mutter völlig zu erfüllen. Lässt eine Mutter eine solche Situation zu, hindert sie das Kind unbewusst daran, seine Ödipusphase zu überwinden und die beiden Eltern als solche anzuerkennen.

Die ersten Zeichen des Ödipuskomplexes machen sich schon mit etwa zwei Jahren bemerkbar und dauern ungefähr vier Jahre. Danach ist dieses Thema in der Regel erledigt. Wir müssen verstehen, dass die erwachende Sexualität dieses Kleinkindes es ganz natürlich zu dem Menschen des anderen Geschlechts hinzieht, der ihm in diesem Augenblick am nächsten steht.

Wir können häufig beobachten, wie Kinder alles für dieses Elternteil tun würden, um auf sich aufmerksam zu machen, sich ihm zu nähern und ihn zu „verführen". So kuscheln sich Mädchen in diesem Alter gern an ihren Vater und versichern ihm, ihn zu lieben und ihn später heiraten zu wollen. Die Jungen schmusen hingegen ganz natürlich mit ihrer Mutter. Sie spielen den jungen Mann, bieten ihre Hilfe an und versuchen dadurch den Platz ihres Vaters einzunehmen. Dabei kann das Kind durchaus auch auf dieses „konkurrierende" Elternteil eifersüchtig werden. Es heißt, es sei in diesem Alter ebenso wichtig für das Mädchen den Vater und den Jungen die Mutter zu erobern, wie der Sexualtrieb Erwachsener. Ein schlecht ausgelebter Ödipuskomplex ist oft einer der Gründe von INZEST und HOMOSEXUALITÄT.

Normalerweise beginnt das Kind sich ab seinem siebten Lebensjahr mit dem gleichgeschlechtlichen Elternteil zu identifizieren. Es wird versuchen, es zu imitieren und ihm Liebe entgegenzubringen, anstatt es zurückzuweisen oder zu ignorieren. Der Junge löst sich vom Rockzipfel der Mutter und will seinem Vater ähneln. Er wird dessen Worte gebrauchen, seine Umgangsweisen imitieren und ihm überallhin folgen wollen. Der Vater wird sein großer Held. Das Mädchen hingegen wird beginnen seine Mutter nachzuahmen. Es wird sich schminken, kleiden, frisieren und verhalten wollen wie jene. Diese Identifikation bereitet das Kind auf seine spätere Rolle in der Gesellschaft vor und dauert bis zur Pubertät.

Obwohl das Kind alles darangesetzt hat, während der Ödipusphase vom Elternteil des anderen Geschlechts bemerkt und geliebt zu werden, so wissen wir, dass es schwer ist, immer so geliebt zu werden, wie wir es gerne hätten. Wie viele Mädchen und Jungen haben nicht an einem Mangel an Zuwendung ihrer Eltern gelitten, auch wenn diese versuchten, ihr Bestes zu geben. So ist es völlig normal, das Gefühl zu haben, bestimmte Wünsche seien uns damals nicht erfüllt, gewisse Bedürfnisse nicht befriedigt worden oder aber enttäuscht und verletzt worden zu sein. Diese Seiten unseres *Unbewussten* leiden oft auch heute noch. So überwinden Menschen mit den SEELENWUNDEN der VERNACHLÄSSIGUNG und des VERRATS, den Ödipuskomplex oft nur sehr schwer.

Ist diese Phase nicht mit dem siebten Lebensjahr überwunden, so kehrt sie umso intensiver in der Pubertät wieder. Nun versucht die Jugendliche ihren Vater mit neuen Mitteln zu verführen, d. h. seine Aufmerksamkeit auf sich zu lenken. Nun wird sie zur kleinen Mama, zum braven Mädchen. Je braver sie ist, so meint sie, desto mehr wird ihr Vater sie lieben. Als Erwachsene wird die junge Frau oft so vernünftig sein, dass sie nicht mehr auf ihre wahren Bedürfnisse hört. Werden die Erwartungen, die sie in ihren Vater setzt, nur im Geringsten enttäuscht, so wird sie gespalten sein zwischen Liebe, Verärgerung oder gar Hass. Wir wissen, dass HASS in Wirklichkeit nichts anderes ist, als eine tiefe Wunde enttäuschter Liebe. Je stärker diese Liebe ist, desto mehr Leid kann sie bewirken. Dies ist die Wurzel zahlreicher Familienkonflikte. Der Jugendliche befindet sich oft in einer Reaktionshaltung, und widerspricht nun besonders dem Elternteil des anderen Geschlechts.

Wurde der Ödipuskomplex nicht rechtzeitig gelöst, so erschwert die starke Anziehung zu diesem Elternteil die ohnehin schon problematische Familiendynamik dieses Alters, was u. a. auch zu heftigen Eifersuchtsgefühlen führen kann. Mutter und Tochter beginnen sich zu bekriegen, wenn der Vater Letzterer nichts abschlagen kann. Umgekehrt kann sich auch ein Vater vernachlässigt fühlen, wenn er meint, seine Frau ließe dem Sohn mehr Aufmerksamkeit zukommen als ihm. Er kann durchaus eifersüchtig werden, wenn er sich mit den Komplizen Mutter und Sohn konfrontiert sieht. Dies erklärt auch die komplexe Problematik von Lieblingskindern, wegen derer andere Familienmitglieder benachteiligt werden und die eine zusätzliche Ursache von KONFLIKTEN darstellen.

Bei vielen HOMOSEXUELLEN nimmt der natürliche Ödipuskomplex extreme Ausmaße an, die die Liebe zur Mutter ins Irrelle steigern. Sie ist für sie makellos und wird dermaßen bewundert, dass der Vater dadurch völlig ins Abseits gestellt wird. So kann der Sechsjährige sich auch nicht mit dem Vater identifizieren. Der Junge bringt der Mutter nun nicht nur mehr seine absolute Verehrung entgegen, sondern identifiziert sich auch mit ihr. Er imitiert ihre Gesten, ihren Gang und ihr Verhalten. So ist es auch keineswegs ein Zufall, dass viele homosexuelle Männer ihre Mutter nicht nur verehren, sondern sich oft bis ins hohe Alter um sie kümmern. Wird eine ähnliche Verehrung eines Mädchens für ihren Vater enttäuscht, so kann sie mit dem Beschluss darauf reagieren, in ihrem späteren Leben nicht so leiden zu wollen wie ihre Mutter. Sie wird lesbisch und vermeidet jeglichen sexuellen Kontakt mit dem anderen Geschlecht.

Wie können wir Erwachsenen nun Kindern helfen, diese Ödipusphase natürlich und harmonisch zu durchleben? Zunächst ist es wichtig, dass zwischen Eltern und Kind nicht Unbehagen, Beklemmung und Verlegenheit, sondern vielmehr eine gewisse Solidarität herrschen. Die Eltern sollten dem Kind mit einfachen Worten und ohne Umschweife klarmachen, welche Phase es durchmacht und welche Folgen sie für ihr späteres Leben hat. Lassen die Antworten des Kindes darauf schließen, dass jenes verstanden hat, dass es aus der Liebe beider Elternteile entstanden ist und dass es sich bei der Anziehung, die es für den anderen Elternteil empfindet, um ein natürliches Phänomen handelt, das mit dem Erwachen seiner Sexualkraft einhergeht? Es ist besonders wichtig, ihm klarzumachen, dass es sich damit abfinden muss, dass Papa, bzw. Mama nie sein Liebhaber sein kann.

So könnte der Vater seiner Tochter auf deren „Heiratsantrag" z. B. antworten: „Weißt Du, dass wir beiden nicht heiraten können? Ich bin doch in Mama verliebt. Aber wenn Du groß bist, findest Du ganz sicher auch jemanden, den Du so lieb hast, dass Du ihn heiraten möchtest." Auch wenn es dem Kind momentan vielleicht schwer fällt, solche Worte zu hören, so dürfen wir nie falsche Hoffnungen in ihm keimen lassen. Versucht es die Umarmung der Eltern zu stören oder sich zu oder zwischen sie ins Bett zu legen, so ist dies eine gute Gelegenheit, ihm all diese Umstände erneut zu erklären, ohne es deshalb in aller Strenge zurückweisen zu müssen. Dabei ist es wichtig, das Kind zu Wort kommen zu lassen, damit es seine Gefühle zum Ausdruck bringen kann. Schließlich muss es aber einsehen, dass es sein eigenes Bettchen hat und die Eltern das Ehebett miteinander teilen.

Gerade in Augenblicken, in denen die Problematik des Ödipuskomplexes besonders vehement an den Tag tritt, sollte versucht werden, dem Kind die Gelegenheit zu geben, darüber zu sprechen, was es in seinem Inneren, in seinem Körper und seinen Gedanken erlebt und was es für den Elternteil des anderen Geschlechts empfindet. Dabei sollten die Eltern nicht nur ehrlich sein und das Kind ernst nehmen, sondern ihm auch genügend Zeit lassen, sich auf seine Weise zu äußern. Es hat aber keinen Sinn, dem Kind alles über Sex erklären zu wollen, wenn es nicht ausdrücklich danach fragt. In jedem Fall hilft eine klare und nicht-zweideutige Haltung der Eltern dem Kind diese Phase am besten zu lösen.

Heute kommt es immer häufiger vor, dass Erwachsene alleine mit einem Kind des anderen Geschlechts leben. Hier ist es besonders wichtig, dass sie nicht schlecht über das andere Elternteil sprechen, auch wenn ihnen das aufgrund schwieriger Umstände nicht unbedingt leicht fallen mag. Von schönen gemeinsamen Erlebnissen zu erzählen, ermöglicht dem Kind, weiterhin ein positives Bild vom fehlenden oder abwesenden Elternteil zu behalten. Schimpft eine Mutter z. B. ständig über den Vater, der sie verlassen und für den sie keinen Ersatz gefunden hat, so kann dies bei einem Sohn zusätzliche Probleme nach sich ziehen. Solchen Jungen hilft es, verstärkten Kontakt mit anderen Männern (Erziehern, Onkel, Großvater usw.) zu haben, mit denen sie sich identifizieren können.

Jungen, die in diesem Alter alleine mit ihrer Mutter leben, sind oft sogar recht glücklich darüber, da sie ja meinen, ihren „Rivalen" ausgeschaltet zu haben und zum alleinigen Partner geworden zu sein. Die allein stehende Mutter sollte sich dieses Umstands bewusst sein und auf keinen Fall falsche Hoffnungen wecken, indem sie dem Jungen z. B. sagt: „Jetzt, wo Papa nicht mehr da ist, bist Du der Mann im Haus." Dies nährt nicht nur den Ödipuskomplex des Jungen, sondern kann auch starke Spannungen und innere Konflikte im Kind hervorrufen. Manche Mütter meinen, sich nun vor ihrem Sohn rechtfertigen zu müssen oder durchleben wahre Eifersuchtsszenen, wenn sie ausgehen oder sich einem anderen Mann zuwenden. Solche Jungen werden dann alles in die Wege leiten, um eine neue Beziehung der Mutter zu unterbinden, was allen Beteiligten schadet. Schließlich führt diese zwiespältige Situation zu Angst und Schuldgefühlen, da der Junge glaubt, an der Trennung seiner Eltern schuld gewesen zu sein. Er wird selten darüber sprechen, kann aber durchaus als nervöses Kind in der Schule auffallen und später an diversen Problemen leiden.

Ein Mädchen wird ein ähnliches Verhalten mit seinem Vater an den Tag legen und sich vielleicht hintergangen fühlen. Bleibt es bei seiner Mutter, meint es vielleicht: „Ich war sicher nicht nett oder nicht brav genug, sonst wäre Papa nicht weggegangen." So kann sie auch ihrer Mutter gegenüber Schuldgefühle haben, dass sie ihren Vater für sich allein haben wollte. Deshalb ist es von großer Bedeutung, Kindern klarzumachen, dass die Scheidung nichts mit ihnen zu tun hat. Man muss ihnen erklären, dass sie keinerlei Verantwortung für die Situation tragen, auch wenn sie sich vielleicht schuldig fühlen. Es kann nicht genug darauf hingewiesen werden, wie wichtig es ist, den Kindern gerade in diesen Momenten Gehör zu schenken und sie zum Reden zu ermutigen, da sie sich ihrer Schuldgefühle meist keineswegs bewusst sind.

O

Bestimmte Anzeichen lassen erkennen, wenn Erwachsene den eigenen Ödipuskomplex nicht ganz überwunden haben:

- Wenn Du auf das Drängen Deiner eigenen Kinder während dieser Phase eingehst.
- Wenn die Beziehung mit Deinem Partner von MACHT und KONTROLLE bestimmt ist.
- Wenn Du Deinen Partner wie ein Kind behandelst.
- Wenn Du als Frau Deinen Vater idealisierst und Deiner Mutter alle Schuld zuschiebst, und umgekehrt.
- Wenn Du dem Elternteil des anderen Geschlechts vorwirfst, Dich nicht genug geliebt, verstanden oder unterstützt zu haben.
- Wenn es an Harmonie und Kommunikation in der Partnerschaft mangelt.

Um den Ödipuskomplex nachträglich zu lösen, musst Du erkennen, dass es sich um ein völlig natürliches Phänomen handelt, das von allen Menschen durchlebt wird, und das dazu da ist, Dein Innenleben ins Gleichgewicht zu bringen. Diese Phase ist wichtig, Dich selbst kennen zu lernen und Dir der Seelenwunden bewusst zu werden, die Dich mit Deinen Eltern verbinden. Mache Dir keine Vorwürfe, wenn Du diese Phase noch nicht ganz überwunden hast. Dein Elternteil desselben Geschlechts hat wahrscheinlich Ähnliches mit Deinen Großeltern durchlebt. Kommst Du aus gestörten Familienverhältnissen ist es umso schwerer, solche und andere Dinge in Kindheit und Jugend zu lösen.

Es ist nie zu spät, Kontakt mit Deinem inneren Kind aufzunehmen und so mit ihm zu sprechen, wie Du es mit einem Kind tun würdest, welches sich gerade in der Ödipusphase befindet. Erkläre ihm, dass es an der Zeit ist, sich nun vom Elternteil des anderen Geschlechts zu lösen, indem Du ihm entweder verzeihst oder aufhörst, ihn zu idealisieren, um ihn so zu lieben, wie es ist. So wirst Du eigenständig und Deine eigenen Liebesbeziehungen werden sehr davon profitieren.

Offenbarung

Es soll uns hier nicht darum gehen, uns selbst zu offenbaren und anderen anzuvertrauen, sondern wir definieren Offenbarung in diesem Werk folgendermaßen: Informationen, die neue Elemente liefern, eine bisher schleierhafte Frage klären und dadurch bestimmte Auswirkungen haben. Ein Phänomen, welches der Menschheit in übernatürlicher Weise bisher verborgene Wahrheiten zugänglich macht. Neue Erkenntnisse und Erklärungen, die unerwartet ans Tageslicht treten. Eine Offenbarung ist also ein neues und plötzliches Verständnis, die kein Bestandteil unserer gesellschaftlichen, schulischen, familiären und religiösen Erziehung ist.

Früher galten Propheten, denen solche Offenbarungen zuteil wurden, auch als Lichtwesen. Doch erhält jeder Mensch Offenbarungen durch seine Intuition, Führer aus dem Jenseits und Träume. So kann es vorkommen, dass wir mit einer völlig neuen Erkenntnis aufwachen, von deren Richtigkeit wir überzeugt sind, ohne sie vorerst erklären oder beweisen zu können. So entstanden zahlreiche Erfindungen der Menschheit während des Schlafs. In Übergangsphasen zwischen zwei Zeitaltern kommt es verstärkt zu Offenbarungen. Deshalb nennt man diese etwa 50-jährige Phase auch *Zeit der Offenbarungen* oder *Apokalypse*.

Das beginnende Wassermann-Zeitalter stellt gerade eine solche Periode großer Offenbarungen dar. Es wird klar, dass zahlreiche Informationen plötzlich verfügbar werden, um uns unserer Existenz bewusst zu werden und unser Leben zu verbessern. Zahlreiche Bücher, Seminare, Radio- oder Fernsehsendungen enthüllen Dinge, die bis vor nicht allzu langer Zeit tabu oder unzugänglich waren. Diese Offenbarungen stellen unsere gesamte familiäre, religiöse und kulturelle Erziehung in Frage und können als äußerst beunruhigend erfahren werden. Manche haben das Gefühl plötzlich all ihrer Grundlagen beraubt zu werden. Das ist eine völlig normale Reaktion. Doch müssen wir diese Ängste überwinden und den Erneuerungen zuversichtlich gegenüberstehen.

All diese neuen Haltungen, Denk- Handlungs- und Reaktionsweisen wollen am eigenen Leib erprobt sein, um sie wirklich integrieren und entscheiden zu können,

O

ob sie uns wirklich helfen. Offenbarungen sollen den Übergang vom ausgehenden FISCHE-ZEITALTER ins kommende WASSERMANN-ZEITALTER bewerkstelligen, in dem die Menschheit sich der INTELLIGENZ und SPIRITUALITÄT öffnen wird. Wir haben keinen Grund mehr, gefühllos, unbewusst und ignorant durchs Leben zu gehen, da uns Hilfe von allen Seiten zuteil wird.

Wir sollten also wachsam sein, da wir auch im unscheinbarsten Alltag bedeutende Offenbarungen erhalten können, die unser Leben von Grund auf ändern können. Wir sollten sie nach bestem Wissen und Gewissen einsetzen, um unser Leben zu verbessern, und uns nicht vor den VERÄNDERUNGEN fürchten, die all diese Erkenntnisse in unserem Leben bewirken werden.

Ökologie

Studium der Umwelt und der Beziehung aller Lebewesen zu ihr. Verhältnis der Bewohner dieses Planeten zu seinen Rohstoffen. Verschiedenste Handlungen, die zur Erhaltung der Natur beitragen: Recycling, Baumpflanzungen, Reinigung der Abwässer, Tierschutz usw. Es kann schon einen Umweltakt darstellen, keinen Müll in der freien Natur wegzuwerfen, keine Pflanzen zu beschädigen oder die Harmonie und Schönheit der Natur zu wahren. Die Erde ist eine lebendige Einheit. Sie hat Herz und Lunge. Zerstören wir sie, so schaden wir uns selbst. Umweltbewusste Menschen sind sich in allen Bereichen der Folgen ihres Handelns für unseren Planeten bewusst.

Trägt jeder Mensch zu seiner eigenen und der Verbesserung seiner Umwelt bei, werden wir in einem Ökosystem leben können, das den Menschen in seiner Ganzheit anstatt als ICH Einzelner berücksichtigt. Wir sollten uns immer die Frage stellen: „Würden wir in einer harmonischeren Welt leben, wenn der Rest der Menschheit so handelte wie ich jetzt?" Gebrauchen wir VERSTAND und INTELLIGENZ auf diese Weise, so werden wir selbst in nächsten Leben davon profitieren können. Die Ökologie ist demnach eine ACHTUNG der Schätze der Natur, die wir intelligent nutzen. Das betrifft auch unseren eigenen Körper und unsere Gesundheit.

O

Opfer

Menschen, die sich von anderen oder einem System ausgenützt oder unterdrückt fühlen. In Wirklichkeit leiden sie an den Folgen ihres eigenen Handelns, beklagen sich jedoch ständig über äußere Umstände oder Mängel und haben das Gefühl absoluter Machtlosigkeit. Das kann die verschiedensten Bereiche betreffen: Zeit, Geld, Gesundheit, Liebe, Verständnis, Aufmerksamkeit, Erfolg usw. Ihr „armes ICH" versucht Mitleid zu heischen und will von ihren Mitmenschen Sätze wie diese hören: „Ach Du Arme(r)! Du hast aber wirklich Pech. Ich möchte nicht in Deiner Haut stecken …" In erster Linie geht es ihnen um die verstärkte Aufmerksamkeit der anderen.

Vielleicht bist Du jedoch eher der Ansicht, dass es unzählige wirkliche Opfer auf dieser Erde gibt, die nichts dazu beigetragen haben, mit einem manchmal wirklich schweren Schicksal konfrontiert zu sein. Doch überlassen die NATURGESETZE der VERANT-WORTUNG bzw. von URSACHE UND WIRKUNG nichts dem ZUFALL. **Niemand ist** ein Opfer des Lebens, weil ihm großes Unglück widerfährt. Im Gegenteil! Nur Menschen, die von ihrem eigenen Unglück überzeugt sind, ziehen es an. Sie haben „Pech", um sich dieser Lebenshaltung bewusst zu werden.

Manche „beschweren sich mit vollem Magen" und scheinen keineswegs Opfer des Lebens zu sein. Doch sind sie deshalb nicht glücklicher und identifizieren sich ebenso mit dieser Rolle. Hier das Porträt typischer „Opfer":

- Sie beklagen sich über alles, was ihnen fehlt.

- Sie sprechen nur selten über die Gegenwart, sondern meist über Probleme der Vergangenheit oder über Zukunftssorgen.

- Sie haben das Gefühl, nicht verstanden zu werden.

- Sie hören anderen nicht zu, sondern beziehen alles auf sich selbst.

- Sie glauben an Zufall und Glück, welches ihnen ihres Erachtens praktisch nie zuteil wird.

- Sie gehen davon aus, dass all ihr Unglück Schuld anderer, vererbt oder auf äußere Umstände zurückzuführen ist. Sie sind nicht imstande, ihre eigene Verantwortung daran zu erkennen und zu übernehmen.

- Sie zeigen Schwächen, um die Aufmerksamkeit anderer auf sich zu ziehen.

- Sie weisen Rat und Lösungsvorschläge unter den verschiedensten Vorwänden zurück und halten zahlreiche Erklärungen dafür bereit, warum ihnen bestimmte Dinge nicht gelingen und sie ihre Wünsche nicht erfüllen können.

- Sie stellen sehr hohe Erwartungen an Mitmenschen, Gesellschaft und das Leben im Allgemeinen.

Eine solche Opferhaltung kann auf den Einfluss von Eltern oder Erziehern zurückgehen, die sich ihrerseits als Opfer empfanden. Sie kann auch auf dem Gefühl beruhen, schon als kleines Kind ungerecht behandelt worden zu sein. Das Kind hat erkannt, dass es die ersehnte Aufmerksamkeit nur durch Klagen bekam, und es sich aus diesem Grund auch später zur Gewohnheit gemacht, Probleme zu suchen oder anzuziehen. Manchmal mussten solche Menschen in ihrer Kindheit auch unangenehme oder schmerzliche Situationen ohne jeglichen Beistand durchstehen, den sie auch heute noch suchen. Daher erscheinen ihnen Lösungen oder Glück auch keineswegs erstrebenswert, da sie ja Einsamkeit bedeuten könnten. Sie fürchten, niemand würde sich mehr um sie kümmern, wenn es ihnen gut ginge. Diese Überzeugung ist stärker als jeder Wunsch nach Glück.

Durch ihre Haltung ziehen sie immer häufiger dramatischeres Unglück an, das sie erkennen lassen sollte, dass sie sich weiterhin als Opfer fühlen. Auf Dauer wollen ihre Mitmenschen ihre Klagen jedoch nicht mehr hören und erkennen, dass keinerlei Lösung angestrebt wird. Dadurch müssten sie sich ja selbst in die Hand nehmen und könnten Gefahr laufen, keine Aufmerksamkeit mehr zu bekommen.

Paradoxerweise sind Menschen, die ihre eigenen Opfertendenzen nicht wahrhaben wollen, oft große Altruisten. Sie setzen alles in Bewegung, um anderen gerade in den Bereichen zu helfen, in denen sie sich als Opfer fühlen. So erteilen sie z. B. Ratschläge zur Zeiteinteilung und schlagen die verschiedensten Lösungsmöglichkeiten für Zeitprobleme vor, während sie selbst pausenlos darüber klagen, keine Zeit für bestimmte Dinge zu haben. Sie verpflichten sich zu vielen Dingen gleichzeitig, sind große Perfektionisten, können anderen nichts abschlagen oder nicht delegieren. All diese Situationen sollen ihnen bewusst machen, dass sie ihr Opferdasein nun endlich überwinden sollten.

Dasselbe gilt für Opfer von Krankheiten. Sie kennen die besten Ärzte und Fachleute und empfehlen sie gerne an andere weiter. Sie selbst jedoch bleiben weiterhin ungeheilt oder leiden an immer schwereren oder ausgefalleneren Krankheiten. Der ewige Kampf um Aufmerksamkeit lässt sie auch hier in der Opferrolle verharren. Schließlich überwinden sie ihre Krankheiten aber doch immer, und rühmen sich dessen sogar.

Niemand ist wirklich Opfer der Lebensumstände, sondern hat lediglich den Kontakt zu seiner eigenen Schaffenskraft und den Gesetzen der Liebe verloren, die besagen, dass jeder Mensch sich selbst genügt. Je mehr wir die Rolle des Opfers unterhalten, desto weniger wollen wir uns helfen lassen. Wir hören auf keinen fremden Rat mehr, resignieren und werden schließlich zu chronischen Opfern. Dann haben wir keine Energie mehr, andere oder uns selbst zu retten.

Wir sind entweder Meister oder aber Opfer unseres Lebens, die keine Macht über ihr eigenes Schicksal mehr haben und das Steuer anderen überlassen. Solange wir uns dieser Mechanismen nicht bewusst sind, können wir nicht einmal daran denken, unsere Existenz selbst zu lenken.

Wir alle haben uns schon einmal als Opfer gefühlt, doch in verschiedenen Ausmaßen und Intervallen. Um festzustellen, wie sehr wir uns mit der Opferrolle identifizieren, sollten wir den Bereich genauer unter die Lupe nehmen, in dem wir gewisse Mängel in Gedanken oder Worten beklagen. Vielleicht kritisierst Du gerade diese Aspekte auch besonders an Deinen Nächsten. Frage Deine Mitmenschen, ob sie das Gefühl haben, dass Du Dich oft beschwerst. Diese Haltung uns meist bereits so in Fleisch und Blut übergegangen, dass wir es gar nicht mehr bemerken.

Wir sollten uns außerdem des Umstands bewusst werden, dass wir sehr viel Energie in unsere Klagen investieren. Beschweren wir uns z. B. darüber, nie genug Geld zu haben, so bewirkt diese Energie genau diesen Mangel. Um ihm entgegenzuwirken, müssen wir eine völlig andere Haltung an den Tag legen. In diesem Fall hieße dies, täglich die Tausenden kleinen Dinge anzuerkennen, die uns zuteil werden. Die Dankbarkeit ist das beste Mittel, um jede Form des Mangels zu überwinden.

Hast Du die Bereiche erkannt, in denen Du Dich häufig als Opfer fühlst, so kannst Du Deine Mitmenschen darum bitten, Dich darauf aufmerksam zu machen, wenn Du wieder einmal dein Los beklagst. Sie können Dir z. B. in liebenswerter Ironie antworten: „Du Arme(r), Dein Fall ist wirklich schlimm. Wie ungerecht das Leben mit Dir ist!" Schon bald wirst Du es selbst merken und Dir lächelnd beistimmen. „Oh, ich armer Kerl!" Fällt es Dir anfangs vielleicht auch schwer, Dich so mit Dir selbst zu konfrontieren, so erinnere Dich daran, dass sich eigentlich nur Dein Ich dagegen sträubt.

Du solltest jedoch nicht versuchen, Dich nun zu KONTROLLIEREN, um Dich nicht mehr zu beklagen. Es geht vielmehr darum, Dir dieses Reflexes bewusst zu werden und ihn zu akzeptieren. Dadurch wird es Dir gelingen, die Situationen zu ENTDRAMATISIEREN und selbst Lösungen zu finden. Anstatt ständig an Deine Probleme zu denken und Dich bei anderen über sie zu beklagen, wirst Du immer öfter über mögliche Lösungen sprechen. Du wirst Deine Energie dazu einsetzen, Deine Wünsche zu verwirklichen, statt Dich zu beschweren. Du wirst feststellen, dass es **wesentlich angenehmer und erbauender ist, die Aufmerksamkeit anderer zu gewinnen, indem Du ein Leben nach Deinen Wünschen führst.**

Optimismus

Siehe POSITIVE LEBENSHALTUNG.

Organisation

Unter diesem Stichwort wollen wir mehrere Bedeutungen besprechen. Die erste Definition betrifft die Organisation als Gruppe von Menschen, die dasselbe Ziel verfolgen und in der jedem Mitglied eine bestimmte Rolle zukommt. In einem gut organisierten Verein bringt jeder seine Kompetenzen und seine Kreativität ein, ohne dass eine hierarchische Rangordnung nötig wäre. Die vereinte Kraft ist wesentlich stärker als die Summe vieler Einzelgänger.

Der menschliche Körper ist das beste Beispiel für perfekte und intelligente Organisation. Befindet sich ein Körperteil nicht in Harmonie mit den anderen, so leidet der gesamte Organismus darunter. Wäre jeder Mensch an seinem Platz und würde sich dem größeren Gefüge ANPASSEN, so wäre unsere Welt wohl wesentlich harmonischer.

Die zweite Definition betrifft die Fähigkeit zu organisieren, strukturieren und einen reibungslosen Ablauf bestimmter Dinge zu planen. Auf diese Weise gestalten wir unser Leben nach unseren WÜNSCHEN und ZIELEN. Manche Menschen haben keinerlei Organisationstalent, da sie kein MODELL dafür in ihrer Jugend hatten. Doch ist diese Fähigkeit mit ausreichender SELBSTDISZIPLIN erlernbar. Um uns zu organisieren, müssen wir zuerst wissen, was wir wollen und unsere PRIORITÄTEN setzen. Mögen wir z. B. mehrere Sportarten oder Hobbies, so müssen wir wählen und Entscheidungen gemäß unserer BEDÜRFNISSE und VERPFLICHTUNGEN treffen. Unser Leben, unsere Freizeit, Ferien, Arbeit oder Familie zu organisieren, trägt zu einer sinnvollen und erfüllten Existenz bei.

Ohne Organisation entgehen uns viele Gelegenheiten. Chaos führt zu innerer Leere. Die Zeit verstreicht, und bald ist es zu spät, bestimmte Situationen rückgängig zu machen. Ein wichtiges Organisationswerkzeug ist ein Kalender. Sobald wir etwas eintragen, geben wir unserem UNTER- und dadurch zugleich auch unserem ÜBERBEWUSSTSEIN den Auftrag, die nötige Zeit zur Realisierung einzuplanen. Schreiben wir unsere Projekte nieder, machen wir uns unsere Pläne bewusster. So verlieren wir nicht nur weniger Zeit, sondern halten zugleich unser Gedächtnis für andere Dinge frei.

Manche meinen, Organisation lasse kein spontanes Leben mehr zu, weil sie glauben, sie müssten all ihren Plänen folgen. Solche Menschen sollten lernen, FLEXIBLER zu sein und sich das Recht zugestehen, Ihre Pläne zu ändern, wenn sie neue Ideen haben. Gute Organisation ermöglicht uns in der GEGENWART zu leben, da wir nicht fürchten müssen, etwas zu vergessen, während wir etwas anderes tun.

Manche Menschen organisieren ausgezeichnet für andere, haben jedoch keine Zeit mehr für sich, da sie SCHULDGEFÜHLE haben, wenn sie sich um ihre eigenen Bedürfnisse kümmern. Sie täuschen sich, wenn sie meinen, für das Glück ihrer Mitmenschen VERANTWORTLICH zu sein.

O

Panik

Plötzlicher, gewaltiger und unkontrollierbarer Schrecken. Ein panischer Anfall ist ein akuter Angstzustand, besonders in Zusammenhang mit Angstneurosen. **Panische Angst** ist nicht vernunftbestimmt. In diesem Augenblick, können wir nicht mehr klar denken, da die Angst unser Gehirn daran hindert, rational zu denken. Der einzige Gedanke gilt dem Überleben. Manchmal steht unser Überleben jedoch keineswegs auf dem Spiel. Wir glauben fälschlicherweise den Ereignissen nicht gewachsen zu sein. So können wir in Panik geraten, wenn wir plötzlich vor einer Versammlung reden sollen. Wir haben das Gefühl völliger Leere in uns, die keine anderen Gefühle oder Gedanken zulässt. Diese Problematik ist typisch für Menschen mit der Seelenwunde der Zurückweisung.

Panik ist oft äußerst schwer unter Kontrolle zu bringen. Sie ist vergleichbar mit einem Damm, der bricht und durch den nun unaufhaltsam die Wassermassen strömen. Wir werden von einer fremden Kraft eingenommen, die uns völlig blockiert oder zur Flucht treibt. Wir vergessen, was uns wirklich widerfährt und fürchten, was noch geschehen könnte. Dasselbe geschieht, wenn eine Gruppe von Menschen in Panik gerät: Der Überlebensinstinkt verdrängt alle anderen Gefühle und Überlegungen. Panische Angst kann nur überwunden werden, wenn wir lernen, uns unserer tiefen, meist unbewussten und unrealistischen Ängste bewusst zu werden.

Paradies

Siehe Himmel.

Paranormalität

Phänomene und menschlichen Fähigkeiten, die den Gesetzen der heutigen Wissenschaft zu widersprechen scheinen. Sie gelten als übernatürlich oder illusorisch, auch wenn viele davon im Lauf der Zeit als natürliche Fähigkeiten des Menschen erkannt und akzeptiert werden. Dazu gehören u. a. auch die Telepathie und Klarsicht. Solange die Wissenschaft nur materielle Aspekte des Menschen als erwiesen erachtet, müssen zahlreiche solcher Fähigkeiten jedoch zwangsläufig als übernatürlich gelten. Besonders im Bereich der Parapsychologie werden hier wichtige Brücken geschlagen, die ermöglichen die immensen Fähigkeiten des Menschen zu erklären, die die rein körperliche Dimension bei Weitem übersteigen.

Zahlreiche Erfindungen der letzten Jahrzehnte wurden von der Natur inspiriert. So haben Flugzeug, Fernsehen, Telefon und Computer die Welt revolutioniert. Die Fortschritte der Technik gehen Hand in Hand mit der Entwicklung des menschlichen Bewusstseins. Was gestern als unvorstellbar und paranormal galt, ist heute fester Bestandteil unseres Alltags.

P

Wenn wir einmal dazu in der Lage sind, unserer großen inneren Kraft zu vertrauen, dann werden wir auch weniger Maschinen brauchen, um Dinge für uns zu tun. So werden wir z. B. das Telefon durch unsere telepathischen Fähigkeiten ersetzen. Die unzähligen Erfindungen der heutigen Zeit zeigen, dass unseren Möglichkeiten keine Schranken gesetzt sind.

Parapsychologie

Siehe PARANORMALITÄT.

Partnerschaft

Der Hauptgrund für ein gemeinsames Leben ist der Wunsch, sich selbst durch den Partner kennen zu lernen, um sich bedingungslos zu akzeptieren. Beschließen zwei Menschen, gemeinsam leben zu wollen, so ist dies eine einmalige Gelegenheit, wahre Liebe zu lernen. Sie fühlen sich keineswegs zufällig zueinander hingezogen. Bestimmte Persönlichkeitsaspekte üben eine gleichsam magnetische Anziehungskraft auf den anderen aus. Auf dieses Prinzip gehen wir näher unter den Stichwörtern GESETZ DER ANZIEHUNGSKRAFT und SPIEGELANSATZ ein.

Zu den meisten Beziehungsproblemen kommt es, da die Partner bestimmte Eigenschaften des anderen nicht akzeptieren wollen, da sie sie nicht an sich wahrhaben wollen. Diese Situation rührt an unverheilten SEELENWUNDEN der Vergangenheit. Auch diese Problematik ist ein Teil der gegenseitigen Anziehungskraft. Die Schwierigkeiten der Partnerschaft sind dazu da, uns selbst AKZEPTIEREN zu lernen.

Zu Beginn einer Beziehung herrscht in der Regel unbeschwertes Glück. Diese Symbiose ist die erste Phase der Leidenschaft. Alles geht Bestens bis wir beginnen, unseren Partner so ändern zu wollen, wie wir es für uns oder unsere Beziehung gerne hätten. In diesem häufigen Beziehungskonflikt fühlt sich einer der beiden Partner durch den anderen eingeengt. Er strebt wieder nach seiner früheren Unabhängigkeit und nimmt wieder Kontakt mit alten Freunden auf. Er ist überzeugt davon, dass es seiner Beziehung nur gut tun kann, wenn beide mehr Luft und Lebensraum haben. Hat der andere jedoch nicht dasselbe Bedürfnis, kommt es zu ersten Konflikten. Vielleicht macht ihm das Angst, und er weiß nicht recht, wie er das Thema ansprechen soll. Gerade dieser Mangel an Kommunikation ist jedoch dafür verantwortlich, dass eine Kluft zwischen beiden entsteht. Die Beziehung gerät in eine Krise oder wandelt sich in eine Form der ABHÄNGIGKEIT.

Nur wenige von uns haben in ihrer Jugend gelernt, unsere Gefühle zum Ausdruck zu bringen und unsere wahren BEDÜRFNISSE einzufordern. Vielleicht fürchteten wir unsere Eltern oder stießen hier auf kein offenes Ohr. Oft kommunizierten unsere Eltern miteinander ebenso schlecht wie mit ihren Kindern. Imitieren wir diese Haltung, wird auch unsere Beziehung darunter leiden. Es kommt zu KONFLIKTEN, LEID und schließlich zum völligen Erliegen. Dennoch geben viele Paare in ihrem Alltagsleben vor, keine Probleme zu haben. Je schlechter ihr Verhältnis wird, desto mehr klagen sie sich gegenseitig dafür an. Daraus entsteht ein Machtkampf, in dem beide Recht behalten wollen. Statt Liebe herrschen nunmehr HOCHMUT und EGOISMUS. Immer mehr Ängste blockieren den Zugang zum Herzen, obwohl beide Partner voneinander abhängig bleiben.

Die wichtigste Grundlage einer beständigen und harmonischen Partnerschaft ist eine gesunde KOMMUNIKATION. Die meisten Beziehungsprobleme gehen auf einen Mangel oder Fehler in diesem Bereich zurück. Es bedarf jedoch einiger Übung, Ausdauer und einer guten Prise Mut, um richtig miteinander kommunizieren zu lernen. Anstatt über Belanglosigkeiten zu plaudern, sollten wir lieber versuchen, den anderen dazu zu bewegen, über seine Gefühle, Geschmäcker, Wünsche, Bedürfnisse, Ziele, Ängste oder Träume zu sprechen. Oft reicht ein ganzes Menschenleben nicht aus, einen anderen in all seinen Feinheiten kennen zu lernen. Für eine dauerhafte und tiefe Beziehung sollten wir aber mit allen Mitteln versuchen, auch das Innenleben unseres Partners zu verstehen. Interessieren wir uns für den anderen, so wird er auch Interesse an uns zeigen. Besonders Männer tun sich noch schwer, wirklich offen über ihre Gefühle zu sprechen. Akzeptiert die Frau diesen Umstand, so fällt es manchem Mann auch leichter, aus sich herauszugehen.

Wahre Liebe bedeutet, den anderen so zu schätzen, wie er ist, ohne ihn ändern zu wollen. Dann können wir unseren Partner auch in seinen Wünschen und Zielen bestärken, wenn wir diese nicht teilen. Nur so kann z. B. eine Tierfreundin akzeptieren, dass ihr Mann ein begeisterter Jäger ist. Achtet und liebt sie ihn so, wie er ist, wird sie ihm zuhören können, wenn er mit glänzenden Augen vom Beginn der Jagdsaison erzählt. Sie wird sich für ihn freuen, da er in seinem Universum glücklich ist. Dies trägt wesentlich mehr für eine harmonische Partnerschaft bei, als zu erwarten, der andere solle all unsere Wünsche und Bedürfnisse erfüllen. Dennoch sollten wir in unserem Leben zu zweit nie die wahren Bedürfnisse unseres SEINS aus den Augen verlieren. Hören wir unserem Partner zu, so sind wir auch in der Lage, ein offenes Ohr für unser eigenes Innenleben zu haben. Im Gegenzug ist der andere auch gerne bereit, uns zuzuhören. Über diesen Umweg bewirkt unsere Offenheit dem anderen gegenüber, dass wir uns selbst besser kennen lernen.

Aber auch gemeinsame Aktivitäten und gelegentliche Aufmerksamkeiten stärken die Beziehungsbande. Man zeigt dem anderen, dass man ihn achtet und schätzt, indem man sich erkundigt, wie er seinen Arbeitstag verbracht hat, oder ihm Komplimente schenkt, statt VORWÜRFE über irgendwelche Kleinigkeiten zu machen. Anstatt Probleme zu DRAMATISIEREN, können wir sie mit Humor und Fantasie angehen. Man sagt, ein Paar braucht nichts zu befürchten, solange es miteinander lachen und sich amüsieren kann. All diese kleinen Trümpfe, Aufmerksamkeiten und zärtlichen Gesten, die *ohne Erwartungen* und nur aus LIEBE geschehen, sind wie eine Saat, die im anderen aufgeht und die wir schließlich gemeinsam ernten.

Wahre und beständige Liebe braucht nicht nur Zeit, sondern auch persönlichen Einsatz von ganzem Herzen. Dies bedarf einer ganz bewussten Entscheidung: „Ich habe *beschlossen*, mit diesem Menschen zu lernen, was innige Liebe bedeutet. Ich habe

beschlossen, mir kein Hintertürchen für andere offen zu halten, falls diese Beziehung nicht funktionieren sollte. Ich setze alle in meinen Möglichkeiten stehenden Mittel ein, um diese Beziehung immer harmonischer werden zu lassen." **Einige können eine solche Zusage auch ganz alleine treffen. Wir engagieren uns für uns selbst, nie für andere.**

Partnerliebe sollte ein harmonischer Austausch zweier Menschen sein. Es genügt eigentlich zu akzeptieren, dass der andere sich von uns unterscheidet, und bereit zu sein, diese Unterschiede zu teilen. Lieben wir einen Menschen, so lassen wir ihn fühlen, dass er einen besonderen Platz in unserem Herzen einnimmt. **In einer idealen Beziehung versucht keiner der beiden den anderen zu ändern. Beide gewähren sich vielmehr den zu ihrer Selbstentfaltung nötigen Freiraum, ohne ihn zu missbrauchen.**

Partnersuche

Der beste Grund für eine Partnerschaft ist wohl der, uns mit und durch den anderen spirituell entwickeln zu wollen. Mit einem anderen Menschen leben zu wollen, um nicht alleine zu sein, eine Leerstelle zu füllen, materielle Unterstützung zu bekommen oder geliebt zu werden, sind ungünstige Voraussetzungen für eine Beziehung, die meist schon bald zu Abhängigkeit oder gegenseitiger Kontrolle führen. Wir sollten uns des Umstands bewusst sein, dass wir in einer Beziehung wichtige Dinge über wahre Liebe lernen können. Unsere Seele weiß genau, was wir brauchen. Hören wir auf unsere Intuition, vergrößern wir die Chancen, dem Menschen zu begegnen, mit dem wir unser Leben teilen und inneren Frieden finden können.

Es ist unsinnig, mit allen Mitteln nach einer Geschwisterseele zu suchen. Jeder Mensch gehört einer großen Seelenfamilie an, in der es zahlreiche solcher Geschwisterseelen gibt, die uns sehr gut entsprechen können. Ebenso sinnlos ist der Versuch, auf den idealen Traumpartner zu warten. Schon aus dem Wort ideal geht hervor, dass es keineswegs der Realität entspricht. Hegst Du also ganz bestimmte und konkrete Vorstellungen von Deinem Traumpartner, so solltest Du sie schnell lieber wieder fallen lassen. Vertraue dem Universum, das sich unfehlbar um Dich kümmern wird. Du wirst haargenau die Person anziehen, die Du brauchst.

Dennoch ist es wichtig Aktionen zu setzen. Bloßes Träumen ist nicht genug. Wie willst Du jemanden kennen lernen, wenn Du Dich zuhause vergräbst und jegliche Gesellschaft meidest? Auf andere mit einem ehrlichen Lächeln oder Gruß zuzugehen ist schon ein erster Schritt. Kommt es trotzdem zu keinem Kontakt, so überwiegen vielleicht Deine Ängste dem Wunsch nach einer Partnerschaft. Um diesen Umstand zu klären, stellst Du Dir am besten die Frage: „Welche Unannehmlichkeiten könnten mir aus dem Leben zu zweit erwachsen?" Schließe die Augen und stelle Dir in allen Details vor, mit einem anderen Menschen zusammenzuleben. Auf diese Frage kann es die verschiedensten Antworten geben, wie z. B.: „Ich habe Angst, meine Freiheit zu verlieren oder dass der andere zu viel Platz in meinem Leben einnimmt; ich fürchte die Unordnung in meiner Wohnung, kontrolliert zu werden, meinen Besitz teilen zu müssen usw."

P

Mögen manche solcher Befürchtungen auch berechtigt sein, so sollten wir uns doch auch die schönen Seiten einer Partnerschaft vor Augen halten. Jeden Tag unser Leben mit einem Menschen teilen zu können, der so ganz andere Geschmäcker, Eigenschaften, Talente, Stärken und Schwächen hat als wir, ist eine ausgezeichnete Gelegenheit, MITGEFÜHL zu üben und uns durch den SPIEGEL des anderen selbst kennen zu lernen. Aber mehr noch, wir können unsere Freuden ebenso teilen wie unser Leid, unsere Sorgen, Träume und Wünsche. Wir können zusammen lachen, Pläne schmieden, uns amüsieren und vor allem KOMMUNIZIEREN.

Je stärker solche freundschaftlichen Bande vor der intimen Beziehung sind, desto größer ist auch die Wahrscheinlichkeit einer dauerhaften Partnerschaft. Vertrauen wir dem Universum und sind auf der Ebene des Seins – d. h. dem Wunsch zu lieben, anstatt geliebt zu werden – motiviert, so bekommen wir auch den richtigen Partner für unsere spirituelle Entwicklung.

Perfektionismus

Übermäßiger Drang nach Vollendung. Perfektionisten streben vor allem nach fehlerlosen Handlungen. Keine Arbeit kann ganz nach ihrem Geschmack oder zu ihrer völligen Zufriedenstellung erledigt werden. Sie stehen ständig unter Zeitdruck, da sie pausenlos ihre Pläne ändern. Ihr SELBSTWERTGEFÜHL richtet sich nicht nach der Ebene des *Seins*, sondern des *Tuns*.

Sie legen zu großen Wert auf Details und stellen viel zu hohe Ansprüche, was schließlich dazu führt, dass sie andere ebenso wie sich selbst ständig kritisieren. Sie sind nur in der Lage, sich selbst zu beglückwünschen, wenn sie Außerordentliches vollbracht haben – und sogar dann fällt es ihnen schwer. Sie sind große Idealisten und deshalb auch nie zufrieden. Sie hegen zahlreiche ÄNGSTE, vor allem die, den Dingen nicht gewachsen zu sein, kritisiert oder zurückgewiesen zu werden. All diese SEELENWUNDEN sind Symptome der Angst, nicht geliebt zu werden.

Sie meinen, sie würden mehr von den anderen geschätzt und nicht zurückgewiesen werden, wenn sie perfekt wären. Sie müssen erkennen, dass die Vollendung in der stofflichen Welt unmöglich ist. Dafür haben wir täglich Beweise in den verschiedensten Bereichen. So meinen Athleten z. B. ihre Höchstleistungen erreicht zu haben und sind dennoch imstande, sie erneut zu übertreffen und neue Rekorde aufzustellen, die bald schon von anderen Athleten überboten werden.

Nur die SPIRITUELLE WELT ist perfekt. Auch der Mensch als spirituelles Wesen. Er muss lediglich lernen, seine Erfahrungen zu AKZEPTIEREN und in LIEBE und INTELLIGENZ zu leben. Wir haben die Vollendung unserer göttlichen Herkunft vergessen und suchen sie nun vergeblich in der STOFFLICHEN WELT. Wir verwechseln tun und sein. Wir meinen perfekt zu sein, wenn wir perfekt handeln. Dies ist wohl einer der größten Irrtümer der Menschheit, die uns von unserem wahren EXISTENZGRUND entfernen. Wir sollten uns einmal klar machen, wie viel Zeit, Energie und Gesundheit wir verlieren, indem wir ewig unerreichbaren IDEALEN nachlaufen. Währenddessen kümmern wir uns keineswegs um unsere wahren BEDÜRFNISSE.

Streben wir wirklich nach Vollendung, so sollten wir lieber versuchen, unsere Fehler nicht zu wiederholen, sondern aus unseren ERFAHRUNGEN lernen. Nichts soll uns daran hindern, die Dinge gut zu machen und nach Vortrefflichkeit zu streben. Doch müssen wir ebenso dazu in der Lage sein, uns zu lieben und zu akzeptieren, wenn wir unseren Idealen oder den Kriterien anderer nicht immer entsprechen. Fragen wir uns einfach, ob wir nach unserem besten Wissen und Gewissen gehandelt haben. Auch wenn dies nicht der Fall ist, sollten wir uns mit all unseren GRENZEN akzeptieren.

Je mehr wir uns selbst akzeptieren, desto besser werden wir, ohne Dinge oder bestimmte Leistungen erzwingen zu müssen. Wir ruhen in unserer INNEREN MITTE und akzeptieren uns trotz unserer Schwächen und Mängel, da wir erkannt haben, dass die Perfektion nur auf der Ebene des Seins, nicht aber in der materiellen Welt existiert.

Persönlichkeit

Verhalten, Fähigkeiten und Beweggründe jedes Menschen. Aspekt unter dem wir und andere uns betrachten. Die Persönlichkeit zeigt, was in unserem Körper, unseren Gefühlen und unserem Geist vorgeht. Sie ist die menschliche Seite unseres Wesens. Sie ist unser kleines ICH, während unser wahres Wesen jedoch in unserer INDIVIDUALITÄT steckt.

Jeder Mensch verfügt über mehrere Fassetten, die auf seinen ÜBERZEUGUNGEN und ÄNGSTEN beruhen. Wir wählen eine Familie, die in RESONANZ mit unserem LEBENSPLAN steht. Von unserer frühesten Kindheit an werden wir durch sie und unsere Erziehung geformt. Wir entwickeln verschiedene Persönlichkeiten, da wir glauben, sie könnten unser Leid mindern. Sie alle zusammen bilden unser Ich und werden von unseren SEELENWUNDEN unterhalten. Wir können daraus schließen, dass wir all unsere ÄNGSTE und EMOTIONEN nicht auf der Ebene unseres SEINS, sondern nur in unserem Ich erfahren.

Jeder Charakterzug birgt zugleich sein Gegenteil in sich. Nur so ist es zu erklären, dass sparsame Menschen plötzlich verschwenderisch werden oder andere das bekannte weiche Herz unter einer harten Schale verstecken. Manche sind pingelig in bestimmten aber schlampig in anderen Bereichen, harte Arbeiter und Faulpelze, Optimisten und Pessimisten zugleich. Das scheint nun vielleicht etwas absurd. Daher am besten einfach ein paar Beispiele: So kann ein Mensch Geschäftspartnern gegenüber ernst und reserviert scheinen, während er in seiner Privatsphäre recht kess und ungeniert ist. Ein anderer lügt aus Angst vor dem Urteil anderer, ist aber ehrlich und offen, wenn er seinen Gesprächspartnern vertraut. Eine Frau SCHEINT in der Arbeit fröhlich, fit, glücklich und optimistisch zu sein und wirkt niedergeschlagen, pessimistisch und unterdrückt, sobald sie nach Hause kommt.

Es kommt oft vor, dass wir eine Seite unserer Persönlichkeit ablehnen, weil wir sie für inakzeptabel halten. Um unsere wahre INDIVIDUALITÄT zu entdecken, müssen wir lernen, beide Fassetten an uns ohne jegliches URTEIL zu AKZEPTIEREN. Das ermöglicht uns, bestimmte Verhaltensweisen ganz bewusst zu wählen und unser wahres SELBST

P

an den Tag zu legen. Dazu müssen wir die Wahrnehmungsgrenzen unserer fünf Sinne überwinden, um uns unserer seelischen Verfassung und wahren BEDÜRFNISSE bewusst zu werden.

Persönlichkeitsentfaltung

Persönlichkeitsentfaltung ist ein langsamer und steter Weg zum Wesentlichen. Jede Form der Entwicklung setzt eine gewisse Erkenntnis voraus. Wir Menschen haben uns im Laufe der Zeit eine Vielzahl von Hüllen zugelegt, die wir PERSÖNLICHKEITEN nennen.

Die meisten Menschen meinen sich selbst gut zu kennen. Auch wenn sie gelegentlich verborgene Aspekte preisgeben, so sind sie sich dennoch wohl nur eines Zehntels Ihres Innenlebens bewusst. Das bedeutet, dass wir in 90 % der Fälle nicht wissen, was wirklich in uns vorgeht. Nur 10% unserer Überzeugungen, Ängste, Schuldgefühle, Bedürfnisse, Wünsche, Talente, Grenzen aber auch Fähigkeiten, unser Leben nach unseren Wünschen zu schaffen, sind uns wirklich bewusst. Wie sollen wir da effizient an bestimmten Charakterzügen arbeiten oder positiv und konstruktiv auf Ereignisse reagieren, wenn wir uns all dieser Aspekte nicht wirklich bewusst sind?

Wir können zugleich aber auch davon ausgehen, dass wir 90% unserer Wünsche, Talente und unseres Potentials nicht ausgeschöpft haben. Allein dieser Umstand sollte uns Zuversicht spenden. Je besser wir uns selbst kennen und an uns arbeiten, desto mehr werden wir uns auch unserer Möglichkeiten und unserer inneren Kraft bewusst.

Heutzutage gibt es keine Entschuldigung mehr dafür, nicht an sich selbst arbeiten zu wollen. Uns stehen immer mehr Mittel zu unserer Persönlichkeitsentfaltung zur Verfügung. Zahlreiche Bücher, Vorträge, Seminare und Therapien können uns auf diesem Wege weiter bringen. Sie helfen uns, die richtigen Fragen bezüglich unserer Wünsche und Träume zu stellen. Welche ZIELE haben wir uns gesetzt? Was wollen wir wirklich? Wo und wie wollen wir in einem, fünf oder zehn Jahren sein? Was wollen wir bis dahin erreicht haben, *tun, sein* oder *haben*? Fällt es Dir schwer, spontan auf diese Fragen zu antworten, so ist es höchste Zeit, Dich besser kennen zu lernen und Dich mit Dir selbst auseinanderzusetzen.

Dazu ist es nötig, Dich nicht nur Deinem BEWUSSTSEIN, sondern auch Deinem EXISTENZGRUND und LEBENSPLAN zu öffnen und neue Erfahrungen zu sammeln. Doch gerade das Unbekannte des Neuen macht uns manchmal etwas Angst. Aus diesem Grund scheuen viele Menschen auch vor diesem Weg der Bewusstwerdung zurück. Sie könnten dabei ja auch auf ihre verwundbaren Seiten stoßen. Andere wiederum fürchten, vielleicht nicht mit all den Talenten und Möglichkeiten fertig zu werden, die sich ihnen dabei auftun könnten. Andere wollen einfach weiterhin in ihrer „Bewusstlosigkeit" verharren und so tun als gäbe es keine universellen Gesetze. Sie sind zu faul, AKTIONEN auf der physischen, emotionalen oder geistigen Ebene zu SETZEN. Doch können wir solche grundlegenden Bedürfnisse nicht ewig ignorieren.

Viele unserer Charakterzüge lassen sich an unseren Haltungen ermessen. Tun wir uns z. B. schwer, anderen zuzuhören, so ist dies ein ziemlich sicheres Zeichen dafür, dass wir auch nicht auf unsere eigenen BEDÜRFNISSE hören. Der SPIEGELANSATZ ist ein ausgezeichnetes Mittel auf diesem Weg der Selbstfindung, da unsere Mitmenschen uns genau mit den Aspekten konfrontieren, die wir am wenigsten an uns selbst akzeptieren. Auch ein genauerer Blick auf unsere ERNÄHRUNG, auf unsere Körperformen oder KRANKHEITEN, auf unsere Verhaltensweisen, ÜBERZEUGUNGEN, ABHÄNGIGKEITEN, oder TRÄUME kann wertvolle Aufschlüsse liefern. Dabei sollten wir uns nicht nur genau BEOBACHTEN, sondern auch die Gefühle analysieren, die wir dabei empfinden. Wir sehen, dass **alle Ereignisse dazu dienen können, uns selbst zu erfahren, wenn wir sie zu diesem Zweck nutzen wollen.** Auch wenn dieser Weg riskant ist, so macht das Ergebnis alle „Gefahren" wett.

In der STOFFLICHEN WELT haben wir immer die Wahl: Entweder wir decken bisher verborgene Züge unseres Wesens auf, RISKIEREN unangenehme Situationen, werden dadurch aber auch unser Leben immer besser in den Griff bekommen, oder aber wir bleiben weiterhin unbewusste OPFER der Ereignisse. Wir sollten uns darüber freuen, uns weiter zu entwickeln und erkennen, dass all unsere Bemühungen belohnt werden, da wir immer ernten, was wir gesät haben. So können wir uns täglich Ziele setzen, indem wir Gott danken und uns sagen: *„Und wieder beginnt ein Tag, an dem ich zahlreiche Möglichkeiten entdecken kann, mir einen wundervollen Tag zu gestalten."*

Je mehr wir unsere inneren Reichtümer ohne jeglichen PERFEKTIONISMUS erkennen, desto FEINFÜHLIGER werden wir. Nur so werden wir uns auch unserer wahren BEDÜRFNISSE bewusst, die uns den Sinn des Glücks enthüllen. Wir dürfen nie aus den Augen verlieren, dass wir auf der Welt sind, um unser Wesen, unsere INDIVIDUALITÄT, unser SEIN zu entwickeln. **Wir können nur von unserer Selbsterkenntnis profitieren. Vergessen wir nie, dass wir schöpfungsbegabte, intelligente Wesen sind, die ihr eigenes Leben ganz bewusst gestalten können.** Haben wir erfasst, wie sehr wir Schöpfer unserer eigenen Existenz sind, wird uns auch klar, wie reich wir eigentlich sind.

Persönlichkeitsspaltung

Siehe GEISTESTRENNUNG.

Pessimismus

Siehe NEGATIVE LEBENSHALTUNG.

Pflichtgefühl

Siehe VERPFLICHTUNG.

Phobie

Krankhafte, unerklärliche oder unkontrollierbare Furcht vor bestimmten Dingen, Handlungen, Situationen oder Vorstellungen. **Eine Phobie ist also eine übertriebene und chronische ANGST, die unser ganzes Wesen einnimmt, weil wir sie ständig genährt haben.** Manche Phobien gehen auf unsere früheste Kindheit zurück, wo sie durch besonders starke ÜBERZEUGUNGEN oder Schocks ausgelöst wurden.

Sie haben meist einen ganz konkreten Gegenstand wie Hunde, Katzen, Spinnen, Dunkelheit, Einsamkeit, Flugzeuge, enge Räume oder freie Plätze. Eine der am weitesten verbreiteten Phobien ist die AGORAPHOBIE, der in diesem Werk ein eigenes Kapitel gewidmet wird. All diese Ängste werden von ELEMENTAREN GEDANKENFORMEN unterhalten. Solche Menschen haben meist eine rege Phantasie und ein ausgeprägtes VORSTELLUNGSVERMÖGEN, was es ihnen besonders schwer macht, ihre Phobien und ZWANGSVORSTELLUNGEN in den Griff zu bekommen. Sie sollten sich baldmöglichst dazu entscheiden, sie zu bekämpfen und dazu fachkundige Hilfe aufsuchen, bevor sie all ihrer ENERGIE beraubt werden.

Physischer Körper

Siehe KÖRPER.

Planung

Siehe ORGANISATION.

Positiv

Alles, was uns vorteilhaft, günstig, nützlich ist und uns wohl fühlen lässt. Um festzustellen, ob etwas gut für unsere Beziehung oder Karriere, die Erziehung unserer Kinder oder andere Aspekte unseres Lebens ist, müssen wir hellhörig auf unsere GEFÜHLE sein. Empfinden wir Freude, Glück, Ruhe und Erfüllung, so ist dies ein Zeichen, dass unsere Lebenshaltung positiv ist.

Besteht ein Zweifel oder fühlen wir uns unwohl, unsicher und glauben einen Fehler begangen zu haben, so dürfen wir nie aus den Augen verlieren, dass es keinen wirklichen IRRTUM gibt. All unsere Handlungen bereichern unsere Erfahrungen, auch wenn ihre Folgen uns unangenehm sind. Solche schwierigen Ereignisse sind manchmal notwendig, um uns klar zu machen, was wir wirklich wollen.

Positive Lebenshaltung

Praktische, realistische Haltung, die sich günstig auf das seelische und körperliche Wohlergehen auswirkt. Menschen mit dieser Einstellung wissen, dass sie auch der unangenehmsten und schwierigsten Erfahrung etwas Positives abgewinnen können und DRAMATISIEREN sie nicht. Sie leben in der GEGENWART und die Dinge scheinen ihnen leicht von der Hand zu gehen. Eine NEGATIVE, DEFÄTISTISCHE LEBENSHALTUNG bewirkt das genaue Gegenteil.

Dabei sollten wir jedoch festhalten, dass positiv und negativ nicht mit GUT und BÖSE gleichzusetzen sind. In beiden Fällen handelt es sich lediglich um Gemütsverfassungen. Wir sollten uns lediglich fragen, welche Haltung INTELLIGENTER für uns ist. Hindert unser Pessimismus uns daran, unsere Wünsche zu verwirklichen, so ist er zu unserem Nachteil. Das gilt aber auch umgekehrt, wenn wir aus lauter Optimismus die WIRKLICHKEIT ignorieren. Realisten tun, was zu tun ist, was aber nicht heißt, dass sie deshalb unbedingt positiv sind.

Trotzdem ist eine positive Lebenshaltung in den meisten Fällen zu unserem Vorteil. Es gibt zahlreiche Bücher und Seminare zum positiven Denken. Oft genügt es schon eine strengere Auswahl in unserem Alltag zu treffen, indem wir z. B. Filme ansehen, die uns LEBENSFREUDE vermitteln, und versuchen, uns mit möglichst vielen fröhlichen, enthusiastischen und dynamischen Menschen zu umgeben.

Wenn wir wissen, was wir wollen, eine positive Lebenshaltung einnehmen und AKTIO-NEN SETZEN, indem wir die Ereignisse AKZEPTIEREN, so erzeugen wir ein natürliches Klima von Glück und Erfolg. Immer mehr gelingt uns nach unseren Wünschen, was uns hilft, unsere positive Haltung zu wahren. So werden wir zu einem Modell und Son-nenstrahl für unsere Mitmenschen. Oft helfen uns auch bewusste positive VORSÄTZE, Enthusiasmus, Fröhlichkeit und Lebensfreude beizubehalten und immer positiver zu werden, was uns Lebenskraft und Energie verleiht.

Possessivität

Bedürfnis etwas oder jemanden zu besitzen, für sich zu behalten oder zur späteren Aneignung zu dominieren. Der Grad der materiellen Possessivität lässt eindeutige Auf-schlüsse über ihr menschliches Gegenstück zu. Possessive Menschen VERTRAUEN weder sich SELBST, noch ihren Mitmenschen oder dem UNIVERSUM, was ihre AFFEKTIVE ABHÄNGIGKEIT unterhält.

Wir können nichts und niemanden wirklich unser eigen nennen. Unsere Nächsten und unsere Besitztümer sind nur dazu da, uns zur Seite zu stehen, wenn wir Hilfe benötigen. Wir müssen lernen, sie LOSZULASSEN, wenn sich dies als notwendig erweist. Es ist durchaus menschlich, dabei eine gewisse Leere, Mangel oder Ungerechtigkeit zu empfinden, doch sollen sie uns ja nicht abhängig, sondern lediglich glücklich und zuversichtlich machen. Haben wir das erkannt und eingesehen, wird es nicht mehr so DRAMATISCH erscheinen, wenn wir etwas oder jemanden verlieren.

Menschen, die trotzdem in ihrer Possessivität verharren, laufen Gefahr, immer verbit-terter, bedrückter und unglücklicher zu werden, da diese Lebenshaltung ihre ENER-GIE untergräbt und sie daran hindert, frei und glücklich zu sein. Die Angst vor dem VERLUST wird zum verkrampften Versuch von KONTROLLE und Domination, die jegliche FREIHEIT unterbinden.

Prioritäten

Dinge, denen wir aufgrund der Bedeutung, die wir ihnen beimessen, Vorrang geben. Die Rangordnung unserer Prioritäten wird von unseren Ansichten, Geschmäckern, Bedürfnissen und Werten bestimmt. Da sie also von individuellen Wertsystemen abhängen, sind sie von Mensch zu Mensch verschieden.

Stellen wir uns ein paar Leute vor, die sich auf ein Abendseminar vorbereiten. Jeder hat andere Prioritäten der letzten Stunde. Der eine isst noch schnell einen Happen, der andere ruht sich etwas aus, während sich eine Frau vielleicht schminkt. Ähnlich geschieht das auch in anderen Bereichen. Selten decken sich unsere Prioritäten mit

P

denen anderer. Wir ändern sie ja selbst pausenlos. All das hängt nicht nur von unserer Persönlichkeit, sondern auch von der Dringlichkeit ab, die wir unseren Vorzügen und Bedürfnissen zu einem bestimmten Moment beimessen.

Was die Reihenfolge zu erledigender Aufgaben betrifft, so erweist sich eine klare Liste nicht nur als hilfreich, sondern ist oft unerlässlich. Stehen alle Aufgaben schwarz auf weiß, wird es uns keine Schwierigkeiten bereiten Prioritäten zu setzen, wobei wir uns genau überlegen sollten, ob jene unseren Wünschen, Bedürfnissen, Ängsten oder anderen Beweggründen entsprechen. Das wird uns helfen, sie neu zu überdenken und unser Leben bewusster in die Hand zu nehmen. Prioritäten richten sich nach der Dringlichkeit einer Situation und nach den Folgen einer ausbleibenden Handlung. Sie sollten unsere Bedürfnisse, nicht aber unsere Ängste berücksichtigen.

Probleme

Siehe Sorgen und Schwierigkeiten.

Profitieren

Materiellen oder moralischen Vorteil aus bestimmten Personen oder Umständen ziehen. So können wir z. B. von einer guten Gesundheit, Gelegenheit, von Freizeit oder Wohlstand profitieren. Steht dahinter eine gute Absicht und profitieren alle Beteiligten davon, so ist das durchaus vorteilhaft.

Meist wird das Wort heute jedoch abwertend gebraucht. So können wir auch zum Schaden anderer von bestimmten Situationen profitieren. Wir können die Gutgläubigkeit oder Dummheit anderer *ausnützen* und von verletzlichen oder hilfsbereiten Personen profitieren. Schlaue Händler profitieren von der Seltenheit eines Gegenstandes, um den Preis in die Höhe zu treiben.

Wo liegt der Unterschied? Wir müssen uns vor allem unserer Absichten und Beweggründe bewusst werden. Nach dem Gesetz von Ursache und Wirkung kommt alles früher oder später wieder zu uns zurück. Nützen wir unsere Mitmenschen aus, wird uns Ähnliches widerfahren.

Projektion

Einen Gedanken formen, um ihn zu verwirklichen. Bestimmte Bilder in unserer Vorstellung, also unserem Mentalleib erzeugen, um sie schließlich zu materialisieren. Dies kann bewusst geschehen, um einen bestimmten Wunsch zu erfüllen, oder aber völlig unbewusst und ohne bestimmtes Ziel. Sprechen wir z. B. von einem anderen Menschen, nimmt sein Mentalleib die Schwingungen unserer Botschaft unbewusst wahr. Jede Projektion oder präzise Idee ist eine elementare Gedankenform, die gleichsam um uns schwebt und bis zu dem betroffenen Menschen reicht. All dies geschieht von ganz alleine und ohne jegliches Zutun.

Leider sind wir uns unserer Projektionen nur allzu selten bewusst. Oft leugnen wir unsere Ängste oder Absichten und projizieren sie auf andere. Wir verzerren die Wirklichkeit und treffen voreilige Schlussfolgerungen, indem wir Gefühle und Beweggründe anderer interpretieren, ohne sie mit jenen überprüft zu haben. Solche Projektionen können großen Schaden in unseren Beziehungen anrichten. Der SPIEGELANSATZ besagt u. a., dass wir alles, was wir nicht an uns wahrnehmen wollen, auf unsere Mitmenschen projizieren.

Die Projektion kann jedoch auch sehr hilfreich sein, wenn wir Kommunikationsschwierigkeiten mit einer bestimmten Person haben. Auf diese Weise, können wir ihrem Unterbewusstsein z. B. eine Bitte übermitteln oder bestimmte Gefühle zum Ausdruck bringen. Dazu entspannen wir uns und lassen die gewünschte Szene vor unserem inneren Auge ablaufen, als geschähe sie tatsächlich. Wir sprechen im Geiste mit dieser Person und fühlen genau, was vorgeht. So wird bereits ein erster unsichtbarer Kontakt hergestellt. In der Folge wird es uns wesentlich leichter fallen, ihr unsere Anliegen wirklich vorzubringen. Sie wird uns wesentlich offener entgegenkommen und keineswegs überrascht sein.

Auf diese Weise können wir auch Menschen in Schwierigkeiten helfen, indem wir sie in unserem Geiste von hellem Licht umgeben. Das wird ihnen helfen, wieder Kontakt zu ihrem eigenen, inneren Licht herzustellen.

Propheten und falsche Propheten

Ein Prophet sagt nicht nur die Zukunft voraus, sondern lehrt und bereitet sie auch vor. Einige Propheten sind hoch entwickelte Menschen und Seher, deren Aufgabe es ist neue Wahrheiten oder OFFENBARUNGEN zu verbreiten, um zur Entwicklung unseres Planeten beizutragen. Manche nennen sie MEISTER, GURUS, Evangelisten oder Avatars, zu denen manche auch Jesus zählen. Ihre PROPHEZEIUNGEN beruhen auf der Deutung bestimmter für sie unmissverständliche Vorzeichen und Visionen. Zu jedem Beginn eines neuen ZEITALTERS treten Propheten verstärkt auf.

Falsche Propheten hingegen sind Hochstapler und Betrüger. Sie bedienen sich ihres Charismas, ihrer Überzeugungskraft und ihrer ÜBERSINNLICHEN Kräfte, um die Zukunft anderer und bestimmter Ereignisse vorauszusagen. Doch sind ihre BEWEGGRÜNDE von ihrem ICH bestimmt, was falsche Meister von wahren Propheten unterscheidet. Sie versuchen ihre Mitmenschen zu ändern und ihren Bedürfnissen anzupassen, um das Gefühl der MACHT zu verspüren. Solche Menschen verbreiten mehr Angst als Wohlbefinden.

Prophezeiung

Voraussage eines künftigen Ereignisses durch Personen, die behaupten, die Zukunft zu kennen. Vermutung kommender Geschehnisse. Im Gegensatz zu Weissagungen sind Prophezeiungen meist spiritueller oder planetarischer Ordnung. Sagt ein Arzt einem Patienten voraus, dass er keine hohe Lebenserwartung hat, wenn er trotz seiner Lebezirrhose weiter trinkt, so handelt es sich um eine Prognose. Eindeutige Zeichen lassen hier bestimmte Schlussfolgerungen zu.

P

241

Worin besteht nun der Unterschied zwischen der Voraussage eines Mediziners und eines PROPHETEN? Beide stellen den aktuellen Zustand der Dinge fest. Während die Prognose des Arztes sich jedoch auf den stofflichen Körper seiner Patienten bezieht, beruht die des Propheten auf der ASTRALWELT. Niemand kann jedoch mit Sicherheit den Lauf der Dinge oder das Leben eines Menschen voraussagen. Wir sollten Prophezeiungen und Weissagungen also nur dann berücksichtigen, wenn sie uns erleuchten oder verbessern.

Entschließt der Patient unseres vorherigen Beispiels sein Leben aufgrund der Prognose radikal zu wandeln, seine Denkweisen und seine Ernährung zu ändern und sich spirituell zu öffnen, so werden die kranken Körperzellen durch neue und gesunde ersetzt. Er widerlegt den negativen Aspekt der Weissagung und erhöht seine Lebenserwartung.

Unzählige konstruktive wie destruktive Prophezeiungen wurden seit Menschengedenken und werden gerade zu Beginn des WASSERMANN-ZEITALTERS immer häufiger enthüllt. Sie sollten der Menschheit die Augen bezüglich der Geschehnisse auf ihrem Planeten öffnen und dazu anspornen, wieder Kontakt zu ihrer schöpferischen Quelle herzustellen. In der STOFFLICHEN WELT werden die Vorgänge der anderen Ebenen sichtbar. So wie der Patient, der jahrelang Alkohol missbraucht hat und dadurch erkrankt ist, so haben auch wir oft unseren INNEREN GOTT verloren und vergessen, wer wir wirklich sind. Wir wissen nicht mehr, wie wir bedingungslos lieben können.

Wir zerstören mehr, als wir lieben. Vor etwa hundert Jahren wurde der Menschheit vorausgesagt, dass sie schwer erschüttert werden würde, um sie zu zwingen, sich wieder mit ihrer inneren MACHT und göttlichen Essenz in Verbindung zu setzen und mehr zusammen zu halten. Ist nicht gerade das bei großen Naturkatastrophen der Fall? Die Leute helfen einander und müssen sich oft eingestehen, dass sie zu sehr an ihrem Besitz HINGEN und zu POSSESSIV waren. Oft wurde ihr Leben innerhalb kürzester Zeit völlig über den Haufen geworfen. Wir müssen also unbedingt lernen, unser Leben weder von unserem ICH noch von materiellen Gütern bestimmen zu lassen, sondern uns der stofflichen Welt bedienen, um an unserer SPIRITUALITÄT zu arbeiten.

GAIA, unsere Erde reagiert wie ein lebendiger Körper. Je mehr wir uns von der wahren Liebe entfernen, desto mehr leidet und desto heftiger reagiert auch sie. Es kommt zu plötzlichen Klimaänderungen, Überschwemmungen, Vulkanausbrüchen, Erdbeben, Wirbelstürmen und zur Erderwärmung, die einschneidende Einflüsse auf die Existenz aller Lebewesen haben können.

Wie sollen wir auf die Prophezeiungen der Gegenwart reagieren? Zunächst sollten wir uns bewusst sein, dass es jedem einzelnen von uns offen steht, ihnen mit LIEBE, ZUVERSICHT, GLAUBEN oder aber mit Furcht und ANGST zu begegnen. Wir sollten uns ganz ehrlich fragen: „Könnte ich akzeptieren, all mein Geld, meinen ganzen Besitz, ja sogar alle Menschen, die ich liebe, zu verlieren ohne in Panik und Depression zu geraten?" Wir verfügen über alles, was wir benötigen, uns den extremsten Situationen zu stellen. Vertrauen wir darauf, werden wir vermeiden, uns von Angst und Unsicherheit überkommen zu lassen. Breitet sich jedoch PANIK in uns aus, können wir nicht mehr ruhig oder objektiv reagieren und die nötigen Lösungen finden. ZUVERSICHT, VORSICHT und SELBSTVERTRAUEN werden uns helfen, die richtigen Entscheidungen zu treffen. Das Wichtigste ist jedoch unsere spirituelle Vorbereitung: Je mehr wir Liebe, Frieden, Ruhe und Loslösung integriert und mit anderen zu teilen gelernt haben, desto weniger sind wir Ängsten ausgeliefert.

Viele Prophezeiungen stimmen darin überein, dass es höchste Zeit ist, uns von unseren Ängsten, SCHULDGEFÜHLEN und all ihren Folgen zu befreien und die niedere Astralebene zu meiden, in der Rachsucht, Hass, Zwang, Possessivität, Gewalt, Verbrechen, Krieg usw. herrschen. All diese Gefühle müssen einer Welt Platz machen, in der Liebe, Glaube, Barmherzigkeit und Verzeihen uns zum Licht bringen. Dieses Licht lässt uns immer den richtigen Weg einschlagen. Wir werden erkennen, wie wichtig unser innerer Wandel ist: von Egoismus zu Nächstenliebe, von Kritik zu bedingungslosem Akzeptieren, von Angst zu Glauben, von Anhängigkeit zu Eigenständigkeit, von Schuldgefühlen zu Verantwortungsbewusstsein, von Rachsucht zu Verzeihen, von der Opferrolle zu Dankbarkeit, von Zwängen zur Erfüllung unserer wahren Bedürfnisse. Schließlich werden wir auch in der Lage sein, unseren Verstand durch Intelligenz zu ersetzen und die stoffliche Welt zu benützen, um uns der spirituellen zu öffnen. So gelangen wir in die wunderbare Welt der Liebe.

Pubertät

Wir bezeichnen hiermit die Phase zwischen 13 und 19 Jahren, die den Übergang von der Kindheit zum Erwachsensein betrifft. Diese Umstellungsphase ist für die Jugendlichen oft ebenso schwer zu leben wie für ihre unmittelbare Umwelt. Der junge Mensch sucht seine Identität und fragt sich, welche Rolle er in dieser Welt einnehmen soll. Unterbewusst identifiziert er sich meist mit dem gleichgeschlechtlichen Elternteil. Er sucht in diesem Erwachsenen ein Existenzmodell, das er nachahmen und auf das er stolz sein kann. Fühlt er sich unverstanden oder kann er sich nicht mit diesem Modell identifizieren, so wird er alles daransetzen, sich diesem Elternteil zu widersetzen und sich von seiner Familie zu entfernen. Je weniger er sich vom gleichgeschlechtlichen Elternteil verstanden fühlt, desto mehr wird er sich dem anderen zuwenden.

Viele Jugendliche haben das Gefühl, immer und überall Zwängen ausgesetzt zu sein, die sie nicht immer genau identifizieren können. Sie sind nur selten dazu in der Lage ihre Bedürfnisse so zu formulieren, dass sie ihre Wünsche und Ängste mit anderen teilen können. Sie brauchen besonders viel Zuwendung vom Elternteil des anderen Geschlechts und erleben zusätzliche Frustrationen, weil diese selten den gewünschten Ausmaßen entspricht.

Die Eltern haben oft das Gefühl, Jugendliche seien sehr egoistisch. Doch handelt es sich dabei eher um die Art und Weise, in der sie sich behaupten und ihre Bedürfnisse klarmachen. Die Jugendlichen hingegen müssen lernen, ihre EIGENSTÄNDIGKEIT unter Beweis zu stellen und sich zu behaupten, damit dieser wichtige Übergang sich harmonisch und ohne Liebesmangel vollziehen kann. Sonst werden sie auch als Erwachsene ständig nach ihrer Identität, nach der Zustimmung und der Liebe ihrer

P

Mitmenschen suchen. Darin liegt auch der Grund für die AFFEKTIVE ABHÄNGIGKEIT vieler Menschen.

In dieser Phase sollte der Jugendliche unbedingt vom gleichgeschlechtlichen Elternteil BEKRÄFTIGT und unterstützt werden, da es sich um eine entscheidende Etappe in seiner emotionalen Entwicklung handelt. Er sollte deshalb in seinen Entscheidungen, seinem Urteil und seinem Auftreten ermutigt und akzeptiert werden. Diese Haltung der Eltern betrifft weit mehr als die konkrete Ebene des Alltags.

Wollen wir unseren Kindern helfen, diese Periode harmonisch zu bewältigen, so sollten wir wirkliches Interesse für sie zeigen und sie nach und nach in die Welt der Erwachsenen einführen. Wir sollten sie zu Wort kommen und Ihre Meinung gelten lassen. Wir können uns ohne weiteres selbst achten, ohne zu moralisieren. Natürlich versuchen die meisten Eltern ihr Bestes für Ihre Kinder zu geben, vergessen aber oft zu überprüfen, was jene wirklich wollen. Heutzutage gibt es die verschiedensten Formen der Hilfe für Jugendliche und Eltern, um ein gesünderes und harmonischeres Familienklima zu schaffen. So haben wir aber auch immer weniger Ausreden für Ignoranz und Nachlässigkeit. Für weitere Informationen zu diesem Thema siehe KINDER und ELTERN.

P

Rachsucht

Hartnäckige und feindselige Erinnerung an eine Beleidigung, ein Unrecht oder einen erlittenen Schaden, die auch nach Vergeltung streben kann. Anfängliche Verbitterung wird zu Groll und degeneriert schließlich zu Rachsucht. Das geschieht sehr oft innerhalb ein und derselben Familie oder in der näheren Bekanntschaft, wo es genügend Anlässe dazu gibt: Erbschaftsstreit oder Zank zwischen Partner und Ex-Partner, Lieblings- und benachteiligten Kindern, Freunden, Nachbarn oder Arbeitskollegen. **Rachsucht beruht auf enttäuschten Erwartungen, für die wir andere anklagen.**

Verschließen wir uns in Groll und Rachsucht, schaffen wir die Hölle in uns selbst. Niemand kann glücklich und in Frieden leben, wenn er von solchen Gefühlen beherrscht wird. Er verliert nicht nur seine innere Mitte, sondern zieht sein Leben in verschiedenster Hinsicht in Mitleidenschaft. Er wird aggressiver, was auch andere Beziehungen beeinträchtigt. Die Unfähigkeit zu Verzeihen und das Unterhalten solcher Rachgier, führen zu Hass, der den Menschen zerstört. Er zerfrisst ihn gleichsam von innen, was zu Krankheit, insbesondere Krebs führt. Zwanghafte Gefühle der Rache und des Hasses müssen unbedingt überwunden werden, bevor zur Vergeltung geschritten wird.

Um dem betroffenen Menschen verzeihen zu können, müssen wir zunächst erkennen, dass die Situation durch unsere eigenen Erwartungen entstanden ist. Es ist durchaus menschlich, auf andere böse zu sein, die wir für unser Leid verantwortlich halten. Wir müssen akzeptieren, dass jeder Mensch eine andere Wahrnehmung des Lebens hat, die von Persönlichkeit, Lebensplan und Seelenwunden abhängt. Gerade diese Wunden werden in bestimmten Situationen reaktiviert und beeinflussen unser Verhalten. Unsere gesamte Wahrnehmung ist von solchen Filtern verzerrt. Wir müssen unsere Weltsicht ändern und erkennen, dass jeder Mensch so gut handelt, wie er gerade kann, auch wenn dies nicht immer unseren Erwartungen entspricht.

Manche Menschen sind sich ihres Grolls gar nicht bewusst und merken nicht, dass sie anderen oder sich selbst unbewusst Vorwürfe machen. Dabei handelt es sich oft um recht liebevolle Personen, die jedoch nicht fühlen, was in ihnen vorgeht. Sie verdrängen ihre Emotionen, ohne es zu merken, weil sie fürchten, als schlecht zu gelten oder zu sehr zu leiden. Ihre Überzeugungen würden dies nie zulassen. Alles, was jedoch nicht zum Ausdruck kommt, hinterlässt „Eindrücke". Um jene aufzudecken, genügt es oft zu beobachten, was uns an anderen, besonders unseren nächsten Mitmenschen stört. Was kritisierst Du am häufigsten an ihnen? Hier versuchen unbewusste Rachegelüste sich Ausdruck zu verschaffen. Erstelle eine Liste all der stillen und offenen Vorwürfe, die Du an anderen machst. Diese Übung wird Dir helfen, Deinen Groll aufzudecken und zu überwinden.

Um den Prozess abzuschließen, müssen wir unseren Hochmut oder unsere Schüchternheit überwinden, mit der betroffenen Person sprechen und die verschiedenen Schritte des Verzeihens in die Tat umsetzen. Vergeben wir, so befreien wir uns von unserer Rachsucht und schaffen Platz für inneren Frieden und Glück, die zu Gesundheit und Überfluss führen.

Rat suchen

Siehe (sich) Helfen lassen.

Reaktion

Siehe Widerstand.

Recht

Siehe Ungerechtigkeit.

Reichtum

Vermögen. Reichtum ist relativ und misst sich am Wert, den jeder Mensch bestimmten Dingen beimisst. So verschwimmen auch oft die Grenzen zwischen Reichtum, Wohlstand und Überfluss. Manche Menschen halten ihre Gesundheit für den größten Reichtum auf Erden. Wie viele sterbenskranke vermögende Menschen gäben nicht all ihren Besitz, um wieder gesund zu werden? Es ist völlig normal, dass arme Menschen davon träumen, eines Tages reich zu werden, um sich den erträumten Komfort und materiellen Überfluss leisten zu können. Doch hindern sie meist nur ihre innere Haltung und ihre Überzeugungen daran, ihren Wunschtraum wahr werden zu lassen. Sie können z. B. glauben, Reichtum und Glück schlössen sich aus. Da das Glück jedoch das höchste menschliche Lebensziel darstellt, hindert ihr Unterbewusstsein sie daran reich zu werden.

In der Tat kann Reichtum auch Grund für zahlreiche Ängste und Emotionen sein. Manche fürchten, ihr Geld zu verlieren, schlecht anzulegen oder als unehrlich zu gelten, weil sie als Kinder gelernt haben, dass es nur unehrlichen Menschen gelingt, sich zu bereichern. Andere fürchten wegen ihres Vermögens belästigt oder ausgenützt zu werden und geben vor, kein Geld zu haben. Manche haben Angst davor, als Verschwender abgestempelt zu werden, wenn sie ihre Wünsche befriedigen, oder haben Schuldgefühle ärmeren Menschen gegenüber. Sie fürchten als ungerecht, egoistisch oder herzlos zu gelten, wenn sie ihr Vermögen nicht mit ihren Nächsten teilen, und können glauben, ihre Familie durch ihren neuen Sozialstatus hinter sich lassen zu müssen. All dies ist nichts anderes als die Furcht ausgeschlossen, vernachlässigt, zurückgewiesen, kurz, nicht mehr geliebt zu werden.

Manche meinen, Reichtum sei nur einer glücklichen Elite vorbehalten. Sie unterhalten ihre eigene Armut, indem sie vermögende Menschen beneiden. Andere sind überzeugt davon, keine Reichtümer zu verdienen, oder dass es ungerecht und nicht spirituell ist, reich zu sein. Diese Ängste und Überzeugungen betreffen alle

Bereiche des Lebens: den Reichtum des Herzens, Ideenreichtum, Talente, Erkenntnisse usw. Es ist sehr wichtig, uns ihrer bewusst zu werden, um zu wahrem Wohlstand gelangen zu können. Wir müssen erkennen, dass jeder Mensch dazu in der Lage ist, die verschiedensten Lebensverhältnisse und somit auch den Reichtum zu meistern. **Doch ist materieller Reichtum nur dann erstrebenswert, wenn er zur Entfaltung unseres Wesens beiträgt.**

Reiner Geist

Siehe GEIST.

Reinkarnation

Siehe WIEDERGEBURT.

Reizbarkeit

Siehe NERVOSITÄT.

Resignation

Sich unangenehmen und mühsamen Situationen ohne Protest fügen. Sich unterwürfig einer höheren Macht beugen. Frustrierte, bittere Hinnahme der Geschehnisse weder aus freiem Willen, Verständnis oder Akzeptierung, sondern weil wir unfähig oder machtlos sind, sie zu ändern. Resignieren wir, so lassen wir etwas über uns ergehen, während wir eine freie Entscheidung treffen, wenn wir AKZEPTIEREN.

Resignieren wir, so glauben wir, es sei nichts mehr zu machen und sagen uns: „So ist das Leben. Ich bin nicht einverstanden, doch was soll ich tun? Es hat keinen Sinn, zu kämpfen." Wir geben auf, weil wir meinen, nicht mehr umkehren zu können. Wir sind nicht einmal mehr in der Lage, auf Lösungen zu hoffen, da wir uns bereits geschlagen gegeben haben. Jemand, der z. B. seine Krankheit resigniert zur Kenntnis nimmt, hat keine Lust mehr, nach ihren wahren Ursachen zu suchen und so den Heilungsprozess in die Wege zu leiten.

Wir tun, als ob unser Leben nur von äußeren Faktoren abhinge, wie ein Urteil, das gegen uns verhängt wird, und gegen das wir nichts unternehmen können. Akzeptieren wir, so kommt das aus unserem Inneren. Wir sind besonnen und finden die nötige Kraft in uns, gegen alle Widrigkeiten gewappnet zu sein und zuversichtlich zu bleiben. Wir bleiben in Kontakt mit unserer göttlichen Energie, die genau weiß, was gut für uns ist. Vergessen wir nie, dass keine Situation von vornherein verloren ist. Jedes Problem und jedes Hindernis unseres Lebens trägt seine Lösung bereits in sich. Verstricken wir uns in der Schwierigkeit werden wir sie jedoch nicht finden. Wir müssen nach Lösungen suchen.

Resonanz

Wirkung oder Zustand, der auf Widerhall in unserem Geist oder Herzen stößt. Es ist wie ein Echo oder eine Spiegelung in uns selbst, die uns zu Verstehen gibt, dass wir in einem bestimmten Bereich auf derselben Wellenlänge sind und Dinge gemeinsam haben. Die Resonanz zwischen zwei Wesen unterliegt dem GESETZ DER ANZIEHUNGS-KRAFT. Berührt uns eine Situation oder andere Person, so ist sie auf Resonanz in uns gestoßen, was darauf schließen lässt, dass wir bestimmte Gefühle oder Emotionen gemein haben.

Dieses Phänomen kann sich ebenso auf der Verstandes- wie auf Gefühlsebene abspielen. Berührt Dich in einem Film z. B. eine Szene, in der ein Vater sein Kind schlägt, so ist sie auf ein Echo in Dir gestoßen. Das heißt nicht unbedingt, dass Du selbst als Kind geschlagen wurdest, sondern vielmehr, dass Du Ähnliches, wie z. B. Ungerechtigkeit, erfahren hast. Die Szene ruft emotionelle Erinnerungen in Dir wach. So fühlen wir uns auch zu bestimmten Personen hingezogen, mit denen wir in Einklang stehen.

Revolte

Starke Entrüstung und Missbilligung. Durch Revolte verschaffen sich Wut und Ablehnung gegen etablierte Systeme oder Autoritätsfiguren Luft. Lange aufgestaute, verletzte Gefühle kommen explosionsartig durch Zorn und Aggressivität zum Ausdruck. Diese gehen auf SEELENWUNDEN, angehäufte ENTTÄUSCHUNGEN und unerfüllte ERWARTUNGEN zurück. Die betroffen Personen haben ihre GRENZEN erreicht und beginnen, die Kontrolle zu verlieren.

Es ist normal, dass solche Menschen allen, gegen die sie sich auflehnen, heftige VOR-WÜRFE für ihr ertragenes Leid machen. Manchmal sind sie sich der wahren Gründe ihrer inneren Revolte gar nicht bewusst, weil sie sich nicht mit besonders schmerzlichen Seelenwunden auseinandersetzen wollen. Birgt eine Revolte gute Aspekte? Innere Auflehnung wird auf die Dauer so schwer zu ertragen, dass der betroffene Mensch sich früher oder später entscheiden muss, ihren wirklichen Ursachen auf den Grund zu gehen und an sich zu arbeiten. Doch hindern ihn diese heftigen EMOTIONEN bis zu jenem Zeitpunkt daran, er selbst zu sein. Seine REAKTIONSHALTUNG beeinträchtigt die nötige UNTERSCHEIDUNGSKRAFT. Er ist überzeugt, dass andere für sein Unglück VERANTWORTLICH sind und schlüpft daher oft in die Rolle des OPFERS.

Gehörst Du zu solch „empörten" Menschen, so verstehe es zunächst als Zeichen Deiner großen FEINFÜHLIGKEIT und der Suche nach wahrer LIEBE. Lass Dir Zeit, selbst lieben zu lernen, um nicht mehr von der Liebe anderer abzuhängen. Deine Revolte ist ein Zeichen großer Enttäuschung. Doch richtet diese sich in Wirklichkeit gegen Dich und gegen Dein Herz, welches nach Liebe sucht. Kann jenes sich wieder öffnen, kannst Du auch all jenen VERZEIHEN, denen Du Dein Leid und den Grund Deiner Revolte vorgeworfen hast.

Riskieren

Sich heiklen Situationen aussetzen oder Dinge tun, die mit Risiken verbunden sind. Neue Dinge wagen. Der menschliche Lernprozess geht Hand in Hand mit bestimmten Risiken. Menschen, die sich nur selten über die Bequemlichkeitszone hinaus wagen, verfügen nur über eine schmale Entwicklungsmarge. Jede neue Erfahrung birgt ein gewisses Risiko. Wie viele unserer Wünsche haben unsere ZWEIFEL und ÄNGSTE nicht schon im Keim erstickt, weil wir nicht bereit waren, ein Wagnis einzugehen?

Hinter jedem WUNSCH steckt das BEDÜRFNIS der Seele, sich durch verschiedene Erfahrungen zu entfalten, die uns handeln und gewisse Risiken eingehen lassen. Aus diesem Grund suchen wir auch ständig neue Erfahrungen und Herausforderungen. Das ist Teil der menschlichen Natur.

Risikobereitschaft bedeutet AKTIONEN zu SETZEN, ohne ihre genauen Konsequenzen zu kennen. Entschließen wir uns z. B. eine Ehe einzugehen und Kinder zu haben, so überwiegt unser Wunsch uns im Familienleben zu entfalten den Zweifeln möglicher Risiken, die diese Bindung mit sich bringen könnte. Niemand kann die Langzeitfolgen seiner Handlungen mit Sicherheit vorhersagen. Nur die Wenigsten würden sich wirklich ein Leben mit all seinen unvorhergesehenen Zwischenfällen vorstellen, geschweige denn, wünschen können.

Das gilt für alle Bereiche unserer Existenz. Das Risiko unseren Arbeitsplatz oder Posten zu wechseln, allein in unbekannte Gegenden zu reisen, in eine fremde Stadt zu ziehen usw. ziehen VERÄNDERUNGEN unseres Alltag wie auch unserer Gewohnheiten nach sich, die nicht nur Abenteuer sondern auch eine gewisse Unsicherheit bedeuten. Der große Vorteil all dieser Wagnisse besteht darin, uns die Möglichkeit zu bieten, ein bisher unbekanntes Potential in uns zu entdecken, das eben erst dann auftaucht, wenn wir es benötigen. VERTRAUEN wir dem Leben und unserem KÖNNEN, so gehen wir Risiken auch mit größerer Bereitschaft und ZUVERSICHT an.

Es gibt wesentlich subtilere Risiken, die das eigentliche Wesen, das SEIN des Menschen betreffen. Es kann durchaus ein Wagnis sein, unsere Ideen, Gefühle, Emotionen auszudrücken, uns zu behaupten, vor Publikum zu sprechen, um Hilfe zu bitten oder eine Gehaltserhöhung zu fordern. Solche Situationen bieten uns Gelegenheit dazu, uns zu entfalten und unsere Ängste zu überwinden. Errungenschaften sind nur möglich, wenn wir auch dazu breit sind Absagen einzustecken, ausgelacht oder zurückgewiesen zu werden.

Risikobereitschaft soll jedoch keineswegs heißen, dass wir zuvor nicht die möglichen Konsequenzen abwägen sollten. Das Risiko ist umso höher, wenn wir uns zu Handlungen entschließen, deren Schwierigkeiten und möglicher negativer Folgen wir uns bewusst sind. Wir tun dies in der Gewissheit, in unserem tiefsten Inneren über Kräfte zu verfügen, die uns erlauben, dieser Eventualität die Stirn zu bieten. Wir sollten bei solchen Entscheidungen jedoch nicht allzu lange hin und her überlegen. Sonst gewinnen unsere Ängste die Oberhand und lassen uns kein Risiko mehr eingehen, um unsere Wünsche zu erfüllen.

Risiken sind das Salz des Lebens. Zögerst Du aufgrund Deiner Ängste, ein gewisses Risiko einzugehen, so kannst Du Deine Entscheidung ENTDRAMATISIEREN, indem Du Dich fragst: „Was ist das Schlimmste, was mir passieren könnte? Wäre ich in der Lage damit fertig zu werden, wenn dieser Fall eintritt?" Beobachte Dein Inneres dabei

R

offen und ehrlich. Die schlimmsten Konsequenzen sind oft Hirngespinste, durch die unsere ÜBERZEUGUNGEN und Ängste versuchen, uns von der Verwirklichung unserer größten Wünsche abzuhalten. VERANTWORTUNGSBEWUSSTE Menschen stehen für die Folgen ihrer Entscheidungen ein.

Mit unserem wachsenden SELBSTVERTRAUEN sind wir auch zunehmend bereit, Risiken einzugehen. Je mehr wir wagen, desto sicherer werden wir, desto größer wird unser SELBSTWERTGEFÜHL und nicht zuletzt auch die Möglichkeit große Errungenschaften zu erzielen.

Ruhe

Siehe SCHLAF.

Rührseligkeit

Übertriebene FEINFÜHLIGKEIT, die ebenso unpassend wie lächerlich sein kann. Sie ist typisch für Menschen, die jede Kleinigkeit DRAMATISIEREN. Sie WEINEN über völlig banale Dinge und machen sich Sorgen um alles, ganz gleich, ob es sie selbst betrifft oder nicht. Andere wollen nur von ihren Mitmenschen als FEINFÜHLIG und zart besaitet gelten. Jede Form der Rührseligkeit kostet viel Energie.

Gehörst Du zu diesen Menschen, so solltest Du lernen, Deine GEFÜHLE zu harmonisieren. Deine Rührseligkeit ist eine Form unkontrollierter Feinfühligkeit. Gelingt es Dir, jene zu steuern, können sogar Fähigkeiten der KLARSICHT zutage kommen.

R

S

Sanskrit

Indo-arische, heilige Sprache aus dem alten Indien. Diese klassische Sprache der brahmanische Zivilisation ist die Wurzel aller indo-europäischen Sprachen. Sie gilt als älteste Sprache der Welt. Aus dem Sanskrit kommen Worte wie CHAKRA (Energiezentrum), MANTRA (inspirierende Wortwiederholung) oder PRANA (subtile Vitalenergie).

Satan

Siehe TEUFEL.

Schaffen

Siehe KREATIVITÄT.

Schämen (Sich)

Wir schämen uns, weil wir meinen, gegenüber anderen erniedrigt worden zu sein oder unsere Würde und Ehre eingebüßt zu haben. Dieses Gefühl geht in unsere früheste Kindheit zurück und kann in verschiedenster Weise zum Ausdruck kommen. So können wir uns über uns selbst, unsere Gedanken, Taten, Gefühle, Worte oder Meinungen schämen. Andere genieren sich für ihren Körper oder seine natürlichen Funktionen. In jedem Fall beurteilen sie sich zu streng und setzen sich selbst auf der Ebene des SEINS, des ICH BIN herab.

Manche schämen sich für ihre Freunde und Verwandte. So kann eine Mutter Frisur, Kleidung oder Verhalten ihres Kindes im Kreis der Familie, ihrer Freunde oder generell in der Gesellschaft als Schmach empfinden. Eine solche Abwertung führt zu SCHULD-GEFÜHLEN, da sich beide Seiten vorwerfen, falsch gehandelt zu haben. Der erste Reflex besteht oft darin, den Gegenstand unserer Scham verstecken zu wollen.

Das sicherste Anzeichen für Scham ist der Umstand, die Situation oder Person verdrängen zu wollen. Ganz gleich, wofür wir uns schämen, wir dürfen nie vergessen, dass wir nicht mehr wir selbst sind, wenn wir bestimmte Aspekte verstecken. Weigern wir uns, wir selbst, wahr und natürlich zu sein, so entfernen wir uns von unserem eigentlichen Wesen. Das raubt uns Energie und kann Krankheiten verursachen. So sind Hautprobleme z. B. eine typische Körperreaktion auf Schamgefühle. Je mehr wir uns jedoch schämen, desto weniger akzeptieren wir uns selbst. Wir machen alle möglichen Pirouetten, um ein besserer Mensch zu *sein* und vernachlässigen darüber ganz unsere wirklichen BEDÜRFNISSE.

Erstelle eine Liste all der Dinge, Gedanken, Wünsche, Gefühle und Handlungen, die Du vor anderen versteckst. **Schamgefühle sind menschlich, und es ist sinnlos, sich dafür zu schämen.** Je mehr LIEBE und SELBSTWERTGEFÜHL Du erwirbst, desto mehr wirst Du wieder Du selbst werden und kannst STOLZ auf Dich sein.

Schamgefühle überwinden wir am besten, indem wir lernen, RISIKEN einzugehen und neue Verhaltensweisen auszuprobieren. Schämen wir uns z. B. von unserer Familie oder von uns selbst zu sprechen, so sollten wir dies riskieren und dabei genau beobachten, welche Gefühle das in uns bewirkt. Fällt uns dies schwer, so sollten wir uns sagen: „Was ist das Schlimmste, was mir passieren kann, wenn ich dies oder jenes sage oder wirklich ich selbst bin?" Wir sollten uns immer des Umstands bewusst sein, dass unsere Schamgefühle auf vergangene Erlebnisse zurückgehen, die heute ihre Gültigkeit verloren haben. Wir müssen uns jedoch JETZT dafür entscheiden, was wir SEIN wollen.

Scham

Unbehagen in Zusammenhang mit Nacktheit oder Sexualität, das zu einer gewissen Zurückhaltung führt. Schamgefühle treten meist erst in Zusammenhang mit der aufkeimenden Sexualität auf. Sie dient dem Menschen, den natürlichen Sexualdrang etwas einzubremsen, was ihn vom Tier unterscheidet. Menschen ohne jegliche Scham können die Kontrolle über sich selbst verlieren.

Insofern kommt Schamgefühlen auch eine gewisse spirituelle Aufgabe zu. Es wird klar, dass der Versuch sie abzuschaffen durchaus auch schädliche Folgen hatte. Viele Menschen tun sich schwer, eine harmonische und respektvolle SEXUALITÄT zu leben. Wir sollten daher nicht aus den Augen verlieren, dass die Scham in einem sinnvollen Rahmen durchaus auch ihre Existenzberechtigung hat. Sie sollte eine Form der Achtung und Eigenliebe, nicht aber der Furcht vor anderen oder sich selbst sein und sollte nicht mit SCHÜCHTERNHEIT verwechselt werden.

Schatten

Dunkle Zone, auf die durch einen undurchsichtigen Gegenstand keine Strahlen einer Lichtquelle gelangen. Dunkelheit, Fehlen von Licht. C.G. Jung hat alles, was der Mensch verdrängt und nicht erkennen will, weil seine ÜBERZEUGUNGEN es für inakzeptabel und verwerfenswert halten, als Schattenseiten bezeichnet. Versuchen wir jedoch, unsere ÄNGSTE und PROBLEME von uns zu schieben, so schaffen wir dadurch nur neue. Anstatt sie also zu vermeiden, vermehren und vergrößern wir sie durch das GESETZ DER ANZIEHUNGSKRAFT. Was wir fliehen, verfolgt uns! Wir müssen uns dieser Schattenseiten also bewusst werden und sie akzeptieren, um sie nach und nach überwinden zu können.

Scheidung

Siehe TRENNUNG.

Schein

Sich den Anschein geben oder etwas vorgeben. Unser ICH täuscht eine gewisse Haltung vor, um einen positiven Eindruck zu hinterlassen und seine ÄNGSTE zu verstecken. Menschen, die versuchen, durch Eleganz und Aufmachung zu beeindrucken, nennt man kokett. Der Schein betrifft alle Bereiche und Menschentypen. Manche versuchen den Eindruck zu vermitteln, schön oder reich zu sein, und statten sich dementsprechend aus. Andere tun, als ob sie besonders gebildet wären, geben Topform oder gute Laune vor, obwohl es in ihrem Inneren ganz anders aussieht.

Der Schein ist Teil unserer PERSÖNLICHKEIT, nicht unserer wahren INDIVIDUALITÄT. Wollen wir ein falsches Bild von uns abgeben, so ist unsere Persönlichkeit inkohärent. Etwas vorzugeben, was wir nicht wirklich sind, verbraucht sehr viel ENERGIE. Wir verlangen zu viel von uns und verursachen unnötigen STRESS, wenn wir in verschiedenen Situationen verschiedene Persönlichkeiten spielen.

Außerdem wird es immer schwerer, unsere Mitmenschen wirklich zu täuschen, da die Menschheit wieder auf ihre INTUITION und zunehmende KLARSICHT zu hören beginnt. Unser wichtigster EXISTENZGRUND besteht darin, wir selbst zu werden. Wäre es nicht sinnvoll, jetzt schon damit zu beginnen, TRANSPARENT und WAHR zu sein, auch wenn dies einer guten Dosis SELBSTVERTRAUEN und SELBSTWERTGEFÜHL bedarf. Es genügt, wir selbst zu sein.

Scheitern

Das Wörterbuch definiert Scheitern als Schicksalsschlag, Mangel an Erfolg, Pleite und Nichterreichen der Ziele. Aus einem spirituellen Gesichtspunkt ist auch ein Fehlschlag eine konstruktive Erfahrung. Das gilt für alle Lebensbereiche, von der Liebe bis hin zu Vermögensfragen. Jedes Scheitern ist ein Sprungbrett für spätere Verwirklichungen.

Für einen Mann z. B., für den die Scheidung von seiner Frau eine schlimme Erfahrung darstellt und der all seine Energie in diese Partnerschaft gesteckt hatte, war diese Lebenspartnerin Garant für ein erfolgreiches Leben. Da er die seinen ÜBERZEUGUNGEN entsprechenden ZIELE und ERWARTUNGEN nicht erreichen konnte, betrachtete er sein Leben als gescheitert. Behält er diese Überzeugung bei, so läuft er Gefahr, sie sein ganzes weiteres Leben zu wiederholen. Er kann sich selbst sogar als *„gescheitert"* ansehen. Alles, was wir glauben, ziehen wir an.

Wir dürfen nie vergessen, dass unsere wahre Identität und unsere Erfahrungen zwei völlig verschiedene Dinge sind. Da alles von unserer Reaktion abhängt, verstehen verschiedene Menschen auch nicht dieselben Erfahrungen als Fehlschläge. Was Du als schweren Schicksalsschlag wertest, kann für andere eine aufwertende und stimulierende Herausforderung oder eine Schwelle spiritueller Entwicklung sein. Auch das Ausbleiben von Harmonie, Glück und Zufriedenstellung kann so zu einer Quelle persönlicher Bereicherung werden.

Keiner unserer inneren oder äußeren Umstände ist dem Zufall überlassen, da nichts sich in diesem Universum verliert. Wir können gestärkt aus all unseren Rückschlägen und Schiffbrüchen hervorgehen. Anstatt also unnötig Energie zu verschwenden, indem wir uns auf Bedeutungen fixieren, die wir dem „Scheitern" seit langem beigemessen haben, können wir es ganz einfach durch „ERFAHRUNG" ersetzen und unser Augenmerk mehr darauf richten, was wir dadurch gelernt haben. Wir sollten ganz bewusst beschließen, unsere Erfahrungen von nun an zu AKZEPTIEREN, ganz gleich, wohin unser innerer Gott uns führt. Auch jedes Scheitern ist ein weiterer Beitrag zur Entwicklung unserer Seele. Ein weiterer Grund mit ZUVERSICHT durchs Leben zu gehen.

Scheu

Siehe SCHÜCHTERNHEIT.

Schicksal

Das Schicksal wird in der Regel als höheres Gesetz verstanden, welches den Lauf der Ereignisse bestimmt. Für einige Glaubensrichtungen ist der von dieser Macht vorgesehene Plan durch nichts zu ändern. Wir wollen die Vorstellung von *Fatalität* hier im Zusammenhang mit dem menschlichen LEBENSPLAN sehen. Unsere Seele hat sich vor dieser Inkarnation für dieses Leben entschieden, um sich weiterentwickeln zu können. Es handelt sich hierbei jedoch nur um einen Rahmen mit recht groben Zügen. Um bestimmte Erfahrungen machen zu können, die wir in früheren Leben nicht in wahrer Liebe leben konnten, hat unsere Seele für diese Existenz ganz bestimmte Eltern und andere Familienmitglieder, ein gewisses Umfeld, aber auch Talente, körperliche und geistige Fähigkeiten gewählt. Aber auch unsere Schwächen und für manche sogar eine Behinderung sind Teil dieses Plans.

Das Schicksal ist untrennbar mit dem Gesetz des KARMAS verbunden, welches wir auch als das GESETZ VON URSACHE UND WIRKUNG kennen. Es handelt sich dabei um eine logische Folge von unzähligen in Bewegung gesetzten Ursachen, die wir mitsamt ihrer Folgen durchleben müssen. Es stimmt also, dass gewisse Leitlinien bereits vor unserer Geburt unverrückbar feststehen. Doch ist nicht alles, was uns widerfährt „Schicksal". Stellen wir uns jemanden vor, dem das Schicksal vorherbestimmt hat, bei einem Verkehrsunfall querschnittgelähmt zu werden. Auch wenn dieser Unfall und diese unmittelbare Folge unverrückbar feststehen, so sind es die Entscheidungen danach keineswegs. Wir alle verfügen über einen FREIEN WILLEN. Er hat demnach die Wahl über sein Schicksal zu hadern, sein Leben lang von anderen abhängig zu bleiben, dem Alkohol zu verfallen oder mit seiner ganzen Familie zu brechen. Er kann sich aber auch dazu entschließen, an der Botschaft zu arbeiten, die ihm durch diesen Unfall zuteil werden sollte. Er kann neue Talente in sich entdecken und zur großen Kraft finden, die ihm innewohnt.

Bei jeder großen Wende unseres Lebens stehen uns zahlreiche Möglichkeiten offen. Es ist ganz unserem freien Willen überlassen, für welchen Weg wir uns entscheiden. Wir ernten, was wir säen, und sind demnach keinem fatalistischen Schicksal unterworfen, da wir es durch unsere Entscheidungen, Handlungen, Urteile und Erfahrungen bestimmen. Insofern wissen wir nie wirklich, welche Überraschungen das Leben für uns bereithält. Wir können immer den Lauf der Dinge beeinflussen. Unser INNERER GOTT hat nicht nur den Überblick über unseren Lebensplan, sondern lässt unseren Lebensweg auch so verlaufen, dass unsere Seele Gelegenheit dazu hat, zum Bewusstsein unseres wahren Wesens zu finden. Daran lässt sich nichts rütteln. Doch ist es gänzlich

S

uns überlassen, wie wir auf die Ereignisse unseres Lebens reagieren. Dies ist ein Teil des großen Gesetzes der VERANTWORTUNG, durch die wir unser Bewusstsein schneller oder langsamer entwickeln können.

Schlaf

Ruhezustand, in dem wir uns der Vorgänge in und um uns nicht mehr bewusst sind. Während unser KÖRPER sich entspannt, tankt unser ASTRALLEIB, unser EMOTIONS- und MENTALLEIB Kraft in unserem ENERGIEKÖRPER, mit dem unsere drei stofflichen Körper verbunden sind. Wir könnten das mit dem Aufladen eines Handys vergleichen.

Sind unser Geist und unsere Gefühlswelt vor dem Einschlafen jedoch stark beschäftigt, weil wir z. B. Angst, Schuldgefühle, Rachsucht oder Hass empfinden, so bleiben diese EMOTIONEN während des Schlafs und pumpen unsere ENERGIERESERVEN aus bzw. hindern unseren Körper daran aus ihnen zu tanken. Wir können noch so lange schlafen und werden unsere Müdigkeit dennoch nicht los.

Beginnen die Augen schwer zu werden und zuzufallen, so ist dies ein Zeichen, dass unser Körper Energie braucht. Geschieht das untertags, so sollten wir uns nicht vor einem Mittagsschläfchen scheuen. Ein Mittagsschlaf sollte nicht Stunden dauern. Eine Viertel bis Halbe Stunde zu Beginn des Nachmittags genügt völlig. So wahren wir auch in der zweiten Tageshälfte unsere Ruhe und gehen sie mit frischer Kraft an.

Hören wir auf unseren Körper, so essen wir, wenn wir Hunger haben, ruhen uns nach ERMÜDENDEN Anstrengungen aus und schlafen, wenn wir müde sind. Entspannung und Schlaf sind also nichts dasselbe. Wir können uns bei einem Bad mit Kerzenlicht, angenehmer Musik, einem Film oder Buch ausruhen. Es ist sinnvoll, sich vor dem Einschlafen zu entspannen. So erholt sich unser Körper wesentlich besser während des Schlafs.

Häufiges und langes Schlafen kann auch eine Form unbewusster Flucht sein. Vielleicht fehlt es uns an LEBENSFREUDE oder wir ignorieren unsere wahren BEDÜRFNISSE und haben keine ZIELE, die uns wach halten. Unser Körper tankt und spendet uns nämlich ganz automatisch Kraft, wenn wir konkrete und realistische Ziele verfolgen.

Übersteigen unsere körperlichen, geistigen oder emotionalen Tätigkeiten unsere GRENZEN, so schwächen wir die natürliche Batterie unseres Energiekörpers. Dies ist ein Zeichen mangelnder EIGENLIEBE.

Das beste Schlafmittel ist in der GEGENWART und BEWUSST zu LEBEN und Konflikte und Schwierigkeiten zu regeln, wenn sie Emotionen verursachen. Wir sollten unsere WÜNSCHE und BEDÜRFNISSE erkennen und verstehen, was uns daran hindert, sie zu verwirklichen. Bei all dem sollten wir uns so AKZEPTIEREN, wie wir sind und nachsichtig mit uns sein. Es ist sehr ratsam vor dem Einschlafen BILANZ über den vergangenen Tag zu ziehen.

S

Schlaflosigkeit

Schwierigkeiten beim Einschlafen, genügend oder ruhig zu schlafen. Es gibt zahlreiche Gründe für Schlaflosigkeit. Meist arbeitet unser Geist weiter, anstatt sich auszuruhen. Es gelingt uns nicht mehr unseren Verstand auszuschalten, unsere INNERE MITTE und so den nötigen Frieden zum Einschlafen zu finden. Oft gehen uns Sorgen und Probleme des gegenwärtigen Alltags durch den Kopf, wir haben Gewissensbisse oder hegen RACHSUCHT.

Manchmal erweist es sich auch als sinnvoll, nicht immer zur selben Zeit nach alter Gewohnheit ins Bett zu gehen. Frage Dich lieber, ob Du wirklich müde bist. Fühlst Du eher eine Form geistiger ERMÜDUNG, so brauchst Du vielmehr Ruhe als Schlaf. Suche Dir Aktivitäten, die Dich beruhigen. Manche Menschen kommen beim Lesen zur Ruhe oder schlafen sogar dabei ein. Andere entspannen sich beim Spazierengehen, in einem heißen Bad oder bei sanfter Musik. Wir sind bereit zu schlafen, wenn unsere Augen schwer werden und von alleine zufallen. Das ist der beste Augenblick, ins Bett zu gehen.

Ein weiteres Hilfsmittel ist die bewusste ATMUNG. Wir konzentrieren uns auf unser Ein- und Ausatmen und lassen alle Spannungen unseres Körpers und alle Gedanken des Alltags los. Wir können uns vom Gefühl des Friedens und der Liebe für uns selbst und alle Menschen durchfluten lassen. So kommen Geist und Körper zur Ruhe und unser Schlaf wird umso wohltuender sein.

Hast Du trotz dieser Vorschläge noch manchmal Schlafstörungen, so ist es besser, aufzustehen und etwas zu tun, das Dir Spaß macht – am besten eine körperliche Tätigkeit, die nicht zu anstrengend ist. Jede Aktivität, die Dir hilft, Dein Denken einzustellen und die Ruhe eines guten und gesunden SCHLAFES zu finden, ist besser als sich im Bett zu wälzen und die Stunden zu zählen.

Schlecht

Siehe GUT und BÖSE.

Schmerzen

Siehe UNFALL.

Schönheit

Schönheit ist eines der wichtigsten Bedürfnisse des EMOTIONSLEIBES. Sie ist essentiell für unsere Gesundheit und unser seelisches Gleichgewicht. Daher ist es auch natürlich, von schönen Dingen und Menschen umgeben sein zu wollen. Diese müssen nicht unbedingt den Kriterien äußerer Schönheit entsprechen. Ausstrahlung, Lebensart, Ausdruck, Blicke oder ein offenes und ehrliches Lächeln strahlen Charisma, Charme und wirkliche Gelassenheit aus.

Der Kontakt zu solchen Menschen hilft uns, uns durch sie zu entfalten. Ihre Ruhe und ihr Selbstvertrauen färben auf uns ab, so dass auch wir selbstbewusster und ausgeglichener werden. Dadurch fühlen wir uns wohler in unserer Haut und entdecken unsere eigene, innere Schönheit. Verliere nie aus den Augen, dass unsere Umwelt lediglich unsere Innenwelt widerspiegelt.

Menschen, die die Schönheit um sich nicht wahrnehmen, erkennen auch ihre eigene nicht. Sie sind oft unglücklich und wissen nicht warum. Sie empfinden innere Leere und fühlen, dass ihnen etwas fehlt. Ihre Emotionalebene ist sozusagen unterernährt.

Werden wir uns unserer inneren Schönheit bewusst, so hat dies unmittelbare Auswirkungen auf unser Äußeres wie auch auf unsere Umwelt, die sich im selben Rhythmus verändern. Dieser Wandel ist völlig natürlich, da unser Körper lediglich ein Spiegel unseres Innenlebens ist. Wir fühlen uns plötzlich von anderer Kleidung – meist Naturfasern –, wie auch von besonderen und entfalteten Menschen angezogen. Wir sehnen uns danach, in einem angenehmen Umfeld zu leben, was wir nach und nach auch in die Tat umzusetzen vermögen.

Uns in der stofflichen Welt mit schönen Dingen zu umgeben, lässt uns – und folglich auch unsere Mitmenschen – innerlich schöner werden. Außerdem bietet ein solches Umfeld eine zusätzliche Stimulierung unserer INTELLIGENZ und unseres kreativen Potentials, was uns nur von NUTZEN sein kann. Je mehr wir unsere Umwelt, unsere Mitmenschen und uns selbst entdecken, desto schöner wird auch unser Leben.

Schöpfungsenergie

Siehe INNERER GOTT.

Schüchternheit

Beklemmung und unkontrollierbare Kraft, die sich unser im Kontakt mit anderen bemächtigt und auf einem Mangel an Selbstvertrauen beruht. Mit sich alleine haben schüchterne Menschen nicht solche Probleme und können durchaus selbstsicher handeln. Sind sie jedoch mit unbekannten Menschen konfrontiert oder befinden sich in größerer Gesellschaft, so fühlen sie sich ungeschickt, dumm und steif. Sie sind sehr FEINFÜHLIG und konzentrieren sich zu sehr auf den Eindruck, den sie bei anderen erwecken könnten.

Es gibt die verschiedensten Grade und Bereiche der Schüchternheit. So können scheue Menschen z. B. in einem Restaurant ein besonders einfaches oder preiswertes Gericht oder einfach dasselbe wie ihr Tischnachbar wählen, um bloß keine Aufmerksamkeit oder Blicke auf sich zu ziehen. Manche können recht selbstsicher erscheinen jedoch größte Hemmungen haben, wenn sie mit ihrem Partner vor versammelter Gesellschaft tanzen sollen, obwohl sie eigentlich ausgezeichnete Tänzer sind.

Andere wagen nicht, ihre Meinung vor einer Gruppe von Menschen zu vertreten. Sehr schüchterne Menschen sind dabei völlig blockiert. Sie erröten, weil sie alle Blicke auf sich fühlen, gestikulieren ungeschickt, bekommen einen trockenen Mund, eine zitternde Stimme, feuchte Hände und einen fahrigen, nervösen Blick. Da können sie

S

noch so gut vorbereitet oder beschlagen sein. In der Regel fassen sie sich so kurz wie möglich oder brechen das Gespräch ab. Sehr viele schüchterne Menschen leiden an der SEELENWUNDE der ZURÜCKWEISUNG.

Das hindert sie daran, sich spontan und natürlich auszudrücken. Sie haben ständig das Gefühl, beurteilt zu werden, vergleichen sich daher auch pausenlos mit anderen und gestehen sich kein Recht zu Fehlern zu. Deshalb unterstreichen sie auch kleine Missgeschicke und DRAMATISIEREN sie. **Sie stellen viel zu hohe Ansprüche an sich selbst und wollen immer absolut PERFEKT erscheinen. Sie werten sich beim geringsten Irrtum ab, unterschätzen sich, stellen sich ins Abseits und verschließen sich immer mehr.** So unterhalten sie ihre Seelenwunden.

Folglich stauen sie sehr viele Aggressionen auf. Verdrängen sie sie jedoch, um nett oder unschuldig zu wirken, so sind sie nicht sie selbst. Sie müssen zuerst also diese Aggressivität akzeptieren, da sie ihre ÄNGSTE und GEFÜHLE schon seit frühester Kindheit verdrängen, weil sie immer der Meinung waren, sich nicht frei entfalten zu können oder überhaupt das Recht zu existieren zu haben.

Schüchternheit kann überwunden werden, wenn wir es wirklich wollen. Zunächst musst Du erkennen, dass Du Deiner Wirkung auf andere viel zu große Bedeutung beimisst. Entschließe Dich ganz bewusst, ab sofort zu Deiner wahren Natur zu stehen. Vergiss nicht, dass Dein Verhalten von der Seelenwunde der Zurückweisung bestimmt wird. Wenn sie verheilt, wirst Du ganz natürlich selbstbewusst werden. Es ist besonders wichtig, Deinen Eltern keine VORWÜRFE zu machen, da sie nach bestem Wissen und Gewissen gehandelt haben. Habe MITGEFÜHL mit ihnen und erkenne, dass Sie vielleicht selbst an Zurückweisung leiden, vor allem das Elternteil desselben Geschlechts, auch wenn diese Seelenwunde dort wahrscheinlich anders zum Ausdruck kommt.

Es gibt vier wichtige Schlüssel, unsere Schüchternheit zu überwinden: *Blick, Stimme, Händedruck* und *Atmung*. Vor dem Spiegel kannst Du einen ehrlichen, offenen *Blick* üben, aber auch sehen, welches Lächeln, welcher andere Gesichtsausdruck Dir gut gefallen. Stell Dir vor, Du würdest einem anderen so voller Sicherheit und Selbstvertrauen in die Augen sehen. Eine weitere Übung besteht darin, die Augen in einem dunklen Zimmer so lang wie möglich ohne blinzeln offen zu halten und dann in einen hellen Raum zu treten. Versuche eine ganze Seite ohne Blinzeln zu lesen. Beide Übungen verleihen Dir einen intensiveren und regeren Blick, der Dir mehr Selbstsicherheit geben wird.

Um ein besseres Gefühl für Deine *Stimme* zu bekommen, kannst Du Dich einmal während eines Telefongesprächs aufnehmen. Hör Dir dann an, wie Du sprichst. Einen festen und zuversichtlichen *Händedruck* kannst Du mit einer zusammengerollten Zeitung trainieren. Das stärkt die Muskeln von Hand und Unterarm und ermöglicht Dir einen kraftvollen und warmen ersten Kontakt. Schließlich solltest Du mehrmals täglich ganz bewusst *atmen*. Auf die große Bedeutung der ATMUNG wird unter diesem Stichwort noch ausführlicher eingegangen. Es gibt noch viele andere Mittel und Methoden mehr SELBSTVERTRAUEN zu gewinnen: Dazu gehören Theater, Tanz, Gesang und andere Gruppenaktivitäten.

All diese Übungen und der verstärkte Kontakt mit anderen helfen INTROVERTIERTEN Menschen, sich zu öffnen und ihre Schüchternheit zu überwinden. Alle körperlichen Tätigkeiten haben unmittelbare Auswirkungen auf unseren EMOTIONS- und MENTALLEIB. Wir sollten versuchen, ganz genau in uns zu hören, was in uns vorgeht, wenn wir uns nicht wohl in einer Situation fühlen.

Wollen wir uns verbessern, so werden wir nicht umhin kommen, unsere Haltung zu ändern und konkrete AKTIONEN zu SETZEN. Haben scheue Menschen ihre Schüchternheit einmal überwunden, ermöglicht ihnen ihre FEINFÜHLIGKEIT, die BEDÜRFNISSE ihrer Mitmenschen zu erkennen. Sie können ausgezeichnete Vertreter oder Therapeuten werden, da sie nicht leistungs- sondern vielmehr gefühlsorientiert sind.

Schulden

Finanzielle oder moralische Verpflichtung anderen Personen gegenüber. Meist geht es bei Schulden um geliehenes Geld. Können die Raten ohne weiteres zurückbezahlt werden, gibt es meist keine Probleme mit den Schuldnern oder Kreditgebern. Diese tauchen erst auf wenn wir in finanzielle Schwierigkeiten geraten. Das Geld ist ebenso ein weiteres wie komplexes Thema. Es berührt zahlreiche Facetten unseres Wesens und kann das Gefühl der Unsicherheit, des Vertrauens oder verschiedene Ängste betreffen.

Spirituell orientierte Menschen gehen davon aus, dass **Schulden für das Vertrauen stehen, das unsere Mitmenschen und das Universum in uns setzen.** Gelingt es uns, sie so zu sehen, so sind sie nicht nur akzeptabler, sondern es wird uns auch leichter fallen, die nötigen Mittel aufzubringen, um sie zurückzubezahlen. Beugt uns jedoch die Last unserer Schulden, so ist es oft schwer, ihre positive Seite zu erkennen. Es ist durchaus menschlich daran zu verzagen. Für jedes PROBLEM gibt es eine Lösung.

Wir sollten uns daran erinnern, dass jemand uns sein VERTRAUEN geschenkt hat, um uns etwas zu leihen. Dieser Gedanke kann uns helfen, wieder zur Quelle unserer inneren Kraft und so einen Ausweg zu finden. **Am wichtigsten ist es jedoch zu erkennen, was wir aus unseren Schulden lernen können und wie sie uns helfen, uns selbst zu übertreffen.** So werden wir uns immer weniger verschulden bis zu dem Tag, an dem der Kontakt zu dieser inneren Kraft so stark ist, dass wir alles, was wir brauchen, selbst hervorbringen.

S

Schuldgefühle

Sich selbst anklagen, verurteilen oder VORWÜRFE für etwas machen. Schuldgefühle verursachen unglaublich viel Leid und Elend in der Menschheit, da sie uns hindern, uns so zu akzeptieren, wie wir sind, und unsere Erfahrungen in EIGENLIEBE zu leben. Unsere Mission auf Erden besteht darin, uns zu entwickeln und die Ereignisse unseres Lebens zu akzeptieren, um eines Tages einen reinen Geist zu erlangen. Klagen wir uns selbst an, so widerspricht dies diesem Lebensprinzip. **Selbstvorwürfe jeglicher Art führen zu Schuldgefühlen, die unser spirituelles Wachstum beeinträchtigen.**

Wollen wir eines Tages mit einem neuen Bewusstsein und in wahrer Intelligenz leben, so müssen wir akzeptieren, dass wir nie schuldig sind, auch wenn unser Handeln unserer gesellschaftlichen, moralischen und religiösen Erziehung widersprechen sollte. Natürlich gibt es aus der Perspektive der Vernunft Schuld. Doch wollen wir dieses Thema in unserem Buch aus spiritueller Sicht behandeln, für die **unser wahres Wesen unschuldig und vollendet ist**. Ein solches Konzept beruht also auf der Vorstellung des ABSOLUTEN, wo es weder GUT noch SCHLECHT gibt.

Woher stammen also Schuldgefühle? Sie gehen nicht nur auf den Einfluss von Eltern, Erziehern oder Religion, sondern auch auf unsere ÜBERZEUGUNGEN, ÄNGSTE und unverheilte SEELENWUNDEN zurück. Wir fühlen uns schuldig, weil wir meinen, nach ganz bestimmten Moralvorstellungen handeln zu müssen. Je tiefer diese ÜBER-ZEUGUNGEN in uns verankert sind, desto tiefer sitzen auch die damit verbundenen Schuldgefühle. Machen wir uns Selbstvorwürfe, so stellen wir zu hohe Ansprüche an uns selbst, da wir nicht realistisch sind. Wir sind wütend auf uns, weil wir enttäuscht sind, unsere irrealistischen Ziele nicht erreicht zu haben.

Fühlen wir uns anderen gegenüber schuldig, so meinen wir für ihr Glück oder Unglück verantwortlich zu sein. Als Kinder haben wir gelernt, dass wir die Erwachsenen ent-täuschen, wenn wir nicht ihren Normen entsprechen, nicht gehorchen oder schlechte Noten in der Schule haben. Daraus haben wir geschlossen, an ihrem Unglück schuld gewesen zu sein.

In der Folge glaubten wir mehr für das Glück der anderen als für unser eigenes zustän-dig zu sein. Schuldgefühle sind untrennbar mit Ängsten verbunden: Der Angst zu missfallen, zurückgewiesen zu werden, nicht den Erwartungen anderer zu entsprechen, kurzum, nicht geliebt zu werden. Wir leiden, weil wir an mehreren Stellen zugleich, am meisten jedoch in unserem Selbstwertgefühl getroffen sind. Der einzige Weg, diesem Teufelskreis Einhalt zu gebieten, besteht darin, unsere Überzeugungen zu revidieren und eines Tages zum Schluss zu gelangen, dass wir trotz bestimmter Verhaltensweisen einzigartig und liebenswert sind. Niemand auf dieser Erde hat die Aufgabe oder Macht, andere glücklich zu machen.

Ein weiterer Trugschluss ist die Meinung, wir seien feinfühligere und bessere Menschen, wenn wir Schuldgefühle empfinden. Stellen wir uns eine Frau vor, die sich Vorwürfe macht, die Kontrolle über sich verloren und ihr Kind geschlagen zu haben. Sie tadelt sich, zu streng gewesen zu sein und hält sich für eine schlechte, UNWÜRDIGE Mutter. Sie nimmt sich vor, nie wieder so niederträchtig zu handeln. In ihrem Inneren meint sie, dass dieses Bedauern und ihre Schuldgefühle sie wieder zu einer guten Mutter werden lassen. Je mehr wir uns jedoch versprechen, nie wieder etwas zu tun und je größere Schuldgefühle wir dafür hegen, desto sicherer werden wir wieder „rückfällig". Siehe dazu auch das Thema ELEMENTARE GEDANKENFORMEN. Schuldgefühle führen nie zu positiven Ergebnissen, weshalb sie nach Möglichkeit vermieden werden sollten.

Was können wir tun, um uns nicht mehr schuldig zu fühlen? Zuerst müssen wir erkennen, dass wir uns nicht unser wahres Wesen, sondern nur eine innere Stimme uns anklagt, die gelernt hat, dass dieses oder jenes Verhalten schlecht sei. Diese Stim-me findet, wir hätten kein Recht auf menschliche Schwächen, Ängste oder Grenzen. Je weniger wir jedoch einen Charakterzug an uns AKZEPTIEREN, desto stärker und vehementer kommt er zum Ausdruck. Öffnet die Mutter unseres vorherigen Beispiels ihr Herz, um die Beweggründe ihrer Handlung zu entschlüsseln, so wird sie entdecken, dass sie ihrem Kind keineswegs schaden wollte. Sie hatte ihre Grenzen überschritten, sonst nichts! In ihrem tiefsten Inneren weiß sie, dass sie ihr Kind liebt, und dass sie nur die Kontrolle über ihre EMOTIONEN verloren hat. Ihr fehlten die nötigen Kenntnisse und Erfahrungen, um in diesem Augenblick anders zu handeln. Akzeptiert sie sich auf diese Weise, setzt sie den ersten Grundstein für ein besseres Verhalten. Nur unser ICH ist vom Gegenteil überzeugt. Es meint, AKZEPTIEREN sei gleichbedeutend mit gutheißen und führe nur dazu, dasselbe Verhalten fortzusetzen. Dem ist jedoch keineswegs so. **Je mehr wir uns AKZEPTIEREN, auch wenn wir nicht unbedingt mit einem bestimmten Verhalten einverstanden sind, desto mehr können die Dinge sich wandeln.**

Warum wollen wir anderen manchmal ganz bewusst wehtun? Sind wir schuldig, weil wir leiden? Meint ein Teil unseres Wesens, diesem Leid durch Rache Einhalt gebieten zu können, so sind wir zwar nicht schuldig, doch sind wir für die Folgen dieser Rache verantwortlich.

Hier liegt auch der Schlüssel zur Überwindung unserer Schuldgefühle: VERANTWORTUNGSBEWUSSTSEIN. Selbstvorwürfe führen zu übermäßiger, ja zwanghafter Selbstkontrolle (siehe auch ZWANGHAFTES HANDELN), die die HÖLLE auf Erden sein kann. Manche Menschen haben Schuldgefühle beim Essen, weil sie Angst haben, zu dick zu werden. Sie sind regelrecht von dieser Vorstellung besessen, bis es schließlich trotz aller Selbstkasteiung wirklich so weit kommt. Schuldgefühle können nur überwunden werden, indem wir uns die ihnen zugrunde liegenden Mechanismen bewusst machen. Sie können sich auf verschiedenste Weise offenbaren:

- Durch Unfälle, plötzliche Schmerzen oder VERLETZUNGEN.
- Wenn wir uns entschuldigen oder rechtfertigen.
- Wenn wir versuchen, anderen die Schuld zuzuschieben.
- Wenn wir uns Dinge versagen, die uns eigentlich Freuden bereiten würden, weil wir bestimmte Konsequenzen befürchten.
- Wenn wir im Konjunktiv schwelgen und uns in „Hätte ich doch …", „Eigentlich sollte ich nicht …" usw. ergehen (Sagen wir besser: „Ich habe dieses oder jenes gelernt …" oder „Ich erkenne dadurch …")
- Wenn wir uns insgeheim VORWÜRFE für etwas machen.

Zusammenfassend können wir also sagen, dass Schuldgefühle nicht nur unserem SELBSTWERTGEFÜHL, sondern auch unserer PERSÖNLICHKEITSENTFALTUNG abträglich sind. **Sie lassen uns in einem Zustand verharren, der nicht unserem wirklichen Wesen entspricht.** Sie beeinträchtigen unsere LEBENSFREUDE, Risikobereitschaft und schaffen zusätzliche ÄNGSTE und KRANKHEITEN. Wir sollten uns ganz bewusst dazu entschließen, solchen Gefühlen in Zukunft keinen Raum mehr zu lassen.

S

Schutzengel

Siehe FÜHRER DES JENSEITS.

Schwäche

Verlust unserer Kräfte, Energie oder emotionalen Stärke. Körperliche wie psychische Schwäche sind ein Zeichen von Ermüdung oder Mangelerscheinungen. Schwächliche Menschen fühlen sich verwundbar und unfähig, sich an bestimmte Lebensbedingungen anzupassen, weil sie von ihren ÄNGSTEN oder WAHRNEHMUNGEN MANIPULIERT werden und ihnen jegliche WILLENSKRAFT fehlt. Für Menschen, die z. B. Alkohol-, Drogenkonsum oder irgendeine andere ABHÄNGIGKEIT überwinden möchten, ihre Sucht jedoch nicht überwinden, besteht die Schwäche darin, in einem Bereich, der ihnen Leid bereitet, gegen ihren eigentlichen Willen zu handeln.

Manche halten sich für schwach, weil ihnen ein bestimmter Charakterzug fehlt, oder sie Gesundheitsprobleme haben. Sehr oft halten sie diese Anlagen für VERERBT. Sie unterhalten nachteilige ÜBERZEUGUNGEN, dass sie nichts dagegen unternehmen können und fügen sich in die Rolle des OPFERS. Diese Haltung wird zu einer meist völlig unbewussten Entschuldigung, um zu vermeiden, den Problemen auf den Grund zu gehen und zu ihrer inneren KRAFT zu finden.

Wahres VERANTWORTUNGSBEWUSSTSEIN kann Schwäche in Stärke wandeln. Wenn wir uns schwach fühlen, sollten wir uns daher sagen: „Was kann ich dadurch nicht *haben, tun* oder *sein*?" Unsere Antwort deckt sich mit unseren wirklichen WÜNSCHEN, die wir uns wegen überholter Überzeugungen versagen.

Unterentwickelte Eigenschaften äußern sich oft als Schwächen, wenn wir uns von unseren Sinnen, Ängsten oder anderem steuern lassen. Es fehlt uns an psychischer Stärke, die notwendigen AKTIONEN ZU SETZEN. Dennoch möchten wir unterstreichen, dass ein großer Unterschied zwischen Schwächen und GRENZEN besteht.

Schwangerschaftsabbruch

Siehe ABTREIBUNG.

Schwarzes Schaf

Eine Person, die in einer Familie oder Gruppe unerwünscht ist oder von anderen als störend empfunden wird. Sie wird beiseite geschoben und zurückgewiesen. Diese Rolle wird ihr von den anderen Gruppenmitgliedern zugewiesen, da sie sich stark von ihnen unterscheidet. Meist weist sie die Normen, die jene ihr auferlegen wollen zurück und bestand schon als Kind auf ihrer eigenen INDIVIDUALITÄT. Sie will sie selbst sein und weigert sich die Richtlinien der anderen zu akzeptieren, nur um ihnen Freude zu machen und so zu sein wie der Rest der Welt. Es handelt sich hier um NEUE, unangepasste Kinder, die sich gegen alle bestehenden Systeme auflehnen.

Giltst Du als schwarzes Schaf, so nimm das als ein Kompliment. Unsere Gesellschaft braucht solche Außenseiter, um sich weiter entwickeln zu können. Hast Du gelernt, Dein Verhalten ein wenig den anderen ANZUPASSEN, kannst Du maßgeblich zur Entfaltung unseres Planeten beitragen. Verharrst Du jedoch in Deiner REAKTIONSHALTUNG, vergisst Du Dein wahres Wesen und läufst Gefahr zu weit zu gehen.

S

Schwierigkeiten

In der Regel lösen Schwierigkeiten bestimmte Emotionen in uns aus. Wir verstehen sie als Probleme, Hindernisse, Schicksalsproben. Die meisten Probleme erwachsen jedoch aus unseren hohen ERWARTUNGEN, unserer Unfähigkeit, die Ereignisse unseres Lebens zu AKZEPTIEREN und unserem Versuch alles kontrollieren zu wollen.

Zunächst sollten wir erkennen, dass wir alle Schwierigkeiten unserer Existenz selbst verursachen. Es ist nicht immer leicht, sich vorzustellen, dass irgendetwas in uns bestimmte Ereignisse anzieht, um uns die für unsere Entwicklung nötigen Erfahrungen machen zu lassen. Gelingt es jedoch, diese existentielle VERANTWORTUNG zu akzeptieren, so sind wir auch in der Lage, unsere Schwierigkeiten aus einem völlig anderen Blickwinkel zu betrachten.

Wir können sehr viel Positives gewinnen, wenn wir Schwierigkeiten als ausgezeichnete Führer unseres Lebens verstehen. Hindernisse halten uns dazu an, uns selbst zu überwinden und lassen uns unsere Kräfte und wahren BEDÜRFNISSE entdecken. Anstatt unsere ganze Energie auf das Problem zu konzentrieren, richten wir sie auf mögliche Lösungen, die uns erlauben, uns durch die Herausforderung zu entfalten.

Manche Menschen brauchen Probleme, um die Aufmerksamkeit anderer auf sich zu lenken. Sie fühlen sich wohl in der Rolle des OPFERS. Hätten sie keine Schwierigkeiten mehr, empfänden sie eine solche Leere, dass sie sich sofort neue Probleme schaffen würden, um das Gefühl zu haben, am Leben zu sein. Sie identifizieren sich gewissermaßen mit all ihren Nöten, Bürden, Frustrationen, Schmerzen und Zwängen. Ihre pessimistische Weltsicht verschlimmert nicht nur ihre Probleme, sondern lässt auch keine Lösungen zu. Sie lassen sich vom Leben in alle Richtungen schleudern, ohne etwas dagegen zu unternehmen.

Liegt Dir ein großes Problem auf dem Herzen, so atme zunächst ein paar Mal tief durch. Das wird Dir helfen, Deine INNERE MITTE wieder zu finden. Dann akzeptiere, dass diese Schwierigkeit ihre Existenzberechtigung in Deinem Leben hat. Analysiere, was Du jetzt durch dieses Problem nicht *tun, haben, sagen* oder *sein* kannst. Es steht nämlich genau für das, was Du wirklich willst. Erkenne nun, dass nicht das offensichtliche Problem Dich wirklich daran hindert, sondern lediglich Deine ÜBERZEUGUNGEN. Dies ist auch der Grund dafür, weshalb ungelöste Probleme nie verschwinden. Sie versinken nur in einen Ruhezustand, bis eine Situation sie erneut zum Leben erweckt, um Dir zu verstehen zu geben, dass all die ihnen zugrunde liegenden Probleme nach wie vor vorhanden und aktiv sind.

Um Lösungen zu ermöglichen, müssen wir aufhören, Situationen zu DRAMATISIEREN. So scheinen sie uns plötzlich wesentlich unkomplizierter und leichter lösbar. Schließlich erscheinen Probleme in einem völlig neuen Licht, wenn wir imstande sind, das Geschenk hinter ihnen zu entdecken. Leiden wir z. B. sehr unter einer Scheidung, so kann ein solches Geschenk in der Entdeckung größerer Eigenständigkeit bestehen.

Es gibt immer einen Ausweg und für alles eine Lösung, **da jeder Mensch über alle nötigen Mittel verfügt, jedes auch noch so schwierige Hindernis zu überwinden,**

S

das sich ihm in den Weg stellt. Es heißt, dass wir kein Problem anziehen, dem nicht schon die Lösung innewohnt. Der Schlüssel liegt darin, uns nicht auf das Problem, sondern auf die Lösung zu konzentrieren. Mit genügend Willen, Anstrengung und ZUVERSICHT können wir uns jeder Schwierigkeit stellen, wenn wir bereit sind, unsere Haltungen, Verhaltensweisen und Überzeugungen zu verändern.

Wir dürfen nie aus den Augen verlieren, dass Probleme Teil unserer Lebenserfahrungen und dazu da sind, uns besser kennen zu lernen, zu akzeptieren und unser Potential zu entwickeln. Sie lassen uns vor allem erkennen, was wir nicht wollen, und machen uns dadurch unsere wahren Wünsche klar. Wir können ein Blatt der Vergangenheit wenden und uns der Gegenwart zuwenden. Die Dinge werden uns wesentlich einfacher und nicht mehr so problematisch erscheinen. Wofür entscheidest Du Dich? Willst Du Dich weiterhin von Deinen Problemen einzwängen lassen oder *entschließt* Du Dich, zu reagieren und Dich durch sie zu entfalten?

Seele

Die Seele ist das Prinzip des Lebens und Denkens, welches den menschlichen Körper animiert und ihm seine Feinfühligkeit verleiht. So gesehen, gehört auch unsere emotionale und mentale Dimension in den Bereich der Seele. Hier liegen auch alle Erinnerungen, die wir im Laufe all unserer Leben angehäuft haben. Wir treten unser Erdenleben also mit reichlichem Gepäck unserer verschiedenen Inkarnationen an. Alle Erlebnisse unseres Körpers, unserer Gefühle und unseres Verstandes werden in unserer Seele verzeichnet. Unser Körper ist nicht nur ihr Behältnis und Werkzeug, sondern zugleich auch ihr Echo. Er spiegelt all ihre Gedanken, Taten und Gefühle in unseren Erfahrungen wider.

Stirbt ein Mensch oder – wie wir so treffend sagen – „haucht er seine Seele aus", so nimmt diese ins Jenseits nur die Ergebnisse der Entscheidungen mit, die der Mensch während seines Erdenlebens in Folge all der Erfahrungen und Vorfälle getroffen hat, die sie selbst provoziert und hervorgerufen hat. Dank unseres FREIEN WILLENS haben wir die Möglichkeit, alle Erfahrungen dieses Lebens selbst zu bestimmen. Die Seele gehört der STOFFLICHEN Welt ebenso an wie der ASTRALEN. Hat sie sich schließlich wieder mit dem Licht vereint, wird sie erneut Teil der SPIRITUELLEN Welt.

Das Endziel der Seele ist diese Rückkehr ins Licht, wenn sie wieder zum reinen GEIST wird. Zuvor hat sie jedoch auf ihrem Weg durch die verschiedenen Inkarnationen bestimmte Erfahrungen zu bewältigen. Dazu gehören unter anderem auch unsere SEELENWUNDEN, Schuldgefühle, Urteil oder die Unfähigkeit Dinge zu akzeptieren. Aus diesem Grund werden wir gerade in diesen Körper, in diese Familie und in diese Umwelt geboren. Es ermöglicht uns, an diesen Problemen zu arbeiten und wieder zum Licht zurückzufinden.

Die Seele wird so lange wiedergeboren, als sie verdrängte, unbewusste oder unbefriedigte Bedürfnisse auf dieser Erde hat. Wir kehren also wieder, bis wir all unsere Ängste, Schuldgefühle usw. überwunden haben. Wir gehören großen Seelenfamilien an, deren Mitglieder wir schon aus mehreren Leben kennen. Wir haben also eine große Anzahl an GESCHWISTERSEELEN, die wir recht schnell erkennen. Schon bei unserem ersten Treffen haben wir das Gefühl sie seit langem zu kennen. Wir haben ein Déjà-vu-Erlebnis.

Es heißt, es warteten mehrere Milliarden Seelen in der ASTRALWELT darauf, wiedergeboren zu werden und ihren Weg auf der stofflichen Ebene fortsetzen zu können. Es ist also ein großes Privileg auf der Erde sein zu dürfen, und wir sollten so gut wie möglich davon profitieren, unsere Erfahrungen ohne jegliches SCHULDGEFÜHL und URTEIL zu AKZEPTIEREN.

Seelentief

Entmutigung und düstere Ideen, Unbefriedigung und innere Leere. Diese Gefühle überkommen besonders allein stehende und TRAURIGE Menschen, denen ein konkretes Lebensziel fehlt oder die ständig versuchen, den ERWARTUNGEN ihrer Mitmenschen zu entsprechen und darüber ganz vergessen, sich um ihr eigenes Leben zu kümmern.

Am besten werden wir uns der Problematik bewusst, wenn wir uns täglich ein wenig Zeit nehmen, um zu beobachten, was in unserem Inneren vorgeht. So können wir unsere Gefühle in Worte oder Bilder fassen. Fühlen wir uns vernachlässigt, unnütz oder machtlos? Haben wir das Gefühl identifiziert, können wir auch leichter daran arbeiten und nach geeigneten Lösungen suchen. So kann eine schwierige Situation dazu dienen, eine wertvolle LEBENSBILANZ zu ziehen.

Oft genügt es, uns etwas abzulenken und Dinge zu schaffen, die uns Spaß machen. Auch freiwillige Arbeit, besonders mit Kindern und Jugendlichen kann uns aus der Affäre ziehen. Ein neues ZIEL im Leben zu haben, verleiht ungeheuer viel Energie. Von einer subtileren Warte aus gesehen, ist in einem Seelentief vor allem unser EMOTIONSLEIB schlecht genährt.

Ein Seelentief ist noch keine DEPRESSION. Während es sich hier um eine vorübergehende Phase handelt, die ein paar Stunden oder Tage dauern kann, ist eine Depression bereits in einen Gemütszustand übergegangen.

Seelenwanderung

Siehe METEMPSYCHOSE.

Seelenwunden

Wunden sind Verletzungen lebendigen Gewebes durch einen unwillkürlich oder absichtlich hervorgerufenen äußeren Einfluss. Geht es hier hingegen um Seelenwunden, so betrifft dies psychische Schwachstellen, die sich unter den folgenden fünf Hauptpunkten zusammenfassen lassen: „ZURÜCKWEISUNG, VERNACHLÄSSIGUNG, ERNIEDRIGUNG, VERRAT und UNGERECHTIGKEIT.

Jeder Mensch kommt mit solchen Seelenwunden zur Welt, um an ihnen zu arbeiten, d. h. sie zu akzeptieren. Je nach dieser Ausgangsposition reagieren verschiedene Typen völlig anders auf dieselben Dinge. So kann eine Frau, deren Mann oft Überstunden machen muss, sich **vernachlässigt** oder aber **zurückgewiesen** fühlen, weil sie meint, sie wäre nicht wichtig genug, damit ihr Mann sich mehr um sie kümmert. Leidet sie hingegen an der Seelenwunde des **Verrats**, kann sie ihm misstrauen und bezweifeln, dass er wirklich arbeitet, und meint vielleicht sogar er habe eine Mätresse.

Leidet die Gattin an keiner dieser Seelenwunden, so wird ihr eine solche Situation keine Probleme bereiten, auch wenn ihr der Partner manchmal vielleicht auch fehlt. So ist sie durchaus in der Lage, sich in ihrer Freizeit um eigene Interessen zu kümmern. Das ICH will diese Seelenwunden nicht anerkennen, weil es meint, dadurch weniger leiden zu müssen. Daher entwickelt es die verschiedensten MASKEN als Überlebenstechniken, deren einziger Zweck darin besteht uns vor Schmerzen zu wahren. Leider hindern sie uns in Wirklichkeit jedoch daran, wir selbst zu sein und sind somit Ursachen für zahlreiche Schwierigkeiten.

Außerdem fällt es uns schwer, uns einzugestehen, dass wir anderen genau das antun, wovor wir selbst uns fürchten. Alles, was uns jedoch durch unsere Umwelt widerfährt, ist lediglich ein Spiegel dessen, was wir uns selbst zufügen. Menschen, die an der SEE-LENWUNDE der UNGERECHTIGKEIT leiden, haben das Gefühl, immer und überall auf sie zu stoßen. Doch entgeht ihnen dabei völlig, dass sie anderen und vor allem sich selbst gegenüber ungerecht sind. Je tiefer sie jedoch sitzt, desto schwerwiegender sind auch die entsprechenden Erfahrungen, die sie anzieht.

Um solche Wunden zu heilen sollten wir aufhören, andere, die uns vorwerfen sie zu verletzen, kategorisch zurückzuweisen. Wir alle haben das Recht so zu sein, wie wir sind. Der Schlüssel des Heilens liegt gerade im AKZEPTIEREN. Wir dürfen nie aus den Augen verlieren, dass wir nicht an unseren Erfahrungen, sondern an unseren REAKTIONEN auf sie leiden. Diese stehen in direktem Zusammenhang mit unseren unverheilten Seelenwunden.

Für weitere Informationen zu diesem Thema verweise ich auf mein Buch *Heile die Wunden Deiner Seele*. Dort werden die 5 Seelenwunden im Detail behandelt. Wir lernen nicht nur, sie zu identifizieren und ihre Ursachen zu ermitteln, sondern sehen auch welche Charaktere ihnen entsprechen, erfahren, warum es manchen so schwer fällt, sie zu überwinden, entdecken die uns innewohnenden Kräfte und Mittel, die uns auf dem Weg zum Glück behilflich sein können.

Sein

In diesem Werk steht das „Sein" für die Essenz, das Wesen jedes Menschen. Es ist unser INNERER GOTT, unser „ICH BIN", unsere Quintessenz und Schaffenskraft. Wir *sind* alle auf diesem Planeten, um zu erkennen, dass wir alle Teil des *schaffenden* GOTTES sind. Im Idealfall sollte alles, was wir tun, sagen, denken und fühlen, den BEDÜRFNISSEN unseres Wesens entsprechen, um eines Tages zu uns selbst zu finden und wirklich frei zu sein. Hier ein Merksatz, der uns täglich begleiten sollte: „Was hilft mir dies oder jenes zu *sein*? Werde ich dadurch glücklich, in Frieden, zuversichtlich usw. zu sein?" Dabei dürfen wir nie vergessen, dass es auf der Ebene des *Seins* weder gut noch schlecht gibt. Wir wollen die Erfahrungen der verschiedensten menschlichen Aspekte machen, auch wenn unser Verstand oder die Gesellschaft sie für negativ oder schlecht hält. Eines Tages sind wir WEISE und INTELLIGENT genug, um so *sein* zu wollen, dass es zur Harmonie der Menschheit beiträgt.

Sekten

Gruppen, die von einem oder mehreren Oberhäuptern manipuliert werden. Sekten gibt es schon seit Menschengedenken. Sie befriedigen das große ICH eines GURUS und spiegeln den Mitgliedern vor, ihren Liebesmangel durch das Gefühl der Zugehörigkeit wettzumachen. Es gibt „leichte" und „harte" Sekten. Je mehr die Rechte, Würde und Freiheit der Mitglieder in Mitleidenschaft geraten, desto „härter" sind sie und desto mehr bedienen sie sich der verschiedenen Manipulationsmethoden.

- **Körperlich:** Unterernährung, Schlafmangel und intensive Arbeit.
- **Psychisch:** Veränderung der Persönlichkeit, kein Recht zu Kritik oder eigener Meinung, Verhinderung von Kontakten außerhalb der Sekte.
- **Beziehungsbedingt:** Bruch und Entfernung von der Familie, Verbot, am gesellschaftlichen und kulturellen Leben der Gegend teilzunehmen.

Auch RELIGIONEN sind eine Form „leichter" Sekten, von der sich die Gläubigen leichter abwenden können. Es ist wesentlich schwerer, einer „harten" Sekte den Rücken zu kehren, denen die Anhänger meist all ihr Hab und Gut überlassen haben. Sie haben die Bande zu ihren früheren Freunden und ihrer Familie getrennt und oft Angst vor der Strafe des Gurus.

Menschen, die sich einer Sekte anschließen und bereit sind Entbehrung und Leid dafür zu ertragen, weil sie glauben, dies sei der einzige Weg zu Glück und Erleuchtung zu gelangen, versuchen in ihrem tiefsten Inneren, ihr Leben zu verbessern. Leiden sie jedoch in ihrem Sektenleben mehr als zuvor, so sollten sie einsehen, dass dies kein INTELLIGENTER Weg zum Glück ist.

Um festzustellen, ob eine Sekte oder Religion zu Deinem Vorteil ist, solltest Du Dich fragen, ob ihre Lehren ÄNGSTE in Dir erzeugen. Sind sie nicht dazu da, unsere Ängste zu verringern und uns glücklicher zu machen? Entscheidest Du Dich, aus einer Sekte auszutreten, so solltest Du zunächst die positiven Seiten dieser Erfahrungen anerkennen. Du hast nun sicher gelernt, DICH ZU BEHAUPTEN, hast Deine EIGENSTÄNDIGKEIT und Dein UNTERSCHEIDUNGSVERMÖGEN gestärkt und bist Dir Deiner BEDÜRFNISSE bewusster geworden.

Selbstannahme

Hierbei handelt es sich um die spirituelle Form des AKZEPTIERENS, in der die Liebe auf uns selbst gerichtet ist. Es ist gar nicht so leicht, sich so anzunehmen, wie wir sind. Wir haben ständig etwas an uns auszusetzen. Dabei sind wir oft wesentlich strenger mit uns selbst als mit anderen. **Sich selbst akzeptieren heißt, sich mit all unseren Ängsten,**

Grenzen, Fehlern und Schwächen anzunehmen. Das bedeutet, dass wir uns ohne jegliches Urteil das Recht zugestehen, so zu sein, wie wir gerade sind – auch wenn wir keineswegs perfekt oder mit unseren Handlungen zufrieden sind.

Stellen wir uns eine Frau vor, die Schwierigkeiten hat, ihre Essgewohnheiten zu disziplinieren. Sie weiß, dass sie zu viele Süßigkeiten isst und würde sich das gerne abgewöhnen. Immer wieder steht sie vor dem Dilemma: Naschen oder Selbstkontrolle? Empfindet sie das unwiderstehliche Bedürfnis nach Zucker, so akzeptiert sie sich selbst, indem sie sich eingesteht, ihre Sinne zu befriedigen, dies jedoch völlig bewusst tut. Das heißt, dass sie genau beobachtet, was sie bei jedem Bissen in ihrem Inneren empfindet. Vernimmt sie da eine kleine Stimme in sich, die ihr vorhält: „Jetzt isst Du schon wieder Süßigkeiten. Du verfügst über keinerlei Willenskraft. Du hattest Dir doch versprochen, damit aufzuhören, usw.", so ist das die Stimme der Selbstanklage, die nichts akzeptiert.

Akzeptiert sich diese Frau, so stellt sie lediglich fest, was in diesem Augenblick geschieht, ohne sich oder die Situation ändern oder kontrollieren zu wollen. Es geht vielmehr darum zu erkennen, dass diese Situation ihr helfen soll, einen Aspekt ihres Wesens, in diesem Fall ihre Grenzen, zu entdecken. Akzeptiert sie sich, so sagt ihre innere Stimme: „Ich nasche, auch wenn ich weiß, dass ich eigentlich nicht damit einverstanden bin. Eigentlich hätte ich einen anderen VORZUG. Ich würde meinem Körper diese zusätzliche Arbeit lieber ersparen, aber im Augenblick ist das eben so." So lautet die Stimme der Selbstannahme. Sie birgt weder Urteil noch Kritik, da wir wissen, dass wir gerade lernen, uns selbst so zu akzeptieren, wie wir sind. In der Folge ist es viel leichter zu sehen, was wir noch aus dieser konkreten Situation lernen können. Vielleicht fehlt es uns an Zuneigung und wir ersetzen „Gemütsnahrung" durch Zucker. Sollten wir dem Zucker nicht eher dafür dankbar sein, dass er in der Lage ist, in diesem Augenblick einen Mangel wettzumachen, da wir uns selbst nicht genug lieben oder von anderen abhängen, um uns geliebt zu fühlen. So akzeptieren wir uns voll und ganz. Aus solchen Situationen lernen wir zuerst, was wir nicht wollen, um in der Folge zu sehen, was wir uns wirklich wünschen. Nun liegt es allein an uns, uns die nötige Zeit zuzugestehen und unsere Wünsche in die Tat umzusetzen. Akzeptieren wir uns von ganzem Herzen, so tauchen plötzlich ungeahnte Kräfte und Hilfsmittel aus unserem ÜBERBEWUSSTSEIN auf, die einen dauerhaften Wandel ermöglichen.

Ein großes Hindernis auf dem Weg zum bedingungslosen Akzeptieren ist zweifellos die Angst, eine unliebsame Situation könne bis ans Ende unseres Lebens fortdauern. Doch ist genau das Gegenteil der Fall: Die Situation hat uns nur wirklich im Griff und ändert sich keinen Deut, solange wir sie nicht akzeptieren. Wir machen die verschiedensten Emotionen durch und können so wütend auf uns selbst sein, dass daraus sogar ZWÄNGE erwachsen können.

Um festzustellen, ob eine Situation wirklich von ganzem Herzen akzeptiert ist oder ob wir aber gewisse Emotionen verdrängen, genügt es in uns selbst zu horchen. Fühlen wir uns wohl oder quälen uns Gedanken, Gefühle oder Urteile? Das innere Wohlbefinden ist ein ziemlich sicheres Anzeichen für eine wirklich akzeptierte Situation. Den folgenden Schlüsselsatz sollten wir nicht vergessen und uns gelegentlich vorsagen: „Ich hab mich gern genug, um mich selbst zu schätzen und mir zu erlauben …" **Akzeptieren bedeutet, sich nicht mehr um jeden Preis kontrollieren zu wollen. Sich selbst zu schätzen heißt, Mitgefühl für sich selbst zu empfinden und sich zuzugestehen, lediglich ein Mensch zu sein.**

Selbstaufgabe

Fähigkeit anderen ohne jegliche Erwartungen Zeit, Aufmerksamkeit, Liebe oder Zuneigung zu schenken. Die Definition unter dem Stichwort GEBEN trifft ebenso auf die Selbstaufgabe zu. Leider haben Familie und Religion uns oft gelehrt uns selbst für die anderen zu vergessen. Es ist höchste Zeit, diese Vorstellungen zu revidieren, da sie uns nicht von Vorteil sind. Du kannst anderen nur wirklich geben, wenn Du dazu in der Lage bist und dabei Deine eigenen Grenzen nicht überschreitest. Viele glauben aber auch heute noch, dass es egoistisch ist, anderen – besonders ihren Nächsten – nicht das zu geben, was sie gerne hätten. Gilt das auch für Dich, so solltest Du unter den Punkten EGOISMUS und EIGENLIEBE nachlesen.

Selbstbetrug

Hierunter verstehen wir eine Form des Missbrauchs, wie es auch Lüge und Betrug sind. Auch uns selbst können wir vieles vormachen, um uns Dinge und Situationen so erscheinen zu lassen, wie wir sie gerne hätten. Unser Bild der Wirklichkeit ist so verzerrt, als ob wir sie durch einen Schleier oder getönte Gläser betrachteten. Wir sind also nicht mehr in der Lage uns selbst, unsere Mitmenschen und die Ereignisse des täglichen Lebens so zu sehen wie sie wirklich sind. Das beruht ganz offensichtlich auf unserem Wunschdenken und betrifft vor allem Menschen, die sich oder andere zu KONTROLLIEREN versuchen oder aber unter großen ÄNGSTEN leiden.

Wir können uns bestimmte Gemütszustände einreden und dementsprechend handeln. Wir können vorgeben, Dinge berühren oder verletzen uns nicht, während wir alle damit verbundenen Emotionen und unseren Stress verdrängen. Wir sind überzeugt davon, keinerlei Probleme (mehr) mit unseren Eltern zu haben, leben sie jedoch mit unserem Partner oder unseren Kindern aus. Wir geben vor großzügig zu sein, während wir erwarten, etwas dafür zurückzubekommen, usw.

Nur allzu oft machen wir uns die verschiedensten Dinge vor. Sind wir dabei jedoch wirklich glücklich mit uns selbst und unserer Welt? Belügen wir uns selbst, können wir nicht objektiv sein, unsere Wünsche verwirklichen und uns so sehen wie wir sind. Wir verkennen unsere wahren Bedürfnisse, ja unser ganzes Wesen, und sehen auch nicht, dass wir eigentlich durchaus dazu in der Lage wären, unser Leben positiv zu gestalten. Hier stehen wir jedoch im Bann der Ereignisse und lassen uns von anderen manipulieren. Und scheint es uns momentan auch zu gelingen, all die Ängste zu verdrängen, die uns dazu führen, uns etwas vorzumachen, so brechen sie doch früher oder später umso vehementer an die Oberfläche.

Belügen wir uns selbst, so verschiebt dies nur Probleme, die wir heute schon beseitigen könnten, ohne sie durch diesen ständigen Aufschub schlimmer und komplizierter

S

zu machen. Unser aller Lebensziel ist es, eines Tages in der Lage zu sein uns ehrlich, authentisch und WAHR gegenüberstehen zu können. Das ist ein fundamentales Bedürfnis unseres Wesens.

Selbstdisziplin

Selbst auferlegte Verhaltensregeln. In diesem Buch verstehen wir Selbstdisziplin als Fähigkeit, Entscheidungen und Handlungen unseren BEDÜRFNISSEN anzupassen. Stellen wir uns einen Mann vor, der beschließt, sich in Form zu halten, um gesund zu bleiben. Er geht dreimal wöchentlich turnen, weil ihm das am besten entspricht. Als er eines Abends jedoch besonders müde heim kommt, beschließt er zuhause zu bleiben und sich auszuruhen. Er spürt, dass diese Entscheidung seiner Gesundheit am besten tut. Sein Ziel der guten Form hat er deshalb keineswegs aus den Augen verloren. Er weiß, dass er seine sportlichen Aktivitäten wieder aufnehmen wird, da er sich disziplinieren kann. Er hört also auf seine wahren Bedürfnisse und ist trotzdem FLEXIBEL.

Wir beschließen, uns selbst zu disziplinieren, wenn wir in unserem tiefsten Inneren davon überzeugt sind, dass bestimmte wiederholte Handlungen uns mehr Vor- als Nachteile bringen und unseren Wünschen entsprechen. Dabei verlieren wir unser ZIEL bzw. unseren EXISTENZGRUND nie aus den Augen. Fällt uns eine solche Selbstdisziplin manchmal schwer, so genügt es oft, an das Ergebnis oder die positiven Folgen zu denken, um sich wieder Mut zu machen. Unsere Definition von Disziplin hat also nicht mit der strengen und starren Disziplin zu tun, die anderen und uns selbst unseren Willen aufoktroyiert. Auf dieses Phänomen gehen wir unter den Stichwörtern STARRHEIT, GEHORSAM und KONTROLLE näher ein.

Wollen wir unseren Kindern Disziplin beibringen, so ist das nur durch unser Vorbild möglich, obwohl wir sie dazu motivieren können, sich konkrete Ziele zu setzen, die ihren eigenen Wünschen und Bedürfnissen entsprechen.

Selbstdisziplin hat zahlreiche Vorteile. Sie ist ein ausgezeichnetes Mittel zur Verwirklichung unserer Ziele. Sind wir stolz und glücklich Erfolge in Bereichen zu verzeichnen, die wir nie für möglich gehalten hätten, so verdanken wir dies oft einer gewissen Disziplin. Sie sichert uns Erfolg, ganz gleich, worin wir unsere Zeit, Energie, Entschlossenheit oder unseren Mut investieren. Zeigen wir steten Einsatz und respektieren zugleich unsere GRENZEN, so steuern wir mit Disziplin immer sicher auf unsere ZIELE und IDEALE zu.

Selbstmord

Seinen eigenen Tod absichtlich herbeiführen, Selbstzerstörung. In der Regel kommt diese Trennung für die nächsten unerwartet und ist ein starker Schock. Ob Du nun mit jemandem lebst, der suizidgefährdet ist oder selbst gelegentlich an Selbstmord denkst, es ist wichtig, über die enormen Konsequenzen einer solchen Handlung nachzudenken und das Leben nicht zu DRAMATISIEREN. Menschen, die diese Möglichkeit in Erwägung ziehen, sehen offenbar keine andere Alternative oder glauben gar, es wäre eine

Lösung für ihre Schwierigkeiten. Sie hoffen, dass ihre Probleme damit ein für alle mal behoben werden und sie so ihre Schmerzen überkommen können. Es ist eine Flucht vor der Verantwortung, welche jeder Mensch für sein Leben trägt.

Wir sollten Menschen, die mit Selbstmord drohen, aufmerksam zuhören, ohne uns jedoch dadurch manipulieren zu lassen. Wir können recht schnell feststellen, ob die Drohungen ernst gemeint sind, wenn wir ihnen folgende Fragen stellen: „Warum willst Du nicht mehr leben? Weißt Du, was nach dem Tod mit Deiner Seele geschieht? Hast Du schon beschlossen wo, wann und wie Du zur Tat schreiten willst? Beantworten sie die letzte Frage ohne Zögern, so denken sie tatsächlich an Selbstmord. Wir sollten ihnen klar machen, dass die Entscheidung, ihr Leben zu akzeptieren oder aber zu beenden einzig und allein bei ihnen liegt. Jede Entscheidung zieht gewisse Folgen nach sich. Wir sollten sie daran erinnern, dass sie auf diese Erde zurückkommen müssen, um sich mit allen ungelösten Problemen auseinanderzusetzen.

Wir sollten versuchen, ein tiefes und ehrliches Gespräch mit ihnen zu führen, damit sie ihre Gefühle zum Ausdruck bringen können, sich geliebt, verstanden und nicht verurteilt oder der Gleichgültigkeit der Welt ausgesetzt fühlen. Wir sollten ihnen die Vorstellung wahren Verantwortungsbewusstseins näher bringen. Sie müssen verstehen, dass nur sie alleine die Folgen ihres Handelns zu tragen haben. Schreiten sie trotzdem zur Tat, so müssen wir akzeptieren, dass der Gedanke, weiter auf dieser Erde leben zu müssen ihre Grenzen überschritt. Niemand hat das Recht, solche Lebensentscheidungen anderer zu verurteilen, da jeder nur sich selbst gehört.

Wir werden nie alle Gründe für einen Selbstmord kennen. Er kann sogar Teil des Lebensplans aller Betroffenen darstellen. Meist sollen sie dadurch lernen, ihre Schuldgefühle zu überwinden, loszulassen oder den Tod zu akzeptieren. Das gilt besonders für die, die sich nicht mit dem Selbstmord eines anderen abfinden können.

Wiederholte, gescheiterte Selbstmordversuche wollen Aufmerksamkeit auf sich ziehen und sind ein Hilferuf von Menschen, die sich als Opfer fühlen und wollen, dass man sich mehr um sie kümmert. Es fehlt ihnen an Eigenliebe und sie sind abhängig von anderen. Sie sollten ein konstruktiveres Mittel finden, von anderen beachtet zu werden.

Ein Selbstmord ist weder böse noch schlecht. Außerdem bringen sich viele Menschen langsam durch Rauchen, Alkohol, Drogen, Medikamente, schlechte Ernährung, Hass, Zwangsvorstellungen usw. um. Je langsamer der Selbstmord, desto besser scheint unsere Gesellschaft ihn zu akzeptieren. Ein brüsker Selbstmord wird hingegen verurteilt – ein gutes Beispiel menschlicher Unlogik. Wahre Liebe akzeptiert Ereignisse, auch wenn wir nicht damit einverstanden sind.

Selbstvertrauen

Selbstvertrauen beruht auf Selbstwertgefühl. Auf *sich selbst vertrauen* ist jedoch nicht dasselbe wie *sich etwas zutrauen*. Bei Letzterem beurteilt und bewertet sich die Person nach ihren bisherigen Ergebnissen. Ihr Selbstwertgefühl wie auch ihr Selbstvertrauen hängen völlig von ihrem Erfolg ab. Bleibt dieser aus, bricht das ganze System in sich zusammen und die Person wertet sich ab oder verachtet sich sogar selbst.

Stellen wir uns jemanden vor, der einen Vortrag halten soll. Er kennt die Thematik und ist gut vorbereitet. Läuft alles planmäßig, d. h. nach seinen Wünschen, so kann er stolz auf sich sein und wird nicht vor einem nächsten Vortrag zurückscheuen. Ist ihm der Vortrag aber trotz all seiner Mühen nicht so gelungen, wie er es sich vorgestellt hat, leidet sein Selbstvertrauen darunter. Er wertet sich ab, da er alle Handlungen nach ihren Ergebnissen beurteilt. Er wird vor einem neuen Vortrag zögern oder ihn vielleicht ablehnen, weil er sich vor einem weiteren Misserfolg fürchtet. Hat er jedoch wahres Selbstvertrauen, wird er sich nicht für einen Fehlschlag verurteilen und sich erneut einer solchen Herausforderung stellen. Das ist die ideale Haltung von Erfolgsmenschen. Wer weiß, vielleicht wird gerade dieser nächste Versuch der Ausgangspunkt für eine neue, konstruktive Erfahrung.

Menschen mit Selbstvertrauen machen also die ERFAHRUNGEN, die sie für ihr Weiterkommen für notwendig erachten **ohne sich dafür zu verurteilen**. Sie scheuen nicht davor zurück, Situationen erneut durchzumachen, obwohl ähnliche Fälle bisher nicht zu den erhofften Ergebnissen geführt haben. Sie sind sich also gewiss, dass alles, was ihnen widerfährt, Teil der Erfahrungen ist, die sie für ihre Entwicklung machen müssen. Leute, die sich selbst verurteilen „trauen sich" zwar manche Dinge, „vertrauen sich" aber nicht wirklich selbst.

Die Fähigkeit, uns anderen mitzuteilen und anzuvertrauen ohne deren Urteil oder Kritik zu fürchten, lässt ziemlich sichere Aufschlüsse auf unser Selbstvertrauen zu. Tun wir uns schwer, anderen unsere Schwächen oder Fehler einzugestehen, so mangelt es uns auch an Selbstwertgefühl. Sich anderen zu offenbaren, heißt jedoch keineswegs, ihnen all unsere Probleme aufzutischen, in der Hoffnung seelische Unterstützung von ihnen zu bekommen. Eine solche Haltung lässt kein tiefschürfendes Gespräch zu, da wir uns in der Rolle des OPFERS ergehen. Manche Menschen schlüpfen in diese Rolle, damit andere sich ihnen anvertrauen.

Mangelndes Selbstvertrauen geht meist auf schwierige Erlebnisse der Vergangenheit zurück. Nichts verpflichtet uns jedoch, unser ganzes Leben an diese Schwierigkeiten zu glauben. Wir entwickeln uns ständig weiter, und all unsere Erfahrungen bilden die Grundlage zu neuen, die den Horizont unseres BEWUSSTSEINS erweitern. Um uns erneut zu vertrauen, müssen wir uns aus unserer Bequemlichkeitszone wagen, um RISIKEN einzugehen. Das betrifft vor allem Wagnisse aus dem Bereich des *Seins*, wie z. B. unser wahres Gesicht zu offenbaren oder unsere Verletzbarkeit zu zeigen.

Auch ein Tagebuch kann ein gutes Mittel sein, zusätzliches Selbstvertrauen zu gewinnen. Halte darin ohne jegliche Zensur und ohne Urteil fest, was Du mit Dir und Deinen Mitmenschen erlebt hast. Wenn Du willst, kannst Du das Papier auch gleich danach verbrennen. Wichtig ist vor allem zu lernen, Dich zu enthüllen. Dadurch wird es Dir bald auch leichter fallen, Dich anderen ehrlich, ohne Umschweife und Vorbehalte mitzuteilen, indem Du Dich ganz bewusst fragst: „Was kann mir wirklich geschehen, wenn ich mich öffne?" Beginne, Dich den Menschen anzuvertrauen, die Dir besonders nahe stehen oder mit denen Du Dich in einer solchen Situation wohl fühlst. Schließlich kannst Du es auch in kleinen Gruppen wagen. Der Kreis Deiner Beziehungen wird sich nicht nur erweitern, sondern auch vertiefen. Bald werden Deine Worte, aber auch Deine Handlungen eindeutiger und klarer werden.

Menschen mit Selbstvertrauen können ihre Stärken und Talente ebenso gut anerkennen wie ihre Fehler und Schwächen. Je mehr wir uns unseren Mitmenschen mitteilen können, ohne ihr Urteil zu fürchten oder uns ganz genau auszusuchen, wem wir nun was anvertrauen, desto stärker wird unser Selbstvertrauen. Auf die Dauer werden wir ganz aufhören, uns selbst zu kritisieren und zu verurteilen. Dadurch werden wir nicht nur wagemutiger und eigenständiger, sondern lernen auch, LOSZULASSEN, zu unterscheiden und dem Universum zu vertrauen. Wir werden erkennen, dass es für alles eine Lösung gibt, weil wir uns ständig in Kontakt mit unserem INNEREN GOTT befinden.

Selbstwertgefühl

Wertschätzung, positives Gefühl, das durch die gute Meinung von uns selbst entsteht. Das Selbstwertgefühl beruht auf dem Bild, das wir von uns selbst haben. Erstellst Du eine Liste all Deiner positiven und negativen Seiten und Charaktereigenschaften, so entspricht dies diesem Bild. Was fühlst Du, wenn Du diese Liste länger betrachtest? Das ist Dein Selbstwertgefühl. Personen, die sich schätzen, sind in der Lage ihren persönlichen WERT als Mensch zu erkennen. Sie fühlen sich auch dann noch stark und mutig, wenn sie nicht all ihre Wünsche erfüllen und Ziele erreichen. In schwierigeren Lebensphasen wissen sie, dass sie zusätzliche Erfahrungen machen, durch die sie sich schließlich ebenso weiter entwickeln werden und die sie lediglich zu anderen Zielen und Verwirklichungen führen. Sie haben das Gefühl von der Kraft unterstützt zu werden, die bei jeder neuen Erfahrung aus ihnen selbst erwächst. Bei Meinungsverschiedenheiten werten sie sich nicht selbst ab.

Menschen, denen es hingegen an Selbstwertgefühl mangelt, verachten sich bzw. das Bild, das sie von sich selbst haben. Sie übersehen ihre Vorzüge und finden immer etwas an sich auszusetzen, wo andere eher positive Seiten sehen. Im Gegenzug werden sie versuchen, diesen Mangel durch körperliche ABHÄNGIGKEIT von Zucker, Essen, Speisen, Alkohol oder Drogen zu kompensieren. Dieses ZWANGHAFTE VERHALTEN ist ein Zeichen ihrer affektiven ABHÄNGIGKEIT.

Je weniger wir uns selbst lieben, desto mehr wollen wir von anderen geliebt werden. Dieser Notbehelf vermag unser Inneres jedoch nur vorübergehend zu befriedigen und nicht wirklich zu erfüllen. Er ist bloße Illusion und wie alle Illusionen vergänglich. Wir suchen immer neue Kompensationen, da keine unseren wahren BEDÜRFNISSEN entspricht. Es kann also nur zu unserem Vorteil sind, wenn wir das Bild, das wir von uns selbst haben, positiv gestalten, indem wir es achten und ihm Komplimente machen. Nur so können wir glücklich und harmonisch leben.

Für ein ausgewogenes Selbstwertgefühl sollten wir erkennen, dass jeder Mensch über Fähigkeiten und Talente verfügt, die er anders zur Geltung bringt. Außerdem hilft es,

S

Pläne zu schmieden, ZIELE zu haben und AKTIONEN ZU SETZEN, um sie einzusetzen. Wir können unser Potential von Tag zu Tag steigern, indem wir uns so schätzen, wie wir sind, ohne uns abzuwerten oder mit anderen zu vergleichen. Es ist sehr wichtig, alle Aspekte unserer Persönlichkeit, alle STÄRKEN, SCHWÄCHEN oder IRRTÜMER zu AKZEPTIEREN, auch wenn wir nicht den gewünschten Normen oder Ergebnissen entsprechen. So **gestehen wir uns das Recht zu, menschlich zu sein.**

Je mehr wir uns selbst schätzen, desto eher gestehen wir uns auch zu, uns ohne jegliche SCHULDGEFÜHLE zu verwöhnen. Wir sollten uns Freude bereiten, indem wir uns einen Traum erfüllen, einen lang ersehnten Gegenstand besorgen oder uns einfach um uns selbst kümmern. Achten wir uns, so ernähren wir uns richtig, halten unseren Körper durch Übung und genügenden Schlaf fit, amüsieren uns, vertreiben uns die Zeit nach Lust und Laune und konzentrieren uns auf die positiven Seiten der Menschen. Ein gesundes Selbstwertgefühl ist die Grundlage von EIGENSTÄNDIGKEIT und EIGENLIEBE.

Sensibilität

Siehe FEINFÜHLIGKEIT.

Sexualität

Geschlechtsfunktionen, Sinnesfreuden und Körperkommunikation. Aus spiritueller Sicht ist der Liebesakt Ausdruck und stoffliche Verwirklichung der Verschmelzung von Seele und Geist, d. h. des MÄNNLICHEN UND WEIBLICHEN PRINZIPS, die sich in Mann und Frau verstofflicht haben. Der Orgasmus ist die intensivste körperliche Freude des Menschen und gibt uns einen Vorgeschmack auf die große VERSCHMEL-ZUNG, der unsere Seele entgegenstrebt.

Bis zur großen Trennung war jede SEELE Teil des Ganzen. Daher suchen wir alle nach Wiedervereinigung und Rückkehr zum REINEN GEIST. Die Fusion von Seele und Geist ist das höchste Ziel des spirituellen Weges.

Die Sexualkraft ist eine äußerst starke Energie, die ein neues Menschenleben zeugen kann. Kommt diese Energie durch Liebe, Einverständnis, Harmonie, Teilen und Akzeptierung zum Ausdruck, so kann unsere Schaffenskraft alle Bereiche unseres Lebens erfüllen. Unser Sexualleben symbolisiert auch die Fähigkeit unser Leben nach unseren WÜNSCHEN und BEDÜRFNISSEN zu schaffen. Harmonische Sexualität ist ein Zeichen für ein ausgeglichenes und glückliches Leben.

Außerdem zeigt sie, wie viel Freude wir uns im Leben zugestehen. Hast Du keine Freude am Sex, weil es Dir an Verlangen oder Empfindungen fehlt, oder Du zu Impotenz oder Orgasmusproblemen neigst, so beruht dies auf ÜBERZEUGUNGEN und SCHULDGEFÜHLEN, die Dich glauben lassen, dass Du keine Freude verdienst. Unsere Sexualität lässt außerdem Aufschlüsse darüber zu, wie wir dem anderen Geschlecht gegenüberstehen und ob wir in der Lage sind LOSZULASSEN. Besonders Menschen mit der SEELENWUNDE des VERRATS können sich anderen nur schwer anvertrauen. Das hindert sie an einer erfüllten Sexualität.

Der natürliche Sexualakt wird spirituell, wenn er in LIEBE vollzogen wird. Menschen, die Sexualität für tierisch, sündhaft oder nutzlos halten und ihr Verlangen wegen ihrer ÄNGSTE oder SCHULDGEFÜHLE nicht akzeptieren können, bleiben nicht nur unbefriedigt, sondern sind auch besonders anfällig für Geschlechtskrankheiten. Lust aus anderen Gründen zu verdrängen oder zu kontrollieren, kann zu ZWANGSVORSTELLUNGEN und bei unreifen Menschen sogar zu ZWANGHAFTEM HANDELN und SEXUELLEN AGGRESSIONEN führen.

Es gibt jedoch auch das andere Extrem, in dem Menschen versuchen, eine gewisse innere Leere durch übermäßigen Sex zu überdecken. Sexuelle Kompensation ist ein Zeichen von MANGEL oder ABHÄNGIGKEIT und kann zu Geschlechtskrankheiten führen.

Manche meinen, Keuschheit und sexuelle Enthaltsamkeit (allein oder in der Partnerschaft) seien eine Bedingung für spirituelles Wachstum und Erleuchtung. Doch erzeugt übermäßige Selbstkontrolle genau das Gegenteil, da der Kampf gegen sexuelles Verlangen eher Energie raubt. Bevor wir uns zu Enthaltsamkeit entschließen, sollten wir bereits ein erfülltes und bewusstes Sexualleben ohne Schuldgefühle und Vorstellungen von Gut und Böse hinter uns haben. Abstinenz sollte nicht auf REAKTIONEN gegen etwas oder jemanden, sondern auf EIGENLIEBE beruhen. Die Reinheit der Gedanken, die durch sie erstrebt wird, kann nicht erzwungen werden, da es sich dabei um eine spirituelle und keine stoffliche Eigenschaft handelt.

Die wichtigste Grundlage erfüllter Sexualität ist die KOMMUNIKATION. VERTRAUEN beide Partner einander und bringen ihre tiefen Gefühle zum Ausdruck ohne zu fürchten, vom anderen verurteilt, ausgelacht oder abgewiesen zu werden, so profitiert auch unsere sexuelle Kommunikation davon. Wir sollten genau beobachten, ob unsere Sexualität von ÄNGSTEN überschattet ist. Ist dies der Fall, so kann sie sich nicht harmonisch entfalten. Warum sträuben wir uns gegen die Sexualität mit unserem Partner? Die meisten sexuellen Ängste beruhen auf einem ungelösten ÖDIPUSKOMPLEX. Folglich sollten wir die VERANTWORTUNG für unsere Unzufriedenheit selbst übernehmen, anstatt sie dem anderen zuzuschieben.

Eine sexuelle Beziehung ist eine bereichernde und belebende Erfahrung, wenn sie in Liebe, SELBSTAUFGABE und gegenseitiger ACHTUNG gelebt wird. Zwei Menschen können im Sexualakt miteinander verschmelzen und einander große Freude bereiten. Durch Liebe wird diese körperliche Vereinigung nicht nur zu einem erfüllenden Erlebnis, sondern auch zu einem spirituellen Höhepunkt. So bedingen erfüllte Sexualität und Liebe einander.

Sexuelle Aggression

Es handelt sich hierbei um unerwünschte und aufgezwungene sexuelle Handlungen, bei der eine oder mehrere Personen einer anderen Gewalt antun. Manchmal kommt hierbei auch eine Form des Machtmissbrauchs mit ins Spiel. Wir sprechen von sexueller Aggression, sobald jemand einem anderen eine sexuelle Geste aufdrängt: Das reicht von der Einschüchterung und Bedrohung über die Erpressung zur verbalen oder körperlichen Gewalt. Hier einige konkrete Formen:

- **Obszöne Anrufe:** Anonyme Telefonanrufe mit sexuellem Inhalt, die Angst einflößen sollen.

- **Voyeurismus:** Jemand beobachtet eine intime Szene ohne das ausdrückliche Einverständnis der betroffenen Person(en).

- **Exhibitionismus:** Jemand zeigt einer anderen Person ohne ihr Einverständnis seine Genitalien.

- **Sexuelle Belästigung:** Jegliche Form unerwünschter sexueller Annäherung, die bei einer anderen Person Furcht oder Unwohlsein hervorruft (Blicke, Gesten, Berührungen, Kommentare, obszöne Witze oder Aushang von Pornographie).

- **Inzest:** Sexuelle Aggression von Erwachsenen (Eltern, Stiefeltern, Großeltern, Geschwister, Onkel, Cousins usw.) an einem Kind aus der eigenen Familie. Bei gleichaltrigen Kindern handelt es sich aber eher um Spiele und intime Berührungen „sexueller Erfahrung" als um INZEST.

- **Vergewaltigung:** Sexuelle Gewalttat oder erzwungene sexuelle Beziehung, in dem es zum Eindringen (vaginal, anal, oral) von Penis, anderen Körperteilen oder Gegenständen kommt. Statistisch gesehen, sind 70% bis 85% der Vergewaltiger ihren Opfern bekannt. In 9 von 10 Fällen sind die Täter Männer. Auch in bestehenden Beziehungen oder in einer Ehe kann es zu Vergewaltigungen kommen.

- **Pädophilie:** Erwachsene, die sich sexuell von Kindern angezogen fühlen, die noch nicht die Pubertät erreicht haben, und auch vor sexuellem Missbrauch nicht zurückschrecken.

- **Sexueller Missbrauch:** Person, die ihre Macht oder Autorität missbraucht, um ihre SEXUELLEN PHANTASMEN auszuleben. Das Vergnügen des Aggressors steht dabei in direktem Zusammenhang mit dem Gefühl der Kraft und Macht, welches er dabei empfindet.

Unser Ansatz beruht auf der absoluten VERANTWORTUNG jedes Menschen. Aus diesem Grund lassen sich die genauen Gründe sexueller Aggressionen nur schwer in ihrer Ganzheit ermitteln, da sie sich aus zahlreichen Faktoren zusammensetzen, die der eigentlichen Tat vorausgehen. All diese Ursachen und Erfahrungen wurden in Bewegung gesetzt, um den Betroffenen etwas in diesem Leben zu lehren. Alle Beteiligten – vom Täter über das unmittelbare Umfeld bis hin zum Opfer – haben einen Bewusstwerdungsprozess auf der Ebene der Sexualität zu durchleben. Die Opfer sind oft mit Gefühlen der Machtlosigkeit, der Wut, der Erniedrigung, der Scham und manchmal des Schuldgefühls konfrontiert, wobei sie sich beschmutzt und geschändet fühlen. Solche Emotionen sind oft sehr schwer zu ertragen.

Nichts geschieht zufällig in unserem Leben. Die betroffenen SEELEN stoßen aufgrund des GESETZES DER ANZIEHUNGSKRAFT aufeinander, um bestimmte Dinge auf der Ebene der Sexualität zu verstehen oder zu regeln. Doch kann diese Art von Aggression für manche Menschen mehr oder weniger traumatische Auswirkungen haben. Es ist nicht immer leicht zu akzeptieren, dass solche Dinge nur Personen widerfahren, deren LEBENSPLAN vorhersieht, in diesem Leben an der Problematik der Sexualität zu arbeiten. Das gilt auch für alle anderen Mitglieder der Familie, in die sie geboren wurden. So kann es auch kein Zufall sein, dass sie auch Lebenspartner wählen, die ebenfalls Schwierigkeiten im Bereich der Sexualität haben.

Es ist nicht leicht einzusehen, dass wir auch als Opfer von Aggressionen für das verantwortlich sind, was uns widerfährt. Wollen wir aber eines Tages unsere SEELENWUNDEN heilen, so müssen wir lernen, über das äußere Erscheinungsbild hinwegzusehen und akzeptieren, dass wir alle Seelen sind, die sich inkarniert haben, um bestimmte Erfahrungen zu machen. Manche davon können sehr schmerzhaft sein, doch stehen sie immer in direktem Zusammenhang mit Dingen, die wir in diesem Leben lernen müssen, um unsere Seele weiterzuentwickeln. Gelingt es uns, dies in die Tat umzusetzen, so wird kein Hindernis uns mehr unüberwindbar erscheinen. Alles kann plötzlich bewältigt werden. Wir hören auf, uns in der Rolle des OPFERS zu verstricken und den Fehler auf andere zu schieben. Egal, um welche Erfahrung es sich handelt, ein Teil von uns hat sie provoziert, um unser Bewusstsein zu erweitern. Denn unsere Umwelt spiegelt genau das wider, was wir nicht an und in uns wahrhaben wollen.

Andererseits ist es jedoch völlig menschlich, nach einem solchen Vorfall wütend zu sein, dem anderen und manchmal auch sich selbst Vorwürfe zu machen. Nur selten ist es möglich unsere Verantwortung unmittelbar anzuerkennen, da dies zahlreiche Aspekte unseres Innenlebens zugleich in Frage stellt. Behalten wir jedoch immer im Auge, dass unser innerer Gott all unsere Grenzen und Bedürfnisse kennt. Nichts geschieht mit uns, ohne dass wir bereits über die Mittel verfügten, es zu überwinden.

Für die angegriffene Person ist es ein wichtiger Schritt, sich selbst zu vergeben, den oder die Aggressoren und vielleicht auch sich selbst verurteilt zu haben. So könnte eine *Frau* sich z. B. verzeihen, sich selbst die Schuld zugeschrieben zu haben, indem sie meinte, vielleicht zu aufreizend gekleidet, zu unvorsichtig, zu schwach oder unfähig gewesen zu sein, sich zu verteidigen.

Vergeben heißt aber keineswegs, mit diesen verwerflichen Vorfällen einverstanden zu sein oder auch eventuelle rechtliche Schritte einzustellen, sondern vielmehr den Umstand zu akzeptieren, dass ein misshandelnder Mensch selbst leidet und deshalb die Kontrolle über seine Sexualität verloren hat. Auch wenn solche Erfahrungen als schlecht oder abnormal gelten, müssen wir versuchen, durch sie lieben und vergeben zu lernen. Ein solches Verhalten ermöglicht Riesenschritte in der Entwicklung unserer Seele.

Manchmal ist es auch hilfreich sich vor Augen zu führen, dass *Sexualtäter* selbst in der Vergangenheit missbraucht wurden und solche Vergehen manchmal schon seit Generationen in einer Familiengeschichte verankert sind. So ist das typische Profil solcher Menschen das früh unter Drohungen misshandelte Kind, welches sich zu jener Zeit nicht dagegen wehren konnte. Da es nie lernte, seine Gefühle, Schwächen und Ängste auszudrücken, verdrängte es sie stillschweigend und durchlebte sein Leid alleine, weil es fürchtete, dafür verurteilt zu werden, die Misshandlung ohne Widerstand über sich ergehen lassen zu haben. Auch in seinem weiteren Leben machte sich dieser Mensch zur Gewohnheit, seine Wunden zu verdrängen und zu fliehen, oft in Alkohol oder

S

Drogen. Während dieser Zeit ist er nie er selbst. Der Drogen- oder Alkoholkonsum wird eine Lösung für ihn, die ihn momentan seiner Leiden entledigt. Die Misshandlungen werden weitergehen, so lange keine Bewusstseinsarbeit stattfindet.

In dieser Zeit des Neubeginns und des anbrechenden Wassermann-Zeitalters ist es höchste Zeit, unsere Probleme auf eine andere Weise zu regeln, wenn wir eines Tages größere innere Harmonie erlangen möchten. Sich in Schweigen zu hüllen oder die Aggressoren anzuklagen, ist keineswegs der einzig mögliche Weg. Die Energie, die in diese Handlungen investiert wird, verstrickt alle Betroffenen noch tiefer in der Problematik versinken.

Aber auch in Fällen *falscher Vorwürfe* ist unsere Verantwortung nur schwer zu erkennen. Es ist immer leichter andere anzuklagen. Doch löst das nichts. Wir sollten uns lieber vor Augen halten, dass das Gesetz von Ursache und Wirkung für alle Menschen gleichermaßen gilt und unfehlbar Recht spricht. Es hat also keinen Sinn Anderen Vorwürfe für solche falschen Anklagen zu machen und sich rächen zu wollen. Wurden wir ungerecht beschuldigt, so sollten wir beobachten, was uns an dieser Situation stört und welche Gefühle sie in uns verursacht. So können wir uns bestimmter Aspekte bewusst werden, die wir nicht an uns akzeptieren. Die wichtigste Erkenntnis liegt darin, dass wir diese Situation aus einem ganz bestimmten Grund provoziert haben und uns frei steht, mit Liebe und mit Angst auf sie zu reagieren. Ist Letzteres der Fall, werden wir noch mehr leiden müssen.

Junge Opfer sexuellen Missbrauchs sollten sich an Organisationen oder Spezialisten für Sexualvergehen wenden, die ihnen helfen, dieses Problem aufzuarbeiten. Behalte diesen Schmerz nicht in Deinem Inneren. Je mehr Du Dich damit isolierst, desto mehr leidest Du. Je mehr dieses Leid sich aber in unserem Inneren festsetzt, desto stärker wird es sich in der Folge auch durch Krankheiten Ausdruck verschaffen. Die Folgen werden mit zunehmendem Alter immer schwerer zu tragen sein. Die Vorstellung der Verantwortung mag gerade bei Kindern noch schwieriger zu akzeptieren sein. Die meisten meinen, Kinder seien noch viel zu jung, um verantwortlich zu sein. Doch hat die Verantwortung kein Alter. Die Seele betroffener Kinder muss diese Arbeit auf der Ebene der Sexualität jetzt verrichten. Je früher sie sich darüber im Klaren ist, desto früher wird sie sich von der Problematik befreien können.

Gelingt es ihnen nicht den notwendigen Versöhnungsprozess mit dem Angreifer anzustrengen, so laufen sie Gefahr später selbst Kinder zu misshandeln. Ohne Vergebung nimmt dieser Teufelskreis kein Ende. Nur wahres Verzeihen ist in der Lage das Rad des Karmas zu überwinden. Solange wir Rachegefühle hegen oder versuchen, unsern Zorn oder andere Emotionen zu verdrängen, wird dieses Trauma weiter bestehen und weitere Opfer fordern.

Sexuelle Phantasmen

Phantasmen sind Vorstellungen, die mehr oder weniger bewusste Wünsche widerspiegeln. Manche Menschen stimulieren ihren Sexualtrieb durch dieses Mittel. Bei vielen bleibt dies auf rein gedanklicher Ebene und sie träumen davon sich zu dritt zu lieben oder Voyeure an einem Nacktbadestrand zu sein. Haben solche Phantasmen keine negativen Konsequenzen, so können sie eventuell Phantasie in das Sexualleben einer Beziehung bringen.

Schädlich werden sie erst, wenn diese Art der Erregung nur zum eigenen Vergnügen dient und die Partnerliebe völlig außer Acht lässt. Diese Gedanken entführen die Person aus der Wirklichkeit des Augenblicks in eine imaginäre Welt.

Andere haben konkretere Phantasmen, die bestimmte Handlungen oder Kleidung zur Folge haben. Bittet ein Mann seine Frau z. B. Reizwäsche zu tragen, da ihn der Gedanke, eine Hure zu lieben, erregt, so kann ihn seine Partnerin alleine nicht mehr sexuell stimulieren. So kann keine wahre *Verschmelzung* der Partner zustande kommen. In einer gesunden und befriedigenden SEXUALITÄT kommt die Liebe der beiden Partner durch den Sexualakt zum Ausdruck, in dem sie miteinander VERSCHMELZEN. Viele Menschen, die versuchen, das Gefühl wahrer LIEBE durch Phantasmen zu ersetzen, werden enttäuscht und desillusioniert sein, da jedes ihrer Abenteuer einen bitteren Nachgeschmack hat. Deshalb ist es besonders wichtig, mit seinem Partner über solche Dinge zu sprechen, was in jedem Fall eine interessante und positive Erfahrung verspricht.

Sicherheit

Zuversicht und Gelassenheit eines Menschen, der sich außer Gefahr wähnt. Das Gefühl der Sicherheit wurzelt in unserem Inneren, auch wenn die meisten meinen, es hinge allein von unseren äußeren Lebensumständen ab und hinge von einer festen Anstellung, Beziehung oder ausreichendem, finanziellen Rückhalt ab.

Mit wachsendem Bewusstsein erkennen wir, dass es sich bei all diesen materiellen Aspekten jedoch nur um ebenso falsche wie vergängliche Sicherheit handelt, die keineswegs in der Lage ist, unser Innenleben zu beruhigen. Wahre Sicherheit entsteht nicht auf der Ebene des *Habens* oder *Tuns*, sondern der des *Seins*. Unbesorgtheit gewährt Ruhe und Ausgeglichenheit. Wie sollen jedoch Menschen sich sicher fühlen, die ihr Geld für später horten, und sich jetzt Dinge vom Mund absparen? Sie haben ständig ANGST vor Verlust oder MANGEL.

Solange wir nicht erkannt haben, dass alle ERFAHRUNGEN unseres Lebens für unsere Entwicklung unentbehrlich sind, werden wir unzufrieden sein und uns auf finanzieller, materieller und affektiver Ebene unsicher fühlen. Wir können alle Reichtümer der Welt besitzen, eine sichere Arbeitsstelle und Altersversorgung, eine feste Beziehung und einen großen Freundeskreis haben, und doch wird uns etwas zu unserem Glück fehlen.

Wirkliche Sicherheit ist die Überzeugung, in allen Umständen über die notwendigen Mittel und Fähigkeiten zu verfügen, unsere Wünsche zu erfüllen, unseren BEDÜRFNISSEN zu entsprechen und die Dinge zu verändern, die wir nicht mehr wollen. Wir sind zuversichtlich und SELBSTSICHER, da wir wissen, dass es eine Lösung für alles gibt.

Sinn des Lebens

Siehe EXISTENZGRUND.

Sinnliches Verlangen

Siehe LEIDENSCHAFT.

Sinnlichkeit

Sinnesfreuden genießen und unsere Wahrnehmungen intensiv empfinden. Sinnliche Menschen verfügen meist über starke ANZIEHUNGSKRAFT. Sinnlichkeit beschränkt sich jedoch keineswegs nur auf den Bereich der Sexualität. Sie betrifft all unsere Sinne, Gaumenfreuden, das Fühlen von Stoff, Wind oder Sonnenwärme auf der Haut oder einen Blick über eine schöne Landschaft.

Wir können unsere Sinnlichkeit entwickeln, indem wir unseren fünf Sinnen auch in unserem Alltag größere Aufmerksamkeit schenken, d. h. bewusster hören, schmecken, sehen, berühren und riechen. So stellen wir einen intensiveren Kontakt zu allen Details unserer Umgebung her und finden neue Freuden im Alltag. Sinnliche Menschen sind bekannt für ihre LEBENSFREUDE und ihren ENTHUSIASMUS.

Sorgen

Unruhe und Beklemmung aus Angst vor möglichen Gefahren oder Missgeschicken. Jeder von uns hat sich in bestimmten Phasen der UNSICHERHEIT schon Sorgen gemacht. Doch bringen sie uns unserem Ziel keineswegs näher, sondern hindern uns vielmehr daran, uns dem All und unserer inneren Kraft anzuvertrauen. Wir unterhalten ZWEIFEL und sind nicht imstande LOSZULASSEN, weil wir noch nicht erkannt haben, dass das UNIVERSUM sich um all unsere Bedürfnisse kümmert.

Hier eine Methode für alle, die sich zu sehr von ihren Sorgen plagen lassen: Erstelle eine Liste all Deiner augenblicklichen Sorgen und Unsicherheiten. Das kann Deine Familie ebenso betreffen wie Deine Arbeit, Gesundheit oder Finanzen. Dann schreibe auf, was Du bei all diesen Punkten empfindest, wie Du auf sie reagierst und was Du unternommen hast. Erstelle Deine LEBENSBILANZ.

Nun liste all Deine Vorzüge, TALENTE und Möglichkeiten, sowie die all derer auf, die Dir beistehen könnten. Fällt es Dir schwer, Deine FÄHIGKEITEN zu erkennen, so frage Deine Nächsten. Sie werden sicher welche finden. Überprüfe schließlich, ob Deine Sorgen berechtigt sind.

Diese Übung wird Dir helfen, die diversen Situationen nicht ganz so dramatisch zu sehen, da Du erkennen wirst, dass Deine Ängste meist nicht gerechtfertigt sind. Frage Dich, ob Deine Sorgen jemals dazu in der Lage waren, Probleme zu lösen, Dich zu beruhigen oder zu ermutigen. Ganz im Gegenteil, sie rauben uns LEBENSFREUDE und das Interesse, unsere Ziele erreichen zu wollen. Außerdem verlieren wir durch sie unsere INNERE MITTE, was uns daran hindert, mit unserem ÜBERBEWUSSTSEIN zu kommunizieren, das Lösungen für all unsere Probleme bereithält. Eines Tages werden wir erkennen, dass die wahre Ruhe, die zum inneren Frieden führt, in unserem tiefen Inneren weilt. Dann wissen wir auch ganz genau, was wir wann tun müssen.

Sorglosigkeit

Leichtfertigkeit, Unbekümmertheit, Gedankenlosigkeit. Handeln, ohne sich um die **Folgen** zu kümmern. Normalerweise sprechen wir von der Sorglosigkeit der Kinder, die völlig normal ist, da sie noch keinerlei materielle Verantwortung zu tragen haben. Bei Erwachsenen kann sie sich verschieden äußern: Manche sprechen z. B. schlecht über andere, verleumden sie zu unrecht oder lügen, ohne sich der Konsequenzen ihres Handelns bewusst zu sein. Es ist ebenso leichtfertig die Folgen zu kennen und sich zu weigern, an sie zu denken und sie zu berücksichtigen, weil man ihnen aus dem Weg gehen will.

Unbekümmertheit kann aber auch ein Vorzug all jener sein, die absolutes Vertrauen in das Leben und die Menschen haben und die Konsequenzen ihres Tuns deshalb nicht in Frage stellen. Kennen und handeln wir nach den Naturgesetzen der wahren Liebe, so wissen wir, dass wir uns um nichts zu sorgen brauchen. Wir wissen, dass uns nur Dinge widerfahren, die zu unserer Entwicklung beitragen. Hierbei handelt es sich um eine bewusste Form der Sorglosigkeit, die auf dem Glauben basiert und sich von der unbewussten Achtlosigkeit unterscheidet, die ein Zeichen mangelnder Reife und Verantwortungslosigkeit bezüglich der Folgen unseres Tuns, und somit eine Form der Flucht darstellt.

Solche Leichtfertigkeit kann zu **Nachlässigkeit**, ja Fahrlässigkeit führen, die auf einen Mangel an Sorgfalt, Aufmerksamkeit und Rücksicht schließen lässt. So kann z. B. ein Arbeiter durch Nachlässigkeit, Unaufmerksamkeit oder ein Fehlverhalten sein oder das Leben anderer in Gefahr bringen. Auf der Ebene des Seins ist es leichtsinnig, die spirituellen Gesetze zu missachten.

Wir können uns auch **selbst vernachlässigen**, indem wir unsere wahren Wünsche und Bedürfnisse ignorieren. Diese Form der Sorglosigkeit beeinträchtigt unsere Lebensfreude und Motivation.

Wenn wir uns *gehen lassen*, widersprechen wir dem natürlichen Lauf der Dinge und unserem Lebensplan, der ständig nach einer Entwicklung und Verbesserung unseres Wesens sucht. Auch Menschen, die leichtfertig reden und handeln, sind vom Gesetz von Ursachen und Wirkung betroffen und werden eines Tages die Folgen tragen müssen, ganz gleich, ob sie bewusst handeln oder nicht. Deshalb ist es entscheidend, bewusst durchs Leben zu gehen und es selbst zu bestimmen.

Spiegelansatz

Ein Spiegel reflektiert das Bild von Dingen und Menschen. Auch für unsere Seele gibt es Spiegel. Der Spiegelansatz ist ein unumgängliches Selbstfindungswerkzeug und zeigt uns, ob und wie sehr wir uns selbst akzeptieren. Dieser Ansatz geht davon aus, dass unsere eigenen Züge sich in unseren Mitmenschen widerspiegeln. An ihnen sehen wir alles,

S

was wir an uns selbst BEWUNDERN oder was uns an uns STÖRT. Der Spiegelansatz stellt unser ICH sehr in Frage, das immer meint, andere seien besser oder schlechter als wir.

Sein größter Verdienst besteht darin, bisher unakzeptierte Aspekte unseres Innenlebens aufzudecken. Wir werden so lange wiedergeboren, bis wir all unsere Erfahrungen AKZEPTIERT haben. Unser ICH läuft dabei jedoch Gefahr, eliminiert zu werden, wenn wir uns zu BEWUSSTEN Menschen entwickeln.

Wir sollten uns das Bild des Spiegels also jedes Mal vor Augen führen, wenn uns Haltungen oder Verhalten anderer gegen den Strich laufen. Dabei dürfen wir nie aus den Augen verlieren, dass der **spirituelle Spiegelansatz lediglich unser SEIN reflektieren kann.** Sind wir also z. B. mit einem zornigen Menschen konfrontiert, so sollten wir uns fragen: „Was werfe ich ihm vor zu *sein*?" Lautet unsere Antwort: „Intolerant zu sein", so soll uns diese Situation unsere eigene Intoleranz vor Augen führen, die wir ebenso wenig akzeptiert haben, wie bei dieser Person. Dieses Urteil wird von unseren ÜBERZEUGUNGEN und WERTSYSTEMEN gefällt.

Meist lehnen wir bestimmte Seiten von uns ab, weil wir fürchten, nicht geliebt zu werden. Wir hindern uns also daran, wir selbst zu sein, indem wir diesen Aspekt verdrängen und ihm weder Zeit noch Raum lassen, sich Ausdruck zu verschaffen. Diese ständige Zurückhaltung kann aber auch dazu führen, dass wir einmal die Kontrolle über uns verlieren und ins andere Extrem verfallen. Wir können keinen Aspekt unseres Wesens ewig verdrängen und kontrollieren. Deshalb ziehen sich Gegensätze auch an. Sie bedürfen einander, um sich selbst kennen zu lernen und zu akzeptieren. Nur so können sie einmal zu bedingungsloser LIEBE gelangen.

Wirfst Du anderen etwas vor und bist nicht imstande, Dir einzugestehen oder zu erkennen, dass Du selbst manchmal so bist, so frage am besten Deine Nächsten nach ihrer ehrlichen Meinung. Es ist völlig menschlich, bestimmte unserer Seiten nicht sehen oder akzeptieren zu wollen.

Der Spiegelansatz trifft, wie gesagt, auch auf Leute zu, die wir bewundern. Wir rühmen bestimmte Eigenschaften und Vorzüge anderer, die wir selbst nicht zu besitzen glauben. Wir träumen davon, so zu sein, wie andere, die wir höher einschätzen als uns selbst. Das ist oft auch mit ein wenig NEID verbunden. Bewunderst Du z. B. einen gut organisierten Menschen, so bedeutet das, dass Du Deinen eigenen organisierten Aspekt ablehnst, was ebenso zu Ängsten führt, wie die Seiten, die wir ablehnen, weil sie uns stören. Was fürchtest Du, wenn Du Dein Leben tatsächlich organisieren würdest?

Alles, was wir also an anderen **bewundern**, steht für unsere Seiten, die wir nicht anerkennen. An anderen **stört** uns hingegen, was wir an uns selbst leugnen. Sich selbst bedingungslose Liebe entgegenzubringen bedeutet, ALL unsere Aspekte zu akzeptieren. In der spirituellen Welt gibt es keine Vorzüge und Fehler; es gibt lediglich verschiedene Wesen, die unterschiedliche Erfahrungen machen.

Fühlst Du Dich gut mit einem Menschen, ohne Dich mit ihm zu vergleichen, ihn zu bewundern oder abzulehnen, so spiegelt er die Seiten wider, die Du an Dir akzeptierst. Das erklärt auch, weshalb bestimmte Verhaltensweisen nicht alle Menschen gleichermaßen stören. Je stärker wir uns gegen eine bestimmte Haltung eines anderen auflehnen, desto deutlicher ist das Zeichen des Universums, dass wir lernen sollten, uns selbst zu akzeptieren. Die Haltung des anderen stört uns so, wie unsere eigene unseren LEBENSPLAN beeinträchtigt. Es ist jedoch wichtig, den Spiegelansatz nur auf uns selbst anzuwenden. Es ist ein Zeichen von HOCHMUT uns selbst als den Spiegel anderer zu verstehen.

Wir sind auf der Erde, um uns selbst zu verwirklichen und zu entfalten, und sollten unseren Mitmenschen zugestehen sich mit ihren eigenen Mitteln zu entdecken. Durch ACHTUNG und TOLERANZ öffnen wir unser Herz und lernen zu akzeptieren. Wenn wir uns vorstellen können, dass unsere ganze Umwelt, all unsere Mitmenschen und Ereignisse unseres Alltags ein riesiger Spiegel unserer Innenwelt sind, so werden wir zahlreiche Aspekte unseres Wesens entdecken, die bisher unter den verschiedensten Masken unserer Persönlichkeiten verborgen waren. Wir werden erkennen, was wir wirklich akzeptiert haben und was nicht.

Ein weiterer Vorteil dieses Ansatzes ist die Arbeit an unserem MITGEFÜHL, das wir anderen, aber auch uns selbst zuteil werden lassen, indem wir verstehen, dass inakzeptable Verhaltensweisen oft nur der Ausdruck unserer GRENZEN sind. Dies ist die Vorbedingung, unser Leben und unsere Beziehungen harmonischer und glücklicher zu gestalten. Je mehr wir uns selbst kennen lernen und akzeptieren, desto mehr können wir unsere INDIVIDUALITÄT, unseren eigentlichen EXISTENZGRUND, entfalten.

Spiritismus

Lehren, die auf der Existenz, den Erscheinungen und Offenbarungen der Geisterwelt, insbesondere körperloser, menschlicher Geister aus der ASTRALWELT beruhen. Ihr Begründer, der Franzose Alan Kardec (1804-1869) führte auch die Vorstellung der WIEDERGEBURT in der westlichen Welt ein. Wir sollten uns menschlicher Doktrinen nur bedienen, wenn sie uns auf unserem Lebensweg behilflich sind oder uns glücklich machen. Erzeugen sie jedoch Angst, so sollten wir von ihnen Abstand nehmen.

Spiritualität

Aus dem Reich des Geistes, der Intelligenz, der Seele und der Moral. Spiritualität darf nicht mit RELGIÖSEN ÜBERZEUGUNGEN verwechselt werden. Sie hat auch nichts mit ÜBERSINNLICHEN Fähigkeiten von MEDIEN zu tun. Was natürlich nicht ausschließt, dass auch religiöse Menschen oder Medien spirituell sein können.

Spiritualität ist die Fähigkeit Kontakt mit dem göttlichen Geist in uns und in der ganzen STOFFLICHEN WELT aufnehmen zu können. Wir haben erkannt, dass GOTT sich in den verschiedensten Formen des Lebens offenbart. In dieser irdischen Welt ist es dem Menschen gegeben, diese göttliche Energie durch einen KÖRPER, einen EMOTIONS- und einen MENTALLEIB und einen lebenslangen Bewusstwerdungsprozess zu erfahren. Die Aufgabe der Spiritualität ist es, wieder Kontakt zu unserem wahren LICHTWESEN herzustellen, welches in jedem von uns schlummert.

S

Spirituelle Menschen erkennen die göttliche Vollendung in allem, was sie umgibt. Sie stehen ihren Mitmenschen offen gegenüber, enthalten sich jeglichen Urteils und helfen gern ihrem Nächsten. Durch diese Haltung werden sie sich umso mehr der Schönheit im Reich der Mineralien, Pflanzen, Tiere und Menschen bewusst. Sie akzeptieren, dass alle Ebenen ihrer Umwelt ein SPIEGEL ihrer selbst sind, wissen um ihre eigene Göttlichkeit und behandeln alles mit dementsprechendem Respekt. Sie kennen ihre Stärken, Schwächen und Grenzen und versuchen täglich ein Stück mehr ihres Lichtwesens zu verwirklichen.

Wahre Spiritualität bedeutet also, die göttliche Energie in allem sehen, hören und fühlen zu lernen und zu wissen, dass wir die volle VERANTWORTUNG für unser Leben tragen, welches wir in jedem Augenblick selbst schöpfen. Wir erkennen uns als Teil eines größeren Ganzen und AKZEPTIEREN Situationen und Menschen, wie sie sind. Anstatt unsere Mitmenschen anzuklagen und zu verurteilen, entdecken wir durch unangenehme Erfahrungen, was wir nicht an uns wahrhaben möchten und erkennen daraus, was wir in unserem Leben wirklich wollen.

Wir können LOSLASSEN, da wir dem Leben VERTRAUEN und uns keine Sorgen um die Zukunft machen. Wir wissen ja, dass unser INNERER GOTT jede auch noch so schwierige Situation bewältigen kann, in die wir uns bewusst oder unbewusst begeben haben. Ein spirituelles Leben setzt also voraus, dass wir die Gegenwart Gottes, diese enorme MACHT in uns erkennen und dazu einsetzen, uns ständig zu verbessern und unsere eigenen Grenzen zu überwinden.

Spirituelle Welt

Gegenstück zur STOFFLICHEN WELT, bei dem es sich um eine wesentlich weiter entwickelte Bewusstseinsform handelt, die auch der „siebte Himmel" genannt wird. Sie stellt somit die höchste Stufe der ASTRALWELT, unseres „Himmels" dar. Auf dieser Ebene befinden sich die zum reinen Geist gewordenen Seelen, die den CHRISTUSLEIB der LICHTWESEN wieder erlangt haben und in einer Welt absoluten Bewusstseins und bedingungsloser Liebe existieren.

Starrheit

Starre Menschen sind nicht FLEXIBEL, sondern streng und sträuben sich gegen Eingeständnisse und Kompromisse. Sie verschließen sich oft ihren eigenen GEFÜHLEN. Deshalb stellen sie auch hohe Ansprüche, sind große PERFEKTIONISTEN und KRITIKER. Sie streben nach Leistung und ignorieren ihre wahren BEDÜRFNISSE. Sie überschreiten ihre Grenzen viel zu oft, was zu vielen Spannungen und unnötigem STRESS führt.

Sich selbst gegenüber streng zu sein, bedeutet unnachgiebig und unflexibel auf früheren Entscheidungen zu beharren, auch wenn sie uns nicht mehr entsprechen. So können wir uns z. B. zu einer Reihe von Aufgaben entschließen, dann aber keine Lust mehr haben alles nach Plan abzuwickeln. Fehlt es uns an Flexibilität, so können wir solche Entschlüsse nicht mehr revidieren, sondern zwingen uns auch gegen unseren

Willen dazu. Wir denken wahrscheinlich gar nicht daran, etwas an einem beschlossenen Plan zu ändern.

Solche Leute sind ihren Gewohnheiten sehr verbunden und wollen keine neuen Ideen oder Verhaltensweisen ausprobieren. Diese Haltung beeinflusst zahlreiche Lebensbereiche. So verfolgen manche eine Diät ohne die geringste Ausnahme oder erziehen ihre Kinder nach der Disziplin der alten Schule.

Unflexible Menschen sind nicht in der Lage die Dinge anders wahrzunehmen, als sie sie gelernt haben. Sie gestehen sich nicht den geringsten Irrtum zu. Da Irren jedoch menschlich ist, erleben sie zahlreiche Enttäuschungen, Frustrationen, kritisieren und lehnen sich selbst ab. Sie meistern ihr Leben nicht, sondern kontrollieren es nur. Das gelingt ihnen, bis sie eines Tages ihre Grenzen zu weit überschreiten und die Kontrolle über ihre Tränen, Wut, Blase, Worte oder Ernährung verlieren, zu trinken anfangen usw. Dann verläuft plötzlich nichts mehr nach Plan und sie fühlen sich den Ereignissen nicht mehr gewachsen.

Erkennst Du Dich in dieser Beschreibung wieder, so beruht Deine Haltung vor allem auf dem Erfolgswillen, der Deine wahren Bedürfnisse in den Hintergrund drängt. Du bist ein zu großer Idealist und Perfektionist. Außerdem ist die Vorstellung von Gut und Böse tief in Deinem Bewusstsein verankert. Der Mangel an Flexibilität richtet sich vor allem gegen Dich selbst, auch wenn Du deshalb meist ebenso viel (aber eben *zu* viel) von Deinen Mitmenschen verlangst, die Du dadurch oft auch zu kontrollieren versuchst.

Um diese Lebenshaltung zu überkommen, musst Du Dich selbst zunächst so akzeptieren, wie Du bist, was Dich ja keineswegs daran hindert, Dich verbessern zu wollen. Deine Starrheit beruht auf der Seelenwunde der Ungerechtigkeit. Du musst lernen, flexibler in allen Lebensbereichen zu sein: in Deinen Bewegungen, Worten, Gesten, Blicken, Gedanken, Überzeugungen usw. Triffst Du Entscheidungen, so solltest Du Dir die Freiheit zugestehen, sie nachträglich abzuändern oder durch neue zu ersetzen, indem Du mehr auf Deine wahren Bedürfnisse achtest. Stelle Dir die Frage, ob es wirklich nötig ist, Dir so viel abzuverlangen. Sage Dir lieber: „Ich tue, was ich kann und überlasse den Rest der göttlichen Fügung." Schenke dem Leben und anderen mehr Vertrauen und lerne zu delegieren. Schließlich wirst Du Deine Selbstdisziplin auch ohne Starrheit zu wahren wissen.

Auf dieses Thema gehe ich ausführlicher im Buch *Heile die Wunden deiner Seele* ein.

Staunen

Wir staunen über etwas Wunderbares oder Bewundernswertes. In diesem Zustand sind wir unserem inneren Kind sehr nahe und erleben tiefe Freude. Dieses Wohlbefinden erhält unsere Gesundheit, die Jugend unseres Herzens und unseres Geistes. Menschen, die sich noch erstaunen lassen, sind in der Regel Altruisten achten alles Leben und stehen den eigenen Schöpfungen sowie denen anderer offen gegenüber. Sie verströmen eine gewisse LEBENSFREUDE, durch die sich andere wohl in ihrer Gegenwart fühlen. Staunst Du über die TALENTE und FÄHIGKEITEN Deiner Mitmenschen, solltest Du unter dem SPIEGELANSATZ nachlesen.

Um eine solche Lebenshaltung zu entwickeln, müssen wir unserer Umwelt offen und aufmerksam gegenüberstehen und vor allem alte Vorstellungen überkommen. So können wir über die kleinen und natürlichen Dinge des Lebens staunen und werden dazu neigen, das Schöne in der Schöpfung zu suchen. Das kann ein Regenbogen, ein eigenartiges Wolkengebilde, ein unerwartetes Geschenk oder die Freude über das Glück anderer sein. Auch in diesem Bereich, sollten uns Kinder ein Vorbild sein. Wenn sie staunen, beginnen ihre Augen mit einem Licht zu leuchten, das ihr ganzes Wesen umhüllt. Wir sollten es ihnen gleich tun, anstatt in der Rolle gleichgültiger Erwachsenen zu verharren.

Stoffliche Welt

Im Rahmen dieses Werks geht es uns besonders um das Verhältnis zwischen der sichtbaren und unsichtbaren stofflichen Welt und der SPIRITUELLEN WELT. Die materielle Welt ist ungeheuer weit und umfasst das Reich der Menschen, Tiere, Pflanzen und Mineralien. Neben unserem physischen Körper zählen wir auch unsere Psyche (Emotionen und Verstand), das ICH, unsere Sinne (Tastsinn, Gehör, Geschmack, Geruch und Sehsinn), Musik, Düfte, die Elemente der Natur usw. zur stofflichen Welt. Auch SEELE und ASTRALWELT gehören diesem unsichtbaren, stofflichen Reich an, auch wenn sie nicht dicht genug sind, um berührt werden zu können.

„Wie im Himmel, so auf Erden": Die materielle Ebene teilt sich in eine sichtbare und eine unsichtbare Sphäre. Visualisiert ein Mensch etwas sehr intensiv, so erlebt er dasselbe wie ein anderer, der diesen Wunsch in die Tat umsetzt. Während der Wunsch des Ersteren, jedoch in der unsichtbaren Welt bleibt, verwirklicht Letzterer ihn in der stofflichen Welt. Der Unterschied besteht im greifbaren Ergebnis der Erfahrung.

Unsere Natur drängt uns dazu, unsere Wünsche zu realisieren, da dies der einzige Weg ist, um festzustellen, ob unsere Haltung INTELLIGENT ist, und ob wir in der Lage sind, die Folgen zu AKZEPTIEREN. Ist dies der Fall, so ist das Ereignis gleichermaßen abgehakt und wir brauchen keine ähnlichen ERFAHRUNGEN mehr zu machen, sondern können zu Neuem WEITER schreiten. Unser Leben auf dem Planeten Erde ermöglicht uns, GOTT in der Materie zu erfahren. Wir verwirklichen unsere IDEEN, indem wir denken (MENTALLEIB), fühlen (EMOTIONSLEIB) und handeln (KÖRPER). Durch die Aktivierung dieser drei Ebenen offenbart sich Gott durch uns in der stofflichen Welt.

All diese drei Ebenen unterliegen den GRENZEN der Materie. Doch schafft sich jeder Mensch seine eigenen Grenzen durch seine ÜBERZEUGUNGEN, ERFAHRUNGEN und seine WILLENSKRAFT. Der einzige Weg zur spirituellen Welt führt über die bedingungslose LIEBE allen Lebens, was zugleich bedeutet, unsere irdischen Erfahrungen zu AKZEPTIEREN. Alles auf dieser Welt ist vergänglich. So können wir uns auch ständig neue Grenzen setzen, indem wir unser BEWUSSTSEIN erweitern, die NATURGESETZE der Liebe anerkennen und uns mit der göttlichen Energie in Verbindung setzen. Schließlich verschwinden die Grenzen ganz und öffnen sich der unendlichen Weite des spirituellen Universums. Diesen unbegrenzten Zustand erfahren wir, wenn die stoffliche Welt aufgehört hat, unser Leben zu bestimmen und wir in unserem tiefsten Inneren erkannt haben, dass wir selbst GOTT sind, der durch uns die Erfahrung der stofflichen Welt macht.

Stolz

Berechtigtes Gefühl der Zufriedenheit mit sich selbst. Eigentlich gehört der Stolz in den Bereich des *Seins*, kann sich aber auch auf das *Haben* und *Tun* beziehen, wie z. B. ein hübsches Haus zu haben oder stolz auf sein Viertel oder Land, auf seinen Betrieb, seine Kinder, andere oder sich selbst zu sein. Wir können auch auf unsere Eigenschaften, Fähigkeiten oder Kenntnisse stolz sein. Stolz betrifft also alle Lebensbereiche, Verhalten und Haltungen. Das Gegenteil des Stolzes ist die SCHAM.

Stolz steigert unser SELBSTWERTGEFÜHL und unseren persönlichen WERT in den verschiedensten Bereichen. Sind wir zufrieden mit uns, weil wir etwas getan oder geschaffen haben, das unsere Kreativität, Bestimmtheit, Ausdauer oder unseren Mut unter Beweis stellt, so können wir stolz auf uns sein. Diese Form des Stolzes nimmt niemandem etwas und versucht auch nicht andere zu erniedrigen, wie das beim HOCH- MUT der Fall ist. Hierbei handelt es sich ganz im Gegenteil um ein absolut notwendiges Element unseres inneren Gleichgewichts, das unsere EIGENLIEBE stärkt.

Stören

Siehe SPIEGELANSATZ.

Stress

Körperlicher und emotioneller Aufruhr, der durch die verschiedensten Formen von Aggression bewirkt wird und nervöse Spannungen erzeugt. Stress kann ebenso auf Umwelteinflüssen wie auf ÄNGSTEN beruhen. Es ist sehr schwer, wenn nicht sogar unmöglich in unserem Alltag keinerlei Stress ausgesetzt zu sein, da diese Energie uns ständig umgibt. Es ist erwiesen, dass Stress zu den häufigsten KRANKHEITSURSACHEN der heutigen Zeit gehört, zahlreiche andere Schwierigkeiten bedingt und für die meisten Arbeitsausfälle verantwortlich ist.

Mehrere Charaktertypen neigen dazu, sich zusätzlichen Stress zu verursachen. Dazu gehören natürlich auch PERFEKTIONISTEN, die zu viel von sich verlangen, aber ebenso jene, die sich ständig selbst übertreffen, alles schnell erledigen oder bestimmte Schwächen und Fehler durch äußeren SCHEIN wettmachen wollen. Auch hohe ERWARTUNGEN und der Wille Menschen und Situationen KONTROLLIEREN zu wollen, führen zu großem Stress. All das verlangt unserem Körper viel Energie ab, bis wir unsere GRENZEN erreichen und das Sicherheitsventil Dampf ablässt.

S

Unser Stress hängt von unserer FEINFÜHLIGKEIT und unserer Fähigkeit ab, in der GEGENWART zu leben, uns veränderten Umständen ANZUPASSEN und unsere diesbezüglichen Grenzen zu respektieren. Erst wenn wir erkennen, dass alle Ereignisse unseres Lebens unserer Entwicklung dienen, werden sie weniger Stress in uns auslösen. Dann werden wir diese Energie auch konstruktiver, heilbringender und dynamischer einsetzen können.

Manche Menschen glauben, nur durch die Intensität von Stress existieren zu können. Sie schaffen sich zusätzliche Verpflichtungen, anstatt sich auszuruhen und machen sich und den anderen vor, wichtig und beschäftigt zu sein. Sie meinen, dauernd beschäftigt sein zu müssen und verpflichten sich zu zahlreichen sportlichen oder gesellschaftlichen Aktivitäten, die ihnen auf die Dauer zur Last werden. Andere wollen immer über alles auf dem Laufenden sein, auch wenn es sie gar nicht direkt betrifft. Sie fürchten, etwas zu versäumen oder ins Abseits gestellt zu werden, entsprechen dadurch aber keineswegs ihren wahren BEDÜRFNISSEN. Oft nehmen wir das Leben viel zu ernst und weigern uns, die Ereignisse so zu AKZEPTIEREN, wie sie sind.

Um unseren Stress zu mindern und ausgeglichener zu sein, müssen wir die BEWEG-GRÜNDE und Bedürfnisse erkennen, die hinter unseren Handlungen stehen. Sie können Stress verursachen, wenn sie nicht zum Ziel haben, unser Leben zu akzeptieren und zu verbessern. Wir sollten versuchen, uns ZEIT zu nehmen, wieder zu unserer INNEREN MITTE zu finden. Fühlen wir uns gestresst, so kann es uns sehr helfen, bewusst zu ATMEN, die Situation zu ENTDRAMATISIEREN und unser Leben wie ein Theaterstück zu BEOBACHTEN. Gefällt es uns nicht, so steht es uns offen, ein interessanteres oder lustigeres Stück zu inszenieren. Es genügt, uns unserer FREIEN WAHL bewusst zu werden.

Subjektivität

Siehe OBJEKTIVITÄT.

Subtile Körper

Subtile Körper können nur schwer wahrgenommen werden, da unsere Augen sie nicht sehen können. Während ENERGIE-, EMOTIONS- und MENTALLEIB unsere materielle Hülle ausmachen, sind der *Kausal-, Buddha-* und *Christusleib* Teile unserer spirituellen Hülle. Beim heutigen Menschen sind die ersten drei schon recht weit entwickelt. Wirkliche Harmonie wird sich jedoch erst einstellen, wenn die Menschheit auch an ihrer spirituellen Hülle arbeitet.

Im **Kausalleib** kommen universelle INTELLIGENZ und das GESETZ VON URSACHE UND WIRKUNG zum Ausdruck. Der **Buddhakörper** entwickelt sich durch wahre und bedingungslose LIEBE unter Mitmenschen. Er wird gestärkt, wenn wir VERZEIHEN und den SPIEGELANSATZ in die Tat umsetzen. In diesem Bereich sind auch übersinnliche Fähigkeiten und Wahrnehmungen anzusiedeln. Der **Christusleib** ist heute noch am wenigsten entwickelt. Er ist es, der den Menschen erkennen lässt, dass er Teil eines GANZEN ist. Er ist das Bewusstsein des „ICH BIN".

Sünde

Bewusster und absichtlicher Verstoß gegen die Gebote der Kirche. Der Begriff der Sünde wurde von bestimmten RELIGIONEN erfunden, um den Gläubigen zu helfen, das Prinzip von GUT UND BÖSE zu verstehen. Solange sie taten, was die Kirche gut hieß, konnten sie glauben in den HIMMEL zu kommen. Handelten sie jedoch gegen diese Vorschriften, so waren sie böse und begingen Sünden. Dafür überkam sie Schmach und SCHAM, was Leid, SCHULDGEFÜHLE und ANGST vor der HÖLLE bewirkte.

Früher wie heute verbreiten verschiedene Religionen auf diese Weise das Weltbild von Gut und Böse, das auch die verschiedensten Formen der Strafe rechtfertigt und dem VERSTANDESDENKEN entspricht. Es ist an der Zeit, unsere WERTSYSTEME und ÜBERZEUGUNGEN zu revidieren. Es gibt weder Gut noch Böse, sondern nur unterschiedliche ERFAHRUNGEN. **Gäbe es eine Sünde auf Erden, so bestünde sie darin, uns durch Überzeugungen anderer steuern zu lassen und daran hindern zu wollen, wir selbst zu sein.** Je mehr sich die Menschen ihres wahren Wesens BEWUSST werden, desto weniger werden sie an Sünden glauben und in der Lage sein, INTELLIGENTE und ÖKOLOGISCHE Erfahrungen zu machen.

Sympathie

Siehe EMPATHIE.

S

Talente

Besondere Begabungen für bestimmte Dinge, die andere mühsam erlernen müssen. Sie sind gleichsam eine Verlängerung unseres Wesens. Solche Fähigkeiten können bestimmte Berufe, Formen der Kunst oder aber auch menschliches Feingefühl betreffen. So gibt es z. B. begabte Zuhörer und Menschen, die in der Lage sind, großes Mitgefühl aufzubringen.

Natürliche Talente zeigen sich meist schon in früher Kindheit und werden von anderen bewundert. Besondere Begabungen gelten als „Geschenk des Himmels" und stammen aus früheren Leben. Dies wird besonders bei Genies, Erfindern und Künstlern deutlich, die manchmal sogar die Entwicklung der Menschheit prägen. So komponierte Mozart bereits mit fünf Jahren seine ersten Musikstücke.

Begabungen stehen in direktem Zusammenhang mit dem Wesen des Menschen, d. h. sie wurden im Lauf früherer Leben erworben und unterscheiden uns von allen anderen. Jeder Mensch hat besondere Fähigkeiten. Manche sind begnadete Köche, Musiker, Friseure, Sänger, Bastler, Schauspieler oder Schriftsteller, während andere sich z. B. im Bereich der Kommunikation auszeichnen und brillante Animatoren, Erzähler, Redner oder Lehrer sind. Manche analysieren und verstehen bestimmte Dinge sehr schnell, sind hervorragende Geschäftsleute oder können andere im Handumdrehen zum Lachen bringen oder beruhigen.

Dennoch verkennen viele Menschen ihre Talente und hindern sich selbst daran, sie zu entwickeln. Sie sollten ihre Nächsten fragen, welche Stärken, Fähigkeiten und Geschicklichkeiten sie ihnen zuschreiben würden, um dann konkret daran arbeiten zu können. Ungenützte Begabungen verkümmern und beeinflussen unser Leben. Der Spiegelansatz kann uns wertvolle Aufschlüsse diesbezüglich geben, da gerade die Eigenschaften, die wir an anderen bewundern, in uns selbst schlummern.

Es bringt jedoch nichts, uns mit unseren Mitmenschen zu vergleichen oder uns ihnen überlegen zu fühlen. Ein übergroßes Ich zieht unsere Beziehungen in Mitleidenschaft und stößt andere ab. **Die Talente, über die wir in diesem Leben verfügen, dienen dem Lebensplan, den wir vor unserer Geburt beschlossen haben.** Da sie in mehreren Erdenleben entstanden sind, ist es keineswegs ungerecht, über mehr oder andere Begabungen zu verfügen als unsere Nächsten.

Es ist wichtig, sie zu erkennen, dankbar für sie zu sein und sie weiter zu entwickeln. Je besser wir uns selbst kennen lernen, desto mehr Kräfte werden wir in unserem Inneren entdecken und Lust haben, sie auszukosten. Das stärkt unser Selbstwertgefühl und Selbstvertrauen. Unsere Talente helfen uns, unsere Grenzen zu überwinden und vermitteln uns Lebensfreude, die für unser Glück unerlässlich ist. Gelingt es uns, unsere Begabungen richtig einzusetzen und in den Dienst der Menschheit zu stellen, so wird unser Leben Wandel erfahren, die wir uns heute noch nicht einmal vorstellen können.

Teenager

Siehe PUBERTÄT.

Teilen

Andere an unserem Besitz teilhaben lassen oder etwas mit anderen gemeinsam haben. So können wir auch Gedanken und Ideen mit anderen teilen. Jede Form des Teilens öffnet unser Herz, macht uns zu Geschwistern der Menschheit und lässt uns erkennen, wer wir sind, und wovon wir leben.

Neben Gütern, Ideen, Kenntnissen, Siegen und glücklichen Momenten können wir auch unsere Ängste und Schmerzen teilen. In jedem Fall findet eine Form des Austausches statt, in der beide Seiten geben und empfangen. Beschweren wir uns und klagen andere an, hat dies jedoch nichts mehr mit Teilen zu tun. Wirkliches Teilen in der Kommunikation setzt voraus, dass wir anderen möglichst objektiv von bestimmten Vorfällen erzählen, um sie an unserem Innenleben teilhaben zu lassen oder Rat zu bekommen. Dadurch stärken wir auch unser SELBSTVERTRAUEN.

Menschen, die nicht teilen wollen, verhindern dadurch WOHLSTAND und ÜBERFLUSS, denn je mehr wir geben, desto mehr empfangen wir auch.

Tellurische Energie

Siehe ENERGIEKÖRPER.

Teufel

Der Teufel gilt als Prinz der Dämonen. In der jüdisch-christlichen Tradition ist er der Inbegriff des Bösen. In Wirklichkeit ist der Satan jedoch kein Wesen. Er wurde personifiziert, wie es auch mit GOTT gemacht wurde. Es handelt sich vielmehr um eine Energie. Die teuflische Kraft steht für ANGST, ZWEIFEL und die menschlichen SCHATTENSEITEN. Die Vorstellung des Bösen, Teuflischen, Dämonischen, der Sünde usw. wurden vor langer Zeit von den Oberhäuptern verschiedener RELIGIONEN in die Welt gesetzt, um bessere KONTROLLE über die Menschheit ausüben zu können. Über kurz oder lang waren sie fester Bestandteil ihrer geistigen und religiösen ÜBERZEUGUNGEN, die den Glauben an GUT UND BÖSE unterhielten. Satan steht also für das Schwarze, die Schattenseiten, d. h. all die Dinge, die uns von unserem INNEREN GOTT, von der Energie der Liebe und des Lichts entfernen. Deshalb ist die teuflische Energie das Gegenstück zur göttlichen.

Das Dämonische kommt ebenso durch Angst und Misstrauen, dem Gegenteil von LIEBE, FRIEDEN und VERTRAUEN zum Ausdruck. Unsere inneren Dämonen verwirren unsere GEFÜHLE oder bringen sie in Aufruhr. Es sind ELEMENTARE GEDANKENFORMEN, die uns daran hindern, wir selbst zu sein. Es ist diese kleine Stimme in uns, die uns dazu aufstachelt, gegen unseren Willen, unsere Prinzipien oder unser Bedürfnis nach Lebensfreude zu handeln. Wir können alle nachteiligen ÜBERZEUGUNGEN, ÄNGSTE, ZWÄNGE und alles, was LEID verursacht, als unsere Dämonen bezeichnen. Je weniger wir uns selbst im Griff haben, desto mehr Macht geben wir ihnen.

T

Anstatt also den Teufel oder abstrakte dunkle Kräfte zu bekämpfen, genügt es, Licht durch die wesentlich stärkere, göttliche Energie der LIEBE auf sie zu werfen. Es ist, wie wenn wir die Tür eines hellen Raums öffnen. Nicht das Dunkel der Nacht dringt in das Zimmer, sondern das Licht scheint nach außen. So ist das Teuflische keine Wirklichkeit an und für sich, sondern vielmehr das Fehlen von Licht. **Das Fehlen einer Sache kann nicht durch einen anderen Mangel, sondern nur durch eine Gegenwart ausgeglichen werden.**

Tiere

Diese mehr oder weniger entwickelten Lebewesen teilen den Planeten Erde mit uns Menschen. In dieser Entwicklung, wie sie z. B. aus dem Vergleich eines Regenwurms mit einer Katze oder einem Pferd deutlich wird, bilden sie zunächst einen EMOTIONS-LEIB und schließlich sogar den Anfang eines MENTALLEIBS. Dann können sie wie wir Menschen Dinge erlernen und fühlen.

Doch ist ihr BEWUSSTSEIN niedriger als das menschliche. Sie sind verwundbarer und lassen sich dominieren, da sie eher instinktiv als INTELLIGENT handeln. Der Mensch sollte diesen Umstand jedoch nicht AUSNÜTZEN, um sie zu unterschätzen und zu manipulieren oder sie umgekehrt zu überschätzen und sich von ihnen manipulieren zu lassen. Wir haben verschiedene Instinkte – wie z. B. den Überlebensinstinkt – mit ihnen gemein, sind ihnen jedoch um die INTUITION voraus. Manche Tiere können dem Menschen helfen, bedingungslose Liebe zu entwickeln. Werden sie geachtet und geliebt, stellen sie sich gerne in den Dienst der Menschheit.

Haustiere sind in der Regel sanft, wohlwollend und umgänglich. Deshalb haben Kinder sie auch so gern. Der Kontakt zu Tieren kann uns ruhiger, zärtlicher und manchmal sogar toleranter werden lassen. So kann unser Umgang mit ihnen durchaus auch unsere unbewusste Haltung zu uns selbst oder zu unseren Mitmenschen widerspiegeln. Misshandelt jemand Tiere, behandelt sie wie Gegenstände, schlägt und verletzt sie, um an ihm seine aufgestauten Aggressionen und seinen Zorn auszulassen, so wird er auch die Folgen dafür in Kauf nehmen müssen. Wahrscheinlich hat er im Grunde ANGST VOR TIEREN, die er am zahmen Haustier abreagiert. Er sollte sich fragen, was er über sich selbst aus dieser Angst lernen kann.

Viele Menschen halten Haustiere, um ihre Einsamkeit erträglicher zu machen. Es kommt vor, dass Tiere so geschickt erzogen werden, dass sie über besondere Fähigkeiten verfügen, die dem Menschen große Dienste erweisen können. Sie sind nicht nur treu, sondern auch ein schönes Beispiel bedingungsloser Liebe. Wir sollten diesen Lebewesen ebensoviel Achtung entgegenbringen wie dem Rest der Schöpfung und ihnen erlauben, so zu sein, wie sie sind.

Tod

Im Wörterbuch wird der Tod als völliges und definitives Ende des stofflichen Lebens bezeichnet. Er ist Teil des natürlichen Zyklus allen Lebens auf der Erde. Stirbt ein

Mensch, so bedeutet dies das Ende aller Körperfunktionen, nicht aber des Lebens, das nie aufhört. Für die MEDIZIN ist der Tod ein Scheitern, für die Nächsten ein Drama, ein Unglück oder sogar eine Tragödie. Für die Seele hingegen stellt er eine Erleichterung dar. Er ist ja nur ein Übergang in eine andere Form des Lebens, kein Schließen, sondern das Öffnen eines Tores.

Stirbt z. B. ein Baum oder Tier, lebt ihre Energie im Boden weiter und bildet die Grundlage neuen Lebens. Wir verstehen das Prinzip von Leben und Tod, wenn wir einsehen, dass das Verblühen eines Apfelbaums nicht traurig ist, sondern lediglich einen notwendigen Schritt in der Entwicklung von Äpfeln darstellt. Das Leben ist unvernichtbar. Das gilt auch für den Menschen. Sein stofflicher Körper löst sich auf und nährt die Erde, doch kehrt seine SEELE in ihr eigentliches Heim der ASTRALWELT zurück, um sich auf neue Erfahrungen vorzubereiten. Deshalb gilt sie auch als unsterblich.

Geburt und Tod sind kein Anfang und Ende, sondern lediglich ein Übergang von einer Bewusstseinsform in eine andere. Trotzdem ist es absolut menschlich beim Ableben eines geliebten Menschen TRAURIG zu sein oder Existenzängste zu haben. Der Schmerz beruht vor allem auf der Unsicherheit des Unbekannten und unserem HANG zum Verstorbenen. Es ist also völlig legitim, in solchen Momenten Mangel, Leere, Machtlosigkeit, Wut, Ungerechtigkeit oder sogar Vernachlässigung zu empfinden. Doch sollten wir uns immer vor Augen halten, dass niemand einen anderen besitzt. Die Verbliebenen müssen deshalb lernen LOSZULASSEN. Das gilt umso mehr, wenn es sich um den Tod eines Kindes handelt.

Für den Verstorbenen bedeutet der Tod – ohne Rücksicht auf Alter und Umstände –, dass er sein Erdenleben in seinem eigenen Kontext abgeschlossen hat. Können die Angehörigen den Tod nicht akzeptieren, so wahrscheinlich ebenso wenig der Verstorbene selbst. Dieses AKZEPTIEREN ist jedoch für beide Seiten absolut notwendig, um zu neuen Erfahrungen schreiten zu können. Fällt es Dir schwer, den Tod Deiner Nächsten oder die Vorstellung Deines eigenen Todes zu akzeptieren, so leistet Du sicher auch erheblichen Widerstand gegen alle Formen der VERÄNDERUNG in Deinem Leben. Befreien wir uns von der Angst des Todes, so überwinden wir zugleich auch viele andere ÄNGSTE.

Das Leben ist eine ewige WIEDERAUFERSTEHUNG. Wie unsere Zellen, so stirbt pausenlos etwas in uns, um Neuem Platz zu machen. Wir können die Angst vor dem Tod überwinden, wenn wir mit Menschen sprechen, die schon einmal eine Nahtoderfahrung gemacht haben. Es ist äußerst beruhigend zu wissen, dass es sich bei der Rückkehr unserer Seele um ein unwahrscheinlich schönes und überwältigendes Erlebnis handelt.

T

Toleranz

Tolerante Menschen respektieren die Freiheit, Ansichten, Handlungen und Haltungen ihrer Mitmenschen. Sie lassen zu, dass sie andere Ideen haben und sich anders verhalten, ohne deshalb jedoch unbedingt damit einverstanden sein zu müssen und ihre Meinungen zu teilen. Sie stellen ihre eigenen ÜBERZEUGUNGEN oder Werte zurück, wenn Dinge sie STÖREN, die sie nicht direkt betreffen. So beweisen sie FLEXIBILITÄT und Nachsicht.

In manchen Bereichen sind wir toleranter als in anderen, was nicht nur von unserem eigenen WERTSYSTEM, sondern auch von unseren GRENZEN abhängt. In einem Kinderheim ist ein Erzieher z. B. tolerant, wenn er trotz bestimmter Regeln bei manchen Verstößen die Augen zudrückt. Toleranz führt nie zu Leid. Wird unser eigener LEBENSRAUM durch unsere Haltung in Mitleidenschaft gezogen, so handelt es sich eher um eine Form der UNTERWÜRFIGKEIT.

Toleranz ist vielmehr das Gegenteil von STARRHEIT und KONTROLLE. Dazu müssen wir uns unseren Mitmenschen gegenüber öffnen, Herz und Geist weiten, uns in ihre Lage versetzen und ihren Gesichtspunkt objektiv betrachten. Nur so wird es uns wirklich gelingen, uns einzugestehen, dass jeder Mensch das Recht auf eigene Ideen, Ansichten und Haltungen hat, die unseren durchaus auch widersprechen können.

Insofern gehören Toleranz wie GEDULD, MITGEFÜHL und ACHTUNG zu den großen Gaben des Herzens. Sind wir uns und anderen gegenüber großmütig, so nähern wir uns der höchsten Quelle des Glücks: Wahrer LIEBE und bedingungslosem AKZEPTIEREN.

Transparenz

Was von allen gesehen und gewusst werden kann. Ohne Verstellung. Transparente Menschen haben reine Gedanken, Worte, Gefühle und Handlungen. Sie sind bescheiden, WAHR und ehrlich. Sie scheinen ein offenes Buch zu sein und haben absehbare Reaktionen auf der stofflichen ebenso wie auf der emotionalen und geistigen Ebene. Sie strahlen eine große Selbstsicherheit und Gelassenheit aus. Wir alle streben nach solcher Klarheit, die mit der FREIHEIT unseres Wesens einhergeht.
Manche Menschen sind durchschaubar, weil sie ihre Gefühle und Emotionen nicht verbergen können. Sie sind spontan und mitteilsam. Dabei handelt es sich jedoch nicht unbedingt um bewusste und gewollte Transparenz, die auf EIGENLIEBE und AKZEPTIERUNG basiert. Wir sind offen und haben nichts zu verbergen, da wir keine SCHULDGEFÜHLE oder SCHAM empfinden.

Trauer

Periode nach dem Ableben eines geliebten Menschen. Notwendige Phase, um sich auf den Verlust eines Menschen oder materieller Güter einzustellen. In der Regel trauern wir um den TOD oder VERLUST eines Mitmenschen. Es ist völlig normal und menschlich, dass uns dieser Umstand trifft, wenn uns der Verstorbene nahe stand, da sein Ableben ja einen gewissen Liebesmangel in uns hinterlässt. Fällt uns diese Periode besonders schwer, sollten wir uns auf all die Kräfte besinnen, die uns innewohnen und uns helfen können, die Situation gefasster zu tragen. Andererseits müssen wir dem Leben einfach auch Zeit lassen, die Lücke zu schließen.

Es ist aber niemandem geholfen, wenn die Trauerzeit ein gewisses Maß überschreitet. Der Tod ist Teil des Lebenslaufs. Wir müssen akzeptieren, dass das Ableben eines Menschen, auch in jungen Jahren, bedeutet, dass er die Erfahrungen in diesem – wenn auch vielleicht kurzen – Leben gemacht hat, die seine Seele in diesem Körper zu machen hatte. So war sein Lebensplan. Bleibt die Traurigkeit weiterhin bestehen, so sollte uns dies ein Zeichen sein, dass wir in dieser irdischen Existenz zu sehr an Menschen und Gütern hängen und lernen sollten uns loszulösen.

Jede Form der Trauer soll uns lehren zu akzeptieren, dass wir etwas oder jemanden definitiv verloren haben, dass wir ein neues Kapitel unseres Lebens beginnen und uns neuen Dingen zuwenden sollten. Erst wenn wir uns wirklich von dem Verstorbenen lösen, können wir erkennen, dass das Leben weitergeht. Haben wir all dies einmal akzeptiert, wird es uns auch gelingen, uns neuen Gegebenheiten anzupassen.

Traum

Im Gegensatz zum Wunschtraum handelt es sich hier um eine Folge psychischer Phänomene, insbesondere Bilder, die während des Schlafes entstehen und an die wir uns teilweise erinnern können. Sie sind ein wertvolles Mittel zur Selbsterkenntnis, da sie in direkter Verbindung zu den unbewussten Wünschen und Bedürfnissen unseres Wesens stehen. So kann unser Überbewusstsein versuchen, unsere Aufmerksamkeit durch unsere Träume auf unsere Gemütszustände bezüglich gegenwärtiger Ereignisse zu ziehen. Diese Botschaften können uns helfen, uns selbst besser kennen zu lernen und uns tief verdrängter Ängste bewusst zu werden.

Es ist völlig menschlich, unangenehme Träume oder Alpträume vergessen oder ihnen keine Bedeutung beimessen zu wollen. Doch hat jeder Traum seinen Grund und ist keine Frucht des Zufalls. Meist ist er die Fortsetzung oder Aufarbeitung verdrängter Ereignisse des Alltags. Er ist ein Sicherheitsventil, der unbewussten Ängsten und Emotionen Ausdruck verleiht.

Dadurch befreien wir uns psychischen Ballastes. Träumen wir oft dasselbe, so handelt es sich dabei um eine Form von Zwangsvorstellungen. Wir leben viele Beklemmungen in unserem Leben, derer wir uns nicht bewusst sind oder die wir nicht wahrhaben wollen. Erinnern wir uns beim Aufwachen an sie, so sollten wir diese Hilfestellung beim Schopf packen, um uns mit ihnen auseinanderzusetzen. **Kehrt derselbe Traum immer wieder, so birgt er eine wichtige und dringende Botschaft für uns.** Unser innerer Gott weiß genau, was unser Wesen berührt, und kennt all unsere Wünsche und Ängste (unerfüllte Wünsche).

Träume veranschaulichen unsere Gefühls- und Geistestätigkeit während des Schlafes. Während unser Körper sich ausruht, bleiben Emotions- und Mentalleib weiter aktiv. Da sie feinstofflicher als unser physischer Körper sind, sind die Vorgänge auf dieser Ebene schwerer nachvollziehbar. Unsere Träume sollen sie uns bewusster machen. Alle Menschen (und manche Tiere) träumen im Schlaf. Manche erinnern sich besser als andere an ihre Träume.

Da wir mehrere Träume in einer Nacht haben, solltest Du Dir vor dem Einschlafen vornehmen, Dich vorerst nur an den wichtigsten zu erinnern. Lege Stift und Papier

T

neben das Bett, damit Du ihn gleich aufschreiben kannst. Lasse ihn beim Aufwachen, bevor Du die Augen öffnest, noch einmal Revue passieren. Bewege Dich so wenig wie möglich, bis Du den ganzen Traum aufgeschrieben hast. Du kannst ihn auch auf Tonband sprechen.

Am wichtigsten sind die Gefühle, die Du bei den verschiedenen Szenen Deiner Träume empfindest. Achte deshalb genau auf Deine Worte, wenn Du Deine Aufzeichnungen später wieder liest. Deine Wortwahl und die beschriebenen Gefühle werden Dir wertvolle Aufschlüsse über den Zusammenhang mit erlebten Situationen geben. So weist eine gewisse Beklemmung im Traum z. B. auf Ängste hin, die Du in bestimmten Situationen empfunden hast. Freude und Erleichterung beziehen sich hingegen auf Erfolge und Errungenschaften Deines gegenwärtigen Lebens. Fixiere Dich nicht allzu sehr auf bestimmte Gegenstände oder Personen in Deinem Traum, da es sich dabei nur um Symbole Deines Unterbewusstseins handelt. Wichtig ist allein, wofür sie stehen.

Unsere Träume sollen unsere Aufmerksamkeit also auf ungelöste Probleme, unbewusste Ängste, Wünsche oder aber persönliche Siege lenken. Wir können auch konkrete Fragen an unsere Träume stellen. Suchen wir Antworten in bestimmten Bereichen oder wissen nicht, wie wir uns in wichtigen Fragen entscheiden sollen, so können wir uns vor dem Einschlafen auf unsere Ziele konzentrieren und um ein Zeichen während des Schlafs bitten, das uns zeigt, welchen Weg wir einschlagen sollen. Du kannst jederzeit und nicht nur in Zweifelsfällen auf dieses wertvolle Mittel zur Selbsterkenntnis zurückzugreifen. Du wirst Dich und Deine wahren Bedürfnisse dadurch wesentlich besser kennen lernen.

Traurigkeit

Unangenehmes, andauerndes Gefühl von ruhigem Schmerz und Schwermut. Die Ursachen dieses Unbehagens sind uns nicht immer bewusst, beeinträchtigen jedoch unsere LEBENSFREUDE. Dieser Zustand dauert umso länger, wenn wir nicht nach Lösungen suchen. Er kann auf schmerzliche Ereignisse der nahen oder fernen Vergangenheit zurückgehen oder auf angehäuften ZWÄNGEN, SORGEN oder ENTTÄUSCHUNGEN beruhen. Hinter der Traurigkeit steckt oft auch Kummer, der auf der ABHÄNGIGKEIT von anderen beruht.

Am meisten leiden Menschen mit der SEELENWUNDE der VERNACHLÄSSIGUNG an solchen EMOTIONEN. Sie trauern auch nostalgisch vergangenen Momenten mit anderen nach. Traurige Menschen fühlen sich oft allein, machtlos und wehrlos. Sie neigen dazu, eher die unangenehmen, als die positiven Seiten des Lebens zu sehen. Sie schlittern schnell in ein SEELENTIEF, sobald sie ihre INNERE MITTE verlieren. Gerade in solchen Augenblicken sollten sie lernen, sich von der Vergangenheit zu lösen, um in der GEGENWART zu leben. Außerdem können sie nur wirklich EIGENSTÄNDIG werden, wenn sie ihre Abhängigkeit überwinden.

Scheinbar grundlose Traurigkeit erklärt sich manchmal auch durch die Nostalgie unserer SEELE nach ihrem wahren Heim der ASTRALWELT. Sie ist wie ein Auswanderer, der seine Heimat verlassen hat, um seine Lebensbedingungen zu verbessern, aber trotzdem wehmütig an seine Geburtsstätte zurückdenkt, in der Hoffnung eines Tages zurückkehren zu können. Die Erde ist eine vorübergehende Schule, in der wir lernen sollen, unsere Erfahrungen bedingungslos zu AKZEPTIEREN und uns selbst kennen zu lernen. Die Schule des Lebens dauert bis zu unserem Tod. Solche Augenblicke der Traurigkeit sollten uns Gelegenheit zur EINSCHAU bieten, in denen wir unsere GEFÜHLE etwas genauer unter die Lupe nehmen, um zu unserem wahren EXISTENZGRUND zu finden.

Eine weitere Form tiefer Traurigkeit ist die TRAUER um einen geliebten Menschen oder das Ende eines Ereignisses, das uns sehr am Herzen gelegen hat. Kummer oder das Gefühl innerer Leere sind völlig normal, wenn bestimmte Geschehnisse unsere emotionalen Grenzen überschreiten und uns große Schmerzen bereiten. Wir sollten diese Gefühle annehmen und nicht zu verdrängen suchen. Nur so können wir sie wirklich AKZEPTIEREN. Doch hat es keinen Sinn, solchen Kummer ewig zu wahren. Wir sollten versuchen, daraus zu lernen und die Botschaften zu erkennen, die er für uns birgt, um wieder zu unserer inneren Mitte zu finden. In der Regel sind solche Ereignisse dazu da, uns LOSLÖSUNG und Eigenständigkeit beizubringen.

Auch LEID beruht auf konkreten Ereignissen und ist der Ausdruck einer VERLETZBARKEIT, die wir nicht zeigen oder wahrhaben wollen. Dieses Gefühl kann von den verschiedensten Emotionen hervorgerufen werden. Wir leiden, wenn wir nicht in der Lage sind, bestimmte Situationen oder Personen zu akzeptieren, da wir in unserem tiefsten Inneren wissen, dass unsere Seele danach strebt, alle Erfahrungen in wahrer LIEBE zu leben.

Wir müssen lernen, die Botschaft unserer *Traurigkeit, Trauer* oder unseres *Leids* zu verstehen und uns selbst ebenso akzeptieren wie die Erfahrungen unseres Lebens, die integrale Bestandteile unserer Bewusstwerdung sind. Wir sollten nicht mehr als OPFER, sondern als STAUNENDE BEOBACHTER durchs Leben gehen, die schönen Seiten der Menschen und Dinge wahrnehmen, für alles dankbar sein, was uns widerfährt, ZIELE haben und verfolgen und aufhören, in der Vergangenheit zu leben.

Trennung

Lebenspartner trennen sich, wenn sie ihre Gegensätze nicht mehr akzeptieren können. Es gibt zahlreiche Motive für eine Trennung, doch will uns das Leben dadurch immer bestimmte Tatsachen vor Augen führen. Manchmal beruht sie auf einem unbewussten WUNSCH oder BEDÜRFNIS unseres Wesens. Sie kann von einem oder beiden Partnern provoziert worden sein. Vielleicht hegt der eine den Wunsch sich wieder frei zu fühlen oder völlig neue Erfahrungen zu machen. Das kann völlig unbewusst sein oder mit seinem LEBENSPLAN zusammenhängen, den der andere nicht akzeptieren will.

Das WASSERMANN-ZEITALTER scheint durch die zahlreichen Veränderungen, die es bewirkt, auch mehr Trennungen als früher nach sich zu ziehen. Sie können eine gute Gelegenheit darstellen, unabhängiger und nicht so possessiv LIEBEN zu lernen.

Besonders in einer überraschenden Trennung sollten wir wissen, dass unser Leid völlig normal und menschlich ist und in der Regel auf unsere Angst vor Veränderungen zurückgeht. Nichts, was uns widerfährt, ist die Frucht des Zufalls. Gelingt es uns, unser Schicksal zu akzeptieren, so vermeiden wir, uns zu sehr auf unseren Kummer zu konzentrieren, und der Schmerz schwindet nach und nach. Wir entdecken neue Kräfte in uns. Unerwartete Lösungen tun sich auf. Jede Trennung hält ein Geschenk für die Beteiligten bereit. Das macht sie erträglicher und akzeptabler.

Normalerweise besteht dieses Geschenk darin, uns nun selbst in die Hand nehmen zu müssen. Dadurch entdecken wir FÄHIGKEITEN, WERTE und TALENTE, die bislang oft hinter zu großer ABHÄNGIGKEIT oder übermäßiger Verantwortung verborgen waren. Fällt es Dir schwer, die positive Seite einer Trennung zu erkennen, weil Du leidest und nun alleine bist, so solltest Du versuchen, den Aspekt, der Dich am meisten schmerzt zu beobachten und zu trösten. Durch den INNEREN DIALOG kannst Du Kräfte in Dir finden, die Dir nun helfen können. Andererseits kann Dir diese völlig neue Situation auch Gelegenheit dazu bieten, Dich mehr um Dich selbst und Deine BEDÜRFNISSE zu kümmern. Vielleicht wird Dir dabei bewusst, dass Du bestimmte Aktivitäten vernachlässigt hast, da Du Deinem Partner gegenüber SCHULDGEFÜHLE gehegt oder Dich seinen Wünschen so angepasst hast, dass Du Deine eigenen darüber völlig vergessen hast.

Jeder Mensch ist anders und macht daher auch andere Erfahrungen in seinem Leben. Um zu erkennen, was Du durch diese Trennung lernen sollst, solltest Du Dich fragen, was Dir dabei am schwersten fällt: Geld, Kinder, Kommunikation, materielle Dinge, affektive Sicherheit, Einsamkeit oder bestimmte Bedürfnisse? Bereitet Dir z. B. der finanzielle Aspekt der Trennung die größten SCHWIERIGKEITEN, so bietet Dir das Universum eine gute Gelegenheit einen großen Schritt in diesem Bereich vorwärts zu kommen. Aber das hängt ganz von Deiner REAKTION und Deinen Entscheidungen ab. Beklagst Du Dich und gibst weiterhin nur dem anderen die Schuld, so wird sich nichts ändern. Gelingt es Dir, Deine VERANTWORTUNG an dieser Trennung zu erkennen, so wird Dir das auch in Zukunft nützen können. Wir dürfen nie vergessen, dass die Schwierigkeiten unseres Lebens in direktem Verhältnis zu unseren Bedürfnissen, unseren Stärken, aber auch unseren GRENZEN stehen. Je prekärer und gespannter eine Situation, desto dringlicher ist auch die Botschaft an uns, endlich lieben zu lernen. Leidest Du sehr an einer Trennung, solltest Du versuchen, das Leid darüber nicht allzu lange in Dir zu tragen.

Eine sinnvolle Trennung sollte in Liebe, d. h. gütlich geschehen. Beide Seiten sollten versuchen zu AKZEPTIEREN, dass es vernünftiger ist, getrennt zu leben. Es gibt keinen Schuldigen. Gelingt es zwei Menschen nicht, die Mittel für ein harmonisches Zusammenleben aufzubringen, hat es keinen Sinn, sich zu zwingen eine unangenehme Situation so lange fortzusetzen, bis die Grenzen des Erträglichen überschritten sind. Dazu kommt es meist bei Paaren, die sich nicht genügend Zeit füreinander nehmen oder tieferer KOMMUNIKATION aus dem Weg gehen. Das führt dazu, dass sich über kurz oder lang so viele EMOTIONEN zwischen beiden aufgestaut haben, dass sie nicht mehr zurück können, um einen anderen Weg zu versuchen. Anstatt sich gegenseitig die Schuld zuzuschieben, sollten die beiden Partner versuchen, sich auszusprechen und sich auch zu sagen, was sie von dem anderen in der gemeinsamen Zeit bekommen und gelernt haben. Das hat durchaus auch Dank verdient. Übernimmt jeder seine Verantwortung am Bruch der Partnerschaft, dürfte es weder zu VORWÜRFEN noch zu SCHULDGEFÜHLEN kommen.

Gelingt die Trennung auf diese Weise, arbeiten beide an ihrer bedingungslosen Liebe, was ihnen helfen wird, eine neue Beziehung auf besseren Grundlagen einzugehen. Sind aus dieser Partnerschaft Kinder hervorgegangen, so werden jene ihre Eltern dafür achten, sich einvernehmlich und vielleicht sogar harmonisch getrennt zu haben, anstatt weiterhin KONFLIKT und STRESS für die ganze Familie zu schüren. Aus spiritueller Sicht ist eine Trennung kein SCHEITERN. Sie ist eine Lebenserfahrung, durch die ein Mensch oder eine Familie wachsen kann.

Treue

Treue bedeutet eine gewisse Stetigkeit der Gefühle, Neigungen und Gewohnheiten. Meistens sprechen wir von Treue im Rahmen der Partnerschaft. So auch hier. **In Wirklichkeit kann der Mensch aber nur sich selbst, d. h. seinen wahren BEDÜRFNISSEN treu sein.** Niemand kann anderen versprechen, etwas Bestimmtes zu SEIN, das betrifft auch das „treu sein". Ein Paar kann einander sexuelle Exklusivität versprechen, doch **hat keine ZUSAGE lebenslange Gültigkeit. Jeder Mensch hat das Recht, sich aus einem Versprechen zurückzuziehen.**

Partner sollten aufhören zu glauben, dass dieselbe Liebe ein ganzes Leben dauert, weil sie sich jetzt so lieben. Gestehen sie einander das Recht zu, sich selbst treu zu sein, hat ihre intime Beziehung wesentlich bessere Aussichten und wird sich im Lauf der Zeit sogar verbessern und nicht durch die Auswirkungen einer POSSESSIVEN Liebe voller ERWARTUNGEN bezüglich der Treue des anderen beeinträchtigt werden.

T

$\mathcal{U}$

Überbewusstsein

Siehe INNERER GOTT.

Überfluss

Überfluss bedeutet, mehr zu haben, als man benötigt. Dieser Zustand hängt also ganz von unseren Bedürfnissen ab und ist von Mensch zu Mensch verschieden. So finden manche ein Wochengehalt von 500 Euros ein gutes Einkommen, während es anderen, die gewöhnlich viel mehr verdienen, als recht mager erscheint. Menschen, die, wie letztere, hohe finanzielle Ansprüche stellen, verfügen andererseits über das nötige innere Potential, das gewünschte Geld und so auch mehr Wohlstand anzuziehen. Dasselbe gilt für andere Dinge, Freunde und sogar die Zeit. In der Regel wird der Zustand des Überflusses durch unsere ÜBERZEUGUNGEN und unbewusste Haltungen blockiert, die wir schon seit langem unterhalten.

Es ist wichtig, für all die Dinge dankbar zu sein, die uns das Schicksal beschert hat. Schätze, was Du auf materieller, menschlicher oder anderer Ebene besitzt (Haus, Auto, Kleidung, persönliche Gegenstände, Nahrung, Freunde, Familie, Gesundheit, Zeit, Freizeit usw.), anstatt Dich auf den MANGEL zu fixieren. Nimm Dir Zeit, eine Liste all dessen zu erstellen, was Du besitzt. Es bringt wesentlich mehr, die Dinge auszukosten, über die Du verfügst, als andere zu beneiden und Dich als Opfer zu fühlen. Eine weitere positive Haltung besteht darin, sich für die zu freuen, die mehr besitzen als Du. Lerne, anderen ohne Erwartungen zu GEBEN und Du wirst den Reichtum anziehen. **Je mehr wir geben, desto mehr empfangen wir.** Das gilt für alle Bereiche: Geld, Besitz, Zeit bis hin zu Komplimenten oder Hilfeleistungen. Wenn wir anderen geben, so haben wir unmittelbar das Gefühl, viel zu besitzen. Eine solche Lebenshaltung wird unser Leben positiv beeinflussen. Der Wohlstand wird sich in der Folge von ganz alleine einfinden. Um reich zu sein, bedarf es der Haltung des WOHLSTANDS. Zugleich gilt es, KREATIV zu werden, um unsere Wünsche zu OFFENBAREN.

Übergewicht

Siehe GEWICHTSPROBLEME.

Überheblichkeit

Siehe HOCHMUT.

Übersinnlichkeit

Übersinnlich begabte Menschen nehmen die verschiedensten Aspekte der ASTRALWELT wahr. Sie erkennen deshalb Gedanken und Wünsche der emotionalen und mentalen Ebene. Doch lesen sie nicht nur Gedanken, sondern auch die ÄNGSTE und EMOTIO-

NEN anderer, die sie meist sehr hautnah miterleben. So tauchen sie auch in die Problematiken ihrer Mitmenschen ein. Daher handelt es sich dabei oft um FUSIONSTYPEN bzw. MEDIEN, die sich gerne um das Glück anderer kümmern und die Vermittlerrolle einnehmen. Ihre Gemütsverfassung steht und fällt mit der ihrer Mitmenschen, weshalb es ihnen sehr schwer fällt, Dinge OBJEKTIV ZU BEOBACHTEN.

Befindest Du Dich oft in dieser Situation, so solltest Du versuchen, Deinen Geist nicht von den Problemen anderer einnehmen zu lassen. Führt dies bei Dir zu BEKLEMMUNGEN, so versucht Dein Körper Dir ein Zeichen zu geben, dass Du dringend handeln solltest. Atme tief durch und stelle Dir zwei schwere Betontore vor, die sich über Deinem Sonnengeflecht schließen. Hast Du wieder zu Deiner INNEREN MITTE gefunden, wird es Dir auch gelingen Deine Mitmenschen objektiver zu betrachten. Übersinnlich begabte Menschen haben die Fähigkeit zur KLARSICHT, wenn sie ihre große Feinfühligkeit meistern und VERANTWORTUNGSBEWUSST sind. Der Unterschied zwischen Übersinnlichkeit und HELLSEHEREI wird unter jenem Stichwort erläutert.

Dies soll nun aber keineswegs heißen, dass wir dazu raten, übersinnliche Fähigkeiten durch die verschiedensten Techniken wie Aurenlektüre, Hellseherei usw. zu trainieren und einzusetzen. Keine dieser Techniken trägt wirklich zur Entfaltung unseres Wesens bei, da sie vor allem unser ICH stärken. Wir sollten uns eher auf unsere inneren Fähigkeiten konzentrieren und in Verbindung mit unserer göttlichen Essenz bleiben. Bestimmte Gaben wie das Hellsehen werden sich von ganz allein entwickeln und sind wesentlich vorteilhafter und stärker, wenn sie nicht von unserem Ego beherrscht und mit unserem Verstand erlernt wurden.

Leider glauben viele Leute auch heute noch, dass übersinnlich begabte Menschen spiritueller seien als andere. Dabei verwechseln sie jedoch ASTRAL- und SPIRITUELLE WELT.

Überzeugungen

Der Umstand an etwas Mögliches oder Wahrscheinliches zu glauben. Unser VERSTAND ermöglicht uns, uns Dinge zu merken, zu analysieren, zu organisieren usw. Auch unsere Überzeugungen stammen aus dem so genannten MENTALLEIB. Sie sind tief in den Werten verwurzelt, die uns in durch Gesellschaft und Familie übermittelt wurden, beruhen aber auch auf einer tiefen Gewissheit, mit der wir geboren wurden.

Wir beschließen, an bestimmte Dinge zu glauben, um uns sicher zu fühlen und uns selbst zu schützen. Hinter jeder Überzeugung steckt die Vorstellung von Gut und Böse, Richtig und Falsch. Die meisten Psychologen gehen davon aus, dass das WERTSYSTEM eines Menschen bereits im Alter von 7 Jahren abgeschlossen war. Unsere Erinnerung hat alles gespeichert, was unsere Sinne seit unserer Zeugung wahrgenommen haben. Schließlich hat unser Verstand diese Erfahrungen mit den Vorstellungen von Gut und Böse abgeglichen und daraus unsere Überzeugungen geschaffen. Stellen wir uns einen Jungen vor, der seinen Eltern mutig gestand, das Fenster des Nachbarhauses eingeschlagen zu haben, und dafür bestraft wird. Ab diesem Zeitpunkt hält er es für

U

besser, nichts mehr zu sagen oder zu lügen, denn für ihn ist die Wahrheit nun mit Strafe verbunden. Eine Überzeugung ist die geistige Verbindung zweier Dinge. Der Junge musste durch die Wahrheit leiden. Deshalb versucht seine Überzeugung ihm dieses Leid in Zukunft zu ersparen.

Stellen wir uns nun ein Mädchen vor, das nur dann Komplimente und Aufmerksamkeit erhält, wenn es brav ist und seinen Eltern Freude macht. Es hört sie sogar zu ihrem jüngeren Bruder sagen, er solle so brav sein wie sie. Sie glaubt also, nett zu sein und anderen zu gefallen bedeute, geliebt zu werden. Ist man so wie ihr Bruder, wird man nicht geliebt. Auch ein solches verhalten soll Leid vermeiden.

Hinter jeder Überzeugung steht also eine Angst, ein Bedürfnis oder Wunsch. Wir können daraus schließen, dass jedes Mal, wenn die Dinge nicht nach unseren Wünschen laufen, unsere Bedürfnisse nicht befriedigt werden, uns Ängste oder schwierige Emotionen plagen, Überzeugungen im Spiel sind, die wir seit unserer Kindheit unterhalten. All diese Situationen sollen uns zeigen, dass wir an Dinge glauben, die zu unserem Nachteil sind. Glauben wir, etwas nicht haben zu können, so ist es, als ob wir es gar nicht haben wollten. Das Ergebnis ist dasselbe.

Manche Überzeugungen sind schädlicher als andere. Das hängt vor allem davon ab, wie stark die Angst ist, die sie unterhält. So kann die Überzeugung, wir müssten drei Mal täglich essen, unserem Organismus jahrelang entsprechen. Sie kann stark genug sein, einen Schwächeanfall zu provozieren, wenn wir einmal eine Mahlzeit auslassen, obwohl wir wissen, dass wir über genügend Reserven verfügen und der Mensch eigentlich mehr psychische und spirituelle als stoffliche Nahrung benötigt. Erkennen wir eines Tages, dass uns diese Überzeugung mehr schadet als nützt, können wir aufhören, daran zu glauben und unsere ERNÄHRUNG den wirklichen Bedürfnissen unseres Körpers anpassen.

Oft behalten wir überholte Überzeugungen nur deshalb bei, weil wir fürchten uns sonst ins Gegenteil zu verkehren. Natürlich ist eine solche Angst völlig unbegründet, da eine auf unseren wahren Bedürfnissen basierende Entscheidung uns nur flexibler machen kann. Nehmen wir noch einmal das Beispiel des Mädchens, das meint, nur geliebt zu werden, wenn es anderen alles Recht macht. Erkennt sie als junge Frau, was diese Überzeugung sie kostet, kann sie eine neue Entscheidung treffen und nach ihrem freien Willen handeln. Sie kann anderen Gefallen tun oder nicht, doch wird ihr Handeln nicht mehr von ihrer ANGST bedingt.

Wir sollten versuchen, uns besonders der verschiedenen **Volksmeinungen** bewusst zu werden, die unser Leben unterschwellig steuern. Dafür gibt es zahlreiche Beispiele: Unser Körper braucht acht Stunden Schlaf, um durchzuhalten; man muss Fleisch essen, um stark zu sein; wer schön sein will, muss leiden; Luftzug erkältet und Schnupfen ist ansteckend. All diese Meinungen mögen harmlos erscheinen, doch beeinflussen sie uns nicht nur unbewusst, sondern hindern uns vor allem daran, auf unsere wahren Bedürfnisse zu hören. Die Stärke ihres Einflusses geht vor allem auf ihre weite Verbreitung zurück. Sie können daher auch als ELEMENTARE GEDANKENFORMEN bezeichnet werden.

Abgesehen von den Überzeugungen unserer Jugend, lassen wir uns nicht nur von solchen Volksmeinungen, sondern auch von den **Ansichten anderer** beeinflussen. Das betrifft besonders Menschen, die mit unserer Erziehung zu tun hatten. Doch decken sich unsere Überzeugungen mit denen unserer Eltern, nicht weil jene uns beeinflusst haben, sondern weil wir sie anhand ihres Charakters und ihrer Ansichten ausgewählt haben. Da diese Vorstellung nicht leicht nachvollziehbar ist, verweisen wir hier auf die Stichwörter ELTERN und VERANTWORTUNG.

Während Überzeugungen also oft auf einschneidende Ereignisse unserer Kindheit zurückgehen können wir Meinungen leichter ändern, da sie nicht so tief in uns verankert sind. ERINNERUNGEN der Verstandesebene sind oberflächlicher als emotionale.

Die den verschiedenen Überzeugungen zugrunde liegenden Ängste können mit unseren SEELENWUNDEN zusammenhängen. Hier ein paar Fragen, die uns wertvolle Aufschlüsse über die Überzeugungen liefern können, die sich hinter unangenehmen Erfahrungen verbergen:

- Was kann ich nicht durch diese unangenehme Situation haben, tun, sagen oder sein? (Die Antwort auf diese Frage zeigt uns die wahren WÜNSCHE unseres Wesens.)

- Welche negativen Konsequenzen könnte es für mich oder andere haben, wenn ich das wäre oder täte, was ich wirklich will.

- Was würde ich oder andere mir für solche negativen Folgen vorwerfen? (Hier bekommen wir Aufschlüsse über unsere Überzeugungen.)

- Bin ich mir sicher, dass all das auch heute noch für mich zutrifft? (Bejahst Du diese Frage, so hast Du noch nicht genug an den Konsequenzen Deiner Überzeugung gelitten. Verneinst Du sie, so hast Du erkannt, dass sie Dir schadet.)

Was können wir tun, wenn wir bestimmte Überzeugungen als negativ erkannt haben?

Zuerst sollten wir ihnen danken, da sie uns in der Vergangenheit geschützt haben. Wir meinten ja, das Leid nicht ertragen zu können, welches wir heraufbeschworen hätten können, wenn wir ihnen zuwider gehandelt hätten. Wir dürfen es uns nicht übel nehmen, einem solchen Trugschluss erlegen zu sein. Wir hatten ja nach bestem Wissen und Gewissen gehandelt. Wir können dieser nunmehr überholten Überzeugung auch dafür dankbar sein, uns jetzt klargemacht zu haben, was wir heute nicht mehr wollen. Erst dadurch konnten wir ja erkennen, was wir wirklich brauchen. Da die ursprüngliche Überzeugung auf einer mehr oder weniger bewussten Entscheidung beruhte, müssen wir sie nun durch einen neuen Beschluss ersetzen. Wir hören auf, unsere überholten Ansichten zu nähren, wodurch sie verkümmern und zu unbeweglichen Erinnerungen ohne emotionelle Last oder Angst werden.

Eines Tages *glauben* wir nichts mehr, sondern werden *wissen*, was gut für uns ist, da wir in direkter Verbindung zu unserer Quelle und unseren wahren BEDÜRFNISSEN stehen werden. Die höhere mentale Ebene des WISSENS hat die niedere des Glaubens ersetzt.

U

Unabhängigkeit

Siehe EIGENSTÄNDIGKEIT.

Unbegrenztheit

Siehe GRENZEN.

Unbeständigkeit

Unausgeglichene Menschen, die ständig ihr Verhalten und ihre Neigungen ändern, bezeichnen wir als unbeständig. Sie sind in der Regel UNZUFRIEDEN mit ihrer Arbeit, ihrer Freizeit, ihren Beziehungen usw. Manchmal wird ihnen auch Verantwortungslosigkeit oder Launenhaftigkeit vorgeworfen. In Wahrheit suchen sie sich selbst, da sie keine konkreten ZIELE haben, die sich nach ihren wahren WÜNSCHEN und BEDÜRFNISSEN richten. Sie tun sich schwer, sich wirklich zu ENGAGIEREN, da sie nie wissen, auf welcher Hochzeit sie tanzen sollen.

Unbeständigkeit kann aber auch durch eine gewisse materielle UNSICHERHEIT bedingt sein, der immer innere Unsicherheit zugrunde liegt (Gedanken, Gefühle, Gemütszustände usw.) Je erregbarer ein Mensch ist, desto sprunghafter sind auch seine zwischenmenschlichen Beziehungen, da er ständig ZWEIFELT, UNSICHER ist oder etwas befürchtet. Gehörst Du zu diesem Menschentyp, so solltest Du Dich besser kennen und lieben lernen, Deine WÜNSCHE, BEDÜRFNISSE, FÄHIGKEITEN, TALENTE, Deinen PERSÖNLICHEN WERT und Dein enormes inneres Potential entdecken.

Wir sollten uns auch des Umstands bewusst sein, dass das angehende WASSERMANN-ZEITALTER große Umstellungen und somit auch Unbeständigkeit mit sich bringt. Stabile und ausgeglichene Menschen, die solchen VERÄNDERUNGEN mit ZUVERSICHT auf eine bessere Zukunft entgegensehen, haben keine Probleme damit. Unsichere Menschen hingegen macht dieser große Wandel auf allen Ebenen der Existenz ANGST und SORGEN. Beständigkeit bedeutet also keineswegs keine Veränderungen akzeptieren zu können, sondern vielmehr eine Richtung zu haben, ausgeglichen zu sein und unsere Bedürfnisse auch in Zeiten des Wandels nicht aus den Augen zu verlieren.

Unbewusstes

Siehe UNTERBEWUSSTSEIN.

Unfall

Jedes ungewollte und unerwartete Ereignis, welches den Lauf der Dinge gewaltsam ändert oder unterbricht, wird als Unfall angesehen. In der STOFFLICHEN WELT gelten Unfälle als ZUFÄLLE. In der SPIRITUELLEN Welt hingegen gibt es keinen Zufall. Jeder Unfall ist eine Nachricht unseres INNEREN GOTTES, um uns zu zeigen, dass wir uns für etwas bestrafen wollen. Dieser unbewusste Wunsch beruht auf einem meist ebenso unbewussten Schuldgefühl.

Ein Unfall gebietet uns Einhalt, um uns klarzumachen, dass es keinen Sinn hat und keineswegs INTELLIGENT ist, uns schuldig zu fühlen. SCHULDGEFÜHLE bilden einen Teufelskreis, der immer schwerer zu ertragen ist. Deshalb will unser INNERER GOTT unsere Aufmerksamkeit auch durch ein so einschneidendes Ereignis wie einen Unfall, der dem Grad unserer Schuldgefühle entspricht, auf diesen Umstand lenken. Je mehr wir uns selbst anklagen, desto strenger meinen wir uns dafür bestrafen zu müssen. Wir werden zu unserem eigenen Richter.

Zieht ein Unfall Körperverletzungen nach sich, so weist die Intelligenz Deines Körpers auf eine ganz bestimmte Problematik hin. Haben wir uns z. B. ein Bein gebrochen, so denken wir zunächst daran, dass unsere Beine unsere Fortbewegungsmittel sind. Folglich betrifft das Schuldgefühl einen Ort bzw. eine Situation, in die wir uns begeben oder nicht begeben wollen. Die Beine stehen auch für unsere Arbeit. In jedem Fall steht der Grad der Verletzung in direktem Zusammenhang mit der Intensität des schädlichen Schuldgefühls.

Ein Unfall kann auch aus dem unbewussten Bedürfnis einer Pause erwachsen. Manche Menschen gestehen sich eine solche nie zu, weil sie sich schuldig fühlen würden, andere an ihrer Stelle arbeiten zu lassen. Andere fürchten ihren Arbeitsplatz zu verlieren, ein Projekt zu verzögern (zu dem sie eigentlich noch nicht bereit waren) oder wagen einfach nicht, andere um etwas zu bitten. In solchen Situationen bedeutet ein Unfall nun aber nicht unbedingt, dass die fragliche Aktivität, sondern vielmehr, dass ihre innere HAL-TUNG jener gegenüber nicht angebracht ist. Hast Du Dich einmal damit abgefunden, dass Du selbst für die Ereignisse verantwortlich bist, die Dir widerfahren, um Dich auf eine bestimmte Geisteshaltung aufmerksam zu machen, wird es Dir auch leichter fallen, sie zu akzeptieren und den notwendigen Prozess unmittelbar in die Wege zu leiten. Will eine Verletzung nach einem Unfall einfach nicht verheilen, so lies die unter dem Stichwort ÜBERZEUGUNGEN vorgeschlagenen Methoden nach, um die ÄNGSTE und WÜNSCHE zu entschlüsseln, die sich dahinter verbergen.

Ungeduld

Siehe GEDULD.

Ungerechtigkeit

Ausbleiben der gebührenden Wertschätzung, Anerkennung, Rechte und Verdienste eines jeden. **Das Gefühl der Ungerechtigkeit beruht auf Urteilen, die von unserem WERT-SYSTEM und unserem Blickwinkel abhängen, die auf früher erlebte ERFAHRUNGEN zurückgehen.** Sprechen wir von Unrecht, so beziehen wir uns meist auf bestimmte Gesetze: Nicht nur die des öffentlichen Rechts, sondern auch soziales Unrecht und nicht zuletzt auch unserer persönlichen Werte, die auf unseren eigenen ÜBERZEUGUNGEN, ERWARTUNGEN und SEELENWUNDEN basieren. Die menschlichen Gesetze wurden geschaffen, um ein harmonisches Zusammenleben zu ermöglichen. Dennoch müssen wir zugeben, dass dieselben Gesetze auch ungerecht sein können, weil sie nicht alle BEWEGGRÜNDE eines Menschen in Betracht ziehen können.

U

Da es sich bei der Vorstellung von GUT UND BÖSE **lediglich um ein Gebilde des menschlichen Verstandes handelt, kann es keine wirkliche Gerechtigkeit geben. Was dem einen gerecht erscheint, ist für den anderen himmelschreiendes Unrecht.**

Stellen wir uns drei Töchter derselben Familie vor. Ihre Mutter ist bereits verstorben. Alle drei sind volljährig und haben gute Anstellungen. Zwei von ihnen sind bereits verheiratet, als der Vater stirbt und die Hälfte seines Besitzes der allein stehenden Tochter vermacht, während die beiden anderen Töchter sich die andere Hälfte teilen sollen. Jene fühlen sich ungerecht behandelt, nur ein Viertel des Erbes zu erhalten. Ist die Aufteilung jedoch wirklich ungerecht?

Alles hängt vom Blickwinkel in dieser Situation aber auch von den jeweiligen Seelenwunden ab. Die beiden verheirateten Töchter können sich benachteiligt fühlen, weil sie sich ein Drittel des Erbes erwartet hatten, während die allein stehende Tochter das halbe Erbe dadurch rechtfertigt, weil sie ja alleine für ihre Bedürfnisse aufkommen muss. Versetzt sie sich jedoch in die Haut ihrer Schwestern, kann sie sich jedoch auch bevorzugt fühlen und die Situation ebenfalls als ungerecht empfinden, während jene umgekehrt auch das Argument nachvollziehen könnten, dass sie finanziell bevorzugt sind, und demnach die Entscheidung des Vaters respektieren.

Viele zwischenmenschliche Schwierigkeiten und Probleme gehen auf unsere großen Erwartungen zurück. Wir meinen, die anderen sollten eher unsere Ansichten teilen, als dass wir uns an die ihren anpassen. Ungerechtigkeit ist lediglich eine andere Perspektive der Dinge und die Unfähigkeit Entscheidungen unserer Mitmenschen ZU AKZEPTIEREN.

Ganz offensichtlich hat der Vater, der seine drei Töchter liebte, sein Testament aus persönlichen Gründen so formuliert. Sie schienen ihm gerechtfertigt, da sie seinen eigenen WERTEN und Überzeugungen entsprachen. Er war in seinem Herzen überzeugt davon, die gerechteste Lösung gefunden zu haben. Er hätte sein Hab und Gut ebenso gut einem Wohltätigkeitsverein stiften können. Wer darf sich denn erlauben, ihm vorzuschreiben, was er mit *seinem* Geld tun soll? Schon an einfachen Beispielen wird deutlich, wie schwer es ist, zwischen Recht und Unrecht zu unterscheiden.

In unserem Beispiel war die Rede von zwei Schwestern, die sich benachteiligt fühlten. Wir dürfen aber nicht aus den Augen verlieren, dass es auch sehr viele Menschen gibt, die sich fürchten, mehr als andere zu bekommen. So schaffen sie eine meist unbewusste Blockade gegen ihren eigenen Erfolg oder verlieren, was sie zu viel zu haben meinen. Solche Mechanismen können am besten auf spiritueller Ebene überwunden werden.

In der SPIRITUELLEN WELT gibt es nur das göttliche Recht. Jedes Unrecht ist hier ausgeschlossen, da unser innerer Gott ganz genau weiß, welche Erfahrungen wir machen müssen, um bestimmte Dinge in unserem Leben zu lernen, die uns helfen, ins Licht zurückzukehren.

Wir sollten akzeptieren, dass das GESETZ VON URSACHE UND WIRKUNG unumstößlich ist. Demnach ernten wir immer, was wir gesät haben. Dieses Gesetz kommt auch zur Wirkung, wenn wir uns nicht mehr daran erinnern, was wir einmal gesät haben. Wir erfahren Recht nicht nachdem, sondern weil wir in einer bestimmten Weise gehandelt haben. Je früher wir die Existenz dieses göttlichen Rechts akzeptieren, desto leichter fällt es uns LOSZULASSEN. Auf dieses Thema gehe ich ausführlicher im Buch *Heile die Wunden deiner Seele* ein.

Unglück

Siehe GLÜCK oder SCHWIERIGKEITEN.

Unhöflichkeit

Siehe HÖFLICHKEIT.

Universum

Gesamtheit der Welten. Sprechen wir vom Universum, so meinen wir in erster Linie das Leben und die Urenergie. Das Universum formt das ALL, die ganze Schöpfung. GOTT drückt sich durch alles Leben aus. Das Universum steht somit auch für Einheit, Wiedervereinigung und Verschmelzung. Wir kommen alle aus derselben Quelle und streben nach demselben Ziel und Licht. Jede individuelle Handlung hat somit kollektive Auswirkungen, da wir durch denselben EXISTENZGRUND verbunden sind: Wir sollen wieder Kontakt zu unserer inneren Kraft, unserer göttlichen Energie und wahren Natur herstellen. Der beste Weg dazu führt über die LIEBE.

Die universelle Kraft kümmert sich um alles Leben. Diese Macht kennt und organisiert alles nach den großen NATURGESETZEN. Wir können unser Schicksal also den Händen des Universums anvertrauen und absoluten GLAUBEN an die göttliche Macht haben, die unseren LEBENSPLAN und all unsere wahren BEDÜRFNISSE genau kennt.

Unnachgiebigkeit

Siehe STARRHEIT.

Unsicherheit

Mangel an Selbstvertrauen und Zuversicht. Unsichere Menschen hegen die verschiedensten Ängste bezüglich der Zukunft. Siehe SICHERHEIT.

Unterbewusstsein

Unser Unterbewusstsein zeichnet alles auf, was unsere Sinne wahrnehmen, ob dies nun BEWUSST geschieht oder nicht. Es stellt also eine Datenbank dar, die unser VERSTAND früher oder gerade jetzt aufgezeichnet hat und die unser Leben ständig beeinflusst, ohne dass wir es merken. Das **Unbewusste** hingegen wurde noch nicht von unserem Verstand erfasst.

Haben wir uns als kleines Kind verbrannt, so ist diese Erfahrung in unserem Unterbewusstsein verzeichnet, auch wenn wir uns nicht mehr daran erinnern. Daher erzeugen unsere fünf Sinne in ähnlichen Situationen Unbehagen oder ANGST. Wir sind uns

U

der Auswirkung und Folgen einer Verbrennung nicht, d. h. „un-bewusst", wenn wir uns noch nie verbrannt haben.

Wir meinen, unser Leben im Griff zu haben, während es in Wirklichkeit von unserem Unterbewusstsein gesteuert wird. Dies erklärt auch, weshalb wir so oft genau das bewirken, was wir besonders fürchten. Es ist also sehr wichtig, in unserem Geiste Bilder und die entsprechenden Gefühle der Dinge zu erzeugen, die wir uns WÜNSCHEN, da unser Unterbewusstsein unser Leben nach den deutlichsten inneren Bildern schafft. Fürchten wir vor dem Einschlafen z. B., am nächsten Tag nicht ausgeschlafen zu sein, da wir früh aufstehen müssen, so wahrt unser Geist dieses Bild die ganze Nacht, und wir werden uns am nächsten Tag tatsächlich müde fühlen.

Stellen wir uns vor, ein Haus kaufen zu wollen, uns jedoch von jemandem beeinflussen zu lassen, der unsere Ängste widerspiegelt und uns davon überzeugt, von dem Kauf Abstand zu nehmen. Unser Unterbewusstsein versteht weder Vergangenheit noch Zukunft, sondern glaubt nur an die zuletzt verzeichnete ÜBERZEUGUNG. Es meint, dass dies die beste Lösung sein muss, und unterhält sie daher. Gelingt es uns nicht, unsere Wünsche zu verwirklichen oder haben wir Ängste, deren Ursachen uns unerklärlich sind, so sollten wir unsere GEFÜHLE und BEDÜRFNISSE genauer unter die Lupe nehmen. So wird es uns gelingen, unsere Grenzen zu überwinden.

Du bist der alleinige Herr Deines Unterbewusstseins. Erreichst Du nicht, was Du willst, so unterhältst Du unterbewusste Ansichten und Überzeugungen, die Deine Wünsche sabotieren. Erzeuge daher ein möglichst konkretes Bild Deiner Wünsche in Deinem Unterbewusstsein und wahre Haltungen und Gedanken, die diesen ZIELEN entsprechen und zu Deinem Vorteil sind. Vertraust Du überdies Deinem ÜBERBEWUSSTSEIN, so wird Dein Unterbewusstsein dies ebenso positiv zur Kenntnis nehmen. Letzteres weiß nicht, was zu Deinem Vor- oder Nachteil ist. Es handelt wie ein Computer, der Deine Programme ausführt, auch wenn Du ihn gegen Deine Bedürfnisse programmierst. Deshalb ist es ja so wichtig, uns unserer wirklichen Bedürfnisse bewusst zu werden.

Unterscheidungskraft

Fähigkeit, die Ereignisse des Lebens klar und richtig einzuschätzen und zu unterscheiden. Unsere Entscheidungen werden auf der Grundlage dessen getroffen, was wir für uns oder andere in jenem Augenblick unter Einbezug unserer Überlegung und Intuition am günstigen halten.

Wahren wir unsere INNERE MITTE, sind imstande in der GEGENWART zu leben und hören auf unsere Intuition, so haben wir auch keine Schwierigkeiten, die Spreu vom Weizen zu unterscheiden, da wir in direktem Kontakt zu unseren wahren Bedürfnissen stehen. So können wir auch uns und anderen besser helfen.

Unterwürfigkeit

Sich einer Autoritätsperson unterordnen oder anpassen, der wir uns unterlegen fühlen. Unterwürfige Menschen sind ABHÄNGIG und fühlen sich verpflichtet, bestimmten

Gesetzen oder Entscheidungen anderer zu GEHORCHEN. Sie treten ihre Entscheidungskraft somit an jene ab. Sie leiden ihr Leben anstatt selbst AKTIONEN ZU SETZEN.

Unterwürfige Menschen glauben keine andere Wahl zu haben oder werden von ihren ÄNGSTEN gezwungen, sich den Entscheidungen ihrer Mitmenschen zu fügen, und dadurch von ihnen abzuhängen. Das hat jedoch nichts damit zu tun, die Erfahrungen unseres Lebens zu AKZEPTIEREN.

Manche Menschen fühlen sich wohl in dieser Situation, da sie meinen, dadurch schwieriger Entscheidungen enthoben zu sein. Dabei handelt es sich jedoch eher um eine Form der MANIPULATION. Beugen wir uns anderen aus Angst, so fühlen wir uns nicht wohl in unserer Haut und verstoßen gegen die spirituellen Gesetze, die uns unseren FREIEN WILLEN zugestehen.

Fühlst Du Dich nicht wohl in Deiner Unterwürfigkeit, so kannst nur Du Deine natürliche Macht zurückerobern. Dazu solltest Du baldmöglichst den ersten Schritt setzen, der darin besteht, die aktuelle Situation zu AKZEPTIEREN, d. h. anzuerkennen und Dir zuzugestehen, dass Du zu einem bestimmten Zeitpunkt diese, wenn auch unbewusste Wahl getroffen hast. Dann solltest Du untersuchen, welche ÄNGSTE und anderen Aspekte sich hinter Deiner Unterwürfigkeit verbergen. Willst Du sie auch heute noch unterhalten als der Mensch, der Du jetzt bist? Nimm Dir MUT und beginne DICH zu BEHAUPTEN und für Deine WÜNSCHE einzustehen. Sie stehen Dir zu, doch kann kein anderer Deine BEDÜRFNISSE für Dich einfordern.

Solange Du Deinen Platz nicht einnimmst, werden andere es an Deiner Stelle tun, was Dir außerdem das Gefühl der Machtlosigkeit, der Frustration und des Zorns verleiht. Leute, die unterwürfige Menschen AUSNÜTZEN, haben ihrerseits ein Machtproblem und stecken ebenso voller Ängste. Sie meinen Macht über andere ausüben zu müssen, um sich stark zu fühlen. Sind wir in unserer INNEREN MITTE, so haben wir solche Machtspielchen nicht nötig. Nach und nach wirst Du Deinen Platz einnehmen, SELBSTVERTRAUEN an den Tag legen und an Deine Fähigkeiten und Stärken glauben. All dies ist nötig, um uns selbst lieben zu lernen. So trägt wahres VERANTWORTUNGS-BEWUSSTSEIN dazu bei, unser Leben zu MEISTERN.

Untreue

Siehe TREUE.

Unwürdig

Verachtenswert und schändlich. Etwas oder jemand, der den Anforderungen nicht gewachsen ist oder etwas nicht verdient. Menschen, die sich für unwürdig halten, werten sich selbst ab und meinen, Schande über andere zu bringen. Sie halten sich für unwürdig für ihre Arbeit oder in ihrer Rolle als Partner, Eltern oder Kinder. Sie ERNIEDRIGEN sich ständig selbst. Tun es andere, so sind auch sie nur das Echo unserer eigenen Gefühle und Gedanken. Der SPIEGELANSATZ zeigt, dass sie lediglich dazu da sind, uns unser eigenes Bild zu zeigen und dass wir unser wahres Wesen und unsere göttliche Natur

U

verkennen. Es ist höchste Zeit unsere EIGENLIEBE und unser SELBSTWERTGEFÜHL zu steigern. Dann werden auch unsere Mitmenschen uns mehr Liebe und ACHTUNG entgegenbringen und unseren persönlichen WERT anerkennen.

Unzufriedenheit

Verdrießlichkeit, weil wir nicht haben, was wir wollen. Unzufriedene Menschen sind ständig auf der Suche nach Dingen, von denen sie glauben, dass sie ihnen fehlen. Sie sind außerstande, ihre Nächsten und all die Dinge zu schätzen, die sie bereits besitzen, und verkennen auch die guten Gelegenheiten, die sich ihnen ständig bieten. Sie sind nicht nur pessimistisch und defätistisch, sondern auch große PERFEKTIONISTEN, die viel zu viel von sich selbst und ihren Mitmenschen verlangen. Sie hegen also viel zu hohe, ja unmögliche ERWARTUNGEN.

Ewig unzufriedene Menschen weisen sich selbst zurück und sind nicht in der Lage, die schönen Dinge an und um sich zu erkennen. Deshalb kritisieren sie alles und jeden. Sie sollten also dringend lernen zu AKZEPTIEREN, zu LIEBEN und an ihrem SELBSTWERTGEFÜHL zu arbeiten. Oft haben solche Menschen ihr INNERES KIND verdrängt und ihre wahren WÜNSCHE dadurch seit Langem unterdrückt. Bist auch Du häufig unzufrieden, so solltest Du versuchen, Deine Haltungen und Verhaltensweisen ebenso zu ändern wie Deine Lebenssicht. Der Preis ist einfach zu hoch. Arbeitest Du bewusst an Deiner ZURÜCKWEISUNG, wirst Du auch Deinen persönlichen WERT entdecken. Du wirst sehen, dass Du wesentlich fröhlicher und glücklicher wirst, wenn Du gelernt hast, Deine Umwelt zu schätzen. Gilt Deine Unzufriedenheit weniger Dir selbst, sondern Deinen Mitmenschen, so solltest Du Dein Verlangen hinterfragen, alles KONTROLLIEREN zu wollen.

Ursache und Wirkung

Siehe GESETZ VON URSACHE UND WIRKUNG.

Urteil

Positive oder negative Meinung, die wir über jemanden oder etwas haben oder zum Ausdruck bringen. In diesem Werk unterscheiden wir zwischen Beobachtung, Unterscheidungskraft und Urteil. Als BEOBACHTER stellen wir etwas fest, ohne über GUT UND BÖSE zu urteilen. Die UNTERSCHEIDUNGSKRAFT bedient sich des Verstandes, um zu ermitteln, was am besten für uns ist. URTEILE hingegen beruhen auf subjektiven WERTSYSTEMEN und ÜBERZEUGUNGEN. Jedes Urteil über andere, uns selbst oder eine bestimmte Situation spiegelt wider, was wir in diesem Augenblick für wahr halten.

Fallen Deine Urteile oft negativ aus, so kannst Du davon ausgehen, dass Du nicht nur von Dir selbst, sondern auch von den anderen zu viel erwartest. Wir sind uns dieses Umstands mehr oder weniger bewusst. In jedem Fall beurteilen wir andere wie uns selbst und umgekehrt. Der Unterschied liegt allein im BEWUSSTSEIN. Ein Sprichwort sagt: „Was Du beurteilst, wird Dich beurteilen. Was Du verurteilst, das wirst Du."

Stell Dir vor, Du beurteilst jemanden, der sich ausruht, als faul. Das heißt, dass auch Du Dir keine Ruhe gönnst, bevor nicht alle Aufgaben erledigt sind. Werden wir uns solcher Urteile bewusst, so liefern sie uns wertvolle Aufschlüsse über all die ÜBERZEUGUNGEN, die uns daran hindern, wir selbst zu sein. So können wir anderen auch für ihr Urteil dankbar sein, da es unsere innere Haltung und das Bild widerspiegelt, das wir von uns selbst haben.

Solche Urteile anderer beziehen sich oft auf Aspekte, die wir nicht an uns wahrhaben wollen. Daher bedarf es einer gewissen DEMÜTIGKEIT, um auch negatives Urteil an uns akzeptieren zu können. Obwohl wir positive Urteile meist leichter oder gerne hinnehmen, tun sich Menschen, die sich selbst ZURÜCKWEISEN, recht schwer dabei. Ist das Dein Fall, so erinnere Dich, dass das Urteil anderer einen Teil Deines Wesens widerspiegelt. Der SPIEGELANSATZ ist ein ausgezeichnetes Mittel dazu.

U

Veränderung

Alles entwickelt sich und ist ständigem Wandel unterworfen. Jeder Übergang von einem Zustand zu einem anderen bringt zwangsläufig Veränderungen mit sich, die eine neue Betrachtungsweise der Dinge und des Lebens erfordern. Jeder Wandel verpflichtet uns zur Aufgabe einer gewissen Sicherheit, bzw. eines bekannten Umfelds. Auch wenn uns das momentan etwas aus dem Gleichgewicht bringen kann, so müssen wir dennoch lernen, Veränderungen zu akzeptieren, um uns weiterentwickeln zu können. Es genügt, einen Blick auf die Natur zu werfen, die sich in ständigem WANDEL befindet.

Trotz aller Umstürze und Naturkatastrophen tendiert das Leben auf dieser Erde doch ständig zur Verbesserung als zur Zerstörung. Wir leben in einer Zeit großer Umstellungen, die zahlreiche Bereiche betreffen. Nichts scheint mehr sicher zu sein: Beruf, Kommunikation, Technik, Beziehungen, Erziehung, Religion, Politik usw. Warum ändert sich alles ständig und vor allem so schnell? Der Hauptgrund dafür liegt sicherlich im anbrechenden WASSERMANN-ZEITALTER.

Haben wir uns selbst zu bestimmten Veränderungen entschlossen, so fallen sie uns meist leichter, und wir können sie als positive Herausforderungen verstehen. Geschehen sie jedoch ohne unser Zutun oder gar gegen unseren Willen, so erfahren wir Verunsicherung, STRESS und eine Vielzahl von ÄNGSTEN. Deshalb fühlen so viele Menschen sich von gewissen Ereignissen überfordert oder überrollt. Je mehr wir uns fürchten, desto heftiger leisten wir Widerstand. Wir sollten also lernen, uns den Veränderungen unseres Lebens schrittweise anzupassen und zugleich hellhörig für Gefühle sein, die sie in unserem Inneren hervorrufen. Dabei ist es wichtig, sich auch das Recht zuzugestehen, bestimmten Dingen mit Missmut oder Angst gegenüber zu stehen. Leider haben erst wenige Menschen erkannt, dass die Dinge sich keineswegs zum Besseren wenden, wenn wir Veränderungen mit allen Mittel zu verhindern suchen. Ein wichtiger Aspekt unseres Wesens verkümmert und stirbt schließlich ab. Wir verschließen uns und drehen uns im Kreis.

Manche Menschen haben solche Angst vor dem Wandel, dass sie ihre eigene Heilung unbewusst sabotieren, anstatt die nötigen psychischen Veränderungen in die Wege zu leiten. Dadurch kommt es zu immer plötzlicheren, radikaleren und völlig unerwarteten Veränderungen, wie einer Trennung, des Verlusts einer Anstellung oder bestimmter Habseligkeiten, dem Tod geliebter Menschen oder Naturkatastrophen. Wir müssen erkennen, dass das Leben uns durch solche Vorfälle zum Kern unserer wahren Bedürfnisse zurückzubringen sucht und uns neue Herausforderungen stellt. Besonders wichtig ist gerade in solchen Fällen die Fähigkeit uns ANZUPASSEN, auch wenn uns das manchmal schwer fallen mag. Während WIDERSTAND nur Schmerz verursacht, bringt AKZEPTIERUNG Harmonie und Erfüllung. Wir müssen nicht leiden, um uns spirituell zu entwickeln. Es ist weiser, LOSZULASSEN und zu VERTRAUEN.

Wir müssen einsehen, dass Veränderungen uns ermöglichen, in der GEGENWART zu leben und jeden Tag auszukosten. Sie lassen uns offener werden und unsere wahren Werte erkennen. Natürlich können wir im Sinne unserer Wünsche planen und Aktionen setzen. Doch sollten wir immer für unvorhergesehene Umstellungen bereit sein. **Je mehr wir erkennen, dass wir die einzigen Schöpfer unserer Wirklichkeit sind, desto besser können wir veränderte Umstände an unsere Wünsche und Bedürfnisse anpassen.** Je mehr Menschen sich der Harmonie zuwenden, desto harmonischer wird auch das KOLLEKTIVE BEWUSSTSEIN. Bestehen wir jedoch auf unseren alten Werten und Gewohnheiten, die uns nicht mehr entsprechen und für viele Enttäuschungen verantwortlich sind, so wird es uns auch schwer fallen, uns neuen Gegebenheiten anzupassen. Wir sollten aufhören, ständig Widerstand leisten zu wollen, uns öffnen und uns vom Strom tragen lassen!

Wollen wir uns nicht mehr durch jede Umstellung aus dem Gleichgewicht bringen lassen, so müssen wir aufhören, sie zu DRAMATISIEREN. Dazu genügt es oft, nach den positiven und konstruktiven Aspekten einer neuen Situation und ihren Vorteilen zu suchen, die sie mit sich bringen kann. Das ermöglicht uns einer Freiheit und Kreativität Raum zu verschaffen, die bisher durch eine etwas starre Stabilität behindert waren. Oft können wir erst durch Veränderungen unseren wahren WERT erkennen und neue Kräfte in uns freisetzen. Bald gelingt es uns, uns immer schneller, an neue Umstände anzupassen, und unser Leben dadurch wesentlich interessanter werden zu lassen. Wir sollten uns jedes Mal folgende Schlüsselfrage stellen: „Was tragen diese neuen Erfahrungen zu meiner persönlichen Entwicklung bei?"

Verantwortungsbewusstsein

Einstehen für unsere Handlungen und die Menschen, um die wir uns kümmern. Wir sind bereit, die Folgen unseres Tuns zu tragen. Bestimmte Gesetze machen Eltern auch für Schäden verantwortlich, die von ihren minderjährigen Kindern verursacht wurden. D. h. wir müssen für die materiellen Konsequenzen der Handlungen unserer Kinder aufkommen, bis jene die Volljährigkeit erreicht haben, die von Land zu Land verschieden ist.

Aus spiritueller Sicht muss jeder Mensch schon ab seiner Geburt die Folgen seiner Entscheidungen und Reaktionen tragen. **Wir sind zu 100 % dafür verantwortlich, wie wir auf die verschiedensten Situationen unseres Lebens reagieren.** Erst wenn wir akzeptieren, für die Folgen unserer Gedanken, Worte, Werke, Entscheidungen und Reaktionen einzustehen sind wir wirklich verantwortungsbewusst. Dann erkennen wir auch, dass jedes Ereignis unseres Lebens – ob angenehm oder nicht – dazu da ist, uns Neues beizubringen und zur Entwicklung unserer Seele beizutragen.

Die spirituelle Erkenntnis, dass jeder Mensch voll und ganz für sein eigenes Leben verantwortlich ist, hat zwei wesentliche Konsequenzen: Erstens: Wir können niemanden für Dinge BESCHULDIGEN, die uns widerfahren und erwarten, dass sie für die Folgen unserer eigenen Entscheidungen und Reaktionen aufkommen. Zweitens: Wir brauchen keine SCHULDGEFÜHLE für andere, insbesondere unsere Nächsten zu haben, denn

V

auch wir sind keineswegs dazu verpflichtet, für die Konsequenzen ihrer Entscheidungen und Reaktionen einzustehen.

Für ein verantwortungsbewusstes Leben müssen wir diese beiden Einsichten in unserem Alltag berücksichtigen. Hier ein Beispiel für den ersten Aspekt: Stell Dir vor, Dein Partner macht Dir ungerechtfertigte Vorwürfe. Du wirst wütend und Ihr geratet Euch in die Haare, woraufhin Du eine Woche lang krank wirst. Dein Partner ist keineswegs dafür verantwortlich, was mit Dir geschieht. Es war ja Deine Reaktion auf seine Vorwürfe, die die folgenden Ereignisse provoziert hat. In jeder Situation haben wir die Wahl zwischen verschiedenen Möglichkeiten, Handlungen und Reaktionen.

Stell Dir zur Veranschaulichung des zweiten Aspekts vor, dass Du erfährst, dass Dein Kind Drogen nimmt. Du bist nicht für seine Entscheidung verantwortlich. Du trägst allein die Verantwortung für die Art und Weise, wie Du darauf reagierst. Für die Folgen seiner Wahl muss es selbst aufkommen. Hast Du materielle Konsequenzen dafür zu tragen, weil Dein Kind noch nicht volljährig ist, so wirst Du sie besser akzeptieren können, wenn Du keine Schuldgefühle empfindest und Deinen Lebensraum achten lässt.

Ein anderes Beispiel: Einige Personen wurden in einen Verkehrsunfall verwickelt. Ob sie nun schuldig gesprochen werden oder nicht, ändert nichts an der Tatsache, dass sie spirituell verantwortlich für ihre Reaktionen sind. Hierin besteht der ganze Unterschied. Alle Betroffenen haben etwas durch diesen Unfall zu lernen. Manche schieben die Schuld auf andere, andere fühlen sich machtlos oder machen schwere Emotionen durch, vor allem wenn Personen verletzt oder getötet wurden.

Verantwortungsbewusste Menschen wissen, dass niemand zufällig an dem Unfall beteiligt ist. Etwas in uns zieht gleichsam magnetisch genau die Situationen an, die uns mit den Erfahrungen konfrontieren, die wir zu unserer seelischen Entwicklung benötigen. Es wird uns leichter fallen, wenn wir versuchen, die Situation objektiv zu beobachten und uns sagen: „Ich bin nicht zufällig in diesen Unfall verwickelt worden. Was soll ich daraus lernen?" Das soll uns nicht unsere Gefühle verbieten, sondern vermeiden, Ereignisse zu dramatisieren und uns unnötige Sorgen zu machen. So werden wir uns rascher beruhigen und wieder zu unserer inneren Mitte finden. Dann werden die Lösungen von ganz alleine auftauchen. Vielleicht sind wir dann sogar imstande, anderen unsere Hilfe und Unterstützung anzubieten.

Verantwortungsbewusst zu leben bedeutet, uns bewusst zu sein, dass wir alle Erfahrungen unseres Lebens selbst durch unsere große Schaffenskraft bewirkt haben.

So können wir unser Leben ohne Werturteil beobachten und meistern. **Wollen wir uns wirklich entfalten, müssen wir akzeptieren zu 100 % für unser Leben und all seine Details verantwortlich zu sein.** Sonst bleibt immer ein kleiner Zweifel bestehen, der uns daran hindert, wirklich vorwärts zu kommen. Bestünde auch nur eine minimale prozentuelle Lücke, für die andere verantwortlich sein könnten, so schränken wir nicht nur unsere Freiheit, sondern auch unser Glück ein. „Verantwortungslose" Menschen, die diesen Umstand nicht akzeptieren wollen, laufen ständig Gefahr ihren Schuldgefühlen zu erliegen oder sich als ewige Opfer des Lebens zu verstehen.

Akzeptieren wir unsere Verantwortung, so können wir rasch wieder die Zügel unseres Lebens in die Hand nehmen, wenn wir uns als Opfer einer UNGERECHTIGKEIT, KRANKHEIT, TRENNUNG, eines UNFALLS, Geldverlusts oder irgendeines anderen unangenehmen Ereignisses fühlen. Wir wissen, dass wir unser Leben ständig selbst schaffen, auch wenn die Ergebnisse nicht immer unseren Vorstellungen entsprechen. Wir erkennen, dass wir nur unsere innere Haltung und unsere ÜBERZEUGUNGEN zur Verantwortung ziehen können und machen weder anderen noch uns selbst VORWÜRFE. Der einzige Mensch, der unsere Lage verändern kann, sind wir selbst.

Haben wir genug von den peniblen Folgen unserer Handlungen, entscheiden wir uns in der Regel, Dinge zu ändern und unsere Verantwortung zu übernehmen. Das bedeutet, dass wir versuchen, immer BEWUSSTERE und INTELLIGENTERE Entscheidungen zu treffen. Außerdem besteht ein Unterschied zwischen unserer Verantwortung (auf der Ebene des Seins) und einer ZUSAGE (auf der materiellen Ebene des Habens und Tuns).

Oft neigen wir dazu, uns VORWÜRFE zu machen, die Verantwortung zu übernehmen oder zumindest Mitleid mit Kindern zu empfinden, die besonders schwierige Erfahrungen wie Krankheiten, Behinderungen, Familientragödien, Unrecht usw. durchmachen. Auch wenn sie klein und verletzlich scheinen, tragen sie dennoch eine Verantwortung. Wir müssen erkennen, dass auch in ihnen eine Seele steckt, die diese, wenn auch leidvollen, Erfahrungen benötigt, um sich weiter entwickeln zu können. So vermeiden wir, sie durch unsere Übervorsorglichkeit oder unser Mitleid in die Opferrolle zu zwängen. Hören wir ihnen lieber zu, bringen wir ihnen MITGEFÜHL entgegen und helfen wir ihnen so, selbst zu entdecken, was sie aus dieser Situation zu lernen haben. **Das wichtigste Vermächtnis eines Erwachsenen an seine Kinder besteht darin, ihnen die Vorstellung des Verantwortungsbewusstseins nahe zu bringen.** Sie werden später sehr davon profitieren.

Haben wir unser Verantwortungsbewusstsein vollends integriert, werden uns auch schwierige Situationen wesentlich leichter zu bewältigen scheinen. Wir machen uns weniger Sorgen und erleben weniger Zwänge und Emotionen, da wir unsere Erfahrungen als solche akzeptieren und wissen, dass wir jederzeit neue Entscheidungen treffen können. Dies verleiht uns nicht nur das Gefühl der Befreiung, sondern auch der Macht. Wir sollten uns bemühen, den Menschen, die dieses große Gesetz noch nicht integriert haben und sich noch für Opfer des Lebens halten, mit Mitgefühl und Respekt zu begegnen. Es mag paradox erscheinen, doch bringt das Verantwortungsbewusstsein diese zusätzliche Verantwortung mit sich. Wir können unseren Mitmenschen ein gutes Vorbild sein, wenn wir ihnen vorleben, wie ein Mensch leben kann, der sich selbst nicht für Dinge anklagt, die anderen widerfahren und auch anderen keine Vorwürfe für eigene SCHWIERIGKEITEN macht. Sie werden den inneren Frieden wahrnehmen, den wir ausstrahlen, und es selbst versuchen wollen.

V

Verbitterung

Siehe RACHSUCHT.

Verbundensein

Wir verstehen hierunter ein enges Verhältnis zur Quelle aller Energie. Dies kann die verschiedensten Bereiche betreffen. Fühlt sich ein Mensch mit *der spirituellen Energie verbunden,* ist er in der Lage GOTT überall im Leben zu sehen, zu fühlen und zu rühmen. Hilft er anderen Menschen, so geht diese Hilfe über die stoffliche Ebene hinaus. Menschen, die sich *dem Magnetismus verbunden* fühlen, verfügen über so genannte Heilkräfte, auch wenn diese meist nur eine vorübergehende Heilung bedingen können, da sie die KRANKHEIT gewissermaßen nur verschieben. Nur wirkliches AKZEPTIEREN, d. h. wahre und bedingungslose Liebe kann definitive Heilung bewirken. Andere sind dem Weg *der Erkenntnis verbunden.* Sie haben Zugang zu den AKASHA-ERINNE-RUNGEN und können dadurch ihren Mitmenschen helfen, die subtilen Welten zu entschlüsseln und ihr Bewusstseinsniveau zu erhöhen.

Menschen, die in enger *Verbindung zur tellurischen Energien* stehen, haben einen direkten Draht zur Urkraft unserer Mutter Erde. Die *Verbindung zur kosmischen Kraft* entspricht hingegen der väterlichen Energie des Alls. Diese beiden Quellen zusammen bilden die *göttliche Schaffenskraft.* Alle Menschen verfügen über eine natürliche Bindung zu ihr, ohne die das Leben unmöglich wäre. So kann es uns nie vollkommen an Energie fehlen. Wenn wir leiden und uns von unseren ÄNGSTEN überkommen lassen, verlieren wir jedoch einen Teil dieser natürlichen Bindung mir diesen beiden Urquellen. Daraus folgt, dass wir nicht nur zahlreichen Schwierigkeiten begegnen, sondern auch spürbaren Energieabfall zu beklagen haben. Unsere Ängste verengen gewissermaßen unseren Energiekanal.

Schritte zur Verbindung mit der irdischen und kosmischen Energie: Setze Dich bequem hin, so dass Dein Rücken gerade ist und beide Füße den Boden berühren. Lege Deine Hände mit den Handflächen nach oben auf die Oberschenkel und schließe die Augen. Entspanne die Kiefermuskeln und atme ruhig und tief durch die Nase. Konzentriere Dich auf Dein Herzchakra in der Mitte Deiner Brust, zwischen den beiden Brustwarzen. Um dieses Energiezentrum zu aktivieren, stellen wir uns vor, eine strahlende Sonne an dieser Stelle zu haben. Ihr Licht breitet sich aus, so weit es will. Nimm Dir ein paar Augenblicke Zeit, diese schöne Energie der Liebe zu genießen.

Wurzeln in der Energie der Mutter Erde fassen: Stell Dir vor, wie zwei starke, violette Wurzeln aus Deinem Herzchakra über tief ins Herz der Erde wachsen, sich dort verästeln und sich im Energiezentrum unserer Mutter Erde verankern. Du kannst Dir diese Energie wie eine goldene Flüssigkeit vorstellen, in der Deine violetten Wurzeln treiben und die Energie bis zu Dir hinauf saugen. Fühle einige Augenblicke, wie sie immer schneller zu Dir aufsteigt. Zuerst fließt sie durch Deinen ENERGIEKÖRPER und versorgt jenen mit neuer Energie. Dann gelangt sie in Deinen Körper, in dem sie sich über Fußsohlen, Beine, Becken und Wirbelsäule bis ins Herz ausbreitet. Du bis jetzt mit Mutter Erde verbunden.

Wurzeln in der Energie des kosmischen Vaters fassen: Visualisiere einen riesigen violetten Trichter, der sich vom Herzchakra ins All öffnet. Stelle Dir die himmlische Energie vor wie einen goldenen Regen, den dieser Trichter auffängt und in Dir sammelt.

V

Dieser wunderbare Regen wird immer intensiver, fließt durch Deinen Energiekörper, durchflutet ihn mit seiner Energie und gelangt schließlich über Deinen Kopf und den Kanal der Wirbelsäule in Deinen Körper. Hat sie Dein Herz erreicht, bist Du mit der Energie des kosmischen Vaters verbunden.

Vermische diese beiden Energien nun miteinander, indem Du sie im Uhrzeigersinn kreisen lässt. Auch diese Kreisbewegung wird immer schneller und intensiver. Wenn Du bei diesen Übungen bestimmte Farben visualisierst, so stelle sie Dir nicht wie Farbe an einer Wand, sondern vielmehr wie das leuchtende Strahlen des Regenbogens vor. Wenn die Energie so Deinen Körper durchflutet, kann es zu den verschiedensten Empfindungen kommen. Am häufigsten ist das Gefühl der Wärme, ja Hitze oder aber auch ein gewisses Prickeln. Hast Du Schmerzen an einer bestimmten Stelle, so atme tief aber ohne jeden Zwang durch und überlasse die übrige Arbeit der Energie. Hier versucht sie sich einen Weg durch einen Energieknoten zu bahnen. Fühlst Du gar nichts, so heißt das nicht unbedingt, dass nichts geschieht. Nun bist Du auch bereit für eine gezielte Entspannung oder MEDITATION.

Sind wir uns voll und ganz unserer wahren Identität bewusst, so stehen wir in ständiger Verbindung mit unserer spirituellen Energie, die nichts anderes als das eigentliche Ziel unserer Existenz ist. Sie steht für das All selbst.

Vererbung

Alles, was durch Fortpflanzung an Nachkommen übermittelt wird (Charakter, Krankheiten, usw.) Im Rahmen unserer Familiengeschichte und der Selbstentfaltung gehen wir davon aus, dass dieselben WERTE, Denkweisen, Haltungen, Verhaltensweisen, GEWOHNHEITEN und ÜBERZEUGUNGEN von einer Generation an die nächste weitergegeben werden.

Die traditionelle und materielle Weltsicht geht davon aus, dass wir die verschiedensten Aspekte von unseren Eltern erben. Der spirituelle Blickwinkel sagt das genaue Gegenteil: Wir erben gar nichts von unseren ELTERN. Unsere Seele hat sie sich vielmehr vor der Geburt ausgesucht, da wir gewisse Ähnlichkeiten mit ihnen haben und sie uns helfen können, uns unseres EXISTENZSGRUNDES bewusst zu werden. Wir werden so lange wiedergeboren, bis wir alle ERFAHRUNGEN völlig AKZEPTIERT haben.

Stellen wir uns eine Mutter vor, die an Zuckerkrankheit oder Brustkrebs erkrankt ist. Bereits ihre eigene Mutter und Großmutter hatten dieselbe Krankheit. Diese Frau hat im Großen und Ganzen das Verhalten ihrer Mutter übernommen, obwohl sie vielleicht versucht hat, sich dagegen aufzulehnen oder Dinge anders zu machen. Es heißt „Söhne sind wie ihre Väter und Töchter wie ihre Mütter." Doch erben sie weder ihre Überzeugungen noch ihre Krankheiten. Gerade diese Problematik, die ihnen bewusst machen soll, was sie in diesem Leben zu regeln haben, hat sie an dieser Familie angezogen. Weiteres dazu unter dem Stichwort GESETZ DER ANZIEHUNGSKRAFT.

Uns ist allen schon aufgefallen, dass nicht alle Kinder dieselben Krankheiten oder Verhalten der Eltern erben. Das hängt ganz von der jeweiligen Problematik und inne-

V

ren Arbeit ab. So könnte es also durchaus sein, dass die Frau unseres Beispiels zwei Schwestern hat, die keineswegs an Diabetes oder Brustkrebs leiden. Vielleicht haben jene beiden sehr schnell verstanden – auch unterbewusst –, was sie zu regeln hatten, oder kamen aus anderen Gründen, wie z. B. einer Problematik väterlicherseits in diese Familie.

Jeder Mensch hat seine eigenen SEELENWUNDEN, die er in diesem Leben zu heilen hat. Trotzdem begegnen wir zahlreichen Familien, in denen mehrere Generationen an Zuckerkrankheit, Herzschwäche, Leberproblemen, Depression, Krebs u. a. leiden. Davon sind besonders FUSIONSTYPEN betroffen. Wird einer von ihnen sich der Problematik bewusst, AKZEPTIERT sie und VERZEIHT, so hilft er dadurch auch allen anderen Familienmitgliedern, den Kreis der Vererbung zu überwinden.

Dazu müssen wir zuerst akzeptieren, dass wir alleine unser Leben schaffen und auf der Ebene des SEINS dafür VERANTWORTLICH sind. Dann sollten wir all unsere ÜBERZEU-GUNGEN und WERTE ganz genau unter die Lupe nehmen und von all jenen Abstand nehmen, die uns nicht mehr nützlich oder gar schädlich sind.

Es sollte uns Mut machen, dass alles in dieser stofflichen Welt vergänglich ist. Alles kann sich ändern und zum Besseren wenden. Niemand muss negative Aspekte oder Krankheiten erben. Die Entscheidung sie zu überwinden, liegt einzig und allein bei uns selbst. Der erste Schritt ist jedoch immer der des AKZEPTIERENS. Im Buch *Dein Körper sagt: „Liebe dich!"* wird weiter auf die metaphysischen Ursachen von KRANK-HEITEN eingegangen.

Verführung

Andere von etwas überzeugen oder durch eine Illusion berühren. Alle Mittel einsetzen, um Mitmenschen zu gefallen oder zu erobern. Starke ANZIEHUNGSKRAFT und Charme auf andere ausüben, sie beeindrucken oder sich ihnen aufdrängen. Manche Menschen haben ein ganz natürliches Charisma, einen magnetischen Blick oder eine anziehen-de Stimme, ohne ein bestimmtes Ziel zu verfolgen. Verführung kann wie bei Tieren instinktiv zur Fortpflanzung dienen. Es handelt sich dabei um eine erste Annäherung, ein Vorspiel mit bestimmten ERWARTUNGEN und einer konkreten ABSICHT.

Manche Kinder beginnen schon während der Phase des ÖDIPUSKOMPLEXES Erwach-sene zu verführen. Sie setzen all ihre Mittel dazu ein, die ungeteilte Aufmerksamkeit, Zuneigung und Gunst des Elternteils des anderen Geschlechts zu bekommen.

Verführung muss also nicht nur sexuelle Zwecke verfolgen, sondern kann auch in vielen anderen Bereichen eingesetzt werden. Wir können bestimmte Blicke, geschriebene oder gesprochene Worte, Gesten usw. dazu einsetzen, um uns beliebt zu machen, einen Posten, eine Beförderung oder bestimmte Vorteile zu erhalten. Manche leugnen dabei sogar ihre eigene INTEGRITÄT. Sie verwenden bewusst falsche Argumente, TÄUSCHEN Dinge VOR und versuchen besser zu SCHEINEN, als sie wirklich sind. Sie setzen alles daran, von anderen bemerkt, anerkannt, akzeptiert oder geliebt zu werden.

V

Wir legen alle einen gewissen Charme an den Tag, wenn wir etwas bei anderen erreichen wollen. Doch gibt es verschiedene Grade. Besonders KONTROLLIERENDE Menschentypen sind große Verführer und MANIPULIERER. Verführung ist kaum das richtige Mittel, um zu unseren Zielen zu gelangen. SELBSTBEWUSSTE Menschen, die auch über genügend SELBSTWERTGEFÜHL verfügen, müssen andere nicht eigens verführen.

Bedienst Du Dich dieses Mittels, so solltest Du Dich nach Deinen wahren BEWEGGRÜNDEN fragen. Ist es EIGENLIEBE, ANGST oder etwas anderes? Erkenne, dass Du ein besonderer Mensch bist, der von anderen auch ohne Verführung anerkannt und unterstützt werden kann.

Vergangenheit

Verflossene Zeiten. Wir begehen oft den Fehler unsere ERINNERUNGEN mit unserer Vergangenheit gleichzusetzen. Da jene jedoch in unserem MENTALLEIB entstehen, stehen sie unter Einfluss unserer körperlichen, emotionellen und geistigen Verfassung im Augenblick des Vorfalls. Wir speichern alle Ereignisse mittels unserer Wahrnehmung, d. h. durch den Filter unserer ÜBERZEUGUNGEN, weshalb unsere Erinnerungen nur sehr selten den Tatsachen entsprechen. Hängen wir stark an unserer Vergangenheit, so sind wir demnach Illusionen verbunden.

Manche Menschen hindert eine bewegte Vergangenheit daran, in der GEGENWART zu leben. Es ist ein tröstender Gedanke zu wissen, dass wir unsere Vergangenheit umprogrammieren können. Stellen wir uns jemanden vor, der fest davon überzeugt ist, dass seine Eltern zu streng mit ihm waren, ihm nie genug Verständnis und Aufmerksamkeit entgegenbrachten und sich nicht für seine wahren Bedürfnisse interessierten. Seit vielen Jahren lebt er nun schon mit diesem Gefühl der Ungerechtigkeit, der Zurückweisung oder Vernachlässigung, und macht ihnen große VORWÜRFE dafür. Durch sein eigenes Leid hat er ein völlig verzerrtes Bild von ihnen und ist nicht mehr in der Lage, ihre Vorzüge zu sehen.

Nun ist er selbst Vater geworden und beginnt, seine eigene Kindheit aus einem anderen Blickwinkel zu sehen, da er sich in die Lage seiner eigenen ELTERN versetzen kann und erkennt, dass sie ihrer Rolle gerecht wurden, so gut sie es unter den gegeben Umständen und entsprechend ihrer Grenzen konnten. Er merkt, dass es keinesfalls leicht ist, den Kindern alles recht zu machen. Nach und nach entdeckt er Situationen und Gefühle wieder, die ihm zeigen, dass sich seine Eltern tatsächlich besser um ihn gekümmert haben, als er all die Jahre hindurch glaubte. Außerdem wird ihm klar, dass jene sich wahrscheinlich sogar selbst Vorwürfe gemacht hätten, wenn sie nicht nach ihren ÜBERZEUGUNGEN und ihrem eigenen WERTSYSTEM gehandelt hätten. Im Gefängnis seiner SEELENWUNDEN hatte sein Schmerz nicht zugelassen, die Liebe seiner Eltern zu erkennen, die nicht anders handeln konnten, als sie es von ihren eigenen gelernt hatten. Ihre Haltung spiegelte die einzige Form der Liebe wider, die sie geben konnten.

Zweifeln wir an der Liebe unserer Eltern oder an bestimmten Situationen unserer Vergangenheit, die emotionale Wunden in uns hinterlassen haben, so sollten wir versuchen sie aus dem neuen Blickwinkel des Erwachsenen zu rekonstruieren. Wir

V

werden sehen, dass die damalige Wirklichkeit sich uns heute völlig anders darstellt, als hinter den Filtern unserer alten Wunden. Verharren wir auf alten Denkmustern und Wahrnehmungen, so sperren wir uns dem Glück und verstellen uns die Möglichkeit unsere Seelenwunden zu heilen.

Es kann maßgeblich zu unserem Bewusstwerdungsprozess beitragen, wenn wir die Ereignisse der Vergangenheit niederschreiben. Das kann eine ebenso konstruktive wie befreiende Erfahrung sein. Wie fühltest Du Dich in den verschiedenen Phasen Deiner Jugend? Je besser wir unsere Vergangenheit verstehen lernen, desto klarer wird uns auch die Gegenwart.

Der Vergangenheit oder erlittenem Unrecht nachzutrauern, ist, als ob man eine Treppe hinaufginge und sich jede Stufe auf die Schulter laden würde. Die Last wird immer schwerer und führt schließlich zum ZUSAMMENBRUCH. Die einzige Wirklichkeit ist die Gegenwart. Zukunft aber auch Vergangenheit können durch unsere aktuelle Lebensweise verändert werden. Erstere ist eine mentale Projektion, letztere eine verzerrte Erinnerung eines anderen Moments der Gegenwart.

Vergeltung

Jemandem absichtlich Böses zufügen, um sich für erlittenen Schaden oder Beleidigungen zu rächen. Körperliche oder psychische Vergeltung erzeugt sehr starke destruktive Energien, die auf tiefen SEELENWUNDEN beruhen. Wir sinnen nur nach Rache, wenn wir uns ERNIEDRIGT, VERRATEN, VERNACHLÄSSIGT oder UNGERECHT behandelt fühlen und andere dafür VERANTWORTLICH machen. **Wir sind deshalb nicht BÖSE oder schlecht, sondern haben die GRENZEN des erträglichen LEIDS überschritten.**

In unserem tiefsten Inneren wissen wir alle, dass Vergeltung keine Lösung für Schmerzen ist, die uns andere – absichtlich oder nicht – zugefügt haben. RACHSUCHT lässt keine LEBENSFREUDE oder POSITIVE LEBENSHALTUNG zu. Vergeltung zieht ihrerseits wieder Rachegelüste nach sich und setzt einen wahren Teufelskreis in Bewegung. Sind wir uns wirklich des GESETZES VON URSACHE UND WIRKUNG bewusst, werden wir jeden Gedanken an Rache bald wieder fallen lassen, da die Folgen einfach nicht dafür stehen. Sind wir in der Lage, anderen zu vergeben, was sie uns angetan haben, tun wir einen wichtigen Schritt zur Tilgung unseres KARMAS.

Jeder Gedanke an Vergeltung ist schädlich, auch wenn wir nicht wirklich zur Tat schreiten. Meist äußern sich die Folgen durch ENERGIEVERLUST und schwere KRANKHEIT.

Sinnst Du nach Rache, so solltest Du Dir zunächst das Recht zu Deinem eigenen Leid zugestehen. Es ist menschlich, nach Vergeltung unserer Schmerzen zu streben, wenn wir uns zutiefst verletzt fühlen. Dann jedoch solltest Du Dir vor Augen führen, dass der Mensch, an dem Du Dich rächen willst, an derselben Seelenwunde leidet, wie Du. Entscheidest Du Dich ganz bewusst dazu, nun nicht mehr im HASS, sondern im FRIEDEN leben zu wollen, kannst Du die Schritte des VERZEIHENS durchmachen, um Dich mit Dir und anderen zu versöhnen. Dein Herz strebt nach nichts anderem.

Doch liegt die Entscheidung einzig und allein bei Dir. Versöhnungswillen ist ein Beweis von Offenheit und INTELLIGENZ. Auch wenn Dich dieser Schritt viel Kraft kosten mag und Du Deinen HOCHMUT dazu überwinden musst, so tust Du ihn doch **nur für Dich** und wirst ebenso davon profitieren, wie Deine Mitmenschen.

Vergewaltigung

Siehe SEXUELLE AGGRESSION.

Vergleich

Es geht uns vor allem um den Vergleich von Menschen, der nur selten positive Auswirkungen hat. Auch wenn noch so gute Vorsätze bestehen, leiden z. B. Kinder sehr darunter, mit ihren Geschwistern verglichen zu werden. Anstatt ihnen zu verstehen zu geben, dass sie braver, intelligenter und liebenswerter wären, wenn sie sich so verhielten wie ihr Bruder oder ihre Schwester, sollten Eltern lieber die positiven Eigenschaften und Talente zu fördern, die ihrer INDIVIDUALITÄT entsprechen.

Vergleiche schaden positiver und ehrlicher KOMMUNIKATION und erschüttern das SELBSTVERTRAUEN, da sie oft Urteile mit sich bringen. Sie hindern Kindern, sich selbst zu AKZEPTIEREN und SELBSTBEWUSST zu werden. Wir können nicht natürlich sein, wenn wir uns ständig an anderen messen. Eine solche Haltung führt zwangsläufig zu Frustrationen. Was bringt es, wenn wir uns mit dem Arbeitskollegen vergleichen, der schneller lernt und beliebter zu sein scheint als wir? Müssen wir uns minderwertig fühlen, nur weil unser Nachbar reicher oder anerkannter ist als wir? Das heißt doch nichts anderes, als dass wir uns zu sehr an materiellen, statt an wahren und spirituellen Werten orientieren, die sich nur an unserer Fähigkeit zu lieben messen.

Menschen, die sich anderen in bestimmten Bereichen überlegen fühlen, vergleichen sich auch in Gebieten, in denen sie sich schlechter finden. Sie kritisieren und urteilen ihre Mitmenschen ständig und ohne große Toleranz. Fehlt es jenen am nötigen Selbstbewusstsein, werden sie sich wertlos und schuldig fühlen. Überhebliche Menschen akzeptieren und schätzen sich selbst nicht. Das soll nun keineswegs heißen, dass wir nicht anerkennen sollen, dass wir in bestimmten Bereichen geschickt und talentiert sind. Man kann überlegen sein, ohne sich mit anderen zu vergleichen. So können wir in diesen Bereichen anderen mitfühlend beistehen, während uns keine Zacke aus der Krone fällt, unsere Schwächen in anderen Gebieten einzugestehen.

Vergleichen wir uns mit uns selbst, so sollten wir dies nicht tun, um uns abzuwerten, sondern um festzustellen, dass wir uns weiterentwickeln und unsere GRENZEN überwinden. Es ist sinnlos, sich vorzuhalten, früher stärker, risikofreudiger oder energischer gewesen zu sein. Solche Vergleiche zeigen nur, dass wir uns nicht so AKZEPTIEREN, wie wir sind. Unter diesem Stichwort wird auch näher auf den Umstand eingegangen, dass besonders die Aspekte sich verstärken, die wir ablehnen.

Vergleiche gehen in der Regel auf mangelndes Selbstvertrauen zurück, wenn sie manchmal auch auf das Bedürfnis nach Veränderung schließen lassen. Beobachtest

V

Du Dich dabei, Dich anderen über- oder unterlegen zu fühlen, so solltest Du versuchen festzustellen, was Dich an ihnen STÖRT oder was Du an ihnen BEWUNDERST. Diese Idee wird unter dem Stichwort SPIEGELANSATZ näher erläutert. Neigst Du dazu, Dich im Vergleich mit anderen abzuwerten, dann frage Dich, ob Du so wirklich glücklicher wärest. Bist Du davon überzeugt, so frage doch die Personen, an denen Du Dich misst, wie sie so geworden sind. Dein Handeln sollte zwar von dem Wunsch beseelt sein, Dich zu verbessern, doch muss dieser Wunsch auch Deinen individuellen Möglichkeiten und Grenzen entsprechen. Außerdem sollten wir nichts erwarten, da solche Erwartungen unsere Energie enorm untergraben und früher oder später unumgänglich zu Enttäuschung und Frustration führen, wenn sie nicht erfüllt werden. Lerne Dich selbst zu BEOBACHTEN und Deine Vorzüge und Begabungen schätzen. So wirst Du auch Deine Mitmenschen achten und akzeptieren, anstatt Dich mit ihnen zu vergleichen.

Haben wir uns als Offenbarung GOTTES erkannt, auch wenn wir vielleicht nicht so reich, gelehrt, begabt oder verführerisch sind wie andere, so befinden wir uns bereits auf dem Weg des Glücks. Statt uns unnötig mit ihnen zu vergleichen, erkennen und schätzen wir unsere Unterschiede. Lernen wir jeden Tag ein wenig mehr zu lieben, so werden wir immer bewusster und können uns und die Welt auch besser akzeptieren. Alles wird besser, wenn wir uns nur die nötige Zeit zugestehen. Ist es nicht ein wunderbares Ideal sich selbst als Mensch schätzen zu lernen? Am Abend fragen wir uns einfach: „Habe ich heute mein Möglichstes getan, um mich zu schätzen und zu akzeptieren?" Verlieren wir also nie aus den Augen, dass wir uns nur mit anderen vergleichen sollten, um uns zu verbessern und das zu verwirklichen, was wir SEIN wollen.

Vergnügen

Man kann sich auf die verschiedensten Weisen vergnügen: Angenehme Zeit zusammen verbringen, sich die Zeit vertreiben, spielen oder sich unterhalten. Wir tun Dinge, die uns Spaß machen, die wir gern haben, die uns entspannen oder unsere Sorgen vergessen lassen. Manche gehen aus, um das Leben nicht allzu ernst zu nehmen. Dazu gehört eigentlich alles, was Freude in unseren Alltag bringt.

Es ist durchaus angenehm und wohltuend, sich zu amüsieren. Weshalb fällt es manchen Menschen trotzdem so schwer? Einerseits ist dieser Umstand sicher auf unsere Kindheit zurückzuführen. Als Kinder bekamen wir vielleicht zu hören, dass es eine Zeit für die Arbeit und Zeit für das Spiel gibt … wenn nach der Arbeit noch Zeit dafür blieb. Wir sind mit dieser ÜBERZEUGUNG groß geworden, und da wir pausenlos von Verpflichtungen und Einschränkungen umgeben waren, haben wir daraus geschlossen, dass das Vergnügen eine seltene Angelegenheit sein muss. Schließlich sind wir zu ernst geworden, um uns noch wirklich amüsieren zu können ohne Schuldgefühle dabei zu entwickeln.

„Vernünftige" Menschen neigen dazu, sich Dinge vorzuenthalten, die sie eigentlich gerne tun würden. Sie haben Angst vor VORWÜRFEN oder nicht mehr dem Bild des Erwachsenen zu entsprechen. Sie finden die verschiedensten Argumente dafür, diese eigentlichen Gründe zu überspielen und nicht auf ihre wahren BEDÜRFNISSE zu hören. Solche Menschen schätzen sich nicht wirklich und glauben kein Vergnügen zu verdienen.

V

Manche wissen gar nicht mehr, was ihnen eigentlich Spaß machen würde, weil sie es sich nie zugestanden oder aber völlig vergessen haben. Umso mehr frustriert sie das Vergnügen anderer. Je mehr sie das STÖRT, desto deutlicher ist die Nachricht, dass sie schnell wieder lernen sollten, sich zu amüsieren. Wir sollten erkennen, dass es keine spezielle „ZEIT" für die Freude gibt. Ganz im Gegenteil: Wir können uns Zuhause, im Auto oder bei der Arbeit ebenso amüsieren wie bei Unterhaltungen. Sich zu vergnügen, heißt also nicht unbedingt „spielen", sondern vielmehr, Spaß an einer Sache zu haben, die wir gerade tun. Das gilt auch für die verschiedensten Bereiche des Alltags.

Wozu das gut sein soll? Es ermöglicht uns, in der GEGENWART zu leben, FREUDE am Leben zu empfinden und die ernsten Seiten der Existenz durch unser LACHEN zu entschärfen und aufzulockern. Das Vergnügen ist auch sehr wichtig für alle Beziehungen. Es baut Stress ab und ENTDRAMATISIERT so manche Situation. Spielen wir mit Kindern, finden wir auch unser eigenes, inneres Kind wieder, auf das wir hören sollten, wenn es um unsere wahren Bedürfnisse geht.

Verhalten

Äußeres Auftreten, welches von unserer inneren Haltung beeinflusst oder bedingt wird. Da die Ereignisse der materiellen Welt unsere Aufmerksamkeit auf unser Innenleben lenken soll, kann unser Verhalten uns wertvolle Aufschlüsse über unsere innere HALTUNG geben, die ihrerseits auf unseren ÜBERZEUGUNGEN beruht.

Häufig beobachten wir völlig verschiedene Verhaltensweisen bei Lebenspartnern oder Freunden. So ziehen sie unbewusst ihre Aufmerksamkeit auf Aspekte ihres eigenen Charakters, die sie nicht sehen wollen. So ist der eine schnell, der andere langsam; der eine spart, der andere verschwendet; der eine ist introvertiert, der andere extrovertiert usw. Tun wir uns schwer, ein bestimmtes Verhalten zu akzeptieren, so haben wir einmal gelernt, es sei inakzeptabel oder falsch, und haben beschlossen, das zu glauben. Diese Ansicht erzeugt nun URTEILE oder ÄNGSTE in uns. Je mehr ein gewisses Verhalten uns STÖRT, desto wichtiger ist die damit verbundene Nachricht. Wir sollen uns ihr stellen, um wir selbst sein und auf unsere wahren Bedürfnisse zu hören. Wir sollten außerdem unser WERTSYSTEM hinterfragen und nur die Ansichten aufrechterhalten, bei denen wir uns gut, glücklich und in Harmonie mit uns und unserer Umwelt fühlen.

Verhandlung

Über Dinge sprechen, die den beteiligten Parteien gemein sind, um zu einer Vereinbarung zu gelangen. Eine gelungene Verhandlung soll vereinen und zu einem für alle Seiten akzeptablen Kompromiss oder Beschluss führen. Verhandlungen gibt es in allen Bereichen. Gewerkschaften verhandeln über Gehälter, Familien über die Aufteilung der Aufgaben im Haushalt oder darüber, wann die Kinder heimkommen sollen.

Eine Verhandlung ist eine Gelegenheit unsere Meinung zu sagen und uns den Ansichten unserer Mitmenschen zu öffnen. So haben alle Beteiligten das Gefühl, voneinander zu lernen und zu profitieren. In einer INTELLIGENT geführten Verhandlung fühlt sich

V

keine Seite vernachlässigt oder überrannt, da jeder seine Bedürfnisse zum Ausdruck bringen kann. Ohne gegenseitige ACHTUNG kann es keine ausgeglichene und harmonische Verhandlung geben. Eigensinnige und unflexible Diskussionen sind vielmehr eine Form der MANIPULATION und zeigen, dass eine Seite versucht, die anderen zu KONTROLLIEREN.

Der Anbruch des WASSERMANN-ZEITALTERS bringt auch mit sich, dass die NEUEN Generationen leichter und intelligenter miteinander verhandeln können. Sie sollen uns zeigen, dass Verhandlungen auch dazu da sein können, unseren wahren BEDÜRFNISSEN Ausdruck zu verleihen. Das ist vor allem für Menschen wichtig, die sich ihrer TALENTE und FÄHIGKEITEN in bestimmten Bereichen bewusst sind. In dieser neuen Zeit werden sich Beförderungen immer mehr nach den wahren Kenntnissen und Kompetenzen und weniger als bisher nach Arbeitsjahren oder Alter richten. Verhandlungen ermöglichen uns, unserem wahren WERT Gehör zu verschaffen. Vergessen wir nicht, dass wir auch mit uns selbst verhandeln können. Das ist vor allem bei einem DILEMMA oder INNEREN KONFLIKT der Fall, wenn wir zwei gegensätzliche Wünsche haben. Das beste Mittel für solche „inneren Verhandlungen" ist der INNERE DIALOG.

Verletzbarkeit

Sich schnell angegriffen oder beleidigt fühlen. Manche halten verletzliche Menschen für schwach, empfindlich, unentschlossen oder manipulierbar. Doch stecken dahinter in Wirklichkeit nur unsere SEELENWUNDEN, die wir gerade mittels unserer Verletzbarkeit aufdecken können. Haben wir erkannt, welche Menschen oder Situationen uns besonders berühren bzw. völlig aus der Fassung bringen, so wissen wir auch, woran wir in diesem Erdenleben zu arbeiten haben.

Leider meinen viele Menschen ihre Verletzbarkeit hinter einer MASKE verstecken zu müssen, um sich zu schützen. Das hindert jedoch ihre weitere Entwicklung. Wir sollten uns gestatten, verletzlich zu sein und den NUTZEN dieses Gefühls erkennen. Schließlich werden wir es in FEINFÜHLIGKEIT umzuwandeln wissen, die wir uns und unseren Mitmenschen zugute kommen lassen können.

Verletzungen

Verletzen wir uns oder werden verletzt, so ist dies meist auf unsere SCHULDGEFÜHLE zurückzuführen. Unser Körper teilt uns durch Verwundungen mit, dass solche Gefühle uns nichts bringen. Wären wir in der Lage uns im Augenblick des Vorfalls ohne jegliche Vorbehalte zu BEOBACHTEN, so sähen wir, dass wir gerade dabei waren uns selbst VORWÜRFE zu machen oder uns für ein bestimmtes Verhalten zu verurteilen, welches unser Ich nicht AKZEPTIERT. Für den Körper ist die Verletzung ein Mittel unser Schuldgefühl zu neutralisieren. Wir glauben uns zu ent-schuldigen, indem wir uns auf diese Weise selbst bestrafen.

Stellen wir uns jemanden vor, der sich einen Nachmittag frei nimmt, obwohl er mehr als genug zu tun hätte. Zuhause stolpert er im Stiegenhaus oder stößt sich den Kopf

V

an einer Schranktür an. Insgeheim machte er sich Vorwürfe, sich amüsieren zu wollen, obwohl Berge an Arbeit auf ihn warteten.

Solche Unfälle zeigen uns, wie groß unser Verlangen nach Selbstzüchtigung ist. Wir sollten uns fragen, ob wir wirklich Schuld an etwas sind? Wir müssen lernen, unser Leben selbst zu führen, anstatt es von unseren ÜBERZEUGUNGEN lenken zu lassen. Auch wenn andere uns absichtlich oder unabsichtlich verletzen, handelt es sich um dieselbe Nachricht. Wir hegen Schuldgefühle und fürchten überdies die Meinung und Repressalien unserer Mitmenschen. Um festzustellen, auf welchen Bereich sich diese Schuldgefühle beziehen, genügt es, sich zu überlegen, woran uns unsere Verletzung hindert.

Verlust

Jemand oder etwas einbüßen oder entbehren. Der Verlust eines geliebten Menschen oder bedeutender Güter kann die verschiedensten EMOTIONEN hervorrufen: Frustration, Machtlosigkeit, Ungerechtigkeit oder Zorn.

Hältst Du Dich für einen „schlechten Verlierer", so solltest Du lernen LOSZULASSEN. Leidest Du am Verlust Deines Vermögens, Deines Arbeitsplatzes, eines Titels oder eines geliebten Menschen? In jedem Fall gilt es zu erkennen, dass nichts und niemand auf Erden uns wirklich gehört. Das Universum stellt uns Dinge zur Verfügung, um uns durch die verschiedenen ERFAHRUNGEN unseres Lebens entfalten zu können. Haben wir diesen Gedanken akzeptiert, werden uns Verluste wesentlich erträglicher und nicht so DRAMATISCH erscheinen.

Es besteht jedoch ein Unterschied zwischen Loslösung und Verzicht, bei dem wir kapitulieren und etwas oder jemanden aufgeben. Loslassen hingegen ist vielmehr eine Form der „Unanhänglichkeit". Im ausgehenden FISCHE-ZEITALTER galt es als anständig und wurde von Religionen empfohlen, materiellen Gütern zu entsagen. Im angehenden WASSERMANN-ZEITALTER geht es eher darum die Erfahrung zu machen, so viel zu besitzen, wie wir wünschen, ohne an unserem Besitz zu HÄNGEN.

So hängt unser Glück auch nicht von Gütern, Familie oder anderen Menschen ab. Sollten wir geliebte Menschen oder Geld verlieren, so sind wir in der Lage uns ANZUPASSEN und bereit dazu, die Erfahrung dieser neuen Situation ruhig in unserer INNEREN MITTE und ohne Zorn oder das Gefühl der Ungerechtigkeit zu begegnen.

Je mehr wir uns mit Reichtum und Freunden umgeben, desto größer ist auch die Wahrscheinlichkeit wieder etwas davon zu verlieren, was uns Gelegenheit dazu gibt, zu überprüfen, ob wir wirklich UNABHÄNGIG sind. **Wahre Loslösung ist die Fähigkeit, trotz gewisser MÄNGEL und Verluste glücklich zu sein.** Durch jeden Verlust können wir neue Kräfte in uns entdecken. Es genügt, die Lebenshaltung von Leuten zu betrachten, die große Verluste erlebt und überwunden haben. Sie haben Mut und Stärken in sich entdeckt, die sie bis dahin nicht für möglich gehalten hätten.

Hast Du etwas oder jemanden verloren, der Dir sehr am Herzen lag, so solltest Du versuchen zu erkennen, dass das UNIVERSUM Deine Bedürfnisse besser kennt als Du.

V

Es weiß, dass Du bereit bist, einen neuen Lebensabschnitt zu beginnen. Akzeptiere diesen Schritt als neue Erfahrung und frage Dich: „Was kann ich daraus lernen? Welche positiven Seiten könnte diese Situation mit sich bringen? Was kann ich dadurch *sein*?" Mit einer solch positiven Lebenshaltung werden sich bald unerwartet vorteilhafte Veränderungen in Deinem Leben einstellen.

Vermutung

Auf einer Wahrscheinlichkeit beruhende Meinung oder Hypothese. Annahme, logische oder intellektuelle Schlussfolgerung ohne Beweis. Es besteht trotz der Denkbarkeit eine gewisse Unsicherheit, ein „Recht des Zweifels".

Vermutungen sind meist durch die Filter unserer Lebenserfahrungen und ÜBERZEUGUNGEN verfälscht. Sagt jemand z. B.: „Ich glaube, sie wollte dies und jenes sagen oder tun", so muss dies keineswegs zutreffen und unbedingt richtig sein. Treffen wir Entscheidungen auf der Grundlage bloßer Annahmen, so laufen wir Gefahr, einen falschen Weg einzuschlagen oder andere zu Unrecht anzuklagen, was allen Beteiligten – auch uns selbst – kompromittieren würde.

Hier ein Beispiel aus der Spiritualität: Manche Menschen glauben, ihnen stünde dieselbe Hilfe zu, die sie anderen erweisen. Das ist nicht immer richtig und hängt absolut von unseren ABSICHTEN und BEWEGGRÜNDEN ab. So können Vermutungen, die nicht bei sicheren Quellen oder den betroffenen Personen *überprüft* wurden, zu peinlichen Missverständnissen und erheblichen Konflikten führen.

Vernachlässigung

Vernachlässigung ist eine Form der Preisgabe. Eine Sache oder Person zu vernachlässigen bedeutet, sie fallen zu lassen und sich nicht mehr um sie zu kümmern (oder kümmern zu wollen). Dasselbe gilt, wenn wir uns selbst oder ein Projekt vernachlässigen. Menschen, die sich vernachlässigt fühlen, bringen dies sich selbst und ihren Mitmenschen gegenüber zum Ausdruck. Sie sind seit ihrer Kindheit davon überzeugt, nie genug Aufmerksamkeit zu bekommen. Daher suchen sie sie ständig bei anderen, um so ihren Liebesmangel zu kompensieren.

Da ist z. B. derjenige, der immer krank ist, um auf sich aufmerksam zu machen. Er kann und will sich nicht um sich selbst kümmern und setzt alles Mögliche in Bewegung, damit andere das tun. Zugleich vernachlässigt jedoch gerade er seine Mitmenschen unter dem Vorwand der Krankheit. Je mehr er fürchtet, vergessen zu werden, desto mehr vergisst er die anderen. Das GESETZ VON URSACHE UND WIRKUNG gilt aber immer und überall. Je mehr ein Mensch andere ignoriert, desto mehr wird auch er selbst ignoriert werden. So sucht er andere Mittel, um auf sich aufmerksam zu machen und schlittert dadurch unweigerlich in eine der zahlreichen Formen der ABHÄNGIGKEIT.

Solche Menschen tun sich schwer, Projekte allein zu Ende zu bringen. Sie verfügen über alle notwendigen Mittel, doch sind sie nur dann motiviert, wenn sie sich von anderen unterstützt fühlen. Sie sind bekannt dafür, viele Dinge anzupacken, aber nicht abzuschließen.

Hast Du oft das Gefühl, vernachlässigt zu werden, so solltest Du Dir zunächst einmal all der Situationen bewusst werden, in denen Du Dich selbst, Deine Mitmenschen oder auch Projekte vernachlässigst. Gestehe Dir aber auch das Recht zu, momentan so sein zu dürfen und akzeptiere, dass Du bisher davon überzeugt warst, nicht genug Aufmerksamkeit zu bekommen. Dann setze bewusst AKTIONEN, die Dich EIGENSTÄNDIG werden lassen. So wirst Du zu Dir selbst und all Deinem Potential finden, um Dein eigenes Leben zu schaffen. Vergiss dabei nie, dass nicht der Erwachsene, sondern Dein INNERES KIND an Vernachlässigung leidet. Dem Erwachsenen kommt es zu, dieses Kind zu trösten und zu ermutigen. Auf dieses Thema gehe ich ausführlicher im Buch *Heile die Wunden deiner Seele* ein.

Verpflichtung

Eine Verpflichtung bindet einen Menschen etwas zu geben oder zu tun oder nicht. Manche Verpflichtungen beruhen auf menschlichen Gesetzen, VERSPRECHEN oder VEREINBARUNGEN, andere haben wir uns selbst auferlegt. Verpflichtungen können zu Angst oder Schuldgefühlen führen, während ZUSAGEN geändert oder zurückgezogen werden können.

Fühlen wir uns durch äußeren Druck zu etwas verpflichtet, so beruht dies meist auf SCHULDGEFÜHLEN oder der ANGST, als EGOIST abgestempelt oder nicht mehr geliebt, ZURÜCKGEWIESEN oder VERNACHLÄSSIGT zu werden. So können wir uns z. B. dazu zwingen, an Begräbnissen oder bestimmten Familienfesten teilzunehmen, Geschenke zu machen oder etwas zu teilen, obwohl uns keineswegs der Sinn danach steht. Es ist wichtig zu erkennen, dass nur wir selbst uns zu etwas verpflichten und niemand uns zu etwas zwingen kann, wenn wir selbst MEISTER unseres Lebens geworden sind. Kommt der Druck von uns selbst, wenn wir uns z. B. dazu zwingen, zur Arbeit zu gehen, Sport zu betreiben, bestimmte Dinge zu tun oder alles erledigt zu haben, bevor wir uns Rast und Vergnügen gönnen, so ist dies ein ziemlich sicheres Zeichen für verdrängte Ängste. In diesem Fall sollten wir unsere BEWEGGRÜNDE hinterfragen und überprüfen, ob wir uns durch unser Pflichtgefühl wirklich besser fühlen. Keine Verpflichtung, die auf äußerem oder innerem Druck beruht, entspricht unseren wahren BEDÜRFNISSEN.

Verrat

Einer Sache oder Person die Treue brechen, sie im Stich lassen oder anderen ausliefern. Auch ein gebrochenes Versprechen oder eine zurückgenommene ZUSAGE, kann als ein solcher Vertrauensbruch gewertet werden. Verrat kann sehr erniedrigend oder verletzend sein, da er eine oder mehrere SEELENWUNDEN trifft. Das kann schon in frühestem Kindesalter so empfunden werden, wenn Eltern, Geschwister, Großeltern oder Erzieher ihr Wort brechen. In unserem späteren Leben gibt es zahlreiche Gelegenheiten, sich verraten zu fühlen: z. B. wenn uns unser Partner untreu ist oder ein guter Freund unser Geheimnis verrät.

Je mehr Vertrauen wir in etwas oder jemanden setzen, desto größer ist die ENTTÄUSCHUNG; vor allem, wenn wir uns selbst für loyal, treu ergeben, ehrlich halten und

V

meinen, selbst immer zu unserem Wort zu stehen. Diese EMOTIONEN beruhen in erster Linie auf unseren ERWARTUNGEN, aber auch auf dem Wunsch eine gewisse KONTROLLE auf unsere Umwelt auszuüben. Wir sind enttäuscht, wenn Menschen, die wir schätzen, unseren WERTEN oder ÜBERZEUGUNGEN zuwider handeln, weil wir nicht in Betracht ziehen wollen, dass dies auch durch bestimmte Umstände, andere Beweggründe oder Charaktere bedingt sein kann. Es ist jedoch EGOISTISCH von unseren Mitmenschen zu erwarten, immer nach unseren WÜNSCHEN und Vorstellungen zu handeln.

Manche werden nach dem ersten kleinen Vertrauensbruch bereits argwöhnisch. In unserem Leben ist jedoch nichts dem Zufall überlassen. Hast Du das Gefühl, besonders oft verraten, belogen oder nicht geachtet zu werden, so solltest Du ganz ehrlich beobachten, ob Du selbst wirklich in allen Situationen ehrlich bist, anderen, aber vor allem Dir selbst gegenüber immer Wort hältst. Wir behandeln unsere Mitmenschen in der Regel so wie uns selbst. Außerdem STÖREN uns gerade die Seiten an anderen, die wir selbst nicht an uns wahr haben wollen. Im SPIEGELANSATZ wird erläutert, welch wertvolle Aufschlüsse wir daraus über uns selbst ziehen können.

Es gibt keinen wirklichen Verrat im Leben, sondern nur Menschen, die ihre auf ihren Wunden, Ängsten und Überzeugungen beruhenden GRENZEN in verschiedenster Weise zum Ausdruck bringen. Leidest Du besonders an der Seelenwunde des Verrats, so verweise ich auf mein Buch *Heile die Wunden deiner Seele.*

Verschmelzen

Zu einer Einheit zusammen- oder zurückführen. Mehrere Elemente zu einem größeren Ganzen werden lassen. In den letzten Jahren ist viel die Rede von Fusionen von Unternehmen, Städten, Banken, Wirtschaftssystemen usw. Dies kann als Zeichen für eine Tendenz gewertet werden, die versucht, **getrennte Kräfte zu einen, um zu einer einfacheren Einheit zu führen**.

Auf der Ebene des Seins entspricht dies der Verschmelzung der Kräfte der stofflichen Dimension, die die körperliche, emotionale und mentale Ebene, aber auch das MÄNNLICHE und WEIBLICHE PRINZIP umfassen. Diese Vereinigung ermöglicht den Kontakt und eine eventuelle Fusion mit unserer SPIRITUELLEN Dimension.

Am Anfang war jede SEELE integraler Bestandteil des Alls. Es gab noch keine Teilung der Geschlechter und wir befanden uns noch im Urzustand des „reinen GEISTES". Im Laufe unserer Inkarnationen haben wir diesen Umstand aus den Augen verloren und vergessen, dass GOTT immer noch in und um uns ist. Unsere Seele, die nie vom All des UNIVERSUMS getrennt war, strebt immer noch nach der Veschmelzung zu dieser ursprünglichen Einheit. Der beste Weg, wieder Kontakt zu unserer wahren spirituellen Natur aufzunehmen, besteht darin, all unsere Erfahrungen in wahrer LIEBE und ohne Einmischung des unserem ICH entspringenden VERSTANDES zu machen. Das ist unser einzig wirklicher EXISTENZGRUND.

Jedes Mal, wenn wir erfüllt sind, freuen wir uns über diese Vereinigung, weil sie einen Vorgeschmack auf die totale Verschmelzung mit Gott darstellt. Dieses Gefühl der Fülle

V

stellt sich ein, wenn wir wahre, bedingungslose Liebe ohne Erwartungen erleben. Wir fühlen uns frei, in Frieden und wie von einer sanften, tröstenden Energie gehoben, die ebenso mächtig wie kraftspendend ist.

Durch Meditation können wir Körper und Geist in Einklang bringen und lernen, unsere Gedanken neutral und unparteiisch zu beobachten. Selbstbeobachtung führt zu Selbsterkenntnis und liefert Antworten auf viele wichtige Fragen. Durch den Sexualakt können zwei Menschen, die einander bedingungslos lieben, diesen Zustand der Verschmelzung und der Erfüllung erfahren, den wir uns alle wünschen. Unsere Seele, die dieses totale Wohlbefinden bereits kennt, versucht uns wieder dazu zu bewegen, sie mit unseren alltäglichen Mitteln zu erreichen. Wir werden unweigerlich von dieser großen Fusion angezogen und könnten unser Leben als Lehrphase bezeichnen, sie in unserer aktuellen, stofflichen Welt zu erfahren. Das erklärt auch, weshalb so viele Fusionstypen sie an der falschen Stelle suchen, indem sie versuchen, mit anderen Menschen zu fusionieren, statt mit ihrem inneren Gott.

Je mehr wir wahre Liebe in all ihren Formen leben, dem Leben offen und akzeptierend gegenüberstehen, desto häufiger werden wir dieses Gefühl der Erfüllung erfahren. **Die Verschmelzung von Seele und Geist ist das höchste Ziel spiritueller Arbeit.**

Versöhnung

Siehe Verzeihen.

Versprechen

Siehe Zusage.

Verstand

Fähigkeit, Konzepte zu begreifen und zu erstellen. Der Verstand ermöglicht uns, Kenntnisse zu speichern, zu analysieren, zu organisieren und nachzudenken. Er arbeitet auf der Grundlage von Erinnerungen und mit der Energie des Mentalleibs, kennt aber nicht unsere wahren Bedürfnisse. Er steht vielmehr im Dienste des Seins. Im Lauf der Zeit hat der Mensch jedoch leider viel vom wahren Nutzen seines Verstandes vergessen und ihn vor allem dazu benutzt, ein übermäßiges Ich zu schaffen, das sich seiner nach und nach bemächtigt hat und nun seine Entscheidungen trifft.

Wir wollen in diesem Werk den Unterschied von Verstand und Intelligenz unterstreichen. Es ist wichtig, uns bewusst zu werden, wer von beiden unser Leben lenkt. Während der auf unseren Erfahrungen basierende Verstand vergangenheitsorientiert ist und unsere wahren augenblicklichen Bedürfnisse nur schwer, wenn überhaupt, erkennt, so konzentriert sich Intelligenz auf die Gegenwart.

Unsere geistige Ebene ist ausgeglichen, wenn wir uns unseres Verstandes, d. h. unserer Erinnerungen bedienen, um den Bedürfnissen unseres Wesens gerecht zu werden. Andernfalls verleiht er nur unserem Ego zusätzliche Macht. Obwohl unser Verstand

V

ein ausgezeichnetes Lernwerkzeug und ein unersetzlicher Bezugspunkt ist, sollten wir uns eher auf unsere Intelligenz verlassen, um die Macht des rationalen Denkens auf unser Leben zu verringern.

Verstehen

Etwas begreifen oder erkennen; sich bestimmter Dinge bewusst werden oder anderen Verständnis entgegenbringen; in Anbetracht aller notwendiger Elemente zu einem Schluss gelangen. Jeder Mensch strebt nach Verständnis, da es ihm hilft, seine Ängste zu mindern oder zu eliminieren und Dinge zu AKZEPTIEREN. Doch versuchen viele Menschen Probleme nur rational zu lösen. Unser VERSTAND ist aber untrennbar mit unserer Erinnerung verbunden, weshalb uns oft wichtige Elemente fehlen, um etwas völlig zu verstehen. **Wahres Verständnis beruht auf der Intelligenz des Herzens und nicht auf dem Intellekt.**

Oft drehen wir Dinge hin und her, weil wir uns einzig und allein auf die Analyse unseres Verstandesdenkens verlassen und dabei vergessen, auch auf unsere *Gefühle* zu hören. Wenn wir gewisse Dinge nicht verstehen, müssen wir akzeptieren, dass uns noch bestimmte Elemente fehlen.

Um wirklich zu verstehen, müssen wir lernen, unser Herz zu öffnen und zu fühlen, was wirklich vor sich geht. So versteht ein junger Mann z. B. nicht, weshalb seine Eltern so streng mit ihm waren, obwohl er eigentlich ein sehr folgsames Kind war. Wahrscheinlich wird er sich diese Situation erst erklären können, wenn ihm seine eigenen Kinder einmal dieselben VORWÜRFE machen, obwohl er vielleicht alles daran gesetzt hat, sie anders zu erziehen als seine eigenen Eltern. Er wird ihre BEWEGGRÜNDE oder die Ängste, die zu diesem Verhalten bewogen haben, wohl erst jetzt nachvollziehen können. Er wird verstehen, dass sie meinten, so am besten und gemäß der Umstände und ihrer – wenn auch begrenzten – Möglichkeiten für ihre Familie zu handeln.

Es ist keineswegs nötig alle Details einer Situation zu verstehen, um sie zu akzeptieren. Wir nennen das LOSLASSEN. Allein dieser Umstand stellt eine neue Etappe dar, durch die sich die fehlenden Elemente plötzlich einfinden, um Licht auf die Frage zu werfen. Ein solches Handeln ist sicherlich ein Zeichen gewisser WEISHEIT. Um jene zu erlangen, müssen wir mit dem Herzen verstehen.

Verteidigungsmechanismen

Jeder Mensch bedient sich bestimmter Verteidigungsmechanismen, die wir auch als Masken oder PERSÖNLICHKEITEN bezeichnen. So schützen wir uns selbst und verbergen unsere Verletzbarkeit. Wir lügen, verdrehen die Wirklichkeit, rechtfertigen uns oder klagen andere an. Jedes Mal, wenn HOCHMUT oder ANGST uns überkommen und wir nicht mehr wir selbst sind, setzen wir diverse Verteidigungsmechanismen in Gang. Ihr einziger Nutzen besteht darin, uns das Gefühl zu vermitteln, weniger zu leiden.

Sie variieren nach den SEELENWUNDEN unseres LEBENSPLANS und entwickeln sich meist in Folge emotionalen Leids. Nur selten erinnern wir uns wirklich daran, wann wir uns zu diesem oder jenem Verhalten entschlossen haben, da diese Ereignisse meist in unserer frühen Kindheit oder gar in früheren Leben liegen. Als Kinder mussten wir schmerzliche und inakzeptable Erfahrungen machen, da wir das Verhalten der Erwachsenen nicht nachvollziehen konnten. Deshalb haben wir beschlossen, uns selbst zu schützen, um diese Erfahrungen nicht wieder machen zu müssen.

In diesem Augenblick beschließen wir bewusst oder unbewusst, mit bestimmten Verteidigungsmechanismen auf bestimmte Schmerzen zu reagieren. Im Lauf eines Lebens haben wir uns also verschiedene solche Methoden zugelegt. Wir können uns in Schweigen hüllen, wenn wir kritisiert werden, bei Enttäuschungen schmollen, schreien und andere anklagen, wenn wir uns ungerecht behandelt fühlen. Die Liste der Mechanismen ist schier unerschöpflich.

Eines Tages jedoch leiden wir mehr an ihnen, als an den Schmerzen, die sie eigentlich vermeiden sollten. Sie schaden uns mehr, als wenn wir einfach wir selbst wären, da wir über kurz oder lang all unsere wahren WÜNSCHE und BEDÜRFNISSE ersticken. Viele Menschen beginnen ihre Persönlichkeitsarbeit, wenn sie dann nicht mehr weiter wissen. Sie versuchen zu begreifen, was in ihrem Leben und ihren Beziehungen falsch gelaufen ist.

Wir müssen zunächst erkennen, dass wir nicht wir selbst sind, wenn wir uns von unseren ÜBERZEUGUNGEN lenken lassen und meinen, sie würden uns helfen. Wir sind nicht mehr die Kinder von damals. Wir haben uns weiter entwickelt, unser BEWUSSTSEIN erweiterte und neue Blickwinkel erworben. Daher brauchen wir auch nicht mehr all diese Verhaltensweisen, die uns daran hindern, wir selbst zu sein und neue Erfahrungen zu machen. Außerdem sollten wir uns klar machen, dass es sehr viel ENERGIE kostet, ständig andere Rollen spielen zu wollen. Unsere Verteidigungsmechanismen vertiefen unsere SEELENWUNDEN, anstatt sie zu heilen. Der Spalt zwischen unseren PERSÖNLICHKEITEN und unserer INDIVIDUALITÄT wird immer größer. Schließlich nehmen wir diese Maske nur noch ab, wenn wir uns von nichts und niemandem mehr bedroht fühlen.

Diese Mechanismen lassen sich langhaltig nur dadurch überwinden, wenn wir beschließen, unsere Seelenwunden zu heilen. Für weitere Informationen zu diesem Thema verweise ich auf mein Buch *Heile die Wunden Deiner Seele*. Dort wird beschrieben, welche der fünf großen Seelenwunden welchen Masken entsprechen, wie sie identifiziert werden können, woher sie kommen und welchem Persönlichkeitstyp sie entsprechen. Außerdem werden zahlreiche Methoden vorgeschlagen, wieder zu unserer inneren Kraft zu finden, um sie zu heilen.

V

Vertrauen

Überzeugte Hoffnung und Gefühl der Sicherheit anderen Menschen gegenüber. Unser Vertrauen in unsere Mitmenschen zeigt ziemlich deutlich, wie sehr wir uns selbst und dem Leben vertrauen. Misstrauen erzeugt Stress, da wir meinen alle Bereiche unseres Lebens überwachen zu müssen.

Leider sind nur wenige Menschen wirklich dazu in der Lage, anderen spontan und ohne Beweise für ihre Glaubwürdigkeit zu vertrauen, da sie an der SEELENWUNDE des VERRATS, der ZURÜCKWEISUNG oder der UNGERECHTIGKEIT leiden. Lieber verschließen oder isolieren sie sich. Je mehr sie sich jedoch ins Abseits begeben, desto mehr Angst haben sie und desto weniger sind sie in der Lage zu kommunizieren. Ein wahrer Teufelskreis beginnt.

Wir wollen in diesem Buch unterscheiden zwischen *vertrauen* und *sich auf jemanden verlassen*. Während man auch Menschen Vertrauen schenkt, die bisher nur selten Wort hielten, verlassen wir uns nur auf jene, von denen wir keine Enttäuschungen erwarten. Steht jemand nicht zu seinem Wort oder seiner ZUSAGE, sagt man daher auch, er hätte unser „Vertrauen verletzt". *Vertraust* Du anderen oder *verlässt* Du Dich eher auf sie? Die Beantwortung dieser Frage kann Dir wertvolle Aufschlüsse über Dich selbst liefern.

Natürlich gibt es Fälle wiederholten oder besonders schwerwiegenden Vertrauensbruchs, dass es anderen bzw. der Gesellschaft schwer fällt, sich erneut auf diesen Menschen zu verlassen. Es ist umso schmerzlicher, wenn es sich dabei um eine geliebte Person handelt. Wir dürfen aber nie aus den Augen verlieren, dass das Vertrauen eine wichtige Tugend darstellt, die die Menschen verbindet, und einen unumgänglichen Schritt in unserer spirituellen Entwicklung darstellt. Wir müssen lernen all die Reichtümer zu schätzen, die unsere Mitmenschen besitzen und mit uns teilen können. Daher sollten wir auch ihrer Anwesenheit, ihren Qualitäten, Mitteln, Talenten und Erfahrungen offen gegenüberstehen. Sind wir in der Lage, die unzähligen Hilfsquellen, die uns angeboten werden, in Vertrauen zu nutzen, so stellt jede neue Erfahrung einen weiteren Schritt zur Entwicklung unserer Seele dar.

Verwirklichung (Gesetz der)

Durch unsere Verwirklichungen äußern und offenbaren wir unseren Willen und lassen unsere WÜNSCHE wahr werden. Wir sind auf dieser Welt, um GOTT in der Materie und unsere eigene göttliche Essenz durch alle möglichen Erfahrungen zu erkennen. Dank unserer großen Schaffenskraft können wir unsere größten Wünsche erfüllen.

Diese Kraft der Offenbarung hilft uns, uns unserer göttlichen MACHT bewusst zu werden und uns von allen anderen Formen des Lebens auf diesem Planeten zu unterscheiden, da nur der Mensch dazu imstande ist. Das Gesetz der Verwirklichung kommt durch unsere drei Energiekörper, den Mental-, den Emotionsleib und unseren stofflichen Körper zum Ausdruck.

Wir sollten unsere Wünsche nach diesen Etappen in der STOFFLICHEN WELT nach dem Gesetz der Verwirklichung realisieren.

1. Wir bedienen uns zunächst unseres MENTALLEIBS, indem wir daran denken, was wir wollen und das Ergebnis klar visualisieren, als ob es bereits eingetreten wäre. Wir stellen uns alle Mittel vor, die unserer Ansicht nach zur Verwirklichung unseres Projektes nötig sind. Auf dieser Ebene planen, organisieren und analysieren wir die möglichen Konsequenzen der Erfüllung unserer Wünsche.

V

2. Unser EMOTIONSLEIB sagt uns, wie wir uns bei der Vorstellung dieses Ergebnisses fühlen und ob wir bereit sind, die möglichen Konsequenzen zu tragen.

3. Schließlich setzt unser stofflicher KÖRPER unsere Projekte in die Tat um. Dabei sollten wir uns keine Sorgen machen, ob wir richtig handeln oder nicht. Solange Deine BEWEGGRÜNDE die Verwirklichung wahrer WÜNSCHE sind, ist jede AKTION ein Schritt zum ZIEL.

Das Gesetz der Verwirklichung ist wie alle anderen großen NATURGESETZE unverrückbar. Es funktioniert unweigerlich, solange es durch keine mentalen Interferenzen in Form von ÜBERZEUGUNGEN gestört wird, die stärker als die gewünschte Verwirklichung sind. Sollte es uns also nicht gelingen, unsere Wünsche in die Tat umzusetzen, so kann uns das helfen, uns unserer ÄNGSTE bewusst zu werden, die unser Glück sabotieren.

Dieses Gesetz gilt nicht nur, wenn unsere Wünsche unseren BEDÜRFNISSEN entsprechen. Deshalb ist es wichtig, dass wir es nach bestem Wissen und Gewissen einsetzen, um uns zu helfen, etwas zu SEIN oder uns gut zu fühlen. Ein weiterer wichtiger Schritt bei der Verwirklichung unserer Projekte ist das LOSLASSEN, da wir wissen, dass alles, was unseren Aktionen entspringt, wertvolle ERFAHRUNGEN für die Entwicklung unserer Seele darstellt. Wir können uns auch positive VORSÄTZE schaffen, indem wir uns sagen: „Dies oder etwas Besseres wird sich in meinem Leben zum Wohle aller Betroffenen verwirklichen." Durch solche Vorsätze konditionieren wir unseren Mentalleib, indem wir unsere Wünsche in Kontakt mit unserem INNEREN GOTT bringen, der absolutes VERTRAUEN ins UNIVERSUM hat.

Verzeihen

Verzeihen ist ein Geschenk der Liebe. Wir verzichten auf jede Form von Rache oder Groll. Das Verzeihen hat enorme Heilwirkungen, da es uns zugleich der EIGENLIEBE näher bringt, was unser Herz und Blut stärkt. Die Liebe hat tatsächlich die Macht, die Zellen unseres Körpers zu erneuern, die ja nach dem göttlichen Plan der Gesundheit arbeiten. Vergeben ist kein Zeichen der Schwäche, sondern der Weisheit und Eigenliebe. Bevor wir uns versöhnen wollen, müssen wir uns und unsere Mitmenschen bedingungslos AKZEPTIEREN, um unsere VORWÜRFE und Urteile überwinden zu können, die ein klares Zeichen dafür sind, dass wir weder uns, noch die anderen akzeptiert haben.

Jede EMOTION bedarf der Vergebung. Ein ausgezeichnetes Mittel dafür ist der SPIEGELANSATZ. Ist uns einmal klar geworden, dass uns unsere Mitmenschen genau das vorwerfen, wofür wir auch sie anklagen, können wir versuchen, eine wahre Versöhnung in die Wege zu leiten. Dabei hilft es, zu erkennen, dass der andere in gewissen Situationen an denselben ÄNGSTEN und SEELENWUNDEN leidet wie wir. Diese Erkenntnis ist die beste Ausgangsbasis für MITGEFÜHL und EMPATHIE. Gelingt es uns, uns in die Position des anderen zu versetzen, so sind wir auch dazu in der Lage, trotz unserer Schmerzen zu verstehen, dass er seine Grenzen erreicht hat und ebenso leidet.

Eine wahre Versöhnung ist jedoch erst möglich, wenn wir uns selbst verziehen haben. Viele meinen, dass eine Versöhnung alle Probleme vom Tisch wischt. Dem ist aber

V

keineswegs so. Die Problematik wird in ähnlichen Situationen mit denselben oder anderen Personen erneut auftauchen, bis wir wirklich verziehen haben.

Dieser wichtige Schritt bedeutet, dass wir uns selbst ohne jegliches URTEIL oder SCHULDGEFÜHL vergeben müssen, zum Leid anderer beigetragen zu haben. Akzeptiere, sie angeklagt, kritisiert und vielleicht sogar verleumdet zu haben, indem Du erkennst, dass Dein Leid die Kontrolle über Dich eingenommen hat. Wahres Selbstverzeihen bedeutet, unsere menschlichen Schwächen zu akzeptieren. Wir sind in der Lage, uns wirklich mit anderen zu Versöhnen, wenn wir auch ihnen solche Schwächen zugestehen.

Die größten Hindernisse stellen dabei SEELENWUNDEN dar, die wir schon seit unserer frühesten Kindheit mit uns tragen. Ihnen liegen ÜBERZEUGUNGEN zugrunde, die uns ständig das Gefühl der ZURÜCKWEISUNG, VERNACHLÄSSIGUNG oder UNGERECHTIGKEIT vermitteln. Verzeihen wir uns selbst, so heilen wir auch diese Wunden. Ohne Vergebung wird unser ganzes Leben von ihnen beherrscht und eingeschränkt.

Versuche, mit der betroffenen Person unter vier Augen über Eure Probleme zu sprechen, und ihr zu erzählen, wie Du die Situation erlebt hast, um zu erfahren, was sie Dir vorwirft. Teilst Du ihr Deine Ängste und Seelenwunden mit, wird sie sich auch der ihren bewusst werden können. Ein solches Gespräch sollte aber ohne jegliche ERWARTUNGEN geführt werden. Es geht ja in erster Linie darum, festzustellen, ob der Prozess des Verzeihens und der Versöhnung tatsächlich beendet ist. Ist das nicht der Fall, so fürchtest Du Dich vor der Reaktion des anderen, und machst ihm und Dir selbst noch VORWÜRFE. Besonders wichtig ist es jedoch, dass das Gespräch nicht stattfindet, damit der andere Dir verzeiht oder Dich um Verzeihung bittet. Nur Du selbst – Dein INNERER GOTT – kann Dir verzeihen. Niemand kann das für einen anderen Menschen übernehmen.

Du hast Dir wirklich verziehen, wenn Du keinerlei Feindseligkeit mehr in Dir verspürst. Das ist nicht der Fall, wenn Dich die Situation manchmal noch wütend oder aggressiv macht. Bist Du imstande, den anderen ohne Reiz, Verbitterung und mit innerem Frieden vor Deinem inneren Auge zu sehen? Verliere nie aus den Augen, dass nicht Dein Wesen, sondern nur ein leidender Teil Deines ICHS, dem anderen Vorwürfe macht. Versuche mit diesem Teil von Dir Kontakt aufzunehmen.

Ein weiterer Schritt ermöglicht noch viel tiefer in die Problematik vorzudringen: Versuche, den Prozess auf das Elternteil desselben Geschlechts auszudehnen. Der Vorfall hat Vorwürfe und Wunden in Dir wachgerufen, die auf alte Konflikte mit Deinen ELTERN zurückgehen. Auch wenn die Umstände sicher nicht vergleichbar waren, so ist doch dieselbe Problematik betroffen. Um diese mit dem ensprechenden Elternteil zu überkommen und endlich Du selbst zu werden, musst Du akzeptieren, dass es nach bestem Wissen und Gewissen handelte. Es liebte Dich, so gut es konnte und konnte Dir nicht mehr geben, da es keine andere Form der Liebe kannte.

Uns selbst so zu akzeptieren, wie wir sind, ist eine Vorbedingung dafür, uns selbst zu vergeben und so jegliche Form von HASS und RACHSUCHT zu überwinden. Nur so können wir zu GLÜCK, GESUNDHEIT und INNEREM FRIEDEN finden.

Verzicht

Siehe VERLUST und HANG.

Vorgefühl

Siehe INTUITION.

Vorliebe

Siehe VORZÜGE.

Vorsatz

Ein Vorsatz ist eigentlich ein *Satz*, den wir uns immer wieder *vor*sagen, um unseren EMOTIONS- und MENTALLEIB zu konditionieren. Vorsätze helfen uns, unser Leben zu verbessern und uns durch Gedanken zu bereichern, die uns die Verwirklichung unserer WÜNSCHE ermöglichen. Sie sollten immer in der Gegenwart formuliert werden, damit unser Unterbewusstsein sie effizient wahrnehmen kann. Sie können z. B. so lauten: *„Ich bin ein Kanal, der sich dem Überfluss meines Lebens öffnet"*, oder *„Ich bin immer ruhiger"*. So glauben wir immer mehr an sie, bis wir sie schließlich völlig verinnerlicht haben. Wir sollten uns nicht nur Dinge vornehmen, die wir wollen. Sie sollten vor allem unserer inneren Wahrheit entsprechen.

Um Vorsätze in die Tat umzusetzen, müssen wir lernen, das Gewünschte so zu visualisieren, als sei es bereits geschehen. Tief in unserem Inneren wird sich uns die Freude offenbaren, unser Ziel bereits erreicht zu haben. Je mehr Energie des Vertrauens wir unseren Vorsätzen schenken, die wir in unserem ganzen Körper – und nicht nur im Kopf – spüren, desto schneller werden sie wahr. Um unsere Wünsche zu erfüllen, müssen wir AKTIONEN SETZEN. Durch den Gedanken ziehen wir den Gegenstand unserer Wünsche an – um sie zu verwirklichen, müssen wir handeln.

Positive Vorsätze können uns helfen, unsere innere Mitte zu finden. Doch werden sie nicht alle Probleme des Lebens lösen. Verlassen wir uns einzig und allein auf Vorsätze, können sie zur Falle werden. Sagen wir uns in einer Situation, die uns wütend macht ständig vor *Ich bin ruhig, ich bin ruhig,* ohne weiter zu suchen und die eigentlichen Gründe unserer Gefühle zu hinterfragen, so werden wir sie bei der nächsten Gelegenheit von Neuem erleben. Solche Vorsätze können uns in diesen Situation helfen, die Kontrolle zu wahren, doch lösen sie sie nicht wirklich. Eine solche Haltung wird zur geistigen KONTROLLE.

Negative Vorstellungen können ebenso bedeutend und stark sein, wie ihre positiven Gegenstücke. Sie ziehen zwangsläufig auch negative Ereignisse nach sich. Hier einige Beispiele: Die Mutter, die ihren Kindern immer wieder vorhält „Ihr macht mich krank!" bis ihr Körper tatsächlich auf diese Weise reagiert. Ähnliche Resultate folgen auf wiederholte Äußerungen wie „Das kann ich nicht" oder „Ich bin völlig ausgelaugt". Diese Beispiele unterstreichen, welch große Bedeutung Gedanken der Liebe, des Glücks und des Wohlergehens zukommen.

V

Vorsicht

Unter Berücksichtigung der Folgen unserer Handlungen Vorkehrungen gegen mögliche Fehler, Schäden oder Schwierigkeiten treffen. Überlegt handeln, um unerwünschte Konsequenzen oder Leid zu vermeiden. Manchmal beruhen diese Überlegungen auf früheren Erfahrungen, Problemen oder Schmerzen.

Der Grat zwischen Vorsicht und ANGST kann recht schmal sein. Sind wir wachsam, so betrachten wir eine Lage OBJEKTIV, ohne Sorgen und Furcht und setzen unseren Verstand dazu ein, um unangenehme Situationen zu vermeiden. Haben wir jedoch Angst, so werden wir übervorsichtig, überlegen zu viel, zweifeln und sorgen uns ständig. Wir beginnen, uns die verschiedensten Möglichkeiten auszumalen und gewähren unserer Phantasie die Oberhand. Wir wissen alle, dass unsere Ängste nicht nur Stress verursachen und uns frühzeitig altern lassen, sondern uns auch daran hindern in der GEGENWART zu leben und schöne Erfahrungen zu machen.

Vorsicht hat auch nichts mit Misstrauen zu tun. Manche zweifeln an all ihren Mitmenschen und haben ständig Angst, betrogen zu werden. Misstrauen ist das Gegenteil von Vertrauen und ist lediglich dann gerechtfertigt, wenn wir bereits eine unangenehme Erfahrung mit einem Menschen gemacht haben, die wir nun vermeiden wollen. Stell Dir vor, Du hast Deinem Nachbarn Werkzeug geliehen und es nur nach langen Diskussionen wieder zurückbekommen. Schlimmer noch: Ähnliche Situationen haben sich bereits mehrmals zugetragen. Du hast Recht, Dich vor ihm vorzusehen, da Du Erfahrung am eigenen Leib gemacht hast. Hier decken sich Misstrauen und Vorsicht. Du wirst demnach wohl eine Garantie oder konkrete ZUSAGE einholen, bevor Du ihm wieder etwas leihst. Misstraust Du diesem Nachbarn aber, weil er Dir verdächtig erscheint oder Du bestimmte Gerüchte über ihn gehört hast, so ist das nicht gerechtfertigt. Wir sollten nichts VERMUTEN ohne unseren Argwohn durch eigene Erfahrungen belegen zu können.

Am besten vertrauen wir unserer INTUITION, die uns sicher durch unser Leben führt. Unsere Eingebung rät uns zur Vorsicht, während uns unser Ängste zu Aktionen verleiten, die bloße Achtsamkeit bei weitem übersteigen. Ein vorsichtiger Mensch schließt sein Haus oder Auto ab, bevor er beruhig weggeht, während eine ängstliche Person ein paar Mal überprüft, ob auch wirklich zugesperrt ist, und vielleicht sogar noch einmal zurückgeht.

Manchmal widerfährt uns trotz unserer Vorsicht ein Missgeschick, das uns das Universum schickt, um in Kontakt mit unseren inneren Kräften zu treten und zu erkennen, dass wir in der Lage sind, auch schwierige Situationen zu überwinden. Wir können nicht alles KONTROLLIEREN. Es ist durchaus sinnvoll, Kindern Vorsicht beizubringen. Sie passen oft weniger auf, weil sie sich darauf verlassen, dass ihre Eltern für die Folgen ihres Tuns einstehen, während Erwachsene dafür selbst aufkommen müssen. Sie haben Glück, wenn sie schon in frühem Alter den Unterschied zwischen Vorsicht und Angst und VERANTWORTUNGSBEWUSSTSEIN lernen können.

Vorstellungsvermögen

Geistesfähigkeit, bereits wahrgenommene Dinge vor unserem inneren Auge hervorzurufen. Das Vorstellungsvermögen ist eines der wichtigsten Hilfsmittel des menschli-

V

chen Erfindungsgeistes und unserer Schaffenskraft. Zunächst sind wir von einer IDEE inspiriert und stellen uns verschiedene Möglichkeiten vor. Dann fühlen und schaffen wir sie in unserem Geiste, bis wir sie schließlich in der stofflichen Welt wirklich werden lassen. Nichts und niemand auf der Welt kann uns verbieten oder daran hindern, uns vorzustellen, was wir wollen. Andere können uns ihre Vorstellungen und Erfahrungen erzählen, doch ist es ganz uns überlassen, sie zu übernehmen, auszuarbeiten, uns etwas völlig anderes oder das genaue Gegenteil vorzustellen.

Unsere Vorstellungskraft ist wesentlich größer, als wir glauben. Diese enorme Fähigkeit ist jedem Menschen gegeben. Wird sie mit unseren GEFÜHLEN kombiniert, stellt sie ein mächtiges Werkzeug der VERWIRKLICHUNG dar. Es liegt also ganz bei uns, uns ein Leben zu schaffen, das unseren BEDÜRFNISSEN und WÜNSCHEN entspricht oder aber unsere ÄNGSTE zu schüren und unangenehme Situationen zu erzeugen. Leider schaden wir uns mit unserer Vorstellung häufiger als sie uns wirklich zu Diensten zu machen. Anstatt uns aufzuwerten und zu schätzen, stellen wir uns viel zu oft Unsinn vor, meinen, andere redeten schlecht hinter unserem Rücken über uns oder wollten uns Böses. Solche Gedanken sind niemandem dienlich. Sie entfernen uns nur von unseren wahren Wünschen.

Machen unsere Vorstellungen uns traurig und bekümmert, so sind wir durchaus imstande, diese Bilder umzukehren, indem wir uns glückliche Situationen vorstellen. Vergessen wir nie, dass nur wir allein Meister unserer Existenz sind. Wir sind Schöpfer, Drehbuchautor, Regisseur und Hauptdarsteller unserer Wirklichkeit. **Kannst Du Dir vorstellen, wie Dein Leben wäre, wenn Du Deine Vorstellungskraft nur für positive, nutz- und heilbringende Zwecke einsetzt?**

Vorwürfe

Klagen wir jemanden an, so erklären wir ihn für etwas schuldig. Wir fällen ein Werturteil über eine Situation, uns selbst oder einen anderen, gemäß unserer Ansichten von Gut und Böse, Richtig und Falsch. Jeder Anklage liegt also ein Urteil zugrunde, ob dies nun ausgesprochen ist oder nicht. So kann man sich selbst oder anderen vorwerfen, schwach, ungeduldig oder arm zu sein und nicht genug Willenskraft oder Selbstvertrauen zu haben. Wir kritisieren alles, was uns STÖRT oder unsere Gefühle verwirrt.

Vorwürfe ziehen unweigerlich EMOTIONEN nach sich, die dem Menschen Energie rauben. Wir machen Vorwürfe, weil wir uns weigern, unsere VERANTWORTUNG zu übernehmen. Kontrolliert unser ICH unser Leben mehr als die LIEBE, führt dies zwangsläufig zu Leid. Wenn wir uns selbst oder andere anklagen, so verbirgt dies bestimmte Ängste – meist die, nicht akzeptiert, geliebt oder geachtet zu werden. Haben wir jedoch das Gefühl, nicht genug geliebt zu werden, dann lieben wir uns selbst nicht genug und hoffen, dass unsere Mitmenschen das für uns übernehmen.

Wie können wir vorwurfsvolle Haltungen überkommen? Zunächst müssen wir uns unserer ÄNGSTE, KRITIKEN, ÜBERZEUGUNGEN und WÜNSCHE bewusst werden. Dann sollten wir überprüfen, ob unsere ÜBERZEUGUNGEN uns auch heute noch entsprechen oder nicht. Schließlich heißt es, unsere Erkenntnisse in die Tat umzusetzen,

V

weil wir sonst nichts an der bestehenden Situation ändern. Eines ist jedoch klar: Je weniger wir andere kritisieren, desto weniger wird auch uns vorgehalten werden.

Anklagendes Verhalten ist eines der großen Hindernisse menschlicher Entwicklung, da sie das genaue Gegenteil der Liebe bewirkt, die alle Ereignisse AKZEPTIERT. Deshalb ist es auch so wichtig die Ereignisse des Lebens aus der Warte des BEOBACHTERS zu sehen. Wir wissen, dass wir jeden Augenblick unser Bestes geben, auch wenn es nicht im Bereich unserer Möglichkeiten steht, immer nach unseren VORZÜGE zu leben. So erkennen wir, dass auch unsere Mitmenschen nur im Bereich ihrer Möglichkeiten handeln können. Gestehen wir uns selbst das Recht zu, Fehler zu begehen, ohne uns dafür anzuklagen, so begegnen wir auch anderen mit mehr MITGEFÜHL und TOLERANZ. Eine solche Haltung spiegelt den Weg der Weisheit wider.

Vorzüge

Gefühl oder Urteil, nach dem wir etwas oder jemanden über andere stellen. Auswahl nach Geschmack, Anziehung, Erfahrungen oder Schwingungen. In jedem Fall müssen wir wissen, was wir wollen, um wählen zu können, was wir lieber wollen.

In seinem tiefsten Inneren kennt jeder Mensch seine wahren BEDÜRFNISSE und Vorlieben. Wir wünschen uns alle absolutes Wohlergehen auf der Ebene des Habens, Tuns und Seins, d. h. wir streben nach Meisterschaft und Glück. Das kann sich nun in den verschiedensten Bereichen äußern: Manche möchten ohne Erwartungen lieben oder geduldiger, ruhiger und zuversichtlicher sein. Andere würden lieber aufhören zu rauchen, abnehmen, ihre Ängste in den Griff bekommen, mehr Geld verdienen oder sich gesünder ernähren. Warum fällt es uns oft so schwer, unsere Wünsche zu erfüllen und wirklich nach unseren Vorzügen zu leben?

Der Hauptgrund liegt darin, dass wir uns von unserem VERSTAND, d. h. unseren ÜBERZEUGUNGEN, ERINNERUNGEN, Sinnen, ÄNGSTEN, URTEILEN, SCHULDGE-FÜHLEN und DILEMMAS manipulieren lassen. All diese inneren Stimmen überzeugen uns davon, dass uns unsere Wünsche nicht zustehen und wir keineswegs verdient haben, unser Leben nach unseren Vorlieben zu gestalten. Nicht wir, sondern unser ICH steuert unser Leben. Das Ego ist zu unserem MEISTER geworden.

Haben wir wahre EIGENLIEBE gelernt, werden wir uns auch erlauben, nach unseren WÜNSCHEN zu leben. Wir müssen überzeugt davon sein, dass wir es schaffen können, wenn wir uns bewusst dazu entscheiden, unsere Haltungen akzeptieren und nachsichtig mit uns sind. Dabei dürfen wir jedoch nicht vergessen, unsere GRENZEN zu respektieren. AKZEPTIEREN wir uns, so öffnen wir uns möglichen Wegen, unsere Wünsche zu verwirklichen. Schließlich sollten wir uns auch zugestehen, unsere Vorzüge nicht immer plangemäß in die Tat umgesetzt zu haben. Lassen wir der Natur und unserem natürlichen Rhythmus doch etwas Zeit!

Voyeurismus

Siehe SEXUELLE AGGRESSION.

Wahr sein

Absolut offen und ehrlich sein, unserer Wirklichkeit und unserem wahren Wesen entsprechen und keine versteckten Hintergedanken haben. Das ist jedoch nicht unbedingt gleichbedeutend mit spontanem Verhalten, bei dem vor dem Sprechen oder Handeln nicht überlegt oder analysiert wird. Wahr sein bedeutet vielmehr, *zu sagen und zu tun, was wir denken und fühlen.*

Wahrheit ist das erste Bedürfnis des menschlichen MENTALLEIBS, da es für die Entwicklung unseres Wesens unabdinglich ist. Das soll nicht heißen, dass wir alles sagen müssen, was wir denken. Manchmal ist „Reden Silber und Schweigen tatsächlich Gold". Werden wir jedoch nach unserer Meinung gefragt, oder entschließen uns zu sprechen, so sagen wir gerade heraus, was wir denken oder fühlen.

Dazu müssen wir zunächst wahr mit uns selbst sein. Das betrifft all unsere Handlungen und Haltungen bezüglich unserer BEDÜRFNISSE. Stellen wir uns vor, wir suchen nach einem anderen Arbeitsplatz. SETZEN wir nicht die nötigen AKTIONEN, um diesem Bedürfnis zu entsprechen, so sind wir nicht wirklich ehrlich mit uns selbst.

Meist hindern uns unsere ÄNGSTE daran, wahr mit uns oder unseren Mitmenschen zu sein: Angst, andere zu verletzen oder lächerlich zu machen, verurteilt oder erniedrigt zu werden, schwach oder verletzlich zu wirken…Bittet Dich jemand z. B. um Hilfe, die Du nicht leisten kannst oder willst, so solltest Du ihm dies klar zu verstehen geben. Fragt man Dich, ob Du dieselbe Meinung zu einer heiklen Frage hast oder ein Kleid schön findest, so solltest Du auch dann ehrlich sein, wenn es anderen missfällt. Vielleicht fällt ihnen das momentan schwer, doch werden sie Dir in Zukunft vertrauen und Deine Meinung schätzen.

Mögen all diese imaginären Ängste in unseren Augen auch gerechtfertigt sein, so hindern sie uns doch daran, glücklich zu sein, ehrlich zu KOMMUNIZIEREN und unsere WÜNSCHE zu verwirklichen. **Wir können feststellen, wie ehrlich wir mit uns selbst sind, wenn wir genau BEOBACHTEN, wie wahr wir mit unseren Mitmenschen umgehen. Sie sind unser Spiegel.** Der NUTZEN dieser Selbsterkenntnismethode wird im SPIEGELANSATZ näher erläutert. INTEGRITÄT verdient uns ACHTUNG, da die anderen wissen, dass sie sich auf uns verlassen können und wir immer zu unserem Wort stehen.

Wie können wir wahr mit uns und unserer Mitmenschen werden? Zunächst müssen wir erkennen, welche Ängste uns zurzeit daran hindern, und sie uns zugestehen, d. h. menschlich zu sein. Erst wenn wir sie wirklich AKZEPTIERT haben, können wir zu ihnen und schließlich auch zu unserer Wahrheit stehen. Dieser Prozess kann lange dauern und fordert gute und genaue Selbstbeobachtung. Zuerst merken wir, dass wir unehrlich waren, wenn es bereits geschehen ist. Dann fällt es uns auf, während wir unehrlich sind. Schließlich bemerken wir es, bevor es zu spät ist, und können unsere Worte, Handlungen oder Entscheidungen noch revidieren, indem wir uns und unseren Nächsten unsere Ängste eingestehen.

Im WASSERMANN-ZEITALTER wird der Mensch nur mehr wahr sein können, da eine immer stärker werdende Energie uns zu dieser Ehrlichkeit anhält. Es heißt, dass Unehrlichkeit immer mehr Krankheiten, Unglück und Emotionen verursacht. Diese Energie steht in engem Zusammenhang mit dem Hals-CHAKRA, dem Sitz von Ausdruck und KREATIVITÄT. Je wahrer wir sind, desto besser werden wir kommunizieren und unsere Forderungen und Bitten stellen können. Davon profitieren auch unsere intimen, sexuellen, familiären und gesellschaftlichen Beziehungen sowie unsere Schaffenskraft. Wir werden unser Leben immer mehr nach unseren Wünschen gestalten können, ohne den Bedürfnissen und Wünschen anderer ausgeliefert zu sein.

Fünf Schritte führen zum Wahrsein:

1. Sei ehrlich mit Dir selbst.

2. Sei Dir selbst gegenüber ehrlich in Bezug auf andere.

3. Sei anderen gegenüber ehrlich in Bezug auf Dich.

4. Sei anderen gegenüber ehrlich in Bezug auf andere.

5. Sei allen gegenüber in jeder Hinsicht ehrlich.

Wahr sein entwickelt MUT, SELBSTVERTRAUEN und Offenheit. Das vermittelt uns das Gefühl der FREIHEIT, weil unsere Energien wieder frei zirkulieren, die zuvor von ZWÄNGEN (wie das Verlangen nach SCHEIN) oder Ängsten (zu verletzen, zu missfallen usw.) blockiert waren. Wahre Menschen befinden sich in ihrer INNEREN MITTE, da alles, was sie denken, sagen oder tun, aus ihrem HERZEN kommt und ihren Gefühlen entspricht. Je ehrlicher wir sind, desto weniger müssen wir aufpassen, was wir sagen, da unser Herz niemals LÜGT und auch niemanden verletzen will. Ohne Ehrlichkeit kann es zu keinem wirklich tiefen Gespräch kommen, da ZWEIFEL und Vorsicht jede Vertrauensbasis untergraben.

Wahrheit

Was ein Mensch nach einem bekannten oder unbekannten Prinzip für richtig hält. Für ein solches Prinzip der Wahrheitsfindung bedarf es eines wissenschaftlichen oder universellen Beweises. So ist es z. B. *wissenschaftlich* anhand von Gentests erwiesen, dass jeder Mensch einzigartig ist, so wie es *universell* anerkannt ist, dass Gefühle des Hasses und der Rachsucht den Menschen beunruhigen, körperlich und geistig schwächen und ihn sogar krank machen können. Dabei handelt es sich um Folgen eines universellen NATURGESETZES. Ob wir nun an solche Gesetze oder Prinzipien glauben oder nicht, so existieren sie doch und ziehen ganz bestimmte Konsequenzen nach sich.

Unsere *individuelle* Wahrheit hingegen ist relativ, da sie lediglich auf ÜBERZEUGUNGEN, WAHRNEHMUNGEN und WERTEN beruht. **Wir schaffen unsere Wahrheit, indem wir beschließen, an etwas zu glauben.** Demnach ändert sich unsere persönliche

Wahrheit im Lauf unseres Lebens, und geht Hand in Hand mit dem Wandel unserer Überzeugungen, die durch jede neue Erfahrung beeinflusst werden.

In der Regel ist unser ICH davon überzeugt, die Wahrheit zu kennen, und versucht sie anderen gegenüber durchzusetzen. Haben wir jedoch die Relativität unserer persönlichen Wahrheit erkannt, sollte es uns auch gelingen, die Wahrheit unserer Mitmenschen zu AKZEPTIEREN, anstatt sie verändern, MANIPULIEREN und KONTROLLIEREN zu wollen. Unsere KOMMUNIKATION wird wesentlich gesünder, angenehmer und konstruktiver, wenn sie auf gegenseitiger ACHTUNG basiert. Nichts hindert uns daran, intensiv nach unserer eigenen Wahrheit zu leben, wenn sie uns zum Vorteil gereicht. Wir können uns sogar für sie einsetzen und versuchen sie zu verbreiten. Doch dürfen wir nie aus den Augen verlieren, dass wir niemanden dazu verpflichten können, an sie zu glauben. Allein unser INNERER GOTT kennt die Wahrheit und weiß, was wir brauchen. Wir können trotzdem auf andere hören und von ihnen lernen. Unsere Mitmenschen können wesentlich zu unserem Erwachen beitragen. Bevor wir uns jedoch dazu entschließen, an neue Dinge zu glauben und sie zu unserer Wahrheit zu machen, sollten wir uns unseres UNTERSCHEIDUNGSVERMÖGENS und unserer INTUITION bedienen, um festzustellen, ob wir uns dabei wirklich wohl fühlen.

Wahrnehmung

Siehe VERGANGENHEIT.

Wandel

Übergang von einem Zustand zu einem anderen. Veränderung, Verbesserung. Für uns ist in diesem Rahmen vor allem der Wandel unseres Wesens relevant. Hier ein paar Beispiele: Ein possessiver und ängstlicher Mensch verändert seine Haltung in punkto leben und leben lassen. Ein anderer, der sich selbst ablehnt, nur seine Fehler und Schwächen sieht, lernt sich besser kennen und AKZEPTIEREN. Eine Person, die sich ständig als OPFER fühlt, MEISTERT ihr Leben durch die Erkenntnis der großen NATURGESETZE und schafft sich ein Leben nach ihren BEDÜRFNISSEN.

Jeder Wandel setzt jedoch den ernsten Wunsch und die Bereitschaft voraus, die nötigen AKTIONEN zu SETZEN und uns das Recht zu einem glücklichen Leben einzuräumen. Vielen fallen VERÄNDERUNGEN jedoch schwer, da sie Angst vor dem Unbekannten, der Unsicherheit und Unbeständigkeit haben, die jene mit sich bringen können.

Oft behalten wir einen schwierigen oder gar unerträglichen Lebensrhythmus bei, nur weil wir wissen, was uns erwartet. Lieber ein stabiles Unglück als das Risiko des Wandels. So erklären sich auch besondere Krisen oder KRANKHEITEN, die uns zu erkennen geben, dass wir alt Eingefahrenes überkommen und zu Neuem schreiten sollten. Auch wenn manche Umstellungen schwierig sind, so wollten doch die wenigsten sie später wieder rückgängig machen. Es ist völlig natürlich dabei verschiedene Etappen durchzumachen.

Wandel hat nichts mit Zerstörung zu tun. Viele Menschen machen sich Sorgen um den aktuellen Zustand der Erde (GAIA) und haben den Eindruck, dass alles, was sie mühsam aufgebaut haben, nun zusammenbricht, und nichts mehr Bestand hat. Doch ist auch das nur eine ANGST und Illusion des ICHS. Es genügt, die Natur zu beobachten, um die Wirklichkeit zu erkennen. Ein schönes Beispiel für den Wandel ist der Schmetterling. Er verändert sein Äußeres vollkommen, um anderen Horizonten entgegen zu fliegen und neue Erfahrungen zu machen. Auch wenn wir keine Schmetterlinge sind, so können wir uns doch von der Natur inspirieren lassen und erkennen, dass jede Veränderung lediglich ein Übergang zu einem neuen Zustand ist.

Unser Lebenswandel ist absolut unabdingbar für unsere spirituelle Entwicklung. Es genügt zu beobachten, wie viel sich in unserem Leben in den letzten Jahren verändert hat. Manche Menschen haben das Gefühl, mehr als ein Leben gelebt zu haben, da sie so viele Erfahrungen gemacht haben.

Dauerhaften, vorteilhaften und schmerzlosen Wandel erzielen wir am besten, wenn wir einfach so sind, wie wir sind, ohne uns zu beurteilen und zu kritisieren. Wir haben verdient, nachsichtig und mitfühlend mit uns selbst zu sein.

Wir sind Gefangene unseres Verhaltens, wenn wir uns nicht akzeptieren, unser äußeres Erscheinungsbild ablehnen, abhängig, ängstlich, wütend oder unserer Überzeugungen Untertan sind. Unser ICH meint, alles Unerwünschte zurückweisen und ablehnen zu müssen. Es weiß nicht, dass alles, was wir verwerfen, umso stärker wiederkehrt. Das erklärt auch z. B., weshalb es Menschen, die sich für zu dick halten und sich deshalb ablehnen, nicht gelingt, abzunehmen, oder weshalb wir bestimmte Verhaltensweisen, die wir für inakzeptabel halten, einfach nicht ablegen können.

Wir müssen uns also akzeptieren, bevor wir inneren Wandel in die Wege leiten können. Dazu genügt es oft, zu erkennen, dass wir bestimmte Haltungen oder Umstände erlebt haben, weil wir sie selbst – vielleicht auch nur unbewusst – geschaffen haben. Wir können aus jeder Situation etwas lernen. Wir sollten versuchen, den NUTZEN zu erkennen, den uns bestimmte Dinge gebracht haben, die uns heute nicht mehr wünschenswert erscheinen. Sie ermöglichen uns den Wandel, da ihre unangenehmen Folgen uns erkennen lassen, was wir wirklich wollen.

Unser INNERER GOTT weiß genau, was wir brauchen. So können bestimmte Veränderungen unseren Wünschen durchaus auch widersprechen. Wir sollten versuchen, ZU VERTRAUEN und LOSZULASSEN. Die wunderbaren Auswirkungen bedingungsloser Akzeptierung beschleunigen jeden Wandel. Wir gestehen uns das Recht zu unseren Ängsten und Schwächen zu und arbeiten mit einer neuen Lebenshaltung unseren ZIELEN entgegen. Uns unser Leben nach unseren Wünschen einzurichten, bedarf großer Aufmerksamkeit und Ausdauer.

Wassermann-Zeitalter

W Ein Zeitalter ist eine längere Zeitspanne. Wir wissen, dass die Sterne unseren Planeten besonders beeinflussen. Alle 2160 Jahre durchläuft die Erde ein neues Sternzeitalter, das sie nach einem bestimmten astrologischen Zeichen beeinflusst. Es dauert also etwa 26.000 Jahre, bis alle zwölf Sternzeichen durchlaufen sind.

Wir befinden uns gerade an der Schnittstelle zwischen dem ausgehenden Zeitalter der *Fische* und dem neuen des *Wassermanns*. Diese Übergangsphase dauert zwischen 50 und 100 Jahren, je nach der Wandlungsfähigkeit der Menschen. Die ersten Anzeichen dieser Energie machten sich in den Sechzigerjahren bemerkbar. Seither nähern wir uns immer mehr dem Wassermann-Zeitalter. Das soll nun keineswegs heißen, dass Menschen, die im Zeichen des Wassermanns geboren wurden, davon mehr betroffen sind. Diese Energie ist für alle Menschen gleich.

Wir könnten diese Epochen mit neuen Inkarnationen, Wiedergeburten der Erde vergleichen. Unser Planet beginnt mit dieser neuen Epoche sozusagen ein neues Leben und vollzieht einen radikalen Wandel.

Das Wassermann-Zeitalter ist also auch die Epoche einer NEUEN Menschheit. Es ist Zeit, eine neue Welt, ein Universum zu bauen, in dem der Mensch einen großen Entwicklungssprung macht. Rückbildung wird zur Entwicklung, Intellekt wird zu Intelligenz, das Normale macht dem Natürlichen Platz. Diese Zeit wird große und schnelle Veränderungen in allen Bereichen bewirken: Spiritualität, Gesellschaft, Moral, Technik u.v.a. Diese großen Umwälzungen sind vergleichbar mit einem Bach, der durch Stromschnellen fließt und nach dieser Reinigungsphase ruhiger, klarer, reiner und durchsichtiger weiterläuft. Schon jetzt verändern sich alle Systeme der Welt in Windeseile: Regierungen, Medizin, Ernährung, Schulen, Familie, Recht, Geldwesen usw.) Der ganze Planet ist von diesem Wandel betroffen. Das gilt sogar für die klimatischen Verhältnisse. All das zieht zwangsläufig auch materielle und psychische Unsicherheit für die Menschen nach sich. Diese Ungewissheit auf emotionaler und mentaler Ebene wird durch zunehmende spirituelle Stabilität ausgeglichen, die wir erreichen, indem wir zu uns selbst finden.

Die Menschheit hat soeben das *Fische-Zeitalter* durchlaufen, das eine Epoche der Beständigkeit und der materiellen Güter darstellte; eine Zeit also, in der *Haben* und *Tun* über dem *Sein* standen. Zu Beginn dieses Zeitalters kam ein großes Wesen namens *Jesus* auf die Erde, um den Menschen in jener Phase des Umbruchs zu helfen und sie der Energie der wahren LIEBE und der EIGENLIEBE zu öffnen. Diese Epoche entsprach der Öffnung des Herzchakras. Doch auch heute sind die Menschen noch nicht imstande, nach seiner Botschaft zu leben. Deshalb kommt es noch immer zu Krieg, Scheidungen, Selbstmorden und immer mehr Krankheiten.

Das Wassermann-Zeitalter bringt die Öffnung des Halschakras. Das bedeutet das Erwachen der Willenskraft, Selbstbestätigung und der Schöpfung des eigenen Lebens. Dazu muss der Mensch INTELLIGENT und VERANTWORTUNGSBEWUSST werden.

Die Übergangsphase zwischen den beiden Zeitaltern ist eine Zeit der OFFENBARUNG, die manche mit der *Apokalypse* gleichsetzen. Sie äußert sich durch einen offeneren Geist und neue Erkenntnisse. Besonders konzentrierte Energien werden von hoch entwickeltem Bewusstsein zur Erde geschickt, um uns in dieser Übergangsphase zu helfen. Es ist völlig normal, dass Menschen sich in dieser bewegten Zeigt unsicher und instabil fühlen. Denken wir also daran, dass diese Phase nur vorübergehend ist, und die Dinge von Jahr zu Jahr einfacher werden.

Das Wassermann-Zeitalter ist eine Epoche der Kommunikation und Kreativität. Uns steht die freie Wahl, zu sein, zu denken, zu tun und auszudrücken, was wir wollen. Dazu müssen wir lediglich unsere alten Wertsysteme, Denkschemata, überholte und schädliche Lebensweisen überwinden, die unsere Entwicklung behindern. Es soll uns nicht mehr darum gehen normal, sondern natürlich und wir selbst zu sein. Wir sollten versuchen, unsere Ängste und alles loszulassen, was der wahren Liebe gegenläufig ist.

Auch wenn sich vieles in uns dagegen sträubt, werden die menschlichen Ziele doch die Oberhand gewinnen. Wir verspüren immer häufiger das Bedürfnis nach Frieden, Eigenständigkeit, Selbstannahme und Achtung unserer Mitmenschen. Immer mehr Organisationen setzen sich für die Freiheit der Völker, der Gebräuche und Individuen ein. Alle setzen sich die Freiheit des Seins zum Ziel. Die Menschen öffnen sich zusehends, drücken sich leichter aus und geben auch ihr Innenleben preis. Sie wollen immer wahrer, authentischer und offener werden. Auch wenn manche Menschen individualistischer zu werden scheinen, so tun sie dies oft, um ihrer Natur zu entsprechen.

Die Rassen vermischen sich, um verschiedene Erfahrungen in unterschiedlichen Zusammenhängen zu machen. All dies sollte mit guten Absichten geschehen, um uns einander zu öffnen, zu akzeptieren und unsere Unterschiede zu achten.

Das Wassermann-Zeitalter wird manchmal auch als das Goldene Zeitalter bezeichnet. Es heißt, dass in allen Bereichen (Gesundheit, Liebe, Friede, Glück, Besitz, Geld, Harmonie usw.) Überfluss herrschen würde, wenn der Mensch endlich begreift, was es bedeutet wahre Liebe und Selbstbestätigung zu erleben. Wir empfangen immer stärkere Energie. Unserem freien Willen steht offen, uns ihrer zu bedienen, um vorwärts zu kommen, oder nicht. Wie dem auch sei, die Energie des Wassermann-Zeitalters beschleunigt und verstärkt die Ergebnisse.

Bestehen wir auf unseren Ängsten, unserem Widerstand und weigern uns, den Wandel der Zeit zu akzeptieren, werden unsere Probleme immer schwerer zu bewältigen sein. Entscheiden wir uns hingegen, uns der Bewegung anzupassen und uns der Liebe hinzugeben, so werden wir zu einem offenen Kanal der göttlichen Energie und allem, was gut für uns ist. Wir werden schon bald die Früchte unserer Saat ernten. Dieser große Überfluss soll der Menschheit helfen loszulassen und so den Hang zu Dingen und Menschen zu überwinden.

Weiters gilt das Wassermann-Zeitalter auch als Ära der Spiritualität. Die Menschen suchen verstärkt in anderen Bereichen als dem Besitz oder Scheins nach Glück. Wir überwinden eine mentale Welt, um eine spirituelle Welt wachsen zu lassen, in der dem Sein wieder größerer Stellenwert zukommt. Das *Haben* sollte dem *Sein* Untertan sein. Wir sollten uns zunächst darüber bewusst werden, was wir sein wollen und uns erst dann die Frage stellen, was wir dazu haben und tun müssen. Vergessen wir nie, dass es keine falsche Entscheidungen gibt, so wie niemand gut und böse „sein" kann. Jede Erfahrung bringt uns unserem Ziel, der Verschmelzung mit unserem inneren Gott näher. Oft müssen wir zahlreiche Rollen durchspielen, um zu erkennen, dass sie uns nicht entsprechen.

Schließlich symbolisiert das Wassermann-Zeitalter auch das Erwachen des BEWUSST-SEINS. All diese Energien helfen uns, unseren Bewusstseinshorizont zu erweitern, um zu entdecken, was sich hinter unseren verschiedenen Gemütszuständen verbirgt, die uns daran hindern, glücklich zu sein. Deshalb gibt es heute auch so viele Bücher, Seminare und Vorträge zu PERSÖNLICHKEITSENTFALTUNG, Bewusstseinsöffnung und Verbesserung unserer Lebensqualität.

Zusammenfassend können wir also sagen, dass wir heute in der Entwicklungsgeschichte unseres Planeten einen Punkt erreicht haben, an dem wir unsere Mitmenschen so sein lassen sollten, wie sie sind, damit jeder sein eigenes Leben MEISTERT und zu seiner ursprünglichen FREIHEIT zurückfindet. Dieses neue Zeitalter ist angebrochen, um eine bessere Welt voller Liebe, Frieden, Brüderlichkeit, Freiheit, Gesundheit, Schönheit, Intelligenz und Überfluss zu schaffen, in der wir alle mit GOTT, der göttlichen Energie in uns selbst VERBUNDEN sind.

Weibliches Prinzip

Carl Jung nannte den weiblichen Aspekt der menschlichen Psyche „**Anima**". Jeder Mensch verfügt über ein männliches und ein weibliches Prinzip, ganz gleich, ob er nun Mann oder Frau ist. Während unser femininer Aspekt die universelle Schöpfungsenergie empfängt, verwirklicht sich unser maskuliner Aspekt sie durch die Tat. So wirkt die Schöpfung durch uns.

Das weibliche Prinzip tritt in unser Leben, wenn wir auf unsere INTUITION und unsere GEFÜHLE hören (dazu bedarf es eines eher passiven Verhaltens als Aktion und Analyse); wenn wir den Kontakt mit unserem Inneren herstellen, meditieren und beobachten; wenn wir WÜNSCHE haben, visualisieren und entscheiden, weshalb wir etwas wollen; wenn wir spontan sind, SCHÖNHEIT suchen und Zärtlichkeit zum Ausdruck bringen; wenn wir ein globales Bild der Dinge haben und das Ganze vor den Details betrachten; wenn wir unsere Aufmerksamkeit mehreren Dingen zugleich zuwenden können; wenn auch Unordnung und Zweideutigkeit uns nicht stören; wenn wir FLEXIBEL sind und unsere Pläne problemlos ändern können, weil sich uns bessere Möglichkeiten eröffnen; wenn wir gut zusammen arbeiten, einander in Gemütsfragen unterstützen und Menschen zusammenführen.

Für ein erfülltes Leben müssen beide Aspekte harmonisch zusammenwirken. Verdrängt das weibliche das männliche Prinzip, so ist das Gleichgewicht gestört. Wünschen wir uns etwas Bestimmtes, hören jedoch nicht auf den vom maskulinen Aspekt vertretenen Verstand, der weiß, wie und wann AKTIONEN gesetzt werden müssen, so treffen wir vorschnelle oder falsche Entscheidungen.

Menschen, die ihre Mutter nicht AKZEPTIERT haben, tun sich oft schwer das weibliche Prinzip zu integrieren. (Dasselbe gilt für den Vater und das männliche Prinzip.) Das hindert uns daran, die verschiedenen Eigenschaften des jeweiligen Aspekts zu leben. Wir fühlen uns schuldig, haben Angst oder hindern uns daran, sie auszudrücken.

Um festzustellen, ob Du Dein weibliches Prinzip auslebst, genügt es zu beobachten, wie und ob Du die oben genannten Eigenschaften aufweist und zum Ausdruck bringst. Hast Du dieselbe Probe auch für das MÄNNLICHE PRINZIP unternommen, so wird augenscheinlich, wie wichtig es ist, beide Aspekte zu integrieren und den Nutzen der verschiedenen Haltungen den jeweiligen Umständen anzupassen. Das nennen wir ein ausgewogenes Leben führen!

Weinen

Tränen aus FEINFÜHLIGKEIT oder Emotionalität vergießen. Es ist völlig menschlich zu weinen, wenn wir nicht mit bestimmten EMOTIONEN oder GEFÜHLEN fertig werden. Wir wollen in diesem Rahmen jedoch zwischen beiden unterscheiden und ersteres als **Weinen mit dem Kopf** und letzteres als **Weinen mit dem Herzen** bezeichnen.

Emotionales Weinen kann bis hin zum heftigen Schluchzen reichen und ist ein Zeichen von Schmerz, der darauf beruht, dass wir eine bestimmte Situation nicht oder nur schwer AKZEPTIEREN können. Es wird von unserer mentalen Ebene gesteuert, führt zu Selbstmitleid, nährt unsere ÄNGSTE und SCHULDGEFÜHLE und raubt Energie.

FUSIONSTYPEN weinen aus RÜHRSELIGKEIT. Sie weinen mit oder für andere, die ihnen weinend ihr Unglück berichten, weil sie sich für das seelische Wohlergehen ihrer Mitmenschen VERANTWORTLICH fühlen. Andere wieder weinen, um Mitleid oder Feinfühligkeit zu heucheln. In all diesen Fällen wurden emotionale Grenzen überschritten. **Weinen aus Feinfühligkeit** hingegen ist echt, spontan und kein emotionelles Schluchzen.

Unsere Tränen sind ein Sicherheitsventil, um emotionellen Druck abzulassen. Wird die Energie des **Herzens** aus Freude oder Mitgefühl für andere oder für sich selbst aktiviert, so öffnen sich Herz- und Stirn-CHAKRA. Das Weinen hilft uns, mit diesen intensiven Energien fertig zu werden. Am besten ist es, uns so objektiv wie möglich zu beobachten und die Tränen fließen zu lassen. Es ist wichtig, unseren GEFÜHLEN freien Lauf zu lassen und sie nicht zurückzuhalten. Menschen, die nie weinen, weil sie ihre VERLETZBARKEIT nicht zeigen wollen oder ihre Gefühle verdrängen und blockieren, verlieren eines Tages die Kontrolle über sich.

Weinen ist also eine völlig menschliche Äußerung erlebter Gefühle. Wir sollten uns also das Recht zu Tränen zugestehen und zugleich dabei versuchen zu BEOBACHTEN, was dabei wirklich in uns vorgeht. So lernen wir unsere Gefühle in den Griff zu bekommen und bestimmte Grenzen zu überwinden.

Weisheit

Fähigkeit, Umstände gerecht und sicher zu beurteilen, bewusste Entscheidungen zu treffen und Handlungen zu setzen. Dies setzt meist große Lebenserfahrung und Kenntnisse voraus. Doch genügen Kenntnisse allein nicht. Wir müssen überdies in der Lage sein, uns selbst und unsere Mitmenschen ohne Vorurteile und vorgefasste Meinungen einzuschätzen zu können. Weise Menschen wahren nicht nur den Überblick, sondern

MEISTERN ihre Entscheidungen und Worte mit vollem BEWUSSTSEIN. Sie teilen ihre Kenntnisse mit anderen, ohne nach Ruhm zu suchen oder sie überzeugen zu wollen. Sie sind eine Quelle der Inspiration und von einer besonderen AURA umgeben, die bewirkt, dass andere sich in ihrer Gegenwart wohl fühlen.

Die Weisheit misst sich auch am Grad der Bewusstseinsentwicklung des Menschen. Weise Menschen ruhen in ihrer INNEREN MITTE, hören auf ihre eigenen BEDÜRFNISSE ebenso, wie auf die anderer. Sie sind RUHIG, ausgeglichen und ZUVERSICHTLICH. Sie sind in Frieden mit sich und ihrer Umwelt. Weisheit wird oft auch mit Einsicht und Verständnis des HERZENS gleichgesetzt. Liegt der Schlüssel zu innerem Frieden und Ausgeglichenheit nicht gerade in der Harmonie zwischen Herz und Geist?

Weissagung

Siehe PROPHEZEIUNG.

Wert (persönlicher)

Wofür wir uns auf den verschiedensten Ebenen (moralisch, intellektuell, körperlich, usw.) schätzen. Wie können wir unseren eigenen Wert feststellen? Wir können ihn an den Ergebnissen unseres Lebens messen und sehen, wie glücklich, zuversichtlich, ausgeglichen, harmonisch, entfaltet und selbstsicher wir *sind*.

Vielen Menschen haben eine schlechte Meinung von sich, da sie sich nicht an ihrem *Sein,* sondern am *Haben* oder *Tun* messen. Diese Lebenshaltung wurde uns meist in unserer Erziehung durch Familie, Gesellschaft und Religion übermittelt.

In der Jugend haben nur die wenigsten ELTERN unseren wahren Wert, unser immenses Potential erkannt und uns dabei unterstützt, diese innere Kraft zu entdecken. Wir müssen aber auch erkennen, dass unsere Eltern nicht besser dazu in der Lage sein konnten, da sie selbst als Kinder nicht in dieser Richtung bestärkt wurden. Diese BEKRÄFTIGUNG ist jedoch sehr wichtig für unser Persönlichkeitsentfaltung und unser inneres Gleichgewicht. Bleibt sie aus, werden all unsere Denk- und Verhaltensweisen aber auch unser Selbstbild davon beeinflusst.

So fällt es heute noch vielen von uns schwer, uns für das zu schätzen, was wir wirklich sind. Wir konzentrieren uns viel zu sehr auf unsere Schwächen als auf Stärken, die unser Selbstwertgefühl steigern könnten. Diese Haltung verursacht lediglich mangelndes SELBSTVERTRAUEN, da wir uns ständig mit „Besseren" vergleichen. Wir lassen all unsere früheren Errungenschaften außer Acht und scheinen völlig zu vergessen, wie viel Mühe, Mut und Ausdauer es uns gekostet hat, all die Kenntnisse, Erfahrungen und Weisheit zu erwerben, über die wir heute verfügen. Wir werten uns ab, da es uns an der nötigen EIGENLIEBE fehlt.

Für ein höheres SELBSTWERTGEFÜHL sollten wir zunächst den ganz bewussten Entschluss fassen, dieses Verhaltensschema zu überkommen, welches wir meist aus völlig unbewusster Familienloyalität vom gleichgeschlechtlichen Elternteil übernommen haben. Nur so werden wir uns unseres wahren Wesens bewusst und können uns so schätzen, wie wir sind. Stell Dir vor, Du besitzt die nötigen Fähigkeiten für einen bestimmten Posten, von dem Du schon lange träumst. Und doch fürchtest Du, den Erwartungen der anderen nicht gewachsen zu sein und abgewiesen zu werden. In Wirklichkeit wertest Du Dich jedoch nur selbst ab und weist Dich selbst zurück, da es Dir am nötigen Selbstvertrauen fehlt. Wie sollen andere Dir da vertrauen und Deinen wahren Wert erkennen? *Alles beginnt in Dir selbst.*

Aus diesem Grund ist es auch so dringend, Dich selbst kennen und lieben zu lernen und bewusster durchs Leben zu gehen. Erkenne Deinen Wert, Deine TALENTE und Vorzüge, um Dich BEHAUPTEN zu können. Fühle wirklich, welche Kraft sie Dir vermitteln ohne Angst zu haben, deshalb sofort als HOCHMÜTIG zu gelten. So wird es Dir auch leichter fallen zu akzeptieren, wenn andere sich behaupten. Welche Ängste hindern Dich daran? Fürchtest Du Deinen oder den Erwartungen der anderen nicht gewachsen zu sein, Fehler zu begehen, beurteilt, kritisiert oder abgelehnt zu werden? Versuche die ÜBERZEUGUNGEN zu erkennen, die diesen Ängsten zugrunde liegen, und die Du auf diese Weise unterhältst.

Um festzustellen, ob Dein persönlicher Wert Deinen BEDÜRFNISSEN entspricht, solltest Du Dich fragen: „Erachte ich all meine aktuellen Beschäftigungen und Handlungen für wertvoll? Erfüllen sie mich und stärken mein Selbstvertrauen? Wodurch könnte ich mich mehr entfalten und jetzt glücklicher *sein*, falls dies nicht der Fall ist?" Stelle Dir diese Fragen für alle Lebensbereiche: Arbeit, Familie, Freunde, Freizeit, Pläne usw. *Beschließt* Du ganz bewusst, Dir Deinen wahren Wert zuzugestehen und Deine Wünsche zu erfüllen, bist Du Dir *sicher*, was Du wirklich *sein* willst, so setzt Du wunderbare Energien in Bewegung, die den WANDEL unmittelbar beginnen. Es werden sich immer mehr Gelegenheiten einstellen, in denen Du AKTIONEN SETZEN kannst, die Dich Deinen ZIELEN näher bringen. Oft hilft uns auch eine LEBENSBILANZ, unsere inneren Kräfte zu erkennen.

Werte, Wertsystem

Was nach persönlichen oder gesellschaftlichen Kriterien als gut, schön und wahr gilt und schließlich moralische Richtlinien vorgibt. Unser Wertsystem geht aus der Bedeutung hervor, die wir den Dingen schon seit unserer frühesten Kindheit, ja unserer Zeugung beimessen wollen. Es stellt also die Gesamtheit unserer ÜBERZEUGUNGEN dar, die unsere Haltungen, Entscheidungen und Handlungen bestimmen. Handeln wir ihm zuwider, führt dies meist zu SCHULDGEFÜHLEN.

Unsere Werte stammen aus den verschiedensten Quellen: Zunächst natürlich ist da der EINFLUSS unserer Eltern und Familie, dann der von Lehrern, Erziehern, Religion, Gesellschaft und den verschiedenen Systemen, die die Welt steuern.

In unserer heutigen Gesellschaft messen wir materiellen, moralischen und traditionellen Werten viel zu großen Stellenwert bei. Hochzeiten und Taufen sind ebenso wichtig wie Studien, Sozialstatus, äußeres Erscheinungsbild, Anstand und Höflichkeit. Es ist kein Problem all diese Werte zu ehren, doch sollten wir darüber spirituelle Werte wie

Achtung, Integrität, Mitgefühl oder Liebe nicht vergessen. Im Lauf der Zeit haben wir den Kontakt zur spirituellen Wirklichkeit gelöst und sind immer weniger imstande, auf unsere wahren Bedürfnisse zu hören.

Jeder Mensch muss ganz bestimmte Erfahrungen machen, die seinem LEBENSPLAN entsprechen. So profitieren wir nicht im gleichen Maß von denselben Situationen. Mitglieder derselben Familie können z. B. trotz ähnlicher Erziehung und Einflüsse völlig verschiedene Werte entwickeln.

Es ist weder gut noch schlecht, bestimmte Werte zu haben. Wir sollten uns jedoch bewusst sein, dass manche von ihnen ebenso starr, streng oder übertrieben sein können, wie bestimmte Methoden oder Gewohnheiten. Dadurch schränken wir unseren Bewegungsfreiraum bezüglich unserer Wünsche und Erfahrungen ein, verursachen innere Konflikte und leben in DUALITÄT. **Viel Schaden und Leid, die uns widerfahren, beruhen auf überholten Überzeugungen. Wir sollten unser Wertsystem also einer regelmäßigen Generalüberholung unterziehen und es unseren aktuellen Bedürfnissen, Launen und Grenzen anpassen.**

Dazu müssen wir genau in unser Inneres hören und beobachten, was wir bei unseren Worten, Taten, Gedanken und Werten empfinden. Wir sollten uns fragen: „Entsprechen meine aktuellen Werte wirklich meinen WÜNSCHEN, BEDÜRFNISSEN und ZIELEN? Stammen sie von anderen oder sind sie wirklich meine eigenen? Machen sie mich glücklich oder erfahre ich ZWÄNGE, FRUSTRATIONEN, EMOTIONEN oder SCHULDGEFÜHLE durch sie?" Wir müssen sie nun nicht gleich alle von heute auf morgen revidieren. Wir sollten sie lediglich in Bezug auf unser heutiges Leben etwas in Frage stellen und beobachten, ob sie uns wirklich glücklich machen. Schließlich sollten wir es unserer eigenen Unterscheidungskraft überlassen, nur die beizubehalten, die uns wirklich etwas NÜTZEN und unseren Bedürfnissen entsprechen. Unsere Werte sind ja nicht dazu da, anderen Freude zu machen oder unsere ÄNGSTE zu verstecken.

Fühlen wir uns wohl mit unseren Werten, so können wir sie ruhig beibehalten. Haben wir jedoch Lust auf neue Erfahrungen, so sollten wir unserer INTUITION folgen und bereit sein, gewisse RISIKEN einzugehen, auch wenn dies vielleicht gegen alles verstößt, was wir bisher gelernt haben. Wir können uns nicht täuschen, da wir aus jeder Erfahrung lernen.

Unsere Ethik sollte auf unseren eigenen und nicht auf übernommenen Werten basieren, die wir seit unserer frühesten Kindheit nicht hinterfragt haben. Je besser wir uns selbst kennen lernen, desto weniger lassen wir uns von anderen wie auch unseren Emotionen beeinflussen. WEISHEIT und UNTERSCHEIDUNGSVERMÖGEN werden uns erkennen lassen, was zu unserem Vorteil ist. In unserem tiefsten Inneren, im Herzen jeder Zelle schlummert die absolute Erkenntnis. Deshalb sollten wir Werten, die uns besonders wichtig sind, einen gebührenden Platz in unserem Herzen einräumen. Das gilt auch für spirituelle Werte wie INTEGRITÄT, ACHTUNG, EINFACHHEIT, LIEBE, VERANTWORTUNGSBEWUSSTSEIN, usw. So finden wir auch zu unserem wahren PERSÖNLICHEN WERT, der sich nicht mehr an Errungenschaften der Vergangenheit, sondern an unserer GEGENWART misst. Was ist denn die Vergangenheit schon im Vergleich zum Juwel der Gegenwart?

Widerstand

Sich einer Autorität oder anderen Person widersetzen. Kampf oder Auflehnung, weil eine bestimmte Erfahrung, Angst, Krankheit usw. nicht akzeptiert wurde. Widerstand ist das größte Hindernis zur Erfüllung unserer Wünsche. Je mehr Widerstand wir leisten, desto stärker lehnen wir uns gegen uns selbst auf. In diesem Werk zeigen wir auf, dass es sinnvoller ist LOSZULASSEN, als Dinge erzwingen zu wollen.

Bekämpfen sich zwei Parteien, von denen beide Recht haben wollen, verlieren beide. Dabei kann es sich um zwei Menschen oder zwei Aspekte unseres Wesens handeln. Widerstand kann auf verschiedene Weise zum Ausdruck kommen:

- Widerstand gegen Autorität, gegen Ratschläge oder Ideen anderer. Wir weigern uns, Gesichtspunkte anzuerkennen, die sich nicht mit unserer Meinung decken. HOCHMUT verhindert jeden Kompromiss und vergiftet die festgefahrene Situation.
- Widerstand gegen VERÄNDERUNGEN in den verschiedensten Bereichen (Arbeit, Familie, Gesellschaft usw.) Anstatt die positiven Aspekte zu sehen und unsere Ängste zu überprüfen, kritisieren wir alles und fühlen Zorn, Ungerechtigkeit, Schmerz, Beklemmung und Frustration.
- Wir sträuben uns dagegen, uns so zu AKZEPTIEREN, wie wir gerade sind (Gewicht, äußeres Erscheinungsbild, Haltungen, Verhalten usw.) oder verlieren die Geduld.

Unser Widerstand bedeutet also nichts anderes als eine Seite unseres eigenen Wesens abzulehnen, die eine ganz bestimmte Erfahrung zu machen hat. Es ist, als ob wir einem Kind verbieten würden, ein Kind zu sein. Es hat das Recht, seine eigenen Erfahrungen zu machen und nicht immer den Erwartungen anderer zu entsprechen.

Was wir nicht an uns wahrhaben wollen, nimmt immer mehr Platz ein, da wir nicht an Aspekten arbeiten können, die wir leugnen. Z. B. „Ich bin nicht wütend" oder „Ich bin nicht zornig". Wir müssen lernen, unser Verhalten und unsere Gefühle zu BEOBACHTEN, um unser Leben MEISTERN zu können.

Wir müssen lernen, zu akzeptieren, was uns inakzeptabel scheint und womit wir nicht einverstanden sind. Nur so können wir loslassen und unseren Widerstand überwinden, um neue Erfahrungen zu machen. Das heißt nicht aufzugeben, sich zu unterwerfen oder zu RESIGNIEREN. Weigern wir uns, uns an veränderte Situationen ANZUPASSEN oder überholte Verhaltensweisen zu revidieren, so sollten wir uns ernsthaft die Frage stellen, was wir wirklich wollen und was uns daran STÖRT. Haben wir bestimmte Dinge einmal akzeptiert, gerät alles wieder in Bewegung und Lösungen tauchen von ganz alleine auf. Probiere es nur, es funktioniert garantiert!

Wiederauferstehung

Wieder aufleben, zum Leben zurückgelangen. Das Leben ist an und für sich eine ewige Folge von Auferstehungen. Wir wissen, dass täglich Abertausende Körperzellen absterben und durch neue ersetzt werden. Nach unserem Erdenleben zerfällt unser Körper und verwandelt sich in andere Materie, während unsere Seele in die ASTRALWELT zurückkehrt. Das Prinzip der WIEDERGEBURT geht davon aus, dass sie neue Erdenleben führt, bis sie alle Erfahrungen voll und ganz AKZEPTIERT hat. Sie wandert also zwischen irdischer und astraler Existenz, bis sie schließlich in der spirituellen Welt wieder aufersteht und beschließen kann, nicht mehr zur Erde zurückzukehren.

Aus psychologischer Sicht lassen wir täglich innere Aspekte absterben, um neue aufleben zu lassen. Manchmal fühlen wir uns „wie neu geboren", wenn wir eine besonders schwierige Herausforderung wie z. B. eine Scheidung, Krankheit, Behinderung, einen Unfall, Arbeitsverlust oder Konkurs überwunden haben. Dieses Gefühl der Wiederauferstehung beruht nicht zuletzt auch darauf, dass wir große, unerwartete Kräfte in uns selbst entdeckt haben, die uns einen Neubeginn ermöglichen und uns dankbar für die Lehre sein lassen, die diese Erfahrung uns vermittelt hat.

Wiedergeburt

Wiedergeburt bedeutet ein neues Leben in einem neuen Körper zu führen. Der Glaube an die Reinkarnation geht von einer Folge von Erdenleben aus und steht in direktem Zusammenhang mit dem GESETZ VON URSACHE UND WIRKUNG (KARMA), welches auf dem Prinzip göttlicher Gerechtigkeit beruht. Sie gibt den Menschen Gelegenheit dazu, ERFAHRUNGEN zu machen, die sie in früheren Leben nicht akzeptieren oder aus Angst oder Schuldgefühlen nicht leben konnten. Solange wir unbefriedigte, unbewusste Wünsche oder Bedauern jeglicher Art hegen, werden wir wiedergeboren, um sie zum Ausdruck zu bringen und zu AKZEPTIEREN.

In gewissem Sinne ist die Reinkarnation eine stoffliche WIEDERAUFERSTEHUNG. Menschen, die nur an die Auferstehung im HIMMEL für ein letztes Gericht glauben, können den Gedanken an mehrer Erdenleben und die Vorstellung, dass unsere SEELE zwischen zwei Leben in der ASTRALWELT (Himmel) verweilt, oft nur schwer akzeptieren. Gewissermaßen haben jedoch beide Versionen ihre Gültigkeit. Die Seele hat nur ein einziges Leben, wenn sie auch Hunderte oder sogar Tausende irdische Existenzen durchläuft, bevor sie sich endlich wieder mit dem Licht vereint und mit dem reinen GEIST VERSCHMILZT. Haben alle Seelen eines Tages diesen Zustand erreicht, gibt es keine Wiedergeburten mehr, und unser Planet erlangt eine neue Evolutionsebene, die von all diesen Seelen beeinflusst wird.

Es gibt auch eine Reinkarnationstheorie, nach der wir all unsere vergangenen, gegenwärtigen und künftigen Erdenleben zugleich leben, so als ob wir mehrere Filme zugleich ansähen. Unser menschlicher Verstand kann diese Vorstellung nur schwer erfassen, da sie dem Bereich des ABSOLUTEN angehört. Es ist wichtig, an etwas zu glauben, auch wenn es nur dazu da ist in Frieden und nicht in Angst zu leben.

Viele Menschen haben noch Angst vor dem Tod, weil sie meinen, für SÜNDEN, die sie sich nie vergeben haben, in die Hölle zu kommen. Einige RELIGIONEN glauben an einen GOTT, der uns noch zu unseren Lebzeiten oder nach unserem Tode für unsere schlechten Taten bestraft. Solche ÜBERZEUGUNGEN können nur Stress und ANGST verursachen. Glauben wir hingegen an ein ewiges Leben und den Umstand, in mehreren Erdenleben aus unseren so genannten Sünden lernen zu können, so nimmt uns dies auch die Angst vor dem TOD. Durch unsere Wiedergeburten lernen wir die göttliche GERECHTIGKEIT kennen, da uns das Leben sonst ungerecht erscheinen, wenn wir das Glück der einen mit dem harten Los anderer vergleichen. Wir lernen die Bedeutung des VERANTWORTUNGSBEWUSSTSEINS kennen und unser Leben selbst in die Hand zu nehmen. Jedes neue Erdenleben bringt uns unserem EXISTENZGRUND, unserem inneren Gott näher.

Willenskraft

Geistige Haltung oder Handlung mit einer bestimmten ABSICHT. Aktionen zur Erfüllung eines WUNSCHES setzen. Die Worte „*Ich will*" entsprechen dem Hals-Chakra und setzen Energie zur VERWIRKLICHUNG frei, während die Energie der Wünsche dem Solarplexus-Chakra entspricht. Willenskraft ist nicht angeboren, sondern muss erlernt werden. Kinder setzen alle möglichen Mittel ein, um ihren Willen durchzusetzen. Werden sie dafür bestraft oder entmutigt, wird es ihnen schwer fallen, ihre Willenskraft zu entwickeln. Hierin liegt auch der Ursprung willensstarker oder -schwacher Persönlichkeiten.

Es heißt, ein fester Wille sei bereits der erste Schritt zur Verwirklichung. Doch gibt es Bereiche und Umstände, in denen es uns leichter fällt, unserem Willen Nachdruck zu verleihen. **Erfolgswille und Motivation bedingen einander.** Es kommt vor, dass ein einschneidendes Ereignis unseres Lebens plötzlich den unumstößlichen Willen in uns erzeugt, große Veränderungen in die Wege zu leiten. Stellen wir uns einen Mann vor, der erfährt, dass er große Gefahr läuft, an Lungenkrebs zu erkranken, wenn er nicht sofort zu rauchen aufhört. Obwohl er dies schon mehrmals vergeblich versucht hatte, gelingt es ihm nun fast mühelos, da sein BEWEGGRUND der Wunsch zu leben ist.

Wir sollten uns jedoch versichern, dass unsere Willensakte von EIGENLIEBE und nicht von ÄNGSTEN motiviert sind. Beruht unser Handeln auf Angst, so wird eher jene sich verwirklichen, auch wenn wir meinen, ihr entgegen zu wirken. Hört der Mann unseres Beispiels also aus Angst vor der Krankheit auf zu rauchen, so konzentriert er seine Energie auf die Krankheit und fördert sie dadurch. So funktioniert unser UNTERBEWUSSTSEIN. Er sollte sich vielmehr auf seinen Lebenswillen konzentrieren und sich ein Leben in Freude und Harmonie in allen Details vorstellen.

Wir wissen alle aus eigener Erfahrung, dass es nicht genügt zu sagen: „Gut, ab sofort entscheide ich mich dazu, willensstark zu sein und durchzuhalten." Manchen mag dies gelingen, doch werden viele bei den ersten größeren Hindernissen aufgeben oder sich beeinflussen lassen, obwohl sie sehr motiviert sind, konkrete Wünsche und Ziele in die Tat umzusetzen. Nur allzu oft beeinträchtigen unsere Sinne oder Ängste unsere Wünsche. So scheitern die besten VORSÄTZE, zu rauchen, zu trinken oder übermäßig zu essen aufzuhören, ebenso wie der Wille, nicht mehr eifersüchtig oder ungeduldig sein zu wollen.

Bist Du nicht bereits sterbenskrank und willst Deine Willenskraft stärken, um ein Ziel zu erreichen, das Dir ganz besonders am Herzen liegt, so solltest Du zuerst nach der Motivation suchen, die Deinem Wesen entspricht, und nicht nur dazu da ist, die Bewunderung Deiner Mitmenschen durch bestimmte Leistungen oder äußeren Schein zu erheischen. Lasse diese Beweggründe zu Deinem ZIEL werden und stelle Dir drei Schlüsselfragen des SEINS: Wie kann jeder einzelne dieser Gründe zu einem erfüllteren Leben beitragen? Was kannst Du *sein*, wenn Du Dein Ziel erreichst? Wirst Du glücklicher sein, wenn Du Dir diesen Wunsch erfüllst? Dann solltest Du die nötige SELBSTDISZIPLIN an den Tag legen, um täglich kleine AKTIONEN zu SETZEN, die Deinen festen Willen beweisen. Du wirst erstaunt und stolz feststellen, dass Deine Bemühungen immer größere und bedeutendere Ziele verwirklichen.

Doch solltest Du Dir auch das Recht zugestehen, manchmal willensschwach zu sein und zu AKZEPTIEREN, manchmal gegen Deine Selbstdisziplin zu verstoßen. Wird die Ausnahme jedoch zur Regel, solltest Du Dich in ehrlicher EINSCHAU fragen, ob Du dieses Ziel wirklich willst oder ob es vielleicht nur auf bestimmten Ängsten beruht. Da Willenskraft erlernt werden muss, solltest Du Dir angewöhnen, nicht die Begebenheiten zu unterstreichen, in denen sie Dir fehlte, sondern Dich vielmehr auf die Momente konzentrieren, in denen Du bewiesen hast, dass Du ihrer durchaus fähig bist. So wird sie von Jahr zu Jahr stärker und Du wirst Dich immer besser BEHAUPTEN können.

Wirklichkeit

Siehe IDEAL.

Wissen

Alle im täglichen Kontakt mit der Wirklichkeit erworbenen Kenntnisse. Wirkliches „Wissen" ist jedoch wesentlich tiefer als bloße „Kenntnisse". Während Letztere sich vor allem auf die Verstandesebene beziehen, umfasst Ersteres auch die spirituelle Ebene. Diese beiden Vorstellungen werden seit dem sokratischen „Ich weiß, dass ich nichts weiß!" voneinander unterschieden. Sogar Descartes ging davon aus, dass das Wissen nur über den methodischen Zweifel unserer KENNTNISSE möglich sei.

Mit anderen Worten: Unsere ÜBERZEUGUNGEN hindern uns am wahren Wissen. Der Zugang wird uns erst möglich, wenn wir unser ICH überkommen, welches all diese Überzeugungen bedingt und umgekehrt auch auf ihnen beruht. **Wissen heißt verstehen, wenn auch nicht unbedingt mit dem** VERSTAND. Unsere INTUITION ist uns dabei eine wertvolle Hilfe.

Wohlstand

Segen, Erfolg, günstige Lebensbedingungen. **Aus spiritueller Sicht entspricht Wohlstand der inneren Überzeugung, dass das Universum unseren Bedürfnisse immer und überall gerecht wird. Wohlstand ist der Spiegel unseres Vertrauens in unsere eigene Schaffenskraft.** Solche Menschen leben nicht unbedingt im ÜBERFLUSS, was bedeutet, mehr zu besitzen, als sie brauchen. Sie machen sich keine unnötigen Sorgen um die

Zukunft. Gehen sie große finanzielle Risiken ein, so bedrückt sie die Möglichkeit großer Verluste keineswegs. Sie identifizieren sich nicht mit ihrem Besitz, sondern vielmehr mit ihrer Fähigkeit, ihren BEDÜRFNISSEN entsprechen zu können. Sie wissen, dass sie über alle Fähigkeiten verfügen, eventuelle Krisen zu überwinden. Sie vertrauen ihrer INTUITION, sind zuversichtlich und lassen sich nur selten beeinflussen.

Deshalb können REICHE Menschen trotzdem ARM sein, wenn sie diese Lebenshaltung nicht integriert haben, sich ständig Sorgen um ihren Besitz machen oder Angst vor möglichen Entbehrungen haben. Sie leben im inneren Zustand des MANGELS, Synonym der Armut und Gegenteil des Wohlstands. Ein Mensch, der sich nicht vor Mangel fürchtet, kann sich reich fühlen und diesen Wohlstand genießen, ohne im materiellen Überfluss zu leben, wenn er auch über alles verfügt, diesen Überfluss wahr werden zu lassen.

Unsere unbeschränkte Schaffenskraft ermöglicht uns, unsere meisten WÜNSCHE wahr werden zu lassen. Die Lebenshaltung des Wohlstands erlangen wir, indem wir denken, sagen und fühlen, dass wir reich und glücklich sind und jedwede Furcht vor Verlust oder Mangel aus unserem Bewusstsein bannen. Das gilt auch für die Annahme, wir seien dafür geschaffen, arm zu sein.

Konzentriere Dich auf Deine Wünsche und setze all Deine FÄHIGKEITEN, TALENTE, KREATIVITÄT und inneren Ressourcen dazu ein sie zu erfüllen und Deinen GLAUBEN, Deine ZUVERSICHT und Dein SELBSTVERTRAUEN zu stärken. Freue Dich, wenn Du anderen GIBST oder etwas von anderen bekommst. Es steht Dir zu. Überprüfe, ob alles, was Du besitzt, Dir auch von NUTZEN ist. Wenn nicht, dann gib es her. Unnützes Zeug aufzuheben, ist ein Zeichen von Angst. Und genau diese Angst ist es, die Dich am Wohlstand hindert. Umgib Dich mit Menschen, die inneren Reichtum ausstrahlen und deren Haltung Dich inspiriert. Du kannst Dir auch folgenden Satz vorsagen: „Ich glaube an mich und den großen göttlichen Reichtum, der durch mein ganzes Wesen fließt und mich umgibt. Ich kann daraus immer und überall alles schöpfen, was ich zum Leben brauche." Im Wohlstand zu leben bedeutet, FRIEDEN und innere SICHERHEIT zu empfinden.

Wollen

Siehe WILLENSKRAFT, WÜNSCHE und BEDÜRFNISSE.

Wort, Macht der Worte

Die Fähigkeit, sich durch Sprache auszudrücken, ist dem Menschen vorbehalten. Er bedient sich ihrer, um Gedanken oder Gefühle mitzuteilen. Die Macht des Wortes ist Teil der menschlichen Schaffenskraft.

Sagen wir z. B.: „Ich bin immer so müde. Ich werde nie all, das schaffen, was ich heute erledigen wollte," so verleihen wir unseren Befürchtungen dadurch zusätzliche Kraft. So sehr wir uns auch wünschen, unser Pensum zu erledigen, so untergräbt allein schon unser Zweifel unsere Pläne. Er ist unschwer aus unseren Worten herauszuhören. Da wir jedoch unsere Überzeugungen in der stofflichen Welt verwirklichen, provozieren wir durch solche Gedanken unweigerlich Müdigkeit und Unfähigkeit.

Wir sollten unseren Worten immer ein ganz besonderes Augenmerk beimessen, da sie ein bestimmtes Bild in unserem Inneren schaffen. Unser UNTERBEWUSSTSEIN versteht nur Bilder und setzt sofort alles in Bewegung, um die Botschaft in die Tat umzusetzen. Anstatt zu sagen: „Ich habe es satt, immer krank zu sein!" sollten wir z. B. sagen: „Ich möchte ab sofort in einem gesunden Körper leben." So setzen wir die Kraft der Worte zu unserem Nutzen ein.

Da Worten also große schöpferische Kraft innewohnt, sollten wir uns ihrer bedienen, um unser und das Leben unserer Mitmenschen zu verbessern. Jede schädliche Verwendung der Sprache ist unnötige Energieverschwendung. Diese Erkenntnis wird uns zum Essentiellen bringen.

Wunden der Seele

Siehe SEELENWUNDEN.

Wunder

Wunder sind Phänomene, die auf einen göttlichen Eingriff zurückgeführt werden; überraschende Ereignisse, die sich gegen jede Erwartung zutragen. Eine andere Interpretation versteht Wunder als unübliche Begebenheit, die die Menschen sich nicht erklären können. So können wir auch natürliche Prozesse wie z. B. Heilungen von schweren Krankheiten als Wunder bezeichnen, wenn sie plötzlich statt im Lauf mehrerer Jahre geschehen.

Warum geschehen nur bestimmten Menschen Wunder? Dafür gibt es ebenso viele Gründe wie Menschen und Überzeugungen. So kann eine Person mit einer als unheilbar geltenden Krankheit sich z. B. völlig bewusst sein, dass dies lediglich bedeutet, dass sie nur für die ihr angebotene MEDIZIN „unheilbar" ist. Da sie also nicht mehr auf Hilfe von außen zählen kann, kommt sie nicht mehr umhin, sich als letzte Ressource an ihren INNEREN GOTT zu wenden. Oft bedarf es aber gerade dieses Kontaktes mit unserer inneren MACHT, um den Heilprozess in Gang zu setzen.

Wunder werden in den verschiedensten Bereichen bewirkt, wenn ihnen eine unumstößliche Gewissheit zugrunde liegt. Der Wunsch zu leben rechtfertigt sich jedoch nicht durch die Angst vor dem Tod. Wenn keinerlei ZWEIFEL mehr bestehen, kann der GLAUBEN Berge versetzen.

Jeder Mensch, nicht nur ein MEISTER wie Jesus, kann Wunder vollbringen. Das erfahren wir auch immer mehr aus den Medien. Haben wir unser Bewusstsein erst einmal erweitert, wird das Wort „Wunder" gänzlich aus unserem Wortschatz verschwinden, da wir erkennen, dass es sich um eine natürliche Offenbarung des Menschen handelt.

Wünsche

Etwas zur eigenen Freude begehren oder anstreben, den Besitz oder die Verwirklichung einer Sache ersehnen. Wünsche sind Energien unseres EMOTIONSLEIBES. Sobald sich ein Wunsch in unserem Inneren formt, entsteht im Unsichtbaren auch alles, was es zu seiner Verwirklichung bedarf. **Es liegt an uns, Kontakt mit diesen Mitteln aufzunehmen und darauf zu vertrauen, dass sie bereits existieren.** Unsere Wünsche stehen auch in engem Zusammenhang mit unserem INNEREN KIND, das genau weiß, was es will und braucht. Wünschen ist menschlich. Menschen, die all ihre Wünsche im Keim ersticken, da sie meinen vernünftig oder „spirituell" sein zu müssen oder sie nicht zu verdienen, ersticken auch ihr inneres Kind und verschließen sich so der Energie der Sehnsucht und des Überflusses.

Während Wünsche der STOFFLICHEN WELT und somit dem **Haben** und **Tun** angehören, entspricht die Ebene des SEINS unseren BEDÜRFNISSEN. Werden Wünsche wahr, so hilft uns das, den Kontakt mit der großen Schaffenskraft unserer göttlichen Energie herzustellen. Im Idealfall beruhen unsere Wünsche auf unseren Bedürfnissen der Ebene des Seins, d. h. sie helfen uns, glücklicher zu sein, uns mehr zu schätzen, unsere Lebensfreude, Talente oder Kreativität zu entwickeln.

Leider basieren viele unserer Wünsche auf ÄNGSTEN. Anstatt sie in die Tat umzusetzen, nähren wir nur unsere Ängste und lassen jene wahr werden. Hier ein paar Beispiele:

Viele wollen Geld verdienen, weil sie **fürchten, es könne eines Tages fehlen.** Da dieses Verlangen durch die Angst vor dem Mangel bedingt ist, lassen sie unzählige Gelegenheiten der Selbstentfaltung, wie z. B. Reisen, an sich vorübergehen. Sie mögen viel Geld horten, doch wird ihnen immer *fehlen*, was ihr Herz begehrt. Die Angst vor dem MANGEL wird sich eines Tages bewahrheiten: Entweder sie verlieren ihr Geld durch Fehlinvestitionen und Betrug oder es *fehlt* ihnen schlussendlich am Gold der Lebensfreude und dem Funken des Glücks.

Andere träumen von einer harmonischen Beziehung und suchen nach ihrem Idealpartner. Tun sie dies, weil sie **fürchten, eines Tages allein zu sein**, wird keine ihrer Beziehungen von Dauer sein. Die verschiedensten Gründe werden herhalten, um Trennungen zu rechtfertigen, nur um schließlich doch allein zu sein. Solche auf Angst begründeten Wünsche beruhen nicht auf existentiellen Bedürfnissen, sondern auf starken ÜBERZEUGUNGEN, die unser Handeln bestimmen. Leider sind jene meist völlig unbewusst.

Im ersten Fall meint die Person vielleicht Geld und Freunde seien nicht miteinander zu vereinbaren, im anderen Fall ist sie überzeugt davon, eine Partnerschaft raube jegliche Freiheit. **Gelingt es uns nicht, unsere Wünsche in die Tat umzusetzen, so sind unsere Ängste stärker und behalten die Oberhand.**

Jedes Mal, wenn unsere Wünsche also nicht wahr werden, sollten wir erkennen, dass wir an etwas glauben, das sie sabotiert. Denkst Du manchmal: „Das verdiene ich nicht. Das schaffe ich unmöglich. Das wäre zu schön, um wahr zu sein. Das ist nicht der richtige Moment. Das könnte diesen oder jenen stören…" Manche meinen, es sei ungerecht, zu viel oder mehr zu besitzen als ihre Nächsten, während andere davon überzeugt sind, Wünsche seien nicht mit ihrer Spiritualität vereinbar, wenn sie nach materiellen Gütern strebten. Doch besteht ein großer Unterschied zwischen einem HANG zu Dingen und Wünschen.

Wünsche sind lebensnotwendig und nähren unseren EMOTIONSLEIB. Sollen sie positive Auswirkungen haben, müssen sie den Bedürfnissen unseres Wesens entsprechen. Wir sollten uns also durchaus etwas Zeit nehmen und fragen: „Was ersehne ich zutiefst in meinem Leben? Was würde mein Herz mit Glück und Lebensfreude erfüllen? **Was könnte ich durch die Erfüllung dieses Wunsches sein oder werden?** Was würde ich mir in diesem Augenblick wünschen, wenn ich alles haben oder tun könnte, was ich will, und mir sicher wäre, niemanden dadurch in Mitleidenschaft zu ziehen, mich nicht dafür schuldig zu fühlen oder Angst zu haben, von anderen dafür verurteilt zu werden?" Vergessen wir nicht, dass Wünsche wichtig sind, um die Bedürfnisse unseres Wesens zum Ausdruck zu bringen. Dennoch hilft das Wünschen allein nicht viel. Erst die Kombination mit Willenskraft und Entscheidung lassen uns die nötigen AKTIONEN SETZEN.

Wunschtraum

Imaginäres Gebilde, das uns der Realität entführen soll, indem es unerfüllbare Wünsche anstrebt. Im Gegensatz zu wirklichen WÜNSCHEN halten wir Wunschträume für unmöglich. Wir können zwar viel davon reden, unternehmen aber nicht das Geringste, um sie wahr werden zu lassen.

Dennoch gibt es zahlreiche Beispiele von Menschen, die ihre scheinbar verrückten Träume erfüllt haben, indem sie viele AKTIONEN mit Mut, Durchhaltevermögen, positiver Lebenshaltung und Disziplin GESETZT haben. Jede auch noch so kleine Errungenschaft begann mit einem Traum, der sich schließlich zum brennenden Wunsch entwickelte, etwas in unseren Augen Bedeutendes zu vollbringen

Nähren wir einen Traum durch unseren Glauben, lassen ihn zu einem ZIEL werden und sind bereit Anstrengungen und Energie zu investieren, so kann er wahr werden. Diese Energie findet sich in den vier Sphären der VERWIRKLICHUNG.

Wut

Dieser vorübergehende Gemütszustand wird oft durch das Gefühl bedingt, angegriffen oder beleidigt worden zu sein. Die Wut ist also eine Frucht einer oder mehrerer angehäufter FRUSTRATIONEN.

Manchmal bricht Zorn aus, manchmal wird er verdrängt. Er existiert aber dennoch und hinterlässt tiefe Spuren in unserem Inneren. Während leidenschaftliche Menschen zur Veräußerungen solcher Gefühle neigen, können andere einen ruhigen Eindruck vermitteln, obwohl viel verdrängte Wut in ihnen steckt. Sie ersticken ihren Zorn, da sie keine Probleme haben wollen. Sie gestehen sich nicht das Recht zu negativen Gefühlen zu und TÄUSCHEN lieber VOR, glücklich zu sein als zuzugeben, dass ihr Herz leidet.

Wird Wut *ohne* VORWÜRFE zum Ausdruck gebracht, so kann dies viel unnötigen Stress abbauen. Außerdem werden wir uns unserer Grenzen und Bedürfnisse bewusst und erkennen, was wir wirklich wollen. Manchmal wird das auch als die *heilige Wut* bezeichnet. Es ist jedoch wichtig, dass ein solch plötzlicher Wutausbruch ebenso schnell verraucht, wie er gekommen ist, und dass wir nicht mehr dadurch zerstören als wir eigentlich berichtigen wollten. Schließlich überwinden wir unsere Emotionen, indem wir LOSLASSEN.

Wir alle sind manchmal wütend, ob wir dies nun zum Ausdruck bringen oder nicht. In jedem Fall ist es sinnvoller, solche Gefühle auszudrücken, als sie herunterzuschlucken – auch wenn dies manchmal mit Aggressionen verbunden ist. Verdrängte Gefühle ziehen auf Dauer schmerzhafte und schwere Krankheiten nach sich. Außerdem können solche Menschen gefährlich werden, wenn sie plötzlich die Kontrolle über sich selbst verlieren und ihr innerer Staudamm ganz unerwartet bricht. Dazu gehören vor allem PERFEKTIONISTEN, für die solche Gefühle Zeichen der Schwäche und Unvollendentheit sind. Andererseits sind aber gerade sie besonderen Frustrationen ausgesetzt, da nur selten alles so perfekt abläuft, wie sie es gerne hätten. Die Wut, die sie dabei empfinden, wird jedoch nur verdrängt.

Menschen, die oft wütend werden, sollten dies zum Anlass nehmen, sich in diesen Situationen ganz genau zu beobachten. Anderen die Schuld zuzuschieben oder sie anzuklagen, ist jedoch keine Lösung. Sie sollten versuchen, die wahren Ursachen ihres Zorns zu erkunden, sich das Recht zu solchen Gefühlen zugestehen, um dadurch mehr über ihre wahren BEDÜRFNISSE zu erfahren.

Wut ist menschlich. Sie ist lediglich ein Zeichen dafür, dass unsere Reaktionen auf bestimmte Ereignisse von unseren ungeheilten WUNDEN beeinflusst werden. Im Endeffekt richtet sich jeder Zorn gegen uns selbst, auch wenn wir meinen, auf andere wütend zu sein. Hier ein Beispiel: Eine Frau bittet einen Freund ihr bei einer bestimmten Arbeit zu helfen. Jener antwortet, sein Möglichstes zu tun, um am folgenden Dienstag zu ihr zu kommen. Doch verstreicht der ganze Tag, ohne dass jener auftaucht oder sich meldet. Die Frau fühlt sich im Stich gelassen und ist wütend und frustriert. Zunächst ist sie zornig auf ihren Freund, doch bald macht sie sich Vorwürfe, ihr Anliegen nicht mit genügend Nachdruck klargemacht zu haben.

Oft ersetzt Wut eine Bitte. Das geschieht vor allem, wenn Menschen meinen, man könne (und müsse) ihnen jeden Wunsch von den Augen ablesen. „Es ist doch ganz offensichtlich, dass ich Hilfe brauche", sagen sie sich und werden wütend, wenn ihre Mitmenschen nicht die erhofften telepathischen Fähigkeiten an den Tag legen. Solchen Umständen liegt einzig und allein ein Mangel an KOMMUNIKATION und Klarheit zugrunde. So auch im vorherigen Beispiel: Gab es denn eine konkrete ZUSAGE? Hatte der Freund ihr denn versprochen, dass er in jedem Fall da sein oder sie anrufen würde, wenn er nicht kommen könnte? Hatte sie überhaupt gehört, dass er gesagt hatte, er würde „sein Möglichstes" tun? Aber auch wenn all dies der Fall gewesen wäre, so sollten wir eher versuchen, solche Umstände genauer zu hinterfragen. Vielleicht sind auch wir selbst nicht immer zuverlässig. Verurteilen wir uns in solchen Fällen ebenso streng wie andere? Vielleicht widerfährt uns diese Situation, um uns zu lehren mehr Mitgefühl mit uns selbst und mit unseren Nächsten aufzubringen.

Jedes Mal, wenn wir wütend werden, sind wir nicht mehr wir selbst. Wir haben uns von unserem Leid überkommen lassen, und gewisse Umstände haben diese alten Wunde wieder aufplatzen lassen.

Setzen wir uns bewusst mit unserem Zorn auseinander, so werden wir die große Macht erkennen, die er in sich birgt. Vielleicht haben wir bisher nie gelernt, diese Kraft in die richtigen Bahnen zu lenken und sie uns in Form anderer, konstruktiverer ENERGIEN oder Projekte zunutze zu machen.

Es ist völlig normal, dass gewisse Situationen und Erfahrungen in unserem Lernprozess uns wütend machen. Wir sollten sie analysieren, anstatt sie zu verdrängen oder zu verurteilen. Das gilt ganz besonders für Groll, den wir vielleicht gegen unsere ELTERN hegen. Wir haben ein Recht zu solchen Gefühlen und sollten uns dafür VERZEIHEN. So können wir diese Energie in positive und konstruktive Kräfte wandeln.

Hier ein paar Ratschläge, wenn Du fühlst, dass Du wütend wirst:

- **Atme** ein paar Mal tief durch. So wirst Du wieder ruhig und findest Deine INNERE MITTE, ohne Dich kontrollieren zu müssen.

- Ist der emotionelle Schock überstanden, solltest Du Dir das **Recht zugestehen**, diese Wut zu empfinden, und erkennen, dass sie Dir lediglich helfen will, bestimmte Aspekte Deines Wesens zu entdecken. Sei Dir selbst gegenüber ein wenig **nachsichtig** und sage Dir, dass alle Menschen solche Gefühle haben, da wir alle noch an uns zu arbeiten haben. Gestattest Du Dir, menschlich zu sein, lernst Du nicht nur Dir selbst, sondern auch Deinen Mitmenschen Mitgefühl entgegenzubringen.

- Handelt es sich um eine „**heilige Wut**", die weder Dich noch andere anklagt? Wenn ja, so solltest Du akzeptieren, dass Du durch sie Grenzen setzen und Deinen **Willen** zum Ausdruck bringen lernst.

- Frage Dich, welche **Wunde der Vergangenheit** hier wieder ans Tageslicht getreten ist, und gestehe Dir zu, dass sie noch immer schmerzt.

- Um Dir der wirklichen **Gründe** Deines Zorns bewusst zu werden, solltest Du beobachten, was Dich am meisten an der Situation **stört** und versuchen, Dich durch diesen Filter zu betrachten, wie dies im SPIEGELANSATZ beschrieben wird.

- Akzeptiere, dass Du nicht alles in Deinem Leben KONTROLLIEREN kannst, und LASS LOS.

- **Danke** schließlich dieser Wut für alles, was sie Dich hat entdecken lassen. Das gilt vor allem für die unbewussten und nicht akzeptierten Aspekte sowie die Erkenntnis der Dinge, die Du nun aus Deinem Leben bannen oder aber jetzt erfahren möchtest.

Zeit

Dauer oder Raum zwischen bestimmten Ereignissen, Handlungen oder Gedanken. Es ist schwer eine allgemein gültige Definition für die Zeit zu finden, da sie relativ ist und von Mensch zu Mensch anders wahrgenommen wird. In diesem Rahmen geht es uns vor allem um ihren energetischen Wert und ihren Einfluss auf unser Leben.

Gehen wir zunächst einmal zurück in unsere Kindheit. Ein Kind kümmert sich kaum um Zeit. Es lebt völlig in der GEGENWART und nimmt sich einfach die Zeit, das zu tun, was es will – wenn die Eltern es zulassen. Nur jene wiederholen ständig, es solle sich beeilen, seine Spielsachen aufzuräumen, sich zu waschen, anzuziehen, Zähne zu putzen, zu essen und zu sagen, was es sagen will. Ihm wird erklärt, dass es jetzt zu spät ist, dies oder jenes zu tun, oder dass Papa und Mama keine Zeit haben, mit ihm zu spielen. Über kurz oder lang muss es sich den Erfordernissen der Erwachsenen und deren randvollen Terminkalendern beugen. Es lernt, Zeit mit Zwang gleichzusetzen und meint, sie sei dazu da, uns daran zu hindern, die Dinge zu tun, die wir wollen.

Im Lauf der Jahre haben wir gelernt, die Zeit für Druck und STRESS verantwortlich zu machen, anstatt ein freies und erfülltes Leben mit ihr zu führen. Jetzt ist es aber „höchste Zeit" unsere Wahrnehmung und unser BEWUSSTSEIN der Zeit zu wandeln.

Wir haben begonnen, uns die Zeit „einzuteilen": Einen Teil für Arbeit, Studium oder Haushalt, einen anderen für Familie, Vergnügen, Spiel, Ruhe oder Freunde. Mit dem beginnenden WASSERMANN-ZEITALTER, der Ära der Spiritualität und der Individualität müssen wir jedoch lernen, die Zeit zu „einen", anstatt sie zu teilen. **Alles, absolut alles**, was wir tun, muss zum Ziel haben, unser Wesen, unser SEIN, unser „ICH BIN" zu verbessern, um glücklich zu werden. So werden all unsere Tätigkeiten plötzlich zur „Zeit für uns".

So ist die Zeit, die wir in unsere Arbeit investieren, nicht allein für Lohn und Sicherheit, sondern auch für unsere Persönlichkeitsentfaltung da. Unsere Arbeit kann zur Entwicklung unserer Seele beitragen, indem wir durch sie lernen, unsere TALENTE, KREATIVITÄT, zwischenmenschlichen Beziehungen, unser VERTRAUEN in uns und unsere Mitmenschen zu entfalten. Die Stunden werden interessanter und angenehmer, da wir erkennen, dass sie zu unserem eigenen Glück beitragen. Dieses Wohlbefinden wird sich außerdem positiv auf all unsere Kontakte auswirken, auf die unsere Energie ausstrahlt.

Helfen wir anderen z. B. ohne jegliche Erwartungen, so bereiten wir auch uns selbst Freude und profitieren auf diese Weise selbst von der verbrachten Zeit oder investierten Energie. Sogar, wenn wir durch diese Unterstützung lediglich SCHULDGEFÜHLE vermeiden wollen, so tun wir es doch für uns, indem wir uns die Illusion verschaffen, uns dadurch besser zu fühlen. Wir sollten also erkennen, dass alles, was wir tun, Zeit für uns selbst ist. Der Unterschied zu Leuten, die sich beschweren, nach Arbeit, Haushalt und Familie keine Zeit mehr für sich selbst zu haben, ist gravierend. Sie fühlen sich von den verschiedensten Ereignissen und Menschen gestresst. Eine solche Lebenshaltung nimmt ihnen jegliche LEBENSFREUDE und kann sie sogar KRANK machen.

Natürlich gibt es bestimmte Aufgaben, die wir wirklich nicht mögen. Doch stellen sie nur einen kleinen Teil unseres Tagesplans dar. Wir sollten den Großteil unserer Zeit mit Dingen verbringen, die uns Freude bereiten, unsere Lebensqualität und unser ganzes Wesen verbessern. Ist dies nicht Dein Fall, so solltest Du lernen, bestimmte Aufgaben auch an andere abzutreten oder Deine Beschäftigungen Deinen wahren BEDÜRFNISSEN und nicht Deinen vermeintlichen Pflichten anzupassen. Vielleicht bist Du auch zu PERFEKTIONISTISCH und versuchst alles bis ins kleinste Detail zu KONTROLLIEREN, damit die Dinge genau Deinen Wünschen entsprechen. Also tust Du es eigentlich für Dich selbst.

Um unsere Zeit besser einzuteilen und uns zu ORGANISIEREN, bedienen wir uns am besten eines Terminkalenders, um den Überblick zu wahren. Erstelle außerdem eine Liste aller Aufgaben und überlege Dir, inwiefern sie zu Deinem täglichen Wohlbefinden beitragen können. Nun liegt es an Dir zu entscheiden, welche Du weiterhin übernehmen, delegieren oder auf später verschieben willst, wenn sie Dir zu viel werden.

Vermittelst Du gerne den Eindruck sehr beschäftigt zu sein und Dir keine Ruhe zu gönnen, um recht wichtig zu SCHEINEN, so hast Du Dich selbst dazu entschieden und kannst es demnach auch selbst ändern. Was ist Dir wichtiger? Was die anderen von Dir halten und Dein Stress oder Deine RUHE und Freizeit? Was dem einen jedoch gut tun, kann für andere absolute Zeitverschwendung sein. Wir müssen also lernen, unsere PRIORITÄTEN nach unseren Interessen und Werten zu setzen.

Ganz gleich, ob Du nun viel arbeitest oder studierst, bummelst oder Deinen Hobbies frönst: Macht Dich Deine Beschäftigung glücklich und bereitet Dir keine Probleme in Arbeit oder Familie, so ist sie ideal für Dich, auch wenn andere Dich vielleicht für verrückt oder unausgeglichen halten. Erwachsen Dir aus Deinen Beschäftigungen jedoch Schwierigkeiten oder Stress, so solltest Du sie hinterfragen und Deine PRIORITÄTEN neu überdenken, indem Du Deine Zeit besser einteilst und den Dingen mehr Platz einräumst, die Dir besonders Freude bereiten. Machen andere Dir bezüglich Deiner Zeiteinteilung VORWÜRFE, so spiegeln sie lediglich Deine eigenen SCHULDGEFÜHLE wider. Gestehst Du Dir wirklich zu, Dein Leben zu arrangieren, wie es Dir gefällt, werden auch Deine Mitmenschen es zulassen.

Wir können uns unseres Umgangs mit der Zeit auch bewusster werden, indem wir unseren Sprachgebrauch etwas genauer unter die Lupe nehmen: „Ich hab jetzt keine Zeit", „das ist nur eine Frage der Zeit", „mir fehlt die Zeit", „Zeit gewinnen", „Zeit vergeuden", „Zeit ist Geld", „der Zeit hinterherlaufen". Und wenn wir das Wort *„Zeit"* durch *„Leben"* ersetzten? Plötzlich steht es schwarz auf weiß vor uns, was wir da tatsächlich sagen: „Ich verliere mein Leben", „mit dem Leben, werden die Dinge sich schon fügen", „ich verbringe mein Leben bei der Arbeit" oder „wir vertreiben uns das Leben" oder „schlagen es gar tot".

Z

Wir sollten jeden Tag BILANZ ziehen, was wir über uns gelernt und was uns glücklich gemacht hat. Wir sollten versuchen uns bewusst zu werden, wie sich unser Verständnis der Zeit nicht nur auf unsere Sprache, sondern vor allem auch auf unser Verhalten und unsere allgemeine Lebenshaltung auswirkt. Uns allen steht dieselbe Zeit zur Verfügung. Jede Minute, die in unserem Erdenleben verstreicht, ist ein wertvoller Schatz. Wir können unsere Zeit so verbringen, wie es uns gut und NÜTZLICH scheint. Alles was wir jetzt tun, bereitet das Morgen, unsere Zukunft vor.

Da jede Handlung, jeder Gedanke, jedes Wort Folgen nach sich zieht, sollten wir keine Zeit damit verschwenden, sie dazu einzusetzen uns oder anderen damit zu schaden. Und wenn wir unsere Zeit dazu verwendeten, das Gute und Schöne in uns und unserer Umwelt wahrzunehmen, STOLZ auf uns und dankbar für alles zu sein, was wir mit unserer Zeit anfangen können, anstatt unser Augenmerk immer auf die unerledigten Dinge zu richten. Leben wir in der GEGENWART, so MEISTERN wir auch die Zeit und können sie immer mehr dehnen. Weder Vergangenheit noch Zukunft sind wirklich relevant. Vergangenes kommt nicht wieder, und wenn die Zukunft eintritt, so ist sie bereits Gegenwart.

Ziel

Ziele sind konkrete, messbare, überprüfbare und erreichbare Bestrebungen. Sie betreffen also die Ebenen des *Habens* und des *Tuns*. Ziele im Bereich des *Seins* behandeln wir unter dem Stichwort EXISTENZGRUND.

Ziele sind sehr wichtig in unserem Leben. Ohne sie wird unsere Existenz uninteressant und langweilig. Das Leben wird zu einer öden Routine. Manche werden völlig lustlos. Ziele halten also nicht nur unsere WÜNSCHE, sondern auch unseren EMOTIONSLEIB am Leben. Die Mittel, die wir zu ihrer Verwirklichung einsetzen, sind von ebenso großer Bedeutung. Vorsätze und ihre Umsetzung in die Tat machen uns unsere wahren BEDÜRFNISSE bewusst und stellen den Kontakt zu unserem INNEREN GOTT her. So verhelfen wir unseren kreativen Seiten, sich endlich Ausdruck zu verschaffen. Folglich haben wir dank unserer Ziele nicht nur Gründe zu leben, sondern auch uns spirituell zu entwickeln und somit einem wichtigen Bedürfnis unseres Emotionsleibes zu entsprechen. Dadurch bringen wir täglich Glück und Freude in unser Leben, indem wir diesen Lebensfunken nähren.

Ziele sind also mehr als WÜNSCHE. Letztere werden erst dann zu wirklichen Zielen, wenn wir beginnen AKTIONEN ZU SETZEN. So kann der Wunsch einer Weltreise jahrelang ein bloßer Traum sein, ohne jemals ein Ziel zu werden. Erst wenn wir eine *Entscheidung* treffen und dementsprechend handeln, wie z. B. Reisedaten auszuwählen, konkrete Erkundungen bei Reisebüros einholen, Geld auf die Seite zu legen usw., wird der Traum zum Ziel. Erst jetzt wird seine Verwirklichung möglich, konkret und erreichbar.

Nur den wenigsten Menschen ist klar, dass der WUNSCHTRAUM sich erst im Augenblick, in dem er zum handfesten Ziel einer ELEMENTAREN GEDANKENFORM wird, alle zum Erreichen des Zieles notwendigen Voraussetzungen schafft. Scheue nicht

Z

davor zurück, mehrer Ziele gleichzeitig anzustreben, kleine und große, langfristige und kurzfristige. Ausschlaggebend ist vor allem das ihnen zugrunde liegende Streben, das uns am Morgen zur Tat drängt und unseren EMOTIONSLEIB nährt. Zweifelst Du an Deinen Entscheidungen und fürchtest ständig, falsche Zielvorstellungen zu haben, so solltest Du auch unter dem Stichwort ENTSCHEIDUNG nachlesen.

Nimm Dir ein paar Minuten Zeit und schreibe drei Wünsche auf ein Blatt Papier: einen kurzfristigen (im Zeitraum der nächsten Monate), einen mittelfristigen (in den nächsten zwei Jahren) und einen langfristigen. *Entschließe* Dich dazu, noch diese Woche Aktionen für diese drei Ziele zu setzen, um die notwendige Energie zu ihrer Verwirklichung in Bewegung zu setzen, die dem GESETZ DER VERWIRKLICHUNG folgt. Anstatt jedoch die Ergebnisse kontrollieren zu wollen, folgst Du dann nur den Schritten, die Dir Dein innerer Gott eingibt. Du kannst ihnen vertrauen. Jedes kleine verwirklichte Ziel führt uns zu einem neuen Wunsch, einem neuen Ziel und lässt uns immer deutlicher erkennen, über welche außerordentliche Schaffenskraft wir verfügen. Zugleich lernen wir uns selbst immer besser kennen und üben den Kontakt zu unserem inneren Gott. Dies ist auch der wichtigste Grund dafür, unsere Ziele zu verfolgen.

Niemand ist dazu verpflichtet, seine Ziele zu erreichen. Lieber ein großes Ziel knapp verfehlen, als ein paar winzige erreichen. Auch wenn Du ein Ziel verfehlst, ist es keine „verlorene Liebesmüh'". Du hast neue Erfahrungen gemacht, die Dir auf Deinem künftigen Lebensweg helfen werden. Vielleicht ist ein vermeintlicher Fehlschlag auch nur ein Zeichen dafür, dass Du Deine Grenzen respektiert hast.

Oft wandeln sich unsere Interessen und somit auch unsere Ziele. Das ist kein Problem, solange wir welche haben. Der Mensch entwickelt sich wesentlich mehr auf dem Weg zu seinen Zielen, als wenn diese erreicht sind. Dieser Weg erfordert Willenskraft, Mut, Zielstrebigkeit, Ausdauer, Risikobereitschaft, SELBSTDISZIPLIN und nicht zuletzt auch die Fähigkeit LOSZULASSEN, d. h. dem Universum zu vertrauen. All das bedeutet nichts anderes als unseren Rhythmus beizubehalten, ohne uns dabei zu übernehmen, alles kontrollieren zu wollen oder zu streng mit uns zu sein. Schließlich verdienen wir ja auch einmal eine Belohnung!

Zorn

Siehe RACHSUCHT und WUT.

Zufall

Siehe GLÜCK.

Zufriedenheit

Freude an der Befriedigung und Erfüllung unserer WÜNSCHE und ERWARTUNGEN. Wir sind zufrieden, wenn wir etwas geleistet haben, worauf wir stolz sind oder was uns glücklich macht. **Aus spiritueller Sicht bedeutet Zufriedenheit das Glück, zu sein und zu leben, was „ICH BIN".** So schätzen wir, was das Leben uns bringt, anstatt uns ständig

Z

darüber zu beklagen, was uns noch fehlt. Das soll nicht heißen, dass zufriedene Menschen keine WÜNSCHE mehr haben oder nach keinen Verbesserungen an sich selbst oder ihrem Leben mehr streben. Da sie jedoch glücklich und zufrieden in der GEGENWART sind, sind sie jederzeit offen und bereit, die Geschenke des Lebens zu EMPFANGEN.

Nehmen wir das Beispiel unserer Wohnung: Wir können uns dort wohl fühlen und angenehme Stunden verbringen und trotzdem Verbesserungswünsche und -pläne haben oder nach einem geräumigeren bequemeren Appartement oder Haus suchen. Natürlich können wir uns ebenso sagen: „Meine Wohnung genügt mir, und ich bleibe den Rest meines Lebens hier." Der Wunsch nach Verbesserung wird nicht negativ bedingt, d. h., weil unsere gegenwärtigen Verhältnisse uns STÖREN. Er wird auf der Grundlage eines erfüllten Lebens im Augenblick genährt und geplant. Wir SETZEN ZUVERSICHTLICH all die AKTIONEN, die wir für nötig halten, und sind zugleich überzeugt davon, dass das Universum alles zur Verfügung stellt, was wir brauchen. So verlieren wir nicht die Geduld und machen uns keine unnötigen Sorgen.

Es gibt aber auch Menschen, die trotz günstiger Ereignisse und der Erfüllung zahlreicher Wünsche ständig mit ihrem Schicksal hadern. Es gibt immer ein Detail über das sie nörgeln können. Sie erleben zahlreiche FRUSTRATIONEN und EMOTIONEN aufgrund ihrer übergroßen ERWARTUNGEN. Im Grunde fehlt es ihnen jedoch an EIGENLIEBE, SELBSTVERTRAUEN und BEWUSSTSEIN. Solche Menschen können nirgends glücklich sein, da sie in ihrer Umwelt suchen, was ihrem Inneren fehlt. Sie sind mit sich selbst unzufrieden und fühlen sich nicht wohl in ihrer Haut. Oft leiden sie an der SEELENWUNDE der UNGERECHTIGKEIT und sind nicht in der Lage, ihre zahlreichen positiven Aspekte anzuerkennen und sich selbst zu AKZEPTIEREN. Sie müssen lernen, alle Ebenen des Lebens zuversichtlicher, empfänglicher und mit mehr Liebe anzugehen. Oft genügt es, die zahlreichen schönen und positiven Dinge zu erkennen, die uns täglich widerfahren.

Zuhören

Anderen unsere Aufmerksamkeit schenken und ihre Äußerungen berücksichtigen. Zuhören ist ein Akt, eine Haltung, die mehr ist, als etwas mit den Ohren zu vernehmen. Hören wir anderen zu, so *sind* wir ganz bewusst bei ihnen, beobachten, was in ihnen vorgeht, ihre Gesten, Blicke, Betonungen usw. Wir versuchen zu verstehen, was sie ausdrücken wollen – auch zwischen den Zeilen. Oft sind Gefühle wie Verzweiflung, Freude, Angst oder Liebe nicht in den Worten, sondern nur aus einer Haltung zu erkennen. Dazu bedarf es keines Urteils, keiner intellektuellen Analyse, sondern vor allem Objektivität, MITGEFÜHL und des Bedürfnisses, anderen etwas von unserer Zeit schenken zu wollen.

Zuhören heißt auch, den anderen ausreden zu lassen, ohne ihn zu unterbrechen, nicht schon im Geiste an unsere Antwort zu denken, während der andere noch spricht. Manchmal bedarf es auch einer Rückfrage, um uns zu versichern, richtig verstanden zu haben und keine voreiligen Schlüsse zu ziehen. Dennoch ist es wichtig, unsere GRENZEN zu kennen und zu respektieren. Auch wenn wir gute Zuhörer sind, haben wir vielleicht nicht immer Zeit und Lust dazu. Das gilt auch umgekehrt: Andere müssen uns nicht unbedingt zuhören, wenn wir es möchten. Wir sollten uns vorher versichern, dass sie es wirklich wollen.

Schenken wir unseren Mitmenschen ein offenes Ohr ohne jegliche ERWARTUNGEN, so wird man auch uns zuhören. Personen, die sich schwer tun, anderen zuzuhören, missachten meist auch ihre eigenen BEDÜRFNISSE. Umgekehrt sind Menschen, die auf ihre Bedürfnisse hören, auch gute Zuhörer. Um unser Inneres aufmerksam wahrnehmen zu können, müssen wir vor allem in der GEGENWART leben. Nimm Dir öfters Zeit zu beobachten, was in und um Dich vorgeht. Was wünscht sich Dein Herz? Höre auf Dein INNERES KIND, auf die Botschaften Deines Körpers und die innere Stimme Deiner INTUITION, die Dir wertvolle Aufschlüsse über Deine wahren Bedürfnisse liefern können.

Zuneigung

Zärtliche Sympathie und Wertschätzung für einen anderen Menschen. Sie entsteht meist, wenn wir bemerken, dass unsere Beziehung zu einem bestimmten Menschen unseres wie sein Leben beeinflusst. Die Zuneigung ist ein lebenswichtiges, menschliches Bedürfnis. Deshalb setzen viele Menschen auch so viel daran, die Aufmerksamkeit anderer zu gewinnen. Sie machen Geschenke und helfen anderen, auch wenn ihnen eigentlich gar nicht danach ist. All diese Pirouetten dienen einzig und allein dem Ziel, so viel Zuneigung wir möglich zu bekommen und sich geliebt zu fühlen.

Menschen, die an Liebesmangel leiden, haben das Gefühl, andere nicht berühren zu können und erkennen auch nicht, wenn andere sich ihnen zuwenden. Im Grunde mögen sie sich selbst nicht, weshalb Sie diese Liebe auch so verkrampft in ihrer Umwelt suchen.

Wie können wir Liebe GEBEN und EMPFANGEN, um dieses Bedürfnis zu befriedigen? Eine Grundregel dürfen wir nie aus den Augen verlieren: Je mehr Liebesenergie wir ohne jegliche Erwartung verteilen, desto mehr wird auch zu uns zurückfließen. Dafür genügt es, positive Gefühle zu entwickeln, zu fühlen, was um uns vorgeht und unser Herz zu öffnen. Wir müssen lernen, zuzuhören und unser Mitgefühl, unsere Nachsicht, Toleranz und Nächstenliebe zu entwickeln.

Zuneigung kann auch durch ein ermutigendes Wort, einen wohlwollenden Blick, eine Trost spendende Postkarte, eine einfache Blume, ein kleines Wort der Liebe oder eine zärtliche Geste zum Ausdruck kommen. Wir erkennen und ermutigen die Vorzüge und Talente eines jeden und ACHTEN dessen Lebensweise. All diese Zeichen und Gesten der Liebe, die uns nichts kosten, finden ihren Widerhall in unserem eigenen Leben – und das umso mehr, wenn sie ohne jegliche Erwartungen geschehen. All dies ist umso wirksamer, wenn wir uns zunächst uns selbst zuwenden und unseren eigenen Bedürfnissen gerecht werden. Danach ist es wesentlich leichter, anderen positive Gefühle spontan und natürlich zuteil werden zu lassen. Bist Du zurzeit mit Deinem Gefühlsleben zufrieden? Nein? Dann lerne zuerst Liebe säen, bevor Du ernten willst!

Z

Zurückweisung

Jemanden ausgliedern, verstoßen, ablehnen oder abweisen. Die Zurückweisung ist eine tiefe Wunde der Seele, die vor allem auf mangelndem Selbstwertgefühl beruht. Menschen, die sich zurückgewiesen fühlen, gestehen sich oft kein Existenzrecht zu, da ihr Wesen zutiefst verletzt ist. Sie halten sich für minderwertig und lehnen sich unbewusst selbst dafür ab, um schließlich auch von anderen abgewiesen zu werden. Sie verkennen sich selbst und haben die Verbindung zu dem besonderen Wesen, das in ihnen steckt, verloren. Sie sind nicht in der Lage, ihren wahren Wert zu schätzen, weshalb ihr Verhalten darauf abzielt, von ihren Mitmenschen geliebt zu werden. Eine solche Haltung hat jedoch nichts mit wahrer Liebe zu tun, die wir uns selbst zuteil werden lassen müssen und nicht von anderen bekommen können.

Die Problematik der Zurückweisung ist bereits bei unserer Geburt vorhanden und ist die tiefste der fünf Seelenwunden, da sie das lebenswichtige „Ich bin" in Frage stellt. Schon im frühesten Lebensalter können wir erkennen, welche Seelen wiedergeboren wurde, um diese Problematik zu lösen. Solche Kinder sind in der Regel kleiner als der Durchschnitt und sind recht unscheinbar, um nicht bemerkt zu werden. Sie wollen niemanden stören und sind große Tagträumer, d. h. sie verbringen mehr Zeit in der Astralwelt, als in der stofflichen Welt.

Die Wunde der Zurückweisung wir vom Elternteil desselben Geschlechts aktiviert. Während das heranwachsende Kind nun alles daran setzt, von jenem geliebt zu werden, erzielt es genau das Gegenteil, und wird abgelehnt – nicht zuletzt auch, weil es aus Angst vor dieser Zurückweisung ungeschickt sind. Stellen wir uns eine Frau vor, die von einem Kreis anderer Frauen akzeptiert und integriert werden will. Sie mischt sich ins Gespräch ein und erzählt stolz, zu rauchen aufgehört zu haben. Einige im Kreis legen diese Haltung als Überheblichkeit aus und übermitteln anderen diese Meinung durch Blicke oder spitze Bemerkungen, die die Selbstherrlichkeit der Frau aufs Korn nehmen. Jene fühlt sich sofort abgewiesen und ausgeschlossen, ohne überhaupt zu verstehen weshalb. Sie kontert diese Haltung, indem sie sich aus der Gruppe zurückzieht, um jene nun ihrerseits abzuweisen. Wir nennen das das „Syndrom der Zurückweisung".

Andere könnten eine ähnliche Erfahrung machen, ohne sich deshalb ausgeschlossen zu fühlen. Das hängt ganz von der jeweiligen Seelenwunde und den Erfahrungen ab, die jeder zu machen hat. Menschen mit der Wunde der Zurückweisung gelten oft als hochmütig und rechthaberisch. Tatsächlich dient ihnen ihre Überheblichkeit gelegentlich als Mittel, um sich auch dem bisschen Eigenliebe und Selbstwertgefühl zu verschließen, das ihnen noch geblieben ist. Sie geben Überlegenheit vor, obwohl sie sich unterlegen fühlen und sehr daran leiden.

Erkennst Du Dich in dieser Beschreibung wieder, so solltest Du lernen, Dich selbst für Deine Besonderheiten zu lieben und zu schätzen, indem Du Dein Selbstwertgefühl stärkst. Fällt Dir das schwer, kannst Du Deinen Versuch auch nahe stehenden Menschen anvertrauen und sie um Hilfe bitten. Erzähle ihnen, dass Du Schwierigkeiten hast, Deinen eigenen Wert anzuerkennen, und frage sie, welche Vorzüge, Talente

Z

und FÄHIGKEITEN sie an Dir finden. Beobachte, ob Du manchmal überheblich bist und bitte andere, Dich darauf aufmerksam zu machen. Nach und nach wirst Du die Liebe immer weniger bei Deinen Mitmenschen suchen. Daran erkennst Du, dass Du Dich auf dem Weg der Heilung befindest. Auf dieses Thema gehe ich ausführlicher im Buch *Heile die Wunden deiner Seele* ein.

Zusage

Eine Zusage ist ein mündliches oder schriftliches Versprechen, die einer klaren Vereinbarung oder Übereinkunft folgt. Haben wir eine Zusage erteilt, werden wir für die Folgen des eingegangenen Versprechens verantwortlich. Klare Vereinbarungen vermeiden nicht nur falsche ERWARTUNGEN, sondern auch viele unangenehme EMOTIONEN. Zusagen sind wichtig für ein harmonisches Zusammenleben, weil sie klare Ziele in unserem Leben schaffen. Solche Verpflichtungen betreffen die Ebene des *Habens* und *Tuns*, d. h. die STOFFLICHE WELT, nicht jedoch die des *Seins*. Niemand kann einem anderen z. B. versprechen, immer geduldig zu *sein*. Dies würde bedeuten, sich fortan KONTROLLIEREN zu müssen und nicht mehr wir selbst sein zu können. ACHTEN wir einander, so können wir solche Versprechen also weder von uns noch von anderen verlangen.

Nehmen wir das Beispiel des **Eheversprechens**. Kein Paar kann einander versichern immer glücklich und treu bis zum Tode des anderen zusammenzuleben. Eine solche Zusage betrifft weder das *Haben*, noch das *Tun*, sondern das *Sein* einer Person. Wir müssen uns eingestehen, dass kein Mensch voraussehen kann, wie sich eine Beziehung im Lauf vieler Jahre entwickelt, auch wenn beide Partner die besten Absichten und absolute Bereitschaft zeigen, eine solche Vereinbarung einzugehen. Dies hängt ganz von den Erfahrungen ab, die jeder einzelne in seinem Leben machen muss. Es wäre also weiser, sich zu versprechen, bedingungslose LIEBE zu lernen, und das – wenn der Wunsch danach besteht – mit ein und derselben Person. Je klarer jedoch die Vereinbarungen innerhalb einer Partnerschaft bezüglich des *Habens* und *Seins* sind, desto harmonischer wird sie sich gestalten. Das betrifft den täglichen Haushalt ebenso wie finanzielle Angelegenheiten, die Erziehung der Kinder usw. und schließt keineswegs aus, dass die Übereinkünfte von Zeit zu Zeit geändert werden, um sie neuen Gegebenheiten anzupassen.

Jede neue Erfahrung bedeutet auch ein gewisses Risiko; so auch eine neue Beziehung. Bei Menschen, die **sich schwer tun, sich zu verpflichten**, überwiegt die ANGST vor dem Unbekannten oder die ÜBERZEUGUNG, eine lebenslange Beziehung sei unmöglich. Menschen, die nichts RISKIEREN, entgehen viele schöne Erfahrungen. Wagst Du keine tiefere Beziehung einzugehen, wirst Du auch keine wirkliche Partnerschaft erleben können.

Dasselbe gilt auch für die Arbeit. Jede neue Erfahrung birgt ein gewisses Risiko. **Nehmen wir eine neue Arbeitsstelle an**, so sind wir in der Regel davon überzeugt, über die erforderlichen Fähigkeiten zu verfügen. Wir werden jedoch erst in der Praxis sehen, ob uns der Posten wirklich zusagt, und wir tatsächlich über die nötigen Kenntnisse, Kompetenzen und Talente verfügen, um der Verpflichtung in einer für alle Seiten befriedigenden Weise nachzukommen.

Z

Wir können Aufgaben nicht nur dann annehmen, wenn wir uns absolut sicher sind, dass die Ergebnisse den Erwartungen entsprechen. Gehen wir eine Abmachung ein, so müssen wir uns auch die Möglichkeit einräumen, die gewünschten Resultate nicht erzielen zu können und uns eventuell aus der Vereinbarung zurückziehen zu müssen. Wir erkennen unsere Grenzen oft erst, wenn eine neue Erfahrung bereits in vollem Gange ist. Andere hingegen neigen dazu, **zu schnell zuzusagen**. Dadurch geraten sie häufig in unangenehme Situationen. Ist das der Fall, so sollten wir wissen, dass wir uns immer aus einer Vereinbarung zurückziehen können, was uns Frustrationen, Kritik und unnötige Selbstkontrolle ersparen kann. Dennoch dürfen wir nie aus den Augen verlieren, dass jede Entscheidung gewisse Folgen nach sich zieht. So sollten wir auch die Konsequenzen eines solchen Rückzugs abwägen und uns folgende Fragen stellen: „Welche negativen Folgen kann es haben, wenn ich meiner Verpflichtung nicht nachkomme? Was bedeutet das für mich, die andere Seite, meine Nächsten, Freunde und Bekannte?" Überschreiten die Folgen unsere Grenzen, so sollten wir unsere Entscheidung danach richten.

Uneingehaltene Versprechen können auf beiden Seiten die Seelenwunde des Verrats treffen. Das kann Groll oder gar Rachsucht nach sich ziehen. Alle Situationen unseres Lebens sind dazu da, uns durch unsere Erfahrungen zu offenbaren. So lernen wir auch besser unsere Grenzen kennen und respektieren.

Wir sollten auch überprüfen, ob bestimmte Versprechen nicht gewisse Ängste zu verbergen suchen: Angst vor Schuldgefühlen, vor Bestrafung oder anderen möglichen Konsequenzen. Am meisten fürchten wir uns jedoch davor, zurückgewiesen, vernachlässigt, also nicht mehr geliebt zu werden. Verspricht uns jemand z. B.: „Das tu ich nie mehr wieder", so setzt sich diese Person unterbewusst einer Sanktion aus, wenn sie doch dagegen verstößt.

Manche Versprechen dienen auch dazu, Zeit zu gewinnen oder gewisse Vorteile zu erzielen: So z. B. das Versprechen, nicht mehr zu rauchen oder zu trinken, früher heimzukommen, bestimmte Kurse zu besuchen, um anderen Freude zu machen, ihre Zustimmung oder Unterstützung zu erhalten. Manche Menschen versprechen völlig sorglos die unmöglichsten Dinge, ohne sich Gedanken über mögliche Konsequenzen zu machen. Sie sollten solche Versprechen ganz klar widerrufen, sobald sie erkannt haben, dass sie nur von ihren Ängsten bedingt sind.

Vorsätze wie z. B. regelmäßig Sport zu betreiben, sich bewusst zu ernähren oder das Haus in Ordnung zu halten, sind Versprechen an uns selbst. Wir halten sie ein paar Tage, Wochen oder Monate, bis wir keine Lust mehr haben, uns solche Zwänge aufzuerlegen. Wir sollten akzeptieren, dass auch dies zu unseren Grenzen gehört und wir unsere Prioritäten revidieren können. Dazu können wir die Vorsätze entsprechend unserer wahren Bedürfnisse neu formulieren, wie z. B. nur jeden zweiten Tag Sport zu betreiben. Sind wir dazu in der Lage, können wir auch mit anderen nachsichtiger sein. Außerdem ersticken wir dadurch die Möglichkeit, uns schuldig zu fühlen oder uns zu kontrollieren, im Keim.

Keine Verpflichtung ist lebenslang. Manche unvorhergesehenen Umstände, Grenzen oder Ängste machen es notwendig, uns frühzeitig aus ihnen lösen. Das gilt aber nicht nur für uns selbst. Wir sollten mit unseren Mitmenschen ebenso großzügig sein. AKZEPTIEREN wir diese Tatsache, so können wir ganz bewusst zwischen verschiedenen Möglichkeiten wählen, Enttäuschungen vermeiden und andere besser verstehen lernen. Brichst Du Deine Versprechen häufig, so solltest Du Deine Bedürfnisse überprüfen, bevor Du Dich auf etwas festlegst. Vielleicht löst Du Dich zu schnell aus Deinen Vereinbarungen.

Wurden **klar festgelegte VEREINBARUNGEN missachtet**, so kannst Du diese Situation benutzen, um Dich selbst noch ein bisschen besser kennen zu lernen. Zuerst solltest Du überprüfen, ob Du selbst all Deine VERSPRECHEN an andere und Vorsätze Dir selbst gegenüber hältst (denn es geht dabei um dasselbe). Ist dies der Fall, so sind Deine Gründe dafür ebenso gut und gültig wie die eines anderen Dir gegenüber. Auch solltest Du nie aus den Augen verlieren, dass alle Menschen bestimmte GRENZEN und Ängste haben, wegen denen sie Versprechen brechen. **Lernen wir Vereinbarungen einzugehen und korrekt zu lösen, entwickeln wir auch unser VERANTWORTUNGSBEWUSSTSEIN.** Wir gewinnen Mitgefühl für uns selbst und für andere, die ab und zu eine Zusage brechen. Wir lernen Risiken einzugehen, unser eigenes bisher unbewusstes oder unbenutztes Potential zu entdecken.

Zusammenbruch

Physische oder psychische Schwäche. Siehe GRENZEN.

Zuversicht

Glauben, Sicherheit, absolutes VERTRAUEN. Um zuversichtlich durchs Leben gehen und dem Universum vertrauen zu können, müssen wir zunächst die perfekte Harmonie der Schöpfung anerkennen. Vertrauen wir nicht alle der Natur, die alles Leben im Gleichgewicht hält? Sorgen wir uns darum, ob morgen die Sonne aufgeht und uns Licht für einen neuen Tag spendet? Sind nicht wir selbst die ersten, die Freunden in Schwierigkeiten den Rat geben, dem Schicksal zu vertrauen, und sie damit trösten, dass alles sich schon fügen wird? Sollten wir nicht dasselbe Vertrauen auch in unser eigenes Leben haben? Wie reagieren wir jedoch, wenn wir ein SEELENTIEF nach einem Unfall, einer schweren Krankheit, einer Trennung oder beim Verlust unserer Anstellung oder eines geliebten Menschen durchmachen? Oft vertrauen wir nur dann unserem Leben, wenn alles nach Wunsch läuft. Warum verlassen wir uns nicht auch in komplexen und schwierigen Situationen auf die Vorsehung des Schicksals? Vertrauen wir unserem Leben wirklich?

Zuversicht und Vertrauen in unser Schicksal ist die Fähigkeit alles, was uns widerfährt, als Teil eines größeren Ganzen, unseres LEBENSPLANS zu verstehen, der unabdingbar für unsere Entwicklung ist. Es ist das tiefe Wissen, dass es eine Lösung für alle Probleme gibt, und wir unsere Schwierigkeiten nie ganz alleine bewältigen müssen.

Z

In der Regel vertrauen wir der Mechanik unseres Autos. Wir fahren von A nach B ohne uns ständig vor Augen zu halten, dass wir jederzeit eine Panne haben könnten. Warum zögern wir so, unserem INNEREN GOTT zu vertrauen, der alles über uns weiß und uns unfehlbar zu unserer persönlichen Verwirklichung bringt?

Haben wir Vertrauen in unser Leben, so leben wir in der GEGENWART und SETZEN AKTIONEN, die unseren wirklichen WÜNSCHEN entsprechen. Jeder neue Tag ist ein Geschenk des Lebens und eine Gelegenheit, die Dinge besser zu machen als am Vortag, oder alles neu zu beginnen, falls dies nötig sein sollte. Schenken wir dem Leben, das da in und um uns pulsiert doch ein kleines Lächeln! Glauben wir an uns selbst, die anderen und das Leben schlechthin, hilft uns das LOSZULASSEN und aufzuhören, alles KONTROLLIEREN zu wollen. Schon dies ist ein Riesenschritt unser Leben zu verbessern. Wir sollten nicht vor VORSÄTZEN zurückschrecken wie: „Ich weiß, dass das Universum sich um mich kümmert." – „Dein Wille geschehe!" – „Ich weiß, dass ich alles getan habe, was im Bereich meiner Möglichkeiten stand, den Rest vertraue ich den Händen Gottes an." oder ganz einfach „Gott sei Dank!"

Zwänge

Moralischer, sozialer oder körperlicher Druck auf einen Menschen, um ihn gegen seinen Willen zu etwas zu bewegen. Zwänge sind Verpflichtungen und Einschränkungen unserer Freiheit oder Möglichkeiten. Viele meinen, das Leben oder unsere Umwelt würde uns Zwänge auferlegen. Doch dürfen wir nie aus den Augen verlieren, dass wir allein für unser Leben verantwortlich sind. Die Außenwelt ist lediglich ein SPIEGEL unseres Inneren. Folglich kommen alle Zwänge ausnahmslos von uns selbst.

Ein junger Mann, der gerne Künstler werden möchte, dessen Eltern sich aber weigern, ihm ein anderes Studium als das der Medizin oder des Ingenieurwesens zu bezahlen, hat z. B. das Gefühl, von seinen Eltern zu einer Laufbahn gezwungen zu werden, die ihm nicht entspricht. Auch wenn es nach außen hin vielleicht tatsächlich so aussehen mag, so wird er sich erst dann selbst verwirklichen und sein eigenes Leben leben können, wenn er sich mit dem Gedanken abfindet, dass die Haltung seiner Eltern ihn nur mit seiner Angst konfrontiert, sich selbst zu BEHAUPTEN.

In der Regel ist die wichtigste Lektion, die wir aus Zwängen zu lernen haben die **Selbstbehauptung**. Sie ist Teil unseres LEBENSPLANES, so wie jeder sich seine eigenen ELTERN ausgesucht hat. Auch im Fall eines Mannes, der seine Frau dazu zwingen will, seine Mutter bei ihnen wohnen zu lassen, haben wir es mit einer ähnlichen Lebenslehre zu tun: Auch sie muss lernen sich zu behaupten, ihre FORDERUNGEN zu stellen und GRENZEN zu setzen.

All diese Zwänge, die uns daran hindern, wir selbst, glücklich und frei zu sein, gehen auf alte, ungeheilte SEELENWUNDEN und Ängste unserer Vergangenheit zurück, die wieder an die Oberfläche treten, um nun ein für alle Mal überwunden zu werden. Unsere Seele leidet, da sie weiß, dass wir auf der Erde sind, um uns spirituell zu entwickeln und zu uns selbst zu finden. Nimm Dir einmal Zeit, genau zu hinterfragen, in welchen Bereichen Du Zwängen ausgesetzt bist, die Dich daran hindern, frei zu sein

Z

oder zu haben, zu tun oder zu sein wie Du willst. **Das größte Hindernis der Freiheit des Menschen ist sein** ICH.

Zwanghaftes Handeln

Unwiderstehlicher innerer Drang etwas zu tun. Wir sind nicht mehr in der Lage mit etwas aufzuhören, obwohl wir es eigentlich möchten. So gibt es Leute, die eine Pralinenschachtel trotz bester Vorsätze, nur eine oder zwei zu kosten, nicht unvollendet lassen können. Zwanghaftes Verhalten gibt es in zahlreichen Bereichen wie bei Spiel, Alkohol, Sex, Einkaufen usw.

Es versteckt immer ein BEDÜRFNIS, welches jedoch keineswegs diesem Zwang entspricht, der jenes nur ersatzweise zu befriedigen sucht. Solche Phasen sind ein ziemlich sicheres Zeichen dafür, dass die betroffene Person sich *nicht selbst akzeptiert* oder in bestimmten Lebensbereichen unerfüllt ist. So versucht sie die innere Leere durch etwas anderes zu füllen. Siehe dazu auch die Stichwörter EIGENLIEBE, ABHÄNGIGKEIT und AKZEPTIEREN.

Zwangsvorstellung

Fixe Idee, Wort, Gefühl oder Bild, die unseren Geist unaufhörlich heimsuchen und sich nicht verjagen lassen. Allgegenwärtiger Gedanke, der unangenehme EMOTIONEN hervorruft und den wir nicht aus dem Kopf bekommen. Diese Fixierung auf eine Sache oder Person kann die verschiedensten Bereiche betreffen und Ausmaße annehmen. So können wir z. B. unter der Zwangsvorstellung leiden, angegriffen, bestohlen, betrogen, zurückgewiesen, erniedrigt oder vernachlässigt zu werden, während andere zwanghaft essen (oder auch nicht), trinken oder von Schönheit, Sex, Gesundheit, Krankheit, Vollendung, Mangel oder Reichtum besessen sind.

ZWANGSVORSTELLUNGEN sind ein deutliches Zeichen dafür, dass wir uns von unseren meist unbewussten ÄNGSTEN lenken lassen. Wir sind ein offener Kanal für ELEMENTARE GEDANKENFORMEN, die sich an diese Ängste klammern und sie dadurch verstärken. So kann eine Frau z. B. von zwanghaften Ängsten vor Bakterien geplagt werden und in der Folge einen regelrechten Sauberkeitswahn an den Tag legen, während eine andere von ihrem Ex-Gatten besessen ist, an den sie Tag und Nacht denkt und dem sie sogar nachspioniert.

Zwangsvorstellungen schwächen unseren ENERGIEKÖRPER beträchtlich, der in der Folge nicht mehr in der Lage ist, unseren KÖRPER, EMOTIONS- und MENTALLEIB ausreichend zu versorgen. Wir werden immer schwächer und sind außerstande unser Leben zu MEISTERN.

In der mehr als zwanzigjährigen Arbeit in den Zentren von *Höre auf Deinen Körper* wurde klar, dass praktisch all diesen Zwängen eine große Verzweiflung zugrunde liegt, schon seit der frühesten Jugend nicht geliebt worden zu sein. Die Zwangsvorstellung hat demnach nur die Aufgabe, diese Verzweiflung zu verdrängen. Oft meinen die betroffenen Personen auch, dass sie geliebt werden würden, wenn ihre fixen Ideen sich einmal bewahrheitet hätten. In Wirklichkeit handelt es sich um die SEELENWUNDE der

Z

ZURÜCKWEISUNG oder der UNGERECHTIGKEIT. Es ist also völlig normal, dass sie dem Elternteil, von dem sie sich zurückgewiesen oder ungerecht behandelt fühlten, RACH-SUCHT oder sogar HASS entgegenbringen. Beziehen sich diese Gefühle auf beide Eltern, so fallen die Zwangsvorstellungen umso stärker aus. Zuerst müssen all diese Gefühle aufgedeckt werden, damit sofort mit der Arbeit des VERZEIHENS begonnen werden kann.

Leidest Du an Zwängen, so musst Du Dir zunächst bewusst werden, dass es sich dabei in Wirklichkeit um starke, ELEMENTARE GEDANKENFORMEN handelt, die sich Deines Lebens bemächtigt haben, nach einer eigenen Existenz streben und begonnen haben, Dich zu kontrollieren. Jedes Mal, wenn sie auftauchen, solltest Du ihnen von nun an sehr bestimmt zu verstehen geben, dass Du ab jetzt Dein Leben selbst lenkst und beschlossen hast, Deine Existenz ohne sie in die Hand zu nehmen, auch wenn sie meinen oder vorgeben, Dir helfen zu wollen. Außerdem solltest Du Dich davon überzeugen, dass du ein liebenswerter Mensch bist und die diesbezüglichen Meinungen Deiner Kindheit heute nicht mehr gelten. Erkenne Deine enorme Schaffenskraft und setze sie ein, um positive Dinge anzuziehen, die Dir helfen, in Harmonie zu leben.

Versuchen die Zwänge sich abermals mit Macht durchzusetzen, so solltest Du laut und bestimmt sagen: „Ich befehle Euch, mich in Ruhe und mich mein Leben allein leben zu lassen." Um Dich jedoch gänzlich von ihnen zu befreien, sind die Schritte des Verzeihens unumgänglich. Auch Hilfe von Außenstehenden ist anzuraten. Wiederhole so oft wie möglich folgenden Satz: „Ich bin der alleinige Meister meines Lebens und *beschließe* nur vorteilhafte, heilbringende und beruhigende Gedanken in mein Inneres zu lassen, die mich zu Liebe und innerem Frieden führen."

Zweideutigkeit

Dinge oder Personen, die auf mehrere Arten definiert werden können. Das beste Beispiel hierfür sind wohl unsere Politiker. Solche Menschen drücken mit ihren Worten nicht genau das aus, was sie eigentlich sagen wollen. Fragt eine Frau ihren Mann z. B.: „Willst Du heute Abend ins Kino gehen?", so will sie eigentlich damit sagen, dass sie selbst Lust auf einen Film hätte. Sagt er nein, fühlt sie sich zurückgewiesen und hat das Gefühl, er verschließe sich ihren Bedürfnissen. Während er ihre Frage direkt beantwortet, erwartet sie, dass er ihre Wünsche errät. Besonders zweideutige Menschen haben ein überentwickeltes WEIBLICHES PRINZIP. Sie ahnen schnell, was andere wirklich denken. Aus diesem Grund können sie sich auch nur schwer vorstellen, dass die Bedeutung ihrer Botschaften missverstanden werden. Sie müssen lernen, zu KOMMUNIZIEREN und ihre Bedürfnisse klarer zu formulieren.

Gehörst Du zu diesem Menschenschlag, so solltest Du Deine Mitmenschen davon informieren, damit sie sich die Zeit nehmen, festzustellen, ob sie Deine Botschaft verstanden haben. Versuche selbst herauszufinden, was die anderen wirklich aus Deinen Worten heraushören. Was manchen völlig klar scheint, muss nicht unbedingt für alle so sein. Sprechen wir von einer ambivalenten Situation, so fehlen uns bestimmte Elemente, um sie sicher interpretieren zu können, oder sie verwirrt uns. Aus all diesen Gründen ist es wichtig, klar, wahr und authentisch zu sein.

Z

Zweifel

Unsicherheit bezüglich der Wirklichkeit oder Wahrheit eines Umstands. Urteil, nach dem wir der Aufrichtigkeit anderer misstrauen. Es ist völlig normal, manchmal an unseren Mitmenschen, uns selbst, unseren Entscheidungen, Talenten oder Kenntnissen zu zweifeln. Doch ist der Zweifel ein negatives Gefühl, das uns von unserem inneren Gott entfernt. Wir beginnen zu zögern, unsicher zu werden und hindern uns daran lebensnotwendige Entscheidungen zu treffen. Auf die Dauer untergraben Zweifel unsere Energie und unser SELBSTVERTRAUEN.

Hast Du schon einmal beobachtet, was in Dir vorgeht, wenn Du an jemandem zweifelst? Du siehst nichts Positives mehr an ihm und missachtest seinen wahren Wert. Viele Deiner VORWÜRFE an ihn sind jedoch oft nur eine Frucht Deiner Phantasie. Deine Zweifel lassen keine bedingungslose Liebe mehr zu, die die guten Seiten der Menschen erkennt.

Die meisten unserer Zweifel werden nur von unseren ÄNGSTEN und unangenehmen Erfahrungen bestätigt. Je mehr wir zweifeln, desto stärker werden auch sie. Wir sollten dies als klares Zeichen verstehen, dass wir im Bereich unserer Zweifel an unserem GLAUBEN arbeiten sollten. ZUVERSICHT und VERTRAUEN werden uns helfen, unsere Ängste zu MEISTERN, da wir erkennen, dass nur die Dinge eintreffen, die notwendig für unsere Entwicklung sind.

Zwillingsseele

Siehe GESCHWISTERSEELE.

Z

Wirklich lieben

Befreiende Liebe

- … unseren und den **Lebensraum** unserer Mitmenschen achten.
- … uns und anderen ohne Schuldgefühle und Vorwürfe zugestehen, menschlich zu sein, d.h. *Bedürfnisse, Überzeugungen, Grenzen, Wünsche, Talente, Ängste* und *Schwächen* zu haben.
- … ohne **Erwartungen** lenken und führen.
- … ohne Erwartungen und aus bloßer Freude **geben**.
- … **Dinge akzeptieren und anerkennen, auch wenn wir nicht einverstanden sind oder sie nicht verstehen.**

Mit Angst lieben

Zwanghafte Liebe

- … unseren und den **Lebensraum** unserer Mitmenschen verletzen bzw. verletzen lassen.
- … uns selbst oder unsere Mitmenschen **kritisieren**.
- … uns selbst oder andere **kontrollieren** wollen.
- … für uns oder andere entscheiden, ohne zu **überprüfen**, ob es **wahren Bedürfnissen** entspricht.
- … geben, in der Hoffnung etwas zurückzubekommen.
- … uns für das Glück unserer Mitmenschen und jene für das unsere verantwortlich halten.

ICH LIEBE MICH EBENSO WIE DIE ANDEREN.

DIE ANDEREN LIEBEN MICH EBENSO, WIE ICH SIE LIEBE.

Schlusswort

Der Mensch ist in der Lage, sich ein Leben voller Glück, Lebensfreude, Frieden, Liebe, Harmonie, Gesundheit und Überfluss zu schaffen, wenn er die Verbindung zu seinem inneren spirituellen Zentrum herstellt, von dem alle großen Weisen der Geschichte sprechen.

Wir haben alle dieselbe Mission: Die Erfahrungen unserer Existenz nach unserem Lebensplan zu akzeptieren. Unsere *Überzeugungen* beeinflussen den Lauf der stofflichen Welt entscheidend, während unsere *Bedürfnisse* uns zu unserem spirituellen „ICH BIN" bringen.

Haben wir alle Erfahrungen akzeptiert, die unsere Seele zu machen hatte, so muss sie nicht mehr zur Erde zurückkehren. Solange wir diesen Existenzgrund jedoch nicht völlig erfasst und integriert haben, erleben wir Schuldgefühle, Angst oder Unzufriedenheit. Deshalb sollten wir all unsere Entscheidungen in Liebe und im Bewusstsein der großen, göttlichen Naturgesetze treffen.

Was würdest Du tun, wenn Du die Gelegenheit hättest,
Dein Leben noch einmal von vorn zu beginnen?

Der Mensch ist zur Freiheit verurteilt:
Sobald er in diese Welt kommt,
ist er für alles verantwortlich, was er tut.

Jean-Paul Sartre

Mehr von Lise Bourbeau

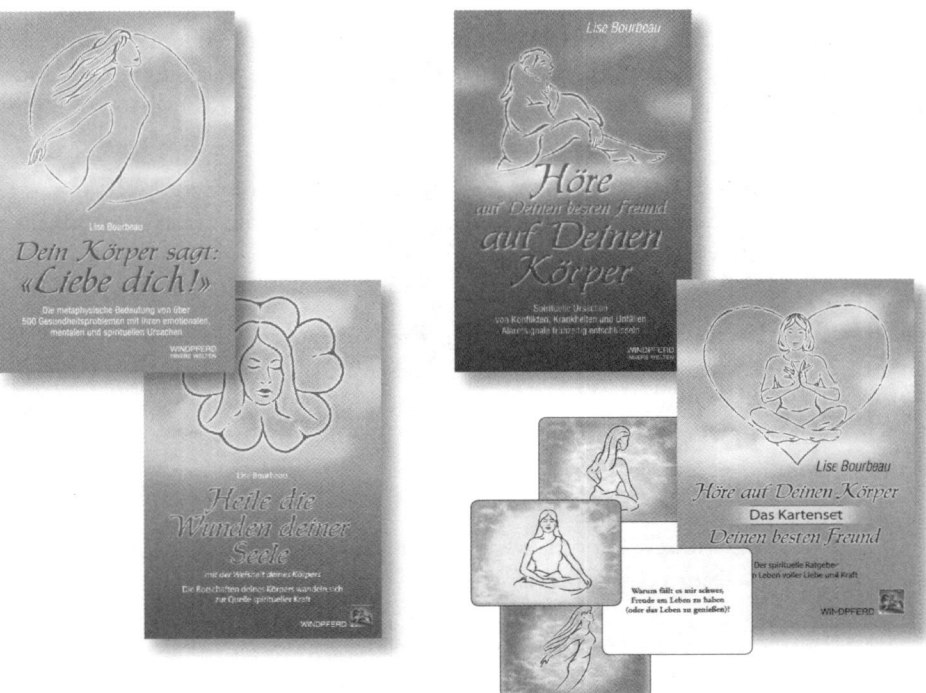

Neben den bislang in diesem Verlag erschienen Titeln „Heile die Wunden deiner Seele", „Dein Körper sagt: ‚Liebe dich!'", „Höre auf Deinen besten Freund, auf Deinen Körper" und dem Kartenset „Höre auf Deinen Körper, Deinen besten Freund" (bestehend aus 75 Karten und einem Handbuch), können Sie auch Audiokassetten, CDs, Videos und Kartenspiele der Autorin in französischer Sprache bestellen.

In ihren elektronischen Publikationen behandelt Lise Bourbeau die Themen Selbstverantwortung, Reinkarnation, Selbstliebe, Spiegelgesetze, zwischenmenschliche Beziehungen, Erkennen und Erfüllen spiritueller Wünsche, Wege zur Konfliktbewältigung und viele mehr.

Bestellmöglichkeiten gibt es im Internet unter www.ecoutetoncorps.com, telefonisch unter 001 (514) 875 - 1930 oder per Post: ECOUTE TON CORPS
1102 Boulevard La Salette
J5L 2J7 Saint-Jérôme
Quebec, Canada

Seminarhinweise und Termine finden Sie unter der angegebenen Internetadresse oder unter den Telefonnummern 001–(800)–361–3834 bzw. 001–(514) 875 1930.

www.windpferd.de